POLYGLOTT

Apa Guide

Indien

Polyglott APA Guide Indien
Ausgabe 2010/2011

Autoren: David Abram, Matt Barratt, Maria Lord, George Michell, Roy Moxham, Gavin Thomas sowie Usha Albuquerque, M.M. Buch, Radhika Chopra, Savitri Choudhury, Anil Dharker, Meenakshi Ganguly, Bikram Grewal, Royina Grewal, Jaya Jaitly, Jan McGirk, Aman Nath, Pepita Noble, Juliet Reynolds, Sardar Khushwant Singh, Farah Singha, Vikram Sundarji, Lea Terhune, Laila Tyabji, Michel Vatin, Francis Wacziarg, Gillian Wright, Dagmar von Tschurtschenthaler (S. 12 bis 17).

Übersetzung: Diethelm Hofstra, Dagmar von Tschurtschenthaler, Trudie Trox
Deutsche Bearbeitung: Ulrike Teuscher
Redaktion: Werkstatt München • Buchproduktion (Renate Haen, Martin Waller, Michael Waller)
Satz: Arndt Knieper für Werkstatt München • Buchproduktion
Karten und Pläne: Berndtson & Berndtson Productions, Stephen Ramsay
Typographie: Ute Weber, Geretsried
Umschlag: Studio Schübel Werbeagentur GmbH, München

Alle Informationen stammen aus zuverlässigen Quellen und wurden sorgfältig geprüft. Für ihre Vollständigkeit und Richtigkeit können wir jedoch keine Haftung übernehmen.
Ergänzende Anregungen, für die wir dankbar sind, bitten wir zu richten an:
Apa Publications c/o Langenscheidt KG, Postfach 40 11 20, 80711 München. E-Mail: redaktion@polyglott.de

Polyglott im Internet:
www.polyglott.de

Printed in Singapore
ISBN 978-3-8268-1209-5

PT 09K1 ◆ 09010

Zeichenerklärung

- S-Bahn, Metro, U-Bahn
- Post
- Busbahnhof
- Flughafen
- Auto-Bahnverladung
- Schiffsverbindung
- Autofähre
- Kirche
- Kloster
- Synagoge
- Moschee
- Friedhof
- Moslemischer Friedhof
- Jüdischer Friedhof
- Aussichtspunkt
- Antike Ruinenstätte
- Burg, Schloss
- Burgruine, Schlossruine
- Windmühle
- Denkmal
- Turm
- Leuchtturm
- Nationalpark
- Sehenswürdigkeit

C H I N A
Seite 182
Seite 150
Seite 330
Seite 313
Seite 262
Seite 296
Seite 348
Seite 372
Seite 418
Jinshajiang (Yangzi)
Yushu
Geladaindong 6559
T i b e t
Bangda
Nanda Devi 7816
Api La 7132
Almora
Annapurna I 8091
Lhasa
7756
Namjagbarwa Feng
Arunachal Pradesh
Kula Kangri 7735
Mt. Everest 8850
Sikkim
Thimphu
BHUTAN
Gangtok
Darjeeling
Kathmandu
Tansen
Dibrugarh
Brahmaputra
Bareilly
Shahjahanpur
Lucknow
Faizabad
Kanpur
Varanasi
Patna
Allahabad
Mirzapur
Sasaram
Gaya
Bihar
Muzaffarpur
Bhagalpur
Ganga
Barpeta
Assam
Nagaland
Goalpara
Guwahati
Kohima
Rangpur
Shillong
Meghalaya
Manipur
Imphal
Malda
Mymensingh
Rewa
Jharkhand
Hazaribagh
Dhanbad
Ranchi
Jamshedpur
Murwara
Jabalpur
Baharampur
Dhaka
Agartala
Tripura
Aizawl
Mizoram
BANGLADESH
Durgapur
Jessore
West Bengal
Khulna
Haora
Kolkata (Kalkutta)
Kharagpur
Chittagong
MYANMAR (BIRMA)
Mandalay
Myingyan
Pakokku
Meiktila
Wendekreis des Krebses
Dali
Bilaspur
Rourkela
Chhattisgarh
Durg
Raipur
Sambalpur
Ganga Delta
Cuttack
Bhubaneshwar
Puri
Orissa
Eastern Ghats
Minbu
Irrawaddy
Sittwe (Akyab)
Pye
Thandwe
Hinthada
Chiang Mai
THAILAND
Chandrapur
Jeypore
Godavari
Vizianagaram
Vishakhapatnam
Rajahmundry
Yanam
Eluru
Machilipatnam
Golf von Bengalen
Yangon (Rangoon)
Thaton
Mawlamyaing
Kyaikkami (Amherst)
Moktama Kwe (Gulf of Martaban)
Erawadi Myitwana
Tavoy
Myeik
Mergui Archipelago
Nellore
Coromandel Coast
INDISCHER OZEAN
Chennai (Madras)
Kanchipuram
Puducherry
Andamanen und Nikobaren (Indien)
Narcondam (Indien)
Andaman
Andaman-
Barren (Indien)
Islands
Port Blair
Duncan Passage
Ten Degree Channel
See
Nicobar
Sombrero Channel
Islands
Jaffna
Trincomalee
SRI LANKA
Kandy
Galle
Phuket
Indien
0 300 km
N
Banda Aceh
INDONESIEN

REISEMAGAZIN

HINTERGRUND

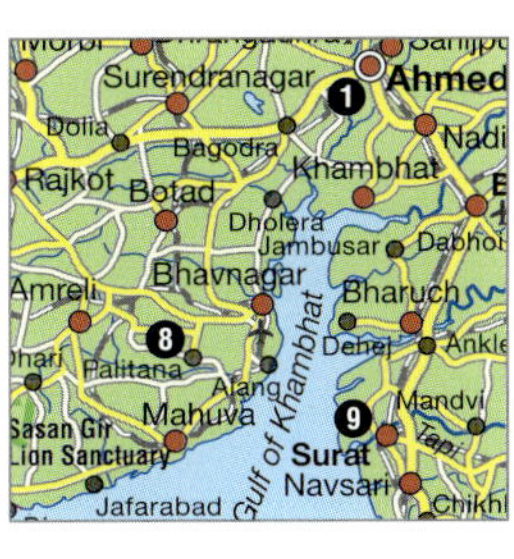

KARTEN

UNTERWEGS

Indien erkunden

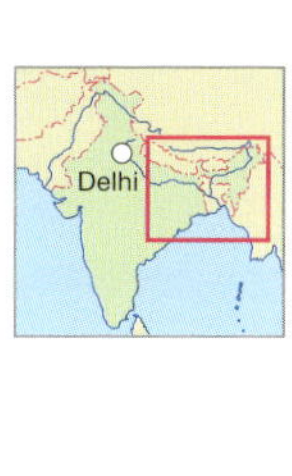

REISESERVICE

Inspiration Indien

Der Subkontinent hat einzigartige Sehenswürdigkeiten, vom hell erleuchteten Mumbai über den Farbenreichtum Rajasthans und die Pracht früherer Kulturen bis hin zur majestätischen Landschaft des Himalaya.

Oben: Die Wüstenstadt **Jaisalmer** mit ihrer Festung aus honigfarbenem Sandstein, prachtvollen Havelis und Jaintempeln ist die älteste Rajputen-Residenz. **Siehe Seite 221**

Links: Das **Taj Mahal**, sicherlich Indiens berühmtestes Bauwerk, bezaubert mit perfekten Proportionen und feinster Ornamentik in weißem Marmor. **Siehe Seite 160**

Oben: Die Wasserwege der **Kerala Backwaters** mit ihren intensiven Grün- und Blautönen und den von Kokospalmen gesäumten Ufern verkörpern das tropische Indien. **Siehe Seite 406**

Oben: Die Ruinen von **Hampi**, der alten Hauptstadt der Vijayanagar-Herrscher, liegen in einer herrlichen Landschaft im Herzen Indiens. Der Vittala-Tempel ist UNESCO-Welterbe. **Siehe Seite 368**

Oben: Die saftig grüne Landschaft des **Kullu Valley** in den Ausläufern des Himalaya bietet Entspannung pur. **Siehe Seite 184**

Oben: Die Seestadt **Udaipur**, über der ein mächtiges Rajputen-Fort thront, ist einer der romantischsten Orte in Rajasthan. **Siehe Seite 215**

Oben: An den Badeghats am heiligen Fluss und in den Straßen von **Varanasi** breitet sich das Schauspiel des menschlichen Lebens in seiner ganzen Vielfalt aus. **Siehe Seite 167**

Oben: Für die Briten war es eine beliebte Sommerfrische mit Blick auf den östlichen Himalaya – **Darjeeling** erreicht man mit dem Toy Train, selbst ein UNESCO-Welterbe. **Siehe Seite 317/318**

Rechts: Großartige buddhistische Wandmalereien finden sich in den Höhlentempeln von **Ajanta** (2. Jh. v. Chr.). **Siehe Seite 258.**

Links: In **Mumbai** schlägt das Herz des modernen Indiens – laut und manchmal frustrierend, doch immer faszinierend. **Siehe Seite 241**

Für Sie ausgewählt

Indiens Größe und Vielfältigkeit machen es unmöglich, das ganze Land auf einer einzigen Reise zu erkunden. Nachfolgend finden Sie deshalb unsere Empfehlungen und Vorschläge für ein Indien-Erlebnis, das lange im Gedächtnis bleibt.

Das Beste von Indien entdecken

◆ **Tiger beobachten in den Nationalparks Ranthambore, Corbett oder Kanha** In Ranthambore sind die Chancen auf eine Tigersichtung am betsten, in Corbett und Kanha ist der Gesamteindruck umfassender. **Siehe Seiten 213, 180, 274**

◆ **Eine Zugreise** Das Eisenbahnnetz ist gut ausgebaut, die Züge insgesamt bequem und sicher – und eine Reise mit dem Schlafwagen ist eine gute Gelegenheit, Einheimische kennen zu lernen. **Siehe Seite 423**

◆ **Mumbai bei Nacht** Abends zeigt sich die pulsierende Metropole von ihrer glänzenden Seite. Beginnen Sie mit einem Spaziergang am Ufer bei Sonnenuntergang. **Siehe Seite 251, 441**

◆ **Khajuraho in der Morgendämmerung** Besichtigen Sie die Tempel am besten ganz früh, bevor die Reisegruppen kommen. **Siehe Seite 278**

◆ **Festungen in Rajasthan** Indiens romantische Seite verkörpern die farbenprächtigen Forts von Rajasthan – etwa in Jodhpur, Amber, Bikaner, Udaipur und Jaisalmer. **Siehe Seite 201**

◆ **Hindu-Feste** Von seiner farbigsten Seite zeigt sich das Land bei einem der vielen Hindu-Feste in vollen Gang. **Siehe Seite 92**

◆ **Kamelsafari** Eine Wüstensafari ab Jaisalmer kann ein unvergessliches Erlebnis bleiben. **Siehe Seite 221**

◆ **In einem Palast schlafen** Viele alte Königspaläste Indiens sind zu Luxushotels geworden. **Siehe Seite 425**

◆ **Indisches Essen** In Indien selbst ist die Küche ganz anders, als wir sie »vom Inder« zu Hause kennen. Von Nord nach Süd herrscht riesige Vielfalt. Auch an Straßenständen kann das Essen sehr gut sein. **Siehe Seite 89**

Oben: Kamelsafaris beginnen meist in Jaisalmer **Unten links:** Autorikschas sind ein beliebtes Verkehrsmittel in den Städten

Städtische Highlights

Siehe auch Mumbai in »Inspiration Indien«, Seite 7

◆ **Delhi** Indiens Hauptstadt hat von den Läden am Connaught Place bis zu Highlights wie dem Roten Fort und dem Qutb Minar eine Menge zu bieten. **Siehe Seite 129**

◆ **Jaipur** Die »rosarote Stadt« unweit von Delhi und Agra ist eine fesselnde Einführung in den Glanz Rajasthans. **Siehe Seite 204**

◆ **Kolkata (Kalkutta)** Kein klassisches Touristenziel, doch die dynamische Stadt ist heute ein kulturelles Zentrum Indiens. **Siehe Seite 295**

◆ **Bengaluru (Bangalore)** IT-Metropole und der Inbegriff des neuen Indien im 21. Jahrhundert. **Siehe Seite 350**

◆ **Chennai (Madras)** Die quirlige Stadt im Süden glänzt mit gutem Essen, kolonialer Vergangenheit und lebendiger Kultur. **Siehe Seite 371**

◆ **Varanasi** Sicher der Ort mit der intensivsten Atmosphäre ganz Indiens. **Siehe Seite 167**

◆ **Hyderabad** Das islamische Zentrum Südindiens. **Siehe Seite 359**

◆ **Mysore** Die alte Sandelholzstadt ist eine der angenehmsten urbanen Zentren Indiens, der fantastische Palast ein Muss. **Siehe Seite 351**

◆ **Madurai** Die Tamilenstadt ist berühmt für ihre Tempeltürme (Gopurams). **Siehe Seite 389**

◆ **Kochi** An die große Zeit des Seehandels erinnert die Gegend um das Fort. **Siehe Seite 410**

Tempel und historische Stätten

Siehe auch Hampi und Ajanta in »Inspiration Indien«, Seite 6–7

◆ **Höhentempel von Ellora** Die oft mit den Höhlen von Ajanta in einem Atemzug genannte Stätte beindruckt durch ihre Größe, v.a. beim Kailasa-Tempel. Siehe Seite 258, 267

◆ **Mamallapuram** Der Tempelkomplex an der Küste (UNESCO-Welterbe) ist ein hervoragendes Beispiel für tamilische (drawidische) religiöse Kunst. Siehe Seite 383

◆ **Bhubaneshwar** Die Tempelstadt an der Küste Orissas hat besonders feine Steinmetzarbeiten zu bieten. Siehe Seite 321

◆ **Goldener Tempel, Amritsar** Der in der Hitze des Punjab schimmernde Tempel ist das bedeutendste Heiligtum der Sikhs. Siehe Seite 154

◆ **Bodhgaya/Mahabodhi** Der Ort, wo der Buddhismus seinen Anfang nahm, ist trotz der spürbaren Kommerzialisierung immer noch faszinierend. Siehe Seite 173

◆ **Orchha** Ein antikes Schmuckstück, das hinduistische, indosarazenische und Mogul-Architektur auf beeindruckende Weise verbindet. Siehe Seite 271

◆ **Fatehpur Sikri** Die ehemalige Hauptstadt des Mogul-Kaisers Akbar, ganz in der Nähe von Agra, ist hervorragend erhalten. Ein Besuch am frühen Morgen gibt den schönsten Eindruck. Siehe Seite 159

◆ **Tibetische Tempel in Leh** In der Hochgebirgswüste von Ladakh kann man Indien von einer ganz anderen Seite erleben. Siehe Seite 191

Oben: Farbenprächtig gekleidete Rajashtani-Frauen.

Sommerfrische in den Bergen

Siehe auch Darjeeling in »Inspiration Indien«, Seite 7

◆ **Shimla** Die Sommerhauptstadt Britisch-Indiens hat ihre vornehme Atmosphäre teilweise bewahrt. Siehe Seite 181

◆ **Kodaikanal** Herrlich kühler Ort in den Palni-Bergen. Siehe Seite 395

◆ **Matheran** Erfrischende 800 m über Mumbai in den Wäldern der Westghats gelegen. Siehe Seite 263

◆ **Udhagamandalam (Ootacamund)** »Snooty Ooty« war früher ein fester Bestandteil im Ferienplan der britischen Oberschicht Indiens. Die Berge der Umgebung sind ein Paradies für Wanderer. Siehe Seite 394

◆ **Dharamsala** In der Oberstadt lebt der Dalai Lama, zusammen mit einer großen Zahl Exiltibeter. Wunderschöne Umgebung. Siehe Seite 186

◆ **Mount Abu** Die einzige Hill Station Rajasthans ist auch ein Jain-Pilgerort. Siehe Seite 218

Oben: Die gut erhaltenenen Ruinen in Fatehpur Sikri
Rechts: Dach des Goldenen Tempels, Amritsar

Die schönsten Strände

◆ **Goa** Kilometerlange Strände, an denen sich Palmen wiegen, eine erstklassige touristische Infrastruktur und der portugiesische Einfluss machen Goa in Indien einzigartig. Die besten Sandstrände sind in Anjuna, Vagator, Agonda und Palolem. **Siehe Seite 281**

◆ **Lakshadweep** Der abgelegene und derzeit noch kaum besuchte Archipel der Lakkadiven im Arabischen Meer hat wunderbar unberührte Strände. Vor den Inseln liegen Tauchplätze, die zu den schönsten der Welt zählen. **Siehe Seite 415**

◆ **Puri** Nicht nur ein Pilgerort für Hindus, sondern auch Strände, die zu Indiens schönsten gehören. Vorsicht, die Strömungen können gefährlich sein! **Siehe Seite 323**

◆ **Kovalam/Varkala** Kovalam ist der bekannteste Strandort ganz im Süden Indiens, mit dem entsprechenden Rummel. Ruhiger ist es in Varkala etwas weiter nördlich. **Siehe Seite 405, 406**

Nationalparks und Landschaften

◆ **Kanha** Die Gegend von Kanha auf der Dekkan-Hochebene inspirierte Rudyard Kipling zu seinem berühmten Dschungelbuch. Der Nationalpark besteht aus Wäldern und Grasland, und an einigen Stellen hat man gute Chancen, Tiger zu sehen – neben einer großen Vielfalt anderer Wildtiere. **Siehe Seite 274, 442**

◆ **Sunderbans** In den riesigen Mangrovenwäldern an der bengalischen Küste leben Tiger und Krokodile. Ausflüge in den Nationalpark werden per Boot organisiert. **Siehe Seite 315, 443**

◆ **Corbett** Noch ein guter Ort, um Tiger zu beobachten, diesmal in den Ausläufern des Himalaya. Der Park ist nach Jim Corbett benannt, einem Tigerjäger, der zum Naturschützer wurde. **Siehe Seite 180, 442**

◆ **Periyar** In disem landschaftlich besonders schönen Park hoch in den Westghats von Kerala kann man sehr gut Elefanten beobachten. **Siehe Seite 409, 443**

◆ **Vom Kullu Valley nach Leh** Die Reise auf der atemberaubende Straße vom üppigen Kullu-Tal hinauf in die trockenen Höhen von Ladakh ist ein unvergessliches Erlebnis. **Siehe Seite 184**

◆ **Sikkim** In dieser abgelegenen, jetzt aber wieder leichter erreichbaren Region finden sich einige der schönsten Landschaften der Welt. **Siehe Seite 329**

◆ **Ranthambore** Zusammen mit Kanha und Corbett der beste Ort, um Tiger zu sehen – weil der Park relativ klein ist, sind die Chancen hier sogar besonders gut. **Siehe Seite 212, 443**

Oben: Tiger im Ranthambore National Park

Links: Goa ist für seine herrlichen Strände bekannt

Abseits der ausgetretenen Pfade

◆ **Gujarat** Die meisten durchqueren Gujarat auf dem Weg zwischen Mumbai und Rajasthan ohne anzuhalten. Dabei verpassen sie faszinierende Salzmarschen ebenso wie wunderbare Tempel. **Siehe Seite 225**

◆ **Nordostindien** Die Staaten im Nordosten sind vom Rest des Landes durch Bangladesh fast abgeschnitten und werden selten besucht – es würde sich aber lohnen. **Siehe Seite 329**

◆ **Andamanen** Die Inselgruppe im Indischen Ozean beherbergt eine faszinierende Kultur, wilde Dschungel und schöne Strände. **Siehe Seite 417**

◆ **Madhya Pradesh** Weithin bekannt sind Khajuraho und der Kanha National Park, doch der große Staat in Zentralindien hat mehr zu bieten, etwa einen großen Teil der noch verbliebenen Waldfläche Indiens in den ländlichen Backwaters. Auch die ehemalige britische Sommerfrische Pachmarhi, Gwalior, Orchha und Sanchi sind einen Besuch wert. **Siehe Seite 268**

◆ **Andhra Pradesh** Noch ein großer, kaum besuchter Teil Indiens. In Andra findet man eine ganz eigene Kultur und wunderschöne Felslandschaften. **Siehe Seite 358**

Oben: Religiöse Motive an einem Haus in Orissa

Oben: Henna-Tätowierung

Feste und Veranstaltungen

◆ **Kumbh Mela** Das größte religiöse (Hindu-) Fest der Welt findet abwechselnd in Ujjain, Nasik, Haridwar und Allahabad statt, alle 12 Jahre gibt es ein Millionen-Fest. **Siehe Seite 93, 167**

◆ **Holi** Das nordindische Erntefest findet im März statt. Am Vorabend wird die Dämonin Holika, die das Böse symbolisiert, auf einem Feuerstoß verbrannt. Am nächsten Vomittag bespritzt jeder jeden mit Farbe – Zuschauer werden nicht verschont! **Siehe Seite 92**

◆ **Diwali** Das Lichterfest, feiert in einer magischen Atmosphäre die Heimkehr Ramas aus der Verbannung. **Siehe Seite 92**

◆ **Pushkar: Kartika und Kamelmarkt** In der Pilgerstadt Pushkar findet ein spektakulärer Kamelmarkt statt, die Kartik Purnima. **Siehe Seite 212, 213**

◆ **Dussehra (Navaratri)** Das Fest verbindet die Verehrung der Göttin Durga mit dem Sieg Ramas über den Dämon Ravana. Es kann sehr ausgelassen zugehen. **Siehe Seite 92**

SICHERHEITSTIPPS FÜR REISENDE

Auf den unvorbereiteten Reisenden mag Indien einschüchternd wirken, doch wer einige einfache Regeln befolgt, wird nicht so leicht übers Ohr gehauen.

◆ Nehmen Sie vom Flughafen ein **Taxi** mit Festpreis. Schwarze City-Taxis sollten Taxameter haben, erfragen Sie vorher aber dennoch den ungefähren Preis.

◆ Der Preis für eine Fahrt mit der **Rikscha** sollte immer im Vorhinein ausgehandelt werden.

◆ Lassen Sie sich von Rikscha- oder Taxifahrern nie zu einem Hotel bringen, in das Sie nicht möchten. Bestehen Sie daruf, dass Sie in einem bestimmten Hote reserviert haben.

◆ Beim Bezahlen mit **Kreditkarte** die Karte immer im Blick behalten.

◆ Tragen Sie **Wertsachen** am Körper oder lassen Sie sie im Hotelsafe, auf keinen Fall einfach im Zimmer. In Schlafwägen das Gepäck als Diebstahlsschutz mit einem Vorhängeschloss am Bettgestell festmachen.

◆ Ihre **Reiseversicherung** sollte auch Ihre sportlichen Pläne wie Bergwandern, Klettern oder Wildwasserrafting abdecken.

Hotels

Durchschnittspreise für ein Doppelzimmer pro Nacht in der Hochsaison, einschließlich Steuern.

● = bis 800 INR
●● = 800–1700 INR
●●● = 1700–2700 INR
●●●● = 2700–3700 INR
●●●●● = über 3700 INR

◆ Malabar House
Fort Kochi, 1/268, 1/269 Parade Road, **Fort Kochi** – 682001, Kerala, Tel. (0484) 221 66 66, info@malabar house.com, www.mala barhouse.com, ●●●●●
Elegant möbliert, mitten in der freundlichen Altstadt gelegen und mit allen Annehmlichkeiten ausgestattet ist dieses stimmungsvolle Boutiquehotel (17 Zimmer und Suiten). Zur Erkundung der Stadt hat der Eigentümer viele Tipps parat. Das ausgezeichnete Restaurant serviert südindische und mediterrane Küche. Fisch und Meeresfrüchte sind die Highlights.

◆ The Imperial
Janpath, **New Delhi** – 110001, Tel. (011) 23 34 12 34

luxury@theimperialindia. com, www.theimperial india.com, ●●●●●
Wahrhaft imperial ist Delhis ältestes 5-Sterne-Hotel, am nördlichen Janpath mit seinen vielen kleinen Geschäften zentral gelegen. Komfort und koloniale Eleganz umfangen beim Eintritt. Die Hektik des Tages vergisst man beim Tee im Innenhof. Entspannende Stunden gewährt zudem der Garten mit Pool sowie der Sixth Sense Spa.

◆ Hotel Kankarwa Haveli
26, Lal Ghat, **Udaipur** – 313001, Rajasthan, Tel. (0294) 241 14 57, khaveli@yahoo.com, www.indianheritage hotels.com, ●●●
In Udaipurs Altstadt liegt diese renovierte alte Stadtvilla direkt am Pichola-See. Die Zimmer sind einfach, aber stilvoll und individuell eingerichtet. Der freundliche Hausherr und seine Familie sind für Sie da. Etwas spartanisch sind die Mahlzeiten im Restaurant auf der Dachterrasse mit wunderbarem Blick. Dafür ist die Altstadt mit ihren Sehenswürdigkeiten und zahlreichen Restaurants leicht zu Fuß zu erreichen.

◆ Glass House on the Ganges
23rd Milestone, Rishikesh–Badrinath Road, Village and P.O. **Gular-Dogi,** Tehri Garhwal – 249303, Uttranchal, Tel. (094) 12 07 64 20,

sales@neemrana hotels.com, www.neem ranahotels.com, ●●●●●
Anlage mit sechs einfachen, modern gestalteten Bungalows in einem tropischen Garten mit seltenen Vögeln und Schmetterlingen malerisch am Ufer des heiligen Ganges, 23 km von Rishikesh. Wandern, Fischen (Genehmigung erforderlich), ein Besuch der vielen Tempel und Ashrams der Umgebung oder eine Reise entlang der Pilgerroute zu den Quellen der heiligen Flüsse Ganges und Yamuna bieten sich an.

◆ Udai Bilas Palace
Dungarpur – 314001 (ca. 120 km südlich Udaipur), Rajasthan, Tel. (02964) 23 08 08 contact@udaibilaspalace. com, www.udaibilas palace.com, ●●●●●
Im Städtchen Dungarpur liegt dieses Palasthotel, der ideale Ort, um ein, zwei Tage Pause zu machen. Die Zimmer sind weitgehend original eingerichtet. Beim entspannten Nachmittagstee am See genießt man den Blick. Dinner im fürstlichen Speisesaal. Ganz in der Nähe liegt der alte Palast der Familie mit fabelhaft erhaltenen Wandgemälden.

◆ The Oberoi Grand
15, Jawaharlal Nehru Road, **Kolkata** – 700013, Tel. (033) 224 92 32 itabh.rai@oberoical.com, www.oberoihotels.com, ●●●●●
Zur Kolonialzeit als »The Grand« gegründet, heute »Leading Hotels of the World«. Die 213 im Kolonialstil gestalteten Zimmer bieten alle Fünf-Sterne-Annehmlichkeiten. Zumindest einen Drink oder ein Dinner in einem der drei exquisiten Restaurants sollte man sich genehmigen. An der Chowringhee gelegen, ist das Oberoi Grand nur einen Steinwurf vom India Museum entfernt.

◆ Sea Green Hotel
145, Marine Drive, **Mumbai** – 400020, Tel. (022) 66 33 65 25, 22 82 22 94, mail@seagreenhotel.com, www.seagreenhotel.com; Reservierung empfohlen; ●●●●

An Mumbais berühmter Uferpromenade mit Blick aufs Meer gelegen ist dieses einfache Hotel attraktiv, obwohl die Zimmer teilweise etwas abgewohnt sind. Klimaanlage, Minibar und große, saubere Badezimmer sorgen für Erfrischung nach einem langen Tag. Erkunden Sie vom Hotel aus die Geschäftsviertel bis zum Wahrzeichen der Stadt, dem Gateway of India, und abends die Flaniermeile Marine Drive.

◆ **Nilaya Hermitage**
Nilaya Hermitage, Arpora Bhati, **Goa** – 403518, Tel. (0832) 227 67 93/-94, nilaya@sancharnet.in, www.nilayahermitage.com, ●●●●
Jede der zehn Suiten ist individuell eingerichtet. Entspannung suchenden Gästen bietet das safrangelbe Musikzimmer Platz zum ungestörten Lesen, abends wird es für Konzerte klassischer Musik genutzt. Indisch-europäisch-chinesische Speisen werden im exzellenten Restaurant serviert, die Spezialität ist Fisch. Ein hübscher Pool lädt zum Schwimmen ein, aber auch der nächste Strand ist nur knapp 3 Kilometer entfernt. Definitiv ein Hotel für Individualisten.

◆ **Taj Connemara**
Binny Road, **Chennai** – 600002, Tamil Nadu, Tel. (044) 55 00 00 00, connemara.chennai@tajhotels.com, www.tajhotels.com, Reservierung empfohlen, ●●●●●
Exklusives Kolonialhotel der Taj-Gruppe mit 150 Zimmern auf höchstem Niveau, gepflegte Gartenanlage mit Pool. Die beiden Restaurants (nur Abends geöffnet) gelten als die besten der Stadt. Nahe der Mount Road gelegen, darum lassen sich alle Sehenswürdigkeiten bequem erreichen.

◆ **Rockholm Hotel, Kovalam, Kerala**
Light House Road, Vizhinjam, **Kovalam,** Thiruvananthapuram – 695521, Tel. (0471) 248 03 06; info@rockholm.com; www.rockholm.com, ●●●●
Grandios ist der Ausblick aufs Meer und auf der anderen Seite auf den hohen Leuchtturm. Hervorragende südindische und chinesische Küche wird im kleinen Restaurant mit Terrasse serviert. Die 22 Zimmer sind einfach eingerichtet, das schönste Küstenpanorama hat man vom Apartment mit eigener großer Terrasse im obersten Stock.

Restaurants

Durchschnittspreis für ein Menü mit bis zu drei Gängen ohne alkoholische Getränke:
● = bis 200 INR
●● = 200–500 INR
●●● = 500–1000 INR
●●●● = über 1000 INR

◆ **Sunset View Terrace Dove Cote**
Sunset Terrace Dove Cote, Fateh Prakash Hotel, **Udaipur** – 313001, Rajasthan, Tel. (0294) 252 80 16/-19, ●●
Von der herrlichen Terrasse direkt im City Palace Komplex überblickt man den Pichola-See und das Lake-Palace-Hotel – ein wunderbarer Platz, um bei einem Drink oder Snack den Sonnenuntergang zu beobachten. Probieren Sie *Prawns in Hot Garlic Sauce* (Garnelen in Knoblauch), *Pao Bhaji* (ein Kartoffel-Tomaten-Gericht) oder die rajasthanischen Lammgerichte. Täglich geöffnet.

◆ **Samarkand**
G-2 & 3, Gem Plaza, 66, Infantry Road, **Bangalore** – 560 001, Tel. (080) 41 11 33 66 info@bjnhotels.com, www.bjnhotels.com/Lr/samarkand, ●–●●
Eine Fantasie aus Mittelasien, angefangen beim Interieur mit niedrigen

Tischen, Fackeln an den rau verputzten Wänden und gedämpftem Licht. Obgleich groß, herrscht in dem Restaurant durch eine Untergliederung in vier Bereiche eine behagliche Atmosphäre. Spezialitäten sind afghanische und mild gewürzte Peshawari-Gerichte, beispielsweise Fladenbrot *(naan)* mit Kokos und Sultaninen und das Reisgericht *Peshawari Biryani* mit Lamm oder Huhn, das seine besondere Note durch Rosinen, Mandeln und Cashewkerne erhält.

◆ **Fort Cochin**
Casino Hotel,
Willingdon Island,
Kochi, Kerala,
Tel. (0484) 266 82 21,
www.nivalink.com, ●●●
Die Bewohner der Insel Insel Willingdon schätzen das Open-Air-Spezialitätenrestaurant im niveauvollen Casino-Hotel (dem Flaggschiff der gleichnamigen Hotelkette) Es ist bekannt und beliebt für frische, köstlich zubereitete Fische und Meeresfrüchte. Ob gegrillt oder in einer leckeren Currysauce – Lobster, Shrimps, Thun- oder Tintenfisch schmecken hervorragend.

◆ **The Big Chill**
Khan Market, F – 38 East of Kailash,
New Delhi – 110003,
Tel. (011) 41 75 75 88, ●
Kleines Restaurant-Cafe mitten im lebendigen Khan Market, wo sich Delhis junge Schickeria trifft, mit europäischer, v.a. italienischer Küche. Die lockere Atmosphäre hat das Lokal zu einem In-Treff in Süd-Delhi gemacht. Kein Alkoholausschank. Geöffnet 12–23 Uhr, So geschl.

◆ **Khyber Restaurant**
145 MG Road, Kala Ghoda Fort, Colaba,
Mumbai – 400001,
Tel. (022) 26 48 93 15, ●●
Sehr gute Mughlai-Küche: gehaltvoll, cremig und mit vielen Nüssen, getrockneten Früchten und Safran verfeinert. Beginnen Sie mit Fisch in schwarzem Pfeffer *(kali mirch rawas)*, gefolgt von Lamm *(raan* oder *chaap)* und der Nachspeise *mishty doi*, einem leichten, gesüßten Joghurt. Täglich geöffnet 12.30–15.30 und 19.30 bis 23.45 Uhr; am Wochenende Reservierung empfohlen.

◆ **Bukhara**
Maurya Sheraton Hotel & Towers, Chanakyapuri (Diplomatic Enclave),
New Delhi – 110021,
Tel. (011) 26 11 22 33.
www.welcomgroup.com, ●●●
Rustikales Ambiente und perfekter Service, dazu Spezialitäten aus Afghanistan. Empfehlenswert sind Kebabs vom Huhn, Lamm oder Shrimps sowie Linsen *(dal)*. Dazu gibts köstliche Fladenbrote: *naan* oder *tandoori roti*, mit Knoblauch oder Butter. Besser reservieren (nur vor 20.30 Uhr möglich).

◆ **Spice Court**
Hari Bhawan, Achrol House, Jacob Road, Civil Lines,
Jaipur – 302006,
Tel. (141) 222 02 02,
spicecourtjaipur@yahoo.co.in, ●
Im Zentrum Jaipurs gelegen und doch ruhig mit gemütlichem Garten. Die Küche ist nordindisch-rajasthanisch. Jeden Abend spielt ein Duo live indische und europäische Oldies. In diesem beliebten Restaurant empfiehlt sich eine Tischreservierung. Täglich geöffnet 12.30–14.30, 15–18.30 (nur Snacks) sowie 19–22.45 Uhr.

◆ **Saravana Bhavan**
Chennai: 25, 10th Avenue, Ashok Nagar,
Tel. (44) 24 89 44 70.
◆ 133,134 Peters Road, Gopalapuram,
Tel. 28 25 69 52, 28 35 33 77.
◆ Radhakrishnan Salai, 57, Dr. Radhakrishnan Road, Mylapore,
Tel. 28 11 59 77, 28 11 06 55.
◆ Anna Salai, 44, Anna Salai, Shanthi Theatre Complex, Tel. 28 58 65 55, 28 58 31 53.
Alle: www.saravanabhavan.com, ●
Die Schnellrestaurantkette Saravana Bhavan ist bekannt für ihre südindischen Spezialitäten wie *idlis* (Reismehlklöße), *vadas* (Bratlinge), *dosas*

(hauchdünne, knusprige Pfannkuchen aus Reis/ Linsenmehl mit Gemüsefüllung und Kokosnusssoße) und *appams* (Reismehlpfannkuchen). Alle Filialen sind einfach und zweckmäßig eingerichtet, der Service ist freundlich und schnell.

◆ **Dasaprakash**
Meher Cinema Complex, No.1, Gwalior Road, Agra Cantonment, **Agra** – 282001, Tel. (0562) 236 35 35, 236 33 68, ●
Hier schmecken alle südindischen Spezialitäten wie *rawa masala dosa* oder *cheese uttapam* hervorragend. Gönnen Sie sich einen tollen Eisbecher: den *Hot fudge bonanza split*. Geöffnet 11–22.45 Uhr.

◆ **Hotel Venite**
31st January Road, Sao Tome, **Panaji (Panjim)** – 403001, Goa, Tel. (0832) 242 55 37, ●
Sympathisches Lokal im 200 Jahre alten Gebäude des Hotel Venite mit balkontischen und portugiesischem Dekor. Viele Gäste lieben besonders das mit Chilli gewürzte Schweinekotelett oder *vindaloo*: ein scharfer Eintopf mit Schweine- oder Rindfleisch. Auch die Meeresfrüchte sind gut. Und als Nachtisch die goanische Süßigkeit *bebinca* aus geschichteten Kokosnusspfannkuchen. Sonntag ist Ruhetag.

Shopping

◆ **Cottage Industries Emporium**
7, J. L. Nehru Road, **Kolkata** – 700013, Tel. (033) 22 28 32 05.
Cottage Industries Emporium (wörtlich: Kaufhaus für Waren aus Kleinwerkstätten) gibt es auch in anderen großen Städten Indiens. Unter einem Dach findet man eine große Auswahl an Kunstgegenständen, hübschen Textilien aller Art, handgeschöpftem Papier, Möbeln traditioneller Machart und Teppichen aus den unterschiedlichsten Regionen zu vertretbaren Festpreisen. Größere Gegenstände kann man sich per See- oder Luftfracht in die Heimat senden lassen.

◆ **Emporium UPICA**
Handloom House, gegenüber Taj-Hotel, Nadesar Cantt., **Varanasi**
Staatliche Kaufhauskette, deren große Filiale in Varanasi die berühmten Seiden- und Brokatstoffen in großer Vielfalt anbietet. Hier sind Sie an der Quelle für hochwertige Qualität – meterweise zu Festpreisen. Sollten Sie sich gleich etwas schneidern lassen wollen, ist die Firma Paraslakshmi Exports, Chandrika Colony Sigra, Tel. (0512) 2 21 88 94, eine gute Adresse.

◆ **Janpath**
Janpath / Connaught Place, **New Delhi** – 110 001; geöffnet Mo–Sa ca. 10–20 Uhr
Wagen Sie sich ruhig hinein in diese lebendige Ladenzeile, auf der – gelegentlich allerdings sehr aufdringliche – Händler alles von Kleidung über Taschen und Zeitschriften bis zu Antiquitäten anbieten. Taktisch geschicktes, hartnäckiges Handeln erforderlich.

◆ **Jüdisches Viertel Mattancherry**
Kochi. Die Läden sind außer Sonntag von 10–20 Uhr geöffnet. Zahlreiche Läden rund um die Synagoge laden zum Stöbern ein. Kunst, Holzarbeiten und Bronzen, meist neue Nachbildungen, kann man hier entdecken. Kochi ist bis heute Handelszentrum für Gewürze, die Sie hier zusammen mit Tee in großer Auswahl finden.

◆ **Oberoi Shopping Arcade**
Hilton Towers, Nariman Point, **Mumbai** – 400 021
Teure und schicke Einkaufspassage, gut gekühlt. Man kann vergessen, dass man in Indien ist, das merkt man erst wieder beim Handeln. Schöne Designersachen.

◆ **Flohmarkt**
Anjuna Beach, Goa. Jeden Mittwoch.
Der Flohmarkt ist seit Hippietagen berühmt für Souvenirs und Textilien aus ganz Indien. Etliche Stände bieten schmackhaftes Essen an. Ein Teil der Anbieter scheint noch aus den 1970er-Jahren zu stammen.

◆ **The Gem Palace**
M. I. Road,
Jaipur – 302 001,
Tel. (0141) 237 41 75
Jaipurs bekanntestes Schmuckgeschäft für alten und neuen Goldschmuck und Silber. Schon Prinz Charles und Bill Clinton waren hier. Für jeden Geschmack und jeden Geldbeutel findet sich etwas. Gute Edelsteine sind teuer, aber dafür ist das Geschäft seriös.

◆ **Spenceris Plaza**
768-769 Anna Salai,
Mount Road (Anna Salai),
Chennai.
Täglich geöffnet.
Großes mehrstöckiges Einkaufszentrum in Nähe des Taj Connemara Hotels. Chennais Schickeria kauft dort ein. Angeboten wird alles Erdenkliche: Lederwaren, Tees, Textilien …

◆ **Bansal Carpets**
5, Daya Nagar,
Shaheed Nagar Crossing,
Agra – 282001,
Tel. (562) 233 23 82,
223 02 40,
praveenbansal@sancharnet.in, bansalcarpets@sancharnet.in,
www.bansalcarpets.com
Hier finden Sie schöne geknüpfte und gewebte Teppiche, wie sie schon seit Jahrhunderten in Agra gemacht werden. Die Beratung ist angenehm. Trotzdem: Handeln Sie hartnäckig! Wenn Sie sich die Ware schicken lassen, stellen Sie durch eine Kennzeichnung (z.B. Ihren mit einem dicken Filzstift geschriebenen Namen) auf der Rückseite sicher, dass Sie wirklich den von Ihnen gekauften Teppich erhalten.

◆ **Greater Kailash, Shopping Centre**
Part I, N Block, Gt. Kailash, **New Delhi.**
Täglich geöffnet außer So
Die Geschäfte unter den Arkaden, z.B. »Cottons« und »Fab India«, führen eine große Auswahl tragbarer landesüblicher Kleidung und geschmackvolle Wohnaccessoires aus indischen Materialien, kombiniert mit westlichem Design. Feste Preise.

Wellness

◆ **Kumarakom Lake Resort**
Kumarakom North Post,
Kottayam – 686566,
Kerala, Tel. (0481)
252 49 00, 252 45 01,
klresort@vsnl.com,
www.kl.resort.com.
Entspannung in der idyllischen Lagunenlandschaft der Backwaters. Die Anlage bietet alle Annehmlichkeiten, die man von einem Hotel dieser Kategorie erwarten darf. Im hervorragend ausgestatteten Ayurveda-Zentrum wird erstklassig massiert.

◆ **Ananda – In-The-Himalayas**
The Palace Estate, **Narendra Nagar** – 249175,
Tehri-Garhwal,
Uttaranchal,
Tel. (01378) 22 75 00,
sales@anandaspa.com,
www.anandaspa.com.
Luxusresort mit Suiten im Palast und Zimmern im geschmackvollen Neubau. Die Aussicht auf das Gangestal ist herrlich. Der große Spa bietet Ayurveda-Massagen, Öl- und Kräuterpackungen, Yoga zu verschiedenen Tageszeiten und Shiatsu Kurse. Indisch-internationale Küche oder auf Wunsch Ayurveda-Diät. Auch Madonna buchte hier schon eine Suite zum Relaxen. Die Stadt Rishikesh mit ihren vielen Ashrams und Tempeln ist mit dem Taxi nicht weit. Beste Reisezeit: Oktober bis Mai, auch im Sommer während des Monsuns schön.

◆ **Thapovan Resort**
Nellikunnu, Mulloor P.O,
Thiruvananthapuram District, Kerala – 695521,
Tel. (0471) 248 04 53;
info@thapovan.com,
www.thapovan.com.
Das kleine, sehr persönlich geführte Ayurveda-Zentrum liegt am Nellikunnu Beach ca. 6 km südlich von Kovalam. Ayurveda-Kuren vom Schnuppertag bis zur 14-tägigen Verjüngungskur unter der Leitung von zwei Ärzten, Yoga im Garten unter Palmen. 13 komfortabel eingerichtete Zimmer in Cottages oder traditionelle Kerala-Häuser liegen nehe dem Strand, ein zweiter Teil in schöner Gartenanlage liegt unmittelbar am Meer. Unaufdringlicher, aufmerksamer Service. Der deutsche Besitzer legt viel Wert auf individuelle Betreuung und organisiert kulturelle Veranstaltungen und Ausflüge. Ganzjährig geöffnet.

◆ **Kairali Ayurvedic Health Resort**
120 Andheria Modh,
Mehrauli, **New Delhi** – 110 030,
Tel. (011) 25 56 44 47
kairaliresort@vsnl.com,
www.kairali.com.
Das luxuriöse Kairali Ayurvedic Health Resort, eingebettet in einen herrlichen Garten, sorgt rund um die Uhr für Ihr Wohlergehen. Verschiedene Ayurveda-Anwendungen wie Massagen und Bäder stehen im Angebot. Viele kommen nur für einige Stunden, aber das Resort verfügt auch über Zimmer, wenn man eine längere Kur buchen möchte.

◆ **Coconut Lagoon Hotel**
Vembanad Lake (südl. Kochi), **Kumarakom,**
Kerala,
Tel. (0484) 266 80 01,

oconutlagoon@cghearth.com, www.cghearth.com. Direkt am Ufer des großen Vembanad-Sees, nur per Boot zu erreichen (Pendelservice) ist dieses Hotel. Gewohnt wird in einer großzügigen Anlage in luxuriösen Bungalows traditioneller Kerala-Bauweise mit viel Liebe zum Detail. Die Küche ist hervorragend, der Pool herrlich, die Ayurveda-Klinik gut ausgestattet. Probieren Sie Sugachilza, die Ganzkörpermassage mit Dampfbad. Ausflüge in die Backwaters.

◆ **Spice Village**
Kumily Road, **Thekkady** – 685536, Kerala,
Tel. (04869) 224 51 45 23, 222 31 43 16,
spicevillage@cghearth.com, www.cghearth.com.
In einem großen Gewürzgarten liegen die Bungalows im Kerala-Stil, aus dunklem Holz und mit Elefantengras gedeckt. Das Hotel bietet eine vorzügliche Küche – serviert im luftigen Restaurant mit Blick in den Garten –, einen Swimmingpool und ein versiertes Ayurveda-Team. Machen Sie eine Führung durch den faszinierenden Gewürzgarten mit; dabei erfahren Sie alles über Pfeffer, Kardamon und Co. Auch Bootsfahrten im nahe gelegenen Periyar-Nationalpark werden organisiert.

◆ **Ayurvedic Bodyshop, Udaipur**
39 Lal Ghat, Poonam Haveli, **Udaipur,**
Tel. (0294) 512 08 02.
Geöffnet 10–20 Uhr.
In einer von Udaipurs beliebtesten Straßen am Lal Ghat hat eine kleine Wellnessoase eröffnet. Wunderbare Gesichts, Kopf- und Körpermassagen werden angeboten. Ayurvedische Kosmetik steht zum Verkauf. Die freundliche Inhaberin Diksha Bhargva berät Sie gern.

◆ **The Travancore Heritage**
Chowara P.O. (südl. Kovalam), Thiruvananthpuram – 695501, Kerala,
Tel. (0471) 226 78 28/-32,
travancoreheritage@vsnl.net, www.thetravancoreheritage.com.
Empfangen werden Gäste in einem 120 Jahre alten restaurierten ehemaligen kleinen Palast, die Zimmer liegen in traditionellen Holzhäusern oben auf der Klippe oder in einem modernen Gebäude am Strand. Das Ayurveda-Zentrum bietet ein umfassendes Programm von Entspannungs- und Verjüngungsanwendungen, insbesondere «Keraleeya Panchakarma» (Kur zur Reinigung des Körpers).

◆ **The Marari Beach Mararikulam North P.O.,**
Alleppey – 668549, Kerala,
Tel. (0478) 286 38 01-09,
mararibeach@cghearth.com, www.cghearth.com.
Locker verteilen sich die Bungalows dieses schönen Strandhotels in der riesigen, von Palmen bestandenen Anlage südlich von Kochi, direkt am Meer. Der Strand lädt zu Wanderungen und zum Schwimmen (Vorsicht vor Strömungen), aber zum Hotel gehört auch ein palmengesäumter Pool. Das Ayurveda-Zentrum wird von einem Arzt geleitet. Ein erstklassig geschultes Team von Masseuren und Therapeuten (Männer und Frauen) führt die Behandlungen durch. Auch die Mahlzeiten werden individuell nach Vorgabe des Arztes zubereitet.

◆ **Rajah Island Resort**
Chettuva, **Chavakkad** – 679536, Kerala,
Tel. (0466) 237 17 41,
ayurcenter@ayurveda-in.com, www.ayurvedichospital.com.
Hier logieren Sie in teilweise klimatisierten Cottages auf einer Insel oder in einem der beiden Hausboote mit Blick über die Backwaters. Ein gutes Restaurant, Pool, Yogazentrum und Joggingpfad stehen zur Verfügung. Das ayurvedische Zentrum bietet sieben- oder vierzehntägige Kuren an.

Zauberhaftes Indien

Indien ist einzigartig. Es begeistert, erschreckt, inspiriert – und es ist vor allem unglaublich vielgestaltig. In kaum einem anderen Land ist eine so große Fülle an Völkern, Landschaften und verschiedenen Sprachen zu Hause.

Schon immer hat Indien Reisende angezogen und fasziniert. 1897 beschrieb Mark Twain es als »das Land der Träume und Romanzen, des ungeheuren Reichtums und der unglaublichen Armut, des Prunks und der Lumpen, der Paläste und Baracken«. Auch heute sehen sich Reisende schon bei ihren ersten Schritten auf indischem Boden mit Widersprüchen und Paradoxa konfrontiert.

Seit frühester Zeit sind viele Völker über den indischen Subkontinent gezogen und haben entweder die dort siedelnden Stämme vertrieben oder sich mit ihnen vermischt. Die Indo-Europäer, die in großen Einwanderungswellen über die hohen Pässe im Nordwesten kamen, brachten die Grundlagen des hinduistischen Glaubens mit, aus denen sich eine der philosophisch gehaltvollsten und komplexesten Religionen entwickelte.

Auch Buddhismus, Islam und Christentum haben prägenden Einfluss auf Indien genommen. Aus den verschiedenen Völkern und Religionen entstand eine breite Vielfalt ethnischer Gruppen mit eigenen Kunstformen, Architekturen, Kulturen, Sprachen, Bräuchen, Literaturen, Musik- und Tanzstilen, Verwaltungsstrukturen, Denkweisen sowie eigenen Leistungen in Wissenschaft, Technologie und Medizin.

Diese Vielfalt und Gegensätzlichkeit macht Indien für Besucher so attraktiv, ist aber auch ein Grund für viele seiner früheren und gegenwärtigen Probleme. Doch trotz vieler Probleme bestrickt Indien alle, die dieses Land verstehen und nicht nur oberflächlich bewerten möchten, mit seinem Zauber. Die Empfindungen gehen weit auseinander. Der englische Journalist James Cameron, ein großer Bewunderer Indiens, kleidete die Faszination des Subkontinents in die Worte: »Ich liebe die Abende in Indien, jene zauberhaften Augenblicke, in denen die Sonne auf dem Rand der Welt schwebt und die Stille herabsteigt, während die Arbeitenden zu Zehntausenden auf einem Strom von Fahrrädern ihren Behausungen entgegengleiten und über Krishna und die Lebenshaltungskosten sinnieren.« ■

Vorhergehende Seiten: Birla Mandir, Delhi – Kanheri-Höhlen, bei Mumbai
Links: Obstverkäuferin in der Muhammad Ali Street, Mumbai **Ganz oben:** Schrein in Kerala
Oben rechts: Autorikscha in Delhi **Oben links:** Bestickte Pantoffeln in einer Verkaufsauslage

Land und Klima

Vom Monsun bewässert und von der Sonne verbrannt – nur wenige Länder umfassen derart viele verschiedene Landschaftsformen wie Indien. Vom höchsten Gebirge der Welt breitet sich Ider Subkontinent über Ebenen und Hochflächen aus bis in den tropischen Süden.

Indien erstreckt sich zwischen dem 8. und 36. Breitengrad nördlich des Äquators – so wie die größten Wüsten der Welt. Doch obwohl Indien in diesen Breiten ausgedehnte Trockengebiete (wie die Thar-Wüste) besitzt, liegen auch subtropische Regenwälder und alpine Hochwälder innerhalb seiner Landesgrenzen.

Jahreszeiten

Der etwa von März bis Mai dauernde indische Sommer ist sehr heiß und trocken. Die nördlichen Ebenen leiden zu dieser Zeit unter Staubstürmen und Temperaturen von 40 °C und mehr, während die schwüle Hitze (27–29 °C) in Südindien unter dem Einfluss einer Meeresbrise erträglich wird. Mit Einsetzen des Südwestmonsuns im Juni beginnt die kühlere, feuchte Zeit mit heftigen Regenfällen, die im Oktober nachlassen. Im Südosten und Osten bringt der Südostmonsun von Oktober bis Dezember einzelne Regenschauer.

Im November beginnt in Nordindien der Winter. Im Himalaya und seinen Ausläufern bleibt es bis Februar kalt; in den großen Ebenen liegen die Temperaturen zu dieser Zeit bei 15 bis 20 °C. In Südindien, ausgenommen die Nilgiri-Berge und die Westghats, bleibt es auch in dieser Zeit gleichbleibend schwül-warm.

Reisezeiten

Für den größten Teil des Subkontinents sind die Monate zwischen Oktober und März die beste Reisezeit. Ladakh besucht man idealerweise zwischen Juli und September, Südindien ist von Januar bis April am trockensten.

Links: Die Westghats, vom Eravikulam National Park aus gesehen **Rechts:** In der Region Kuttanad (Backwaters), Kerala

Die Landschaftsformen

Die üppigsten Regenwälder überziehen die Hügel an der Südwestküste, in Kerala, wo Kokospalmen die Lagunen überschatten. Nach Norden verbreitert sich der Küstenstreifen nach Goa mit seinen feinsandigen Stränden am Arabischen Meer. Er steigt landeinwärts zu den niedrigen roten Lateritplateaus und danach steil zu den Hängen der Westghats an.

Die Wüsten

Im Nordwesten findet man weite, an das steinige Wüstengebiet der Thar grenzende Baumwoll- und Sonnenblumenfelder, wo auch Hirse und Mais gedeihen. Von den Salzmarschen (Rann) von Kachchh (Kutch) im Westen bis zum

Luni-Fluss erstreckt sich die Große Wüste und weiter nördlich, zwischen den Städten Jaisalmer und Jodhpur, die Kleine Wüste. Das Buschland zieht sich bis zu den erodierten Flanken des Aravalli-Gebirges. Bei Jodhpur/Bikaner geht die Wüste allmählich in Steppe über.

Zwischen Gangesebene und Dekkan

Die Plateaus von Malwa, Bundelkhand und Rewa trennen die Wüste von der Gangesebene und dem Dekkan-Tafelland aus Lavagestein. Im Westen erhebt sich steil das Vindhya-Gebirge. Die Satpura-Berge trennen das enge Narmada-Tal von der breiten Flussaue des Tapti. Während der drei langen Monsunmonate ab Mitte Juni sprießt das Grün der Sal-, Bambus- und Teakholzwälder überall von den Westghats bis zum Chotanagpur-Plateau im nordöstlichen Indien. In den höheren Lagen wird Ackerbau betrieben. Das Chotanagpur-Plateau begrenzt die zum Ganges-Tal abfallenden Rajmahal-Berge.

Der Dekkan

Gänzlich anders zeigt sich die Granitfelsenlandschaft des Dekkan-Plateaus, immer wieder von vulkanischer schwarzer Erde durchzogen. Hier schlängeln sich Flüsse zwischen Hügeln, auf deren Kuppen die Marathen einst uneinnehmbare Festungsanlagen bauten. Mit dem Telengana- und dem Karnataka-Hochland bildet es das Kernland der Halbinsel.

Das niederschlagsreiche, von den Flüssen Krishna, Godavari und Kaveri durchschnittene Karnataka-Plateau weist dichte Sandel-, Teak- und Sisoowälder auf, in deren Unterholz wilde Elefanten leben. Auf dem angrenzenden Telengana-Plateau gedeihen auf sehr dünnen Lateritböden und felsigen Hügeln nur Dornenbüsche und wilde indische Dattelpalmen.

Wie tiefe Narben in der Landschaft wirken die ausgetrockneten Flussläufe in der Trockenzeit; oft sieht man darin künstlich angelegte Becken, die das kostbare Nass zur Zeit der recht kurzen Hochwasserperioden auffangen. Nach Südwesten schließt sich das Coimbatore-Plateau an, getrennt von Kerala durch die wolkenverhüllten Palni-Hügel und die blauen Nilgiri-Berge mit ihren Teepflanzungen. Der hier entspringende Kaveri ergießt sich in die Ebenen Tamil Nadus. Sein Delta wurde zur legendären Reisschale Indiens.

Die Ostküste

Indiens Ostküste mit ausgedehnten Dünen werden von Flusslandschaften der Deltas von Krishna, Godavari und Mahanadi unterbrochen.

Links: Geröllhänge bilden den Hintergrund der Ruinen von Hampi **Oben:** Ein Bilderbuchstrand bei Palolem, Goa

Auf seinem Weg über den Golf von Bengalen nimmt der Südwestmonsun erneut Feuchtigkeit auf, um nach Westen in die Gangesebene und nach Osten in das Tal des Brahmaputra weiterzuziehen.

Der heilige Fluss durchschneidet das Shillong-Plateau an den Garo, Khasi und Jainta Hills und am Grenzgebirge zwischen Assam und Birma (Myanmar) vorbei und windet sich durch ein weites Tal, das er in den massiven Felsformationen erodiert hat. An seinen Ufern entstanden winzige Weiler inmitten von Reisfeldern und Teeplantagen. Bei Dhuburi überquert der Brahmaputra die Grenze nach Bangladesh.

Der Himalaya

Im Norden erheben sich die bewaldeten Vorberge des Himalaya, durchschnitten von etlichen dem Ganges zuströmenden Flüssen. Hier bieten die dschungelartigen Sisoo- und Tamariskenwälder gute Lebensbedingungen für den selten gewordenen Tiger.

Im östlichen Himalaya ist das obere Tista-Tal das Kernland von Sikkim. In üppig wuchernden Wälder blühen Orchideen und Rhododendren. Die Täler bilden ein Mosaik aus Feldern und Terrassen, auf denen v.a. Mais, Reis und Hirse angebaut werden. Indiens höchster Berg ist der Kanchenjunga (8598 m) in Sikkim. ■

Die Reisebenen

Der Brahmaputra ergießt sich in das feuchte, auf indischer Seite von der Hafenstadt Kolkata beherrschte Gangesdelta. Der Mangrovenwald des ständig wachsenden Deltas bietet dem gefährdeten Bengalischen Tiger in den Sunderbans Zuflucht. Weiter landeinwärts wurde der Dschungel gerodet, um dort Jute und Reis, Gerste und Hülsenfrüchte anzubauen.

Folgt man dem Monsun nach Westen in die mittlere Gangesebene, sinkt der Niederschlag von jährlich 1400 mm auf 800 mm (bei Delhi). Im Südwesten grenzen die weiten, künstlich bewässerten Weizenfelder des Punjab an die Trockengebiete Haryanas. Hier liegt die Hauptstadt Delhi, das Tor zur Yamuna-Gangesebene.

EIN BLÜHENDER LANDSTRICH

Ein Paradies für Angler und Wanderer ist der zentrale Himalaya in Himachal Pradesh. Die schneebedeckten Dhauladar-Berge trennen hier die Flüsse Beas und Ravi.

Dicht an dicht überziehen Apfelplantagen das Kulu-Tal am Oberlauf des Beas. In den Chir- und Deodar-Wäldern der höheren Regionen liegen eingestreut Terrassen mit Kartoffel- und Reisfeldern. Vom Kulu-Tal aus zogen früher die Bhotiya-Schäfer mit ihren Herden auf die Hochweiden von Ladakh hinauf. Jetzt sind sie in festen Dörfern am Rande der Waldzone sesshaft geworden, in tieferen Lagen wird Ackerbau betrieben.

Fauna und Flora

Trotz schwindender Lebensräume und Bedrohung durch Wilderer ist die Vielfalt an Tieren, Vögeln und Pflanzen Indiens ungeheuer reichhaltig.

Tiere sind in Indien nie fern. Auch in Häusern entdeckt man oft genug Rhesusaffen und Mungos, ganz zu schweigen von den über die Wände huschenden Geckos oder einem Skorpion im Schuh. In den Gärten sind Mynah-Vögel, gar eine Kobra, keine Seltenheit. Kamele und Elefanten schaukeln durch den Straßenverkehr. Wasserbüffel suhlen sich neben den Dhobi-Ghats, bei denen Wäsche gewaschen wird. Riesige Greifvögel – Geier und Brahminenweihe – kreisen am Himmel.

Großkatzen und Bären

Löwen, Tiger und Bären, gefährlich und scheu zugleich, haben auf dem Subkontinent die unterschiedlichsten Lebensräume gefunden, von den Himalaya-Wäldern bis zum trockenen Busch. Inzwischen haben Rodungen allerdings ihre Jagdgründe bedrohlich dezimiert, und ohne die zahlreichen Wild- und Naturreservate schritte das Aussterben weiter voran. Den Geparden, die schnellste Großkatze, sichtet man nicht mehr; Indiens letztes Exemplar starb 1994. Die Regierung erlaubt weiterhin das Erlegen von Großkatzen, die Menschen gerissen haben. Doch auch Rinderdiebe werden oft geschossen, darunter Leoparden, Panther und Tiger – Schneeleoparden und Nebelparder bleiben meist verschont. Zum Wildkatzenbestand zählen zudem Bengalens Rohr- und Fischkatzen.

Einige stämmige Persische Löwen durchstreifen den Gir Forest (Gujarat), ihr weltweit einziges Revier. Ihnen fehlt die imponierende Mähne afrikanischer Löwen; am dichtesten ist ihr zottiges Fell an Schwanz und Ellbogengelenken. Auf die Reste der Löwenmahlzeiten stürzen sich Streifenhyänen. Panther sieht man im Gir Forest häufiger als in anderen Parks Indiens.

Eremitischer verhalten sich Bären. Die Isabell-Braunbären sind plumper und größer als ihre schwarzen Vettern, die unterhalb der Baumgrenze an den Berghängen des Himalaya hausen. Lippenbären, die in vielen Teilen Indiens leben, sind vorwiegend nachtaktiv. Alle drei Arten können Bäume erklettern und notfalls schwimmen. Der Lippenbär grunzt bei Freude und Ärger, gräbt nach Termiten und nascht Bienen, lieber noch Honigwaben, süße Früchte und Beeren. Bären werden wegen ihrer Gallenblase gejagt, die in der traditionellen chinesischen Medizin als potenzsteigernd gilt. Ein grausames

Links: Indische Elefanten leben in oder nahe Waldgebieten.
Rechts: Ein Lippenbär

Schicksal erleiden aber auch viele Lippenbären, die, an Ketten und mit Maulkorb, Rupien für ihre Besitzer verdienen müssen. Im Nordosten leben Kleine Pandas (Katzenbären), die schlanken Waschbären ähneln.

Die ganz Großen

Das Panzernashorn bewohnt vorwiegend die nordöstliche Buschlandschaft um Kaziranga (Assam). Durch Wiederansiedlung im Dudhwa-Park (Uttar Pradesh) ist Indiens Nashornbestand auf mehr als 1700 Exemplare gestiegen. Trotzdem ist die Art gefährdet, gelten ihre Hörner doch als Aphrodisiakum.

Ein Panzernashorn erblicken Sie wahrscheinlich vom Rücken eines gezähmten Elefanten aus. Im Dschungel jedoch leben auch die gefürchteten wilden Elefanten. Mitunter verirrt sich eine Herde von Elefanten in ein Dorf und trampelt dort Strohhütten und alles, was ihnen den Weg versperrt, nieder.

Dennoch ist es ungemein spannend, eine Herde friedlich durch das Buschwerk ziehender wilder grauer Riesen zu beobachten. Diese Kolosse können sich erstaunlich leise fortbewegen. Und auch heute noch kann es geschehen, dass sich ein Dorfbewohner ehrfürchtig vor »Lord Ganesh« zu Boden wirft – ohne Rücksicht darauf, dass dieser seinen Schädel mit dem nächsten Fußtritt zermalmen könnte.

ELEFANTEN

Elefanten haben einen enormen Appetit: Ein ausgewachsenes Exemplar verzehrt täglich etwa 200 kg Grünfutter. Das Gedächtnis eines Elefanten wurde zu Recht zum geflügelten Wort. Kranke Tiere erinnern sich genau, wo im Wald Heilpflanzen wachsen. Daher lassen Tierärzte sie oft frei, damit sie sich selbst therapieren. Wenn Elefanten an einen anderen Ort ziehen, folgen ihnen bestimmte Arten, etwa Rehe, die wiederum Raubtieren wie Tigern oder Leoparden als Nahrung dienen.

Zu Indiens schätzungsweise 10 000 wilden Dickhäutern kommen Tausende von abgerichteten Arbeitselefanten. Sie sind bei Tempeln, in Holzfällercamps und Wildparks zu finden.

Elefanten in freier Wildbahn kann man am besten in den Schutzgebieten von Periyar (Kerala) und Bandipur (Karnataka), aber auch sehr gut in Parks in Westbengalen und Assam beobachten.

Wildtiere beobachten

Anders als in Afrika, wo große Herden die Savanne durchstreifen und Touristen aus dem Jeep ohne Mühe die schönsten Fotos machen

Die Tigerpopulation ist auf alarmierende Zahlen zurückgegangen. 2005 lebte im Sariskar-Reservat kein einziger Tiger mehr. Seitdem arbeitet die indische Regierung mit Naturschutzorganisationen zusammen, um den Tiger vor dem Aussterben zu retten.

können, erfordern Besuche indischer Wildparks Geduld. Viele Raubtiere sind Einzelgänger, die in sicherer Deckung auf Beute lauern. Wildreservate erfordern oft eine längere Anreise, bis auf Ranthambore in Rajasthan, das nahe einer Bahnlinie liegt. Für einige Parks benötigt man eine Sondererlaubnis, meist für Gruppen von mindestens vier Personen.

Im Nordosten verstecken sich gelegentlich außer scheuen Kleinen Pandas und Makaken auch Angehörige militanter Gruppen und Stämme. Die Regierung reglementiert Reisemöglichkeiten nahe strategisch wichtigen Grenzen und Guerillagebieten. Daher sollte man kurz vor dem Aufbruch in solche Gegenden die aktuelle Lage erfragen. Trotzdem verdient Indiens vielfältige Tierwelt – fast 350 Säugetierarten, einige tausend Vogel- und über 30 000 Insektenarten – mehrere Expeditionen.

Tiger

Heutzutage kann man kaum noch Tiger in freier Wildbahn sehen. Nach einem 2008 veröffentlichten Bericht der National Tiger Conservation Authority leben nur noch 1400 ausgewachsene Tiger in Indien. Das 1973 zum Schutz der Großkatze ins Leben gerufene »Project Tiger« ist ins Zwielicht geraten, als kürzlich entdeckt wurde, dass einer der Projektleiter Zahlen des Tigerbestands manipuliert hat, um mehr Spenden zu bekommen. 2008 richtete die indische Regierung eine Schutztruppe (Tiger Protection Force) gegen Wilderer ein und hat über 200 000 Dörfer umgesiedelt, um Tiger und Menschen so weit wie möglich voneinander zu trennen.

Dennoch gehört der indische Tiger immer noch zu den extrem gefährdeten Arten. Sein Lebensraum ist durch eine stark wachsende Bevölkerung dramatisch geschrumpft, außerhalb von Schutzgebieten finden Tiger nirgendwo mehr genügend Nahrung. Da die Nachfrage nach Körperteilen von Tigern, insbesondere in der chinesischen Heilmittelindustrie, unverändert hoch ist, stellt Wilderei ein häufiges Problem dar. Mit schlecht bezahlten Wildhütern lässt sich nur wenig ausrichten gegen organisierte Wilderei in entlegenen Parks.

Vor hundert Jahren zählte der Subkontinent über 40 000 Großkatzen. Britische Vizekönige und ihre Scharfschützen erhoben die Tigerjagd (*shikar*) geradezu zum Kult. Sie zielten von Elefantenrücken aus, um danach neben einem Berg abgezogener Felle zu posieren. Heute, da der Dschungel weiter schrumpft, sind die Tiger bedrohter denn je. Skrupellose Wilderer lassen Tiger nicht einmal in Würde sterben. Sie benutzen selten Gewehre, zumal unversehrte Felle höhere Prämien erzielen, sondern vergiften Köder, meist Hirsche oder Ziegen, oder arbeiten mit Fallen. Andere legen mit Sprengstoff präparierte Kadaver aus – und der neugierige Tiger jagt sich selbst in die Luft. Oft sind die Täter Straßenarbeiter, die über Dynamit verfügen und damit auch in Flüssen fischen.

Ganz links: Rhesusaffen fühlen sich in Menschennähe wohl **Links:** Languren leben in großen Gruppen **Rechts:** Tigerstreifen sind so einzigartig wie menschliche Fingerabdrücke

In Indien werden Artenschutzgesetze leider immer noch häufig verletzt. Wildhüter fälschen Statistiken, damit Subventionen und Touristen nicht ausbleiben. Pakete mit Tigerknochen werden regelmäßig an Flughäfen und Postämtern abgefangen. Der Tiger, einst asienweit verehrtes

Symbol der Macht, Kraft und Fruchtbarkeit, liegt in den letzten Zügen.

Die Chancen, eines der so selten gewordenen Tiere zu erspähen, sind in Kaziranga (Assam), Bandhavgarh und Kanha (Madhya Pradesh), Dudhwa (Uttar Pradesh), Corbett (Uttaranchal) sowie Bandipur (Karnataka) und Ranthambore (Rajasthan) am besten. Glück gehört aber selbst in der Trockenzeit dazu, wenn die dürstenden Tiger sich langsamer bewegen und sich vor dem verdorrten Laub besser abheben.

Am günstigsten ist die Morgen- und Abenddämmerung. Jeeps, Elefanten, sogar Einbaumkanus bringen Besucher tief in den Busch – ein aufregendes Erlebnis selbst dann, wenn man nur auf Fährten von Tigern stößt.

Weitere Exoten

Bei derlei Expeditionen kommt man vielen anderen Tieren auf die Schliche. Achten Sie auf das Schuppentier, das Ameisen und Termiten frisst; es ähnelt dem Gürteltier, lebt aber hoch in den Bäumen, den Greifschwanz als Kletterhilfe nutzend. Dieser nachtaktive Geselle bevorzugt den dichten Regenwald des Ostens; stört man ihn auf, faucht er und rollt sich zu einem Ball zusammen.

Der seltene nachtaktive Halbaffe Plumplori kringelt sich tagsüber zu einem Wuschelknäuel zusammen. Nachts bewegt sich dieser Baumbewohner langsam, auf Nahrungssuche Griff um Griff durch Bäume hangelnd.

Krokodile wirken selten klein. Die mächtigen Sumpfkrokodile stehen auf der Liste bedrohter Arten. Doch der Reptilienkundler Romulus Whitaker hat für Nachschub gesorgt. Die lebenden Ratten, mit denen er seine 10 000 Krokodile bei Chennai füttert, scheinen wie Vitamintabletten zu wirken. Inzwischen tummeln sich in den Flüssen und am Küstensaum wieder so viele Krokodile, dass die Regierung das Aussetzen weiterer Exemplare verboten hat. Die Gaviale, bis zu sieben Meter lange Krokodile, schnappen sich Fische in Indiens Flüssen und sind im Winter, wenn sie sich am Ufer sonnen, eher auszumachen. Die riesigen Salzwasser- oder Leistenkrokodile, die mitunter eine Kuh als Hors d'œuvre verspeisen, sind auf die Andamanen-Inseln, die Sunderbans in Westbengalen und Bhitar Kanika in Orissa begrenzt.

ÜPPIGES PFLANZENLEBEN

Viele zu Hause in Gewächshäusern gezogene Pflanzen sieht man in Indien wild wachsen. Es gibt ungefähr 15 000 verschiedene Arten, unter ihnen die seltenen Frauenschuhorchideen, Wälder von kostbarem Sandelholz und Nadelbäume, von Rhododendren überwuchert. Mangrovenwälder gehen in Kasuarinashaine über. Dickichte von Bambus wachsen im nordöstlichen Staaten, wo der Bambus hauptsächlich zur Papierherstellung verwendet wird. Wildblumen bedecken im Sommer die Wiesen des Himalaya wie bunte Teppiche. Obwohl der Mischwaldbestand stark dezimiert wurde, findet man noch feuerresistente Sal- oder Teakholzbäume, die selbst Termiten widerstehen. Typisch für Indien sind auch Banyan-Bäume mit vielen Luftwurzeln, heilige Pipal- (Bodhi-)Bäume (Pappelfeigen) und Ashoka-Bäume mit speerspitzenförmigen Blättern. Die Blüten sind besonders faszinierend: Jacaranda blüht blau wie Lavendel, die weißen Magnolienblüten heben sich von den glänzenden grünen Blättern ab. Aus den orangefarbenen Blüten der *Flame of the Forest* wird gelbe Farbe hergestellt, aus ihrer Rinde blaue Farbe. Die stark duftenden Blüten der Frangipani (Tempel-Baum) können creme-, pink- oder fuchsienfarben sein. Die Blüten der Tamarinden- und Jamun-plum-Bäume konkurrieren mit dem Duft von Tuberose (Nachthyazinte) und Jasmin.

Einer der wichtigsten Brutplätze für die Olive-Ridley-Meeresschildkröte, eine bedrohte Tierart, ist der Kanika National Park in Orissa. Am Gahirmatha-Strand kommen in nur drei bis vier Tagen im Januar über 200 000 Schildkröten zur Eiablage an Land.

In den Ebenen versammeln sich Hirschziegenantilopen mit ihren mächtigen Korkenziehergeweihen. Nilgaiantilopen überleben aufgrund religiöser Ehrfurcht. Die nur in Kaschmir lebenden Hanguls oder Kaschmirhirsche, eine Subspezies des europäischen Rotwilds, sind nur noch im Dachigam Sanctuary anzutreffen; über die höheren Hänge klettern Steinböcke. Der Sangai- oder Manipur-Leierhirsch (Cervus eldi eldi), Indiens seltenstes und unmittelbar vom Aussterben bedrohtes Tier, flüchtet sich in die Wälder des Nordostens.

Im Himalaya scheinen die Blumen über den Wiesen zu schweben – bei näherem Hinsehen entpuppen sie sich als exotische Schmetterlinge, die durch Flattern mit ihren schillernden Flügeln die Tauverdunstung beschleunigen. Gazellen und Wildschweine, Lederschildkröten und blinde Flussdelfine, Stachelschweine und Flughörnchen – Indiens Wildereservate hüten eine artenreiche Tierwelt.

Vogelwelt

Zu den prächtigen Standvögeln, die ganzjährig auf dem indischen Subkontinent ansässig sind, gesellen sich viele seltene, hier rastende Zugvögel. Nashornvögel ziehen paarweise über den Dschungel im Nordosten und Süden, heiser rufende Sittiche kreisen über den Bäumen von Stadtparks. In Wassernähe können Sie Eisvögel, Reiher, Löffler, Flamingos, Silberreiher und Krickenten ausmachen.

Links: Nilgaiantilopen sieht man hauptsächlich in Nordindien
Oben: Leistenkrokodile können bis zu 7 m lang werden

Vogelbeobachter in Wildparks sollten auf der Hut sein: Ein Ornithologe, der im Corbett-Park (Uttarakhand) durchs Fernrohr gebannt ein brütendes Vogelpaar beobachtete, wurde von einem Tiger angefallen und getötet.

Das Schutzgebiet Keoladeo bei Bharatpur nahe Agra ist berühmt für die Vielfalt seiner gefiederten Besucher. Die Nonnenkraniche, die dort überwinterten, sind in den letzten Jahren ausgeblieben. Tierschützer ziehen sie nun hier auf. Um die Nestlinge nicht an Menschen zu gewöhnen, tragen sie eine bizarre Tarnkleidung mit Schnäbeln. Sie hoffen, dass die Jungen die Flugrouten anderer Kranicharten übernehmen werden und aus Russlands Steppen weitere Artgenossen anlocken. ■

श्री जगदम्बा देवी माँ
श्री कुमकुमअर्चन २१.00
श्री अभिषेक ११.00
श्री कपुर आरती ११.00
श्री नवदपती ११.00

Gesellschaft und Religion

Unüberschaubar ist die Menge der Subkulturen, Bevölkerungsgruppen und religiösen Traditionen in Indien. Im Lauf der langen Geschichte hat sich ein äußerst kompliziertes hierarchisches Gesellschaftssystem entwickelt.

Bei über einer Milliarde Menschen – rund 17 % der Weltbevölkerung – und einer riesigen Bandbreite von Kulturen, Sprachen und Glaubensvorstellungen ist es unmöglich, die eine repräsentative indische Gesellschaft oder gar den repräsentativen Inder zu finden. Für alles, was als typisch vorgestellt wird, finden sich Gegenbeispiele – Menschen, die ganz andere Werte und Gesellschaftsstrukturen haben.

Das Kastenwesen

Traditionell ist die übergreifende Form sozialer Organisation das Kastenwesen. Obwohl es heute von moderneren Formen der gesellschaftlichen Schichtung überlagert wird, identifizieren sich die meisten immer noch mit ihm. Das Konzept ist so allumfassend, dass sogar Gruppen, die gar nicht zum Hinduismus gehören, es übernommen haben. Auch indische Muslime, Sikhs und Christen haben ähnliche Formen herausgebildet.

Es gibt eine unüberschaubare Anzahl von Kasten, oftmals definiert durch einen der traditionellen Berufe. Die Struktur ist viel wandlungsfähiger, als man gemeinhin annimmt. Ständig entstehen neue Kasten, und alte bestimmen ihre Position neu, beispielsweise durch die Annahme eines neuen Namens oder durch wirtschaftlichen Erfolg, der ihnen auch einen höheren Status verschafft. Natürlich geht das nicht von einem Tag auf den anderen, und für diejenigen, die sich traditionell ganz unten befinden, ist es weitaus schwieriger.

Links: Gläubige in einem der vielen Hindutempel in Mumbai **Rechts:** Bad im Ganges, einem der sieben heiligen Flüsse Indiens

Die beiden Konzepte *dharma* und *karma* sind zentral; das ist einmal die Pflicht, die man erfüllen muss, und zum anderen die Konsequenz, die die Handlungen von heute auf das Leben in der Zukunft haben. Diese beiden Konzepte, zusammen mit der Erblichkeit traditioneller Berufe und der Idee der rituellen Verunreinigung, haben eine stark hierarchisierte Gesellschaft entstehen lassen, die dank ihrer Flexibilität neue Bevölkerungsgruppen aber ohne Weiteres integrieren kann.

Die »Gesetze des Manu« (ca. 150 n. Chr.) bilden das Modell für eine vielfältige Gesellschaft. Jedes Individuum wird in eine bestimmte Kaste *(jati)* geboren, die den Status bestimmt, gleichgültig wie reich oder arm die Eltern sind. Bei

Manu sind es vier: die Brahmanen (Intellektuelle und Priester), die Kshatriyas (Könige und Krieger), die Vaishyas (Händler und Bauern) und die Shudras (Bauern). Die beiden ersten gelten als Zweimalgeborene, die ihren Status durch das Tragen einer heiligen Schnur kenntlich machen. Dann gibt es noch die sogenannten unreinen Kasten, denen die verunreinigenden Aufgaben wie Toiletten reinigen, Straßen fegen etc. obliegen. Im Verlauf eines sehr langen Prozesses sind diese Gruppen am unteren Ende der Skala angekommen.

Bei dem Autor Manu ist dieses System relativ übersichtlich und hat einen rassistischen Tenor, die hellhäutigen sind oben, die dunkelhäutigen (die Eroberten) unten. Die indische Wirklichkeit war und ist allerdings sehr viel komplizierter. Im Lauf der Jahrtausende haben sich Unmengen von Kasten gebildet, die aus immer wieder neuen Zusammenschlüssen von Menschen entstanden und in lokale Hierarchien eingegliedert wurden.

Familie, Heirat und Lebensriten

In gewisser Weise kann man sagen, dass Religion in Indien etwas ganz anderes ist als im Westen, wo sie im täglichen Leben in der Regel keine Rolle spielt. Hier bestimmt sie den Lebensstil, die Identität der meisten Menschen, und jeder ist im täglichen Leben ständig damit konfrontiert. Nicht nur bei Geburt, Heirat und Tod ist das Religiöse immer präsent, sondern auch bei den täglichen Riten im Haus, der Bitte um Erfolg bei der Prüfung, um das Gelingen einer Reise, der Namensgebung eines Kindes etc.

Die Heirat ist für fast alle das wichtigste Ereignis im Leben. Ohne Familie und Kinder kein Status, und der sehnlichste Wunsch ist der nach Kindern. Das Leben in Indien war immer hart und ist es für viele auch heute noch. Deshalb hat sich ein schützendes Netzwerk etabliert, das allerdings auf die Sonderwünsche des Einzelnen wenig Rücksicht nimmt. Geheiratet wird innerhalb der Kaste, innerhalb der Gemeinschaft, die traditionell einen großen Rückhalt zusätzlich zur eigentlichen Familie bildet. Auch in der Gegenwart folgen die weitaus meisten diesen Vorgaben, und die Auswahl des richtigen Ehepartners obliegt den Eltern. Gerade bei den höheren Kasten, die heute auch oft im Inter-

WICHTIGE GRUNDGEDANKEN IM HINDUISMUS

Seit den *Upanishaden* sind die wichtigsten Konzepte des hinduistischen Weltbilds *brahman*, *atman* und *karma*. Das ultimative Ziel des Lebens ist die Erlösung *(moksha)* von der Illusion, die Welt bestehe aus voneinander geschiedenen Objekten. Durch die menschliche Art der Wahrnehmung ist der Einzelne darin gefangen und zum Leiden verurteilt.

Das *brahman* ist die Weltseele, lebendig, unbeschreibbar, ewig. Alles, auch jeder Mensch mit seinem göttlichen Anteil *atman*, ist innerhalb des *brahman*. Im Grunde ist alles eins ohne Anfang und ohne Ende.

Im Verlauf des Existenzkreislaufs spalten sich durch Verunreinigungen Einzelseelen vom *brahman* ab, verkörpern sich, bilden Objekte, Pflanzen, Tiere, Menschen, Himmelswesen.

Hervorgerufen wird dies durch *karma*, das Resultat vorangegangener Taten, die den Blick auf die Wirklichkeit verstellen. Erst wenn ein Individuum durch völlige Überwindung des Ego zur Freiheit vom *karma* gelangt ist, kann es die Realität erkennen. Bis dahin muss jeder Einzelne immer wieder geboren werden, altern und sterben.

Die vier Ziele des einzelnen menschlichen Lebens sind Vergnügen, Wohlstand, pflichtgemäßes Verhalten *(dharma)* und Erlösung. Diese können in den vier Lebensstadien erreicht werden.

net oder per Zeitung Ehepartner suchen, spielen neben der richtigen Kaste auch Elemente wie der Besitz einer Green Card oder die passende Ausbildung eine wichtige Rolle.

Familie und Verwandtschaft bildet das Modell für allen Umgang miteinander, sodass ein Gast sich nicht wundern muss, wenn er, je nach Altersverhältnis, als Onkel oder Tante, als Sohn oder Tochter, als jüngerer Bruder (*Bhaiyan*) oder ältere Schwester (*Didi*) mit eingegliedert wird.

Der Hinduismus

Im Unterschied zu den vorderorientalischen Religionen, die in enger Beziehung zueinander entstanden, überrascht der Hinduismus mit dem Umstand, dass er weder einen Gründer noch ein Dogma kennt und keine verbindliche heilige Schrift besitzt. Ob man sich auf den *Rigveda*, die *Upanishaden*, die *Bhagavad Gita* beruft oder auf keinen dieser Texte – man kann trotzdem ein guter Hindu sein. Einem Hindu steht es frei, Vishnu, Shiva oder einen anderen Gott zu verehren oder auch nur über den erhabenen Geist im eigenen Herzen zu meditieren. Manche besuchen die Tempel zum Gebet oder Gottesdienst, andere bevorzugen Opferrituale, baden in heiligen Flüssen oder begeben sich auf ausgedehnte Pilgerreisen. Ähnlich vielfältig sind die hinduistischen Theorien über Gott und die Entstehung der Welt.

Der Hinduismus ist voller Gegensätze. In dieser Religion haben sowohl höchst intellektuelle metaphysische Spekulationen über den Ursprung des Seins Platz wie auch naiv anmutende Riten der Volksfrömmigkeit, die der Besänftigung von Tiergottheiten und Baumgeistern dienen. Einerseits flexibel und tolerant – der Hinduismus erkennt viele Wege zum gleichen Ziel an und lässt sogar die Propheten anderer Religionen als Heilige gelten –, schreibt er andererseits den Lebensstil der verschiedenen Bevölkerungsgruppen ziemlich dogmatisch vor.

Links: *Sadhus* (heilige Männer) suchen durch Meditation und Kontemplation *moksha* zu erlangen, die Befreiung aus der langen Kette von Geburt, Tod und Wiedergeburt
Oben: Opfergaben in einem Hindutempel

Die alten Schriften

Als die Indoeuropäer nach Indien kamen, war die Industal-Kultur bereits im Niedergang begriffen. Sie brachten ihre Sprache, das Sanskrit, mit und entwickelten sie zum erstaunlich vielseitigen Medium einer sublimen Gedanken- und Bilderwelt. Ihre Verehrung des Göttlichen drückten sie in herrlichen Hymnen und Gebeten aus, die in den vier *Veden* (von Sanskrit *vid*, Wissen), die zwischen 1500 und 1000 v. Chr. entstanden, gesammelt sind. Die Götter, an die die Hymnen gerichtet sind, personifizieren

Naturkräfte: Indra, Gott des Regens und Donners, Prajapati, der Herr der lebenden Wesen, Agni, Gott des heiligen Feuers etc. Ihre religiösen Handlungen bestanden hauptsächlich aus Feueropfern.

Die *Veden* gelten als Quelle des Hinduismus. Die darin enthaltenen Vorstellungen haben die gesamte Entwicklung dieser Religion geprägt. Es ist darin eine Tendenz weg vom Polytheismus und hin zu monotheistischen Vorstellungen erkennbar: Man deutete die Vielzahl der Götter zunehmend als Erscheinungsform eines einzigen göttlichen Prinzips. Der vedische Begriff des *rita,* des Weltgesetzes, meint eine einzige, alles durchströmende Kraft. In dieser Idee wurzelt das tiefe Gefühl für die enge Beziehung zwischen Mensch und Natur. In ihrer Verschmelzung von Religion mit Philosophie und Dichtung verkörpern die *Veden* das hinduistische Ideal der Vollkommenheit – im vollkommenen Menschen vereinen sich die geistige Klarheit des Philosophen, die Frömmigkeit des Weisen und der Schönheitssinn des Künstlers.

Die *Upanishaden,* zwischen 800 und 400 v. Chr. als Fortsetzung der *Veden* entstanden, beinhalten eine neue, in der Auseinandersetzung mit dem Buddhismus entstandene Philosophie. Das Prinzip von *dharma* und *karma* und die Idee vom

DALITS UND DISKRIMINIERUNG

Obwohl gesetzlich verboten, kommt Diskriminierung der als unrein betrachteten Kasten und Stämme häufig vor. Deren Integration hatten sich bereits die Angehörigen der Unabhängigkeitsbewegung auf die Fahnen geschrieben. Gandhi nannte sie damals *Harijan*, die Kinder Gottes. Heute bevorzugen sie die kämpferische Bezeichnung *Dalit*, die Unterdrückten, denn diese hat keine religiöse Konnotation. Unter diesem Namen haben sie schon viel erreicht, und es kommt immer wieder zu Konflikten, weil viele Dalits sich durch diese Erfolge von jahrhundertelanger Unterwürfigkeit befreien. Deshalb sind heute besonders dort, wo die Hierarchien extrem starr sind, z.B. in Bihar, Gewaltausbrüche nicht selten. Viele Dalits liebäugeln mit den Maoisten (Naxaliten), die in einigen Gegenden im Nordosten bereits eine Gegenregierung etabliert haben. Sich von Vorurteilen gegen die Dalits zu befreien ist für die Kastenhindus äußerst schwierig. Ein kommunistischer Politiker aus Kerala schrieb einmal, er habe sich, obwohl ein glühender Verfechter der Gleichheit aller Menschen, zwingen müssen, Dalits die Hand zu geben. Diese intensive Abneigung habe er schon »mit der Muttermilch eingesogen«. Man könnte die Haltung der Kastenhindus mit der unbewussten Abneigung vergleichen, die bei uns vielfach Fremden gegenüber herrscht.

Ob meine Taten heute gut oder böse sind, das bestimmt mein Leben in der Zukunft. Damit ist jedoch nicht gemeint, dass ich im nächsten Leben reicher oder glücklicher bin, sondern nur, dass ich die Möglichkeit habe, auf dem Weg zur Erlösung weiter voranzuschreiten.

individuellen Weg zur Erlösung vom Kreislauf der Wiedergeburten sind hier verortet.

Das große Epos *Mahabharata* erzählt vom Konflikt zwischen zwei verfeindeten Gruppen von Vettern und der großen Schlacht, in der er gipfelt. Am Vorabend der Schlacht wird der Held Arjuna von Zweifeln befallen und weigert sich, gegen die Verwandten zu kämpfen. In dieser dramatischen Situation belehrt ihn Krishna über die Unsterblichkeit der Seele und die Aufgabe, sein *dharma*, seine heilige Pflicht, zu erfüllen. Dies ist das berühmte Lehrgedicht *Bhagavad Gita*.

Die Lehrrede Krishnas, von gelegentlichen Fragen Arjunas unterbrochen, berührt fast alle Fragen des menschlichen Lebens. Die ungeheure Anziehungskraft der *Bhagavad Gita* liegt in ihrem tiefen Ernst, ihrem Optimismus und ihrer Toleranz. Sie weist dem Menschen drei gleichberechtigte Wege zur Selbstverwirklichung: *jnana*, den Weg des Wissens, *bhakti*, den Weg der Liebe und Hingabe, und *karma*, den Weg der guten Taten. Die drei Wege entsprechen den drei Bereichen, in denen der Mensch sich verwirklichen muss, im intellektuellen, im emotionalen und im praktischen Leben. Hinzu kommt noch »der besondere Weg« des *Yoga*. Seit mehr als 2000 Jahren haben Millionen von Menschen Trost und Hoffnung bezogen aus der einfachen Botschaft der *Bhagavad Gita*: »Arbeite aus innerem Antrieb und weihe die Früchte deiner Arbeit dem Göttlichen.« Letztlich lautet die Moral der Geschichte: »Tu deine Pflicht! Nach dem Erfolg des Handelns frage nicht!«

Hinduistische Mythologie

Mythologische Erzählungen haben in Indien schon immer eine bedeutende Rolle gespielt. Ihre Aufgabe lag darin, abstrakte philosophische Gedanken und ethische Ideale in eine konkret nachvollziehbare Form zu bringen. So gibt es Hunderte von Mythen über Götter, Göttinnen, Helden, weise Männer und Dämonen, aber auch über Erscheinungen der Natur – Sonne, Mond, Seen, Flüsse, Berge, Bäume, Blumen und Tiere. Auch Menschen ohne jede Schulbildung kennen sie.

In der nachchristlichen Zeit haben die vedischen Götter ihre Bedeutung weitgehend verloren und wurden durch neue, wahrscheinlich aus nichtschriftlichen Kulturen stammende Gottheiten ersetzt. Ihr Aufstieg ist der Tatsache zu verdanken, dass sie nur Manifestationen

einer einzigen spirituellen Kraft sind und deswegen jede beliebige Gestalt annehmen können. So konnten all die Tausenden von Stammes- und Dorfgottheiten des Subkontinents zusammengeführt werden. Die Dorfgottheiten oszillieren noch heute zwischen einer gesamtindischen hochhinduistischen Identität und unabhängigen, zum Teil vorhinduistischen Charakteren. Sie beschützen die Menschen und die Felder. Sie können machtvoll und gefährlich sein. Besonders Göttinnen brauchen manchmal Tieropferung zur Besänftig.

Die *pujaris*, die Priester für diese lokalen Gottheiten, sind normalerweise nicht die Brahmanen der Dorftempel, sondern Angehörige niedriger Kasten. Die Grenzen zwischen der hochhindu-

Links: *Ghats* (Ufertreppen) am Fluss werden zum Baden, Waschen und für kultische Handlungen genutzt.

Oben: Szene aus der *Bhagavad Gita* (Gesang Gottes), einem Teil des *Mahabharata*-Epos

istischen und der dörflichen, sogar Stammesreligion, sind jedoch sehr fließend und für den Außenstehenden nicht nachvollziehbar.

Spätere Entwicklungen

Der Islam war schon seit dem 7. Jh. in Indien bekannt. Aber erst viel später, im 14. bis 15. Jh., fingen die Inder als Folge der Auseinandersetzung mit dem muslimischen Glauben an, sich eine eigene, hinduistische Identität zuzulegen. Bis dahin hatten sie sich nicht als Angehörige einer Religion verstanden. Gleichzeitig fand auch eine Annäherung statt. Eine wichtige Rolle in diesem Prozess spielte die im 15. Jh. von

dem Guru Nanak begründete Sikh-Religion. Im 16. Jh. kamen katholische Missionare nach Indien und bewogen intellektuelle Hindus, sich mit dem Christentum zu befassen. Nur wenige Inder ließen sich taufen, aber es entwickelten sich neue Ideen. Im Mittelalter drückte das religiöse Denken sich stark über das Medium der Poesie aus, wobei häufig Regionalsprachen die Rolle des Sanskrit übernahmen. Es war das Zeitalter der großen Dichterheiligen, deren Lieder noch heute Millionen von Hindus singen.

Das Vordringen der britischen Herrschaft Ende des 18. Jhs. bereicherte den Hinduismus mit neuen Ideen: europäischem Humanismus und Liberalismus, Christentum, wissenschaftlicher Rationalität, Technik und Nationalismus. Auch da zeigte der Hinduismus seine Offenheit und Anpassungsfähigkeit an andere Kulturtraditionen, behielt aber seine eigene Identität. Die herausragenden Vertreter des Hinduismus im 20. Jh. waren Mahatma Gandhi und der Dichter Rabindranath Tagore – beide zutiefst überzeugt von der Toleranz ihrer Religion.

Getreu einer stark im Hinduismus vertretenen Position war Gandhi fest davon überzeugt, dass in allen Religionen im Grunde die gleiche Botschaft enthalten ist. Das Neue Testament war ihm ebenso wichtig wie die *Bhagavad Gita*, unter seinen Vorfahren gab es Jainas, einige seiner engsten Freunde waren Muslime. Im Mittelpunkt seiner Interpretation standen immer Wahrhaftigkeit und Gewaltlosigkeit.

Aufgrund des europäischen Einflusses hat sich noch eine andere Richtung im modernen Hinduismus herausgebildet, die auf dem westlichen Konzept des Nationalismus beruht. Es wird versucht, »die Hindus« als ein Volk mit einem klar umrissenen Heimatterritorium zu definieren. Die Anhänger dieser Ideen, die Hindunationalisten, geben sich aggressiv, besonders den anderen Religionen gegenüber, und fordern in ihrer extremsten Ausprägung die Konversion oder die Vertreibung aller Muslime. Ihr Credo lautet, die Hindus seien bis jetzt viel zu weich und gewaltfrei gewesen und aus diesem Grund ihrer natürlichen Rechte beraubt worden. Diese Nationalisten sind heute eine starke politische Kraft, vor allem in Nordindien, auch wenn sie bei den letzten Wahlen 2009 keine Mehrheiten erringen konnten.

Islam

Eine völlig andere Geschichte hat der Islam. Diese echte Offenbarungsreligion entstand in einer Umgebung sich bekriegender Stämme in Auseinandersetzung mit Christentum und Judentum und definierte sich schon früh mit strengen Grenzen. Der Prophet Muhammad erhielt seine Offenbarungen von Gott durch einen Erzengel, und seine Aussprüche sind im Koran niedergelegt, einem Buch mit vielen Unklarheiten, das Generationen von Gelehrten zu immer wieder neuen Interpretationen herausgefordert hat. Anfeindungen veranlassten den Propheten, seine Heimat Mekka zu verlassen und nach Medina zu gehen. Für die Muslime ist dieses Jahr, 622 v. Chr., der Beginn ihrer Zeitrechnung.

Innerhalb weniger Jahrzehnte eroberten die Muslime Syrien, Ägypten, den Irak und die Türkei. Um das Jahr 670 beherrschten die Araber den Iran und Nordafrika. 710 setzten sie nach Spanien über und drangen bis nach Südfrankreich vor. Ihre Erfolge waren das Ergebnis ihres bedingungslosen Glaubens an den Propheten und den Koran, aber auch soziale Tugenden wie ihr ausgeprägter Sinn für Brüderlichkeit und Solidarität spielten eine Rolle. Muhammed selbst war ein Mann voller Weisheit und Großzügigkeit.

Schon seit dem 7. Jh. hatten sich Kaufleute an der indischen Küste niedergelassen. Später, besonders seit dem 11. Jh., kamen die Eroberer aus Afghanistan. Es gelang ihnen, in der Gegend von Delhi ein Sultanant zu gründen. Nach und nach brachten die Sultane immer größere Teile des Subkontinents an sich, dank ihrer schlagkräftigen Heere, ihrer Taktik der verbrannten Erde und modernster Kriegstechnik. Aber erst die Moguln, eine weitere Dynastie aus Zentralasien, konnten ein Reich begründen, das den größten Teil Indiens umfaßte. Viele muslimische Gelehrte dieser Zeit vertraten eine aggressive Haltung gegenüber den Ungläubigen, die es wagten, sich dem muslimischen Siegeszug zu widersetzen.

Links: Hinduschrein in Mumbai **Oben:** Die Moschee in Kodungallur, im Bundessaat Kerala, stammt aus dem 7. Jh. und gilt als die älteste Indiens

Nichtmuslimische Untertanen waren in den Sultanaten jedoch immer in der Mehrzahl, und mit diesen wurden de facto zahlreiche Kompromisse geschlossen, ja sie konnten bis in die höchsten Ämter aufsteigen. Offensichtlich war den neuen Herren sehr bald klar, dass ihre Missionserfolge begrenzt sein würden.

Eine Annäherung erfuhren die beiden Religionen durch die Sufi, islamische Mystiker, mit ihrer Botschaft der allumfassenden Liebe. Die Sufi-Heiligen *(pir)* unterrichteten ihre Schüler durch *zikr*, das Rezitieren religiöser Formeln. Berühmte Sufi-Heilige waren beispielsweise Muinuddin Chishti (1141–1230) in Ajmer und Nizamuddin Aulia (1236–1325) in Delhi. Die Verehrung dieser heiligen Lehrer war für alle verständlich, und bis heute treffen sich an ihren enorm populären Schreinen sowohl Muslime als auch Hindus.

Die Sikh-Religion

Nanak (1469–1539), der Gründer der Sikh-Religion, stammte aus dem Punjab, wo sich Muslime und Hindus näher gekommen waren als irgendwo sonst in Indien. Schon als Kind fühlte er sich ebenso sehr von den islamischen wie von den hinduistischen Dichtern und Heiligen angezogen. Er pilgerte nach Mekka und zu den heiligen Stätten des Hinduismus. Sein Weggefährte war ein islamischer Musiker. Beflügelt von der Erkenntnis, dass das Wesen beider Religionen gleich ist, verkündete er seine Botschaft der Einheit. Seine Anhängerschaft wuchs rasch, und bald war er als Guru Nanak bekannt. Die Religion der Sikhs war geboren.

Angad, Nachfolger Nanaks als Guru der Sikhs, sammelte erstmals die Schriften seines Lehrers. Er griff auch einen religiösen Text aus dem Punjab auf, das *Gurmukhi*, das er zum Heiligen Buch der Sikh-Religion erklärte. Guru Arjun, der fünfte Sikh-Lehrer, begann mit dem Bau des Tempels von Amritsar, der später zum größten Sikh-Heiligtum wurde. Diesem Guru ist auch die systematische Sammlung von Hymnen und Gedichten Nanaks, Kabirs und anderer Heiliger zu verdanken, das *Adi Granth*, das Erste Buch, auch unter dem Namen *Granth Sahib*, Buch des Herrn, bekannt.

Die Ausbreitung der Sikh-Religion beunruhigte die orthodoxen Muslime, und so begann die Verfolgung der Sikhs. Wegen angeblicher Aufwiegelei wurde im Jahr 1606 Guru Arjun zum Tode verurteilt. Sein Märtyrertum veranlasste seine Nachfolger, über die Notwendigkeit der Selbstverteidigung nachzudenken.

Unter ihrem zehnten Guru, Govind Singh, verwandelte sich die pazifistische Glaubensgemeinschaft in eine Organisation mit durchaus kriegerischem Charakter. Es entstand eine schlagkräftige Sikh-Armee, die unter dem Namen Khalsa bekannt wurde. Govind Singh war es auch, der die theokratische Tradition der Guru-Herrschaft beendete und alle Sikhs aufforderte, das *Granth Sahib* als einzige Autorität zu betrachten.

Der Buddhismus

Im Unterschied zum Hinduismus kennt der ebenfalls in Indien entstandene Buddhismus einen Gründer und eine heilige Schrift. Wie Sikhismus oder Jainismus ist er im Prinzip eine Reformbewegung innerhalb der damals bekannten Religion, und der Buddha (er lebte im 6. oder 5. Jh. v. Chr.) selbst hat sich nie als Begründer einer neuen Religion verstanden. Seine Lehre von der Erlösung vom Kreislauf der Wiedergeburten, der als durch und durch leidvoll gesehen wird, rief die Menschen nicht zur Abkehr von ihrer alten Religion auf, sondern vielmehr zur totalen Enthaltsamkeit gegenüber allen menschlichen Vegnügungen, die uns nur an eine glücklose Kette von Existenzen fesseln. Kernpunkt ist, dass es keine ewige Seele des Menschen gibt, dass dieser das aber nicht wahrhaben will und immer, aber vergeblich, nach Dauerhaftigkeit strebt. Jede Materie, jedes Lebewesen besteht nur aus Elementen, die bei der Entstehung zusammenkommen und beim Vergehen wieder zerfallen. Auf der Grundlage der perfekten Moral, besonders des Nichttötens von

Lebewesen, kann man durch Meditation oder durch richtiges Denken die Einsicht in die Wirklichkeit unmittelbar gewinnen. Das nennt man Nirwana (das Verlöschen).

Der Fürstensohn Siddharta hat dies nicht erdacht, sondern unmittelbar in der Meditation erfahren. Nach diesem Erlebnis zog er den Rest seines Lebens durch die Gangesebene, um seine Lehre zu verkünden. Sein tiefes Mitgefühl mit allen gefangenen Kreaturen veranlasste ihn dazu. Er predigte den sogenannten Mittleren Weg: Weder extreme Askese noch Hingabe an die sinnlichen Vergnügen noch Meidung alles Unangenehmen können zur Erlösung führen.

Seine Lehre gewann schnell Anhänger unter der damals gerade entstehenden städtischen Bevölkerung in der Gangesebene und verbreitete sich später in viele Teile des Subkontinents und weiter in andere asiatische Länder. In Indien formierte sich der Hinduismus in nachchristlicher Zeit neu und integrierte im Lauf der Zeit die buddhistischen Laien, während Mönche (und Nonnen) sich in wenige Klosterzentren zurückzogen. Diese wurden dann bei der muslimischen Eroberung zerstört.

Heute ist der Anteil der Buddhisten an der Gesamtbevölkerung relativ gering, allerdings ist im modernen Indien das Interesse am Buddhismus wieder gewachsen. Es gibt zum einen Konvertiten, die im Rahmen einer großen Kampagne im 20. Jh. dadurch ihrem niedrigkastigen Status zu entfliehen suchten, zum anderen die ca. 300 000 geflohenen Tibeter, die sehr lebendige buddhistische Zentren im Himalaya und in Karnataka in Südindien gegründet haben.

Der Jainismus

Etwa zur gleichen Zeit und im selben Gebiet, in dem der Buddha predigte, entstand noch eine weitere Religion. Vardhamana, besser bekannt als Mahavira (Großer Held), war ein Zeitgenosse des Buddha, der viel mit ihm gemeinsam hatte: Beide waren fürstlicher Abstammung und führten ein Leben der Demut und Strenge, nachdem sie der Welt entsagt hatten. Beide lehnten das Kastensystem ab und stellten die Autorität der Veden in Frage. Der Jainismus zählt heute in Indien mehr als drei Millionen Anhänger. Eine große Zahl von Jainas lebt außerhalb Indiens.

Links: Buddhistische Mönche in einem Kloster bei Darjeeling
Rechts: Buddha-Statue in Andhra Pradesh

Dem jainisten Glauben zufolge stehen zwei Prinzipien einander in der Welt gegenüber: das Geistige und das Ungeistige. Von Letzterem muss die Seele durch sittliche Lebensweise und strenge Askese gereinigt werden, damit sie den Kreislauf der Wiedergeburten *(samsara)* überwinden kann.

Das allen Religionen gemeinsame Thema der Selbstüberwindung steht also im Mittelpunkt des Jainismus. Das Wort Jaina selbst ist abgeleitet von *jina* (Bezwinger). Der Jainismus hat den Gedanken der Selbstüberwindung extrem ausgelegt und ist dadurch zum wohl radikalsten asketischen Glauben überhaupt geworden.

Zwar werden die hinduistischen Götter nicht geleugnet, aber sie stehen doch in weit niedrigerem Ansehen als die Jinas, die eigentlichen Objekte der Verehrung.

Mahavira selbst gilt als letzter dieser 24 Jinas, von denen es heißt, sie hätten *kaivalya*, die vollkommene Weisheit, erreicht, indem sie ihre Bedürfnisse auslöschten und alle Bindungen an die Welt der Dinge lösten. Die Jinas werden auch Tirthankara (Furtbereiter) genannt, ein Ausdruck, der auf den Übergang von der materiellen zur geistigen Welt, von der Unterjochung zur Freiheit verweist.

Der Jainismus lehnt nicht nur einen persönlichen Gott ab, sondern auch die Vorstellung eines unpersönlichen absoluten Seins. Er betrachtet jedes Lebewesen als eine quasi göttliche Seele *(jiva)*. In ihrem irdischen Zustand ist jede dieser Seelen, weil sie dem Wirken des *karma* ausgesetzt ist, durchdrungen und durchsetzt von Materieteilchen. Um sich davon zu befreien, muss das weitere Eindringen von Materieteilchen verhindert und bereits in die Seele eingedrungene müssen wieder ausgestoßen werden. Das ist nur möglich durch rechten Glauben, Wissen und Lebensführung, die sog. Drei Juwelen des Jainismus.

Die rechte Lebensführung setzt eine radikale Absage an Unwahrheit, Diebstahl, Begehren, Gier und Gewalt voraus. Am verabscheuungswürdigsten ist die Gewalt, und *ahimsa*, die Gewaltlosigkeit, stellt einen Zentralbegriff des Jainismus dar. »Die höchste Religion ist die Friedfertigkeit«, diese jainistische Formel hat Gandhi im 20. Jh. wieder aufgegriffen. Jainistische Mönche und Nonnen tragen oft Tücher über Mund und Nase, um nicht irgendwelche Klein- und Kleinstlebewesen ungewollt beim Einatmen zu töten.

Die Jainas haben außerordentlich wertvolle Beiträge zu Philosophie, Literatur, Malerei, Bildhauerei und Baukunst des Subkontinents geliefert. Ihre Dichtung ist in hohem Maß didaktisch, ihre Skulpturen beweisen große Kunstfertigkeit. Obwohl einige der Bildnisse von Tirthankaras technisch perfekt sind, erscheinen die Gesichter doch fast unmenschlich, sie sind ganz und gar ausdruckslos, denn sie sind über alle irdischen Gefühle erhaben.

Krönung der religiösen Kunst des Jainismus sind die Tempelbauten, vor allem die Anlagen bei Girnar, Palitana, auf dem Berg Abu und in Ranakpur.

Das Christentum in Indien

Die ältesten christichen Gemeinden finden sich in Südindien. Ihrer eigenen Überlieferung nach wurden ihre Vorfahren vom Apostel Thomas selbst, der nach Indien reiste, bekehrt. Diese Überlieferung findet sich auch in den ältesten Apokryphen. Ob die Legende nun wahr ist oder nicht, mit Sicherheit gehen diese Gemeinschaften auf die Zeit vor dem 4. Jh. zurück. Zur Ankunft der Portugiesen folgten sie dem syrisch-orthodoxen Ritus, was die Portugiesen leider bald dazu verleitete, sie der Häresie zu bezichtigen und zahlreiche Bekehrungsversuche zu unternehmen, die diese Gemeinden schließlich in eine unübersehbare Zahl von Kirchenkörpern gespalten haben.

Die meisten der indischen Christen, deren Zahl über 25 Millionen beträgt, sind jedoch auf Missionierung in der Kolonialzeit zurückzuführen. Die Briten waren in dieser Hinsicht zurückhaltend, die meisten Missionare kamen aus Dänemark, Holland und Deutschland. Fast jede Glaubensgemeinschaft ist vertreten: Katholiken, Methodisten, Baptisten, Presbyterianer, Maroniten, Adventisten und andere.

Allerdings sind es die syrischen Christen in Kerala, die eine historisch begründete Vorrangstellung beanspruchen. Ihre Kirchen und Schreine waren wie Hindutempel gebaut, und sie pflegten sehr gute Beziehungen zu den dort ansässigen Kriegerkasten, denen sie sich in Lebensstil und Status stark anpassten.

Die letzten Missionierungen konzentrierten (und konzentrieren) sich besonders auf die Stammesareale in Nordostindien, was in jüngster Vergangenheit zu gewalttätigen Konflikten mit Anhängern des Hindunationalismus geführt hat. Katholische wie auch protestantische Missionare engagierten sich während des 19. Jhs. sehr im Bereich des Bildungswesens und der Wissenschaft. Die Missionsschulen, heute von Indern geführt, gehören auch heute noch zu den begehrtesten Schulen Indiens. ■

Links: Jainmönch mit einem Schüler

DIE ADIVASI

Adivasi nennt man eine große und wichtige Minderheit in Indien, die sich in Kleidung, Schmuck und Gesellschaftsform von der restlichen Bevölkerung unterscheiden. Ihre Angehörigen leben auch heute noch auf althergebrachte Art und haben Gebäude, Götter und Tänze mit ganz eigener Form. Jede der Stammesgruppen hat eine ausgeprägte Identität. Die Briten nannten sie Stammesangehörige *(tribals)*: Gruppen, die außerhalb der üblichen hinduistischen Kultur in fast allen bergigen Regionen des Subkontinents leben. Sie als die Ureinwohner Indiens zu bezeichnen ist gewagt, angesichts der Tatsache, dass die Einwanderung der Indoeuropäer mehr als 3000 Jahre zurückliegt. Genetisch unterscheiden sie sich nicht von der restlichen indischen Bevölkerung, wohl aber durch ihre Lebensweise.

Die einzelnen Volksgruppen sind sehr verschieden. Die großen Stammesgruppen im Nordosten Indiens z.B. sind den Birmanen ähnlich und haben mit den Kond in Orissa oder den Bhil in Westindien nichts zu tun. Adivasi leben großteils in Gegenden, die bergig und zum Teil immer noch von Wald bedeckt sind. In Orissa und den nordöstlichsten Bundesstaaten (Darjeeling, Assam, Mizoram) stellen sie die Mehrheit der Bevölkerung.

Außerhalb der namhaften kulturellen Zentren lebten Menschen mit ganz anderen Lebensformen. Sie ernährten sich von der Jagd und den Früchten des Waldes, kannten keine strengen Rechte durch Grundbesitz. Da alle Männer Krieger waren, bildeten sie einerseits gefürchtete Gegner lokaler Könige, andererseits aber auch eine äußerst interessante Gruppe, um die Armeen der Herrscher zu verstärken. In der Geschichte war das Verhältnis von Ambivalenz gekennzeichnet: Adivasi wurden aus landwirtschaftlich nutzbaren Gebieten mehr und mehr vertrieben, oft auch aber mit Privilegien wie z.B. Steuerfreiheit versehen. Viele sind im Lauf der Zeit selbst Bauern geworden. Ihre Lebensweise, zu der auch Fleisch- und Alkoholgenuss gehören, sorgte dafür, dass sie am unteren Ende der Kastenskala eingestuft wurden.

Oben: Frauen der Bonda, die in Orissa zu Hause sind
Oben rechts: Lamani-Frau in Goa

Heute ist das Los der Adivasi traurig, denn für ihre Lebensweise ist kein Platz mehr in Indien. Für den Kampf gegen gewiefte Holzhändler, staatliche Eingriffe in ihren Lebensraum und den allgemeinen Bevölkerungsdruck waren und sind sie schlecht gerüstet. Ihre Bildung ist geringer als die der Durchschnittsinder, und nach dem weitgehenden Wegfall der traditionellen Möglichkeiten, ihren Lebensunterhalt zu bestreiten, sind sie im Vergleich sehr arm. Beim harten Kampf um die Ressourcen werden sie durch Diskriminierung benachteiligt und oft um ihre Rechte betrogen.

Sie waren auch die Hauptleidtragenden beim Bau der großen Staudämme, die über Jahrzehnte vom Staat als Inbegriff des Fortschritts gepriesen wurden. Häufig aus ihren Tälern vertrieben, bekamen sie nur eine geringe oder auch gar keine Abfindung für die Zerstörung ihrer Heimat. Auch an dem, was die Ausbeutung der Bodenschätze in ihren Territorien finanziell einbringt, werden sie nicht beteiligt. Es gibt zwar etliche staatliche Förderprogramme für die Adivasi, aber bis eine Gleichstellung erreicht ist, wird es noch geraume Zeit dauern. ■

Die Anfänge

Die Geschichte des riesigen Landes geht zurück bis zu den Anfängen der Menschheit und sah den Aufstieg und Fall von Zivilisationen, die Geburt von Religionen und die Eroberung, aber auch Integration ausländischer Eroberer.

Seit ungefähr 6000 v. Chr. betrieben Bauern in etlichen Gebieten Indiens Ackerbau und Viehzucht. Die erste Hochkultur der indischen Geschichte reicht zurück bis etwa 2500 v. Chr. Nach der Entdeckung der ersten Städte (Mohenjodaro und Harappa) glaubten die Archäologen, sie sei auf das Industal im heutigen Pakistan beschränkt gewesen und nannten sie Indus- oder Harappakultur. Spätere Ausgrabungen zeigten jedoch, dass diese Zivilisation bis nach Gujarat in Westindien reichte. Mittlerweile sind über 1000 Fundstellen und neun große Städte bekannt.

Die Städte verfügten über ein rechtwinkliges Straßensystem, eine Kanalisation und deutlich voneinander abgegrenzte Wohnviertel für die verschiedenen gesellschaftlichen Gruppen. Öffentliche Gebäude wie das berühmte Große Bad in Mohenjodaro, das vermutlich rituellen Zwecken diente, und riesige Getreidespeicher wurden gefunden. Manche Siedlungen waren auf Metallverarbeitung etc. spezialisiert. In Gujarat fand man komplexe Werftanlagen. Die Schriftzeichen, die sich auf den zahllosen Siegeln befinden, sind bis heute nicht entziffert. Wahrscheinlich handelt es sich um Embleme von Kaufleuten, denn die Harappa-Kultur unterhielt weitverzweigte Handelsbeziehungen innerhalb Indiens, mit den Ländern am Persischen Golf sowie mit Sumer auf dem Gebiet des heutigen Irak

Eine so hoch entwickelte Zivilisation hatte mit Sicherheit eine zentrale Verwaltung, wenn auch ihr Aufbau und ihre Funktionsweise unbekannt geblieben sind.

Die Induskultur verschwand um 1700 v. Chr. Im Allgemeinen machen die Forscher Klima- oder Umweltgründe dafür verantwortlich.

Die Indo-Euopäer

Seit ungefähr 1200 v. Chr., an der Wende von der Bronze- zur Eisenzeit, lässt sich ein neuer Einfluss feststellen, der mit der Verbreitung der indo-europäischen Sprache (Sanskrit) und einem Kulturwandel einhergeht.

Inwieweit eine Einwanderung von Fremdvölkern stattgefunden hat und woher sie kamen, ist umstritten, zumal es keine schriftlichen Quellen aus dieser Zeit gibt. Die neue dominante Kultur war eine halbnomadische, Vieh züchtende, kriegerische, die Nordindien im Verlauf von fast 1000 Jahren ihren Stempel aufdrückte. Ihr Zentrum wurde der Punjab nordwestlich von Delhi, ihr größter Reichtum waren die Rinder, um die sich Denken und Streben drehte.

Die Nomaden gingen langsam zur sesshaften Lebensweise über. Wahrscheinlich wuchs die Bevölkerung. Aus Stammesgebieten wurden die frühen Staaten. Die ältesten, heute noch bekannten indischen Texte, die *Veden*, entstanden als Handbücher für Priester, die die komplizierten Opferrituale durchführen mussten. Erste Ansätze zum Kastenwesen sind dort zu entdecken, erste Konzepte von Karma und Wiedergeburt, erste Ansätze philosophischen Denkens. In der späteren Zeit breitete sich diese Kultur nach Osten, in die Gangesebene, aus.

Die wachsende Verstädterung in der Gangesebene brachte viele gesellschaftliche Umwälzungen und Verunsicherungen mit sich. Die alten nomadisch-bäuerlichen Traditionen reichten nicht mehr aus.

Philosophien entstanden, Asketen zogen durch das Land und predigten. Der größte von allen war Siddharta Gautama, der Buddha, der die sofortige und totale Abkehr jedes einzelnen Menschen von Gier, Hass und Wahn, den Wurzeln allen Übels, predigte und lebte. Sein Zeitgenosse Mahavira begründete mit ähnlichen Lehren damals die Jaina-Bewegung, die heute noch viele Anhänger in Indien hat.

Links: Buddhastatue im Archäologischen Museum Mathura
Oben links und rechts: Skulptur und buddhistischer Stupa, beide Indian Museum, Kolkata

Die Maurya-Dynastie

Die verschiedenen kleinen Staaten der Indo-Europäer wurden von Oligarchien regiert, in denen Adelsfamilien den König aus ihrem Kreis wählten. Im 6. Jh. v. Chr. wurde eines dieser Königreiche, Magadha südlich des Ganges, plötzlich sehr mächtig. Das erste Großreich auf indischem Boden entstand. Der bekannteste Kaiser von Magadha ist Ashoka (ca. 268–233 v. Chr.). Als erste Gestalt der indischen Geschichte hat er eigene schriftliche Zeugnisse hinterlassen. Auf seinen Säulen und Felsenedikten ruft er die Menschen dazu auf, der Buddha-Lehre zu folgen. Er schickte viele Missionare in die Welt, ein wesentlicher Faktor für die Verbreitung des Buddhismus in ganz Asien. Über die innere Struktur von Ashokas Reich ist jedoch so gut wie nichts bekannt.

Als das Magadha-Reich nach dem Tod Ashokas zerfiel, verlagerte sich der Schwerpunkt wieder nach Westen. Mehrere aus Zentralasien einwandernde Herrscher errichteten dort Staa-

Ashoka ist einer der wenigen Herrscher der Weltgeschichte, der sich bei den Besiegten für einen Krieg entschuldigt hat. Nach einem großen Blutvergießen ließ er Edikte anbringen, in denen er dies öffentlich bereut.

ten, von denen heute kaum noch Spuren zeugen. Gleichzeitig trat zum ersten Mal Südindien ins Licht der Geschichte, denn bis dato gab es dort nur schriftlose Stammeskultur. Südindische Fürsten luden nordindische Brahmanen ein, die die Sanskrit-Kultur mitbrachten und im Süden verbreiteten. Es entstand eine sehr eigenständige, aber doch indische, Tamilenkultur.

Guptazeit und Mittelalter

Die Fixierung der Geschichtsschreibung auf Großreiche hat dazu geführt, dass die Zeit von Ashoka bis zum zum Delhi-Sultanat als eine Art Dunkle Periode betrachtet wurde. Dabei ist die

Existenz zahlreicher kleiner Staaten in Indien der Normalfall gewesen. In diesen fand eine intensive wirtschaftliche und kulturelle Entwicklung statt, die kontinuierlich bis zum 13. Jh. voranschritt. Das Großreich der Guptas in der Gangesebene, das vom 4. bis zum 6. Jh. existierte, ist eher der Sonderfall. In älteren Geschichtswerken wird seine Zeit als Goldene Periode bezeichnet, weil damals großartige Kunst und Literatur entstanden ist. Bedeutsam ist, dass die Könige sich wieder dem – mittlerweile stark veränderten – Hinduismus zuwandten. Damit begann auch der Bau hervorragender Tempel.

Im Großen und Ganzen jedoch kann man die Zeit bis zum Mogul-Imperium als die Periode der Regionalreiche bezeichnen. Politisch waren sie verschieden, haben sich bekriegt oder Bündnisse geschlossen. Strukturell jedoch waren sie alle weitgehend gleich. Man hat dies auch die Zeit der Feudalisierung genannt, denn im Unterschied zur älteren Zeit treten nun plötzlich sehr viele Teilhaber an der Macht auf. Nur ein Kerngebiet wurde von Beamten direkt verwaltet. Krieg wurde Standesangelegenheit, unterworfene Nachbarn normalerweise als abhängige tributpflichtige Fürsten wieder eingesetzt. Das größte Prestige hatte der, der einen vollständigen Ring solcher abhängiger Fürsten um sich hatte. Da ist es nicht verwunderlich, dass dem Wachstum der Staaten Grenzen gesetzt war, denn über diesen Ring kam der König nicht hinaus, und die abhängigen Fürsten, da selber ambitioniert, waren unsichere Kandidaten. Politik bedeutete damals, die perfekte Balance zwischen Belohnung und Machtausübung zu finden. Nicht ohne Grund ist dies die Zeit, in der alle Könige große Tempelzentren errichteten, denn sie mussten sich – für die andern weithin sichtbaren – göttlichen Beistands versichern. Die schönsten Tempel Indiens hat die Nachwelt diesem Umstand zu verdanken.

Wirtschaft

Abgesehen von einer winzigen Elite waren damals alle Bewohner Bauern. Die ganze Zeit über gab es zwei klar voneinander geschiedene Wirtschaftszonen: die intensiv bewässerten Ackerflächen der Flusstäler und die Hirse- und Nomadengebiete der Trocken- und Waldzonen. Erstere waren für die Könige wirtschafltich interessant, denn dort konnten sie Mehrwert abschöpfen. Hier entwickelte sich die typisch hinduistische Kultur. Schon vor Beginn der christlichen Zeitrechnung war der Bewässerungsfeldbau hoch spezialisiert. Kanal- oder Teichbewässerung war bekannt. Später kam die Brunnenbewässerung mit dem sogenannten Persischen Rad hinzu, das auch das Anzapfen von Grundwasserreserven ermöglichte.

Die Situation der Bauern war von Region zu Region oder von Jahr zu Jahr, je nach Monsun, verschieden. Es ist bekannt, wie sie auf übermäßige Steuerforderungen reagierten: Für jeden König war es problematisch, genügend Bauern zu bekommen, die sein Land auch bewirtschafteten. So konnten diese zu dem Mittel greifen, einfach in einen anderen Staat zu verschwinden. Oft wurden sie auch von Nachbarn mit dem Versprechen besserer Bedingungen weggelockt. Diese Methode hat noch den Briten in der Kolonialzeit schwer zu schaffen gemacht.

Ein wesentlicher Faktor der mittelalterlichen Wirtschaft war der Handel. Schon in vorchristlicher Zeit rissen sich die Römer um die indische Seide. Im Mittelalter wurden indische Textilien, Gewürze und Elfenbein nach ganz Asien und in die arabische Welt exportiert, von wo sie auch nach Europa gelangten. Aber auch der innerindische Handel war sehr lebendig und brachte eine Händlerschicht hervor, die z.T. riesige Familienfirmen gründete. Aus bisher ungeklärten Gründen ging ab dem 7. Jh. die Geldwirtschaft zurück.

Mit gebotener Vorsicht kann man sagen, dass die Menschen damals nicht gleich waren. Sie gehörten unterschiedlichen Kasten an, in die sie hineingeboren wurden. Das haben die Brahmanen wahrscheinlich nicht erfunden, sondern das Phänomen hängt mit der hoch spezialisierten Bewässerungswirtschaft zusammen, die Gruppenbildung über die unmittelbare Familie hinaus förderte. Aber die Brahmanen haben die Hierarchisierung nach dem Prinzip der rituellen Reinheit und Unreinheit und die religiöse Begründung dafür beigesteuert. Auf- und Abstiege innerhalb dieser Hierarchie kamen jedoch häufig vor. ■

Gesellschaft

Im Mittelalter nahm der Hinduismus weitgehend die Form an, die er auch heute noch hat. Er war viel mehr als eine Religion, er umfasste alle Lebensäußerungen. Brahmanen machten sich über alle Bereiche des Lebens Gedanken und verfassten normative Schriften, aber wie weit diese der Wirklichkeit entsprachen, bleibt dahingestellt. Sie sahen sich nicht als Chronisten, sondern als Lehrer, und versuchten, mit ihren Systemen Ordnung in das Chaos der Welt zu bringen.

Links: Das Löwenkapitell der Ashokasäule, um 250 v. Chr. in Sarnath aufgestellt, steht heute im Staatswappen Indiens
Oben: Höhlentempel von Ajanta (2. Jh. v. Chr.)

DAS GOLDENE ZEITALTER

Früher nannten Historiker die Zeit der Guptas in Nordindien das Goldene Zeitalter, analog zu den chinesischen Han- und T'ang-Dynastien und dem Römischen Reich. Da damals die Herrscher vom Buddhismus zum Hinduismus zurückkehrten, liegt in dieser Zeit die Wiege der Tempelarchitektur. Einige wenige schöne Beispiele sind erhalten, z.B. in Deogarh. Zeitgenössische und spätere Tempel wurden stark beeinflusst. Die verfeinerte höfische Kultur brachte auch herrliche Sanskrit-Literaturzeugnisse hervor, wie das Gedicht Meghaduta (Der Wolkenbote). Darüber hinaus gab es Bildergalerien und Theater wurde gespielt.

Die Elite umfasste die Brahmanen an der Spitze, die Könige und Adligen und die Händler, aber reichte bis zu den wichtigen Familien in den Dörfern. Ölmüller, Girlandenbinder, Gärtner und Ladeninhaber hatten genug Besitz, um Stiftungen an Tempel machen zu können. Eine arme, landlose Schicht niedrigkastiger Bauern in den Dörfern wird vermutet.

Der größte Teil der indischen Bevölkerung bewegte sich als Nomaden und Halbnomaden außerhalb der hinduistischen Bauernkultur. Mal galten sie als dämonisch, mal wurden sie zu Kriegsdiensten verpflichtet, manchmal überfielen sie auch die Sesshaften und erpressten

Schutzgelder. Immer wieder wurden Teile von ihnen in die hinduistische Gesellschaft hineingezogen. Hin und wieder, das ist besonders in Südindien zu beobachten, besiegten sie auch den König und setzten sich selber an die Spitze eines Staates.

Die Sultanate

Vom 10. Jh. an drangen immer wieder muslimische Heere von Nordwesten nach Indien ein. Die ersten kamen als Plünderer, dann, ab ca. 1200, ließen sie sich auch dauerhaft in der Region von Delhi nieder. Sie gründeten das sogenannte Delhi-Sultanat, das bis 1526 Bestand haben sollte. Vom Raum Delhi schoben sie sich langsam in die fruchtbare Gangesebene vor und zerstörten dabei die dortigen hinduistischen Regionalreiche.

Das Delhi-Sultanat blieb jedoch auf den Norden Indiens beschränkt. Nur ein Delhi-Sultan, Ala ad-Din Khalji, drang zwischen 1298 und 1303 bis nach Zentralindien vor. Er gilt als der größte Kriegsherr der indischen Geschichte. Da er die Mongolen fürchtete, die damals die gesamte Alte Welt verheerten, reformierte er das Steuer- und Verwaltungswesen rigoros und stellte eine riesige Armee auf. Die Mongolen kamen aber nicht, und so wandte er sich in einem beispiellosen Feldzug nach Süden und zerstörte dabei alle einheimischen Staaten bis nach Mumbai und darüber hinaus, für die Inder ein traumatisches Erlebnis.

Seine Nachfolger konnten das riesige Gebiet nicht halten und zogen sich wieder zurück. Diese Eroberung veränderte jedoch die Landkarte Indiens für immer und ist der Grund dafür, dass es in diesen Gebieten kaum mittelalterliche Bauten gibt.

Die Muslime führten viele militärische, verwaltungstechnische und bauliche Neuerungen ein, die sich auch in den hinduistischen Staaten verbreiteten. Aber auch die Muslime passten sich an. Sie wurden Inder, eine unverwechselbare indoislamische Kultur entstand.

Hindus und Muslime

Die Muslime brachten erstmals die Idee einer klar umrissenen religiösen Identität nach Indien. Die Inder sahen sich bis dato nicht als Angehörige einer bestimmten Religion, da sie nie gegen eine andere abgrenzen mussten. Auf der anderen Seite liest man in den Schriften der neuen Herren eine ziemlich aggressive Rhetorik, die Unterwerfung unter den Islam fordert und zum Heiligen Krieg gegen die Ungläubigen aufruft.

Innerhalb des Sultanats jedoch sah die Wirklichkeit anders aus. Die Sultane wussten von Anfang an, dass sie die Mehrheit der Bevölkerung nicht bekehren würden. Bald hatten zahlreiche Hindus auch hohe Beamtenposten inne.

Die Eisensäule in der Moschee am Qutb Minar in Delhi ist aus der Guptazeit und steht immer noch im Freien, ohne eine Spur von Rost. Die hier verwendete Legierung wurde in Europa erst seit dem 19. Jh. verwendet.

Politik und Wirtschaft

Die Struktur des Sultanats war wesentlich zentralisierter als die der hinduistischen Staaten. Provinzen wurden von Beamten verwaltet, die Steuererhebung war effizient und finanzierte die stehende Armee. Besonders unter Ala ad-Din Khalji war die Steuereinnahme rigoros, aber private Bereicherung der Beamten wurde streng geahndet. Neben der Grundsteuer war die wichtigste Einnahmequelle der Handel, für dessen Förderung viel getan wurde. Die Geldwirtschaft begann wieder zu expandieren.

Die Sultane förderten auch gezielt neue Techniken und ganz allgemein die handwerkliche Produktion. Das persische Schöpfrad z.B. wurde Ende des 12./Anfang des 13. Jhs. aus Westasien eingeführt. Das Spinnrad, dessen Ursprung unbekannt ist, tauchte in Indien erstmals im 14. Jh. auf. Verglichen mit dem Spinnrocken konnte damit fünf- bis sechsmal mehr Garn hergestellt werden. Dadurch konnte das Angebot grober Baumwollstoffe erheblich gesteigert werden. Wohl aus China gelangten zur gleichen Zeit Papier und Schießpulver nach Indien.

Die Eroberer aus Afghanistan führten neue Bauformen in Indien ein: Minarette, wie den Qutb Minar, die Echte Kuppel auf einer quadratischen Basis und den Echten Bogen.

Das Mogulreich

1526 kam ein weiterer zentralasiatischer Herrscher nach Indien. Ursprünglich aus dem heutigen Usbekistan stammend, hatte sich der Barlas-Türke Muhammad ad-Din Babur in Kabul niedergelassen. Adlige des Delhi-Sultanats luden ihn ein, Thronfolgestreitigkeiten zu schlichten. Er kam und blieb. Damit begann das Mogulreich, doch erst Baburs Enkel Akbar machte es zu dem riesigen, stabilen Reich, als das es in die Geschichte eingegangen ist.

Links: Detail des Qutb Minar, Delhi. Das Gebäude aus dem 13. Jh. ist das höchste freistehende Minarett der Welt
Oben: Ein großes Hindu-Königreich bestand in Südindien von 1336 bis 1565: Vijayanagar. Die Ruinen der ehemaligen Hauptstadt Hampi beeindrucken noch heute

Akbar der Große

Akbar kam schon mit 13 Jahren auf den Thron und verbrachte die ersten Jahrzehnte seiner langen Regierungszeit (1556–1603) mit Feldzügen. In dieser Zeit wurde der größte Teil Nordindiens erobert. Den Rest seines Lebens beschäftigte er sich jedoch hauptsächlich mit der Stabilisierung des Erreichten.

Beeindruckend ist seine völlige Neustrukturierung des Staates. Provinzen wurden neu eingeteilt und dort Steuer- und Justizbeamten eingesetzt, die gleichrangig waren und sich gegenseitig kontrollierten. Das gesamte Land wurde neu vermessen und veranlagt. Steuern darüber hinaus einzunehmen war den Provinzbeamten streng verboten. Diese Veranlagung wurde später von den Briten noch unverändert übernommen. Akbar verwaltete alle Gebiete, die er von den Sultanen übernommen hatte, direkt. Aber ein großer Teil Indiens wurde immer noch von einheimischen Königen, z.B. den Rajputen, regiert. Diese wurden als Lehensherren in Amt und Würden wieder eingesetzt, wenn sie sich bereit erklärten, die Oberherrschaft Akbars anzuerkennen. Viele machten Karriere am Mogulhof. Fast alle Paläste in Rajasthan wurden mit dem dort verdienten Geld finanziert.

Akbar selber stand im Zentrum dieses riesigen Gebildes und ließ sich ständig mit Informationen aus den Provinzen versorgen. Sogar im Bad durften die Informanten ihn stören. Alle Entscheidungen traf der Kaiser selbst. Ihm zur Seite stand ein Stab von ausgewählten Beratern, auch hier wieder zum Teil Hindus. Alle Beamten hatten einen militärischen Rang und wurden entsprechend bezahlt.

TOLERANZ

Akbar zeigte großes Interesse an Metaphysik und Religion und setzte sich mit Theologen der verschiedenen Glaubensrichtungenauseinander, auch mit Christen. An einer Monopolstellung des Islam lag ihm nichts. Als Geste an Hindus und Jainas führte er bei Hof fleischlose Tage ein. Er förderte die Geschichtsschreibung, und unter seiner Ägide entstand das umfangreiche historische Werk *Akbar Nama*, das »Buch Akbars«. Es florierten auch Musik, Literatur, Malerei und Architektur. So sind in Fatehpur Sikri und Agra Motive und Elemente hinduistischer und muslimischer Baukunst miteinander verschmolzen.

Jahangir und Shahjahan

Die von Akbar geschaffene große innere Stabilität des Mogulreiches ermöglichte, dass es auch mittelmäßige Herrscher, Rebellionen und Fehden überdauerte. Obwohl Akbars Sohn Jahangir und sein Enkel Shahjahan bei weitem nicht die Größe der früheren Herrscher besaßen, brachte auch ihre Regierungszeit eindrucksvolle kulturelle Leistungen hervor: Jahangir, der ein Kenner und Förderer der Malerei war, hinterließ ein bedeutendes Memoirenwerk, sein Tagebuch »Tuzuk-i-Jahangir«. Shahjahan wurde berühmt durch den Bau des Taj Mahal, jenes ergreifend schönen Baudenkmals für seine nach der Geburt des 14. Kindes verstorbene Gattin.

Aurangzeb

Aurangzeb, der letzte große Mogulkaiser und ungeliebte Sohn von Shahjahan, kämpfte sich gegen seine Brüder und seinen Vater hoch, den er sechs Jahre lang in der Festung von Agra gefangen hielt. Unter seiner Herrschaft erreichte das Mogulreich die größte Ausdehnung, fast bis zur Südspitze Indiens. Um seine neuen Eroberungen besser kontrollieren zu können, zog er dauerhaft nach Aurangabad in Zentralindien um. Das wurde, neben den nach seinem Tod 1707 ausbrechenden langen Thronfolgestreitigkeiten, einer der Gründe für den Zerfall des Mogulreiches, denn dadurch wurden Delhi und Agra destabilisiert. Aurangzeb war ein strenggläubiger Muslim, allem Vergnügen abhold, pflichtbewusst. Sein Grabmal durfte nur mit dem Geld, das er mit dem Abschreiben von Koranversen selbst verdient hatte, bezahlt werden.

Der Niedergang des Mogulreichs

Jahrzehnte währende Thronfolgestreitigkeiten besiegelten das Schicksal des Mogulreichs. Die Anwärter beschäftigten sich nur noch mit sich selbst und nicht mehr mit der Politik. Provinzverwalter und lokale Könige machten sich selbständig. Dazu kamen neue Eroberer von Westen, wie Nadir Shah 1739.

Schon zu Aurangzebs Zeiten hatte sich eine neue Macht in Zentralindien gebildet, die sich nun landesweit aufschwang, die Marathen. Im 18. Jh. regierten sie fast ganz Indien oder pressten den anderen Herrschern zumindest Schutzgelder ab. Sie wurden die größten Gegner der aufstrebenden Briten. Spuren der Marathen kann man bis zur Südspitze und Ostküste Indiens sehen. Die arg bedrängten Rajputen schlossen 1818 einen Schutzvertrag mit den Briten.

Der Exporthandel mit Luxusgütern florierte. Allerdings hatte das Mogulreich keine nennenswerte Schifffahrt, sodass zunächst die Araber, später auch die Portugiesen, Franzosen und Briten den Seehandel übernahmen. Europäische Erzeugnisse stießen in Indien kaum auf Interesse, die Handelsgesellschaften mussten ihre Einkäufe mit Gold und Silber bezahlen. Die indischen Händler bildeten eine Gemeinschaft absoluten Vertrauens mit einem starken gemeinsamen Wertesystem. Es gab Firmen mit vielen Niederlassungen in ganz Indien und ein hochentwickeltes Bank- und Finanzwesen, das Wechsel und doppelte Buchführung kannte.

Wirtschaft und Kultur im Mogulreich

Indien bot im 17. Jh. ein Bild wirtschaftlicher Dynamik und des Wohlstands. Die Grundlage war nach wie vor die Landwirtschaft, die in den fruchtbaren Gebieten äußerst lukrativ war. Es bildeten sich unterschiedliche Produktionsgebiete heraus, wie z.B. die Baumwollregion in der Gegend von Mumbai. Handwerker in den Dörfern stellten in Heimarbeit Textilien und andere Produkte her, die an Qualität auf der Welt ihresgleichen suchten und sehr begehrt waren. Die Produktion war damals viel weiter fortgeschritten als in Europa.

Links: Am Hof Kaiser Akbars **Rechts:** Das Taj Mahal bei Agra, die Krone der Mogul-Architektur

Aus einer zentralasiatischen Nomadenkultur kommend, sprachen die Moguln zunächst türkisch. Ab dem 17. Jh. wurde jedoch die Elitekultur stark persisch beeinflusst. Das setzte sich bis in die kleineren Königreiche fort.

Auf der anderen Seite wurden auch sehr viele indische Elemente in die neue Hochkultur aufgenommen. Sanskrit-Texte wurden übersetzt, die Miniaturmalerei erreichte ihren Höhepunkt, der Mogulbaustil kann nur als indoislamisch bezeichnet werden. Auch indische Musik und Tanzkunst wurden am Mogulhof sehr geschätzt. Selbst der Islam nahm mit dem Sufismus eine spezifisch indische Form an. Im Punjab entwickelte sich im 16. Jh. die Sikh-Religion. Die Sikhs lehnten Kastenwesen und die Vielgötterei ab. ■

Die britische Herrschaft

Von allen Europäern, die von den Reichtümern Indiens angelockt wurden, hatten die Briten am meisten Erfolg. Britisch-Indien wurde zum »Juwel der Krone« im Empire. Ein langer Unabhängigkeitskampf führte schließlich zu ihrem Rückzug 1947.

Zur Zeit des Mogulreichs waren Portugiesen, Niederländer, Briten und Franzosen gern gesehene Handelsleute in Indien, die sich dort mit der ausdrückliche Erlaubnis des Kaisers aufhielten und Niederlassungen bauten. Erst als das Mogulreich in der ersten Hälfte des 18. Jhs. auseinander fiel, begannen sie, auch als Territorialmächte aufzutreten.

Die East India Company

Im Verlauf des 18. Jhs. gelang es der British East India Company, die anderen Europäer aus dem Feld zu schlagen und sich durch Einmischung in die zahlreichen Konflikte der kleinen Nachfolgestaaten des Mogulreichs Land anzueignen. Den größten Coup landete die Company, als sie den Gouverneur von Bengalen im Auftrag des mittlerweile ziemlich machtlosen Moguls schlug. Als Belohnung bekam sie die Steuereinnahmerechte für diese reiche Provinz. Bald stellten die Company-Angehörigen fest, dass ihnen die Grundsteuern viel mehr Geld einbrachten als mit dem Handel. Sie begannen, sich von Gebiet zu Gebiet vorzukämpfen. So gerieten sie in einen Konflikt mit den aufsteigenden Marathen, die ihrerseits einen großen Teil Indiens an sich gebracht hatten. Nach einem über 50-jährigen Kampf wurden die Marathen 1818 besiegt, und die Briten nahmen deren Land unter ihre direkte Kontrolle. Nach wie vor war jedoch fast die Hälfte des indischen Territoriums in der Hand einheimischer Herrscher, verteilt wie ein Flickenteppich über den ganzen Subkontinent. Über diese gewann die East India Company allenfalls nominelle Herrschaft.

Links: Englischen Ladys in Indien fehlte es an keinem Luxus; Farbstich von 1842 **Rechts:** Vasco da Gama

Eine neue Aristokratie

Die Company erkannte, dass sie in ihren direkt verwalteten Gebieten für eine stabile Herrschaft auf einen einheimischen Partner angewiesen war. Man wünschte sich eine Klasse von Großgrundbesitzern, die, ähnlich dem europäischen Feudaladel, auf dem Land die staatliche Macht repräsentieren sollte. Während der Mogulzeit gehörte das Land aber noch den Bauern.

Mit dem Permanent Settlement Act schufen die Briten nun eine neue Klasse von Landbesitzern, denen riesige Gebiete überschrieben wurden; die ehemals freien Bauern wurden zu abhängigen Pächtern. Die neue Grundbesitzerklasse vertrat verständlicherweise die Interessen der Briten.

Interessenverflechtung

Obwohl die Tätigkeit der Company formell der Kontrolle durch das britische Parlament unterstand, wurden ihr kaum jemals Beschränkungen auferlegt. Von den reichlich nach Großbritannien fließenden Einnahmen und Handelsgütern profitierte schließlich auch die Wirtschaft des Mutterlandes.

Wirtschaftspolitik

Während die Bauern unter der steigenden Abgabenlast an die britische Verwaltung und an die einheimischen Grundbesitzer litten, konnten die Handwerker ihre Erzeugnisse noch immer ohne Schwierigkeiten an die Company verkaufen. Indische Produkte waren nach wie vor gefragt, vor allem Textilien aus Seide und Baumwolle. Die Lage änderte sich erst mit der beginnenden Massenproduktion englischer Stoffe zu niedrigen Preisen. Diese erschloss auch ferne Märkte und verdrängte die handwerklich hergestellten Stoffe. Unter dem Druck der Industrielobby schaffte das Parlament 1833 das Handelsmonopol der Company ab und öffnete damit die Schleusentore für den britischen Warenstrom. Gleichzeitig senkte man die indischen Einfuhrzölle auf einen reinen Symbolwert. Das bedeutete für die auf handwerklicher Produktion beruhende indische Textilwirtschaft den Ruin. Von nun an wurde indische Rohbaumwolle nach Großbritannien exportiert, dort weiter verarbeitet und als Fertigware wieder auf den indischen Markt geworfen.

Für die Eroberung des riesigen indischen Marktes wollte man sich nun auch die neuen Transportmittel zunutze machen. Dampfschiffe befuhren die indischen Flüsse, alte Straßen wurden erneuert und ausgebaut. 1853 fuhr in Indien die erste Eisenbahn, im gleichen Jahr wurde der Telegraph eingeführt.

Mit den neuen Verkehrsmitteln kamen auch neue politische und soziale Ideen nach Indien. Die Trennung von Armee-, Polizei- und Zivilverwaltung, das Prinzip des Rechtsstaats und der Grundsatz der Gleichheit vor dem Gesetz, all das waren einschneidende Neuerungen der gesellschaftlichen Ordnung. In aufklärerischer Absicht versuchte man nun auch, Bräuche auszurotten wie die Witwenverbrennung und die Tötung als überzählig betrachteter Kleinkinder, in der Regel Mädchen. 1835 wurden in Bengalen zum ersten Mal westliche Wissenschaft und

»

Die Portugiesen brachten viele Pflanzen aus der Neuen Welt nach Indien, z.B. Ananas, Passionsfrucht, Mais, Kartoffeln und sogar Chilischoten. 1604 begegnet uns der erste Hinweis auf ihre Verwendung.

Philosophie in englischer Sprache unterrichtet. Diese Maßnahmen wurden unterstützt von indischen Intellektuellen und Sozialreformern.

Der Sepoy-Aufstand von 1857

Wiederholt kam es zu sporadischen und lokal begrenzten Aufständen, denn den Gedanken einer indischen Nation gab es noch nicht. 1857 kam es zum größte dieser Aufstände, bei dem sich die Verlierer der neuen Zeit zusammenfanden: unzufriedene, schlecht behandelte indische Soldaten *(Sepoys)*, verarmte einheimische Herrscher, von Steuerlast erdrückte Bauern. Sie vertrieben die Briten aus Delhi und eroberten einen

großen Teil von Nordindien, bis sie schließlich 1859 mit viel Mühe besiegt wurden. Dieser Aufstand, von den Briten Meuterei genannt, war ein Schock. Auf beiden Seiten wurden große Grausamkeiten verübt. Die Company begriff, dass sie als privatwirtschaftliche Organisation nicht in der Lage war, einen großen Teil von Indien dauerhaft zu kontrollieren. So wurde Indien an die britische Krone übergeben.

Für die Inder sind viele der Aufständischen zu Nationalhelden geworden. Hindus und Muslime hatten hier Seite an Seite gekämpft,

Ganz links: Zuschauer bei einem Elefantenkampf
Links: Portugiesische Kirche im alten Goa (Velha Goa)
Oben: Ein britischer Offizier beim Jagdausflug

Ursprünglich war die British East India Company nur eine von Privataktionären in London gegründete Firma, die Schiffe für Handelsreisen mietete.

das wurde im Unabhängigkeitskampf immer wieder hervorgehoben. Auch die Briten zogen ihre Lehre daraus. Durch Diskriminierung der Muslime säten sie Zwietracht.

Die Industrialisierung

Die billigen britischen Industriewaren hatten zunächst die Produkte indischer Handwerker von den Märkten verdrängt. Andererseits kam Indien nun aber in Berührung mit modernen industriellen Fertigungsmethoden. 1905 gab es bereits über 200 Fabriken für Baumwollstoffe und 36 Jutefabriken. In Jharkand entstand ein Eisen- und Stahlkombinat. Die meisten Unternehmen wurden von britischen Besitzern betrieben, denen sich bei niedrigen Lohn- und Rohstoffkosten sowie angesichts eines riesigen Marktes enorme Profitmöglichkeiten boten, aber auch einige indische Unternehmer suchten die Chancen zu nutzen. Natürlich eröffneten sich hier wieder neue Konflikte: Die Kolonialregierung begünstigte britisches Kapital in Industrie und Plantagenwirtschaft und behinderte indische Unternehmen.

Der Nationalkongress

1885 kam es schließlich zur Gründung des Nationalkongresses, der die bestimmende Kraft in der indischen Geschichte bleiben sollte. Den Anstoß dazu gab ironischerweise ein pensionierter britischer Kolonialbeamter, A. O. Hume, der eine ganze Reihe prominenter indischer Akademiker in Bombay (Mumbai) dazu einlud. Sein Ziel war es, ein politisches »Überdruckventil« zu schaffen: »… damit jene gewaltigen Kräfte, die wir selbst entfesselt haben, nicht außer Kontrolle geraten«.

Zunächst machte der Nationalkongress nur seine Vorbehalte gegen die geltenden Gesetze

und Maßnahmen öffentlich. Im Lauf der Zeit bildete sich jedoch ein Flügel, der für eine härtere Politik plädierte. Die Gemäßigten kämpften mit Worten für eine Reform innerhalb der bestehenden Strukturen und Rechtsnormen. Die Radikalen lehnten die Fremdherrschaft rundweg ab und waren bereit, Gewalt zu gebrauchen. Aber vorläufig blieben die politischen Aktivitäten auf den kleinen Kreis der neuen indischen Eliten im britischen Umfeld begrenzt.

Gefahr der Teilung

Neue Nahrung erhielt der indische Nationalismus 1905, als die Regierung die Teilung Bengalens aus verwaltungstechnischen Gründen ankündigte. In Wahrheit wollte man aber den

Die Krone musste nach der Übernahme Indeins von der East India Company erst einmal erhebliche Investitionen in der Verwaltung leisten. Der Vizekönig mit Sitz in Kalkutta wurde mit weitreichenden Kompetenzen ausgestattet.

erstarkenden bengalischen Nationalismus im Keim ersticken. Die Ankündigung der Teilung brachte das bisher Unmögliche zustande: Es kam, ausgehend von Kalkutta, zu einer Protestbewegung riesiger Volksmassen mit Arbeitsniederlegungen, Hungerstreiks, Demonstrationen und Massenversammlungen. Besonders wirksam war eine neue Waffe, die die Briten an ihrer empfindlichsten Stelle traf: der Boykott britischer zugunsten indischer Waren.

Die Regierung antwortete mit noch nicht dagewesener Härte, selbst friedliche Demonstrationen wurden brutal niedergeknüppelt, Massenverhaftungen waren an der Tagesordnung.

Aber als weit gefährlicher sollte sich eine politische Waffe erweisen, die von der Regierung im Verlauf des Konflikts entwickelt wurde und deren Wirkung Indien noch lange Zeit später zu spüren bekam: Man begann, systematisch Streitigkeiten zwischen dem überwiegend islamischen Ostbengalen (dem heutigen Bangladesh) und dem hauptsächlich hinduistischen Westbengalen zu provozieren. Dass die Regierung damit Erfolg hatte, zeigt, wie tief die Kluft zwischen den beiden Religionsgruppen mittlerweile geworden war. 1906 trennte sich in der Folge ein muslimischer Teil vom Nationalkongress ab, die Muslimliga.

Die Regierung trat der erstarkenden Bewegung einerseits mit Gewalt oder mit Spaltungsmanövern entgegen und versuchte andererseits, die Unzufriedenen mit kosmetischen Verbesserungen am politischen System zu beruhigen. So stellte sie die Einführung von gesetzgebenden Körperschaften in Aussicht, deren Mitglieder gewisse Kontrollrechte erhalten sollten. Wahlberechtigt war jedoch nur ein kleiner Teil der Bevölkerung. Die Führer des Nationalkongresses täuschten sich nicht darüber hinweg, dass die Kolonialregierung vor allem eins nicht wollte: Macht aus der Hand geben. Selbst wenn sie die Maßnahmen teilweise mittrugen, waren sie stets bereit, bei geeigneten Anlässen gemeinsam ihren Rücktritt einzureichen und so das ganze System lahmzulegen.

Die Ära Mahatma Gandhis

1917 begann eine neue Phase des Kampfes um die Unabhängigkeit Indiens. Zwei Jahre vorher war Mohandas Karamchand Gandhi aus Südafrika zurückgekehrt, wo er nach einer juristischen Ausbildung in England den Beruf eines Rechtsanwalts hatte ausüben wollen. Ständige Demütigungen wegen seiner Hautfarbe veranlassten Gandhi jedoch, die indischen Opfer der Apartheid in Südafrika zu einem konsequent gewaltlosen Widerstand zu ermutigen. Er rief dazu auf, öffentlich die ungerechten Gesetze zu verletzen und die Strafe ohne irgendein Zeichen von Schmerz hinzunehmen. Man appellierte auf diese Weise an das Gerechtigkeitsempfinden der Unterdrücker, aber auch jener Unterdrückten, die nicht zu protestieren wagten. Diese Form des Widerstands konnte gewaltige Energien freisetzen und brauchte keine Waffen.

Die Nachricht von Gandhis erfolgreichem Kampf hatte seine Heimat Indien schnell erreicht: Als er im Jahr 1915 dort ankam, war er ein berühmter Mann.

Gewaltloser Widerstand

Von Anfang an führte Gandhi seinen Kampf gegen die Unterdrückung mit ausschließlich moralischen Waffen. Seine Leitideen entwickelte er aus seiner eigenen Herkunft, der Gemeinschaft der gewaltlosen und streng vegetarischen Händlerkasten. Er widersetzte sich Gesetzen, nahm die Strafe bereitwillig an, fastete wochenlang, bis man seinen Forderungen nachgab. Oft musste er ins Gefängnis. Dann traten andere Führer an seine Stelle, und schließlich folgten Tausende seinem Vorbild. Bei alledem stellte Gandhi nur eine einzige unverzichtbare Bedingung: Der Widerstand gegen das Gesetz musste völlig gewaltlos sein.

Die Regierung war gewöhnt an jährlich neue Resolutionen des Nationalkongresses, an De-

Links: Queen Victoria, die »Kaiserin von Indien« **Oben:** Parade zum Goldenen Thronjubiläum von Queen Victoria, 1887

DIE EISENBAHN

Damit die britische Wirtschaft den riesigen indischen Markt auch erreichen konnte, mussten Transportmittel und Kommunikationsmöglichkeiten verbessert werden. Dampfschifffahrtslinien wurden auf den großen Flüssen eingerichtet, Straßen wurden repariert und neu gebaut, und schon vor dem Sepoy-Aufstand von 1857 waren die ersten Eisenbahnschienen gelegt worden. Am Ende des 19. Jhs. gab es in Indien 40 000 km Schienenstrecke. Auch die ersten Industrien wie die Kohleproduktion profitierten von diesem Transportsystem. Heute ist das Gleisnetz auf über 63 000 km angewachsen, die großteils modern und effizient betrieben werden.

monstrationen, Massenversammlungen und Terrorakte. Aber Gandhis Methoden waren mit Polizeigewalt nicht zu bekämpfen. Sobald die Führer eingesperrt wurden, marschierten ihre Anhänger vor den Gefängnissen auf und bildeten diszipliniert lange Schlangen, um sich gleichfalls verhaften zu lassen.

1921 und 1922 erlebte Indien eine noch nie dagewesene Massenbeteiligung an Gandhis Kampagne. Menschen jeden Alters, darunter viele Frauen, folgten überall dem Aufruf zum Boykott und legten ihre Arbeit nieder. Europäische Kleidung wurde geächtet und auf den Straßen verbrannt.

hatten diese die Polizeistation angezündet und 22 Polizisten umgebracht.

Weil dadurch Gandhis Grundbedingung der Gewaltlosigkeit verletzt war, trat er als Führer der Bewegung zurück. Viele Unabhängigkeitskämpfer konnten kein Verständnis für Gandhis Handlungsweise aufbringen. Zu ihnen zählte auch der junge Jawaharlal Nehru, der 1947 erster Ministerpräsident des freien Indiens wurde.

Neue politische Ideen

1925 wurde die Kommunistischen Partei Indiens gegründet. Sie hatte zwar wenig Mitglieder, aber ihr Einfluss unter den Arbeitern, Bauern

Wie immer reagierte die Regierung mit Verhaftungen und Schießbefehl auf den zivilen Ungehorsam, was aber nur noch mehr Menschen mobilisierte. Gerettet wurde das Regime von Gandhi selbst, und zwar zu einem Zeitpunkt, als die Bewegung sich auf dem Höhepunkt befand: In einem entlegenen Dorf im östlichen Uttar Pradesh hatten Polizisten in eine Versammlung von 3000 Bauern geschossen. Daraufhin

»

Am Anfang des 20. Jhs. kamen 90 % der Textilien auf dem indischen Markt aus Großbritannien. Und das, obwohl Indien im 18. Jh. die größte Textilindustrie der Welt gehabt hatte.

und der Intelligenz war beträchtlich. Die Führung des Nationalkongresses ging allmählich in die Hände jüngerer Leute über, die ebenfalls ausgeprägt sozialistische Ideen hatten, darunter Subhas Chandra Bose und Jawaharlal Nehru.

Daneben gab es unter den Jüngeren eine Strömung des revolutionären Terrorismus, deren Quellen einerseits im Antiimperialismus, andererseits in der Vision einer Wiedergeburt der indischen Gesellschaftsordnung lagen. Unter dem Einfluss sozialistischer Ideen beschäftigte sich nun auch die Führung der Bewegung mehr

Oben: Viele indische Soldaten kämpften im 1. Weltkrieg; abgebildet ist ein Ausbildungscamp im New Forest
Rechts: Gandhi und Nehru 1946

In der britischen Armee dienten zwar Hunderttausende indischer Soldaten, vom Offiziersrang blieben sie aber lange Zeit ausgeschlossen. Erst 1910 wurde eine britisch-indische Armee gegründet, in der auch Inder aufsteigen konnten.

mit ökonomischen Angelegenheiten. Das Bild eines freien Indien nahm in den Gedanken und Reden der Politiker konkretere Formen.

Die Forderung nach Unabhängigkeit

In dieser Phase von Zuversicht und Hoffnung erhob der Nationalkongress 1929 zum ersten Mal offiziell die Forderung nach völliger Unabhängigkeit Indiens. Den 26. Januar, an dem die Resolution verabschiedet wurde, erklärte man zum Nationalfeiertag, der jedes Jahr mit dem Entrollen der neuen Staatsflagge und der öffentlichen Deklamation des Unabhängigkeitsschwurs begangen werden sollte, demzufolge es »ein Verbrechen an Gott und den Menschen« sei, sich den Briten zu unterwerfen.

Der Salzmarsch

Anfang 1930 kam es zu einer zweiten Welle der Politik des zivilen Ungehorsams im Sinne von Gandhi. Da sich die Regierung das Monopol auf die lukrative Einnahmequelle der Salzherstellung selber gegeben hatte, beschloss Gandhi, an der Küste von Gujarat symbolisch Salz zu produzieren, ohne dafür Steuern zu zahlen. Nach Bekanntmachung seiner Absicht machte sich der Sechzigjährige zu Fuß auf den 250 km langen Weg zur Küste. Im Verlauf des Marsches schlossen sich ihm Abertausende an, darunter viele Frauen.

Die Reaktion der Regierung war hilflos: Verhaftungen und Schießbefehl gegen unbewaffnete Menschen. Immerhin war das Empire bereit, eine Konferenz nach London einzuberufen, bei der verschiedene Interessengruppen über die Zukunft Indiens beraten sollten. Dort forderte der indische Nationalkongress vorbereitende Schritte zur Unabhängigkeit, was aber rundweg abgelehnt wurde. Die Politik des zivilen Ungehorsams wurde trotz massivster staatlicher Repressionen fortgesetzt.

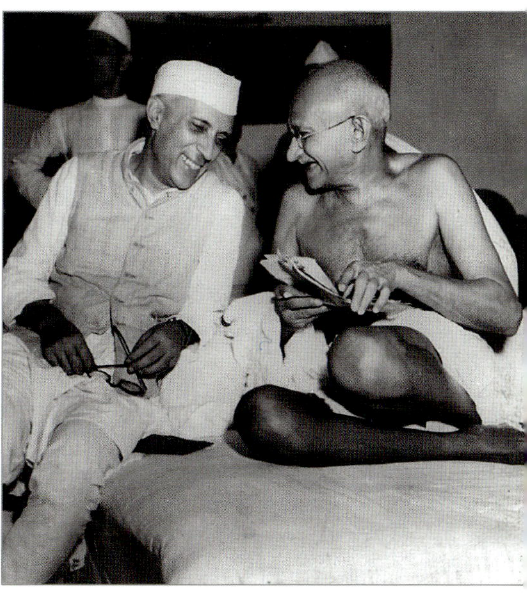

M. K. GANDHI

Mohandas Karamchand Gandhi (1869–1948) war Anwalt, der sein Examen in England gemacht hatte. Nach den Erfahrungen mit der Apartheid in seinem ersten Arbeitsverhältnis in Südafrika wandelte er sich von einem schüchternen, zurückhaltenden jungen Mann in einen kompromisslosen Kämpfer für die Gerechtigkeit und Unabhängigkeit. Ausgehend von den Werten, die er als Anghöriger der Händlercommunities zuhause gelernt hatte, entwickelte er das Fasten als politische Demonstration; und seine Taktik des gewaltfreien Widerstandes inspirierte Generationen von Freiheitskämpfern auf der ganzen Welt. Seine Anhänger nannten ihn Mahatma, ein Titel, der in Indien Heiligen zugesprochen wird. Sein ganzes Leben ordnete er seinem politischen Programm unter. Er trug nur Kleidung aus selbstgesponnenem Garn, um gegen die Abhängigkeit von Importen zu demonstrieren, und lebte ein extrem einfaches Leben. 1948 wurde er von einem Hindu-Fanatiker, der seine religiöse Toleranz hasste, erschossen. Sein Geburtstag, der 2. Oktober, ist Nationalfeiertag.

Einführung eines parlamentarischen Systems

1935 verabschiedete das britische Parlament ein Gesetz, demzufolge Indien eine Volksvertretung mit zwei Kammern erhalten sollte. Allerdings billigte man lediglich 14 % der indischen Bevölkerung das Wahlrecht zu, im Übrigen wurden der neuen gesetzgebenden Versammlung auf Bundesebene kaum nennenswerte Kompetenzen zugestanden. Der Nationalkongress lehnte zwar dieses Gesetz als unzureichend ab, beteiligte sich aber dennoch an den Wahlen: Außer im Punjab und in Bengalen kam es zu überwältigenden Wahlsiegen für den Nationalkongress.

Indien im Zweiten Weltkrieg

Obwohl Indien seinen Kampf um die Unabhängigkeit keinen Augenblick lang aus den Augen verlor, trat das Land an der Seite der eigenen Kolonialherren in den Krieg gegen Nazi-Deutschland ein. In dieser kurzen Periode war die indische Unabhängigkeitsbewegung mehr als je zuvor in den Kontext der internationalen Lage eingebettet. Erstmals wurden Forderungen nach einer Gegenleistung für die Unterstützung gestellt. Die Briten hingegen waren schockiert, dass sie in ihrer schwierigen Situation auch noch Forderungen erfüllen sollten.

So kam es 1942 zur Krise. Erneut gingen die Massen auf die Straße, wieder war die britische Antwort Gewalt. Zwar gelang es den Rebellen in mehreren Landesteilen, eigene Regierungen zu bilden, aber sie waren nur kurzlebig.

Gandhi setzte sich aktiv und praktisch für die Abschaffung der Unberührbarkeit ein, indem er z.B. seine Toilette selbst putzte und das auch von seinen Anhängern erwartete – in Indien ein revolutionäres Ansinnen.

Die Unabhängigkeit rückt näher

Nach dem Zweiten Weltkrieg war Großbritannien wirtschaftlich und militärisch keine Großmacht mehr. Als nach Kriegsende die Labour Party an die Macht kam, zeichnete sich eine friedliche Lösung für Indiens Unabhängigkeit ab. Während die Konservativen an Indien noch festhielten, erkannte die neue Regierung unter Attlee, dass die Zeiten imperialer Größe vorbei waren, zumal die Angst vor dem Ende der Gewaltlosigkeit durchaus real war.

Es hatte schon seit früher Zeit eine starke terroristische Fraktion innerhalb der Unabhängigkeitsbewegung gegeben, deren Protagonisten im Volk großes Ansehen genossen. Zudem zeigten sich mehr und mehr Risse im Fundament der Regierungsmacht, der Armee und der Bürokratie. So kam es, dass die Unabhängigkeit Indiens erstmals verhandlungsfähig wurde.

Die Muslimliga

Es gab noch ein Problem zu lösen: das der islamischen Minderheit, die immerhin etwa 10 % der Bevölkerung ausmachte. Die Muslimliga unter Führung von Muhammad Ali Jinnah verlangte Sicherheitsgarantien. Der Nationalkongress war zu mündlichen Zusagen bereit, aber die Liga blieb misstrauisch, weil zwar nicht die großen Gestalten wie Nehru und Gandhi, jedoch etliche der Kongressführer in der zweiten Reihe überzeugte Hindupolitiker waren.

Ein Lösungsvorschlag der britischen Regierung sah vor, dass Hindus und Muslime in eigenen Wahlkreisen ihre Abgeordneten bestimmen sollten. Das aber lief auf die Bestätigung der von der Liga vertretenen Theorie hinaus, dass Hindus und Muslime auch zwei verschiedene Nationen bilden sollten, weil Religion und Nation zusammengehörten. Der Nationalkongress hatte diese Theorie immer abgelehnt, denn sie bedeutete, dass er Muslime weder als Mitglieder aufnehmen noch ihre Interessen vertreten konnte. Trotzdem war der Nationalkongress zu getrennten Wahlen bereit, obwohl er seine Vorbehalte dagegen niemals aufgab. Die Wege der Liga und des Nationalkongresses begannen nun, sich endgültig zu trennen. 1940 hatte die Liga erstmals einen selbstständigen Muslimstaat gefordert – und sie wiederholte diese Forderung bei jeder passenden Gelegenheit. Und dieser Staat entstand tatsächlich: Er sollte Pakistan heißen.

Der Preis der Unabhängigkeit

Während sich allmählich die Unabhängigkeit am Horizont abzeichnete, löste die Forderung der Muslimliga Massenunruhen mit unvorstellbaren Grausamkeiten auf beiden Seiten aus. Die britische Regierung entschloss sich zu raschem Handeln.

Anfang 1947 fiel die Entscheidung, Indien in die Unabhängigkeit zu entlassen. Der Preis dafür war die Teilung des Landes und die Schaffung eines muslimischen Staates. Pakistan sollte aus zwei Teilen bestehen, einem im Westen und einem 2000 km davon entfernten in Ostbengalen (heute Bangladesh).

Nach der Teilung begann eine Massenemigration von Hindus aus den pakistanischen, Muslimen aus den indischen Teilen. Aus Angst, die wenigsten verließen ihre Heimat freiwillig. Wenn sie zusammentrafen, kam es oft zu Ausbrüchen von Gewalt.

Als um Mitternacht des 14./15. Augusts 1947 die Stunde der Unabhängigkeit schlug und zwei Jahrhunderte der Fremdherrschaft über Indien endeten, da lag Gandhi einsam und verlassen auf dem Boden eines dunklen Hauses in Kalkutta und weinte. Zerstört waren die Ideale, die er zeitlebens im Herzen getragen hatte: Gewaltlosigkeit, Menschlichkeit, Liebe und Brüderlichkeit zwischen den Menschen, ungeachtet ihrer Hautfarbe oder Religion. ■

Links: Gandhi auf den Salzmarsch, 1930 **Oben:** Eine antibritische Demonstration in Bombay, 1942

DIE INDIAN NATIONAL ARMY

Subhas Chandra Bose war ein Mitglied des Nationalkongresses, gründete dann aber eine eigene Partei, da er nicht an den gewaltfreien Widerstand glaubte. 1941 wurde er verhaftet, entkam nach Berlin und richtete dort mit Hitlers Hilfe einen antibritischen Radiosender ein. Später stellte er mit Unterstützung Japans die Indische Nationalarmee auf und erreichte mit ihr Nordostindien, wurde aber zurückgeschlagen. Kurz darauf starb er unter mysteriösen Umständen bei einem Flugzeugabsturz.

Eine Demokratie entsteht

In einem Land, fast so groß ist wie Europa, mit einer atemberaubenden Diversität der Sprachen, Kulturen, Religionen und geografischen Bedingungen, war die Demokratie ein großes Wagnis. Trotz aller Probleme hat sie sich bis heute behauptet. Ein großer Erfolg!

Links und rechts: Als letztem Vizekönig fiel Lord Mountbatten die Rolle zu, im August 1947 die Unabhängigkeit Indiens zu erklären

Aus der Nationalbewegung ging die erste, zunächst konkurrenzlose politische Partei hervor, die Kongresspartei. Ihre Führung war von den Fortschritten der damaligen Sowjetunion, die kurz zuvor den Sprung vom Agrarstaat in die Industrialisierung geschafft hatte, beeindruckt. Sie strebte für Indien ein weitgehend sozialistisches Wirtschaftskonzept an, allerdings gekoppelt mit einer demokratisch gewählten Regierung. Indien ging als reiner Agrarstaat in die Unabhängigkeit, in dem ca. 60 % aller Menschen gar nicht an der Geldwirtschaft teilhatten und in dem kaum 12 % der Menschen lesen und schreiben konnten. Den Gründervätern der Republik war bewusst: In einer freien Marktwirtschaft hätten diese keine Chance gehabt und Indien wäre sofort wieder in eine – diesmal wirtschaftliche – Abhängigkeit von den Industrieländern geraten.

Die neue Republik

Die neue Regierung unter dem charismatischen Premierminister Jawaharlal Nehru wollte nichts weniger als den totalen Umbau der Gesellschaft. Jeglicher Feudal- oder Großgrundbesitz sollte abgeschafft, die alten regionalen oder religiösen Identitäten dem neuen Nationalismus untergeordnet werden. Dazu wurden alle bestehenden Verwaltungsstrukturen vom Tisch gefegt.

Die ca. 500 lokalen Herrscher, die über fast die Hälfte des Landes verfügten, mussten der Union beitreten und später auf ihre Titel verzichten. Die neuen Bundesstaaten sollten sich keinesfalls an religiösen Grenzen orientieren, daher wählte man Sprachgrenzen, was neues Konfliktpotezial schuf.

Planwirtschaft

Es wurde eine Planwirtschaft eingeführt, in der Schlüsselindustrien wie Stahlproduktion und Stromerzeugung dem Staat unterstanden, der

Jawaharlal Nehru, Indiens charismatischer erster Premierminister, wurde 1889 als Sohn wohlhabender Eltern in Allahabad geboren. Den größten Teil seiner Ausbildung absolvierte er in England. Nach seiner Rückkehr wurde er bald Führer der Kongresspartei.

zugleich die absolute Kontrolle über die Produktion des Privatsektors besaß. Hersteller erhielten Rohstoffe und Lizenzen, um bestimmte Warenmengen zu produzieren, die zu festgesetzten Preisen auf den Markt kamen. Gewerkschaften wurden gegründet, viele Gesetze zum Schutz der Kleinbauern entstanden.

Nach dem Vorbild der Sowjetunion sollte der Sprung in die Industrialisierung in kurzer Zeit geschafft werden. Stahlwerke wurden gebaut, der Erz- und Kohlebergbau vorangetrieben, riesige Staudämme entstanden. Nehru nannte sie die neuen Tempel Indiens. Finanziert wurde das Ganze mit Rückzahlungen, die die Briten noch leisten mussten, dem Verkauf natürlicher Ressourcen, wie z.B. Tropenholz, und zahlreichen Krediten von internationalen Geberorganisationen.

Bis in die 1960er-Jahre waren große wirschaftliche Fortschritte zu verzeichnen. Außenpolitisch unterstützte Indien den Aufbau der Bewegung der Blockfreien Staaten und trat in den 1950er-Jahren als Befürworter der internationalen Anerkennung Chinas auf. China war aber dem Selbstverständnis nach kein sozialistisches Bruderland, sondern eine Expansionsmacht. Es annektierte 1951 Tibet und wurde damit zum direkten Nachbarn Indiens.

DIE NEUE VERFASSUNG

Die neue Verfassung des Staates lehnte sich stark an die britische und amerikanische Verfassung an. Dort ist die Gleichheit aller Menschen und der Säkularismus, die ausdrückliche Trennung von Staat und religiösen Institutionen, verankert. Kastendiskriminierung wurde unter Strafe gestellt. Um die benachteiligten Kasten und anderer Gruppen zu fördern, wurde eine Quotenregelung eingeführt, die den Benachteiligten ein bestimmtes Kontingent an Ausbildungs- und Arbeitsplätzen im öffentlichen Dienst garantiert. Die Zugehörigkeit zu den »gelisteten Kasten und Stämmen« (den sogenannten STC und OBC) wurde alsbald zum Politikum.

Indien und Pakistan

Die gewaltsam herbeigeführte Teilung des Landes in ein überwiegend muslimisches Pakistan und ein überwiegend hinduistisches Indien wurde zum Trauma. Den gewalttätigen Ausschreitungen zwischen Hindus und Muslimen fielen Hunderttausende von Menschen zum Opfer, Millionen flohen aus ihrer Heimat.

Im Unterschied zu Indien wurde in Pakisten die Entwicklung der Demokratie durch mehrere Militärputsche unterbrochen. 1958 übernahm der General Ayub Khan die Macht. Die USA sahen ihn als Bollwerk gegen den Kommunismus und unterstützten ihn mit Waffen und Geld. Gleichzeitig begann der Konflikt zwischen den beiden Ländern um die Region Kaschmir. Bis

1950 ein Königreich, in dem ein hinduistischer Herrscher über eine muslimische Bevölkerungsmehrheit herrschte, wurde es durch die Vereinigungsgesetze ein Teil der Indischen Union. Bei der Teilung hatte Pakistan aber auf dieses fruchtbare Gebiet gehofft.

Der Konflikt wurde verschärft, als Pakistan sich dem Erzfeind China zuwandte und in den 1960er-Jahren der indo-chinesische Krieg um die Grenzgebiete in Tibet ausbrach. Indien musste eine vernichtende Niederlage hinnehmen. Nehru beschloss die Aufrüstung der bewaffneten Streitkräfte, doch die USA und Großbritannien versagten ihre Unterstützung. So wandte er sich der Sowjetunion zu. Der Konflikt mit Pakistan wurde jedoch nicht gelöst. 1971 brach der indo-pakistanische Krieg aus und Ostpakistan machte sich mit Indiens Hilfe unabhängig. Bangladesh entstand (siehe S. 68).

Indira Gandhi

Nach Jawaharlal Nehrus Tod 1964 trat seine Tochter Indira Gandhi (mit Mahatma Gandhi nicht verwandt) seine Nachfolge an. Ihr kompromissloser Stil und Indiens Sieg gegen Pakistan 1971 machten sie zur unumstrittenen Führerin einer in sich gespaltenen Kongresspartei, und als im Zuge ihrer Grünen Revolution Pachtbauern zu Landbesitzern wurden, war ihr bis in die 1980er-Jahre hinein eine breite Machtbasis sicher.

Es waren turbulente Zeiten. Als im Juni 1975 der Oberste Gerichtshof von Allahabad Indira Gandhi korrupter politischer Praktiken für schuldig befand, verhängte sie den Ausnahmezustand, der erst im übernächsten Jahr aufgehoben wurde. Die Presse wurde zensiert, 100 000 politische Oppositionelle verhaftet, Slums niedergerissen und Zwangssterilisationen vorgenommen. Als Folge verlor Indiras Indian Congress die Wahlen von 1977, aus denen die Janata-Dal-Partei unter Führung des 80-jährigen Moraji Desai als Sieger hervorging. In einem selbst für indische Verhältnisse ungewöhnlichen Politdrama landete Indira Gandhi für kurze Zeit hinter Gittern. Doch allen Spekulationen zum Trotz war sie 1980 wieder im Amt.

Im selben Jahr jedoch kam ihr Sohn Sanjay bei einem Flugzeugabsturz ums Leben. Obwohl dessen selbstherrliches Auftreten ihm alles andere als Popularität eingebracht hatte, hatte Indira Gandhi ihn zu ihrem Nachfolger küren wollen. Nach seinem Tod überzeugte sie ihren älteren Sohn Rajiv, einen Piloten der Indian Airlines, seine bisherige Zurückhaltung aufzugeben und die politische Bühne zu betreten.

»

Indira Gandhi war auf allen Kampagnen ihres Vaters als Sekretärin und Vertraute dabei. Später kamen ihr die dabei geknüpften Netzwerke und internationalen Beziehungen sehr zugute.

Links: Indira Gandhi mit ihrem Vater, Jawaharlal Nehru
Rechts: Muslimische Auswanderer drängen sich 1947 auf einen Zug, der sie von Neu-Delhi nach Pakistan bringen soll

BANGLADESH

1971 eskalierte die Spannung zwischen Indien und Pakistan. Um dem Druck der Amerikaner, die Westpakistan unterstützten, entgegenzuwirken, schlossen die Inder ein Abkommen mit der Sowjetunion. Ostpakistanische Untergrundkämpfer wurden in Indien ausgebildet, um die Lage zu destabilisieren, dann marschierten indische Truppen ein. Pakistan antwortete mit einem Luftkrieg, doch die überlegene indische Armee hatte den Kampf binnen weniger Tage für sich entschieden. Bangladesh wurde unabhängig. Pakistan verlor dadurch die Hälfte seiner Einwohner und bildet seitdem keine ernsthafte Bedrohung für die Existenz Indiens mehr.

Probleme im Punjab

Obwohl die Sikhs vergleichsweise gut dastanden, fühlten sie sich benachteiligt. Sie waren die Hauptleidtragenden der Teilung gewesen. Sie forderten mehr Autonomie, unbeschränkten Zugang zur Armee, Landreform und teilweise sogar einen eigenen Staat. Zwar waren die meisten nicht gewalttätig, aber es bildeten sich doch mehrere terroristische Gruppen. Die indische Regierung reagierte mit übermäßiger Gewalt. 1984 ließ Indira Gandhi das Hauptheiligtum, den Goldenen Tempel von Amritsar stürmen, in dem sich der Sikh-Führer Jarnail Singh Bhindranwale aufhielt. Nicht nur Bhindranwale, sondern auch viele Pilger wurden bei dieser Aktion getötet. Die Reaktion ließ nicht lange auf sich warten: Am 31. Oktober wurde Indira von ihren eigenen Sikh-Leibwächtern ermordet. Ein Massaker an Sikhs in Delhi folgte, dem Tausende Sikhs zum Opfer fielen.

Rajiv Gandhi

Eine schockierte Kongresspartei wählte Rajiv Gandhi zum Premierminister. Sein politischer Anspruch war ehrgeizig, denn er versprach, der Industrie durch moderne Technologien und zeitgemäße Managementstrukturen neue Impulse zu verleihen. Dies war ein attraktiver Ansatz genau in dem Jahr 1984, in dem sich auch die Katastrophe von Bhopal in Madhya Pradesh ereignete, wo aus einer chemischen Fabrik des US-Unternehmens Union Carbide austretendes Giftgas über 3000 Einwohner tötete und Hunderttausende gesundheitlich schädigte.

Fünf Jahre später erlitt die Kongresspartei vor dem Hintergrund einer heftigen Korruptionsdebatte eine vernichtende Wahlniederlage.

Rajivs Verteidigungsminister V. P. Singh hatte 1987 zurücktreten müssen, nachdem er dem Kongress Korruption unterstellt hatte. Er gründete eine neue Partei, die Nationale Front, und errang in den Wahlen von 1989 genügend Stimmen, um eine Minderheitsregierung zu bilden, die aber 1990 scheiterte.

Überzeugt, dass er die Wahlen wegen unzureichender Volksnähe verloren habe, stürzte sich Rajiv Gandhi in eine Popularitätskampagne, wurde aber 1991 von einer tamilischen Selbsmordattentäterin ermordet. Die Kongresspartei schien auch den letzten Nachfolger aus der Nehru-Familie verloren zu haben.

Parteienlandschaft

Die politischen Verhältnisse hatten sich in der Zwischenzeit sehr verändert. Die Vormachtstellung der Kongresspartei war längst verloren. Immer neue Parteien waren, oft durch Abspaltung vom Kongress, entstanden. Wer regieren wollte, musste Koalitionen eingehen. Die Kommunisten waren stark in Bengalen und Kerala.

In Südindien entwickelte sich – schon Gandhi hatte davor gewarnt – eine starke Regionalbewegung, die mit einer Abkehr von der Union einherging. Zuerst in Tamil Nadu, dann in den anderen südlichen Bundesstaaten, entstanden reine Regionalparteien, die seitdem das politische Geschehen dort bestimmen.

In Nordindien gewann eine neue Partei Einfluss, gänzlich außerhalb der normalen Parteienlandschaft. Sie zeigte, dass die westlich gebildete politische Elite völlig außer Acht gelassen hatte, dass es in Indien viele konservative Kräfte gab, die mit den aufgestülpten Neuerungen unzufrieden waren. Eine Sammlungsbewegung entstand, der sogenannte Sangh Parivar, der die westliche Idee des Nationalismus aufgriff und in die Formel: »Ein Staat, ein Volk, eine Religion« übersetzte. Nicht alle Angehörigen dieser Bewegung waren Rechtsradikale, sondern oft Menschen, die den verordneten Säkularismus als Gottlosigkeit sahen und um ihre tradierten Werte besorgt waren. Die Führer nutzten dies geschickt, um ihren Mangel an politischem Programm zu kaschieren, und riefen zum Kampf gegen die muslimische Minderheit auf, die für alle Probleme verantwortlich gemacht wurde. In den 1980er-Jahren ging aus den verschiedenen Organisationen des Sangh Parivar die Bharatiya Janata Party (BJP) hervor.

Die Politik wird indisch

Im Prinzip entsprach die neue Vielfalt viel eher der indischen Wirklichkeit als das monolithische Einparteiensystem am Anfang der Unabhängigkeit. Die Menschen in Indien sehen sich als Angehörige von Gruppen, nicht als Individuen, und Gruppen gibt es viele. Ein Beobachter scherzte einmal: »Jeder Inder gehört zu einer oder mehreren Minderheiten.«

Links: Ernte im Punjab, 1970. Mit der Grünen Revolution verbesserte Indien seine Ernährungslage durch neue, ertragreiche Getreidesorten **Oben:** Indira Gandhi spricht bei einer Wahlveranstaltung 1971

In den Jahren nach 1947 wurde in missionarischem Eifer Indien eine fremde politische Form übergestülpt, die unter völlig anderen gesellschaftlichen Bedingungen entstanden war. Ein großer Teil der Gruppenkonflikte und gewaltsamen Ausschreitungen, unter denen Indien zu leiden hat, ist der mangelnden Rücksichtnahme auf die Unterschiedlichkeit der einzelnen Gruppen zuzuschreiben.

Die Mischung aus Gruppeninteressen und westlichen politischen Formen, gepaart mit dem alten indischen feudalen Patronageverhältnis, brachte eine Form von Demokratie hervor, die anders als westliche Demokratien funktioniert. Korruption findet sich oft dort, wo Politiker gezwungen sind, die alten Rechnungen auch zu begleichen. Denn Loyalität bekommen sie nicht umsonst.

Die Liberalisierung

Ende der 1980er-Jahre war der Tiefpunkt der wirtschaftlichen Entwicklung erreicht. Die sozialistische Planwirtschaft hatte nicht den erhofften Erfolg gebracht, die Auslandsverschuldung hatte astronomische Höhen erreicht.

Schon Rajiv Gandhi hatte, mehr oder weniger gedrängt von der Weltbank und anderen Geberorganisationen, mit einer Liberalisierung der Wirtschaft begonnen. Den eigentlichen Ruhm konnte aber Narasimha Rao ernten, der nach Rajiv Gandhis Tod aufgrund einer Sympathiewahl Premierminister wurde. Rao machte die indische Rupie konvertibel und räumte Ausländern das Recht ein, 51 % der Anteile bei Joint Ventures zu kontrollieren. Vor allem wurde die Lizenzvergabe vereinfacht. Auch die Importzölle für Maschinen etc. wurden gesenkt, und Ausländer dürfen heute Aktien an Indiens 20 Börsen handeln.

VIELZAHL DER PARTEIEN

Die Parteienlandschaft ist bunt, und es gibt ständig neue Koalitionen. Die größten Parteien sind der Indian National Congress und die BJP der Hindunationalisten. Beide müssen koalieren. Die United Progressive Front mit der Kongresspartei an der Spitze hat zur Zeit 48,3 % der Sitze, die National Democratic Alliance der BJP 29,3 %. Der dritte Faktor ist die Third Front, eine Vereinigung der extremen Linksparteien. In Südindien bestimmen die Regionalparteien die Politik. In Tamil Nadu z.B. wechselt die Regierung zwischen den beiden Tamilenparteien DMK und AIADMK hin und her, die beide einen gemäßigten tamilischen Separatismus pflegen.

Geschürte Konflikte

Der Konflikt zwischen Hindus und Muslimen, geschickt geschürt von den Extremisten des Sangh Parivar, brach immer wieder auf. Muslimische Terroristen kämpften in Kaschmir um die Unabhängigkeit. Der Sangh Parivar organisierte indessen eine Großaktion gegen die Muslime, die Rückeroberung des Landes von muslimischer Dominanz. 1992 rissen sie die Babri-Moschee in Ayodhya nieder – angeblich stand sie an der Stelle eines früheren Hindutempels über der Geburtsstätte des Gottes Rama. Das Blutvergießen, das auch auf Delhi und Mumbai übergriff, forderte über 1000 Opfer. Die Aktion sorgte landesweit für Aspannung: erstmals beteiligte sich eine nationale politische Partei mit dem Motiv, Stimmen zu gewinnen, an Ausschreitungen gegen Muslime. Wochenlang schwelte offener Aufruhr im Land, doch die Bharatiya Janata Party (BJP) hatte sich bei vielen Hindus als Partei ihrer Wahl etabliert.

In Mumbai gingen in diesem Zusammenhang an einem einzigen Tag im März 1993 ein Dutzend Bomben hoch. Verängstigte Muslime flüchteten aus der Stadt, Kriminelle ergriffen von teurem Boden Besitz. Die nächste Bundesstaatswahl sah die BJP als triumphalen Sieger.

Sangh Parivar im Rampenlicht

1998 schließlich wurde die BJP, allerdings unter dem sehr gemäßigten Premierminister Atul Behari Vajpayee, Regierungspartei. Die Hindunationalisten sind der Ansicht, dass (das hinduistische) Indien sich bis jetzt zum Spielball fremder Mächte machen ließ, weil es nicht genügend Stärke zeigte. Bald nach Regierungsantritt kam auch die erste Demonstration der neuen Stärke: Vajpayee ließ fünf (allerdings schon von seinen Vorgängern vorbereitete) unterirdische Atombombenversuche in der Wüste Thar durchführen. Trotz Annäherungsversuchen zu Pakistan brach 2002 ein neuer Krieg aus, da sich pakistanische Soldaten im Winter indische Stellungen im Himalaya angeeignet hatten. Die indische Armee war siegreich. Beide Demonstrationen der neuen Stärke kamen bei der Bevölkerung gut an. Wirtschaftlich wurde jedoch der Liberalisierungskurs weitergeführt. Ein gigantisches Straßenbauprojekt, dessen Auswirkungen man heute überall im Land sehen kann, wurde ins Leben gerufen.

Jüngste Entwicklungen

Nichtsdestoweniger wurde diese Regierung 2004 zum Erstaunen aller abgewählt. Viele Wähler waren unzufrieden, weil der wirtschaftliche Aufschwung sie nicht erreichte. Für die Armen wurde wegen der wachsenden Globalisierung und der steigenden Preise das Leben eher schwieriger.

Die Kongresspartei unter der Führung von Sonia Gandhi, Rajivs Witwe (die aber dem Sikh Manmohan Singh als Premierminister den Vortritt ließ), versprach weitere Liberalisierung, aber auch die Verstärkung sozialer Maßnahmen. Ihr Konzept scheint Erfolg zu haben. Bei den Wahlen 2009 konnte sie ihre Vormachtstellung sogar noch ausbauen. Allerdings lag die Wahlbeteiligung nur bei 59 %.

Die Gespräche mit dem Nachbarland waren 2003 zwischen Pakistans Machthaber Pervez Musharraf und Indiens Preminister Vajpayee wieder aufgenommen worden. Seit der Regierungsübernahme der Kongresspartei gelangen weitere Fortschritte, insbesondere in Bezug auf die Kaschmir-Frage. Inzwischen gibt es eine Buslinie zwischen Srinagar und Muzaffarabad und eine Zugverbindung zwischen beiden Ländern. Auch nach Rückschlägen in Zusammenhang mit den Anschlägen von 2008 stabilisierte sich die Lage wieder. Beide Staaten beschreiben den Friedensprozess als »irreversibel«. Und doch ist das letzte Wort noch nicht gesprochen. Pakistan will auf keinen Fall von seinem Anspruch auf Kaschmir abweichen, und Indien will es auf keinen Fall herausgeben.

Die Bewohner Kaschmirs und pakistanische Terroristen sind nach wie vor aktiv. Mittlerweile ist ihr Hauptanliegen, die Lage in Indien zu destabilisieren und damit einen neuen Krieg mit Pakistan heraufzubeschwören. Das soll zur Befreiung der Muslime und letztendlich zu einem islamischen Staat auf indischem Boden führen. 2008 explodierten Bomben in sechs Großstädten in Indien. Die Anschläge kulminierten in dem schrecklichen Massaker von Mumbai im November 2008, als zwei Hotels, der Bahnhof und ein jüdisches Kulturzentrum überfallen wurden und weit über 100 Menschen starben. ■

Links: Die Belagerung des Goldenen Tempels, 1984
Oben: Der pakistanische Expräsident Musharraf mit Indiens derzeitigem Premierminister Manmohan Singh

Geschichte im Überblick

Vorgeschichte

2500–1600 v. Chr.
Hoch- und Spätphase der Industal-Kultur mit den Städten Mohenjodaro und Harappa.

Um 1500 v. Chr.
Beginn der indo-europäischen Einwanderung in den Nordwesten Indiens. Entstehung der *Veden*.

521–486 v. Chr.
Der persische König Darius erobert den Punjab und Sind. Buddhismus und Jainismus entwickeln sich.

321–184 v. Chr.
Gründung des Maurya-Reiches; Ashoka (268–233 v. Chr.) herrscht über das erste gesamtindische Reich.

319–606 n. Chr.
Das goldene Zeitalter des Gupta-Reiches im Norden. Wissenschaft (v.a. Mathemathik und Astronomie), Literatur und die Künste erleben eine Blütezeit.

550–1190
Chalukyas und Rashtrakutas herrschen von Karnataka aus über West- und Zentralindien, Pallavas und Cholas über den Süden. Handelsbeziehungen zu Indonesien werden aufgenommen.

Die Rajputen

Um 850
Anangpal, ein Rajpute der Tomar-Dynastie, errichtet Lal Kot, die erste Stadt Delhis.

1000–1300
Hoysala-Herrscher regieren den Süden Indiens.

1192
Muhammed von Ghor schlägt die Rajputen unter Prithviraj. Nordindien gerät langfristig unter islamische Oberherrschaft.

Das Delhi-Sultanat

1206
Qutb-ud-Din begründet das Sultanat von Delhi.

1296–1351
Bau von Delhis zweiter bis fünfter Stadt.

1414
Die Sayyiden-Dynastie erringt die Macht.

1451
Der aus Afghanistan stammende Adlige Buhlbal Lodi übernimmt den Thron in Delhi und begründet die Lodi-Dynastie

14.–16. Jahrhundert
In ganz Nordindien haben sich muslimische Herrscher durchgesetzt, die Mehrheit der Bevölkerung bleibt jedoch Hindus. Der Süden wird zum größten Teil vom hinduistischen Königreich Vijayanagar beherrscht.

1498
Vasco da Gama entdeckt den Seeweg nach Indien: Er umsegelt Afrika und landet in Calicut an der Malabar-Küste. Holländer, Franzosen und Engländer folgen.

Die Mogul-Dynastie

1526
Gründung des Reiches der Großmoguln durch Babur nach einem Sieg über Ibrahim Lodi von Delhi in der Schlacht von Panipat.

1540
Humayun folgt seinem Vater Babur nach. Bau von Purana Qila, Delhis sechster Stadt.

1556

Beginn der Regentschaft des erst 13-jährigen Akbar, des bedeutendsten Großmoguls. Unter seiner Herrschaft festigt sich das Mogulreich und dehnt sich über ganz Nordindien aus.

1565

Baubeginn des Roten Forts in Agra. In Südindien wird das Vijayanagar-Reich von den Dekkan-Sultanaten erobert. Später fällt auch dieses Gebiet an das Mogulreich.

1569–1574

Akbar errichtet Fatehpur Sikri als neue Hauptstadt, der Hof kehrt jedoch zehn Jahre später nach Agra zurück.

1600

Queen Elisabeth I. stellt der East India Company einen Freibrief aus. 1608 richten englische Kaufleute eine Handelsniederlassung in Surat (Gujarat) ein.

1605

Jahangir folgt seinem Vater Akbar auf den Thron.

Ganz links oben: Eisensäule im Qutb-Minar-Komplex, Delhi **Links unten:** Statue aus dem Indischen Museum in Kolkata **Links Mitte:** Hampi (Vijayanagar-Königreich) **Oben:** Purana Qila, Delhi **Rechts:** Bahadur Shah **Ganz rechts:** Shahjahan

1627

Shahjahan, Akbars Enkel, wird Kaiser. 1623 beginnt er mit dem Bau des Taj Mahal als Mausoleum für seine gestorbene Frau Mumtaz Mahal. 1638 verlegt er seine Hauptstadt nach Delhi und begründet dort Delhis siebte Stadt Shajahanabad. 1639 Baubeginn am Roten Fort (Lal Qila).

1659–1707

Shahjahans Sohn Aurangzeb stürzt seinen Vater. Nach seinem Tod 1707 beginnt der Niedergang des Mogulreiches. Die Briten gründen in Kalkutta eine Niederlassung der East India Company.

1739

Der persische Eroberer Nadir Shah plündert Delhi, tötet 30 000 Einwohner von Shahjahanabad und kehrt mit dem Pfauenthron und dem Diamanten Koh-i-noor nach Persien zurück.

1756–1763

Im Siebenjährigen Krieg vertreibt die britische East India Company die Franzosen aus Bengalen.

1857

Der Aufstand der indischen Soldaten der britisch-indischen Armee in Nordindien (Sepoy-Aufstand) wächst sich zu einem großen Blutvergießen aus und wird erst über ein Jahr später endgültig niedergeschlagen. Der letzte Großmogul, Bahaudur Shah, geht ins Exil nach Birma; Ende des Mogulreiches.

Britische Herrschaft

1858

Auflösung der British East India Company und Übernahme Indiens durch die englische Krone; Einsetzung eines Vizekönigs.

1877

Queen Victoria wird zur Kaiserin von Indien ausgerufen.

1885

Gründung des Indischen Nationalkongresses, der ersten politischen Partei Indiens.

1908

Gründung der Muslimliga.

1911

König George V. kündigt die Verlegung der Hauptstadt von Kalkutta nach Delhi an.

1915

Mohandas Gandhi, bekannt als Mahatma (Große Seele), kehrt aus Südafrika zurück und startet seine

Kampagne des passiven Widerstands gegen die britische Herrschaft.

1931
Neu-Delhi wird offiziell Hauptstadt von Britisch-Indien.

1931
Muhammad Ali Jinnah, Präsident der Muslimliga, fordert einen eigenen Staat für Indiens Muslime.

Unabhängigkeit

1947
Indien erlangt die Unabhängigkeit um Mitternacht des 15. August. Jawaharlal Nehru wird erster Premierminister. Teilung Indiens in den vorwiegend hinduistischen Staat Indien und die islamische Nation Pakistan. Massaker und Massenflucht auf beiden Seiten der Grenzen; über 10 Millionen Menschen wandern durch den Punjab in das jeweils andere Land. Die Auseinandersetzungen zwischen Hindus, Muslimen und Sikhs fordern Hunderttausende Menschenleben.

1948
Am 30. Januar wird Gandhi von einem hinduistischen Fanatiker ermordet.

1950
Verabschiedung der Verfassung Indiens.

1964
Nehrus Tod. 1965 schlägt sein Nachfolger, Lal Bahadur Shastri einen Angriff Pakistans im Rann von Kachchh und in Kaschmir zurück.

1966
Nehrus Tochter Indira Gandhi (mit dem Mahatma nicht verwandt) wird Premierministerin.

1971
Indien unterstützt die separatistischen Bewegungen in Ost-Pakistan, was zum Krieg mit (West-)-Pakistan führt. Die unabhängige Nation Bangladesh entsteht.

1975–1977
Indira Gandhi lässt den Notstand ausrufen und viele Oppositionelle verhaften. Bei den Wahlen 1977 unterliegt sie.

1977–1979
Unter Moraji Desai regiert die Janata-Partei.

1980
Indira Gandhi wird zum zweiten Mal Premierministerin.

1984
Sikhs fordern die Unabhängigkeit des Punjab. 1000 Menschen, darunter viele Pilger, sterben beim Sturm auf den Goldenen Tempel in Amritsar. Im Oktober wird Indira Gandhi von einem ihrer Sikh-Leibwächter erschossen. Ihr Sohn, Rajiv Gandhi, folgt ihr als Premierminister nach.

1989
Die seit 1947 ununterbrochen regierende Kongresspartei verliert die absolute Mehrheit; Sieger ist die neu gegründete nationalistische Hindupartei Bharatiya Janata (BJP).

1990
Unruhen brechen in Jammu und Kaschmir sowie in Assam aus. Im Punjab kommt es zu religiösen Ausschreitungen.

1991
Ermordung Rajiv Gandhis. Die Kongresspartei bildet ein Minderheitskabinett.

1992–1993
Die Zerstörung der Babri-Moschee in Ayodhya durch militante Hindus ruft landesweit Unruhen hervor.

1997
Die Kongresspartei verliert erneut die Parlamentswahlen. Die neue Koalitionsregierung hält nur bis November.

1998
Neuwahlen; die BJP wird stärkste Kraft einer Koalitionsregierung. Ihr Führer Atal B. Vajpayee wird Premierminister. Indien und Pakistan testen Atomwaffen.

1999
Erneute Koalitionsregierung der BJP unter Führung von Vajpayee. Militärische Auseinandersetzung mit Pakistan im Kargil-Tal.

Ganz links oben: Der Prince of Wales und ein Maharaja, 1922 **Ganz links unten:** M.A. Jinnah, der Führer der Muslimliga **Links Mitte:** Nehru **Links:** Rajiv Gandhi **Oben:** Sonia Gandhi und Manmohan Singh **Oben rechts:** Verwüstungen des Tsunami auf den Andamanen und Nikobaren **Rechts:** Spiel der indischen Cricket-Liga

2000
Indiens Bevölkerung überschreitet die Milliardengrenze.

2001
Schweres Erdbeben in Gujarat.

2004
Niederlage der BJP bei den Parlamentswahlen. Die Kongresspartei bildet eine Koalitionsregierung unter Manmohan Singh. Indien und Pakistan beginnen Gespräche über »alle offenen Fragen«.
Am 26. Dez. verwüstet ein Tsunami die Andamanen und Nikobaren sowie Teile der Küste von Tamil Nadu.

2005
Im Januar wird erstmals wieder seit 40 Jahren eine Busverbindung zwischen Indien (Kaschmir) und Pakistan eingerichtet. Gipfeltreffen zwischen Pakistans Präsident Musharraf und Indiens Premierminister Manmohan Singh in Delhi.

2006
Auch die Zugverbindung zwischen Indien und Pakistan wird wieder aufgenommen. Ein Bombenanschlag auf das Zugnetz in Mumbai fordert über 200 Tote.

2007
Das geplante Nuklearabkommen zwischen Indien und den USA wird wegen innerindischem Widerstand auf Eis gelegt.

2008
Bombenanschläge im nordöstlichen Bundesstaat Assam töten über 80 Menschen; als Urheber werden Separatisten vermutet. Ein Anschlag von islamistischen Attentätern auf Mumbai im November fordert 173 Opfer und bringt das Leben im Stadtzentrum drei Tage lang zum Erliegen.

2009
Im März bringt die Firma Tata das billigste Auto der Welt auf den Markt: Der »Nano« kostet nur 100 000 Rupien. Trotz Angriffen maoistischer Rebellen auf Wahllokale mit 17 Todesopfern in Orissa, Bihar und Jharkhand verlaufen die Parlamentswahlen im Allgemeinen ordnungsgemäß.
Die Kongresspartei erringt einen unerwartet großen Sieg.

Indien heute

Boomland, Land der Informationstechnologie oder »Subkontinent der schlechten Nachrichten«, Heimat der Spiritualität und Herd blutiger Ausschreitungen – so unterschiedlich wie die Sichtweisen auf das heutige Indien sind, so vielfältig ist auch die Realität.

Das heutige Indien kann sehr verwirrend sein. Es ist ein Land der Extreme und voller Widersprüche, das sich scheinbar von Woche zu Woche ändert. Wer sich als Besucher näher mit diesem außerordentlich komplexen Land auseinandersetzt, fühlt sich oft genug beunruhigt von dem Gesehenen. Das Nebeneinander von ungeheurem Reichtum und bitterer Armut, ergänzt um eine neue, freie junge Mittelklasse, und ein Ausmaß sozialer Kontrolle, wie man sie im Westen selten erlebt, können eine Reise nach Indien zu einem faszinierenden, aber auch herausfordernden und aufwühlenden Erlebnis machen.

Macht und Geld

Seit sich Indien die Wirtschaftsprinzipien des Westens zu eigen macht, hat es sich zu einem Musterknaben der Ökonomie entwickelt. Ein gigantisches Programm der Privatisierung wurde auf den Weg gebracht, um den überdimensionierten öffentlichen Sektor zu verschlanken und effektiver zu machen. Soziale Gerechtigkeit steht dabei längst nicht mehr auf den Fahnen der Politik, wenn den wohlhabenden Schichten beträchtliche Steuervergünstigungen eingeräumt werden, während die ärmeren Klassen zunehmend ins politische und wirtschaftliche Abseits gedrängt werden.

In den letzten zehn bis fünfzehn Jahren wurden große Anstrengungen unternommen, die von der Kongresspartei nach der Unabhängigkeit etablierten Strukturen wieder aufzulösen. Staatseigentum und Industrialisierung, gekoppelt mit einer »India-first«-Strategie, d.h. Konsum der im Land produzierten Güter verbunden mit protektionistischer Importpolitik, waren seinerzeit die bestimmenden Größen. Gleichzeitig propagierte man die Säkularisation mit dem Slogan *unity through diversity* – »Einheit durch Vielfalt«. Ironischerweise werden diese staatsbildenden Ideen heute unter dem Motto von »Modernisierung« und »Entwicklung« demontiert. Außer Acht bleibt die Tatsache, dass sie seinerzeit radikale Lösungen für die ökonomischen Probleme und die Zerrissenheit der postkolonialen Gesellschaft Indiens darstellten.

Vorhergehende Seiten: Farbenprächtiger Markt an der Haora-Brücke in Kolkata **Links:** Eine junge indische Familie **Rechts:** Reis zu schälen ist arbeitsaufwendig

Die Briten hatten Indien in einem jämmerlichen Zustand hinterlassen – wirtschaftlich wie gesellschaftlich. Es gab so gut wie keine heimische Industrie (Großbritannien hatte das Land nur benutzt, um die eigene Industrie zu schützen), dafür umso mehr Analphabeten. Jüngst neigten Ökonomen dazu, Nehrus Erbe zu verunglimpfen, denn primär war er es, der eine massive Industrialisierung verfolgte. Dabei scheinen sie zu vergessen, dass genau diese Industrie, die sie so gerne privatisiert sehen wollen, und die Fachkräfte, die sie in lukrativen Jobs bei Firmen aus dem Westen sehen, die Produkte der damaligen Politik sind. Es waren Nehrus radikale Programme, die erst die Bedingungen geschaffen haben, auf denen die heutige Industrialisierung fußt.

Eins der größten Probleme, das der Entwicklung Indiens weiterhin im Weg steht, ist die in allen Schichten der Gesellschaft tief verwurzelte Korruption. Zwar wird sie in der Öffentlichkeit publicityträchtig laut beklagt, doch scheint sie unausrottbar zu sein in einem Land, in dem fast alles von Beziehungen und gegenseitigen Gefälligkeiten abhängt, und in dem Abgeordnete ihren Parlamentssitz nicht einmal verlieren, wenn sie wegen eines Verbrechens verurteilt wurden und in Haft gekommen sind.

Arm und Reich

Traditionell war das Kastenwesen das herrschende Ordnungsprinzip der indischen Gesellschaft, doch befindet sich das Land derzeit in einer Phase tiefgreifender Veränderungen. Andere Strukturen der sozialen Ordnung bilden sich heraus, die teils parallel zu den Kastengrenzen verlaufen, teils diese durchbrechen. Im Zentrum dieser Veränderungen steht der vielgerühmte indische Mittelstand.

Diese schwer einzugrenzende Gruppe erfährt weiterhin starke Beachtung von Seiten der westlichen Presse – unter anderem wird sie wegen ihres wachsenden Konsums für die weltweite Nahrungsmittelknappheit und die zunehmende Nachfrage nach Öl mitverantwortlich gemacht. Hier die Wahrheit auszummachen, ist nicht einfach. Eine eindeutige Zuordnung, wer genau zur indischen Mittelklasse zählt, ist kaum möglich. Der rajasthanische Bauer mit dem Traktor kann ebenso dazugehören wie der reiche Sohn mit Gel im Haar, der, das Handy ans Ohr gepresst, aus seinem Toyota steigt. Viele der Definitionen orientieren sich an Schätzungen. Am plausibelsten scheint eine Zahl von etwa 200 bis 250 Millionen Menschen zu sein, 20 % der Gesamtbevölkerung Indiens. Davon ausgehend kann man sich eine Vorstellung davon machen, wie es mit dem Rest der indischen Gesellschaft aussieht.

300 bis 350 Millionen Menschen leben unterhalb der von der indischen Regierung definierten Armutsgrenze, d.h. sie verdienen weniger als 540 Rupien (etwa 7,75 Euro) im Monat. Dies

Ca. 2 Millionen Haushalte in Indien haben mehr als 100 000 US-$ im Jahr zur Verfügung. Andererseits hat man bei 60 % aller Kinder Mangelernährung festgestellt.

bedeutet, dass in Indien mehr Menschen in absoluter Armut leben als auf dem gesamten afrikanischen Kontinent südlich der Sahara.

Nun richtet sich die Armutsdefinition der Regierung (anders als etwa die von der Weltbank oder den Vereinten Nationen vorgeschlagenen Definitionen) nur nach einem Mindestmaß der zum Überleben notwendigen Ernährung und lässt andere Aufwendungen wie für Wohnung, Kleidung oder Reisen außer Betracht. Wenn man die allgemein akzeptierte Messlatte der Weltbank anlegt, die von 1 US-$ oder etwa 40 Rupien pro Tag ausgeht, dann sind ca. 75 % aller Inder betroffen: 825 Millionen, fast dreimal so viele Menschen wie insgesamt in den Vereinigten Staaten leben oder 100 Millionen mehr als in ganz Europa.

Unterernährung ist daher ein Problem für viele Inder, insbesondere für die Kinder, während das Land gleichzeitig ein Nettoexporteur für Nahrungsmittel ist. Darüber hinaus herrscht in Indien eine höhere Kindersterblichkeit als im viel ärmeren benachbarten Bangladesh. Auch Hygiene und Gesundheitsvorsorge sind in einem beklagenswerten Zustand. Nur für 30 % der Bevölkerung ist eine Versorgung mit Trinkwasser gewährleistet.

Hilfe haben die Armen kaum je erfahren; die Wirtschaftspolitik konzentrierte sich entweder auf die großen Staatsbetriebe oder hat, vor allem in den letzten Jahren, die Liberalisierung und Privatisierung der Wirtschaft vorangetrieben und die Schicht der zahlungskräftigen Konsumenten gestärkt.

Links: Straßenverkehr in Chennai **Oben:** Eins der zahllosen Neubauprojekte: »Cyber City« in Hyderabad

WIRTSCHAFTSWACHSTUM

In den frühen 1990ern wurde unter dem damaligen Finanzminister und heutigen Premier Manmohan Singh die Industrie von Lizenzen entbunden und die Rupie für konvertibel erklärt. Die freie Marktwirtschaft ermöglicht ausländischen Investoren im Rahmen von Joint Ventures eine Beteiligung von 51 Prozent und für Global Player an Indiens Börsen den Handel mit Aktien (die in letzter Zeit Rekordhöhen erzielten). Ausländische Direktinvestitionen stiegen von 5,546 Mio. US-$ (2005/2006) auf 24,579 Mio. US-$ im Zeitraum 2007/2008. Inzwischen bemüht sich Indien verstärkt darum, den einheimischen Anteil an den Investitionen zu erhöhen.

Vielen von denen, die unterhalb der von der Weltbank definierten Armutsgrenze leben, sind Arbeiter und Kleinbauern – Eisenbahn- und Industriearbeiter, kleine Landbesitzer, Bauern auf gepachtetem Land. Zwar stecken sie sich nicht in derart verzweifelter Lage wie jene, die kaum zum Überleben genug haben, doch hat der jüngste wirtschaftliche Fortschritt Indiens an ihren Lebensbedingungen wenig verbessert. Kleinbauern in den ländlichen Gebieten sind vor allem durch Missernten und Schulden vom Ruin bedroht.

Auch andere Wohlstandsindikatoren geben wenig Anlass zum Optimismus. Laut UN hat weniger als 50 % der Bevölkerung freien Zugang zu lebenswichtigen Medikamenten. Die medizinische Unterversorgung durch Ärzte bis hin zu dem Mangel an Krankenhäusern ist alarmierend. Staatliche Sanitätsstationen und Hospitäler befinden sich in denkbar schlechtem Zustand, Privatkliniken können sich nur wenige leisten. Auf 100 000 Menschen kommen im ländlichen Indien gerade einmal 44 Krankenhausbetten. 66 % der Kinder unter drei Jahren leiden an Unterernährung, und auch die Kinderarbeit ist weiterhin an der Tagesordnung.

Nach Regierungsangaben – die nahezu alle Nichtregierungsorganisationen und unabhängigen Kommentatoren als viel zu optimistisch beurteilen – hat die UNICEF berichtet, dass mindestens 35 Millionen Kinder (14 % aller im Schulalter) schwere Arbeit verrichten. Ein Großteil von ihnen arbeitet in Schuldknechtschaft *(bonded labour)*, im Prinzip eine Form der Sklaverei.

GRUNDBILDUNG

1947 wurde die Schulpflicht von acht Jahren eingeführt. Zwar gelang es relativ schnell, Grundschulen weitgehend flächendeckend zu erbauen, aber dennoch gehen bei Weitem nicht alle Kinder regelmäßig zur Schule. Oftmals müssen sie beim täglichen Brotererwerb helfen. Seit 2003 gibt es deswegen ein neues Programm Schule für alle (SSA), im Zuge dessen 200 000 neue Schulen gebaut und 150 000 neue Lehrer eingestellt wurden. Auch das Niveau soll angehoben werden, denn es hapert an der Ausbildung und dem Arbeitswillen der (schlecht bezahlten) Lehrer sowie der Ausstattung. Mittelschichtskinder gehen deshalb auf Privatschulen.

Ansätze zur Verbesserung der Situation auf dem Land sieht das 2005 verabschiedete Gesetz »National Rural Employment Guarantee Bill« vor. Es verspricht hundert Tage Arbeit im Jahr für einen Erwachsenen pro Haushalt. Kann die Gemeinde die Beschäftigungsgarantie nicht erfüllen, soll der Mindestlohn von 60 Rupien pro Tag gezahlt werden. Zunächst gilt das Gesetz für 200 unterentwickelte Distrikte.

Das obere Ende der Leiter

Auf der anderen Seite befindet sich die wohlhabende Klasse, die in Indien mit dem bezeichnenden Namen *creamy layer* belegt wird, Sahneschicht. Es handelt sich keineswegs um eine homogene Gruppe; kennzeichnendes Element ist, dass diesen Menschen ein mehr oder minder dickes Konto zur Verfügung steht, das ihnen erlaubt, in zunehmendem Maß westliche Verbrauchsgüter zu konsumieren.

Der Großteil des indischen Mittelstands besteht aus Menschen, die diese Rolle traditionell schon immer eingenommen haben. Verwaltungsbeamte gehören dazu, Ladenbesitzer und Bauern mit größeren Anwesen. Sie besitzen vielleicht ein kleines Auto, mindestens aber einen Motorroller oder ein Motorrad und grundlegende Konsumartikel wie Kühlschrank, Fernsehgerät und vielleicht eine Waschmaschine. Diese Gruppe hat sich ihre traditionelle Denkweise und Kleidung bewahrt, ist sich ihrer Möglichkeit, mehr zu konsumieren, aber bewusst.

Am sichtbarsten auf den Straßen der großen Metropolen ist die ehrgeizige junge Generation. Diese gut ausgebildeten Zwanzig- bis Dreißigjährigen stellen das glamouröse Gesicht des gegenwärtigen Indien dar. Sie arbeiten im Dienstleistungssektor (IT, PR oder in Call-Centern) und verdienen 10 000 Rupien und mehr im Monat. Sie kleiden sich modisch, kaufen in neuen, klimatisierten Shopping Malls ein, besitzen Autos und Motorräder. In den schicken Bars sieht man sie trinken, rauchen und sich amüsieren.

Doch auch hier trügt der Schein: Trotz aller zur Schau gestellten modernen Weltläufigkeit wird die große Mehrheit auch dieser Gruppe bei der Wahl des Ehepartners den Wünschen ihrer Eltern folgen, und die Konsumfreudigkeit wird zu einem großen Teil durch Kredite finanziert, die inzwischen in Indien leicht zu bekommen sind.

Links: Schüler einer indischen Eliteschule
Rechts: Im Taj Hotel Club in Hyderabad

Der Wirtschaftsboom

Indien – der erwachende Riese – so wird das Land in Wirtschaftskreisen gesehen. Pharma- und Autoindustrie boomen, ebenso die Polyesterproduktion. Im Bereich der Bio-Technologie werden rasante Fortschritte gemacht.

Das größte Wachstum verzeichnet jedoch der Dienstleistungssektor. 53 % des Bruttosozialprodukts wird durch Dienstleistungen erwirtschaftet. Zwar gehören in diese Rubrik alle möglichen Bereiche, von der Hausarbeit über Wachdienste bis hin zur ärztlichen Versorgung, aber der westliche Betrachter assoziiert damit hauptsächlich Softwareprioduktion und Call-Center. Tatsächlich scheinen der Expansion der Softwarebranche keine Grenzen gesetzt zu sein.

Outsourcing, Infrastruktur-Hosting und Network Management heißen die wichtigsten Felder. Auch auf dem Hochtechnologiesektor ist Indien stark: Es gibt mehrere Basen, von denen aus andere Länder ihre Satelliten kostengünstig in den Weltraum schießen. Ein unbemannte Mondlandung gelang 2008. Viele der in Indien tätigen Firmen sind Joint Ventures mit Ausländern, z.B. Siemens, aber die größten Gewinner sind indische Firmen wie Tata, Infosys, Wipro und Satyam.

Schon in den 1960er-Jahren hatte die Regierung weitblickend die Voraussetzungen für diese Entwicklung durch Einrichtung von Bildungsinstituten (z.B. dem renommierten Indian Institute of Technology) geschaffen. Mittlerweile gibt es auch zahllose private IT-Colleges. Ein Drittel aller Softwareingenieure der Welt stammt aus Indien.

Die jüngste Weltwirtschaftskrise hat auch vor den indischen Unternehmen nicht Halt gemacht: die exportorientierten Industrien brachen um ca. 15–20 % ein. Aber die indische Wirtschaft hat sich relativ schnell wieder erholt. Die Privatisierung wird, wenn auch verhaltener, fortgesetzt, das jährliche Wachstum liegt zwischen 7 und 8 %.

Kommunalistische Organisation ist der in Indien gebräuchliche Ausdruck für religiöse oder andere Gruppen *(communities)*, die sich in extremer Weise gegen andere (Religions-)Gemeinschaften abgrenzen und potenziell gewaltbereit sind.

Die politische Herausforderung

Neben der Politik nach sozialistischen Prinzipien, die nach der Unabhängigkeit von Männern wie Nehru vorangetrieben wurde, setzte man auch große Hoffnungen in die Säkularisierung der Gesellschaft. Doch von Anfang an gab es eine Gegenbewegung gegen diese liberalen Ideen. Eines der beunruhigendsten politischen Phänomene der letzten Jahre, das Aufkommen einer chauvinistischen religiösen Rechten, hat seine Wurzeln in der zurückliegenden politischen Geschichte des Landes.

Als bei der Teilung des Landes antimuslimische Unruhen ausbrachen, verlangten prominente Kongress-Politiker wie Sardar Vallabhai Patel, Indiens erster Innenminister, der muslimischen Bevölkerung den Schutz zu verweigern und muslimische Beamte zu entlassen. Einen schweren Rückschlag erlitt die Sache des Hindunationalismus allerdings, als der brahmanische Marathe Nathuram Ghose, der Verbindungen zum RSS (Rashtriya Swayamsevak Sangh, eine extremistische hindunationalistische Organisation) hatte, Mahatma Gandhi ermordete, der stets Toleranz gepredigt hatte. Dies gab Nehru die Gelegenheit, kommunalistische Organisationen zu ächten und die Ambitionen der Hindu-Rechten für die nächsten zwei Jahrzehnte zu begraben.

Doch schon Nehrus Tochter Indira Gandhi verstrickte sich als Premierministerin in eine kommunalistische Politik. Öffentlich sprach sie sich zwar weiterhin für die säkularen Ideale ihres Vaters aus, suchte aber aktiv die Unterstützung der religiösen Hindus, indem sie sich mit Hindu-Heiligen umgab und an Hindu-Ritualen beteiligte, v.a. nach ihrer Wahlniederlage 1977 gegen eine Koalition, der schon die hindunationalistische Janata Party angehörte. Dieser Flirt der Kongresspartei mit Hindu-Gruppierungen sowie, mit noch direkteren verheerenden Konsequenzen, mit separatistischen Sikhs im Punjab, brach ein Tabu, das seit der Ermordung Mahatma Gandhis bestanden hatte. In den 1980er-Jahren wuchs die Zustimmung für offen kommunalistisch auftretende Parteien, begleitet von der Enttäuschung über eine von Korruption durchsetzte Kongresspartei. Die stärkste Kraft war die von L. K. Advani (derzeit Oppositionsführer in der Lok Sabha, dem indischen Parlament) angeführte BJP (Bharatiya Janata Party). Sie hatte sich aus der Janata Party der späten 1970er-Jahre gebildet und war eng verbunden mit dem RSS und dem Sangh Parivar (einer Sammlungsbewegung rechtsgerichteter Hindu-Gruppierungen). Ihre Kampagne galt einer nationalistischen, rechtsgerichteten Politik, die sich auf die oberen Kasten stützte und das Ideal von Hindutva, einer reinen Hindu-Nation, propagierte.

Diese politische Strömung gewann in den 1990er-Jahren immer größeren Einfluss, gleichzeitig wuchs die religiös motivierte Gewalt. 1992 rissen fanatisierte Hindu-Extremisten die Moschee Babri Masjid in Ayodhya nieder, die angeblich auf dem Geburtsort Ramas stand. In der vorausgegangenen Kampagne hatte der BJP-Führer Advani eine zentrale Rolle gespielt. Es folgten schwere Unruhen, besonders in Mumbai, die viele Tote forderten.

2002 brach in Gujarat blutige Gewalt aus: Tausende Muslime fielen einem Mob extremistischer Hindus zum Opfer; viele Moscheen und Schreine wurden zerstört. Die Regierung des Bundesstaats unter BJP-Ministerpräsident Modi wurde beschuldigt, nicht eingeschritten zu sein, ja, die Pogrome sogar geschürt zu haben. Zwar verweigerten die USA Modi 2005 die Einreise, seine Partei stützt ihn aber weiterhin, und er gewann sogar 2007 die Wahlen in Gujarat.

Ganz links: Gläubige in einer Moschee in Kolkata
Links: Marktverkäufer in Lucknow **Oben:** Hindus im Dwarkadish-Tempel, Mathura

In der Zentralregierung in Neu-Delhi stellte die BJP von 1998 bis 2004 mit A. B. Vajpayee den Premierminister. Auch in dieser Zeit wurde die wirtschaftliche Liberalisierung vorangetrieben. Dies mag auf den ersten Blick nicht zusammenzupassen, wenn man bedenkt, welche Nackenschläge diese ökonomische Strategie für die Menschen bedeutet. Doch Religion und die aggressive Hervorhebung des nationalen Gedankens sind gute Werkzeuge, das Volk zu motivieren und bei der Stange zu halten.

Im indischen Kontext heißt das auch, dass versucht wird, die enorme Vielfalt der verschiedenen Glaubensrichtungen und Praktiken des

Hinduismus zu vereinheitlichen. Der moderne Hinduismus, zumindest wie ihn Sangh Parivar vertritt, ist auf dem besten Wege, Züge des missionarischen Christentums anzunehmen. Die Beziehung des Einzelnen zu einer Gottheit und persönliche Verehrung sieht man darin eher als den Weg zur Erlösung als das Engagement für das Gemeinwohl. Verzicht auf Konsum und Bescheidenheit sind (auch in einem Land krassester Armut) von geringerer spiritueller Bedeutung als die Beteiligung am Bau eines Rama geweihten Tempels in Ayodhya.

Diese Abkehr von den Idealen Mahatma Gandhis ging einher mit einer strengeren Auslegung der religiösen Texte. Schriften wie die Veden, die Bhagavad Gita und das Ramayana sieht man immer mehr als historische Dokumente mit absolutem Wahrheitsanspruch denn als spirituelle Traktate und Leitlinien hin zu einer universellen Wahrheit, offen für vielfältige Interpretationen. Der rechtsgerichtete Hinduismus zeigt weit stärkeres Interesse an einem klaren Regelwerk als an religiösen Debatten, die die hinduistische Welt offen und tolerant machten.

Und wo immer ein hegemoniales Beharren auf gewissen Regeln stattfindet, leiden die Minderheiten. Dies traf am härtesten die über 100 Millionen Muslime in Indien. Der von der BJP proklamierte nationale Mythos trägt klar antiislamische Züge.

Die Rolle des Bösewichts, der Indien von außen bedroht, fällt dabei trotz aller Friedensgespräche in der Regel dem Nachbarn Pakistan zu. Der terroristische Angriff islamischer Extremisten auf Mumbai Ende 2008 hat diese Sichtweise noch verstärkt.

Ein grelles Schlaglicht fiel in einem größeren Zusammenhang auf die Problematik, als Indien 1998 eine Reihe von Atomwaffentests in der Thar-Wüste durchführte. Eine scharfe Verurteilung der Weltgemeinschaft folgte auf dem Fuße, doch die Bestürzung war umso größer, als Pakistan nur 15 Tage später mit eigenen Atomwaffentests antwortete. Indien, das nie dem Atomwaffensperrvertag beigetreten war, wurde zum nuklearen Schurkenstaat, der jedes Mal mit Argusaugen beobachtet wurde, wenn die Spannungen an der Demarkationslinie in Kaschmir wieder zunahmen.

Für Indien war der Besitz von Atomwaffen hingegen unverzichtbarer auf dem Weg, weltpolitisch in der ersten Reihe zu stehen. Es strebt einen ständigen Sitz im UN-Sicherheitsrat an und hat bei den Gesprächen über den Klimawandel ein gewichtiges Wort mitzusprechen. Geopolitisch wird Indien inzwischen von den USA hofiert, die es als strategisches Bollwerk gegen die wachsende Macht Chinas ansehen und dafür sogar eine Zusammenarbeit im nuklearen Bereich begonnen haben.

Links: Schule in Kerala
Oben: Plakat zur Gesundheitsvorsorge

Gesellschaft im Blickpunkt

Wie bei vielem ist die Einstellung der Inder gegenüber Religion, Kleidung oder Sex überaus komplex. Betrachtet man die Stellung der Frau, so hat sich diese in den letzten 50 Jahren zweifellos verbessert. Frauen in gehobenen Positionen sind keine Ausnahemerscheinung. Im Zentrum von Delhi sieht man junge Frauen in Miniröcken, was vor zehn Jahren undenkbar gewesen wäre. Zugegeben, nicht das alltägliche Bild, denn Jeans und T-Shirt bzw. der Sari oder *salwar kamiz* sind noch die Regel. Dennoch ist der Radius vieler Frauen auf den häuslichen Bereich beschränkt, und gedrängt von Armut nehmen sie die schlimmsten Arbeiten für einen Hungerlohn auf sich. Die illegale pränatale Tötung von Mädchen ist nach wie vor ein riesiges, sogar eher zunehmendes Problem, und Vergewaltigungen und Missbrauch werden in der Regel totgeschwiegen.

Den Frauen der Mittelklasse erwuchsen durch bessere Bildung und medizinische Versorgung neue Chancen und Freiheiten. Während sie alte Rollenmuster abschütteln und eine vielversprechende Zielgruppe der Konsumwelt werden, sehen sie sich neuen Herausforderungen gegenüber. Der Körper ist in den Blickpunkt gerückt. Frauen werden überschüttet mit Kosmetikwerbung. »Fair and Lovely«, eine Hautaufhellungscreme, ist das bestverkaufte Schönheitsprodukt und zugleich deutlicher Indikator für verdeckten Rassismus.

Indien ist gefangen zwischen konkurrierenden Konzepten: Liberalisierung oder das Nehru-Gandhi-Erbe, Fruchtbarkeit und Verzicht oder Konsum, religiöse Orthodoxie oder die neu erworbene Freiheit. In der Vergangenheit erwies sich Indien als menschlich und erfindungsreich – Eigenschaften, die für die Zukunft hoffen lassen. Der Wandel vom Agrarland zum konsumorientierten Industriestaat ist ein kontinuierlicher, der Schritt vom Spinnrad zur Weltwirtschaftsmacht ist getan. ■

SUPER FINE RICE

Indisches Essen

Indiens Essen ist so vielfältig wie die Kulturen des Landes. Von den Tandoori-Gerichten des Nordens bis zu den scharfen Currys des Südens hat jede Region ihre eigene Küche.

Der fantasievolle Gebrauch von Gewürzen ist für die gesamte indische Küche charakteristisch. Sie dienen auch als Appetitanreger oder Verdauungshilfe. Vor allem im Winter würzt man gerne scharf. Es sind im Wesentlichen nicht mehr als ein gutes Dutzend Aromazutaten, die in der indischen Küche verwendet werden, aber es lassen sich mit ihrer Hilfe doch Tausende von Gerichten herstellen.

Hauptzutaten

Wichtig sind Milch und Milchprodukte, besonders *dahi* (Quark, Sauermilch, Joghurt) und *ghee* (geklärte Butter). In der klassischen Küche wurde als Fett ausschließlich Butter verwendet. Heute wird in vielen Familien und Restaurants aber auch auf Pflanzenöl zurückgegriffen. Dahi (auch dhai) kommt in beinahe jedem indischen Menü vor. Man reicht ihn beispielsweise zu scharfen Gerichten, um die Wirkung des Chilis zu mildern, oder vermischt ihn mit Gemüse oder Obst. Leicht gewürzt ergibt er die *raitas* des Nordens oder die *pachadis* des Südens. Im Sommer wird auch das frische Getränk *lassi* aus Dahi gemixt, je nach Wunsch süß oder salzig.

Dal (Bohnen, Erbsen, Linsen) kennt man in ganz Indien. Sie lassen sich mit einer Fülle von Zutaten kombinieren. Es gibt z.B. die dicken südindischen *sambhars* mit Tamarinden-Aroma, die süßlichen Dals aus Gujarat oder das köstliche *maaki dal* Nordindiens.

Vegetarische Vielfalt

Gemüse kommt in vielen Variationen auf den Tisch. Frittiertes Gemüse passt hervorragend zu *sambhar* und Reis, wie man ihn in Tamil Nadu isst. Der dicke *avial*-Eintopf aus Kerala, der mit Kokosöl gekocht wird, passt ebenso gut zu Reisgerichten wie *kaottu* in Kokos- und Kirchererbsensauce. Gerade im Punjab sehr beliebt ist *sarson ka sag*, Senfblattgemüse, zu dem man *maki ki roti*, Maisbrot, reicht, während das aromatische *chorchori* Bengalens zu Reis und Fisch passt.

Links: Reis zählt zu den wichtigsten Nahrungsmitteln Indiens
Rechts: Gewürze sind das A und O in der indischen Küche

Für einen orthodoxen Inder ist ein Essen nur rein, wenn es mit Ghee (geklärter Butter) zubereitet wurde. Das liegt weniger an dem charakteristischen Geschmack, sondern eher an der Eigenschaft des Ghee, konservierend zu wirken.

Indien besitzt eine geradezu unüberschaubare Zahl vegetarischer Speisen. Im Süden kocht man mit wenig Fett, es gibt viele angenehm leichte Gerichte, meist gegrillt oder gedünstet. Grundlage jeder Mahlzeit ist Reis. Man kocht ihn mit *ghee* und isst dazu *sambhar*, *rasam* (eine dünne pfefferscharfe Brühe), *pachadi* und auch Gemüse (trocken oder in Saucen). Kokosnuss trifft man in Chutneys ebenso an wie in gekochtem Essen. Aus Südindien stammen die landesweit beliebten Snacks *dosa*, *vada* und *idli* aus fermentiertem Reis und Dal-Teig.

Sehr beliebt ist auch *upma*, ein Gericht auf Weizengrießbasis mit Curry, garniert mit Nüssen und Kokos. Als weitere Zwischenmahlzeiten empfehlen sich *samosas*, gefüllte Teigtäschchen mit Kartoffeln, und *pakoras* oder *bhajiyas*, Gemüsestückchen, die in einen dünnflüssigen Teig aus Kichererbsenmehl getaucht und in heißem Öl knusprig gebacken werden.

Probieren Sie in Gujarat, das für seine vegetarische Küche berühmt ist, *kadi*, aus Quark, Kichererbsen und einer feinen Gewürzmischung. *Gur*, brauner Kandiszucker, verleiht pikanten Saucen einen Hauch Süße. Im Sommer isst man *aam rasa*, püriertes Mangofruchtfleisch, dazu gibt es *puris*, in heißem Fett frittiertes Brot.

Die wahrscheinlich reinste Form der vegetarischen Küche Indiens ist *banarsi*. Viele der leicht gewürzten Spezialitäten basieren auf eiweißreichem *paneer* (Frischkäse), der auf mannigfaltige Weise zubereitet wird, beispielsweise mit Spinat *palak paneer*, in einer Sauce aus Erbsen *paneer mutter* oder Lotossamen *paneer phulmakhana*.

Aus religiösen Gründen werden vegetarische Speisen in Gujarat (v.a. von Jainas) und Bengalen oft ohne »aufheizende«, also stimulierende Gewürze zubereitet.

Auch gibt es eine ganze Anzahl von in Öl gebackenen oder gefüllten Broten aus weißem oder Vollkornmehl. Andere Sorten von Gebäck sind etwa *puris*, *parathas* und *baturas*. Am meisten konsumiert wird jedoch das einfache, auf dem Blech gebackene *chapatti*.

Fleisch- und Fischgerichte

Die Mogul- oder Mughlai-Küche

Islamischer Einfluss zeigt sich besonders deutlich bei den Fleischspeisen. Diese Kultur hat der indischen Küche den *tandoor* beschert, den kegelförmigen Lehmofen, in dem zahlreiche *Kebab*- und *Roti*-Gerichte, am Spieß oder auf dem Grill gebratenes Fleisch, garen: Tandoori-Huhn, *seekh*, *kebabs* (Fleisch oder Fisch, am Spieß gebraten) auf Tandoori-Art. Von den *Roti*-Gerichten sind *tandoori roti* oder die Luxusversion davon, *tandoori paratha*, erwähnenswert.

Die anspruchsvollen Moguln wandelten örtliche Rezepte ab und kreierten im Laufe ihrer langen Herrschaft eine indoislamische Küche, bekannt unter dem Namen Mughlai-Küche, die für ihre unvergleichlichen Süßigkeiten sowie großartigen Saucen aus *dahi*, Sahne und zerkleinerten Nüssen berühmt ist. Eine Vielzahl von Gerichten entstand; die nahrhaften *kormas* und *nargisi koftas* (um ein hartgekochtes Ei geformte Fleischbällchen) aus Lucknow, *pasindas* (Hammelsteaks in Mandelsauce), in Hyderabad *biriyani* (Reis und Geflügel oder Fleisch) und eine Vielfalt von *kebabs*, die auf der Zunge zergehen. Eine Gaumenfreude ist das üppige, mit Nüssen, Trockenobst und Safran angereicherte Essen der Muslime in Kaschmir. Bekannte Spezialitäten hier sind *haleem* (Hammelragout mit Weizen), *gaustaba* (besonders zarte Fleischklößchen) und *rogan josh* (Hammelcurry).

Reis ist zwar im Norden nicht Hauptnahrungsmittel, aber auch dort eine wichtige Beilage: Ein gutes *pulau* (in einer Brühe gekochter Reis mit Fleisch, Gemüsen oder Nüssen) ist für jeden Koch die größte Herausforderung. Es gibt zahllose Variationen; die einfachste und populärste Version ist Erbsenreis: *matar pillau*.

Fisch

Auch Fisch wird auf vielerlei Art zubereitet, z. B. mit Senf als *macher jhol* oder *machi alai* in Sahnesauce. Im Süden und an der Westküste würzt man mit Kokosnuss und Curry. Bemerkenswert sind auch die Fisch- und Schellfischcurrys aus Goa. Auch die Parsen kennen interessante Gerichte: *hansak*, Fleisch mit fünf verschiedenen Dals, und *patrani machi*, in Bananenblättern gedämpfter Fisch.

aus Linsen- oder Reismehl oder aus dem Mehl von Knollengemüse gemacht. Die Inder lieben diese salzige Knabberei sehr.

Süßigkeiten

Die meisten indischen Süßspeisen werden aus Milch gemacht und sind häufig für die Geschmacksnerven des Nicht-Orientalen viel zu süß. Vor allem Bengalen ist für seine Süßspeisen berühmt: *rasagulla*, *sandesh*, *rasamalai* oder das dampfende, heiße *gulab-jamun*. Typisch für den Norden sind *barfis* (Milchkuchen), die es in zahreichen Varianten (mit Kokos oder mit verschiedenen anderen Nüssen) gibt. Vor allem zum Tee

Beilagen

Chutneys und eingelegtes Gemüse (süß, sauer, scharf oder alles zugleich) regen den Appetit an und geben den Gerichten zusätzliche Würze. Jede nur erdenkliche Zutat findet Verwendung: Minze, Koriander, Mango, Ingwer, Limonen und die verschiedensten Gemüsearten. Es gibt sehr reichhaltig und raffiniert exotisch gewürzte Sorten, aber auch ganz schlichte, die außer Salz keine weiteren Zutaten enthalten.

Papads, hauchdünne gewürzte Teigfladen, die knusprig geröstet oder gebacken werden, sind eine beliebte Fleischbeilage. Der Teig wird meist

Links: Ein Straßenverkäufer bietet frisches Obst an
Oben: Süßigkeiten auf der Grundlage von Milch

und zum Frühstück sehr beliebt sind die goldgelben, von Sirup triefenden *jelabis*. Sogar der kleinste Basar bietet sie an.

Kheer, der indische Reispudding, *shaki tukra*, ein exotischer Brotpudding, *phirni*, aus gemahlenem Reis und in Tonschüssseln serviert, und *kulfi*, dicke Nusseiskrem, sind gängige nordindische Nachspeisen.

Im Süden kann man sich *pak* aus Mysore oder *payasum* (einen Reispudding mit Milch und Mandeln) schmecken lassen. Die Gujarati haben vor allem eine Schwäche für *shrikhand* (cremiger süßsaurer Joghurt mit Safran und Muskat). Das traditionelle *halva* wird auf vielerlei Arten zubereitet: Als Zutaten eignen sich Karotten, Grieß, Linsen, Eier, ja sogar Vollkornmehl. ■

Feste

In Indien wird im Lauf des Jahres eine Unzahl von Festen gefeiert, angefangen von großen Hindufeierlichkeiten über Ehrungen von Lokalgottheiten bis hin zu Festgelagen und politischen Paraden.

Feste sind in Indien Teil des Alltags, nicht verwunderlich bei der Vielzahl der Religionen, der Götter und der Jahrestage von Glaubensgründern. Ein großer Teil dieser Feste wird von Hindus begangen. Die Feiern stehen in Verbindung mit dem riesigen Sagen- und Legendenschatz des Landes, und die Anzahl der unterschiedlichen Riten und Kulte ist unüberschaubar.

Es gibt zahlreiche kommunale und regionale Feste, die wichtigsten jedoch werden im ganzen Land gefeiert. Das bedeutendste findet nach dem Ende der Regenzeit statt, wenn die Felder neu bestellt werden: Mit dem »Neun-Nächte«-Fest **Navaratri** (Sept./Okt.) wird die Göttin in ihrem eher furchteinflößenden Aspekt als Kali oder Durga verehrt. Beendet wird Navaratri mit dem **Dussehra**-Tag, mit dem Durgas Sieg über Mahisasura, den Büffeldämon, gefeiert wird.

Divali (Okt./Nov.) feiert sowohl Ramas Rückkehr aus dem Exil als auch die Göttin des Reichtums, Lakshmi. Auf das Frühlingsfest **Vasant**, das der Göttin Sarasvati huldigt (Jan./Feb.) folgt neben **Pongal** (auch Sankranti), dem Erntefest des Südens, das Shiva-Fest Shivaratri (Februar oder März). An dieses wiederum schließt sich das nordindische Erntedankfest **Holi** an. Beschlossen wird der Kreis der Jahresfeste mit **Janmasthami**, dem Geburtstag Krishnas, und **Ganesh Chaturthi**, dem Fest des Elefantengottes, im August und September. ■

Oben: Die Maha Kumbh Mela in Allahabad am Zusammenfluss von Yamuna und Ganges ist das größte religiöse Fest der Welt. Die Kumbh Mela findet alle drei Jahre abwechselnd in den Städten Allahabad, Haridwar, Ujjain und Nasik statt, wobei Allahabad den größten Zulauf an Pilgern hat

Oben: Beim ausgelassenen nordindischen Frühlingsfest Holi wird farbiges Pulver in die Luft geworfen
Links: Shivaratri wird in der Neumondnacht im Februar oder März gefeiert – jener Nacht, in der Shiva *tandav* aufführte, den dreifachen Urtanz der Erschaffung, Erhaltung und Zerstörung der Welt

Nichhinduistische Feste

Islamische Feste finden ebenfalls das ganze Jahr über statt. Typisch sind die sogenannten *urs*, Feiern von lokaler Bedeutung, die an den Grabstätten verschiedener Muslimheiliger stattfinden. Die bedeutendsten der landesweiten islamischen Feste sind `Idu al-Fitr und `Idu al-Adha; beide richten sich nach dem Mondkalender und sind daher beweglich. Mit Ersterem wird das Ende des Ramadan-Fastens gefeiert, mit `Idu al-Adha das Ende der Hadsch, der Pilgerfahrt nach Mekka. Das wichtigste Fest der Schiiten, Muharram, ist dem Angedenken an das Martyrium Hassans, des Enkels des Propheten, gewidmet. Das höchste Fest der Buddhisten ist Buddha Jayanti im April und Mai. Gefeiert wird dabei die Geburt des Buddha, aber ebenso seine Erleuchtung.

Die Jainas haben mit Dip Divali ein ähnliches Fest. Es findet zehn Tage nach dem Hindufest Divali statt und feiert die Erlösung des Tirthankara Mahavira vom Kreislauf der Wiedergeburten. Lichter werden angezündet, um das »Dunkel der Welt« zu erhellen.

Links: Die Feier zum Andenken an die Geburt Krishnas wird mit besonderer Inbrunst in Mathura und Vrindavan begangen, wo man Szenen aus seinem Leben aufführt

Links unten: Beim Lichterfest Divali stellen Familien kleine Öllampen oder Kerzen vor die Tür, um Rama den Weg aus der Verbannung zurück nach Ayodhya zu weisen. Außerdem soll mit dem Lichterschmuck Lakshmi, die Göttin des Wohlstands, ins eigene Heim eingeladen werden

Rechts: Jeder Hindutempel feiert ein Fest zu Ehren der Gottheit, der er geweiht ist. Oft ist es von (Elefanten-)Prozessionen, Musikaufführungen und aufwendigen Ritualen der Ehrerweisung (*pujas*) begleitet

Musik und Tanz

Eine ungeheure Vielfalt prägt die Musik- und Tanztradition Indiens. Von der Konzertbühne zum Filmschlager, vom Tanzdrama beim Tempelfest zum Ballettexperiment reicht die Bandbreite.

Beide sind ebenso facettenreich wie die Gemeinschaft der zahlreichen Ethnien auf dem Subkontinent: Musik und Tanz können auf eine sehr lange Tradition zurückblicken und bilden einen der reichsten Komplexe dieser Kunstformen auf der Welt. Bei uns am bekanntesten sind sicher die klassische nordindische Musik und der klassische Tanz (Bharat Natyam), wie er in Tamil Nadu gelehrt wird.

Grundlagen der Musik

Die klassische indische Musik ist in der Regel Kammermusik, also keine Musik für ein größeres Orchester. Polyphonie gibt es nicht. Meist musiziert nur ein Künstler; ein Trommler begleitet ihn und gibt ihm die Taktzyklen an. Gelegentlich gesellt sich ein Spieler hinzu, der den Grundton vorgibt, entweder mit einem Harmonium oder mit einem dafür vorgesehenen Saiteninstrument. Der Hauptinterpret kann ein Sänger sein oder eines der zahlreichen Saiten- oder Blasinstrumente spielen. Der einstimmige Gesang nimmt jedoch den höchsten Rang ein und verlangt dem Interpreten eine unvorstellbare Stimmbeherrschung ab. Anders als im Lied westlicher Prägung sind die Texte verhältnismäßig kurz und werden mehrfach wiederholt. Das Hauptaugenmerk liegt auf der Melodie und der daraus resultierenden Stimmung.

Die indische Musik kennt traditionell ein Notensystem, mit dem aber nur Teile eines Musikstücks festgeschrieben sind. Zu jedem dieser Stücke gehört auch ein frei auf der Grundmelodie improvisierter Teil. So wird sich der Klang der Musik im Lauf der Jahrhunderte wohl sehr verändert haben.

Die Stücke der klassischen Musik, unseren Kompositionen ungefähr entsprechend, werden

raga genannt. Ein Raga ist eine Sequenz von fünf oder sieben Noten in einer festgelegten auf- und absteigenden Folge. Es ist der zentrale Begriff der indischen Musik. Auf dieser Tonfolge improvisiert der Interpret, ähnlich wie beim Jazz, seinen musikalischen Vortrag.

Raga bedeutet Stimmungsfärbung, wobei acht bzw. neun Grundstimmungen, sogenannte *rasas*, unterschieden werden, und zwar: Erotik, Komik, Heldenhaftigkeit, Wildheit/Zorn, Verwunderung, Trauer, Angst/Schrecken, Ekel/Abscheu, Hingabe zu Gott. Jeder Vortrag eines Raga ruft eine Mischung dieser Stimmungen hervor, die aber stets eine Hauptstimmung betonen. In der nordindischen Musik können bestimmte Ragas nur zu bestimmten Jahres- bzw.

Tageszeiten aufgeführt bzw. präsentiert werden, da wohl schon vor Jahrhunderten erkannt wurde, dass der Mensch auf bestimmte Töne je nach Tageszeit verschieden reagiert. Der staatliche Rundfunk achtet bei den Sendezeiten in der Regel auf die Einhaltung dieser Vorgaben. Klassische Konzerte beginnen daher abends und ziehen sich bis zum Morgen hin, damit die Interpreten Gelegenheit haben, die Palette ihrer Abend-, Mitternacht- und Morgen-Ragas in Einklang mit der Zeitvorgabe vorzustellen.

Getragen wird ein Teil der musikalischen Darbietung vom *tala* (Rhythmus). Die klassischen indischen Rhythmen sind weitaus komplizierter und für westliche Reisende schwerer zu begreifen gewohnten Rhythmen. Der klassische indische Rhythmus verläuft in Zyklen, die sehr viel weiter gefasst sind als etwa der Viervierteltakt.

Wer Gelegenheit hat, einem klassischen nordindischen Konzert beizuwohnen, wird erleben, dass das Publikum nicht zum Ende der Darbietung applaudiert, sondern mitten im Vortrag bei besonders gelungenen Passagen den Interpreten mit Beifallsrufen überhäuft. Der Solist kann in der von ihm hervorgerufenen Stimmung emotional völlig aufgehen, sodass ihm z.B. bei einem den Bhakti Rasa (*bhakti* bedeutet Hingabe zu Gott) betonenden Raga die Tränen übers Gesicht laufen – und den ergriffenen Zuhörern ergeht es nicht anders.

Links: Musiker mit Schlaginstrumenten auf einem Fest in Kerala **Oben:** Vina-Spieler in Trivandrum, Kerala

Der klassische Tanz

Der klassische indische Tanz erzählt, egal ob im Norden oder Süden aufgeführt, eine kürzere oder längere Episode aus dem Leben eines mythologischen oder sonstwie literarischen Helden bzw. einer Heldin. Ähnlich Wagners »Ring des Nibelungen« gibt es z.B. im Süden Zyklen von Tanzdramen, die in mehreren aufeinanderfolgenden Nächten aufgeführt werden und hauptsächlich die indischen Nationalepen, das *Ramayana* oder das *Mahabharata,* zum Inhalt haben. Besonders an den muslimischen Höfen hat sich jedoch auch ein rein auf die Ästhetik abzielender Tanzstil entwickelt.

Der klassische Tanz ist stark stilisiert und erlaubt keine Improvisation – jede Hand- und Fingerbewegung, jede Regung des Gesichts, jede Körperstellung hat eine Bedeutung. Früher wurde er von Tempeltänzerinnen *(devadasis)* allein zu Ehren der Götter aufgeführt. Heute wird der klassische Tanz in Schulen gelehrt und außerhalb der Tempel getanzt. Die vollendete Körperbeherrschung setzt ein jahrelanges Training und Yoga voraus. Unabdingbarer Bestandteil der Ausbildung ist auch das Studium religiöser

Schriften, Mythen und Götterlegenden. 108 Körperhaltungen und 64 Handgesten drücken Situationen und Emotionen aus, die Mimik spielt eine ebenso große Rolle. Von besonderer Bedeutung ist auch, dass Tänzer und Musiker perfekt harmonieren. Die Trommler schlagen die kompliziertesten Rhythmen, die der Tänzer oder die Tänzerin gleichzeitig umsetzen muss.

Es gibt stets mindestens einen Tänzer (oder eine Tänzerin) mit einem Orchester, das sich aus einem Sänger, einem Trommler, einem Zymbalisten zur Taktsilbenrezitation und einem ein Begleitinstrument spielenden Musiker zusammensetzt. Gerade der Solotänzer kann, ähnlich dem musikalischen Solisten, auf die Stimmung des Publikums eingehen und sich von ihr zu künstlerischen Höchstleistungen tragen lassen. Gut dargebotener indischer Tanz, etwa ein virtuos inszenierter Kathak, reißt das Publikum zu frenetischen Beifallsstürmen hin. Die wichtigsten der verschiedenen Tanzstile sind der nordindische Kathak, der ostindische Odissi und der südindische Bharat-Natyam-Stil.

Zahlreich sind auch die Tanzformen der verschiedenen Volksgruppen, die nicht als klassisch gelten. Erntetänze, Jagdtänze, manchmal mit Masken, werden von nichtprofessionellen Tänzern auch Touristen vorgeführt. Besonders häufig begegnet man auf Reisen den Aufführungen rajasthanischer Schaustellerfamilien, die früher zu Festen über die Dörfer zogen und heute häufig in Hotels arbeiten. Ihre Darbietungen sind traditionell darauf abgestellt, mit akrobatischem Können zu unterhalten, beispielsweise mit Tänzen auf Schwertern, Glasscherben oder mit brennenden Töpfen auf dem Kopf.

Tanzdramen und Theater

Kathakali ist für den Einsteiger sicher die spektakulärste klassische indische Tanzform, der er vor allem in ihrer Heimat Kerala begegnen wird, wo sie unter freiem Himmel zur Aufführung gelangt. Es ist ein Theater, oder besser: ein Tanzdrama, bei dem mehrere Tänzer auftreten.

Vor ihrem Auftritt werden die Tänzer – auch weibliche Rollen werden hier von Männern dargestellt – stundenlang geschminkt, sodass Betrachter zunächst den Eindruck haben, sie sähen einen Maskentanz. Eine Maske würde aber die Emotionen nicht zum Ausdruck bringen kön-

RELIGIÖSE MUSIK

Jede Art von Musik wird in Indien im Prinzip als glückbringend und religiös verstanden. Manche wird jedoch explizit zur Ehre Gottes aufgeführt und gesungen. Dies gibt es nicht nur bei den Hindus, sondern auch bei allen anderen indischen Religionen. Beispielsweise wird an bestimmten Tagen in Sikh-Tempeln das ganze Heilige Buch gesungen. Besonders verbreitet ist jedoch das gemeinsame Singen und Musizieren in Hindutempeln *(bhajan)* an bestimmten Festtagen, das sich die ganze Nacht hinziehen kann. Einer übernimmt die Leitstimme, und alle können in den Refrain einfallen. Begleitet wird dieser Gesang meist von einer kleinen Trommel, Zimbeln und dem Harmonium. Das sind keine Aufführungen, vielmehr leben diese musikalischen Veranstaltungen von der allgemeinen Beteiligung. Es gibt jedoch auch professionelle Gruppen, die schon viele CDs aufgenommen haben und deren Musik oft in Tempeln per Lautsprecher abgespielt wird.

Eine andere Art von Musik kann man in südindischen Tempeln erleben: Prozessionen mit Musikbegleitung *(periyar melam)*. Die Musiker sind Tempelangestellte und spielen eine lange Oboe *(nagasvaram)* sowie sehr laute große Trommeln *(tavils)*. In Kerala finden bei Tempelfesten oft Aufführungen mit großen Trommelensembles statt.

nen, auf die es hier ankommt. Das Rollen der künstlich geröteten Augen z.B. ist unverzichtbar. Für einige darzustellende Charaktere wird das Gesicht des Tänzers mit Reispaste wie durch einen Bart vergrößert. Die Farbe der prächtigen Kostüme und die Form der Kronen deutet den Charakter der verkörperten Figur an. Edle Charaktere z.B. tragen entweder eine purpurne, blaue oder gelbe Jacke und komplizierte kegelförmige, mittelhohe Kronen mit Strahlenkranz. Schurken erkennt man an einer hohen Krone, dem Bart und der roten oder weißen Jacke.

Der Tanz, bei dem die Tänzer selten mit der Fläche des Fußes, sondern lediglich mit dessen äußerer Kante aufstampfen, ist sehr rhythmisch und wird von zwei Trommlern, einem Zymbalisten, Gongspieler und Sänger begleitet. Die Texte werden in Malayalam und Sanskrit gesungen und extra für diese Form des Tanzdramas, meist in Anlehnung an episch-mythologische Texte, geschrieben.

In vielen Gegenden Indiens, z.B. in Rajasthan und Maharashtra, gibt es eine ebenso reiche Puppentheatertradition, deren Aufführungen uns leider unverständlich bleiben. Deswegen haben die Aufführungen, die manchmal in Hotels stattfinden, sehr an Qualität eingebüßt.

Seit fast 2000 Jahren gibt es in Indien auch eine nicht getanzte Form der Theateraufführung. Einige Stücke, z.B. aus dem 7. Jh. n. Chr., sind noch erhalten. Nach der Unabhängigkeit wurde diese Kunstform genutzt, um progressive Inhalte auf unterhaltsame Weise zu vermitteln. Im Großen und Ganzen ist die Theaterszene in einem beklagenswerten Zustand, doch finden sich in den Großstädten auch heute noch Theatertruppen mit ehrgeizigen Projekten. Deshalb kann es durchaus lohnend sein, im Veranstaltungskalender Mumbais, Kolkatas oder Delhis nach solchen Theateraufführungen zu fahnden und eine Vorstellung zu besuchen. ■

Links: Mohiniattam ist ein klassischer Tanz in Kerala
Oben: Theyyam-Tänzer in Bekal, Kerala

POPMUSIK

Bis vor kurzem bestand die Popmusik Indiens ausschließlich aus Filmmusik, die zwar auch die wechselnden Moden westlicher Musik widerspiegelt, aber der indischen Tradition verpflichteter ist, als die Macher es wahrhaben wollen. In den Metropolen etablierte sich jedoch auch eine kleine Rock- und Dance-Szene, die mit dem Anwachsen der jugendlichen Elite mehr und mehr Verbreitung findet. Der Musiksender MTV fing mit ausschließlich amerikanischer und westlicher Popmusik an, ist jedoch heute der größte Verbreiter der Hindi-Filmsongs. Mittlerweile haben diese auch in Europa Freunde gefunden.

Die Filmindustrie

Kaum war das Kino erfunden, hatten sich die Inder auch schon in dieses Medium verliebt: In Bombay eröffnete eines der ersten Kinos der Welt. Heute ist die indische Filmindustrie größer als Hollywood.

Denkt man an indisches Entertainment, denkt man an Kino. Die größte Filmindustrie der Welt bietet Melodramen mit unwahrscheinlichen Liebesgeschichten, Action und Gewalt, Musik- und Tanzeinlagen und manchmal scheußlichen Kostüme. So ist zumindest die allgemeine Wahrnehmung.

Und doch steckt mehr dahinter. Fast alle Bollywood-Filme, und wenn sie in noch so modernem Gewand daherkommen, sind nach den Prinzipien der altindischen Rasa-Lehre aufgebaut. Das heißt, alle Stimmungen wie Gewalt und Liebe, Freude, Trauer, Furcht und Komik müssen darin vorkommen. Im Vergleich zu Hollywood-Produktionen sind sie sehr lang, haben meist eine Pause und verwirren westliche Betrachter, weil sie keinem der gewohnten Genres zuzuordnen sind.

Realistisch sind sie nicht – mit realistischen Filmen kann man in Indien kaum Zuschauer locken –, sondern exemplarische, idealisierte Geschichten über Gut und Böse, seit der Unabhängigkeit auch mit einem starken nationalistischen Touch, der kommunalen Harmonie verpflichtet. Damit spielen sie eine äußerst wichtige Rolle bei der Vermeidung von Gewalt, denn bislang jedenfalls rufen sie noch nicht zum Kampf von Hindus gegen Muslime auf. Gleichzeitig verarbeiten die Filme ständig die neuesten Entwicklungen des Subkontinents, allerdings aus dem

Blickwinkel städtischer Eliten, die oftmals von den Lebensbedingungen auf dem Land wenig verstehen. Unerlässlicher Bestandteil eines Bollywood-Films ist, dass ein Teil der Handlung in Amerika, Australien oder England spielt und dass viele der modernen Statussymbole wie teure Autos darin vorkommen müssen.

Ungeheure Gelder werden in der Filmindustrie verdient. Mittlerweile haben sich auch viele amerikanische Firmen in Bollywood eingekauft. Mumbais Unterweltzaren nutzen Filmproduktionen, wie allgemein bekannt, zur Geldwäsche. Vielleicht erhöht das für die Fans den mit der Filmwelt verbundenen Glamour. Und die Stars gehen nicht leer aus. Allein 40 % des Gesamtbudgets müssen für die Honorare der Schau-

Eine Besonderheit Südindiens besteht darin, dass viele einflussreiche Politiker aus der Filmindustrie hervorgegangen sind: M. G. Ramachandran, Jayalalitha, M. Karunaniddhi sind allesamt ehemalige oder jetzige Ministerpräsidenten von Tamil Nadu.

spieler kalkuliert werden. Da die Produzenten sich um die bekannten Namen reißen, sind einzelne Stars so gefragt, dass sie nach einem detaillierten Terminkalender gleichzeitig an mehreren Drehorten arbeiten. Auf dem Höhepunkt seiner Karriere hatte Shashi Kapoor Verträge für 140 Filme in der Tasche und nannte sich deshalb humorvoll »Taxistar Indiens«.

Bollywood, Tollywood

Die Filmhits werden in drei großen Zentren in unterschiedlichen Sprachen produziert. Hindifilme kommen aus Mumbai (aus dessen altem Namen Bombay und der Analogie zu Hollywood wurde auch der Begriff Bollywood geprägt), Tamilfilme aus Chennai und Telugufilme aus Hyderabad. Im Großen und Ganzen sind die südindischen Zentren produktiver als Mumbai. Viele der größten Stars wie Aishwarya Rai und A.R. Raman stammen aus Südindien und haben den Sprung in die Hindifilme geschafft.

Der erste indische Film (»Raja Harishchandra«), ein Stummfilm, wurde 1913 gedreht. Die große Liebesaffäre mit dem Kino begann jedoch mit der Erfindung des Tonfilms. Die damaligen Streifen waren ziemlich deftig und enthielten viele Kussszenen. Erst nach der Unabhängigkeit 1947 wurden Regeln aufgestellt, die Nacktheit, Sexszenen und Küsse verbieten. Um das Thema Erotik hat sich eine ganze Symbolsprache entwickelt, die vom Kenner als sexueller Akt interpretiert werden kann. Nichtsdestotrotz müssen die spärlich bekleideten Hauptdarstellerinnen das Kunststück fertigbringen, gleichzeitig traditionelle Familienwerte zu verkörpern. Damals wie heute sind die meisten Zuschauer junge Männer, auf deren Hauptinteressen die Filme auch zugeschnitten sind.

Links: Filmplakat in Goa **Oben:** Szene aus »Raja Harishchandra«, dem ersten Spielfim in voller Länge über ein indisches Thema

Bis in die 1970er-Jahre waren die wichtigsten Themen Liebesgeschichten; mit dem erfolgreichsten indischen Film aller Zeiten, »Sholay« (Flamme), wurde dann der sogenannte Curry-Western aus der Taufe gehoben. Der Film handelt von den beiden Kleinganoven Jai und Veeru, die von einem Landbesitzer angeheuert werden, um einen Banditen zu fangen. Anfangs von reiner Geldgier getrieben, werden sie zu Verteidigern des Guten, als sie sehen, wie dieser Bandit die Menschen der Umgebung quält. Mit dieser Film begann auch die Karriere von Amitabh Bachchan, dem Bollywood-Megastar des ausgehenden 20. Jhs.

Mit »Sholay« kam das Moment der Ästhetisierung exzessiver Gewalt in die Filme, das noch immer eine wichtige Rolle spielt. Heute kann kein Schauspieler mehr ohne gestählte

Muskeln auskommen, weshalb der Regisseur von »Slumdog Millionaire« (2008) auf einen schmächtigen Laiendarsteller zurückgriff.

New Wave – das anspruchsvolle Kino

In den 1950er-Jahren fand sich in Kolkata eine Gruppe von Filmemachern zusammen, die entschlossen waren, die Realität Indiens zu porträtieren. Sie erhielten von Kritikern den Namen New Wave. Fast alle wollten sich auch vom Starsystem lösen, doch ironischerweise sind etliche von ihnen selbst zu Stars aufgestiegen. Das erste Zeichen setzte Satyajit Ray, der Indien mit

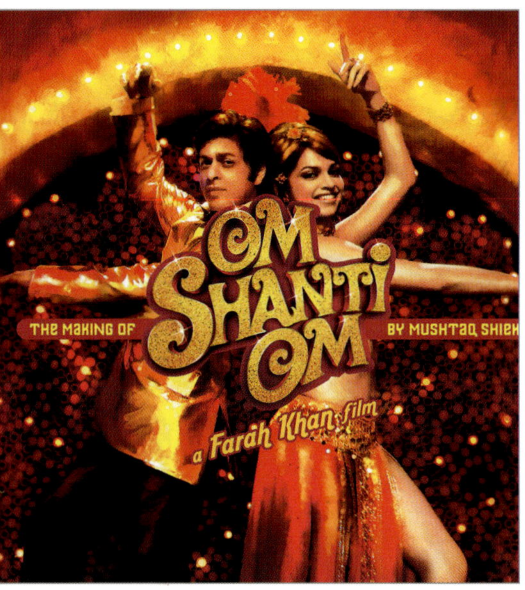

FILMSTADT CHENNAI (MADRAS)

Einer der größten Studiokomplexe Asiens ist die »MGR Film City«. Die Regierung Tamil Nadus stellt die Geldmittel für das Riesengelände am Stadtrand von Chennai zur Verfügung. Die Filme werden in Tamil produziert und für den landesweiten Vertrieb in Malayalam, Telugu, Kannada und Hindi synchronisiert. Zu den Bollywood-Stars zählen Sri Devi und Rekha, die für ihre sinnliche Schönheit gerühmt werden. Mächtigste Gestalt aber ist Jayalalitha Jayaram, die als Starlet in die Politik ging und das Studiogelände nach ihrem Geliebten M.G. Ramachandran benannte, der selbst vom Megastar zum Ministerpräsidenten Tamil Nadus aufstieg.

Die Tradition der Synchronisierung englischsprachiger Filme begann mit der Originalversion von *King Kong* und wurde mit *Jurassic Park* wieder aufgegriffen. Der Film *Titanic* brach alle Besucherrekorde synchronisierter Filme.

»Pather Panchali« (Das Lied der Straße, 1955) in die internationale Filmszene einführte. Andere Produzenten eiferten ihm nach. Ebenfalls erfolgreich war der wie Ray aus Kolkata stammende Mrinal Sen mit »Bhuvan Shome«. Sein Erfolg war vielen ein Ansporn, in Regionalsprachen zu produzieren. Hervorragende Filme drehten P.N. Menon in Kerala, B.V. Karanth in Karnataka und Jahnu Barua in Assam.

Nach dem großen Erfolg des New-Wave-Kinos in den 1980er-Jahren – damals überraschten Kassenschlager wie Satyajit Rays »Shatranj Ke Khilaris« (Der Schachspieler) – ist die an Indiens Einwohnerzahl gemessen recht geringe Zahl der Zuschauer weiter zurückgegangen. Abgesehen von einem oder zwei Filmen einheimischer Produzenten gelten die Schlagzeilen eher den im Ausland lebenden Filmemachern wie der umstrittenen Deepa Mehta mit »Fire« (1998) und der populären Meera Nair mit »Monsoon Wedding« (2001).

Beide Filmrichtungen bestehen nun zwar nebeneinander, aber die New-Wave-Filmemacher neiden der Unterhaltungsbranche ihre Popularität, während das Bollywood-Kommerzkino sich wiederum über das Ausbleiben lobender Kritiken und Preise ärgert.

Ausländische Konkurrenz

Kino und Fernsehen haben Konkurrenz aus dem Ausland bekommen. Jahrelang diente Hollywood den indischen Produzenten als Inspirationsquelle (Inspiration ist hier als Nachahmung amerikanischer Techniken, Autoverfolgungsjagden und Plagiate ganzer Plots zu verstehen), doch Hollywood selbst hatte in Indien aufgrund der Sprachbarriere kaum Erfolg.

Die ausländische Filmindustrie hat nun begonnen, in Kooperation mit indischen Partnern Studios zu gründen und berühmte Stars zu vermarkten. Die indischen Filmstars Amitabh Bachchan und Sri Devi sowie die Produzenten Subhash Ghai und Mukul Anand haben erst kürzlich Geldmittel für ihre neuen Unternehmen aufgenommen.

Filmmusik

Den von zahlreichen Charakteren in ungezählten Situationen vorgetragene Filmschlager kann man als Vorläufer des modernen Musikvideos sehen. Trotz ihrer unbestreitbaren Bedeutung galten Schlager lange als Stiefkinder des Films. Doch Ende der 1990er-Jahre hat die große Zahl der Fernsehprogramme, die Filmhits und moderne Schlagermusik ausstrahlen, in Verbindung mit der Flut von Kassettenrekordern und billigen Kassetten eine enorme Nachfrage nach dieser Musik geschaffen. Hits verkaufen sich millionenfach, und niemand ist in der Filmwelt mehr beschaftigt als Musikproduzenten und Choreografen. Der bekannten 14-täglichen Sendung »India Today« zufolge haben sich Ausgaben für Filmhits in fünf Jahren verzehnfacht.

Der Siegeszug der modernen Schlagermusik hat alte Grenzlinien verwischt. Zu den begehrtesten Musikern (vor allem im südindischen Film) gehört heute A.R. Rahman. Er wurde weltberühmt, als sein Musical »Bollywood Dreams« von Andrew Lloyd Webber in den Londoner West End Studios produziert wurde. Auch die Musik des international enorm erfolgreichen Films »Slumdog Millionaire« hat der indische Komponist für eine rein europäische Produktion geschrieben und dafür 2008 die Oscars für die beste Filmmusik und den besten Song erhalten.

Links: »Om Shanti Om« war ein Kassenschlager in Indien. **Oben links:** Die Schauspielerin Nagma **Oben rechts:** Das populäre Liebesdrama »Kabhi Alvida Naa Kehna« mit Shah Rukh Khan

Aktuelle Tendenzen

Nicht zuletzt Filmen wie »Monsoon Wedding«, die eher den westlichen Sehgewohnheiten entsprechen, ist es zu verdanken, dass Bollywood nun auch außerhalb Südasiens als en vogue gilt. Diese neuen Filme, die im Vergleich zu den grellbunten Bollywood-Produktionen mit ihrer ganz speziellen Dramaturgie eher etwas farblos wirken, sprechen allgemeine Probleme der Mittelklasse an. Zudem wächst die Zahl der Produktionen, die auf die einkommensstarken, im Ausland lebenden Inder (NRI – Non-Resident-Indians) abzielen. »Kabhi Alvida Naa Kehna« (Bis dass das Glück uns scheidet; 2006) etwa wurde vollständig in New York gedreht. Andererseits greift man auch gern Ideen aus dem Ausland auf, z.B. moderiert der Schauspieler Amitabh Bachchan »Kaun Banega Crorepati«, die indische Version von »Wer wird Millionär«.

Aufgrund der zunehmenden Popularität der indischen Filme sind Stars wie Shah Rukh Khan nun auch in vielen westlichen Ländern bekannt. Es steht zu vermuten, dass dieser Umstand in Zukunft medienwirksam genutzt wird. ■

Indiens Kunstschätze

Ein Höhepunkt jeder Indienreise ist der ungeheure Reichtum an Kunstschätzen. Exquisite Tempelarchitektur und -skulptur, mehr als tausend Jahre alte Wandmalereien und wunderschöne Buchmalereien begeistern den Betrachter.

Im Verlauf von über 2000 Jahren ist in Indien eine erstaunliche Vielfalt von künstlerischen Ausdrucksformen und Stilen entstanden. Während es buddhistische Kunst und Architektur nur noch in einigen Gegenden des Himalaya gibt, werden Hindu- und Jaintempel und -bildnisse bis in die Jetztzeit geschaffen. Erst im Jahr 2005 wurde in Delhi der wohl größte hinduistische Tempel eröffnet.

Die muslimische Bevölkerung kümmert sich um die Moscheen und Heiligenschreine, die auf diese Weise ständig verändert und erweitert werden. Die ehemals königlichen Familien mögen zwar keine Paläste mehr bauen, aber viele von ihnen wandeln die Residenzen ihrer Vorfahren erfolgreich in Luxushotels um. Die neue reiche Oberschicht bevorzugt gläserne Bürotürme, Villen im Stil des »Bangkok-Barock« und sammelt moderne indische Kunst. Mittlerweile ist zu beobachten, dass auch die neuen Wohlhabenden ihr Interesse für alte Bronzen, Skulpturen und Malereien entdecken.

Bedingt durch die schiere Menge der Objekte und die knappen Mittel im Kulturetat können viele erhaltenswerte Monumente nicht adäquat gepflegt werden, obwohl der Archaeological Survey (Denkmalbehörde) sein Bestes tut. Mittlerweile sind 22 Orte in die Liste des UNESCO-Weltkulturerbes aufgenommen.

Frühe Kunst und Architektur

Die ältesten Zeugnisse indischer Kunst sind steinzeitliche Felsmalereien, die meist nur in abgelegenen Gebieten zu finden sind. Anders verhält es sich mit den Zeugnissen der Industal-Kultur, die sich noch vor dem dritten vorchristlichen Jahrtausend entwickelte und die eine bemerkenswerte Anzahl von großartigen Terrakottafiguren, Siegeln aus Speckstein, Bronzen und Steinskulpturen neben Unmengen von Tongeschirr hinterließ. Diese vor allem im Nordwesten des Subkontinents angesiedelte Kultur brachte Städte hervor, die großzügig angelegte Badeanlagen, regelmäßige Straßenführungen und Zitadellen besaßen. Das weist auf einen hohen Stand der gesellschaftlichen Organisation hin. Die mit einer bisher unentziffert gebliebenen Schrift versehenen, kleinformatigen Siegel zeigen typische Tiere wie Elefanten, Buckelrinder, Wasserbüffel, Tiger und das Pan-

Links: Die riesige Gomateshwara-Statue in Sravanabelagola
Rechts: Antike Skulptur einer Hindugottheit, State Government Museum, Chennai

zernashorn. Derartige Siegel sind vor allem im Nationalmuseum in Delhi zu sehen.

Erst viel später, mit dem zum Buddhismus übergetretenen Kaiser Ashoka (268–233 v. Chr.) der Maurya-Dynastie, beginnt die genauer datierbare Kunst Indiens. Ashoka einte den Norden des Subkontinents und erließ Fels- und Säulenedikte in einer Schrift, die, anders als die von rechts nach links geschriebene Schrift der Industal-Kultur, von links nach rechts geschrieben wurde und heute wieder lesbar ist. Bekrönt wurden die Ediktsäulen Ashokas mit Tieren wie Stier, Elefant oder Löwe – so etwa bei der Säule von Sarnath bei Varanasi (Benares) –, die über

dem buddhistischen Rad der Lehre stehen. Dieses Säulenkapitell mit drei Löwen ist heute das indische Staatswappen.

Mit Ashoka begann die Monumentalplastik in Form von meist lebens- bis überlebensgroß dargestellten menschlichen Wesen, den sogenannten Yakshas und Yakshis, männlichen bzw. weiblichen Schutzgottheiten widersprüchlichen Charakters, aber meist wohlmeinend. Die schönsten Objekte kann man im Museum in Sarnath bei Varanasi bewundern.

Zu Beginn der plastischen indischen Kunst gibt es eine kaum wahrnehmbare Trennung zwischen den Gottheiten der drei Hauptreligionen; die glückbringende Lakshmi oder der Sonnengott Surya tauchen zunächst in der Kunst aller Religionen auf, bevor sie einen typisch hinduistischen bzw. buddhistischen Wesenszug erhalten. Das Gros der figürlichen Plastik erscheint zunächst an den Umzäunungen *(vedika)* der jainistischen bzw. buddhistischen Reliquienhügel *(stupa)* und an den Einfriedungen heiliger Bäume und Gewässer. Der besterhaltene Reliquienhügel dieser Zeit ist in Sanchi.

Neben den meist aus hochpoliertem Sandstein hergestellten Plastiken sind aus der Zeit Ashokas auch die ersten vollständig erhaltenen Zeugnisse indischer Architektur nachweisbar. Die ersten monolithischen Felsentempel, sogenannte Chaityas – Monumentalhöhlen mit einem Stupa am Ende des Mittelschiffs –, entstandenen in engster Anlehnung an holzgezimmerte Tempel, von denen man heute jedoch nur aus bildlichen Darstellungen weiß. Diese unterscheiden sich von den Viharas oder Klöstern, die sich aus Mönchszellen – gruppiert um einen quadratischen oder rechteckigen Hof – zusammensetzen. Ein hervorragendes Beispiel für derartige Anlagen ist Ajanta.

Buddha-Darstellungen gibt es erst seit dem 1. Jh. n. Chr. Zuvor traten an die Stelle des bildlich verkörperten Buddha lediglich Symbole wie z.B. der Fußabdruck des Erhabenen, ein Stupa, der Baum der Erleuchtung, ein Ehrenschirm, das Rad der Lehre oder ein mitunter von zwei Löwen flankierter leerer Thron. Der

Buddha selbst hatte verfügt, dass er nicht abgebildet werden wolle. Bis ins 2. Jh. n. Chr. hielt man sich an diese Vorgabe.

Als dann spätestens im 2. Jh. der Buddha als Kultfigur auftritt, strahlt er weltliche Macht, Willenskraft und charakterliche Stärke aus. Die ersten derartigen Skulpturen entstanden in Mathura, der mithin wichtigsten indischen Kunstschule, deren Erzeugnisse am gelb gesprenkelten roten Sandstein unschwer zu erkennen sind.

Das uns heute eher typisch erscheinende Buddha-Bildnis, das den Erleuchteten ruhend im Meditationssitz mit gesenkten Lidern zeigt, entstand erst unter der Gupta-Dynastie ab dem 4. Jh. n. Chr. Die Buddhafiguren sind den Jain-Lehrern sehr ähnlich. Sie werden jedoch immer mit Mönchsrobe dargestellt. Die schönsten Bildnisse dieser Epoche sind in Ellora und Ajanta sowie im Museum in Sarnath zu sehen. Einen guten Überblick über die frühe Kunst verschafft das Nationalmuseum in Delhi.

Hinduistische Skulpturen und Tempel

Die Ikonographie des Buddhismus, v.a. im goldenen Zeitalter der Gupta-Ära, hat Skulptur und Plastik des Hinduismus weitgehend beeinflusst. Die Götter werden menschlich dargestellt, haben jedoch oft mehrere Arme und Köpfe als Ausdruck ihrer übernatürlichen Kraft. Aufgrund spezifischer Attribute und Begleittiere kann man die verschiedenen Götter erkennen. So begleitet der Bulle Nandi den Gott Shiva, die Göttin Durga wird auf einem Tiger reitend dargestellt. Der Löwe als Symbol der Macht ist seit der Frühzeit aus dem 3. Jh. v. Chr. überliefert.

Der unter der Dynastie der Guptas (ab 320 n. Chr.) verbreitete Kunststil, der alle Wesen in vorher nie dagewesener Gefälligkeit zeigt, beeinflusste die gesamte asiatische Kunst und prägte unser Bild des meditativen Buddha und der hinduistischen Gottheiten.

Anders als in der Kunst der europäischen Antike betont die indische Kunst nicht die realistisch-menschliche Darstellung ihrer Götter und Helden, sondern eine übermenschlich zu nennende, sowohl ideale als auch idealisierte – und doch konkrete – Verbildlichung des Göttlichen. Indische Götter verkörpern Energie, ohne den Betrachter mit anatomisch korrekt dargestellten Muskeln, Sehnen, Arterien und Venen zu beeindrucken. Ihre Kraft kommt von innen, aus dem Spirituellen, nicht aus den Muskeln. In der Regel altern sie nicht, mit gelöstem und gelassenem Gesichtsausdruck verkörpern sie das ewig Göttliche. Die im vierten nachchristlichen Jahrhundert einsetzende Vervielfachung von Gliedmaßen wie Köpfen, Armen und Beinen macht die indischen Götter weltweit unverwechselbar. Die Künstler wählten diese Form, um die nach außen gerichtete Macht einer Gottheit darzustellen, eingesetzt im Kampf gegen das Böse in Form von Dämonen. Meditierende Götter haben immer zwei Arme.

Links: Die Wandgemälde in den Felsentempeln von Ajanta stammen aus dem 2. Jh. v. Chr. **Rechts:** Skulpturen in den Felsentempeln von Elephanta, Mumbai. Beide Stätten zählen zum UNESCO-Weltkulturerbe

In dieser Zeit wurden den Hauptgestalten eines jeden Pantheons Attribute und sogenannte *Vahanas* (Reittiere) oder, wie bei der Kunst der Jainas, *Chinhas* (Wappentiere oder Embleme) zugeordnet, um für Betrachter das stetig anwachsende Pantheon ihrer Religionsgemeinschaft erkennbar zu machen. So hat der wohlbeleibte, elefantenköpfige Gott Ganesha eine Ratte als Reittier, der Kriegsgott Karttikeya einen Pfau und der Tirthankara Mahavira einen Stier als Wappentier, um nur einige Beispiele zu nennen.

Die hinduistischen Tempel der Zeit waren in Anlehnung an die buddhistischen Höhlentempel *(chaityas)* entweder Apsidentempel oder basierten auf einer Cella mit quadratischem Grundriss. Diese zunächst würfelförmige Cella ohne Dachaufbau – das Heiligtum des Kultbaus – wurde zum Grundstock, aus dem sich später die Tempel mit pyramidalem bzw. bienenstockförmigen Dachaufbau entwickeln sollten. Vor die Cella wurde eine Art Veranda gesetzt, an die in der Folgezeit immer mehr Räumlichkeiten (Versammlungshalle, Tanzhalle usw.) angefügt wurden. Weist schon der unter der Gupta-Dynastie geförderte Kunststil örtliche Varianten auf, so sollte es ab dem 8. Jh. zu einer größeren Anzahl stilistisch und lokal unterscheidbarer Kunstformen kommen. Das hinduistische Mittelalter ist der Höhepunkt der Tempelbaukunst. In dieser Zeit entstanden auch die größten Tempel der vormodernen Zeit.

Zwei Hauptstile kann man ausmachen, den nordindischen und der südindischen, mit zahlreichen Varianten. Den nordindischen Stil kennzeichnet der bienenkorbförmige Tempelturm, den oftmals ein Netz von kleinen Hufeisenbögen überzieht. Typisch für den südindischen Stil ist der pyramidenförmige Tempelturm über dem Hauptschrein, der von Göttern und Himmelswesen bewohnt ist. Beide Türme symbolisieren den Himalaya, den Wohnsitz der Götter. In späterer Zeit werden die Tore der südindischen Tempel, auf rechteckigem Grundriss mit einer leicht konkaven Form, immer höher. Der Grund war, dass ab einem bestimmten Zeitpunkt der Hauptschrein nicht mehr verändert werden durfte und die Stifter immer neue und größere Mauerringe um die heiligen Stätten legten. So haben wir hier den seltsamen Fall, dass die Bauten immer kleiner werden, je weiter man ins Zentrum einer Anlage vordringt.

Die Skulpturenkunst entwickelte im Süden einen Stil mit breitschultrigen und doch weich modellierten Gestalten. Den frühmittelalterlichen Pallavas folgten die Cholas, die um 1000 n. Chr. nicht nur die beeindruckendsten Tempelanlagen, sondern auch die bemerkenswertesten Bronzen schufen, zu denen u.a. die Darstellung des Shiva-Nataraja, des Gottes Shiva als dem Herrn des Tanzes, gehört. In der Heimat des Buddha und des letzten Tirthankara sowie im Gangesdelta blühte jahrhundertelang die Kunst der Pala-Dynastie, die in der Regel ihre buddhistischen, jainistischen und hinduistischen Stelen aus schwarzem Stein meißelten.

Die Chalukyas im Südwesten schufen als Zeitgenossen der Pallavas im Südosten die bedeutendsten erhaltenen frei stehenden Tempel in Aihole und Pattadakal sowie in ihrer Hauptstadt, Badami, im 6./7. Jh. großartige Höhlentempel.

Die Kunst der Chandellas in Khajuraho (10./11. Jh.) wurde durch ihre Tempel berühmt, die, ähnlich wie die Tempel von Konarak, auch mit erotischen Reliefs versehen sind. Überhaupt war Nordindien damals von zahlreichen, äußerst kunstvoll gestalteten Tempeln überzogen. Leider sind nur wenige davon erhalten geblieben, die meisten sind Ruinen.

Um 1300 wurden die Kunstschulen des Nordens, die von den jeweiligen Königen abhängig waren, von den Muslimen zerstört, die die Architekten und Bildhauer dann für ihre eigenen Zwecke einsetzten. Obwohl die Macht der Muslime später wieder schwand, hat sich die dortige Bau- und Skulpturenkunst nie von diesem Bruch erholt. Im Süden jedoch wurden bis zum Ende der einheimischen Herrscher bis ins 20. Jh. hinein großartige Tempelanlagen geschaffen.

Links: Kailasanatha-Tempel, Kanchipuram
Rechts: Bronzestatue von Shiva, State Government Museum, Chennai **Ganz rechts:** Detail eines Reliefs des Halebid-Tempels

Die Jainas haben keine eigene Tempelarchitektur entwickelt. Es steht zu vermuten, dass sie sich immer hinduistischer Baumeister bedient haben. Nur die Ikonografie ist anders. Jainlehrer werden unbekleidet mit drei Schirmen über dem Haupt und einem Rhombus auf der Brust, dem sogenannten Juwel der Erkenntnis, dargestellt. Götter findet man in den Hauptschreinen von Jaintempeln nicht.

Moscheen, Gräber und Paläste

Die sechs Jahrhunderte währende muslimische Dominanz im indischen Norden prägte die Kunst in hohem Maß. Durch fruchtbare Synthese entstand hier ein einmaliger Stil innerhalb der islamischen Kunst. Die schönsten Beispiele gibt es in Delhi und in Gujarat. Die ersten und mithin oft bedeutendsten Moscheen der jungen Sultanate bestanden vielfach aus Bauteilen hinduistischer bzw. jainistischer Tempel.

Die Masjid Qutb-ul-Islam mit dem 72 m hohen Qutb Minar in Delhi oder die weitläufige Masjid Arhai Din ka Jhonpra in Ajmer sind Vertreter dieses Typs. Die zu den größten Sehenswürdigkeiten zählenden Moscheen auf dem indischen Subkontinent wurden während der Mogulzeit (1526–1857) errichtet. Die jeweils bedeutendste Moschee wird Jama Masjid (Frei-

BUCHILLUSTRATION

Entgegen der landläufigen Meinung ist die bildliche Darstellung auch in islamischen Kulturen weit verbreitet, sofern sie sich nicht an religiösen Gebäuden befindet. Nur wenige islamische Schulen lehnen Bilder ganz ab. Die Angehörigen des Mogulhofes waren große Ästheten und liebten die Literatur. Der erste Mogulkaiser, Babur, ließ seine Memoiren illustrieren, vor allem auch seine genauen Naturbeobachtungen. Die Buchform bestimmte die Größe der Miniaturen. Später entwickelte sich daraus eine selbstständige Kunstform. Man kann sich vorstellen, wie der Mogulkaiser Jahangir (1605–1627) abends bei einem Becher Wein mit Vergnügen in seinen Alben blätterte. Porträts, Hofszenen und Naturbeobachtungen waren die Themen. Wie realistisch diese Menschen- und Tierporträts waren, zeigt beispielsweise die Tatsache, dass die verlässlichste Darstellung eines im 17. Jh. ausgestorbenen Vogels, der Dronte, von Mansur Naqqash, einem unter Jahangir arbeitenden Maler, stammt.

tagsmoschee) genannt und hat in der Regel drei Kuppeln und zwei Minarette.

Da die Angehörigen der drei indischen Hauptreligionen ihre Toten verbrannten, war die islamische Grabarchitektur auf dem Subkontinent eine Neuerung, die mit dem drittgrößten freitragenden Dom der Welt, dem Gol Gumbaz in Bijapur, und dem berühmtesten Bauwerk Indiens, dem Taj Mahal in Agra, wahre Triumphe feierte. In Anlehnung an diese Grabmäler begannen die einheimischen hinduistischen Könige, für die Verstorbenen ihrer Familien auch Gedenkmonumente zu errichten. In jeder Stadt Rajasthans kann man Gruppen

dieser Chattris in der Nähe eines künstlichen Teiches entdecken. Diese können wie kleine muslimische Grabmäler aussehen oder als hinduistische Tempel gestaltet sein. Gemeinsam ist ihnen jedoch, dass sie keinen Toten bergen, denn im Hinduismus wird die Asche der Verstorbenen in ein heiliges Gewässer gestreut.

Die islamische Kunst betonte in den Grabmälern, Moscheen, und imperialen Palastbauten eine abstrakte Ornamentik, eine Kühle und Symmetrie schaffende Ästhetik, die den Künstlern ungeahnte Möglichkeiten eröffnete und dem Land auch innerhalb der islamischen Kunst zu einer Spitzenposition verhalf.

Paläste als Herrscherresidenzen sind in den meisten Bundesstaaten zu sehen, besonders

Das Taj Mahal mit seinen perfekten Proportionen, der mattweißen Oberfläche und den sparsam eingesetzten Einlegearbeiten gilt als Höhepunkt der Mogularchitektur.

zahlreich in Rajasthan, Himachal Pradesh, Maharashtra und Madhya Pradesh. Viele der Paläste sind mit europäischen Burgen vergleichbar, da sie sich oft innerhalb ausgedehnter Festungsanlagen befinden. In Gegenden mit Bodenerhebungen liegen sie oberhalb der Stadt, aber nie auf der Berghöhe, da diese von einer reinen Festungsanlage bekrönt wird. Beispiele hierfür sind Amber, Bundi und Dungarpur in Rajasthan. Bildete die Bodenerhebung nur einen Hügel, so wurde dieser befestigt, wie z.B. in Jaisalmer oder Golkonda (Andhra Pradesh). Auf ebenerem Gelände wurden die Festungsanlagen, innerhalb derer sich der Palast befand, von einem Fluss oder Wassergraben geschützt, wie etwa in Kota, Bharatpur oder Dig, alle in Rajasthan.

Die vielleicht spektakulärsten Festungen wurden auf ausgedehnten Tafelbergen errichtet. Hierzu zählen vor allem Daulatabad (Maharashtra), Gwalior und Mandu (Madhya Pradesh) neben Chittorgarh und Jodhpur (Rajasthan). Andere Palastanlagen, wie z. B. die von Jaipur oder Udaipur wurden durch einen Ring von Hügelfestungen geschützt. Festungen und Paläste aus der Zeit vor dem Delhi-Sultanat gibt es nicht. Bis dahin war es den einheimischen Herrschern untersagt, Steingebäude zu errichten, die nicht religiösen Zwecken dienten.

Besondere Aufmerksamkeit verdienen die mogulzeitlichen Festungs- bzw. Palastanlagen von Fatehpur Sikri (ausgehendes 16. Jh.), Agra (16. und 17. Jh.) und Delhi (Mitte 17. Jh.). In den letztgenannten Orten wird die ausgedehnte Anlage von einem Fluss, der Yamuna, und hohen, mit rotem Sandstein verkleideten Mauern geschützt. Die darin befindlichen Palastanlagen, beispielsweise die Audienzhallen, wurden aus weißem Marmor erbaut, der höchst ansprechend mit dem warmen, roten Sandstein kontrastiert. Darüber hinaus wurden die marmornen Wandflächen mit Halbedelsteinintarsien bzw. Blumenreliefs aufgelockert.

Palastanlagen der Moguln, allen voran die Shish Mahals (Spiegelpaläste), mit ihren Zackenbögen sind von hinduistischen Herrschern in ihren Palästen kopiert worden. Die Paläste haben sich im Lauf der Jahrhunderte sehr verändert. Die meisten haben in der Kolonialzeit noch einmal einen Totalumbau mitmachen müssen, denn die neuen Herren aus Großbritannien hatten auch einen neuen Repräsentationsstil mitgebracht. Leider ist dieser Umbau den Palästen nicht immer gut bekommen.

Malerei

Die frühesten erhaltenen und genauer datierbaren Malereien sind buddhistischen Inhalts und zieren die Wände zweier Chaityas, der Höhlen Nr. 9 und 10 von Ajanta. Im 1. Jh. unserer Zeit entstanden, nehmen sie viel vom Naturalismus der indischen Malerei vorweg. Einige der in die Guptazeit (4. bis 6. Jh.) datierten Wandmalereien von Ajanta (z.B. Höhlentempel Nr. 1) können u.a. als direkte Vorreiter der Wandmalereien Zentralasiens angesehen werden; ihre stilistische Ausstrahlung ist sogar bis Japan spürbar. Sie gehören zum Schönsten, was die indische Kunst hervorgebracht hat.

Vom 16. bis zum 19. Jh. wurden die meisten Paläste Rajasthans, Himachal Pradeshs und vereinzelt auch Madhya Pradeshs mit Bildergalerien ausgestattet. Diese können von der Decke bis zum Fußboden mit höfischen Szenen, literarischen und mythologischen Themen ausgemalt sein. Besonders reich an höfisch ausgemalten Räumlichkeiten sind die Paläste von Amber, Bundi, Deogarh, Kota, Jaipur, Jodhpur, Dungarpur, Samode, Sirohi, Udaipur (alle in Rajasthan), um nur einige zu nennen.

Anders als die Wandmalereien sind Miniaturen transportabel und präsentieren sich auch dem westlichen Betrachter in heimischen Museumsabteilungen mit indischer Kunst, weshalb sie bekannter sind als Wandmalereien.

Die frühesten greifbaren Malereien stammen aus dem Westen (Gujarat, Rajasthan) und dem Osten (Bihar, Bengalen) des Subkontinents. Die ab dem 10./11. Jh. erhaltenen, auf Palmblatt oder hölzerne Buchdeckel gemalten Illustrationen begleiten Jaintexte im westlichen und buddhistische Werke im östlichen Teil Indiens. In der Regel sind sie flächenmäßig kaum größer als eine Streichholzschachtel.

Als im Osten die buddhistische Kunst im Niedergang begriffen war, begann im Westen die Jainmalerei aufzublühen, die ab dem Ende des 14. Jhs. das Papier als Handschriftenträger einführte und ihre produktivste Phase im 15. Jh. erreichte. Die Malereien dieser Epoche zeichnen sich durch den fast ausschließlichen Gebrauch der Farben Rot, Blau und Gold neben Schwarz und Weiß aus.

Links: Fatehpur Sikri **Oben:** Agra Fort. Beide Bauten ließ Großmogul Jalaluddin Muhammad Akbar im 16. Jh. errichten

Das 16. Jh. markiert den Beginn der von den Mogulkaisern geförderten Malerei, der sogenannten Mogulmalerei. Entsprechend begann bei den meist hinduistisch-rajputischen Herrschern die Förderung der sogenannten Rajput-Malerei. Erstere ist charakterisiert durch die Kavaliersperspektive (wie von einem erhöhten Standpunkt aus betrachtet), durch abgetönte Farben, von Mustern aufgelockerte Farbflächen und durch Dreiviertelansichten, die im 17. Jh. den Profilansichten weichen mussten. Die Rajput-Malerei ist an der Bedeutungsperspektive (die Größe der dargestellten Personen richtet sich nach deren Bedeutung), leuchtenden

Grundfarben und reinen Farbflächen sowie dem durchgängigen Gebrauch des Profils von der Mogulmalerei unterscheidbar. Im 16. Jh. sind die rajputischen Malereien noch im Querformat, die mogulzeitlichen durchgängig im Hochformat ausgeführt. Ihren Höhepunkt haben Mogul- und Rajput-Malerei im 17. Jh.

Die rajputischen Miniaturmalereien werden stilistisch nach Malschulen klassifiziert, benannt nach dem – oft nur vermuteten – Entstehungsort. So gibt es etwa die Malschulen von Basohli, Bundi, Kangra, Udaipur, Jodhpur usw.

Kolonialzeit

Die Portugiesen begannen bald nach ihrer Ankunft gegen Ende des 15. Jhs., Kirchen im europäischen Stil zu bauen. Schönste Beispiele, geschaffen von einheimischen Handwerkern, finden sich in Velha Goa. Ihr Einfluss reichte jedoch nicht über ihre kleinen Kolonien hinaus. Erst als die Briten Ende des 18. Jhs. große Teile von Indien unter ihre Herrschaft gebracht hatten, begann europäisches Bauen im großen Stil. Alle wichtigen britischen Niederlassungen wurden in der Folgezeit mit repräsentativen Bauten ausgestattet. Am Anfang bevorzugten die neuen Herren den klassizistischen Stil (z.B. in Kalkutta), die meisten Gebäude des 19. Jhs. bestehen jedoch aus einem wilden historistischen Stilmix (»viktorianisch«), der in Indien auch

noch durch asiatische Elemente bereichert wurde. Das beeindruckendste Ensemble dieser Bauten kann man in Mumbai sehen: Der Victoria Terminus (UNESCO-Weltkulturerbe), die Universität, das Gerichtsgebäude, die Bibliothek und nicht zuletzt das Gateway of India sind hervorragende Beispiele. Diese Bauten wiederum beeinflussten den Stil jüngster Paläste und öffentlicher Bauten, die von einheimischen Herrschern errichtet wurden, wie z.B. das Osmania General Hospital in Hyderabad oder etliche der kleineren Paläste in Rajasthan.

Links: Basilika Bom Jesus, Velha Goa **Oben:** Kuppel von St. Cajetan, Velha Goa **Rechts:** Moderne Skulptur, National Gallery of Modern Art, Delhi

Die letzten großen Kolonialbauten waren die monumentalen Regierungsgebäude Neu-Delhis, die zwischen dem Ersten und dem Zweiten Weltkrieg entstanden. Besonders wichtig war die Anlage einer beeindruckenden imperialen Achse, die für Paraden genutzt wurde. Am oberen Ende stand der Palast des Vizekönigs, heute Wohnsitz des indischen Präsidenten.

Nach der Unabhängigkeit wollte die junge Republik sich von ihrer feudalen und kolonialen Vergangenheit distanzieren und bevorzugte einen modernistischen Stil – der Schweizer Architekt Le Corbusier entwarf gar eine komplett neue Stadt (Chandigarh im Punjab). Dieser Stil hatte großen Einfluss auf öffentliche und private Gebäude, die man in unterschiedlicher Qualität in ganz Indien sieht. Erst in jüngster Zeit wird dieser Stil von gläsernen Bürotürmen, dem Symbol der modernen globalen Wirtschaftswelt, sowie einer üppig verzierten Variante (»Bangkok-Barock«) abgelöst, die die wachsende Hinwendung zum asiatischen Kultur- und Wirtschaftsraum zeigt. Nur wenige Architekten kümmern sich um die Modernisierung einheimischer Bauweisen, obwohl viele indische Techniken optimal an die klimatischen Gegebenheiten angepasst sind und zur Senkung des Energieverbrauchs beitragen könnten. ■

ZEITGENÖSSISCHE KUNST

In den Jahren nach der Unabhängigkeit standen progressive Mumbaier Künstler wie S. H. Ara, Souza, M. F. Hussain, Ram Kumar, Amrita Shergil, Kishen Khanna und Jamini Roy im Mittelpunkt, die heute zu den etablierten Künstlern gehören. Sie gestalteten indische Themen in moderner europäischer Weise und wurden zunehmend von der Avantgarde-Bewegung des Westens beeinflusst. Ein Gang durch die Kunstgalerien offenbart die Vielseitigkeit der zeitgenössischen indischen Kunst: Breit ist das Spektrum von Medien, Stilen, Themen und Motiven – von Installationen über figurative Bilder bis hin zu abstrakter Kunst oder Arbeiten mit Stammes- und Volkskunstmotiven. Die Qualität der Arbeiten ist unterschiedlich, doch gibt es durchaus überdurchschnittliche, ausdrucksstarke Werke. Interessante Kunstwerke zu vernünftigen Preisen findet man in Kolkata. Die berühmtesten und bekanntesten modernen Künstler wie der Bildhauer Anish Kapoor sind jedoch eher dem globalen Kunstbetrieb zuzuordnen.

Hindugottheiten

Der Hinduismus kennt eine verwirrende Vielfalt von Gottheiten, die von machtvollen Göttern, teilweise als Manifestationen einer einzigen Wesenheit interpretiert, bis hin zu Lokalgöttinnen reicht.

»Einheit in der Vielfalt« ist eine Formulierung, die den modernen Hinduismus vielleicht am besten charakterisiert. Trotz der riesigen Zahl an Göttinnen und Göttern, die diese äußerst heterogene Religion kennt, ist allen Glaubensrichtungen die Verehrung des Göttlichen in allen Erscheinungsformen des Lebens gemeinsam.

Einige Hindus glauben, dass die vielfältigen Inkarnationen dieser Gottheiten (*murtis*) alle von einer Hauptgottheit namens Brahman abstammen, andere, dass Brahman sich in dem göttlichen Dreigespann Trimurti – Brahma, Vishnu und Shiva – manifestiert. Wieder andere halten jede Gottheit für ein individuelles, einzigartiges Wesen. Doch all das sind keine unvereinbaren Gegensätze, und es gibt fast so viele Glaubensströmungen wie Gottheiten.

Die ältesten Hindugötter tauchen in den *Veden* auf, es sind machtvolle Personifikationen der Elemente, darunter der Feuergott Agni, der Kriegs- und Donnergott Indra, Brahma und der Sonnengott Surya. Sie wurden von den Göttern der *Puranas* verdrängt, beispielsweise Vishnu (nebst seinen körperlichen Manifestationen Rama und Krishna) und Shiva.

Von großer Bedeutung sind die vielfältigen Aspekte der Göttin (Devi oder Shakti). Die Manifestation weiblicher Kraft gilt als essentiell für das Gleichgewicht des Universums, und oft ist Devi ein männlicher Gefährte beigesellt, z.B. gehört Shiva zu Parvati. ■

Links: Shiva ist einer der ältesten Hindugötter, deren Ursprünge auf die Indus-Kultur zurückgehen

Unten: Diese vielarmige Göttin mit einer Kette aus Totenschädeln symbolisiert den wildesten und destruktivsten Aspekt Devis. Sie ist eine der Gefährtinnen Shivas und wird von manchen als machtvollste Verkörperung Durgas verehrt

Links: Diese drei Götter bilden die Trimurti: Brahma, der Schöpfer, Vishnu, der Erhalter, und Shiva, der Zerstörer (v. l.). Sie gelten im Allgemeinen als die machtvollsten und wichtigsten der Götter (Mahadevas)
Rechts oben: Ein Sadhu (Asket) bei der Ardh Kumbh Mela
Links Mitte: Hanuman, der Affengott, war Ramas Helfer bei seinem Kampf gegen den Dämon Ravana. Er gilt als stark und loyal und zählt zu den beliebtesten Hindugottheiten
Links unten: Ganesha, der Sohn von Shiva und Parvati, ist der Gott der Weisheit und des aussichtsreichen Anfangs. Er wird angerufen, bevor man eine Reise beginnt oder eine neue Unternehmnung in Angriff nimmt
Unten rechts: Vishnu steht oft im Zentrum von *bhakti* (der emotionalen Hinwendung zu einem personalen Gott) und hat dem Glauben nach zehn Manifestationen (Avatare): den Fisch Matsya, die Schildkröte Kurma, den Bären Varaha, den Löwen Narasimha, den Zwerg Vamana, den axtschwingenden Parasurama, Rama, den Helden des *Ramayana*, Balarama, eine frühere Inkarnation Krishnas, Krishna, den vielgeliebten und in vielen Dichtungen wie dem *Mahabharata* besungenen Gott, den Buddha und Kalki, den apokalyptischen Reiter, der das Zeitalter der Zerstörung (Kali Yuga) einleitet

Sadhus

Ein Aspekt des religiösen Lebens in Indien ist die Allgegenwart der *sadhus* (wandernder Eremiten). Man sieht sie in Dörfern und Städten, in Wäldern, an Flussufern und im Himalaya. Meist sind sie in gelbe oder ockerfarbene Gewänder gekleidet, haben das Gesicht mit Asche geschwärzt und die Stirn mit Sandelholzpaste bemalt und tragen ihre ganze Habe – Schale, Stab und Decke – bei sich. Einige sind allein, andere wandern in Gruppen. Einige haben Schweigegelübde abgelegt, andere predigen und singen geistliche Lieder. Es gibt die Anhänger Vishnus, die Vaishnavas, und die Anhänger Shivas, die Saivas. Vaishnavas erkennt man an drei Längsstrichen auf der Stirn (*tilaka*), üblicherweise in den Farben Weiß und Rot, Saivas tragen aus drei Querlinien bestehende *tilaka*.

प्रयाग घाट
PRAYAG GHAT
महारानी पुटिया स्टेट
प्रयाग घाट
गंगा सेवा निधी

Reiseziele

Indien lässt niemanden unberührt. Es betäubt mit Hitze, Gerüchen und Lärm und versöhnt mit überwältigenden Farben und subtilen Eindrücken. Zeitbegriffe verzerren sich, das fortwährende Chaos bezaubert oder stößt ab.

Indien hat viele Facetten: 28 Bundesstaaten und sechs Territorien (Union Territories) sowie das National Capital Territory der Hauptstadt Delhi bieten eine atemberaubende Vielfalt an Reisemöglichkeiten. Ein Trekking zu entlegenen Stammesdörfern in den Westghats ist eine physische Herausforderung; in einem Schlafwagen mit drei Liegeebenen und schnarchenden Mitreisenden über den Dekkan zu schaukeln belastet eher mental. Eindrücke aus abgelegenen Dörfern, deren Hausmauern eigentümlich bemalt sind, bleiben unvergesslich.

Besuchen Sie eine alte mogulzeitliche Festung oder eine geschichtsträchtige Synagoge. Oder genießen Sie den Aufenthalt in einem traumhaften Palast, der einen ganztägigen Kamelritt vom Rest der Welt entfernt liegt. Feilschen Sie im Basar um altes Silber, neue Teppiche und verzierte Dolche. Forschen Sie nach Miniaturmalereien, die mit Pinseln aus Eichhörnchenhaar gemalt sind, nach antiken Opiumschachteln, nach modernem Schmuck mit Einlegearbeiten aus Schmucksteinen – in einer alten Karawanserei finden Sie alles vor Ihren Augen ausgebreitet.

Viele Besucher reisen nach Indien, um ihr ureigenes Wesen zu suchen, ihre innere Ruhe jenseits der Hektik des Alltags. Unentgeltliche Mitarbeit in sozialen oder ökologischen Projekten oder ein Meditationskurs an einem abgelegenen Ort können Erfahrungen vermitteln, die ein Leben verändern.

Ähnlich vielfältig sind die Angebote für alle, die im engeren Sinne Urlaub machen wollen: Sonnenbaden und Schwimmen in einer der weitläufigen Buchten von Goa oder Kovalam, Rafting auf dem Ganges, Yoga bei Sonnenaufgang am Strand, Tierbeobachtungen im Reservat, Trekking im Himalaya, Streifzüge durch Tanz und Musik – es erfordert Zeit und Ausdauer, Indiens Reisemöglichkeiten auszuschöpfen.

Sich auf das Land einzulassen bedeutet auch, sich mit dem Alltag auseinanderzusetzen. Die folgenden Seiten sollen die Reiselust wecken, die wichtigen Sehenswürdigkeiten vorstellen und darüber hinaus ein abgerundetes Bild von Menschen und Orten vermitteln.

Manche flüchten vor Indien. Andere kommen immer wieder. ■

Vorhergehende Seiten: Die Westghats bei Eravikulam – Varanasi – Frauen am Strand von Bekal **Links:** Reisfeld in Kerala **Ganz oben:** Bengaluru **Oben links:** Straßenszene in Fatehpur Sikri **Oben rechts:** Elefant mit seinem Treiber

TURKMENISTAN
AFGHANISTAN
IRAN
PAKISTAN
OMAN
Mashhad
Herat
Birjand
Kerman
Zahedan
Kandahar
Helmand
Quetta
Kabul
Baghlan
Charikar
Peshawar
Mardan
Islamabad
Rawalpindi
Jhelum
Gujranwala
Lahore
Faisalabad
Okara
Multan
Dera Ghazi Khan
Sutlej
Bahawalpur
Rahimyar Khan
Shikarpur
Larkana
Sukkur
Indus
Nawabshah
Hyderabad
Mirpur Khas
Karachi
Turbat
Chah Bahar
Golf von Oman
Wendekreis des Krebses
Masqat (Muscat)
Gilgit
Nanga Parbat
8126
Jammu
Srinagar
Anantnag
Udhampur
Amritsar
Jalandhar
Ludhiana
Punjab
Ambala
Karnal
Haryana
Delhi
New Delhi
Ganganagar
Bikaner
Wüste Thar
Jaisalmer
Jaipur
Rajasthan
Jodhpur
Ajmer
Bhilwara
Kota
Udaipur
Rann of Kachchh
Gandhidham
Gulf of Kachchh
Ahmedabad
Gujarat
Dwarka
Rajkot
Vadodara
Porbandar
Bharuch
Surat
Veraval
Diu
Gulf of Khambhat
Navsari
Silvassa
Ratlam
Ujjain
Indore
Vindhya
Narmada
Khandwa
Satpura
Dhule
Bhusawal
Malegaon
Nasik
Maharashtra
Aurangabad
Western Ghats
Thana
Mumbai (Bombay)
Pune
Godavari
Ahmadnagar
Nanded
Latur
Satara
Solapur
Krishna
Ratnagiri
Kolhapur
Bijapur
Belgaum
Panaji
Old Goa
Goa
Hubli
Hampi
Hospet
Karwar
Bellary
Anantapur
Davangere
Chitradurga
Karnataka
Bengaluru (Bangalore)
Mangalore
Maisuru (Mysore)
Kannur (Cannanore)
Mahe
Kozhikode (Calicut)
Coimbatore
Thrissur
Kochi
Alappuzha
Kerala
Kollam
Thiruvananthapuram
Kanniyakumari
Malabar Coast
Lakkadiven
Lakshadweep (Indien)
ARABISCHES MEER
INDISCHER OZEAN
N
Indien
0
300 km

C H I N A
Geladaindong
6559
Jinshajiang
(Yangzi)
Yushu
T i b e t
Bangda
Lhasa
7756
Namjagbarwa
Feng
H I M A L A Y A
Api La
7132
Annapurna I
8091
NEPAL
Mt. Everest
8850
Kula Kanggri
7739
Tansen
Kathmandu
Sikkim
Gangtok
Thimphu
BHUTAN
Darjiling
Arunachal
Pradesh
Dibrugarh
Brahmaputra
Assam
Nagaland
Kohima
Barpeta
Goalpara
Guwahati
Shillong
Meghalaya
Manipur
Imphal
Dali
Shahjahanpur
Pradesh
Lucknow
Kanpur
Gorakhpur
Faizabad
Muzaffarpur
Bihar
Varanasi
Patna
Bhagalpur
Allahabad
Mirzapur
Sasaram
Ganga
Gaya
Malda
Rangpur
Mymensingh
BANGLADESH
Dhaka
Agartala
Tripura
Aizawl
Mizoram
Wendekreis des Krebses
Rewa
Jharkhand
Hazaribagh
Dhanbad
Baharampur
Durgapur
Jessore
Murwara
Jabalpur
Ranchi
West-
bengalen
Jamshedpur
Haora
Khulna
Chittagong
MYANMAR
(BIRMA)
Mandalay
Myingyan
Meiktila
Pakokku
INDIEN
Rourkela
Kharagpur
Kolkata
(Kalkutta)
Bilaspur
Chhattisgarh
Durg
Raipur
Sambalpur
Ganga Delta
Cuttack
Bhubaneshwar
Puri
Orissa
Eastern Ghats
Brahmapur
Jeypore
Godavari
Vizianagaram
Vishakhapatnam
Rajahmundry
Yanam
Eluru
Machilipatnam
Sittwe (Akyab)
Minbu
Irrawaddy
Pye
Thandwe
Hinthada
Chiang
Mai
THAILAND
Thaton
Yangon
(Rangoon)
Moktama Kwe
(Gulf of Martaban)
Erawadi Myitwana
Golf von
Bengalen
Coromandel Coast
Nellore
Chennai
(Madras)
Puducherry
Jaffna
Trincomalee
SRI LANKA
INDISCHER OZEAN
Andamanen und Nikobaren
(Indien)
Narcondam
(Indien)
Andaman
Andamanen-
Barren
(Indien)
Islands
Port Blair
Duncan Passage
Ten Degree
Channel
see
Nicobar
Sombrero Channel
Islands

Der Norden

Von den staubigen Weiten des Punjab über die Gangesebene bis zu den majestätischen Gebirgsriesen des Himalaya bietet Nordindien eine Vielfalt von Landschaften. Im südlichen Teil liegen die Mogulstädte Delhi und Agra.

In Nordindiens Städten drängen lärmende Menschenmassen durch die Straßen und versetzen Besucher in ungläubiges Staunen. Farben und Stimmen sind ebenso schrill wie die Lautsprecher der Tempel und Moscheen.

Die Vielfalt der Landschaften ist fast unbeschreiblich, von den Sanddünen der Wüste Thar bis zu den in der Sonne blitzenden Gletschern ferner Gipfel. Straßen müssen aufgrund heftiger Monsunregen ständig instand gesetzt werden. Abenteuertouristen versuchen die Stromschnellen von Gletscherflüssen zu bezwingen, während Pilger den Weg zur Gangesquelle beschreiten. In Varanasi streuen Menschen die Asche ihrer Verstorbenen in die braungrünen Fluten, aus denen manchmal Flussdelfine auftauchen.

Überall sind Menschen. Der Bevölkerungszuwachs lässt die Städte aus den Nähten platzen. Der bevölkerungsreichste Bundesstaat ist Uttar Pradesh (UP). Er liegt mitten im sogenannten Kuhgürtel, der jedoch keineswegs ein Zentrum der Viehzucht ist. Er ist das Kernland der Heiligen Kuh, die konservative Hindus in Ehren halten, aber auch eine Bastion muslimischer Kultur.

Der an Pakistan grenzende Punjab ist die Heimat stolzer Sikhs und wohlhabender Jats. In Ladakh und den hoch gelegenen Himalayatälern halten aus der Heimat geflohene tibetische Volksgruppen an Ritualen und traditioneller Kleidung fest. Indiens Elite lässt ihre Kinder fernab der Verlockungen der Städte in Internaten auf dem Lande ausbilden.

Trotz Satellitenfernsehen halten Nordindiens Gebiete ihre jeweilige Identität aufrecht. Delhi besticht durch seine Monumente und Geschäftigkeit als Parlamentsstadt und durch seine quirligen Basare. Im Norden mischen sich Seen, Orchideen und vereiste Gipfel zu einem Bild atemberaubender Schönheit in Jammu und Kaschmir, während im flirrenden Hitzeschleier der Region um Agra das Taj Mahal durch wahre Vollkommenheit begeistert. ■

Links: Moschee am Bara Imambara, Lucknow **Ganz oben:** Heilige Kuh auf dem Vishram Ghat in Mathura **Oben links:** Buddhistischer Stupa in Ladakh **Oben rechts:** Sariverkäufer auf einem Markt in Delhi

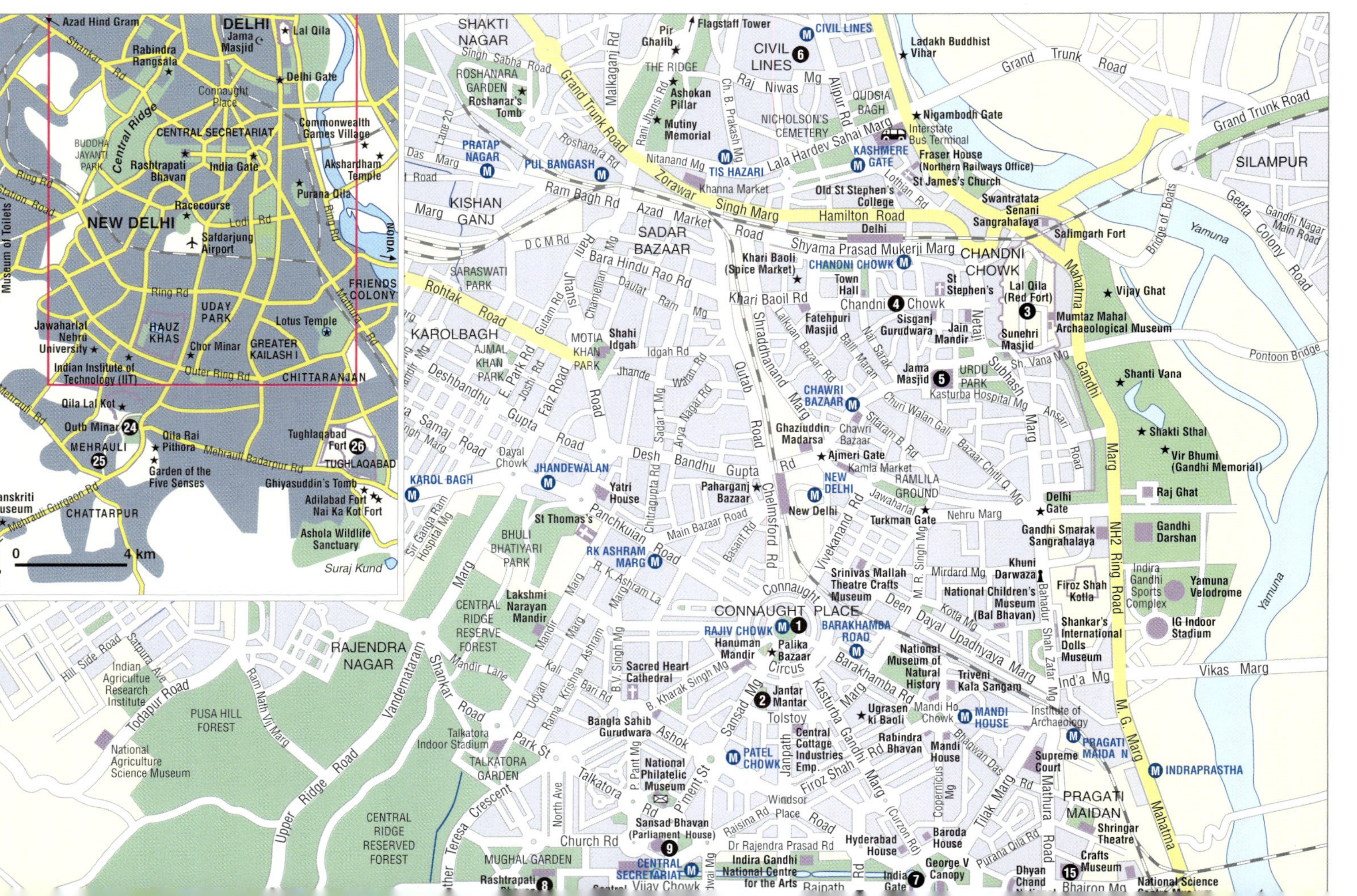
CIVIL LINES
SHAKTI NAGAR
KISHAN GANJ
SADAR BAZAAR
KAROLBAGH
CHANDNI CHOWK
SILAMPUR
CONNAUGHT PLACE
PRAGATI MAIDAN
RAJENDRA NAGAR
MUGHAL GARDEN
Lal Qila (Red Fort)
Jama Masjid
Raj Ghat
Shanti Vana
Vijay Ghat
Shakti Sthal
Vir Bhumi (Gandhi Memorial)
Gandhi Darshan
Yamuna Velodrome
IG Indoor Stadium
Firoz Shah Kotla
Delhi Gate
Ajmeri Gate
Turkman Gate
Khuni Darwaza
Jantar Mantar
Hanuman Mandir
Sacred Heart Cathedral
Bangla Sahib Gurudwara
Lakshmi Narayan Mandir
India Gate
George V Canopy
Crafts Museum
Supreme Court
Mahatma Gandhi Marg
NH2 Ring Road
Grand Trunk Road
Yamuna
CENTRAL RIDGE RESERVED FOREST
PUSA HILL FOREST
DELHI
NEW DELHI
Connaught Place
CENTRAL SECRETARIAT
Rashtrapati Bhavan
Racecourse
Safdarjung Airport
Purana Qila
Akshardham Temple
Commonwealth Games Village
Lotus Temple
GREATER KAILASH I
CHITTARANJAN
HAUZ KHAS
UDAY PARK
Chor Minar
Qila Rai Pithora
Garden of the Five Senses
MEHRAULI
Qutb Minar
Qila Lal Kot
CHATTARPUR
Tughlaqabad Fort
TUGHLAQABAD
Adilabad Fort
Nai Ka Kot Fort
Asola Wildlife Sanctuary
Suraj Kund
Ghiyasuddin's Tomb
Jawaharlal Nehru University
Indian Institute of Technology (IIT)
Sulabh International Museum of Toilets
Sanskriti Museum
Gurgaon
NOIDA
FRIENDS COLONY
Central Ridge
BUDDHA JAYANTI PARK
Azad Hind Gram
Rabindra Rangsala
0
4 km

Delhi
0
1 km
N
SUNDAR NAGAR
Delhi Zoo 11
Khan Market 16
KHAN MARKET
UDYOG BHAWAN
Gandhi Smriti
Jawaharlal Nehru Memorial Museum
Indira Gandhi Memorial Museum
BHAGWAN MAHAVIR VANASTHALI
DHAULA KUAN
CHANAKYAPURI
JHEEL PARK
Delhi University South Campus
Railway Museum (Eisenbahnmuseum) 14
NEHRU PARK
Santushti Complex
RACE COURSE
Safdarjang's Tomb 18
Safdarjang Airport
Muhammad Shah Tomb
Sikandar Lodi's Tomb
17 LODI GARDENS
India International Centre
India Islamic Cultural Centre
DELHI GOLF CLUB
Chaunsath Khamba
Sabz Burj
Humayun's Tomb 19
Nila Gumbad
Isa Khan's Tomb
Ghalib Academy
Hazrat Nizamuddin
20 Nizamuddin Dargah (Nizamuddin Tomb)
NIZAMUDDIN
Atgah Khan's Tomb
Khan-i-Khanan's Tomb
Tibet House Museum
National Police Museum
JL NEHRU STADIUM
India Habitat Centre
JOR BAGH
Najaf Khan's Tomb
LODI COLONY
JANGPURA
Jawaharlal Nehru Stadium
SANJAY LAKE PARK
SAROJINI NAGAR
THAGARAJA PARK
INA Market
I.N.A
Dilli Haat
LAJPAT NAGAR
Amarya Garden
RAMAKRISHNA PURAM
Safdarjang Hospital
National Medical Library
All India Institute of Medical Sciences
AIIMS
MOOLCHAND
SRINIWASPURI
ZAMRUDPUR
Ashokan Edict
EAST OF KAILASH
SAFDARJANG ENCLAVE
Moth ki Masjid
UDAY PARK
Ansal Plaza
VASANT VIHAR
AN JHA DEER PARK
Hauz Khas
HAUZ KHAS 21
Firoz Shah Tughlaq's Tomb and Madarasa
GREEN PARK
DISTRICT PARK
Siri Fort Sports Complex
Asian Games Village
Siri Fort 22
Kaiash Temple
GREATER KAILASH I
M-Block Market
Lotus Temple (Baha'i Temple) 23
KALKAJI DISTRICT PARK
NEHRU PLACE
NEHRU PALACE
KALKAJI MANDIR
Chor Minar
HAUZ KHAS
Jawaharlal Nehru University
Indian Institute of Technology
Qutb Minar Complex 24
25 Mehrauli
26 Toughlaqabad Fort
Mahatma Gandhi Marg
Outer Ring Road
Olof Palme Marg
Gamal Abdel Nasser Marg
Inner Ring Road
Sardar Patel Marg
Lodi Road
Bisham Pitamah Marg
Aurobindo Marg
Africa Avenue
Siri Fort Marg

Delhi

Indiens Hauptstadt ist eine faszinierende Mischung aus Alt und Neu. Als kulturelles Zentrum vermittelt sie auch einen ersten Eindruck von der Unterschiedlichkeit der vielen Bundesstaaten des Landes.

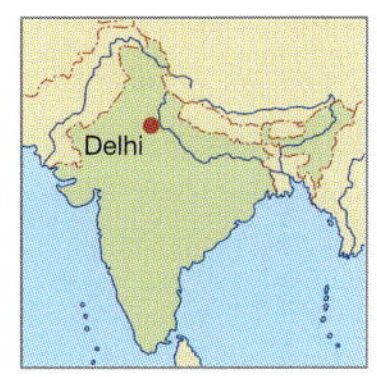

NICHT VERPASSEN!

Connaught Place
Lal Qila
Purana Qila
National Museum
Lodi Gardens
Mogul-Gräber
Qutb Minar Komplex
Garden of Five Senses

Links: Purana Qila
Rechts: Im Schrein von Sheikh Nizamuddin Aulia

Das politische und administrative Zentrum der größten Demokratie der Welt hat mehr als 14 Millionen Einwohner und erstreckt sich über eine Fläche von 1500 km^2. Die Mischung aus Alt und Neu untergliedert die beständig wachsende Metropole in zwei Teile: Längst sind neue Wohnbezirke (*colonies*) über die beiden historischen Zentren Old Delhi (das frühere Shahjahanabad) und New Delhi (die frühere britische Hauptstadt) hinausgewachsen. Die neuen Viertel liegen hauptsächlich im Süden und Osten. Auch die schon jenseits der Grenze nach Haryana liegende Stadt Gurgaon ist de facto ein Vorort Delhis geworden. Am Ostufer der Yamuna erstreckt sich die von Sanjay Gandhi gegründete New Okhla Industrial Development Area (NOIDA) als gleichnamige Industriestadt.

Expansion und Ordnungion

Seit der Unabhängigkeit, besonders aber nach der Liberalisierung hat Delhi mit seinem ungeplanten Wachstum, dem ansteigenden Verkehr und seinem Wasserproblem zu kämpfen. Dennoch steht die Stadt – als National Capital Territory – finanziell wesentlich besser da als alle anderen Metropolen Indiens. So gibt es hier mehr Ordnung im Verkehr, eine bessere Müllabfuhr und schönere Grünanlagen.

Die Umstellung des gesamten öffentlichen Verkehrs von Diesel auf Flüssiggas hat die Luftqualität erheblich verbessert. Daneben wurden wichtige Infrastrukturprojekte durchgesetzt, als wichtigstes der Bau des neuen U-Bahn-Netzes, dessen weitgehend korruptionsfreier rascher Fortschritt im ganzen Land gelobt wird.

Derzeit sind drei Linien in Betrieb, die weiter verlängert werden (www.delhimetrorail.com). Linie 1 fährt von Dilshad Garden über die Yamuna zum Kashmere Gate und dann weiter nördlich nach Rithala. Linie 2, die für Touristen von größerer Bedeutung ist, beginnt bei der Vishwa Vidyalaya im

TIPP

Es gibt eine ganze Reihe nützlicher **Websites für Delhi-Besucher.** Allgemein: www.delhievents.com. Für stadtgeschichtlich Interessierte: The Archaeological Survey of India, www.asi.nic.in. Die offizielle Regierungsseite: www.delhigovt.nic.in. Delhi Tourism: www. delhi tourism.nic.in. Informationen zum Nachtleben: www.explocity.com; zu Geschäften und Restaurants: www.trendy.in

Unten: Grab von Bara Gumbad, Lodi Gardens

Norden, kreuzt am Kashmere Gate Linie 1 und verläuft dann über Rajiv Chowk zum Central Secretariat. Linie 3 fährt von Indraprashta nach Dwarka.

Einen weiteren großen Schritt nach vorn brachte die Vergabe der Commonwealth-Spiele 2010 an Delhi. Doch auch wenn die Spiele viele dringend benötigte Verbesserungen der Infrastruktur ermöglichten – etwa den neuen internationalen Flughafen neben dem bestehenden Indira Gandhi Airport –, gingen viele Maßnahmen zulasten der Armen. Große Slums wurden im Namen der Stadtverschönerung zwangsgeräumt, die Bewohner vertrieben.

Delhi ist inzwischen die teuerste Stadt Indiens und hat Mumbai von Platz 1 der beliebtesten Orte verdrängt. Heute strömen mehr Menschen nach Delhi als in die große Rivalin im Westen. Mumbai bleibt zwar unangefochten die Finanzkapitale, doch Delhi ist nicht nur das politische Zentrum, sondern gewinnt auch als Kulturmetropole zunehmend Bedeutung. Viele der führenden Modedesigner Indiens leben hier, dazu zahllose Schriftsteller, Künstler und Musiker. Auch der Einzelhandel floriert; überall öffnen prächtige Einkaufszentren und schicke Boutiquen. Indiens derzeit größte Shopping Mall liegt knapp außerhalb der Stadtgrenze in Gurgaon, wo sich viele Angehörige der neuen, aufstrebenden Mittelklasse niedergelassen haben.

Die alten Städte von Delhi

Strategisch günstig zwischen dem Aravalli-Gebirge und dem Yamuna-Fluss gelegen, steht Delhi auf dem historischen Boden von neun Städten. Der Name stammt von der mittelalterlichen Stadt Dillika. Die erste Stadt Indraprastha war die legendäre Hauptstadt der Pandavas, der epischen Helden des *Mahabharata*. Jüngere Ausgrabungen im Alten Fort (Purana Qila) lassen vermuten, dass die früheste Besiedlung zwischen dem 1. Jh. v. Chr. und dem 4. Jh. n. Chr. erfolgte.

Dokumentiert ist Lal Kot, im 8. Jh. von den Tomara-Rajputen gegründet, im 12. Jh. von den Chauhan erobert und in Qila Rai Pithora umbenannt. Später fiel sie in die Hände von Qutb-ud-Din Aibak, dem Gründer des Sultanats von Delhi. Die Monumente aus

seiner Epoche befinden sich am Qutb Minar südlich von New Delhi.

Die Ruinen von Siri, der zweiten Hauptstadt des Delhi-Sultanats, liegen im Stadtteil Hauz Khas. 1320 entstand eine dritte Hauptstadt der Delhi-Sultane, die riesige Festung Tughlaqabad östlich des Qutb Minar.

Am Ufer der Yamuna gründete ein weiterer Delhi-Sultan, Feroz Shah Tughlaq, 1351 Ferozabad. Die Ruinen seines Palasts findet man in Feroz Shah Kotla, südlich der Gedenkstätten an der Ring Road. Später regierten in Delhi die Sayyiden- und Lodi-Dynastien, deren Gräber in den Lodi Gardens südlich des India Gate zu besichtigen sind. Ihre Niederlage gegen den Mogulherrscher Babur markierte im 16. Jh. das Ende des Sultanats von Delhi und den Beginn der Mogulherrschaft.

Baburs Sohn Humayun ließ sich am Ufer der Yamuna in der Festung Purana Qila nieder, bevor ihn der afghanische Eroberer Sher Shah zur Flucht zwang. Sher Shah machte sich an den Aufbau seiner neuen Hauptstadt Shergarh, doch 1555 eroberte Humayun Delhi zurück. Nur wenige Monate später stürzte er auf der Treppe seiner Bibliothek zu Tode.

Humayuns Sohn Akbar verlegte die Hauptstadt nach Agra. Dessen Enkel Shahjahan, Erbauer des Taj Mahal, kehrte 1638 nach Delhi zurück und gründete Shahjahanabad. Seine ummauerte Stadt, die 14 Stadttore besaß, umfasste den größten Teil des heutigen Old Delhi mit der Freitagsmoschee (Jama Masjid), den Basaren um Chandni Chowk und dem Roten Fort (Lal Qila), von dem aus er sein Reich regierte. Nach dem Sepoy-Aufstand von 1857 setzten sich die Briten in Delhi fest.

Während eines Besuchs von König George V. wurde Delhi 1911 zur Hauptstadt des Britischen Weltreichs in Indien erklärt. Das heutige New Delhi erhielt seine Form 1931 nach den Plänen der berühmten britischen Architekten Sir Edwin Lutyens und Herbert Baker. Die Anlage, die klassische europäische Architektur mit indischem Dekor verbindet, gilt als eines der großartigsten Beispiele für Stadtplanung in der Kolonialzeit, auch wenn Lutyens keinen Hehl aus seiner Abneigung gegen indische Gebäude machte.

Die 2002 eröffnete Metro Delhis ist (nach Kolkata) Indiens zweite Untergrundbahn. Sie wird laufend ausgebaut und soll bis 2020 ein größeres Streckennetz haben als die Londoner U-Bahn

Unten: Kolonialarchitektur am Jawaharlal Nehru Memorial Museum

STADTVERKEHR

Delhis **Metro** ist sicher der beste Weg, um in der Stadt herumzukommen; Betriebszeit ca. 6–23 Uhr.

Auto-Rikschas sind im Zentrum zwar bequem, Preisverhandlungen können jedoch zäh sein. Die Stadtregierung hat einen sehr nützlichen Preisrechner ins Internet gestellt: http://delhigovt.nic.in/autofares/Transport.asp.

Delhis **Busse** sind meist überfüllt. Benutzen Sie nach Möglichkeit die von der Stadtverwaltung betriebenen Busse, deren Flotte gerade erneuert wird.

Standplätze der gelb-schwarzen **Taxis** findet man bei allen größeren Märkten und Geschäftszentren. Telefonisch vorbestellen kann man auch bei: Allied Taxi Service, 1 Jor Bagh, Lodi Colony, Lodi Road, nahe India Habitat Centre, Tel. (011) 24 63 55 01 sowie Mega Cabs, Tel. (011) 41 41 41 41, www.megacabs.com.

Attraktiv präsentiertes Kunsthandwerk im Central Cottage Industries Emporium am Janpath – ein guter Ort, um außergewöhnliche Souvenirs zu finden

Unten: Imposante Hindu-Architektur: der auch Birla Mandir genannte Lakshmi-Narayan-Tempel

Rund um Connaught Place ❶

Die kreisförmige Geschäftszeile des Connaught Place (eigentlich: Rajiv Chowk) ist das Herz des modernen Delhi. Die Briten legten die Säulengänge an, um stilvoll einkaufen zu können. In konzentrischen Kreisen verlaufende Straßen formen einen inneren, mittleren und äußeren Zirkel, alle voller Geschäfte, Restaurants und Kinos. Winzige Läden locken im unterirdischen Markt **Palika Bazaar** am äußeren Zirkel mit einem breiten Warenangebot.

Nördlich des Platzes, gegenüber dem Bahnhof New Delhi, liegt **Paharganj Bazaar,** wo Rucksacktouristen aus aller Welt billige Unterkünfte und Garküchen in Hülle und Fülle finden. Die Zahl der hier schon an Magen-Darm-Infektionen (sog. Delhi belly) erkrankten Touristen ist Legion, doch seit einiger Zeit bemühen sich die Behörden verstärkt um eine Besserung der Zustände und haben einige der unhygienischsten Etablissements geschlossen.

Im Westen finden sich am Baba Kharak Singh Marg etliche **State Government Emporia** (staatliche Warenhäuser mit regionalen Kunstgewerbeartikeln zu Festpreisen). Hier liegt auch das beliebte Café Coffee Home. Gegenüber steht der **Hanuman Mandir**, ein dem Affengott Hanuman (Helfer von Rama und Lakshmana im *Ramayana*) geweihter Tempel. Am Ende der Straße erhebt sich die goldene Kuppel des **Bangla Sahib Gurudwara,** des wichtigsten Sikh-Tempels der Stadt.

Am südwestlich verlaufenden Sansad Marg (Parliament Street) trifft man auf das Freiluft-Observatorium **Jantar Mantar** ❷ (Sonnenauf- bis Sonnenuntergang; Eintritt), das Jaipurs Maharaja Jai Singh I., der in Diensten des Mogulkaisers stand, aus rotem Sandstein errichten ließ. Das 1724 vollendete Jantar Mantar von Delhi ist nur eines der Observatorien, die der Maharaja baute; andere entstanden später in Jaipur, Varanasi und Mathura.

Am südlich verlaufenden **Janpath** findet man das riesige **Central Cottage Industries Emporium** (CCIE), das einen Eindruck vermittelt, welche Vielfalt kunsthandwerklicher Produkte in Indien hergestellt wird. Hier steht auch das große, elegante Imperial Hotel, das in Lutyens' Plänen für die neue Hauptstadt eine große Rolle spielte. Westlich von Connaught Place steht am Mandir Marg der **Lakshmi-Narayan-Tempel,** bekannt auch als Birla Mandir. Der Tempel wurde von Mahatma Gandhi nur unter der Bedingung eröffnet, dass er auch den Dalits, den Unberührbaren, offenstünde. Die wichtigsten Feierlichkeiten finden hier zu Janmashtami (Krishnas Geburtstag) statt.

Die Altstadt

Die friedlichen **Qudsia Gardens** aus dem 18. Jh. in der Nähe des **Interstate Bus Terminal** (**ISBT**) und des Kashmere Gate bilden die nördliche Grenze des **Shahjahanabad** der Mogulzeit, Delhis siebter Stadt, die oft einfach Old Delhi genannt wird.

Die großartige **Lal Qila** ❸ (Rotes Fort; Di–So Sonnenauf- bis Sonnenuntergang; Eintritt) erhebt sich gegenüber der Straße **Chandni Chowk**, die einst zentrale Achse des Hauptbasars war und bis heute ein bedeutendes Handelszentrum ist. An der Wand des Diwan i-Khas, der privaten Audienzhalle, wo einst der legendäre Pfauenthron stand und der Diamant Koh i-noor aufbewahrt wurde (später von persischen Truppen erbeutet), steht als Inschrift die persische Huldigung von Shahjahans Hofdichter Amir Khusrau: »Wenn es auf dem Antlitz der Erde ein Paradies gibt, dann ist es hier, hier, hier!« Der Kaiser Shahjahan ließ die gewaltige Festung aus rotem Sandstein mit ihren Palästen und Hallen um das Jahr 1648 erbauen.

Eingang ist das Lahore Gate. Durch die überdachte Marktpassage Chatta Chowk führt der Weg zu Shahjahans kunstvoll angelegten Gärten. Ganz rechts steht Mumtaz Mahal, wahrscheinlich im ehemaligen Harem, in dem ein Museum Gegenstände der Mogulzeit zeigt, darunter Miniaturen, Porzellan und Kostüme. Daneben in Rang Mahal und Khas Mahal befanden sich die Privatgemächer des Herrschers. Der achteckige Turm war der Platz für öffentliche Auftritte (auch beim Staatsbesuch von George V. und Queen Mary 1931). Zu den anderen Gebäuden gehören Diwan-i-Am (öffentliche Audienzhalle), das königliche Bad und die zierliche weiße Perlmoschee (Moti Masjid). Nachdem die Yamuna ihr Bett verlagert hat, erhebt sich das ursprünglich an ihrem Ufer stehende Fort über einem großen freien Feld.

Chandni Chowk ❹

Die heute lärmende, überfüllte Hauptstraße, die in das Zentrum von Shahjahanabad führt, war einst ein eleganter Boulevard, in dessen Mitte ein Kanal verlief. Jede der verwinkelten Seitengassen ist auf bestimmte Waren spezialisiert: Silber und Gold in Dariba Kalan, Hochzeitsausstattung und Perlen für die Sticker im Kinari Bazaar, Seidensaris, Kupfer- und Messingartikel sowie ein faszinierender Gewürzmarkt (mit Trockenfrüchten und Nüssen aus Kabul) im Naya Bazaar. An der Hauptstraße selbst liegen der **Digambara-Tempel**, größtes Jainheiligtum Delhis, und das **Bird Hospital**, in dem verletzten Tauben, Papageien und Spatzen geholfen wird.

Elegante Einkaufspassage am Connaught Place

Unten: Chandni Chowk

Im Norden der Altstadt bietet The Ridge, eine Reihe bewaldeter Hügel, vielen Tieren einen Lebensraum mitten in der Stadt

Unten: Kashmere Gate

Inmitten des unüberschaubaren Warenangebots der Stände, der Straßenfotografen mit altmodischen Kameras und der schreienden Hausierer stehen der Sikhtempel **Sisganj Gurudwara** sowie die **Sunehri Masjid** (Goldene Moschee) und die **Fatehpuri Masjid** (1650). Der Sikhtempel, einer der wichtigsten der Stadt, erinnert an Guru Tegh Bahadur, den Aurangzeb im 17. Jh. hinrichten ließ, weil er sich weigerte, von seinem Glauben abzulassen.

Zu den Spezialitäten des berühmten Zuckerwerkgeschäfts **Ghantewala**, gegründet 1790, gehören die köstlichen karamellisierten Süßigkeiten aus Ghee (geklärter Butter): Chchon Halwa und Chchon Papri.

Jama Masjid 5

Südlich der Central Road führt der Dariba Kalan zu der gewaltigen, aus rotem Sandstein und weißem Marmor erbauten Freitagsmoschee **Jama Masjid** (tgl. geöffnet; Eintritt nur vollständig bekleidet; am Nordtor kann man Umhänge ausleihen), dem Zentrum des muslimischen Delhi. Die Moschee wurde 1644 von Shahjahan in Auftrag gegeben und bietet 20000 Gläubigen Platz. Moschee und Fort, die einander gegenüberliegen, waren zentrale Teile der komplexen Stadtanlage. Wenn kein Freitagsgebet stattfindet, ist es manchmal möglich, das südliche Minarett zu besteigen; Frauen dürfen dies allerdings nur in männlicher Begleitung.

Raj Ghat

Im Osten, hinter dem Roten Fort, verläuft die Ring Road, von der aus drei Brücken zu den Wohngebieten auf der anderen Flussseite führen. Auf dem Weg vom Roten Fort zur ITO Bridge passiert man die Einäscherungsstätten berühmter Staatsführer: Jawaharlal Nehru, Lal Bahadur Shastri, Indira und Rajiv Gandhi.

Der größte Komplex ist Raj Ghat, die Einäscherungsstätte von Mahatma Gandhi. Zwei Museen sind dem Vater der Unabhängigkeit gewidmet: Im **Gandhi Darshan** (Di–So 10–17 Uhr, www.gandhismriti.nic.in) wird eine schöne Sammlung von Gemälden und Fotos gezeigt, dazu Schautafeln zur Satyagraha-Bewegung, den Kampagnen des Gewaltlosen Widerstands.

REISEVEBINDUNGEN

Flüge: Delhi ist das wichtigste Drehkreuz des Landes, national wie international, mit täglichen Verbindungen ins ganze Land. Der Indira Gandh Airport wird derzeit ausgebaut; daneben wird für die Commonwealth-Spiele 2010 gerade ein neuer Flughafen errichtet.

Bahn: Auch für Zugverbindungen ist die Hauptstadt das wichtigste Zentrum des Landes, in dem die meisten Verbindungen zusammenlaufen. Von den drei wichtigsten Bahnhöfen New Delhi, Delhi und Nizamuddin gelangt man mehrmals täglich u. a. nach Agra, Amritsar, Bengaluru, Bhopal, Chennai, Goa, Jaipur, Kalkutta, Lucknow, Mumbai, Secunderabad und Varanasi.

Fernbusse verkehren ab dem Inter-State Bus Terminal (ISBT) beim Kashmere Gate. Für die meisten Strecken ist die Bahn jedoch die bessere Alternative.

Dicht daneben liegt Gandhi Smarak Sangrahalaya (Fr–Mi 9.30–17.30 Uhr), der persönliche Habseligkeiten und eine Bibliothek mit den Reden des großen Staatsmanns beherbergt.

Delhis Norden und The Ridge

Nördlich des Kashmere Gate liegt das britische Delhi mit seinen Bungalows und Verwaltungsgebäuden. In diesem als **Civil Lines** ❻ bekannten Gebiet finden sich die ältesten Bauwerke der Briten aus der Zeit vor ihrer Herrschaft. Eines der schönsten ist die **St James's Church,** die mit ihrer kreuzförmigen Anlage mit großer Mittelkuppel eine architektonische Eleganz aufweist, wie sie bis zur Stadtanlage von Lutyens und Baker einzigartig in Delhi war.

Andere Zeugen der Epoche sind die Verwaltungsgebäude des **Universitätscampus** sowie die elitäre Privatschule **St Stephen's College,** in der der Nachwuchs der oberen Zehntausend Indiens unterrichtet wird.

An ein düstereres Kapitel der britischen Herrschaft gemahnt ein Denkmal auf **The Ridge.** Dieser bewaldete Höhenzug verläuft in etwa nordöstlich-südwestlicher Richtung und bildet den höchsten Teil Delhis. Er ist so etwas wie die grüne Lunge der Stadt und bietet vielen Tieren Zuflucht. Hier erinnert das neugotische **Mutinity Memorial** an die britischen und loyalen indischen Soldaten, die im Sepoy-Aufstand von 1857 fielen. Ein Stück weiter nördlich steht eine der **Ashoka-Säulen** Delhis, 1867 hier aufgestellt, nachdem man die Einzelteile aus Kolkata hergebracht und wieder zusammengesetzt hatte.

Am höchsten Punkt von The Ridge befindet sich der **Flagstaff Tower,** eines der ältesten britischen Gebäude Delhis. An dieser Stelle hatten sich die britischen Zivilisten und Verwundeten 1857 während des Sepoy-Aufstands gesammelt und warteten auf Rettung.

Offizielle Ereignisse feierten die Briten in Indien mit großem Gepränge. Delhi wurde zum Schauplatz etlicher *durbars* genannter Prozessionsfeierlichkeiten, deren aufwendigste 1911 stattfand, als König George V. die Verlegung der Hauptstadt vom damaligen Kalkutta nach Delhi verkündete. Der ehemalige *durbar*-Platz, unweit des

Briefmarken im Gandhi Darshan Museum zum Gedenken an den Mahatma

Unten: Obstmarkt am Chandni Chowk

Für Freunde kurioser Museen ist das Sulabh International Museum of Toilets ein Muss. Auch die Geschichte der sanitären Anlagen in Indien wird hier dokumentiert

Unten: Das neue Indien zeigt sich im Konferenzzentrum neben dem Pragati Maidan

K.B. Hedgewar Marg im Norden der Stadt, ist heute als Coronation Park (Krönungspark) bekannt. Eine ganze Reihe von Monumenten aus britischer Zeit hat hier ihren Platz gefunden. Das eindrucksvollste ist die große Statue Georgs V., die früher am India Gate aufgestellt war.

Westlich des Stadtzentrums, etwas außerhalb in der Mahavir Enclave, gründete der Sozialaktivist Dr. Bindeshwar Pathak eine der ungewöhnlichsten Sehenswürdigkeiten Delhis: das **Sulabh International Museum of Toilets** (Mo–Sa 10.30–17.30 Uhr, www.sulabhtoiletmuseum.org). Der ernsthaftere Hintergrund des Museums und der dazugehörigen Organisation ist das Engagement Dr. Pathaks für bessere sanitäre Einrichtungen in ganz Indien und eine bessere Behandlung der Toilettenarbeiter, die aus den untersten Schichten des indischen Kastensystems stammen und unter starker Diskriminierung leiden.

In Delhis Nordwesten, in Tikri Kalan nahe der Grenze zu Haryana, liegt der sehr heruntergekommene Komplex **Azad Hind Gram** (tgl. geöffnet; Eintritt). Er wurde als Museum zum Andenken an den bengalischen Freiheitskämpfer Subhas Chandra Bose gegründet, doch leistet der derzeitige Zustand dem hehren patriotischen Anspruch eher einen Bärendienst.

Rajpath und India Gate

Die Barakhamba (Zwölf Säulen) Road führt vom Connaught Place südöstlich zum Mandi House Chowk. Hier stehen das **Rabindra Kala Sangam** (Triveni-Theatre) und eine Reihe anderer Veranstaltungsorte, die regelmäßig Tanz-, Musik- und Theatervorstellungen präsentieren. Im Rabindra Kala Sangam ist auch die Galerie zeitgenössischer Kunst der **Lalit Kala Akademi** untergebracht (Mo–Sa 11–18 Uhr) sowie das Museum der Sangeet Natak Akademi, das traditionelle Musikinstrumente ausstellt.

Die nächste große Straße, die von Connaught Place abgeht, heißt Kasturba Gandhi Marg. Sie führt zum India Gate im Herzen von Lutyens' New Delhi. An der Straße liegen das deutsche Goethe-Institut und das britische Kulturzentrum; in beiden finden regelmäßig Veranstaltungen statt.

Rund um das India Gate lag einst das britische Verwaltungszentrum. Der **Rajpath,** Delhis Champs-Elysées, wird von Rasenflächen, Baumgruppen, Kanälen und Springbrunnen gesäumt. Der 42 m hohe Torbogen des **India Gate** ❼ am östlichen Ende der Prachtstraße wurde 1931 von Lutyens zu Ehren der im Ersten Weltkrieg gefallenen indischen Soldaten errichtet. Für die im Krieg gegen Pakistan 1971 Gefallenen brennt eine ewige Flamme.

Am Westende erheben sich der Präsidentenpalast (früher die Residenz des Vizekönigs) **Rashtrapati Bhavan** ❽ und der kreisförmige Parlamentabau **Sansad Bhavan** ❾. Die großen, im formalen Mogulstil angelegen Gärten des Rashtrapati Bhavan gehören zu den schönsten Delhis, sind der Öffentlichkeit aber nur selten zugänglich (Einzelheiten unter www.presidentofindia.nic.in). Beide Seiten der Straße zum Rashtrapati Bhavan säumen die **North**

und South Block Secretariats mit dem Finanz- und Innenministerium sowie dem Außenministerium.

Westlich des Rajpath, hinter dem Rashtrapati Bhavan, erstreckt sich der Buddha Jayanti Smarak Park, der zum Grünzug des Central Ridge Reserved Forest gehört. An der Ecke Sardar Patel Marg und Willingdon Crescent, die am Rand des Parks verläuft, steht die **Dandi Statue.** Das eindrucksvolle Standbild zeigt Gandhi, wie er den Demonstrationszug nach Dandi an der Küste von Gujarat anführt, um gegen die britische Salzsteuer zu protestieren.

Südwestlich des Rajpath liegt die Diplomatenenklave **Chanakyapuri,** in der sich die meisten ausländischen Vertretungen und Botschaften befinden. Hier, gegenüber dem Ashoka Hotel, lockt das Einkaufszentrum **Santushti Complex** mit einigen besseren Boutiquen und dem populären Lunchcafé **Basil & Thyme** (s. S. 145).

Am Ostende des Rajpath, nahe dem India Gate, stehen **Hyderabad House** und **Baroda House,** zwei prächtige Residenzen, die für die mächtigen Herrscher der Fürstenstaaten im britischen Indien errichtet wurden. Am Rajpath selbst hat das **Indira Gandhi National Centre for the Arts** (www.ignca.nic.in) seinen Hauptsitz. Im Nationalstadion hinter dem India Gate finden Hockeyturniere statt; für die 2010 stattfindenden Commonwealth-Spiele spielt es eine zentrale Rolle.

Weiter östlich befindet sich das große Messegelände **Pragati Maidan.** Gegenüber seinem Eingang bieten die Wälle der **Purana Qila** ⑩ (Eingang beim Zoo; tgl. Sonnenauf- bis Sonnenuntergang; der Eintritt gilt auch für das Archäologische Museum) schöne Panoramablicke auf die Stadt. Die Festung wurde von dem Afghanenherrscher Sher Shah Suri (1540–1545) erbaut und von Mogulherrscher Humayun übernommen, als er 1555/56 wieder an die Macht kam. Ihre Qila-e-Kunha-Masjid ist die besterhaltene, außergewöhnlich verzierte Lodi-Moschee Delhis.

Wenn man sich am Eingang gleich rechts hält, gelangt man in das **Archäologische Museum** des Forts, in dem interessante Fundstücke aus dem Areal die Besiedelungsgeschichte verdeutlichen. Im wohlproportionierten **Sher-**

AUSGEHEN

Tanzabende und Konzerte veranstalten **India Habitat Centre** (Lodi Road, Tel. (011) 24 68 20 01, www.indiahabitat.org); **India International Centre** (40 Max Müller Marg, Tel. (011) 24 61 94 31, www.iicdelhi.nic.in); **Kamani Auditorium** (1 Copernicus Marg, Tel. (011) 23 38 80 84, www.kamaniauditorium.org) und **Sangeet Natak Akademi** (Rabindra Bhavan, Firoz Shah Road, Tel. (011) 23 38 72 46, www.sangeetnatak.com).

Unten beide: Das Nehru Museum

Die außergewöhnliche Skulpturensammlung des National Museum umfasst über 800 Stücke aus der Zeit zwischen dem 3. Jh. v. Chr. und dem 19. Jh. n. Chr.

Mandal-Pavillon war einst die Bibliothek des Mogulkaisers Humayun untergebracht; hier stürzte er auch im Jahr 1555 zu Tode. Umgeben ist die Anlage von einem schönen Park mit See, einem früheren Teil des Burggrabens.

Gleich daneben liegt Delhis **Zoo** ⓫. Mit seinen relativ großen Freigehegen gilt er als einer der besseren des Landes, doch sind indische Zoos insgesamt eher bedrückende Einrichtungen und ähneln mehr einem Gefängnis als einem Ort für die artgerechte Haltung gefährdeter Tierarten (weitere Infos unter www.petindia.com, www.aapn.org und www.zoocheck.com). In der angrenzenden wohlhabenden **Sunder Nahar Colony** finden sich einige interessante Geschäfte und einige der besten Restaurants der Hauptstadt.

Museen in New Delhi

Eine Fülle von Museen gruppiert sich um den Rajpath. Die Nationalmuseen für Geschichte, Archäologie und Moderne Kunst sind hier versammelt, außerdem einige interessante Orte, die mit der politischen Geschichte Indiens in Beziehung stehen.

Südlich des Rashtrapati Bhavan ist im **Teen Murti Bhavan,** der ehemaligen Residenz des Premierministers, das **Jawaharlal Nehru Memorial Museum** untergebracht (Di–So 10–15 Uhr). Nehrus Arbeits-, Wohn- und Schlafzimmer sind hier zu besichtigen. Einen guten Einblick in Indiens Weg zur Unabhängigkeit vermitteln auch die zahlreichen persönlichen Dokumente.

Die Fortsetzung der Geschichte der Nehru/Gandhi-Dynastie zeigt das **Indira Gandhi Memorial Museum** (1, Safdarjung Road; Di–So 9.30–17 Uhr). Hier lebte die Politikerin, und hier wurde sie auch von ihren Leibwächtern ermordet. An der Stelle im Garten, wo sie 1984 starb, sind immer noch Blutspuren zu sehen. Ihr Arbeitszimmer kann besichtigt werden. Ferner hat man ihren von Nehru gewobenen Hochzeitssari ausgestellt. Ein gläserner Steg markiert den Weg, den sie in den letzten Momenten ihres Lebens ging.

Gandhi Smriti ganz in der Nähe auf dem Tees January Marg, auch Birla House genannt (Di–So 9.30–17.30 Uhr; www.gandhismriti.nic.in), erinnert an einen weiteren politischen Mord: Im

Unten: Besucher im National Museum

Garten des früheren Hauses des Industriellen G. D.Birla, heute ein Museum, wurde Mahatma Gandhi 1948 erschossen. Auch hier sind die letzten Schritte des Ermordeten gekennzeichnet, in diesem Fall durch Fußabdrücke aus Beton.

In der **National Gallery of Modern Art** ⓬ am Monraffic Circle südöstlich des India Gate (Di–So 10–17 Uhr; Eintrittsgebühr für Sonderausstellungen; www.ngmaindia.com) hängen neben Gemälden aus den 1930er-Jahren auch Werke moderner indischer Künstler und Fotografen.

Das **Nationalmuseum** ⓭ am Janpath südlich des Rajpath (Di–So 10–17 Uhr; Eintritt; www.nationalmuseumindia.gov.in) ist berühmt wegen seiner einzigartigen Skulpturen, einer Juwelensammlung, Chola-Bronzen und einer buddhistischen Galerie, zu deren Exponaten ein gemeißeltes Tor aus Sanchi gehört. Zu den bedeutendsten Ausstellungsstücken zählen Gegenstände aus der Harappa-Kultur, die in Mohenjadaro ausgegraben wurden (darunter die berühmte kleine Bronzestatue einer Tänzerin), sowie die Bestände an Manuskripten und Miniaturen aus der Mogulzeit. Besonders sehenswert ist auch die Verrier-Elwin-Sammlung im zweiten Stock mit Adivasi-Kunst der Ureinwohner aus Nordost-, Zentral- und Südindien.

Auch das **Eisenbahnmuseum** ⓮ in der Nähe des Shanti Path in Chanakyapuri lohnt einen Besuch (Di–So; Okt.bis März 9.30–13, 13.30–17.30, April–Sept. 9.30–13, 13.30–19.30 Uhr; Eintritt; www.nationalrailmuseum.org). Alte Waggons und eine Reihe von Dampfeisenbahnen, einschließlich der riesigen, 1930 in Manchester hergestellten »Garratt«, sind hier zu bewundern, und informative Schautafeln erläutern das moderne Eisenbahnnetz Indiens. Seltenheitswert hat ein Schmalspurdampfzug (*monorail*), der Besucher über das Gelände fährt.

Im **Crafts Museum** ⓯ auf dem Bhairon Marg nahe Pragati Maidan demonstrieren regionale Kunsthandwerker ihr Geschick, und man kann Gebäude in regionalen Baustilen studieren (Di–So; Juli–Sept. 9.30–17, Okt. bis Juni 9.30–18 Uhr; Eintritt). Die Galerien zeigen faszinierende Kunstwerke, Holzschnitzereien und Textilien der Stammesbevölkerung Indiens, auch *bhuta*-Figuren aus Karnataka, bunt verzierte Objekte der Naga aus dem Nordosten und einige kostbare Bronzen aus Orissa. Auch die textilen Ausstellungsstücke der über 22 000 Objekte umfassenden Sammlung sind von hervorragender Qualität. Daneben findet man auch einige ungewöhnliche Exponate wie Stickereien aus Kaschmir.

Lodi Gardens und Umgebung

Südlich des India Gate befinden sich nicht nur die meisten Überreste von Delhis alten Städten, sondern auch viele gute Einkaufsgebiete, zum Beispiel der **Khan Market** ⓰ gegenüber dem Hotel Ambassador, in dem es schöne Buchläden, Cafés und Restaurants sowie exklusive Geschäfte gibt.

Ein kurzer Spaziergang über die Subramania Road führt zu den schö-

Indira Gandhis ehemalige Residenz ist heute ein Museum

Unten: In der Ausstellung der National Gallery of Modern Art

In den schönen, gepflegten Lodi Gardens stehen etliche Grabmonumente aus dem 14. und 15. Jh.

nen **Lodi Gardens** ⓱ (geöffnet Sonnenauf- bis Sonnenuntergang), in denen beeindruckende Grabanlagen aus dem 15./16. Jh. inmitten gepflegter Rasenflächen stehen, die durch Blumenbeete, mächtige Bäume und Spazierwege aufgelockert sind. Am an die Lodi Road grenzenden Ende des Parks befindet sich das achteckige Grab des Sayyiden-Herrschers Muhammad Shah (1434 bis 1444), in der Nähe des Sees nahe der Subramania Road das ebenfalls achteckige Grab von Sikandar Lodi (1489 bis 1517). Ein weiteres Grab aus der Lodi-Periode, der große Shish Gumbad in der Gartenmitte, hat eine Moschee mit wunderschönen Stuckarbeiten. Die Lodi Gardens sind ein beliebter Picknikplatz für Familien und ein Treffpunkt für junge Paare, die hier die seltenen unbeobachteten Momente genießen möchten.

Direkt auf der anderen Seite der Lodi Road ist der Eingang zum **Lodi Colony Market** in der Kolonie Jor Bagh. Neben einer Reihe schicke Boutiquen (s. Kasten unten) ist hier auch das Ploof zu finden, das zu Delhis besten Fischrestaurants gehört (s. S. 146).

SHOPPING IN DELHI

Von Buchläden über Kunsthandwerk bis zu Haute Couture findet man in Delhi alles. Für Geschenke und Mitbringsel dürfte das riesige **Central Cottage Industries Emporium** (CCIE) am Janpath mit seiner ausgezeichneten Auswahl an Kunsthandwerk und Stoffen die erste Anlaufstelle sein. Als Nächstes sollten Sie den **Baba Kharak Singh Marg** ansteuern, wo viele der staatlichen Kaufhäuser, die State Government Emporia, ihren Sitz haben. Für eine allgemeine Shoppingtour sind die Märkte in den *colonies* wahre Fundgruben. Besonders interessant ist der Khan Market, wo die Mode- und Inneneinrichtungsketten Fab India und Anokhi sowie der Buchhändler Bahri & Sons Filialen unterhalten.

Nicht weit entfernt, auf dem **Lodi Colony Market** (Jor Bagh), haben einige der bekanntesten Modedesigner Indiens ihre Läden, darunter Manish Arora und Abraham & Thakore. Manish Arora und viele andere indische Designer findet man auch im schicken Einkaufszentrum **Crescent at the Qutb** in Süd-Delhi. Weitere interessante Boutiquen liegen u.a. in der Defence Colony und im Santushti Complex.

Im **India Habitat Centre**, ebenfalls an der Lodi Road, finden Konferenzen vieler nationaler und internationaler Organisationen und kulturelle Veranstaltungen aller Art statt. Das **Tibet House Museum** ein paar hundert Meter weiter (Mo–Sa; Juli–Sept. 9.30–13 und 14.30–18, Okt.–Juni 9–13 und 14 bis 17 Uhr) zeigt kostbare aufwendig gearbeitete *thangkas*, Skulpturen und tibetische Musikinstrumente.

Etwas nördlicher arbeiten zwei weitere Kulturinstitutionen: das **India Islamic Cultural Centre** mit seiner gekachelten Fassade (Lodi Road; www.iiccentre.org), in dem Konferenzen und Einzelausstellungen stattfinden, und das **India International Centre** (Max Mueller Marg; www.iicdelhi.nic.in), in dem Delhis Intellektuelle und Akademiker aus und ein gehen. Zum IIC bekommt man nicht leicht Zugang (nur auf Einladung durch ein Mitglied), doch wenn man einmal drin ist, kann man sich an einer großartigen Bibliothek und einem schönes Café erfreuen.

Mogul-Gräber

Safdarjang's Tomb ⓲ (tgl. Sonnenauf- bis Sonnenuntergang; Eintritt) mit seinem Rosengarten liegt am Westende der Lodi Road, jenseits des Sri Aurobindo Marg. Dieses große Grabmal von 1753 ist das letzte bedeutende Bauwerk der Mogularchitektur in Delhi. Der Garten wurde renoviert und ist jetzt in einem sehr schönen Zustand.

Am Ostende der Lodi Road stößt man auf das Grabmal **Humayuns** ⓳ (tgl. Sonnenauf- bis Sonnenuntergang; Eintritt), dem aus rotem Sandstein gebauten Prototyp des Taj Mahal, seit 1993 UNESCO-Welterbe. Es wurde von Humayuns Witwe Haji Begum in Auftrag begeben und im Jahr 1565 fertiggestellt. Auf dem Gelände befinden sich auch die Überreste eines sehr schönen achteckigen Grabmals aus der Zeit von Sher Shah.

Im Norden liegt, von hier aus sichtbar, der moderne Sikhtempel Damdama Sahib Gurudwara. Unweit der Grabanlage befindet sich auch **Nila**

Gumbad mit blauer Kachelfassade, ein Grab aus der späten Mogulyeit.

Westlich von Humayuns Grab ist der **Schrein von Sheikh Nizamuddin Aulia** (1236–1325) ⑳, des größten Sufi-Heiligen des Chisti-Zweiges, der dem ganzen Stadtteil seinen Namen gibt. Es ist ein sehr lebendiger Pilgerort.

Die Fahrt entlang dem Aurobindo Marg nach Süden führt am Safdarjung Airport vorbei zum populären Obst- und Gemüsemarkt INA, und gegenüber liegt der **Dilli Haat Food and Crafts Bazaar,** in dem alle indischen Bundesstaaten monatlich wechselnd ihr Kunsthandwerk präsentieren und Gelegenheit zum Kennenlernen ihrer jeweiligen Küche bieten (tgl. 10.30–22 Uhr; Eintritt).

Delhis Süden

Südlich des Dilli Haat kreuzt man die Inner Ring Road und gelangt am gut gepflegten Rajiv-Gandhi-Park vorbei in den Süden Delhis.

Westlich des Aurobindo Marg wartet mit **Hauz Khas Village** ㉑ eine der attraktivsten Ecken Süd-Delhis. Zwar ist das ehemalige Dorf inzwischen zu einer Kolonie mit teuren Boutiquen und Kunstgalerien (besonders sehenswert ist die Village Art Gallery, www.thevillagegallery.co.in) geworden, hat sich mit seinen engen Straßen und der ruhigen, grünen Atmosphäre aber immer noch viel Charme erhalten.

Im Osten befinden sich unweit des Asian Games Village die inzwischen überwucherten und nur schwer erkennbaren Ruinen des **Siri Fort** ㉒. Ein Großteil des Gebiets ist nur für die Benutzer der Sportanlagen zugänglich, die für die Spiele 1982 errichtet wurden, doch für Architekturstudenten lohnt sich der Blick in die von Raj Rewall entworfene Wohnsiedlung mit ihrer kubistischen Bauweise.

Nördlich des Siri Fort am Hudco Place, Khel Gaon, treffen sich Angehörige der Mittelklasse in der beliebten **Ansal Plaza,** einer der ersten klimatisierten Einkaufspassagen Delhis, zum Einkaufen und Essen.

Südlich von Nizamuddin am Nehru Place steht auf dem Kalkaji Hill der moderne **Bahai Lotus Temple** ㉓ (tgl. 9–17 Uhr; Besucher müssen schon beim Eintritt in die umgebenden Gärten ihre

SHOPPING

Außer dem Dilli Haat beim INA-Markt am Aurobindo Marg gibt es einen weiteren **Dilli Haat** in Pitampura im Norden Delhis.

Unten: Der prächtige Schrein des Sufi-Heiligen Sheikh Nizamuddin Aulia

Der Turm des Qutb Minar hat an der Basis einen Durchmesser von über 14 m und an der Spitze von 2,75 m

Unten: Das monumentale Grab von Sikandar Lodi in den Lodi Gardens

Schuhe ausziehen). Mit diesem architektonisch äußerst komplizierten Wunderwerk aus weißem Marmor, das die Form einer Lotosblüte hat, erhielten 1986 die aus Persien stammenden Bahai eine Pilgerstätte. Der Lotos gilt als Symbol der Reinheit.

In der Nähe bieten die Shopping Malls der *colony* **Greater Kailash** (Blöcke M & N) gute Einkaufsmöglichkeiten und ausgezeichnete Restaurants (siehe S. 146–147).

Der Qutb-Komplex

Am Südende des Aurobindo Marg, jenseits der Outer Ring Road und des Aurobindo Ashram, liegt der Bezirk Mehrauli mit einer Stätte des UNESCO-Weltkulturerbes, zugleich eine der wichtigsten Sehenswürdigkeiten Delhis: dem **Qutb Minar** ㉔ (tgl. Sonnenauf- bis Sonnenuntergang; Eintritt). Verse aus dem Koran verzieren den einmaligen, 72 m hohen Turm, den Qutb ud-Din Aibak, der erste muslimische Sultan Delhis im 13. Jh. als Siegeszeichen des Islam errichten ließ. Das erste Stockwerk wurde von Qutb-ud-Din vollendet, die beiden letzten von seinem Schwiegersohn Iltutmish (dessen Grab in der Nähe liegt). Im 19. Jh. zerstörte ein Erdbeben die Kuppel, die früher auf der Spitze saß, und leider sind auf dem Balkon, der den Turm im ersten Stock umläuft, Besucher nicht mehr zugelassen.

Aibaks auf demselben Gelände stehende **Qutb-ul-Islam Moschee** ist die älteste Indiens, errichtet unter Verwendung von Materialien der zerstörten Hindu- und Jaintempel von Qila Rai Pithora. Im Hof der Moschee befindet sich eine Eisensäule aus dem 4. Jh., die bis heute keine Spuren von Rost aufweist.

Mehrauli

Die Ruinen von Delhis erster Stadt **Lal Kot** liegen über den Bezirk **Mehrauli** ㉕ verstreut. Das gleichnamige Dorf befindet sich gleich südlich davon in einem alten Basarlabyrinth. Zu den bedeutendsten Monumenten gehört hier das achteckige **Bhulbhulaiyan,** das Grab Adham Khans, des Vertrauten von Großmogul Akbar.

Im Süden Mehraulis findet man die wegen ihrer schön bemalten Decken

berühmten Grabanlagen von **Jamali Kamali** sowie den **Hauz i-Shamsi**, einen Wasserspeicher, den Iltutmish 1230 in Auftrag gab. Die Ruine des Lodi-Pavillons **Jahaz Mahal** (Schiffspalast) liegt an der Nordostecke des Hauz i-Shamsi.

Chattarpur

Hinter Mehrauli, weiter in Richtung Haryana und Gurgaon, warten drei weitere Sehenswürdigkeiten. Zunächst gelangt man zum 2003 eröffneten **Garden of the Five Senses,** ein recht moderner formaler Garten voller Skulpturen und plätschernder Gewässer, der von Delhi Tourism ausgestaltet wurde (tgl. 8–21 Uhr; Eintritt). Von den Hügeln weiter oben hat man schöne Ausblicke über die Stadt.

Weiter südlich führt der Weg zu den sehenswerten modernen, aus weißem Marmor gebauten Tempeln und Ashrams von **Chattarpur**, einer der größten Tempelanlagen Indiens. Nahebei zeigt das schöne Sankriti Museum indische Terrakotten sowie Alltagsgegenstände und Textilien (Di–Sa 10–17 Uhr; www.sanskritifounda tion.org) .

An der Mehrauli-Badarpur-Straße ragen die Ruinen des **Tughlaqabad Fort** ㉖ (tgl. Sonnenauf- bis Sonnenuntergang) und von **Adilabad**, Delhis dritter Stadt aus dem 14. Jh., auf. (Vorsicht: Es kann gefährlich sein, allein herzukommen!). Hinter Tughlaqabad haben Ausgrabungen am großen Wasserspeicher in **Suraj Kund** Spuren der frühesten Besiedelung des Gebiets zutage gefördert.

Gurgaon und NOIDA

Ganz im Süden, bereits im Budesstaat Haryana, ist durch den zunehmenden Siedlungsdruck **Gurgaon** entstanden, eine Satellitenvorstadt Delhis, die vor allem aus Wohngebieten der Mittelschicht und Einkaufszentren besteht.

Dasselbe gilt im Prinzip auch für das Neubaugebiet **NOIDA** (New Okhla Development Area) auf der anderen Seite der Yamuna. Interessant für Besucher ist hier der von der Swaminarayan Foundation erbaute, riesige neue **Akshardham-Tempel** – ein beeindruckendes, wenn auch ziemlich klotziges Bauwerk in Sandstein und Marmor, umgeben von hübschen Gärten. ■

Sonnenuhr im Garden of the Five Senses im Süden Delhis

Unten: Das Einkaufszentrum Select Citywalk

RESTAURANTS UND BARS

Restaurants

Durchschnittspreis für ein Menü mit bis zu drei Gängen ohne alkoholische Getränke:

● = bis 200 INR
●● = 200–500 INR
●●● = 500–1000 INR
●●●● = über 1000 INR

Delhi ist ein guter Ort, um Speisen aus allen Teilen des Landes zu probieren – es gibt u.a. Restaurants mit südindischer, Punjabi-, Bengali- und Lucknavi-Küche. In Delhi selbst kocht teils wie im Punjab Currys auf Fleischbasis und reichhaltige Gerichte mit Dal (Linsen) und Gemüse, teils die sog. Mughlai-Küche: Tandoori-Speisen und Currys, die mit Joghurt und anderen Milchprodukten verfeinert werden.

Connaught Place

◆ Kake Da Hotel
M74, NDMC Market.
Tel. (011) 2341 1580. ●
Einfache, aber sehr beliebte Punjabi-*dhaba* mit leckerem, ausgesprochen preisgünstigem Essen und schnellem Service.

◆ Mist
The Park, 15 Sansad Marg. Tel. (011) 2374 3000. ●●●●
Das schicke, 24 Stunden geöffnete Café im Hotel The Park ist immer gut für ein leichtes Essen – z.B. Pizza oder südindische Gerichte – oder einen Drink in aller Ruhe. Schöne moderne Designer-Inneneinrichtung.

◆ Sakura
Metropolitan Hotel, Bangla Sahib Marg.
Tel. (011) 4250 0200.
●●●●
Das authentischste japanische Restaurant in Delhi. Zu Sushi und Sashimi in allen Variationen gibt es gute offene Weine. Nicht billig, aber seinen Preis wert.

◆ Saravana Bhavan
46 Janpath.
Tel. (011) 2331 7755. ●
Gehört zu einer Kette ausgezeichneter vegetarischer Restaurants mit südindischer Küche; leckere *dosas* und *thalis*. Sehr sauber und günstig.

◆ The Spice Route
Hotel Imperial, 1 Janpath.
Tel. (011) 2334 1234.
●●●●
Ein ausgezeichnetes Restaurant: Wunderschön mit geschnitzten Holzsäulen eingerichtet und mit köstlichem, wenn auch nicht ganz billigem Essen aus Sri Lanka und Südostasien.

◆ Ten
10 Sansad Marg, unterhalb des YWCA International Guest House.
Tel. (011) 2374 8026. ●●
Angenehmes, ruhiges Restaurant mit guter Auswahl an europäischen Gerichten wie Pasta und Stews sowie ein paar indischen Speisen zur Abrundung. Besonders gut sind die Nachspeisen.

◆ Veda Lounge
H26–7, Connaught Place.
Tel. (011) 4151 3535.
●●●–●●●●
Bei der Einrichtung des sehr schicken Lokals wirkte einer der führenden Modedesigner Delhis mit. Kreative moderne indische Küche; die nordindischen Speisen sind einen Tick besser als die aus dem Süden. Beachtliche Weinkarte, sehr gut gemixte Cocktails.

◆ 19 Oriental Avenue
Shangri-La Hotel, 19 Ashok Road.
Tel. (011) 4119 1919.
●●●●
Delhis feinstes Restaurant mit ostasiatischer Küche serviert chinesische, thailändische und japanische Speisen von Feinsten. Das *dim sum* ist zwar teuer, aber delikat, und auch sonst gibt es ein paar ungewöhnliche Gerichte, die man anderswo nicht findet.

Alt-Delhi

◆ Chor Bizarre
Hotel Broadway, 4/15A Asaf Ali Road.
Tel. (011) 2327 3821.
●●●
Sehr gute Mughlai- und Kashmiri-Küche in recht verschrobenem Ambiente: Die Salatbar ist in einem Auto, während alles Mögliche zu Tischen umfunktioniert wurde, z.B. ein Himmelbett. Unbedingt reservieren.

Links: Restaurant Kasbah in Greater Kaliash I.

◆ **Karim Hotel**
Gali Kababiyan, Matia Mahal, nahe Jama Masjid.
Tel. (011) 2326 9880. ●
Vielleicht das beste muslimische Essen der Stadt mit köstlichen Tandoori-Gerichten und fantastischem Brot. Die Kette hat noch mehr Filialen in der Stadt, doch keine hat diese Atmosphäre.

◆ **Moti Mahal Deluxe**
3703 Netaji Subhash Marg, Daryaganj.
Tel. (011) 2327 3011.
●●–●●●
Eine Institution für nordindisches (Punjabi- und Mughlai-) Essen, trotz des leicht schmuddeligen Äußeren. Für Klassiker wie *butter chicken* oder *murgh masala* sind Sie hier richtig.

Nähe Rajpath

◆ **Basil and Thyme**
Santushi Shopping Complex, Chanakyapuri.
Tel. (011) 2467 4933.
●●●
Angenehmes Lokal für einen ruhigen Lunch. Serviert wird gutes europäisches Essen wie Quiche und Käsekuchen zu vernünftigen Preisen.

◆ **Bukhara**
ITC Maurya, Sardar Patel Marg, Diplomatic Encl.
Tel. (011) 2611 2233.
●●●●
Wird häufig als das beste Tandoori-Restaurant Delhis genannt. Schön angerichtete Speisen aus der nordwestlichen Grenzprovinz – köstlich vor allem die Kebabs und das *makhni dal*.

◆ **Dum Phukt**
ITC Maurya, Sardar Patel Marg, Diplomatic Encl.
Tel. (011) 2611 2233.
●●●●
Das andere der beiden Weltklasserestaurants des ITC Maurya, mit teurer, aber umwerfender Avadhi-Küche.

◆ **Have More**
11–12 Pandara Road Market.
Tel. (011) 2338 7070.
●●–●●●
Die beste von einer Handvoll hochklassiger *dhabas* in der Umgebung des India Gate. Diese bis spät abends geöffneten Punjabi-Restaurants eignen sich sowohl für ein Mittagessen mit touristischem Ausblick als auch für ein spätes Nachtmahl.

◆ **Masala Art**
Taj Palace, Sardar Patel Marg.
Tel. (011) 2611 0202.
●●●●
Moderne indische Küche mit Gesundheitsanspruch (kein schweres Ghee, sondern Olivenöl und viele leichte Gemüsegerichte). Mittags sehr gut besucht, aber auch abends zu empfehlen.

◆ **Olive Beach**
9 Sardar Patel Marg, Diplomatic Enclave.
Tel. (011) 4604 0404.
●●●●
Das ehemalige Olive in Mehrauli hat jetzt im Hotel Diplomat neu eröffnet. Gilt als das Lokal mit der besten Mittelmeerküche, v.a. bekannt für seine Pizza. Unbedingt reservieren.

◆ **Orient Express**
Taj Palace, 2 Sardar Patel Marg.
Tel. (011) 2611 0202.
●●●●
Das wohl beste (und teuerste) europäische Lokal in der Stadt, und sicherlich das einzige, das in einem nachgebildeten Speisewagen serviert wird. Die klassischen Gerichte werden nur mit erstklassigen Zutaten zubereitet, die Menüs sind sehr gut und vergleichsweise günstig. Reservierung empfohlen.

Nähe Lodi Gardens

◆ **The Big Chill**
35 u. 68A Khan Market.
Tel. (011) 4175 7533.
●–●●
In dem netten Café mit zwei Filialen am Khan Market speist es sich zum Frühstück, Mittagessen oder Abendessen gleichermaßen gut. Internationale Gerichte wie Pasta, Burger und mexikanisch, auch feiner Kuchen und Eis.

◆ **Café Turtle**
Full Circle Bookshop, 5B Khan Market.
Tel. (011) 2465 5641.
Entspanntes, wenn auch etwas beengtes Café mit Buchladen. Neben indischem Essen gibt es gute Pasta und Salate, die Kuchen sind jedoch das wahre Highlight.

◆ **Choko La**
36 Khan Market.
Tel. (011) 4175 7570.
Das angenehm schicke, moderne Innere entdeckt man erst, wenn man sich die Stufen hinaufwagt.

Rechts: Café The Big Chill am Khan Market

Erstklassige Kuchen und Schokolade, dazu Kaffee und frische Säfte. Sehr schön sitzt man oben auf der Galerie.

◆ **Dilli Haat**
Gegnüber INA Market, Aurobindo Marg.
Tel. (011) 4167 9835. ●
Im Komplex »Foods of India« gibt es sehr saubere und günstige Imbissstände – sehr gut für eine kulinarische Reise durch Indien.

◆ **Flavors**
51–4C Moolchand Flyover Complex, Defence Colony.
Tel. (011) 2464 5644.
●●●
Authentische italienische Küche mit großen Portionen und exzellenten Desserts. Sehr empfehlenswert ist die Gartenterrasse; sie ist auch so groß, dass man unbesorgt seine Kinder mitbringen kann.

◆ **The Kitchen**
Middle Lane, 75 Khan Market.
Tel. (011) 4175 7960. ●●
Der Raum für nur etwa 30 Gäste wirkt intim, ohne beengt zu sein. Die große Speisekarte hängt an der Wand und führt kreative, leckere mediterrane, indische und ostasiatische Gerichte auf, etwa Sushi und Linguine, aber auch Irish Stew und Bratwürstchen.

◆ **Lodi – The Garden Restaurant**
By Gate 1, Lodi Gardens, Lodi Road.
Tel. (011) 2465 5054.
●●●–●●●●
Sehr schön in den Lodi Gardens gelegenes Restaurant. Die besten Plätze sind auf der Terrasse und draußen unter den Bäumen; die mediterrane Küche ist sehr ordentlich. Reservieren Sie für den Sonntagsbrunch!

◆ **Ploof**
13 Main Market, Lodi Colony.
Tel. (011) 2463 4666.
●●●–●●●●
Spezialist für Fisch und Meeresfrüchte, wohl der beste der Stadt. Der Fisch wird täglich frisch geliefert. Die südindischen und südostasiatischen Gerichte sind die besten auf der großen Speisekarte.

◆ **Sagar**
18 Defence Colony Market, New Delhi.
Tel. (011) 2433 3658. ●
Das bekannteste Restaurant einer Kette mit Filialen in der ganzen Stadt; sehr beliebt, sehr sauber. Südindische Küche; besonders gut sind *thalis, dosas* und der Kaffee.

◆ **Swagath**
14 Defence Col. Market.
Tel. (011) 2433 0930.
●●●
Fischrestaurant mit Konkan-Küche unter derselben Leitung wie das Sagar gleich nebenan und auf demselben hohen Niveau. Etwas funktional eingerichtet, das Essen aber ist köstlich, insbesondere der Fisch – gut sind aber auch beispielsweise die Chettinad-Fleischgerichte.

◆ **Threesixty Degrees**
The Oberoi, Dr Zakir Hussain Marg.
Tel. (011) 2430 4360.
●●●●
Eines der hipsten Restaurants der Stadt, angenehm modern eingerichtet. Durch die verglaste Wand kann mn in die Küche sehen, wo japanische, kontinentale und indische Delikatessen zubereitet werden. Nicht billig, den Lunch am Buffet und den Sonntagsbrunch kann man sich aber leisten.

Links: Frische Kokosnuss

Süd-Delhi

◆ **The China Kitchen**
Hyatt Regency, Bhikaji Cama Place, Ring Road.
Tel. (011) 2679 1234.
●●●●
Eines der besten und authentischsten chinesischen Restaurants in Delhi.

◆ **Diva**
M8, M Block Market, Greater Kailash II.
Tel. (011) 2921 5673.
●●●●
Kleines, schickes italienisches Restaurant mit exzellentem Essen – vor allem einfache, oft vegetarische Speisen mit Fokus auf den ursprünglichen Geschmack. Gute Auswahl italienischer Weine.

◆ **Kasbah**
N2 Market, Gr. Kailash I.
Tel. (011) 4163 5000.
●●●●
Gruppe von Restaurants am selben Ort mit breiter Auswahl: Kebabs und Tandoori-Gerichte im **Zaffran**, italienische Küche im **Spago**, klassische französische Cuisine im **Café de Paris**.

◆ **Oh! Calcutta**
E Block, Intern. Trade Towers, Nehru Place.
Tel. (011) 2646 4180.
●●●
Sehr erfolgreiches westbengalisches Lokal, in erster Linie für Fischküche. Besonders zu empfehlen sind *kakra chingri bhapa*, gedämpfte Krebs-Garnelen-Küchlein, bengalischer Hilsa-Fisch, das köstliche Dal und die Gemüsegerichte.

◆ **Park Baluchi**
Im Hirsch-Park, Hauz Khas Village.
Tel. (011) 2696 9829.
●●●
In entspannter Atmosphäre mit Blick auf den Park gibt es Fleischgerichte der Mughlai- und afghanischen Küche.

◆ **Punjabi by Nature**
11 PVR Priya Complex, Basant Lok, Vasant Vihar.
Tel. (011) 4151 6666.
●●●
Vielleicht die beste Punjabi-Küche in Delhi. Das Essen dieses lebhaften, sehr beliebten Restaurants erhält regelmäßig begeisterte Kritiken. Reservierung empfohlen.

◆ **Smoke House Grill**
2 VIPPS Centre, Masjid Moth, Greater Kailash II.
Tel. (011) 4143 5530.
●●●●
Hier labt sich Delhis IT-Branche an mediterranem, asiatischem und mexikanischem Essen – nicht immer alles gleich gut. Die Drinks und die Atmosphäre sind aber einen Besuch wert.

Mehrauli

◆ **Magique**
F5–6, Eastern Court, Sadulajab, Garden of the Five Senses, Straße Mehrauli– Badarpur.
Tel. (011) 2953 6767.
●●●–●●●●
Neuling in der Szene Delhis, aber sofort erfolgreich, vielleicht wegen der großartigen Lage. Kreative ost- und südostasiatische Küche, schöne Plätze im Freien. Unbedingt reservieren, bevor Sie sich auf den weiten Weg nach Süden machen!

Bars

Connaught Place

◆ **1911**
Hotel Imperial, 1 Janpath.
Tel. (011) 2334 1234.
Die Bar im Imperial ist oberste Klasse – im Wortsinn. Ruhige, feine Atmosphäre, riesige Getränkeauswahl. Der Blick von der Terrasse über den Rasen ist legendär. Denken Sie an passende Garderobe.

◆ **Agni**
The Park, 15 Parliament Street.
Tel. (011) 2374 000.
Sehr stilvolle DJ-Bar, ganz in Orange und Rot gehalten – Agni bedeutet Feuer in Sanskrit –, mit einer guten Auswahl an Cocktails.

◆ **Aqua**
The Park, 15 Parliament Street.
Tel. (011) 2374 000.
Im Gegensatz zum Agni nebenan (siehe oben), spielt an der in Weiß und Blau gehaltenen Poolbar des Hotels The Park Wasser die Hauptrolle. Hier geht es ruhiger und entspannter zu als im Agni.

◆ **Q'BA**
E42–3, Connaught Place.
Tel. (011) 4151 2888.
Einer der angesagtesten Läden Delhis, groß, sehr stylish, mit zwei Etagen und einer umwerfenden Terrasse über dem Connaught Place. Das Essen ist nicht schlecht, aber man kommt ins Q'BA vor allem auf einen Drink und um Promis zu sehen.

◆ **Rodeo**
12A Connaught Place.
Tel. (011) 2371 3780.
Eine Institution am Connaught Place, seit Ewigkeiten beliebt. Kellner in Cowboykleidung servieren gutes Tex-Mex-Essen und Cocktails. Relaxte Atmosphäre.

Süd-Delhi

◆ **Kuki**
E7, Community Centre, Masjid Moth, Greater Kailash II.
Tel. (011) 4163 7629.
Großer Club mit Bar für die junge und schöne Szene Delhis. Man kann hier gut eine Nacht durchmachen, allerdings zu gesalzenen Preisen.

Noida

◆ **Fluid**
Hotel Mosaic, C-1 Sector 18.
Tel. (011) 402 5000.
Etwas außerhalb des stadtkerns, trotzdem eine der beliebtesten DJ-Bars der Stadt; extrem schick mit Sitzecken und Tanzfläche.

Rechts: Veda Lounge, Connaught Place

Ganges und Yamuna

Die gigantische Ebene südlich des Himalaya erstreckt sich über das Fünfstromland, den Punjab im Westen, bis hin zur Gangesebene im Osten: uraltes Kulturland, gespeist von den Schmelzwasserströmen des höchsten Gebirges der Welt.

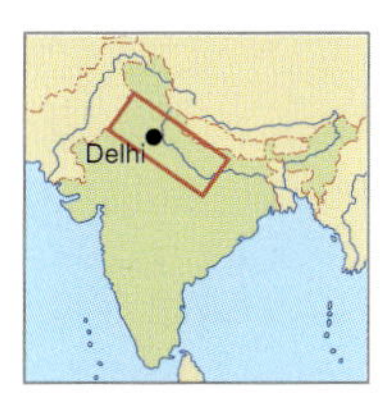

NICHT VERPASSEN!

- Chandigarh
- Gold. Tempel Amritsar
- Agra Fort
- Itimad-Ud-Daula
- Taj Mahal
- Fatehpur Sikri
- Vrindavan
- Bara Imambara
- Varanasi
- Sarnath
- Bodhgaya

Zwischen der ruhigen Gelassenheit des Goldenen Tempels im Westen und dem ebenso besänftigend wirkenden Mahabodhi Tempel im Osten erstreckt sich einer der aufregendsten, komplexesten und dichtestbevölkerten Landstriche Indiens. Zwischen dem klassischen Land der militärisch auftretenden Sikhs bis hin zum Armenhaus Indiens, dem übervölkerten, von Räubern heimgesuchten Bihar, liegt Uttar Pradesh, das vielen als das wahre Herz Indiens erscheint – seine Seele eingefangen im unvergleichlichen Taj Mahal, seine politische Vielfalt sichtbar auf den Straßen von Lucknow und seine religiösen Gefühle ausgebreitet auf den brennenden Ghats von Varanasi.

Punjab und Haryana

Einst reichte der Punjab nach Nordwesten bis zum Indus; die Griechen nannten das Gebiet *Pentapotamia*, Fünfstromland. Der heutige Name stammt aus dem Persischen, bedeutet aber dasselbe: *panji* (fünf) – *aab* (Gewässer).

Bei der Teilung Indiens 1947 wurde in den folgenden Wirren auch die Region unwiederbringlich zerrissen. Als Reaktion auf die eskalierende Gewalt zwischen Hindus und Muslimen wurde Pakistan gegründet, doch da die Trennung so abrupt erfolgte, fanden sich plötzlich Millionen Nichtmuslime auf der pakistanischen und Millionen Muslime auf der indischen Seite der Grenze wieder. Jede Gruppe versuchte, über den einzigen Grenzübergang westlich von Amritsar auf die andere Seite zu gelangen; die dabei unvermeidlichen Zusammenstöße mündeten in unfassbare gewalttätige Ausschreitungen. Von den 13 Millionen Menschen, die die Grenze überquerten, verloren über eine halbe Million das Leben.

Obwohl der größere Teil des Punjab an Pakistan gefallen war, behielten beide Staaten die alte Bezeichnung bei, da die Sprache Punjabi auf beiden Seiten

Links: Das Taj Mahal
Rechts: Einer der 320 Mio. Einwohner der Region

»

Indiens religiöse Vielfalt zeigt sich auch darin, dass 2004 eine getaufte Katholikin (Sonia Gandhi) einem Sikh (Mammohan Singh) das Ministerpräsidentenamt überließ. Ihn vereidigte ein muslimischer Staatspräsidente (Abdul Kalam) darauf, ein Land zu führen, dessen Bewohner zu 82 % Hindus sind.

gesprochen wird. Die Sprache war auch der Grund, warum der indische Teil des Punjab 1966 noch einmal geteilt wurde. Führer der Sikh-Gemeinschaft hatten sich schon lange für einen eigenen Sikh-Staat eingesetzt, wurden aber von einem Passus der indischen Verfassung gehindert, der verbietet, die Grenzen von Bundesstaaten nach religiösen Grenzlinien zu ziehen. Nachdem man aber erkannt hatte, dass Sprachgrenzen sehr wohl als Grundlage dienen konnten, setzten die Sikhs durch, den Punjab in einen punjabi- und einen hindisprachigen Teil zu trennen. So entstanden die neuen Staaten Punjab (zu 92 % punjabisprachig), Haryana und Himachal Pradesh (vorwiegend hindisprachig). Im indischen Bundestaat Punjab leben Sikhs und Hindus, während in Haryana die Hindus klar überwiegen.

Die weiten, offenen Ebenen des Punjab waren schon immer das Einfallstor für Eroberer aus dem Nordwesten. Gleichzeitig war die Region selbst ein begehrtes Eroberungsziel: Sie gehört zu den fruchtbarsten Landstrichen der Welt, mit Wasser im Überfluss aus den zahllosen Flüssen, die aus dem Gebirge kommen. Allein aus dem indischen Punjab kommen 2 % der gesamten Weltproduktion an Weizen und Baumwolle.

Doch ist es vor allem die Kultur der geselligen, fleißigen Menschen des Punjab, die den Charakter des Landes am stärksten prägen. Der Einfluss ihrer Musik, Traditionen und Küche ist insbesondere in Delhi groß, denn geografisch gesehen ist diese Stadt eigentlich Teil der Region. Die Zahl der Punjabis ist relativ gering, sie machen nur 2 % der indischen Gesamtbevölkerung aus.

Zwar spielt die Landwirtschaft immer noch eine bedeutende Rolle, doch daneben stieg Haryana auch zu einem Industriemotor Indiens auf: Die Hälfte aller im Land produzierten Autos und Motorräder stammt von hier. Gurgaon, eine nach dem Vorbild von Singapur gestaltete Vorstadt in Süden Delhis, hat sich zu einem wichtigen Zentrum der IT-Branche entwickelt. Zwar besitzt Haryana eine eigene kulturelle Tradition, bezieht sich heute aber kulturell immer mehr auf Delhi, die zunehmend moderne Hauptstadt, die es zum größten Teil umschließt.

Trotz der unterschiedlichen Sprachen, aufgrund derer die Staaten 1966 getrennt wurden, sind sich die Bewohner des Punjab und Haryanas sehr ähnlich. Bewohner des restlichen Indiens machen gern Witze über sie und halten sie für einfältig und streitbar. Das scheint ihrem Erfolg jedoch keinen Abbruch zu tun: Als Händler und Unternehmer sind sie sehr aktiv.

Sowohl der Punjab als auch Haryana sind überaus geschichtsträchtige Länder, aber leider nagt erkennbar der Zahn der Zeit an ihren historischen Bauten. Für Touristen gibt es zwar ausreichend Infrastruktur, aber nicht sehr viele Sehenswürdigkeiten. In der Regel besucht man die Region eher auf der Durchreise in einen anderen Landesteil. Doch keine Regel ohne Ausnahme: Der Goldene Tempel in Amritsar ist zweifellos eine der größten Attraktionen Indiens, von vielen sogar noch höher geschätzt als das Taj Mahal. Zwar erreicht er nicht die architektonische Perfektion des Taj, ist jedoch ein Ort lebendigen Glaubens und bezaubert mit einzigartiger Atmosphäre.

Geschichtsträchtige Orte

Der Bundesstaat Haryana besitzt mehrere Sehenswürdigkeiten aus der Mogulzeit, darunter die beliebten **Pinjore-Gärten** am Fuß des Shivalik-Gebirges, 20 km nördlich der Hauptstadt Chandigarh an der Straße nach Shimla. Innerhalb der Mogulfestung liegen reizende Gärten mit Brunnen und Kaskaden sowie Panoramablick auf die Berge, entworfen im 17. Jh. vom Nawab Fadai Khan, dem Ziehbruder des Mogulkaisers Aurangzeb.

Unweit von Delhi steht der **Suraj Kund,** ein hinduistischer Sonnentempel aus dem 8. Jh. Im Februar findet hier eine große Kunsthandwerksmesse (*mela*) statt. Hinter dem Tempel erstreckt sich der **Badkhal-See;** das Rasthaus bietet einen herrlichen Blick über seine Wasserfläche.

Der Punjab und Haryana sind die Wiege der indischen Kultur: Die ältesten Funde sind Werkzeuge aus Quarzit, die vor rund 300 000 Jahren entstanden. Ackergeräte aus Kupfer und Bronze belegen, dass 2500 v. Chr. in diesen Gegenden Gemeinschaften von Bauern zum Teil in stadtähnlichen Siedlungen

Aufgrund des gut ausgebauten und meist verlässlichen Eisenbahnnetzes kommt man als Reisender relativ schnell im ganzen Land herum

Unten: Die Mündung der Yamuna in den Ganges bei Allahabad ist ein heiliger Ort

Betende im Dwarkadish Tempel, Mathura

gelebt haben. Spätere Ausgrabungen haben ganze Städte aus dieser Zeit zutage gefördert. Hier fand die große Schlacht des *Mahabharata* statt, die für die Inder den Beginn ihrer Geschichte darstellt.

Später drangen Griechen, Türken, Mongolen, Perser und Afghanen in die Region ein; manch wichtige Schlacht wurde im Punjab ausgefochten. Man hat an vielen Orten Gedenksteine und Mausoleen errichtet für Könige und Befehlshaber, die in diesen Kämpfen fielen. Die bekanntesten stehen in **Panipat** (dort befindet sich auch der Schrein des muslimischen Heiligen Abu Ali Kalander) und **Karnal** in Haryana. Überall in der Landschaft finden sich kleine Festungen wie **Bathinda**, **Faridkot** und **Anandpur Sahib** (siehe S. 156).

In beiden Staaten gibt es an Seen, Sümpfen und Flüssen Wildtierreservate, Touristen werden dort in hübschen Bungalows untergebracht. Haryana Tourism bietet darüber hinaus neuerdings Farm Holidays an, um die Einwohner Delhis wieder an die Freuden des Landlebens zu erinnern.

Die Stadt Le Corbusiers

Der Punjab und Haryana haben neben vielen anderen Dingen vor allem ihre Hauptstadt gemeinsam: **Chandigarh** ❶. Vor der Teilung des Landes wurde der Punjab von Lahore aus regiert. Da diese Stadt Pakistan zugeschlagen wurde, fehlte den indischen Punjabis nun eine Hauptstadt.

Anstatt eine andere Stadt aufzuwerten, wollte man hier ein Symbol der neuen Zeit schaffen. Eine vollständig neue Hauptstadt entstand auf dem Reißbrett. Für die Regierung der neuen Republik war es das ideale Projekt, um den Charakter und das Selbstwertgefühl des neuen unabhängigen Indien zu demonstrieren.

Da beide Staaten, Punjab und Haryana, Anspruch auf die Stadt erheben, wird sie von der Zentralregierung als neutrales Union Territory verwaltet, bis endgültig über ihre Zukunft entschieden ist. Einstweilen residieren hier zwei Gouverneure; in denselben Gebäuden, nur in verschiedenen Stockwerken, sind zwei Staatsverwaltungen und zwei Oberste Gerichtshöfe untergebracht.

TURBANE

Der charakteristische indische Turban wird von Hindus, Muslimen und Sikhs getragen, doch am bekanntesten sind Letztere für diese Kopfbedeckung.

Sikhs, die zeigen wollen, dass sie zum Inneren Kreis, zu Khalsa-Bruderschaft gehören, schneiden ihr Haupthaar nicht und bedecken ihren Haarknoten mit einer kunstvoll gewickelten, ca. 4,5 m langen Stoffbahn. Man findet alle Formen, Farben und Größen. Punjabi-Turbane wirken meistens ordentlich, besonders wenn man sie mit den riesigen, bis zu 7 m langen, locker gewickelten, kunstvoll geflochteten oder gedrehten Turbanen in Rajasthan vergleicht.

Niemals darf einem Mann der Turban vom Kopf gerissen werden – das wäre ein massiver Angriff. Seinen Turban abzunehmen und ihn jemandem vor die Füße zu legen gilt als die höchste Form einer Entschuldigung, der Austausch von Turbanen als Zeichen der Freundschaft.

In den heißen Ländern der muslimischen Welt schützen Turbane Männer vor Hitze und Wind, Frauen tragen nur einen langen Schal, den sie sich um den Kopf wickeln. Turbane sind aber auch praktisch einzusetzen: als Kissen, Decke oder Handtuch, ja selbst als Sieb.

Motorradfahrer müssen im Prinzip auch in Indien einen Helm tragen, doch da dies mit Turban unmöglich ist, wurde extra für Sikhs eine Sonderregelung geschaffen: Sie dürfen ohne Helm Motorrad fahren, sofern ihr Turban mindestens 5 m lang ist und dem Kopf damit Schutz bietet. Dazu wird eine Schutzbrille getragen, oft auch ein Staubschutz über dem Turban – Netze für die Bärte sind ebenfalls nicht ungewöhnlich.

Die Idee des Turbans stammt von den Muslimen. Mit den persischen Einwanderern verfeinerte sich der Geschmack an den Mogulhöfen: Turbanbroschen und Federschmuck verliehen dem Träger zugleich Status.

Karte auf Seite 150

Mit seiner schönen Lage unterhalb des Siwalik-Gebirges stellte Chandigarh Mitte des 20. Jhs. eine faszinierende Herausforderung für ehrgeizige Architekten dar. Zunächst erstellten der Amerikaner Albert Mayer und der Pole Matthew Nowicki ein Konzept, doch dann übernahm der in der Schweiz geborene Franzose Le Corbusier das Projekt, unterstützt von seinem Cousin Pierre Jeanneret sowie dem englischen Ehepaar Maxwell Fry und Jane Drew.

Le Corbusier entwarf die meisten wichtigen Gebäude selbst, darunter die **Ministerien** (Secretariat), das **Parlamentsgebäude** (Legislative Assembly) und den **Justizpalast** (High Court). Wer sich für die Details der Stadtplanung interessiert, kann im **City Museum** die Originalpläne und Modelle studieren. Viele der Bauten stehen auf Stelzen, eine Idee, die von etlichen privaten Bauherren der Stadt kopiert wurde.

Le-Corbusier-Pläne liegen auch dem **Goverment Museum and Art Gallery** zugrunde (Di–So 10–16.30 Uhr; Eintritt). Es zeigt eine interessante Sammlung von Gandhara-Skulpturen und schöne Miniaturmalereien.

Chandigarh ist eine sehr grüne Stadt mit zahlreichen blühenden Bäumen. Im ausgedehnten **Rosengarten** wachsen über tausend verschiedene Arten. Der 15 Gehminuten von Zentrum entfernte **Sukhna Lake** mit seiner breiten Promenade ist ein beliebter Ort für abendliche Spaziergänge.

Die eigenartigste und charmanteste Attraktion in Chandigarh ist sicherlich der einzigartige **Rock Garden** von Nek Chand (9–18 Uhr; Eintritt) etwas nördlich des Sukhna Lake. Chand war ein Inspektor im Straßenbauamt, der bald nach seinem Dienstbeginn in Chandigarh 1951 bemerkte, dass auf den zahlreichen Baustellen in der Stadt große Mengen nicht verwendeter Baumaterialien herumlagen. Er beschloss, einen kleinen Garten anzulegen, in dem diese Materialien zu hübschen Skulpturen gestaltet werden sollten. Als Ort fand er eine Höhle in einer ausgewiesenen Grünanlage. Da sein Vorhaben illegal war, konnte er aus Furcht vor Entdeckung nur nachts arbeiten. Erst 18 Jahre später, 1975, entdeckten die Behör-

Das Hero-Honda-Werk in Haryana ist mit einer Jahresproduktion von 1,7 Millionen Stück der weltgrößte Hersteller von Motorrädern.

Unten: Von Le Corbusier entworfene Bauten in Chandigarh

den Chands Garten. Zu dieser Zeit nahm der Garten bereits eine Fläche von fünf Hektar ein und bestand aus mehreren akkurat gestalteten Anlagen, in denen Hunderte Skulpturen von Tieren, Musikanten und Tänzern verteilt waren. Nach geltendem Recht hätten die Beamten nun den Garten zerstören müssen – stattdessen gaben sie Chand 50 Arbeiter, ein Jahresgehalt und den Auftrag, sein Werk zu beenden. Heute umfasst der Garten etwa 16 Hektar, zählt täglich 5000 Besucher und hat weltweit große Anerkennung gefunden.

Die Tempel des Punjab

Die größte Stadt des Punjab ist **Amritsar** ❷ mit dem **Goldenen Tempel,** der heiligsten aller Kultstätten der Sikhs, die lange einen Brennpunkt politischer und religiöser Konflikte darstellte. Heute ist Amritsar geschäftig und voller Leben, aber völlig sicher. Jenseits der alten Stadtmauern unterscheidet es sich in seinem ungebrochenen Wachstum kaum von anderen Städten Indiens, was die Ruhe, die im Tempel selbst herrscht, nur unterstreicht.

1984 wurde der Tempel in einer Aktion mit dem Codenamen Blue Star von Regierungstruppen gestürmt – aus der Sicht heutiger Beobachter einer der schlimmsten Sündenfälle der indischen Armee. Als Reaktion auf die zunehmende Gewalt zwischen Sikhs und Hindus hatten militante Sikhs den Goldenen Tempel zu ihrem Hauptquartier gemacht und zu einer Festung ausgebaut. Mitte 1984 hatten die Militanten das Recht mehr oder weniger in die eigenen Hände genommen, woraufhin die damalige Ministerpräsidentin Indira Gandhi eine Militärintervention anordnete.

Die indische Armee hatte eine Übernahme im Handstreich geplant, die Feuerkraft der mit Maschinengewehren und Raketenwerfern bewaffneten Sikhs jedoch weit unterschätzt. Drei Tage heftigster Kämpfe und der Einsatz von 20 Panzern waren schließlich nötig, um den Tempel unter Kontrolle zu bringen. Offiziell lag die Zahl der Opfer bei 493, doch die meisten Augenzeugen berichteten von Tausenden von Toten, in der Mehrzahl unbeteiligte Pilger. Der blutige Zwischenfall hatte

TIPP

Besucher sind im **Goldenen Tempel** willkommen, müssen jedoch die kulturellen Traditionen der Sikhs respektieren. Schuhe und Socken werden in der Garderobe am Eingang abgelegt (kostenfrei), die Füße sollten gewaschen werden. Am Eingang werden Tücher bereitgehalten, mit denen man seinen Kopf bedecken muss. In der Nähe des Eingangs gibt es ein Informationsbüro (meist 7–20 Uhr geöffnet).

Unten: Chandigarhs große Attraktion, der Rock Garden von Nek Chand

REISEVERBINDUNGEN

Punjab und Haryana: Amritsar hat einen internationalen Flughafen, von Chandigarh aus gibt es Inlandsflüge nach Delhi. Die Zugverbindungen in beiden Staaten sind sehr gut, der Shatabdi-Express verbindet sowohl Chandigarh als auch Amritsar mit Delhi. Busse braucht man hauptsächlich für lokale Strecken.

Uttar Pradesh: Linienflüge von Delhi nach Agra, Lucknow, Allahabad und Varanasi. Das Zugnetz ist sehr engmaschig, sodass Touristen normalerweise keine Busse benutzen müssen.

Bihar: Patna hat regelmäßige Flugverbindungen nach Delhi und Kolkata; von Gaya kann man auch nach Thailand und Sri Lanka fliegen. Per Zug sind beide Städte untereinander sowie mit Delhi und Kolkata verbunden; innerhalb Bihars reist man meist mit dem Bus. Für die Weiterfahrt nach Nepal siehe Tipp S. 172.

weitreichende Folgen: Indira Gandhi wurde noch im selben Jahr von ihren Sikh-Leibwächtern ermordet, ein schreckliches Pogrom an Sikhs in der Hauptstadt folgte.

Amritsar wurde 1577 von Guru Ram Das, dem vierten der zehn Sikh-Gurus, gegründet. Sein Sohn Arjun, der fünfte Guru, ließ inmitten eines Sees, den er zum heiligen Wasser erklärte, einen Tempel errichten und legte darin die heilige Schrift der Sikhs, den Granth Sahib, nieder. Die Stadt nahm den Namen des heiligen Teichs an: *amrita* (Nektar) – *saras* (Teich). 1803 ließ Maharaja Ranjit Singh (1780–1839) den Tempel in Marmor und Gold neu errichten. Allein für die Vergoldung der Kuppel benötigte man 400 kg Blattgold – Grund für seinen heutigen Namen. Die Sikhs selbst nennen den Tempel *Harimandir* (Gottestempel) oder *Darbar Sahib* (Hof des Herrn).

Heute ist der Goldene Tempel ein Ort des Friedens, obwohl (vielleicht aber auch weil) er mit fast militärischer Effizienz geführt wird. Wer ihn besuchen will, muss die Schuhe ausziehen und eine Kopfbedeckung tragen.

In der Anlage gibt es zahlreiche auch historisch bedeutsame Kultstätten, vor allem den **Akal Takht,** den Thron des zeitlosen Gottes, in dem Waffen und Gewänder kriegerischer Führer der Sikhs zu besichtigen sind, sowie den achtstöckigen **Baba-Atal-Turm.** Sehenswert ist auch die Tempelküche, die alle Besucher kostenlos verköstigt. Als Gegenleistung wird Mithilfe bei der Zubereitung oder beim Geschirrspülen erwartet. Die Chapatti Factory sollte man nicht versäumen. Oberhalb des Haupteingangs gibt es auch ein Museum, das aber nichts für zarte Gemüter ist. Es dokumentiert die Kämpfe der Sikhs über die Jahrhunderte. Neben einer Reihe interessanter Gemälde zeigt es auch Fotografien aus neuerer Zeit; einige Aufnahmen von Sikh-Märtyrern (vorher – nachher), sind ausgesprochen blutrünstig.

Neben dem Goldenen Tempel befinden sich der hinduistische **Durgiana-Tempel** aus dem 16. Jh. und der **Jallianwala Bagh.** Er war Schauplatz des Massakers vom 13. April 1919, als General Dyer in die unbewaffnete Menge feuern ließ und 300 Menschen getötet

Bei Nacht bietet der Goldene Tempel einen besonders zauberhaften Anblick

Unten: Der Goldene Tempel in Amritsar

wurden. Ein Denkmal im Garten, das zur Pilgerstätte wurde, erinnert an dieses schreckliche Ereignis. Amritsar ist darüber hinaus ein wichtiges Industrie- und Handelszentrum, das außerhalb des Tempelbereichs einen hektischen, überfüllten Eindruck macht.

Mark Twain könnte Varanasi gemeint haben, als er über Indien schrieb: »Das einzige Land, das alle Menschen sehen wollen, und wenn sie es gesehen, nur einen kurzen Blick darauf geworfen haben, möchten sie diesen Blick nicht mehr eintauschen gegen alles, was die ganze Welt sonst noch zu bieten hat.«

Weitere Tempel

In den Ausläufern des Himalaya, nahe dem Sutlej-Fluss im Nordosten des Bundesstaats, liegt **Anandpur Sahib**, wo im Jahr 1699 der letzte Sikh-Guru Govind Singh die ersten fünf Mitglieder in seine militante Khalsa-Bruderschaft (Die Reinen) aufnahm. Neben mehreren Tempeln ist auch die Festung **Kesgarh** in der Ebene westlich von Chandigarh sehenswert.

Eine große Anlage mit mehreren Tempeln, Palästen und Festungen besitzt **Sirhind** bei Patiala, einst die Hauptstadt eines der zahlreichen Königreiche innerhalb Britisch-Indiens. Dort lohnt der Spiegelpalast (Shish Mahal) einen Besuch.

Die Industriestadt **Ludhiana** 125 km westlich von Chandigarh, die auch den Beinahmen Manchester Indiens trägt, ist bekannt für die Herstellung von Textilien, ansonsten aber nicht weiter sehenswert.

Grenzrituale

30 km westlich von Amritsar, auf halbem Weg ins pakistanische Lahore, liegt der Grenzübergang zu Pakistan in einem Dorf namens Wagah (die indischen Behörden pochen mittlerweile darauf, dass der Grenzübergang Attari heißt, da Wagah auf pakistanischer Seite liegt). Jeden Tag bei Sonnenuntergang wird hier mit einer hochritualisierten Zeremonie die Grenze geschlossen – ein Schauspiel, das man sich nicht entgehen lassen sollte. Soldaten beider Armeen vollführen eine bizarre Choreografie, dann werden die Nationalflaggen eingeholt und die Tore mit lautem Knall geschlossen; währenddessen werden die zahlreichen Zuschauer beidseits der Grenze animiert, jeweils patriotische Parolen zu rufen.

Berühmte Schlachtfelder

Haryana hat nur wenige Sehenswürdigkeiten von touristischem Interesse, obwohl hier die Wiege der Inder liegt

Unten: Die indisch-pakistanische Grenze bei Wagah/Attari

Hier war der Schauplatz des *Mahabharata*. In **Kurukshetra ❸**, unweit von Panipat an der Bahnlinie Delhi–Chandigarh, fand die berühmte Schlacht zwischen den beiden Kriegergeschlechtern der Kuru und der Pandava statt. In dem langen epischen Gedicht, das zu einer der ganz großen Schöpfungen der indischen Kultur gehört, ist die berühmte *Bhagavad Gita* (Gesang des Erhabenen) eingearbeitet. Krishna belehrt den Helden Arjuna über das richtige moralische Handeln, über das richtige Tun ohne Blick auf die Folgen. Dies ist bis heute ein äußerst wichtiger Text für den Hinduismus und sehr lesenswert. Zum Ort seiner Entstehung kommen viele Besucher. Kurukshetra besitzt zahlreiche Tempel und Wasserbecken, zu denen die Pilger herbeiströmen, um ihr rituelles Bad zu nehmen. Zur Mondfinsternis versammeln sich hier viele heilige Männer *(sadhus)*.

Im Gurgaon District südwestlich von Delhi wurde 1971 das **Sultanpur Bird Sanctuary** an einem nur jahreszeitlich wasserführenden See *(jhil)* ausgewiesen. Hier kann man in den Wintermonaten viele Vogelarten bewundern, etwa Wiedehopf, Schneesichler *(white ibis)* und Störche, ferner Nilgauantilopen und Hirschziegenantilopen *(blackbuck)*.

Uttar Pradesh

Mit seinen beinahe 200 Millionen Einwohnern wäre Uttar Pradesh das Land mit der fünftgrößten Bevölkerung der Welt, wenn es ein unabhängiger Staat wäre. So ist es das Kernland der größten Demokratie der Welt. Trotz seiner gut entwickelten Industrie ist es immer noch stark landwirtschaftlich geprägt; zu den wichtigsten Feldfrüchten gehören Weizen, Mais, Reis und Zuckerrohr. Der nördliche Staat (so die Bedeutung des Namens) besteht aus zwei Großregionen. Erstreckt sich der nördliche Teil über die fruchtbare Schwemmlandebene des Ganges und seiner Nebenflüsse, so bilden die Hügel der Vindhya-Kette und der nördliche Teil des Dekkan-Plateaus den Süden. Weltruf genießt das Taj Mahal in Agra, doch wichtiger sind für gläubige Hindus viele Pilgerstätten am Ganges, der durch die heiligen Städte Allahabad und Varanasi fließt. Buddhisten wallfahrten nach Sarnath, wo der Buddha seine erste Predigt hielt.

15 % der Bevölkerung sind Muslime, was auch an der Zahl der Moscheen und Sufi-Heiligtümer sichtbar wird. Einige der bedeutendsten islamischen Hochschulen liegen in Uttar Pradesh.

Agra, die Kaiserstadt ❹

Das 204 km südöstlich von Delhi gelegen Agra ist mit dem Taj Mahal eine der Hauptsehenswürdigkeiten Indiens. Besucher müssen sich jedoch auf Gedränge und Lärm einstellen, was eine recht anstrengende Erfahrung sein kann. In den Wintermonaten herrscht zudem oft Smog in der Stadt. Für alle, die sich vor Menschenmengen und Hektik nicht scheuen, hält Agra mehr bereit als nur das berühmte Mausoleum: Die Festung und andere Monumente demonstrieren ebenfalls auf

Imbissstand in Lucknow im Süden von Uttar Pradesh

Unten: Vishram Ghats, Mathura

Erlesene Intarsien aus farbigen Steinen in weißem Marmor im Itimad-ud-Daula, Agra

großartige Weise Macht und Reichtum der Moguln. Die Altstadt wirkt noch immer mittelalterlich mit ihren engen Gassen und bunten Geschäften, wo lokales Kunsthandwerk verkauft wird

Größe erlangte die Stadt unter den Moguln, insbesondere unter Akbar (1556–1605), Jahangir (1605–1627) und Shahjahan (1628–1658). Das heutige Agra ist allerdings weitaus weniger erhaben, als die glorreiche Vergangenheit vermuten ließe. Aus naheliegenden Gründen musste man sich nie anstrengen, um Besucher hierherzulocken, und gab sich daher auch kaum Mühe, die Attraktivität der Stadt zu steigern. Das hat leider auch auf jene Einheimischen abgefärbt, die häufig mit Besuchern zu tun haben. Rikschafahrer, Verkäufer etc. scheinen mehrheiltich der Meinung zu sein, dass sie ihre Kunden behandeln können, wie sie wollen – morgen kommen ja wieder neue.

Vielleicht ist das mit ein Grund, warum viele Touristen Agra nur als Tagesausflug besichtigen und lieber anderswo übernachten – selbst von Delhi aus ist man in zwei Stunden mit dem Expresszug dort und kann abends wieder zurückfahren. Die Hauptsehenswürdigkeiten kann man auf so ohne Weiteres bewältigen, doch sollte man bedenken, dass der schimmernde Marmor des Taj Mahal im frühen Morgenlicht am eindrucksvollsten wirkt.

Agra Fort

Hervorragend ist die Architektur der Festung an der Yamuna in ihrer innovativen Verschmelzung von hinduistischer und islamischer Architektur. Besonders schön ist der **Jahangiri Mahal** mit seinen Lotoskonsolen und Papageienreliefs, wahrscheinlich aus der Zeit Akbars. Die feinen Marmorbauten dagegen bezeugen einen Spätmogulstil aus der Zeit Shahjahans. Wunderbar sind die Einlegearbeiten im achteckigen Turm **Muthaman Burj**, in dem der gefangen gehaltene alte Shahjahan der Legende nach gesessen und sehnsüchtig auf das Taj Mahal gegenüber geschaut haben soll. (Geöffnet 6–16 Uhr, eine sehr teure Eintrittkarte für alle UNESCO-Weltkulturerbe-Monumente, das Agra Fort, Itimad-ud-Daula, das Taj Mahal, Akbars Mausoleum und Fatehpur Sikri, muss an einem der Mo-

Unten: Fatehpur Sikri
Unten rechts: Fenster im Itimad-ud-Daula

numente gelöst und an den übrigen abgestempelt werden. Andernfalls muss man für jedes Monument separat Eintritt bezahlen.)

Itimad-ud-Daula

Das kleine Grabmal auf der anderen Seite des Flusses ist ein Schmuckstück aus weißem Marmor mit Einlegearbeiten aus vielfarbigen Steinen.

Jahangirs Gemahlin Nurjahan ließ es 1622–1628 zu Ehren ihres Vaters, Minister am Kaiserhof, errichten (Sonnenauf- bis Sonnenuntergang; Eintritt). Es zeigt einen deutlich persischen Einfluss, Nurjahan stammte selbst aus Persien. Die Einlegearbeiten bilden nach, was an anderen Bauten gemalt oder stuckiert ist, eine großartige Innovation, die dann am Taj Mahal ihre Vollendung fand.

Am Ostufer der Yamuna liegen auch das **Chini ka Rauza**, das Grab des Afzal Khan, eines Höflings unter Jahangir und Shahjahan, sowie die Gärten **Aram Bagh**, die wohl schon der Eroberer Babur hatte anlegen lassen (beide von Sonnenauf- bis Sonnenuntergang geöffnet).

Das Taj Mahal

Das berühmte Grabmal (6–19.30 Uhr; Fr geschlossen; der Eintritt gilt auch für die anderen UNESCO-Monumente) bezaubert in Sichtweite der Festung Agra oberhalb einer Biegung des Flusses. Shahjahan ließ es für seine geliebte Frau Mumtaz Mahal errichten. Sie war die engste Vertraute ihres Mannes, begleitete ihn auf alle Feldzüge und schenkte ihm 13 Kinder. 1631 starb sie bei der Geburt des 14. Kindes. Shahjahan suchte im Bau des Taj Mahal Trost. Später stürzte ihn sein Sohn Aurangzeb und hielt ihn bis zu seinem Tod im Fort von Agra gefangen.

Mehr zum Taj Mahal auf S. 160–161.

Fatehpur Sikri ❺

Die wichtigsten Bereiche der 35 km südwestlich von Agra gelegenen und bemerkenswert gut erhaltenen Hauptstadt des Kaisers Akbar, **Fatehpur Sikri** (Sonnenauf- bis Sonnenuntergang; Eintritt), sind der Palast und die Moschee Jama Masjid mit der Grabstätte des Sufi-Heiligen Shaikh Salim Chishti befindet. Akbar soll Chishti hier aufgesucht haben, da er sich um die Geburt

Das Königstor, einer der Eingänge zur Jama Masjid in Fatehpur Sikri. Wie die meisten Gebäude des Komplexes ist es aus einem bestimmten rosa Sandstein errichtet

Unten: Kolonnaden im Mogulstil in der Festung von Agra

Taj Mahal

Indiens berühmtester Bau wird in den höchsten Tönen gelobt – und das aus gutem Grund.

Das Taj Mahal stellt in seiner Perfektion den Glanzpunkt der Mogularchitektur dar. Seine Proportionen sind verblüffend einfach: Die Höhe entspricht der Breite seines Sockels, die Höhe der Fassade entspricht der Höhe der Doppelkuppel. Die Planung des zwischen 1631 und 1648 unter Shahjahan als Grabmal für seine geliebte Frau Mumtaz Mahal errichteten Bauwerks war von Humayuns Grab in Delhi inspiriert. Weißer Marmor, der aus dem 300 km entfernten Makrana in Rajasthan herbeigeschafft wurde, beeindruckt ebenso wie die floralen Dekorationen, die arabischen Kalligrafien aus geschwungenem schwarzem Marmor und die zierlich gemeißelten marmornen Abschirmungen der Innenkammer. Vollendete Perfektion verleihen dem Grabmal auch die vier rund 42 m hohen Minarette, die sich auf einer oktogonalen Basis erheben und mit kunstvollem Schmuck verziert sind. Im Westen wird das Bauwerk von einer Moschee, im Osten symmetrisch von einer Replik derselben flankiert.

Der Überlieferung zufolge soll Shahjahan den Bau eines Duplikats aus schwarzem Marmor für sich selbst geplant haben, doch das blieb ein Traum. Er wurde im Taj Mahal an der Seite seiner Gemahlin beigesetzt. Der weiße Marmor changiert im Licht – am schönsten wirkt das Bauwerk bei Sonnenaufgang. Besuchen Sie es am frühen Morgen, um den Massen und der Hitze zu entgehen, oder nachts bei Vollmond. ■

Links: Shahjahan (1592 bis 1666) mit seiner Frau Arjumand Banu Begum Mumtaz Mahal (gest. 1631). Das Taj Mahal, Mumtaz Mahals Grabmal, wurde in Sichtweite von Shahjahans Palast im Fort Agra erbaut

Oben: Ein gewaltiger Kragbogen – eine islamische Innovation – überwölbt den Haupteingang des Mausoleums. Für den Bau des Taj Mahal wurden angeblich 20 000 Arbeiter benötigt

Ein Korridor, der nicht verbindet

Ein Beispiel für die erschreckende Ignoranz der Regierung von Uttar Pradesh zeigte sich am Fall des Taj Heritage Corridor. Aus kommerziellen Gründen wollte man eine geschlossene Verbindung vom Taj Mahal zum Agra Fort schaffen, gesäumt von Läden, Vergnügungslokalen und Restaurants. Dazu sollte das Bett der Yamuna auf 2 km zugeschüttet und bebaut werden, was den Verlauf des Flusses stark verändert und nach Ansicht einiger Experten die Fundamente des Taj bedroht hätte.

Der Bau wurde zunächst genehmigt und hatte bereits begonnen, bevor man sich besann. Als die UNESCO drohte, den Welterbe-Status zu überprüfen, schritt der Kulturminister ein. Es zeigte sich, dass die Pläne von keiner relevanten offiziellen Stelle genehmigt worden waren. Man versuchte in der Folge, die Ministerpräsidentin von Uttar Pradesh für Ihre Rolle bei dem Projekt – und für das Verschwinden von 42 Mio. US-Dollar Erschließungskosten – zur Rechenschaft zu ziehen, doch die Prozesse verliefen 2007 im Sand. Am Flussufer stehen nun noch an einigen Stellen Überreste des Korridors und harren darauf, irgendwann entfernt zu werden.

Ganz oben: Die Gärten des Taj Mahal müssen früher ungleich üppiger gewesen sein als heute. Für Muslime symbolisieren wasserreiche Gärten das Paradies
Oben: Bei der Ausstattung wurde an nichts gespart. Es heißt, dass für die Arbeit an den Marmorintarsien italienische Handwerker engagiert wurden
Unten: Das meistfotografierte Motiv Indiens

Oben: Blick auf den Yamuna-Fluss im Sonnenuntergang
Rechts: Die Sorgfalt im Detail, die beim Bau des Taj Mahal herrschte, erkennt man auch daran, dass die vier Minarette etwas nach außen geneigt sind, um bei einem Erdbeben nicht nach innen auf das Mausoleum zu stürzen

Vishram Ghat am Yamuna-Fluss in Mathura. Hier soll Krishna geboren worden sein

eines Erben sorgte. Der Heilige prophezeite ihm drei Söhne, und als diese geboren wurden, machte Akbar Fatehpur Sikri zu seiner Hauptstadt.

Fatehpur, die Stadt des Sieges, ist aus rotem Sandstein erbaut. Sie war nur 14 Jahre bewohnt, bevor Akbar seine Hauptstadt aus strategischen Erwägungen nach Lahore verlegte. Zu den schönsten Bauwerken zählen Diwan-e Khas, wo Akbar seine Privataudienzen abhielt und mit Besuchern aus aller Welt diskutierte, die zum Teil bemalten oder fein ziselierten Häuser des Frauenbereichs sowie die Jama Masjid.

Akbar entwarf auch seine eigene letzte Ruhestätte: das vierstöckige Mausoleum von **Sikandra** 12 km nordwestlich von Agra (Sonnenauf- bis Sonnenuntergang; Eintritt).

Mathura ❻

Geburtsort und Heimat des Gottes Krishna, der ursprünglich wahrscheinlich ein Volksheld gewesen ist, soll nach gängiger Auffassung das Gebiet um die Stadt **Mathura** gewesen sein, die als **Braj** bekannt ist. Für die Hindus ist der Gott eine Inkarnation Vishnus. Geboren, um einen bösen König zu vernichten, wuchs er den heiligen Texten zufolge unerkannt unter Kuhhirten auf, für die er schon im Kindesalter Wunder vollbrachte, mit denen er aber auch seinen Schabernack trieb. Alle *gopi* (Hirtenmädchen) waren in ihn verliebt. Sie repräsentieren die menschlichen Seelen in ihrer Liebe zu Gott. Bevor er seine Aufgabe erfüllte, zog er mit den Helden des *Mahabharata* in die große Schlacht. Seine Lehrrede an Arjuna *(Bhagavad Gita)* ist einer der wichtigsten hinduistischen Texte.

Heute ist Mathura eine Industriestadt, die man vor allem mit Ölraffinerien in Verbindung bringt. Jedoch besuchen viele Pilger die Ghats am Ufer der Yamuna und den **Dwarkadish-Schrein** am belebten Marktplatz. Mathura war ehemals auch ein blühendes Zentrum des Buddhismus und Jainismus, heute zieht es insbesondere Anhänger der Hare-Krishna-Bewegung aus aller Welt hierher. Das **Museum** zeigt eine hervorragende Sammlung antiker Plastiken (Juli–April 10.30 bis 16.30 Uhr, Mai–Juni 7.30–12.30 Uhr, Mo geschlossen).

Unten: Vishnu-Tempel in Vrindavan

In der näheren Umgebung, etwa in **Vrindavan** (10 km nördlich von Mathura) befinden sich zahlreiche Vishnu-Heiligtümer: **Govind-dev** (1590); **Jugal Kishore, Radha-Vallabh** und **Madan-Mohan** (17. Jh.); **Rangjis** und **Shahjis Tempel** (19. Jh.), der **Biharji-Schrein** und der **Tempel des Pagal Baba.**

Der Süden Uttar Pradeshs

Das Grenzgebiet zu Madhya Pradesh lässt sich am besten vom 188 km südlich von Agra gelegenen **Jhansi** ❼ aus erkunden. Das Stadtbild wird von der imposanten Bergfestung (Sonnenauf- bis Sonnenuntergang) dominiert, von der aus die Maharani von Jhansi, eine Heldin des Sepoy-Aufstands von 1857, ihre Aktionen koordinierte. Ein **Museum** dokumentiert die Geschichte der Gegend, vor allem aus der Zeit vor den Briten (10.30–16.30, April–Juni 7.30 bis 12.30 Uhr, Mo geschlossen).

Von Jhansi aus kann man in drei Stunden nach **Khajuraho** (in Madhya Pradesh) fahren, das für seine 1000 Jahre alten, mit hervorragenden, u.a. erotischen, Darstellungen verzierten Tempel bekannt ist (siehe S. 278–279), eine atemberaubende Gruppe von mittelalterlichen Tempeln, die zu Recht UNESCO-Weltkulturerbe sind. Das Pilgerzentrum **Chitrakut**, 235 km östlich von Jhansi, wirkt mit seinen Ghats am Ufer des schmalen Mandakani-Flusses wie ein kleines Varanasi.

Zentrales und östliches Uttar Pradesh

Auf dem Weg von Delhi nach Lucknow, der 446 km östlich gelegenen Hauptstadt des Bundesstaats, lohnt ein Stopp in **Aligarh**, wo Sir Syed Ahmad Khan 1975 die Aligarh Muslim University gründete, um Indiens Muslimen eine moderne wissenschaftliche Ausbildung zu ermöglichen.

Kanpur ❽, die führende Industriestadt des Bundesstaats, liegt 70 km südlich von Lucknow am Ganges. Als die britische Garnison – in der sich mit Frauen und Kindern 400 Menschen aufhielten – während des Sepoy-Aufstands von 1857 von indischen Truppen belagert wurde, nahm sie angesichts des drohenden Hungertodes ein Angebot des freien Abzugs an. Als die Briten aber den Fluss überqueren wollten, wurden sie niedergemetzelt. In der **All Souls' Memorial Church** (1875) sind die Namen der Getöteten verzeichnet.

Lucknow ❾

Die Hauptstadt des Bundesstaats erstreckt sich an den Ufern der Gomati, die in den Ganges mündet. Früher war Lucknow für seine Gärten bekannt, von denen etliche jedoch mittlerweile Büros, Einkaufszentren und Wohnsiedlungen weichen mussten. Das Stadtbild bietet eine interessante Mischung aus moderner Bauweise und einigen der elegantesten Beispielen indosarazenischer Architektur des Landes. Viele Ämter der Stadtverwaltung, die anderswo in Betonklötzen untergebracht sind, residieren in diesen Palästen.

Hazratganj

Der Name der Hauptstraße bedeutet Markt der feinen Leute und deutet auf

»

Nach dem Tod des Raja von Jhansi übernahm seine Witwe Rani Lakshmibai die Herrschaft. Sie wurde von den Briten abgesetzt, die das Privileg beanspruchten, jedes Reich Indiens zu übernehmen, das keinen männlichen Thronerben hatte. Während des Aufstands von 1857 kehrte Lakshmibai zurück, die Briten wurden zunächst geschlagen. Später musste die Rani nach Gwalior fliehen und fiel im Kampf. Vielen gilt sie als Freiheitsheldin.

EINE DALIT AN DER SPITZE

Die derzeitige Ministerpräsidentin von Uttar Pradesh, Mayawati Kumari, war die Erste aus der Kaste der Dalit, der sogenannten Unberührbaren, die Oberhaupt eines indischen Bundesstaats wurde. Als sie 1995 zum ersten Mal gewählt wurde, war sie mit 39 Jahren jünger als alle Vorgänger und Amtskollegen bisher.

Ihre politische Kariere verlief turbulent. Anfangs rief sie noch die Dalits dazu auf, Angehörige der oberen Kasten viermal mit einem Schuh zu schlagen (eine furchtbare Beleidigung). Heute hat sich ihre Rhetorik etwas gemäßigt, in die Schlagzeilen kommt sie jedoch häufig. Korruptionsvorwürfe verfolgen sie hartnäckig, befeuert durch üppigen Grundbesitz und Auftritte in der Öffentlichkeit, bei denen sie sich mit teurem Diamantschmuck zeigt. Bescheidenheit war nie ihre Stärke – als einzige Ministerpräsidentin hat sie bereits eine Statue ihrer selbst aufstellen lassen und eigenhändig enthüllt.

In der Residency von Lucknow wurden die Briten 1857 monatelang belagert

einen populären Zeitvertreib hin: bummeln und zwischendurch etwas essen. Am einen Ende des Hazratganj ragen die Kuppeln von **State Legislative Assembly** und **Governor's House** auf, die unter britischer Herrschaft entstanden. Das andere Ende führt zu den Ruinen der **Residency** (10–16.30 Uhr), in der die Briten 1857 87 Tage lang belagert wurden. Das in einem wunderschönen Garten gelegene Gebäude wurde in ein Museum umgewandelt, in dem man sich einen guten Eindruck von den Bedingungen während des Aufstands verschaffen kann (8–17 Uhr; Eintritt).

Die Imambaras

Nicht allzu weit entfernt befinden sich einige Monumente aus Lucknows Zeit als Hauptstadt der Mogulprovinz Avadh (Oudh). Mit dem Machtverfall der Moguln erlangten die Herrscher Avadhs größere Unabhängigkeit, und im 18. Jahrhundert gründeten sie eine eigene Dynastie. Die Nawabs von Avadh waren schiitische Muslime, die Muharram, dem Trauermonat zum Angedenken an die Ermordung von Muhammeds Enkel Imam Hassan, große Bedeutung einräumten. Viele der erhaltenen historischen Bauwerke sind *imambaras* (Häuser des Imam), in denen während des Muharram Gedichte zur Erinnerung an den Imam und seine Mitmärtyrer rezitiert werden.

Der Hof von Lucknow zog Gelehrte, Handwerker, Maler, Dichter, Musiker und Tänzer an. Zu den eindrucksvollsten Bauwerken der Nawab gehören die Kuppelgräber im **Begum Hazrat Mahal Park**, der *imambara* des Shah Najaf und der großartige **Bara Imambara** mit einem der größten überwölbten Räume der Welt (tgl. 8.30–18 Uhr, im Muharram geschl.; der Eintritt gilt auch für den Husainabad Imambara). Er wurde 1784 während einer Hungersnot in Auftrag gegeben, und die Arbeiter wurden mit Lebensmitteln bezahlt. Die Akustik in der 50 m langen, freitragenden Halle ist faszinierend. Über der Halle befindet sich ein Labyrinth (*bulbhulaiya*). Viele der bunten Glaskerzenschirme sind zerstört, doch die im **Husainabad Imambara** blieben erhalten. Hier spiegeln sich in einem sorgfältig geplanten Park zwei Pavillons

Unten: Belebte Straße in Mathura
Unten rechts: Der Bara Imambara in Lucknow

wie Miniaturausgaben des Taj Mahal in den künstlichen Teichen.

La Martinière

Zu den extravagantesten Bauwerken aber gehört die Schule am Ufer der Gomati. Sie wurde von dem französischen Abenteurer Claude Martin errichtet, der auch hier beigesetzt wurde.

Die Altstadt

Unvollständig bleibt eine Reise nach Lucknow ohne den Besuch der Altstadt und einen Spaziergang durch die Gassen, in denen die berühmten Chikan-Stickereien, ein Vermächtnis der Nawabs, verkauft werden. Das **State Museum** zeigt Statuen und Friese aus dem 1. bis 11. Jh., seltene Münzen sowie eine ägyptische Mumie (10.30 bis 16.30 Uhr, Mo geschl.).

Dudhwa National Park ⑩

Die einzigen Orte in Indien, an denen noch frei lebende Nashörner zu sehen sind, sind Assam und dieser 1977 gegründete Nationalpark. Er ist weiter von Delhi entfernt als der Corbett National Park (siehe S. 180) und wurde deshalb in gemächlicherem Tempo ausgebaut, bietet heute aber ein grandioses Naturerlebnis – am besten vom Rücken eines Elefanten aus, den man dort mieten kann. Die ideale Zeit für einen Besuch ist von Februar bis April; vom 15. Juni bis zum 15. November bleibt der Park geschlossen.

Faizabad ⑪

Zeitweilig Hauptstadt von Avadh, zeigt auch Faizabad den Einfluss der Nawabs. Zu den sehenswerten Monumenten der Stadt (150 km östl. von Lucknow) gehören das **Grabmal der Bahu Begum** sowie **Gulab Bari,** das Mausoleum von Shuja-ud-Daula, einem der ersten Herrscher Avadhs.

Ayodhya

Die Tempelstadt liegt 6 km östlich von Faizabad an den Ufern der Ghaghara. Für Hindus ist sie Geburtsort und Hauptstadt Ramas, der eine Inkarnation Vishnus und Held des großen Epos *Ramayana* ist. Die Verehrung Ramas wurde besonders seit dem 16. Jh. populär. Die Nawabs von Avadh und ihr Gefolge bedachten verschiedene Tempel mit großzügigen Spenden.

Die ältesten und schönsten Bauwerke Ayodhyas stammen aus jener Epoche, wie **Hanumangarh,** das Haus des Affengottes Hanuman, der Ramas und Sitas ergebenster Helfer war (Sonnenauf- bis Sonnenuntergang). Steile Treppen führen hinauf zum Haupttempel, an dem Affen die Pilger erwarten, um aus ihren Händen Geschenke entgegenzunehmen.

Der Stadtfrieden wurde 1992 jäh gebrochen, als hinduistische Extremisten eine Moschee niederrissen, die ihrer Überzeugung nach auf dem Geburtsort Ramas stand. Auf jenem Platz steht heute der schwer verbarrikadierte behelfsmäßige Hindutempel Ram Janmabhoomi. Der Fall ist seit 1992 beim Obersten Gerichtshof anhängig, ein Urteil steht aber bis heute aus – und angesichts des Sachverhalts wird es womöglich nie gefällt werden. Im Juli 2005 griffen fünf militante Islamisten

Der Hussainabad Imambara wurde im 19. Jh. von den Nawabs von Oudh erbaut, kurz bevor die Briten die Kontrolle in Lucknow übernahmen. Für den aufwendigen Bau wurden keine Kosten gescheut

Unten: Der Hazratganj ist Lucknows Shoppingmeile

Anand Bhavan, der ehemalige Familiensitz von Jawaharlal Nehru in Allahabad

den provisorischen Hindutempel an und wurden von Sicherheitskräften niedergeschossen.

Gorakhpur ⓬

Die Stadt, die 130 km östlich von Faizabad liegt, trägt den Namen des im frühen Mittelalter lebenden Gurus Gorakhnath. Ihm zu Ehren wurden ein Tempel und ein Kloster erbaut. Während des Festes Khichri Mela, dessen Höhepunkt jedes Jahr am 14. Januar ist, opfern die Einwohner Reis und Linsen vor einem Bildnis des Heiligen.

Jaunpur

Die Stadt an der Straße nach Varanasi war im 14. und 15. Jh. ein wichtiges kulturelles Zentrum. Heute birgt sie immerhin noch einige historische Gebäude mit einzigartiger, wenn auch teilweise beschädigter islamischer Architektur.

Buddhistische Orte

53 km östlich von Gotakhpur kann man **Khushinagar** besuchen, die Stätte, an der der Buddha im 6. oder 5. Jh. v. Chr. diese Welt verlassen haben soll, um ins *parinirvana* einzugehen. Das damals herrschende Volk der Malla soll den **Muktabandhana-Stupa** als Aufbewahrungsort für seine Reliquien errichtet haben. Ein Schrein in dessen Nähe enthält die Statue des liegenden (sterbenden) Buddha.

Von Gorakhpur sind weitere buddhistische Pilgerorte gut erreichbar: das 90 km entfernte **Piprahva,** wo der Buddha seine Kinderjahre verbrachte, und sein Geburtsort **Lumbini**, bereits 8 km hinter der Grenze in Nepal.

In nordwestlicher Richtung erreicht man nahe Nepals Grenze **Sravasti,** zu Lebzeiten des Buddhas eine der sechs größten Städte Indiens, in der er regelmäßig einen Teil der Regenzeit verbrachte. Zu den Besuchern Sravastis gehörte auch Mahavira, der Begründer des Jainismus. Am Tor zu den freigelegten Ruinen von **Jetavana** stehen zwei Ashoka-Säulen.

Allahabad ⓭

Trotz des muslimisch klingenden Namens (ursprünglich hieß die Stadt Prayag, wurde aber von Akbar umbenannt) ist **Allahabad** einer der hei-

Unten: In Varanasi

Karte auf Seite 150

ligsten Hinduwallfahrtsorte. Die Stadt liegt 188 km südöstlich von Kanpur am Zusammenfluss von Yamuna und Ganges. Hindus glauben, dass hier auch der unsichtbare Fluss Saraswati in den Ganges mündet. Allahabad trägt den Namen *tirth raj,* König der Pilgerorte. Hier findet alljährlich die Maha Kumbh Mela statt, die alle zwölf Jahre zum größten religiösen Fest Nordindiens wird. Wer zu den heiligen Zeiten hier badet, soll von den Sünden vieler Geburten reingewaschen werden.

Allahabad ist übervölkert und wirkt verwahrlost. Für die Nation erhalten wurde das Zentrum der Unabhängigkeitsbewegung: **Anand Bhavan,** das Haus der Familie Nehru (9.30–17 Uhr, Mo geschl.; Eintritt).

Varanasi (Benares) ⓮

Der heiligste Abschnitt des Ganges befindet sich in Varanasi, von den Briten Benares genannt, eine der ältesten auch heute noch bewohnten Städte der Welt. Seit über 2500 Jahren zieht sie Suchende und Pilger an. Das Herz der Stadt befindet sich zwischen den Flussläufen von Varuna und Assi, die in den Ganges münden. Varuna und Assi gaben der Stadt ihren Namen. Ihr anderer Name, Kashi, ist vom Sanskrit-Wort für scheinen, Glanz ausstrahlen abgeleitet. Das Licht, das Kashi erhellt, ist der Gott Shiva – Varanasi ist Shivas Stadt. Zahllose Stätten zeugen von seiner Existenz. In den heiligen Schriften kann man lesen, dass jeder einzelne Kiesel in Kashi Shiva ist.

Leben und Sterben am Fluss

Wer in dieser Stadt am Ufer des heiligen Flusses stirbt, erreicht *moksha,* die Befreiung aus dem Zyklus von Leben, Tod und Wiedergeburt. Indien versteckt den Tod nicht. Er ist Teil des Lebens. Dies ist einer der Gründe, warum mitten im Herzen Varanasis und an den Ghats am Ufer Einäscherungsstätten zu sehen sind.

Der Sonnenaufgang über dem Ganges gehört zu den großartigsten Schauspielen, die Indien zu bieten hat. Der Fluss fließt hier von Süden nach Norden. An das Westufer schmiegt sich die Stadt, am Ostufer sieht man Felder und Bäume. Mit Sonnenaufgang überfluten die goldenen Strahlen unzählige Tem-

Gläubige kommen zu den Ghats am Ganges in Varanasi, um ein Bad zu nehmen und zu beten

Unten: Die berühmten Ghats in Varanasi, Steinstufen, die zum Ganges hinunterführen

Axishirsche (Chitals) im Wildpark in Sarnath. Hier soll der Buddha nach seiner Erleuchtung seine erste Predigt gehalten haben

Unten: Der Dhamekh-Stupa in Sarnath

pel und 70 Badestellen, zu denen jeweils gewaltige Treppenfluchten aus Stein hinabführen. Priester unter schrägen Schirmen und gläubige Hindus reinigen sich im Fluss. Sie benetzen Stirn und Brust, übergießen sich mit Wasser aus goldglänzenden Messinggefäßen und setzen winzige Öllämpchen auf das Wasser – ein Jahrtausende altes Ritual. Die im Stadtbild auffällige **Alamgir-Moschee** wurde auf Geheiß des Mogulherrschers Aurangzeb an Stelle des wichtigsten Shiva-Tempels errichtet.

Besucher können sich vom Assighat im Norden bis hinab zum Raj Ghat mit Booten auf dem Fluss rudern lassen. Seien Sie dabei auf ein Wechselbad der Gefühle gefasst: Auf der einen Seite das Spiel des Lichts bei Tagesanbruch, die Scharen von Pilgern an den Ghats – auf der anderen Seite die Leichenverbrennungen und ihr Rauch, der über den Fluss zieht.

Die Tempel

Wichtigstes Shiva-Heiligtum in Varanasi ist der **Vishwanath-Tempel** aus dem späten 18. Jahrhundert. Nicht-Hindus ist der Zutritt untersagt, doch man kann von umliegenden Gebäuden einen Blick auf die vergoldete Kuppel erhaschen. Wenn Shiva Varanasis König ist, dann ist Annapurna seine Königin. Ihr Tempel befindet sich in der Nähe des Vishwanath. Sie ist eine sanfte Gottheit und perfekte Mutter, die Nahrung *(anna)* und Leben spendet.

Im Süden steht der ebenfalls viel besuchte Tempel der furchteinflößenden Durga, einer Schutzgöttin der Stadt. Im Volksmund heißt er **Affentempel,** weil sich hier Horden roter Makaken niedergelassen haben. Auch hier haben nur Hindus Zutritt.

Ganz in der Nähe und nicht weit von der Banaras Hindu University befindet sich der populäre Schrein des Affengottes Hanuman, **Sankat Mochan.** Eine der wichtigsten Stärken des Gottes ist seine Fähigkeit, Schwierigkeiten zu überwinden, und so erbitten seine Verehrer dienstags und samstags seine Hilfe. Der Oberpriester des Tempels wohnt in einem Haus mit Blick auf den Ganges am Tulsi Ghat, wo Goswami Tulsi im 17. Jh. die Hindifassung des *Ramayana* geschrieben hat.

Auf der gegenüberliegenden Flussseite liegt **Ramnagar,** dessen Fort ein Privatmuseum beherbergt (geöffnet im Sommer 9–12, 14–17 Uhr, im Winter 10–13, 14–17 Uhr; Eintritt).

Von Oktober bis November ist der Raja Patron der traditionellen **Ramnagar Ram Lila,** einer mitreißenden, sich über Wochen hinziehenden Inszenierung des Ramayana.

Sarnath

Etwa 6 km nördlich von Varanasi liegt **Sarnath.** Dort hielt der Buddha nach seiner Erleuchtung in einem Wildpark seine erste Predigt. Er kehrte mehrmals zurück, um dort die Regenzeit zu verbringen. Sarnath gehört zu den wichtigsten Wallfahrtsorten des Buddhismus. Die beeindruckendsten Überreste sind der **Dhamekh-Stupa,** der die exakte Stelle von Buddhas Predigt markieren soll, und eine Ashoka-Säule (3. Jh. v. Chr.). Ihr Löwenkapitell, das als Indiens Staatsemblem gewählt wurde, gehört zu den herausragenden Exponaten des nahen **Museums** (10 bis 17.00 Uhr, Fr geschl.; Eintritt).

Bei den alljährlichen Feierlichkeiten *(buddha purnima)* zum Geburtstag des Buddha im Mai werden in einer großen feierlichen Prozession seine Reliquien der Öffentlichkeit gezeigt.

Bihar

Der Bundesstaat Bihar liegt im Osten der Gangesebene und war Sitz einiger der berühmtesten alten Dynastien Indiens. Hier stand die Wiege des Jainismus und des Buddhismus – Bihar leitet sich ab von Vihara (buddhistisches Kloster).

Trotz seiner fruchtbaren Böden gehört der Staat zu den ärmsten Indiens. Der Wirtschaftsboom des Landes ist hier noch nicht angekommen. Korruption, Gesetzlosigkeit, eine marode Infrastruktur und die immer wieder aufflammende Gewalt zwischen den Kasten sind hier allgegenwärtige Probleme, hinzu kommen große soziale Unterschiede zwischen Arm und Reich. Besucher, die nach Patna oder zu den bekannten buddistischen Orten reisen, bleiben in der Regel davon unbehelligt, doch abseits der üblichen Touristenpfade kann man durchaus in Schwierigkeiten geraten. Immerhin hat der derzeitige Ministerpräsident *(Chief Minister)* Bihars, Nitish Kumar, in den zwei Jahren seiner bisherigen Amtszeit mit Unterstützung der Weltbank große Reformanstrengungen unternommen, um den Staat wirtschaftlich wieder auf die Beine zu bringen.

Patna ⓯

Bihars Hauptstadt Patna erstreckt sich entlang dem Gangesufer. Als Pataliputra war die heutige Millionenstadt Hauptstadt des Magadha-Reiches zur Zeit des Kaisers Ashoka (3. Jh. v. Chr.).

Westlich des Maidan

Der Maidan, ein großer Platz, teilt Patna in zwei Teile. Im Westen liegt das Büroviertel von **Bankipur** mit mehreren Kolonialbauten: dem **Raj Bhawan** (Residenz des Gouverneurs), dem **Palast des Maharajas** (heute Büro der

TIPP

Die **Jain-Kultstätte Pawapuri** liegt 32 km südöstlich von Patna. Hier starb 477 v. Chr. der Asket Mahavira, der letzte Tirthankara der Jains. An seiner Verbrennungsstätte wurde der Jalmandir-Tempel in einem Lotosteich erbaut, um den sich weitere fünf Tempel gruppieren.

ÜBERSCHWEMMUNGEN IN BIHAR

In Bihar liegen 17 % der von Überschwemmungen bedrohten Landfläche Indiens. Praktisch die gesamte Nordhälfte des Staates ist während des Südwestmonsuns von Juli bis Oktober in Gefahr. Um die Fluten des Flusses Kamla Balan zurückzuhalten, wurden Deiche gebaut, die 2007 jedoch schon zum dritten Mal in Folge brachen. Hunderte von Häusern wurden weggespült, die überschwemmten Gebiete standen ein halbes Jahr lang unter Wasser.

Wer am meisten darunter zu leiden hat, ist in Bihar noch mehr als anderswo eine Frage der politischen Macht – für die Häuser der Reichen und Mächtigen werden sogar Deiche angelegt. Hilfslieferungen der Regierung kommen vor Ort nur bei denjenigen an, die die jeweils an der Macht Befindlichen gewählt hatten.

Mit dem Wasser kommen die Krankheiten. Da es in den Gesundheitszentren an allen Ecken und Enden fehlt, sterben jedes Jahr viele Menschen, die mit einfachsten Maßnahmen hätten gerettet werden können. Kleinkinder sterben an Flüssigkeitsmangel, fehlenden Medikamenten oder auch nur, weil sie keinen trockenen Platz zum Liegen haben. Dalits, Frauen und Kinder leiden am meisten, während die Männer, die auf dem überschwemmten Land nicht mehr arbeiten können, fortgehen müssen, um Arbeit zu finden – eine viel zu häufig vorkommende Situation in diesem leidgeprüften Bundesstaat.

Der Gangesdelfin, auch *susu* oder *shushuk* genannt, hat seinen Lebensraum im Ganges und seinen wichtigsten Nebenflüssen in Uttar Pradesh und Bihar sowie weiter flussabwärts in Westbengalen. Er gehört zu den bedrohten Tierarten, gefährdet durch Umweltverschmutzung und niedrigen Wasserstand, den Bewässerungssysteme verursachen. Erwachsene Exemplare können über zwei Meter lang werden.

Bihar State Transport Corporation), dem **Patna's Women College**, zu Beginn des 20. Jhs. im Mogulstil erbaut, und Bungalows der höheren Beamtenschaft aus den 1920er-Jahren.

Das **Patna Museum** beherbergt eine hervorragende Sammlung von hinduistischen sowie buddhistischen Steinskulpturen, Bronzen und Terrakotten (18 davon wurden 2006 gestohlen). Die ältesten stammen aus dem 2. und 3. Jh. Gleich am Eingang steht eines der größten Meisterwerke der indischen Kunst, die Didarganj Yakshi, eine Sandsteinfrauenplastik aus der Maurya-Dynastie. Auch ein 15 m langer fossiler Baumstamm, der 200 Millonen Jahre alt und das längste Exemplar seiner Art auf der Welt sein soll, ist ausgestellt (Di–So 10.30–16.30 Uhr).

Zwischen Maidan und Ganges erhebt sich der **Golghar,** ein bienenstockförmiger Getreidespeicher von 1786. 27 m hoch, fasst er 150 000 Tonnen Weizen. Von der oberen Plattform eröffnet sich ein schöner Blick auf die Stadt. Auch eine ehemalige Faktorei der East India Company in **Gulzaribagh** weiter östlich beim Mahabir Ghat mit Opiumlager, Ballsaal und dem Krönungssaal, in dem Shah Alam II. (nominell) zum Herrscher des Mogulreiches gekrönt wurde, steht Besuchern offen.

Östlich des Maidan

Das alte Patna breitet sich im Osten des Maidan aus, ein schmaler Streifen zwischen Ganges und der Bahnlinie, die parallel dazu verläuft. Im Basarbezirk gibt es einige atraktive Gebäude: die **Khuda Baksh Oriental Library** mit seltenen Manuskripten des Islam, die **Padre-ki-Haveli** (Marienkirche) von 1775 sowie die Moscheen **Sher Shah Masjid** und **Patther ki Masjid** aus dem 16./17. Jh.

Der **Gurdwara Haramandirji** ist eine der wichtigsten Kultstätten der Sikhs in ganz Indien. Guru Govind Singh, der zehnte und letzte Sikh-Guru, wuchs hier auf und starb auch hier. Das hohe weiße Marmorgebäude wurde im 19. Jh. über dem Ort seiner Geburt errichtet und birgt ein Museum der Sikh-Religion; von der Terrasse mit weißen Marmorpavillons kann man den Sonnenuntergang beobachten. Unweit des Gurdwara steht die Privatvilla **Quila-**

Unten:
Markt in Patna

House auf den Ruinen der Festung von Sher Shah. Sie beherbergt eine sehenswerte Sammlung von Kunstgegenständen, darunter Jadearbeiten, chinesische Malereien und filigrane Silberarbeiten aus der Mogulzeit.

Die Umgebung

Südlich von Patna wurden in **Kumrahar** die Überreste der Maurya-Residenzstadt **Pataliputra** freigelegt, darunter die Fundamente eines Palasts, der von Ashoka stammen könnte, hölzerne Rampen sowie der Teich, in den Ashoka der Legende nach die Leichen seiner 99 Brüder warf, die er hatte töten lassen, bevor er sich zum Buddhismus bekehren ließ.

Etwa 40 km von Patna entfernt liegt **Vaishali,** der Geburtsort Mahaviras, wo auch der Buddha zum letzten Mal lehrte. Das zweite buddhistische Konzil wurde hier 383 v. Chr. abgehalten. Zu sehen sind heute lediglich eine Ashoka-Säule und Fragmente buddhistischer Stupas. Von hier ist es nicht mehr weit bis zur indisch-nepalischen Grenze in Raxaul.

Bauten der Mogulzeit

Maner, 30 km westlich von Patna, besitzt einige der schönsten Bauten aus der Mogulzeit. Besuchen Sie das Mausoleum **Choti Dargah,** das Grabmal Maneris, eines muslimischen Asketen aus dem 17. Jh., und **Bari Dargah** am Ufer eines künstlich angelegten Teiches, das der Gouverneur von Bihar 1620 als Mausoleum für seinen Lehrer errichten ließ.

Auch **Sasaram** ⓰, 155 km südwestlich, ist sehenswert. Bauten aus der Zeit der kurzen Suri-(Afghanen-)Herrschaft in Nordindien stehen hier: das Sher-Shah-Mausoleum aus dem 16. Jh., ein großer Wasserspeicher sowie weitere Grabmäler.

Bei **Buxar,** 110 km westlich von Patna am Ganges gelegen, soll Rama gegen den Dämonen Taraka gekämpft haben und zusammen mit Lakshman von dem Weisen Vishvamitra belehrt worden sein. Im Ram Rekha Ghat ist angeblich eine Fußspur von Rama eingeprägt.

Wiege des Buddhismus

Nalanda ⓱, »die Stätte, die den *nalam*, den Lotos, verleiht«, wo man also spirituelles Wissen empfängt, liegt 90 km von Patna entfernt und ist der Standort der Klosterschule **Sri Mahavihara Arya Bhikkhu Sanghasya.** Vom 5. Jh. bis 1199 erlebte sie eine Blütezeit, bis sie das Opfer einer afghanischen Invasion unter Bakthiar Khilji wurde. Mahavira, der letzte Tirthankara der Jainas, und Gautama Buddha lehrten hier. Nalanda hat sich zu einem der bedeutendsten Zentren für Buddhismus entwickelt (siehe Exkurs unten).

An der Straße zwischen Nalanda und Rajgir liegen das **Nava-Nalanda-Forschungszentrum für Buddhismus und Pali-Literatur** und der neue Thai-Tempel **Wat Thai Nalanda.**

Rajgir, die Königliche Residenz 12 km südlich von Nalanda, war im 6. Jh. v. Chr. die Hauptstadt des Magadha-Reiches. Für Jainas wie Buddhisten ist es eine heilige Stätte. 14 Regenzeiten lang lehrte hier Mahavira;

Die 20 m hohe Buddha-Statue in Bodhgaya ist neueren Datums: Sie wurde 1989 aufgestellt

STÄTTE DER GELEHRTEN

In ihrer Blütezeit hatte die mit einer riesigen Bibliothek ausgestattete Universität von Nalanda 2000 Lehrer und 10 000 Studenten, auch aus Japan, Sumatra, Java und Korea.

Bei umfangreichen Ausgrabungen legte man neun Schichten frei, entdeckte sechs Tempel (*chaityas*) und sieben Klöster (*viharas*), alles Ziegelbauten.

Die Klöster stehen auf der Ostseite. Am bedeutendsten ist Vihara I., eine Gründung des Königs Balaputradeva von Sumatra aus dem 9. Jh., sowie Vihara IV. und V., die König Kumaragupta im 1. Jh. n. Chr. errichten ließ. In den Viharas sind Reste der Studentenzellen, Vorlesungsräume, Bäder, Küchen, Bibliotheken, Lagerräume und Brunnen zu erkennen.

Von den Tempeln, die im Westen stehen, ist der Sariputra-Stupa hervorzuheben, den Ashoka zu Ehren Anandas, eines bedeutenden Buddha-Schülers, errichten ließ. Der dreistöckige Bau ist mit Stuckfiguren verziert, die Buddha als Lehrer darstellen; um den Tempel stehen Stupas. In der Nähe findet man die Chaityas 12, 13 und 14, größtenteils zerstört, mit Fragmenten von Plastiken und Basreliefs.

Bei Sarai Mound weiter nordöstlich stieß man auf Fresken von Elefanten und Pferden. Östlich der Ruinen stellt ein Museum buddhistische und hinduistische Stein- und Terrakottaplastiken aus.

TIPP

Die meisten Touristen, die nach Nepal weiterreisen, nehmen den Bus von Patna zum Grenzort Raxaul/Birganj (5–6 Std.) und anschließend den Nachtbus nach Kathmandu (weitere 11 Std.). Man kann auch von Gorakhpur in Uttar Pradesh an die Grenze nach Sonauli fahren (9 Std.); einige Touristen-Kleinbusse steuern von Gorakhpur direkt den Chitwan National Park an. Visa für Nepal erhält man an der Grenze. Es gibt auch eine direkte Busverbindung Delhi–Kathmandu (36 Std.).

Unten: Buddha-Bildnis in Bodhgaya

Muni Suvrata, der 20. Jaina-Tirthankara, wurde hier geboren, und Mahaviras erste Schüler starben allesamt hier. Auch der Buddha verbrachte fünf Regenzeiten in Rajgir. Bei seinem ersten Besuch hinterließ er bei König Bimbisara einen derart starken Eindruck, dass dieser, als der Buddha nach seiner Erleuchtung mit 1000 Schülern aus Bodhgaya zurückkehrte, in einem Bambushain für den neuen Mönchsorden (*sangha*) ein Kloster erbauen ließ.

Das heutige Rajgir ist ein sehr kleiner Ort im Norden der antiken Stadt, die sich über sieben kahle Hügel um eine Senke erstreckte. Die Stadtmauer mit Wachtürmen aus riesigen Steinquadern war 50 km lang. Fragmente sowie das Nord- und das Südtor sind noch zu sehen.

Vorbei an der Ruine des **Forts von Ajatasatru** aus dem 5. Jh. v. Chr. gelangt man auf einen kleinen Platz mit Geschäften. Rechts erstreckt sich **Venuvana,** der Bambushain, in dem der Buddha und seine Schüler lebten. Ein kleiner Hügel markiert den Standort des von Ajatasatru gebauten Stupas und des Vihara. Ein kleiner Zoo, ein Thai-Tempel sowie der **Karanda-Teich,** in dem der Buddha zu baden pflegte, gehören ebenfalls zum Park, wie auch **Nipponzan Myohoji,** ein großer japanischer Tempel. Auch birmanische Pilger haben am Fuß des Vipula im Osten des Forts einen Tempel errichtet.

Weiter oben gelangt man hinter der **Pippla-Höhle** und dem **Jarasandha-ki-Baithak,** einem aus großen Blöcken erbauten Kloster, zur **Saptaparni-Höhle,** wo das erste buddhistische Konzil stattfand.

In einem kleinen Tal liegt der zylindrische Steinbau **Manyar Math,** der im Mahabharata erwähnt wird.

Nach links biegt die Straße zum **Jivakamhavana-Kloster** aus dem 3. Jh. v. Chr. ab, wo jener Mangohain lag, der dem Buddha zum Geschenk gemacht wurde, und führt weiter nach **Maddakuchchi.** Von hier aus kann man auf den **Berg Gridhra-Kuta** wandern, die wohl heiligste Stätte in Rajgir: Der Buddha predigte bevorzugt an diesem Ort.

In Maddakuchchi besteigt man den Sessellift zum **Ratna Giri,** einem Berg, auf dessen Gipfel japanische Buddhisten den **Vishwa-Shanti**-(Weltfriedens-) **Stupa** errichteten. Vier goldene Plastiken an den Seiten des Gebäudes zeigen das Leben des Buddha: Geburt, Erleuchtung, die erste Predigt und Tod.

KORRUPTION IM HEILIGTUM

Über 100 000 Pilger und Touristen kommen jährlich nach Bodhgaya, das somit das mit Abstand bedeutendste Reiseziel Bihars ist. Das Geld, das sie dabei ausgeben, könnte dieser verarmten Gegend viel Gutes tun, doch haben anscheinend die im ganzen Staat grassierenden Missstände selbst vor dieser heiligen Stätte nicht haltgemacht.

Eine der ernstesten Beschuldigungen lautet, dass ein Ast des Bodhi-Baums auf dem Tempelgelände, der als direkter Abkömmling jenes Baums gilt, unter dem der Buddha einst Erleuchtung erlangte, im Jahr 2006 abgeschnitten und für die stolze Summe von 60 Millionen Rupien – fast 1 Million Euro – nach Thailand verkauft worden sei. Zwar haben die Maßnahmen der derzeitigen Leitung zu spürbaren Verbesserungen geführt, wo aber die Gelder geblieben sind, die unter den früheren Leitungen eingenommen wurden, ist immer noch Gegenstand weiterer Untersuchungen.

Berühmte Pilgerorte

Gaya

Der bedeutende hinduistische Pilgerort liegt 90 km südwestlich von Rajgir in hügeliger Lanschaft am Ufer des heiligen Flusses Phalgu. Vishnu soll dem Ort die Macht verliehen haben, Menschen von ihren Sünden zu reinigen. Tausende von Gläubigen kommen, um durch bestimmte Zeremonien ihre Toten von der Last der Sünden zu befreien, damit sie unbeschwert in ihr nächstes Leben eintreten können.

Im Fluss Phalgu nehmen die Gläubigen ein rituelles Bad und legen am Ufer *Pinda*-Opfergaben und Reiskuchen ab, bevor sie den **Vishnupada-Tempel** betreten (nur für Hindus). Die Maharani ließ ihn 1787 über der Fußspur, die Vishnu auf einem Stein hinterlassen hat, erbauen.

Bodhgaya ⓲

Hier, 12 km südlich von Gaya am Phalgu-Fluss, erlangte der Buddha seine Erleuchtung. Zuvor, so erzählt die Legende, meditierte er in Dungeswari, wobei er zwei Jahre lang ein Reiskorn pro Tag aß, danach vier Jahre lang überhaupt nichs mehr. Er erkannte jedoch, dass Selbstkasteiung keine Erleuchtung bringen würde. So ging er fort in eine Höhle, wo eine Stimme ihm sagte, dass auch dies nicht der Ort seiner Erleuchtung sein werde. Da fand er eine Pappelfeige (*Ficus religiosa*, Bodhi-Baum), ließ sich zur Meditation darunter nieder und gelobte, er werde sich so lange nicht mehr erheben, bis er die Erleuchtung erreicht habe.

Die von Ashoka beim Bodhi-Baum erbaute Kultstätte wurde im 2. Jh. durch den **Mahabodhi-Tempel** ersetzt, später allerdings zerstört. Der heutige Tempel stammt aus dem 18. Jh. In dieser Zeit waren die dortigen Priester Hindus, denn einige Hindus sehen im Buddha einen *avatara* (Verkörperung) des Gottes Vishnu. Heute verwalten Hindus und Buddhisten den Tempel gemeinsam. Im Innern ist ein vergoldeter sitzender Buddha zu sehen, dessen rechte Hand im Augenblick der Erleuchtung den Boden berührt. Votiv-Stupas umgeben den Tempel. An der Westmauer grünt ein Ableger des Bodhi-Baums, unter dem der Buddha Erleuchtung fand. Unter dem Baum steht der **Vajrasana,** der **Diamantenthron.** Eine Steintafel bezeichnet die Stelle, an der der Buddha saß, als er erleuchtet wurde.

Auf der Nordseite des Mahabodhi-Tempels, wo der meditierende Buddha gewandelt sein soll, wurde im 1. Jh. v. Chr. eine Terrasse errichtet, die **Chakramana.** Aus dem Stein gehauene Lotosblüten markieren die Stelle, an der ihm diese Blumen einst aus den Füßen gewachsen sein sollen. Südlich des Tempels steht eine Buddha-Skulptur inmitten eines großen Lotosteichs.

Das **Archäologische Museum** (Sa bis Do 10–17 Uhr) zeigt Plastiken; einigen wurden im 12. Jh. von islamischen Kriegern die Köpfe abgeschlagen. ■

Der Mahabodhi-Tempel in Bodhgaya steht an der Stelle, an der der Buddha um 500 v. Chr. Erleuchtung erlangte

Unten: Adivasi, die Ureinwohner Indiens, machen einen beachtlichen Anteil der Einwohner Bihars aus

RESTAURANTS UND BARS

Durchschnittspreis für ein Menü mit bis zu drei Gängen ohne alkoholische Getränke:

● = bis 200 INR
●● = 200–500 INR
●●● = 500–1000 INR
●●●● = über 1000 INR

Auf dem Weg des Ganges Westen nach Osten ändert sich die lokale Küche. Die Fleischgerichte der Sihks im Punjab sind würzig und reichhaltig, ein Paradebeispiel ist *butter chicken*. Es gibt aber auch eine vegetarische Tradition, die mit Köstlichkeiten wie *alu gobi* (Kartoffel-Blumenkohl-Curry) und sehr gutem Dal aufwarten kann. In Uttar Pradesh ist das Essen sehr ähnlich, nur etwas leichter. Einen Versuch wert sind die nur leicht gewürzten vegetarischen Speisen der strengen Brahmanen Uttar Pradeshs ohne Knoblauch und Zwiebeln. Eine Spezialität Lucknows ist muslimische Küche mit gegrillten Kebabs und Fleisch-Schmorgerichten.

Bihar

Bodhgaya

Viele Hotels bieten gute Restaurants, etwa das **Sujata** (Buddha Road), das **Tathagat** oder das **Royal Residency Hotel** (beide Bodhgaya Road).

◆ Daijokyo Buddhist House
Nördlich der großen Buddha-Statue. ●●
Echt japanische Küche in ruhiger Umgebung.

Patna

◆ Abhiruchi
Marwari Awas Griha Comp., Fraser Road. ●●
Leckere Marwari- und allgemeine nordindische vegetarische Küche.

◆ Amrali
Hotel Kautilya Vihara Building, B.C. Patel Path. ●●
Exzellentes vegetarisches Essen, angenehme Umgebung.

Darpan

◆ Patliputra Ashok Hotel
B.C. Patel Path. ●●●
Das Essen ist besser als der Service, dennoch alles in allem ein angenehmes Lokal.

Punjab und Haryana

Amritsar

◆ Bhiranwan-da-dhaba
Nähe Rathaus. ●
Hervorragendes vegetarisches Essen. Kleine Karte, aber gute *thalis*.

◆ Kesar-ka-Dhaba
Passian Chowk. ●
Hervorragende vegetarische Punjabi-Küche.

◆ Kwality
Novelty Building, Lawrence Road. ●●
Snacks und Eiscreme; im angeschlossenen Restaurant ordentliches indisches Essen.

Chandigarh

◆ Bhoj
1090–1, Sector 22B. ●
Empfehlenswertes vegetarisches Essen, z.B. gute *thalis*; sehr günstig.

◆ Khyber
Sector 35-B. ●●
Im Erdgeschoss Küche im Grenzland-Stil, im Untergeschoss Cowboys als Kellner und Bier vom Fass in Wildwest-Atmosphäre.

◆ Mehfil Hotel und Restaurant
S.C.O. 183–5, Sector 17C. ●●
Gutes nordindisches und anderes Essen in gepflegtem Ambiente. Sehr beliebt.

Uttar Pradesh

Agra

◆ Capri
Hari Parbat. ●●
Sehr gute nordindische Küche, v.a. die Tandoori-Gerichte. Freundlicher Service.

◆ Dasaprakash
Meher Theatre Complex, 1 Gwalior Road, Cantonment. ●●
Sehr gutes südindisches Essen. v.a. die *dosas* und die Nachspeisen. Sauber und gut geführt.

◆ Joney's Place
Taj Ganj. ●
Das beste der billigen Lokale dieser Gegend; internationale Karte und herzliche Bedienung.

◆ Kwality
Sadar Bazaar. ●●
Wie alle Kwality-Restaurants angenehm mit guter nordindischer

Links: *Idli* (Reiskuchen) mit *sambar* (Linsen-Gemüse-Suppe)

vegetarischer und nicht-vegetarischer Küche.

◆ **Maya**
Nahe Westtor des Taj, Fatehabad Road. ●–●●
Die Terrasse im marokkanischen Stil im ersten Stock ist eine echte Oase. Schmackhafte, hygienisch zubereitete Gerichte und eine für Agra untypische Ruhe.

◆ **Zorba the Buddha**
E13 Shopping Arcade, Gopi Chand Shivhare Road, Sadar Bazaar. ●●
Beliebtes, sehr sauberes vegetarisches Restaurant mit leckeren, einfallsreichen Speisen.

Allahabad

◆ **Allahbad Regency**
Tashkent Road. ●●●
In diesem Heritage Hotel wird das ausgezeichnete Essen zu Livemusik von freundlichen Kellnern auf dem Rasen serviert – eine überaus angenehme Umgebung.

◆ **Coffee House**
M.G. Marg, Civil Lines. ●
Beliebtes Café mit guten vegetarischen Snacks und köstlichem Kaffee.

◆ **El Chico**
24 M.G. Marg, Civil Lines. ●●
Indisches, westliches und chinesisches Essen; angeschlossen ist ein Café mit Bäckerei (The Espresso Snack Bar).

◆ **Jade Garden**
Hotel Tepso, M.G. Marg, Civil Lines. ●●
Sauberes Hotelrestaurant, gute chinesische und indische Küche.

Jhansi

◆ **Holiday**
Shastri Marg. ●●
Sauberes Restaurant mit Klimaanlage, guten indischen und einigen westlichen Gerichten.

Kanpur

◆ **Chung Fa**
94b Canal Road, The Mall. ●●
Alteingesessenes Restaurant mit ordentlichem chinesischen Essen.

◆ **Pandit**
gegenüber Green Park, Civil Lines; Katahari Bagh, Cantonment. ●
Gutes vegetarisches Essen, v.a. die *pakoras*.

◆ **Sarovar Restaurant**
3a Sarodaya Nagar. ●
Gute, meist nordindische Küche. Tagsüber durchgehend geöffnet.

Lucknow

An den Imbissständen beim Kreisverkehr M.G. Marg/University Road, nahe dem Hotel Clark's Avadh, gibt es ordentliches, unbedenkliches nordindisches Essen, auch Tandoori-Gerichte.

◆ **Dasaprakash**
Jopling Road. ●●
Südindische Vegetarierküche aus einer verlässlichen landesweiten Kette.

◆ **Falaknuma**
Dach des Clark's Hotel. ●●●
Traditionelle Nawabi-Küche, bei Kerzenlicht serviert und live von *ghazal*-Musik begleitet. Ein Erlebnis!

◆ **Indian Coffee House**
Ashok Marg, in der Nähe des Postamts. ●
Ordentliche südindische Snacks und Kaffee.

◆ **Mu Man's Royal Café**
51 Hazratganj. ●●
Sehr gutes chinesisches Essen in einem angenehmen Restaurant mit freundlicher Atmosphäre.

◆ **Nirula's**
Shahnajaf Road. ●
Filiale einer Kette von Fastfood-Restaurants – sozusagen Indiens McDonald's.

◆ **Shanghai Surprise**
Sapru Marg. ●
Geschmackvoll eingerichtet, ordentliches Essen, netter Service.

◆ **Tunde Kabab**
Im Chowk. ●
Eine Institution in Lucknow, bekannt für seine Kebabs, die mit leckerem Brot serviert werden.

Varanasi

◆ **Bread of Life**
B3-322 Shivala, nahe Sonarpur Road. ●
Bäckerei mit wuderbarem Brot und Kuchen sowie einem Restaurant, das gutes westliches Essen serviert. Ein guter Ort, um zu frühstücken.

◆ **Kerala Café**
Bhelupura Crossing. ●
In Varanasi bekommt man nicht oft so gutes vegetarisches südindisches Essen wie hier, v.a. *dosas* und *idli*.

◆ **Keshari**
Nahe Dasasvamedha Ghat Road. ●
Exzellente vegetarische Speisen, v.a. die *thalis*.

◆ **Sindhi**
Bhelupura, nahe Lalita Theatre. ●●
Das traditionelle, rein vegetarische Essen Varanasis, lecker und günstig.

Rechts: Imbissstand in Lucknow

 Karte auf Seite 182

Die Himalaya-Region

Für Wanderer, Bergsteiger und Ruhesuchende ist die indische Himalaya-Region ein Paradies – vom üppigen Kullu Valley bis in die trockenen Höhen von Ladakh.

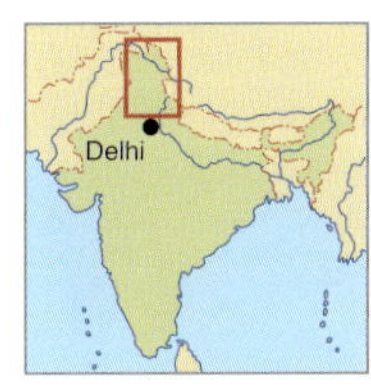

NICHT VERPASSEN!

Nanda Devi N. P.
Mussoorie
Haridwar
Corbett N. P.
Shimla
Kullu Valley
Dharamsala
Srinagar
Leh

Wo auch immer man sich in den indischen Himalaya-Gebieten aufhält, fast immer bietet sich ein atemberaubender Blick auf einen schneebedeckten Gipfel, einen rauschenden Wasserfall oder ein grünes Tal. Man kann die Landschaft in Gesellschaft vieler anderer genießen – Manali ist ein Traumziel für indische Flitterwöchner und Schneebegeisterte – oder in völliger Einsamkeit. In der Gebirgswüste von Ladakh fühlt man sich als Mensch ganz besonders klein und verloren; Trost findet man in der faszinierenden Kultur dieses Landstrichs.

In Kaschmir dominiert der Islam, der Buddhismus herrscht in weiten Teilen von Ladakh und Himachal Pradesh vor, darüber hinaus liegen einige der heiligsten Orte der Hindus in der Himalaya-Region.

Uttarakhand

2001 spaltete sich der nördliche Teil von Uttar Pradesh ab und bildete einen neuen, eigenen Bundesstaat, zunächst unter dem Namen Uttaranchal, heute Uttarakhand. Hindus sehen die Berge als Wohnsitz der Götter an, und dieser Teil des Himalaya ist besonders heilig, weil hier die Flüsse entspringen, die vereint Ganges und Yamuna nähren.

Uttarakhand, insbesondere die westliche Region Garhwal, ist kommerziell weniger entwickelt als das benachbarte Himachal Pradesh. Hier finden sich noch einige der schönsten und unberührtesten Reiseziele des Himalaya. Flug- und Zugverbindungen gibt es wenige, doch die Straßen sind im Allgemeinen gut ausgebaut und gestatten einen relativ einfachen Zugang zu einigen der höchsten Gipfel. Einer davon, der 7816 m hohe **Nanda Devi,** überragt den gleichnamigen Nationalpark, der wegen seiner natürlichen Schönheit und seines Bestands an seltenen und bedrohten Tierarten als UNESCO-Welterbestätte eingetragen ist.

Links: Grüne terrassierte Hänge bei Mussoorie
Unten: Ein Kashmiri

Ein Bettler sitzt vor einer Tafel mit Sanskrit-Gebeten in Rishikesh. Der Ort erlangte Berühmtheit, als die Beatles 1968 auf der Suche nach Erleuchtung hierherkamen

Dehra Dun ❶

Die rasch wachsende Stadt am Fuß der Berge ist Sitz zahlreicher bekannter Institutionen, darunter das Wildlife Institute of India, das Forest Research Institute und die Indian Military Academy. Im fruchtbaren Schwemmland wächst der feine Basmatireis.

Mussoorie, auf einem Kamm oberhalb von Dehra Dun, stieg vom stillen Ferienort zum beliebten Ausflugsziel für Wochenendurlauber aus Delhi auf. Die Aussicht ist herrlich, und in der Hochsaison herrscht hier eine fast karnevalsartige Atmosphäre. Die hiesige Landour Language School genießt den Ruf, eine der besten Sprachschulen für Hindi zu sein.

Haridwar und Rishikesh

50 km südöstlich von Dehra Dun liegt mit **Haridwar** ❷ eine der für Hindus sieben heiligsten Städte Indiens. Hier fließt der Ganges – noch lebhaft wie ein Bergfluss – in die Ebene. Wie in Allahabad, Ujjain und Nasik feiert man auch in Haridwar alle zwölf Jahre ein großes religiöses Fest, die Kumbh Mela (siehe S. 92–93).

Die allabendlich am Hauptghat **Har-ki-Pauri** stattfindende Huldigungszeremonie (*aarti*) am Ganges ist ein ergreifendes Ereignis. Die Ufergegend im Süden, beherrscht vom großen Bada Basar, lohnt mit ihren vielen kleinen Ghats und hübschen Havelis einen ausgedehnten Spaziergang.

Rishikesh, eine sympathische Stadt mit vielen Tempeln und Ashrams, liegt weitere 25 km flussaufwärts im Wald. Am attraktivsten ist der nördliche Stadtteil **Muni-ki-Reti.** Die besten Ausblicke bieten die beiden den Ganges überspannenden Hängebrücken Ram Jhula und Lakshman Jhula.

Während man in Haridwar eine zurückhaltende, religiöse Atmosphäre spürt, wirkt Rishikesh oberflächlicher, auf Effekt bedacht: Die Sadhus und Ashrams buhlen um die Gunst der Touristen, die hierherströmen, seit die Beatles 1968 bei Maharishi Mahesh Yogi publikumswirksam meditierten.

Heilige Stätten in den Bergen

Haridwar, Rishikesh und Dehra Dun sind die Ausgangspunkte für Wallfahr-

Unten: Mussoorie ist einer der lebhaftesten Ferienorte der Himalaya-Region

Karte auf Seite 182

ten zu den vier heiligsten Orten im Himalaya, die man zusammen die Char Dham nennt: Yamunotri, die Quelle der Yamuna, Gangotri in der Nähe der Gangesquelle sowie die Tempel Kedarnath und Badrinath.

Yamunotri ist über Dehra Dun oder Rishikesh zu erreichen. Die Straße endet im 13 km entfernten **Hanuman Chatti**, wo ein Pilgerpfad am Ufer entlang beginnt. In einer heißen Quelle in der Nähe des Tempels kochen Pilger Reis und Kartoffeln und opfern der Göttin Yamuna.

Von Rishikesh über Narendra Nagar und Uttarkashi führt die Straße zum 3140 m hoch gelegenen Pilgerort **Gangotri** ❸. In einer Tageswanderung erreicht man **Gaumukh** (Kuhmaul), wo aus einem Gletscher die Quelle des Ganges entspringt. Eine weitere Tageswanderung entfernt liegt Tapovan, ein grasbewachsenes Hochtal, das oft als Basislager für Expeditionen auf den Shivling (6543 m) genutzt wird – diesen Berg halten viele für den schönsten des gesamten Himalaya.

Ein lebhafter, weil direkt mit Bussen erreichbarer Wallfahrtsort ist **Badrinath,** der Wohnsitz Vishnus, mit seinen Ashrams und Tempeln. Die Straße steigt langsam aus dem steilen Tal von Deoprayag zu Garhwals alter Hauptstadt **Srinagar** auf und führt auf noch steilerer Strecke weiter nach **Joshimath,** der Heimat des großen hinduistischen Reformers und Heiligen aus dem 8. Jh., Adi Shankaracharya, dem die Gründung der Tempel von Badrinath und Kedarnath zugeschrieben wird. Der Narsingh-Bhagwan-Tempel ist außerdem Vishnus Wintersitz, wenn Badrinath geschlossen ist. Von Joshimath führt eine 4 km lange Seilbahn (die längste Indiens) nach **Auli,** einem der bekanntesten Skiorte des Landes.

Hinter Josimath liegt Govindghat, der Ausgangspunkt zu der vor allem im Sommer empfehlenswerten Wanderung zum Sikh-Heiligtum **Hemkund** am Hemkund-See (4358 m) oder ins unbewohnte, 3350 m hoch gelegene **Valley of Flowers** ❹. In den Monsunmonaten Juni bis August erblühen im Tal, das zum Nationalpark erklärt wurde, mehr als 300 Wildblumenarten.

Die Straße aber führt dann weiter nach Badrinath und zweigt kurz vor-

Hindudevotionalien auf dem Armaturenbrett eines Taxis

Unten: Auf dem Weg zu einer Hinduhochzeit in Kullu

TIPP

In Indien Ski zu fahren ist ein ganz anderes und viel billigeres Erlebnis als in den Alpen. In **Auli** (oberhalb von Joshimath) gibt es genug Pisten, Lifte und Skilehrer für einen vergnüglichen Aufenthalt, die Ausrüstung kann man vor Ort ausleihen. Ein regelrechtes Wintersportzentrum ist **Kufri** (16 km von Shimla). Die Eislaufbahn ist die einzige in diesem Teil der Welt. Ski fahren kann man auch in **Narkanda** (64 km von Shimla), **Solang** (10 km von Manali; hier wird gerade ein Lift gebaut) und Gulmarg in Kaschmir.

Unten: Auli

her nach **Kedarnath** ab. Hier verehren Gläubige in einem Shiva geweihten Schrein einen der zwölf *jyotir lingam* (Lingam des Lichts).

Ferienziele

Weiter östlich warten im Bezirk Kumaon die beliebten Ferienorte Nainital, Ranikhet und Almora auf Gäste. Das um einen See herum angelegte und von Wäldern umgebene **Nainital** war früher die Sommerresidenz der Regierung der United Provinces (wie Uttar Pradesh und Uttaranchal unter britischer Herrschaft hießen). Von allen drei Ferienorten besitzt es die am besten entwickelte Infrastruktur. Durch seine Nähe zu Delhi ist es in der Hauptsaison von Touristen überlaufen.

Naukuchiyatal, 25 km von Nainital entfernt, ist von den Ferienorten an den Seen im Umkreis der abgeschiedenste und ruhigste. **Ranikhet,** wo das Kumaon Regiment der indischen Armee stationiert ist, blieb von den schlimmsten Bausünden verschont und hat sich einen vergleichsweise unverdorbenen Charakter bewahrt. Von **Almora** kann man das nicht sagen, doch als Ausgangsort für Ausflüge in die majestätischen Eichenwälder von **Binsar** oder zu den 150 großartigen Tempeln von **Jagesvar** liegt es ideal.

Corbett National Park ❺

Der wald- und wildreiche Nationalpark, 300 km nördlich von Delhi, gilt vielen als der bedeutendste Indiens; die beste Besuchszeit ist von Mitte November bis Mitte Juni. In den weiten Wäldern und Auen leben Tiger (derzeit etwa 135), Elefanten und Rotwild sowie eine Vielzahl von Vogelarten, darunter Blutpirole, Feenvögel, Jagdelstern und Rotbrustfalken. Der Fluss Ramganga bietet Krokodilen und Gavialen sowie dem imposanten Mahseer-Fisch einen Lebensraum.

Um in den Park zu gelangen, müssen alle Personen und Fahrzeuge eine Erlaubnis (Permit) vorlegen, die im Reception Centre in Ramnagar ausgestellt wird. Fünf unterschiedliche Gebiete im Park können besucht werden, von ihnen bietet Dhikala nicht nur die meisten Unterkunftsmöglichkeiten, sondern auch die größte Vielfalt an Wildtieren (www.corbett-national-park.com).

Karte auf Seite 182

Himachal Pradesh

Eingebettet in die nordwestlichen Ausläufer der Himalaya-Kette, werden Himachal Pradeshs hoch gelegene Täler mit ihren alten Dörfern und herrlichen grünen Berghängen, die verschneiten Berggipfel und rauschenden Bäche von Wanderern und enthusiastischen Bergsteigern wie auch von Erholungssuchenden gleichermaßen geliebt. Der Bundesstaat erstreckt sich über den Himalaya, seine Vorberge, Gipfel und die Hochtäler von Lahaul und Spiti. Die Hauptstadt Shimla (Simla) war unter den Briten die Sommerresidenz des britischen Vizekönigs.

Im Sommer ist die Luft der Bergwelt erfüllt vom Duft der Blumen; der Schnee auf den Gipfeln mildert die große Hitze. Der Monsun sorgt für üppiges Grün und rauschende Wasserfälle. Der Herbst besticht durch milde, sonnige Tage und fantastische Sonnenuntergänge, der Winter bringt Schnee.

Die Himachali sind in der Mehrzahl Hindus; die Bewohner der Täler Lahaul und Spiti hängen zum größten Teil dem Buddhismus an, der in jüngerer Zeit gestärkt wurde durch die Anwesenheit des exilierten Dalai Lama in Dharamsala und die vielen tibetischen Flüchtlinge, die hier in großen Lagern leben.

Himachal Pradesh ist ein ländliches Gebiet ohne Großstädte. Beachtung verdient die traditionelle Architektur der Bauernhäuser. Während im Erdgeschoss das Vieh untergebracht ist, dient der erste Stock als Vorratsspeicher. Im Winter wird er auch als Schlafraum benutzt. Im zweiten Stock, dem *dafi*, liegen dann die Wohnräume.

Heute wird die traditionelle Lebensweise durch die wachsenden Touristenströme jedoch immer mehr an den Rand gedrängt – eine Entwicklung, die in Himachal Pradesh schon deutlich weiter vorangeschritten ist als im benachbarten Uttarakhand.

Von Shimla bis Kinnaur

Himachal Pradeshs Hauptstadt **Shimla** ❻ (Simla) liegt in 2100 m Höhe und erstreckt sich über 12 km an einem Berghang. In seiner Umgebung kann man in rauschenden Bergwäldern herrlich wandern. Auf den grünen Hängen wachsen Fichten, Rhododendren, Pini-

Im Corbett National Park ist es noch am ehesten möglich, Tiger zu erspähen. Die Population wird auf 135 Tiere geschätzt

Unten: Naturbelassener Urwald im Corbett National Park

Kloster in McLeod Ganj, Dharamsala

en und riesige immergrüne Himalaya-Eichen, die gerade im Winter vielen Tieren Schutz bieten. Eine ebene Strecke auf der Kuppe ist die Flanierstraße. Sie endet am Scandal Point; eine Einkaufsstraße (The Mall) schließt sich an.

Seit der Unabhängigkeit hat sich zwar auch in Shimla sehr viel geändert, aber hier ist doch noch immer mehr als anderswo in Indien britische Atmosphäre zu spüren. Shimla ist auch der Schauplatz vieler Erzählungen von Rudyard Kipling, u.a. der berühmten »Plain Tales from the Hills«. Viermal täglich verkehrt eine alte Schmalspureisenbahn zwischen Shimla und Kalka und verbindet die Stadt, einst offizielle Sommerresidenz der Regierung von Britisch-Indien, mit der Ebene. Die landschaftlich herrliche Fahrt hinauf in die Berge dauert rund sechs Stunden.

Ruhesuchende sind in Shimla am richtigen Ort, nur in der Hochsaison im Sommer ist das Stadtzentrum ziemlich überfüllt, und man weicht am besten in die Randbezirke aus, von wo auch herrliche Spaziergänge in die umliegenden Wälder locken. Tannen, Rhododendron, Kiefern und Himalaya-Eichen begrünen die Hänge. Sehr schön ist der 2 km lange Weg zum Jakhu-Tempel, der dem Affengott Hanuman geweiht ist und in dessen Umgebung folgerichtig viele Affen leben. Seien Sie vorsich-

Himalaya-Region

0 100 km

tig und packen Sie alles Essbare gut weg: Diese Tiere sind außerordentlich frech! Für alle Mühen des Weges entschädigt dann die Aussicht von oben.

Chail, 63 km südlich von Shimla, war einst die Sommerresidenz des Maharaja von Patiala und ist heute ein hübscher Ferienort. Nirgends sonst auf der Welt wird wohl in so großer Höhe Kricket gespieltund dies auch noch in atemberaubender Landschaft. Wer Angeln, Tennis oder Squash spielen oder Vögel und Wildtiere beobachten möchte, wird sich hier wohlfühlen.

Narkanda ❼ liegt 64 km von Shimla entfernt auf einer Höhe von 2700 m an der Fernstraße nach Tibet. Der Ort ist bekannt für seine Apfelplantagen und seine idyllische Umgebung – ein guter Ausgangspunkt für Ausflüge in die grandiose Bergwelt. Narkanda gilt auch als Skiort, die entsprechende Infrastruktur ist jedoch noch nicht sehr weit entwickelt.

Kurze Abstecher von der Hauptstraße nach Shimla führen nach **Naldera** (Golfplatz) und **Mashobra;** zwei ruhige Ferienorte mit schönem Blick auf die höheren Gipfel.

Auf dem Weg von Narkanda im Tal des Sutlej weiter nach Osten gelangt man in die Grenzregion **Kinnaur. Rampur Bushahr** ❽, 140 km von Shimla entfernt direkt am Flussufer gelegen, ist ein bedeutender Umschlagplatz für Waren aus dem Bundesstaat Himachal Pradesh. Bekannt ist der drei Tage dauernde Lavi-Markt im November. Wenn das Tagesgeschäft erledigt ist, wird abends gesungen und getanzt.

Kinnaur gehört zu den wenig besuchten Regionen Indiens und hat seinen ursprünglichen Charakter bewahren können. Aufgrund der Nähe zur tibetischen Grenze ist die Provinz nur mit einer Sondererlaubnis (*permit*) zugänglich. Sie ist aber leicht zu erhalten.

Fährt man von **Rekong Peo,** der größten Stadt der Region, etwas abseits der Hauptstraße nach **Kalpa,** genießt man einen eindrucksvollen Blick auf den heiligen Berg Kinnaur Kailash. Die Übernachtungsmöglichkeiten sind hier gut; eine Buslinie verbindet Rekong Peo und Kalpa mit dem Ort Sangla im malerischen Tal des Baspa.

Die Region ist Ausgangspunkt verschiedener empfehlenswerter Trekking-

ESSEN

Preiswertes und dazu schmackhaftes nordindisches Essen in Shimla bekommt man in den **vegetarischen Restaurants** unterhalb des Hotels Himani's auf der Mall.

REISEVERBINDUNGEN

Uttarakhand: Dehra Dun ist der einzige Flughafen; Linenverkehr nach Delhi. Ans Schienennetz angeschlossen sind Dehra Dun, Haridwar, Rishikesh (der Bus nach Haridwar ist doppelt so schnell) Kathgodam (von hier mit dem Bus nach Nainital) und Ramnagar (zum Corbett National Park). Ansonsten benutzt man Busse.

Himachal Pradesh: Zugverbindungen nach Delhi bestehen in Shimla, Kullu (Bhuntar)/Manali und Gaggal/Dharamsala. Das Schienennetz ist im Bundesstaat nicht sehr gut ausgebaut, Busse sind das Hauptverkehrsmittel.

Jammu, Kaschmir, Ladakh: Srinagar und Leh sind über ihre Flughäfen mit Delhi und untereinander verbunden. Der einzige Bahnhof des Staates ist in Jammu. Nach Srinagar fahren Busse von Jammu und Delhi, im Sommer auch von Leh nach Srinagar und Manali.

Unten: Hauptplatz und Christ Church in Shimla

Wanderwege durchziehen die Vorberge des Himalaya im Kullu Valley und bieten immer wieder überwältigende Ausblicke

routen wie Sarahan – Kalpa – Upper Kinnaur (hier ist ein sog. Inner Line Permit erforderlich) und Rupa Valley. Ebenfalls faszinierend ist der Pilgerweg um den Kinnaur Kailash.

Das Tal der Götter

Das **Kullu Valley** ❾ liegt auf 1200 m Höhe am Ufer des Flusses Beas. Bekannt gemacht haben es Äpfel, alte Holztempel, Tanz, Volksmusik – und schöne Frauen. In den Bergen ringsum bieten sich reichlich Optionen für Outdoor-Aktivitäten wie Bergwandern, Klettern, Mountainbiken, Paragliding, Skilaufen, Rafting und Angeln.

Das Zentrum der Region, Kullu, weist weniger Sehneswürdigkeiten auf als andere Orte weiter oben im Tal, aber zwei Tempel sollte man keinesfalls verpassen: den Raghunathji-Tempel und den Höhlentempel von Vaisno Devi. Hoch her geht es in Kullu zum Dussehra-Fest (meist im Oktober), wenn Touristen und Einheimische in die Stadt strömen, um an den spektakulären Feierlichkeiten teilzunehmen. Unterkünfte für diese Zeit müssen daher rechtzeitig gebucht werden.

Im Tal sind besonders der pagodenförmige **Hadimba-Tempel** (16. Jh.) bei Manali und der **Basheshwar-Mahadev-Tempel** (7./.8. Jh.) in Bajaura nahe dem neuen Flughafen Bhuntar, 10 km südlich von Kullu, interessant. Auf einem Bergrücken oberhalb von Kullu erhebt sich der beeindruckende shivaitische **Bijli-Mahadev-Tempel** in 2400 m Höhe. Wer die lange Reihe steiler Stufen hinaufsteigt, hat von dort oben eine überwältigende Aussicht.

Von Bhuntar verläuft das **Parvati Valley** in nordöstliche Richtung. An seinem Ende liegt **Manikaran,** ein religiöses Zentrum für Sikhs und Hindus, die Attraktion sind die vielen heißen Quellen, in denen man auch baden kann. Am besten erkundet man das Tal zu Fuß, aber nur mit erfahrenem Guide oder in der Gruppe (in letzter Zeit verschwanden in der Region Trekker oder wurden angegriffen).

Weiter in Richtung Mandi zweigt kurz hinter dem Tunnel die Straße zum **Jalori-Pass** ab, die nach Narkanda und weiter nach Shimla führt. Der letzte Anstieg zum Pass auf 3000 m Höhe ist besonders steil, ein Geländewagen mit Vierradantrieb wird empfohlen. In **Shoja** gibt es gute Unterkunftsmöglichkeiten am Weg.

Die Straße von Kullu nach Manali läuft an den reißenden Wassern des Beas entlang. Nicht weit von Kathrain liegt jenseits des Flusses das mittelalterliche Städtchen **Naggar.** Hier lebte der berühmte russische Maler Nicholas Roerich. In einem Museum sind seine Bilder zu besichtigen (9–13, 14–17 Uhr, Mo geschlossen; Eintritt). Naggar wird zunehmend beliebter als ruhigere Alternative zu Manali; immer mehr Hotels werden hier gebaut.

Ein Ort für Flitterwochen

Himalaya-Zedern und Rosskastanien prägen die Umgebung des Ferienorts **Manali** ❿. Er ist seit ein paar Jahren sehr beliebt bei indischen Jungvermählten. Da es verstärkt auch westliche Touristen hierher zieht, kann es im Sommer sehr voll werden.

BERGWANDERUNGEN

In Himachal Pradesh gibt es eine Vielzahl von Wanderrouten, die generell weniger stark begangen werden als vergleichbare Touren in Nepal.

Manali–Chandrakhani–Malana (7 Tage): Ramsu (2000 m, 24 km); Chandrakhani (3600 m, 6 km); Malana (2100 m, 6 km); Kasol (8 km); Jari (14 km); Bhuntar (1000 m, 11 km).

Manali–Chandratal (11 Tage): Chikka (3000 m, 13 km); Chhatru (3360 m, 16 km); Chhota Dara (16 km); Batal (16 km); Chandratal (17 km); Topko Yongma (11 km); Topko Gongma (4700 m, 10 km); Baralacha (500 m, 10 km); Patseo (3800 m, 19 km); Jispa (14 km); Keong (3300 m, 20,5 km).

Manali–Deo–Tibba (7 Tage): Khanul (2000 m, 10 km); Chikka (10 km); Seri (5 km); Chandratal (4300 m, 10 km).

Manali–Solang–Tal (7 Tage): Solang (2500 m, 12 km); Dhundi; Beas Kund und zurück (10 km); Dhundi-Shigara Dugh (8 km); Marrhi (3350 m, 10 km).

Dharamsala–Chamba über Lakagot und Bharmaur (8 Tage): Lakagot liegt am Fuß des Indrahar-Passes in 5660 m Höhe.

Shimla-Bezirk: Von Shimla nach Kullu über den Jalori-Pass; von Shimla nach Mussoorie über Tuini; von Shimla nach Churdhar über Fagu.

Die Bushaltestelle und die meisten Hotels befinden sich in der Neustadt, während entlang der Hauptstraße The Mall und auf der anderen Seite des Manalsu-Flusses noch die Atmosphäre der Altstadt lebendig ist. Der **Dhoongri-Tempel,** der Göttin Hidimba geweiht, soll über 1000 Jahre alt sein.

3 km von Manali entfernt sprudeln die Schwefelquellen von **Vashisht.** Der hiesige Tempelkomplex hat zwei nach Geschlecht getrennte Bäder im Freien.

Am Ende des Kullu-Tals, bevor sich die Straße zum Rohtang-Pass hinaufwindet, liegt der Skiort Solang, derzeit der beste Ort in Nordindien, um das Paragliden zu erlernen.

Lahaul Valley und Spiti Valley

Am Ausgang des Kullu-Tals führt eine Serpentinenstraße zum 3978 m hohen **Rohtang-Pass** hinauf. Überquert man den Pass im Nordosten von Himachal Pradesh, gelangt man ins Lahaul- und ins Spiti-Tal, die auf 3000 bis 4800 m Höhe liegen. Sie sind einen großen Teil des Jahres völlig von der Außenwelt abgeschnitten, denn der Rohtang-Pass ist nur von Mai bis Oktober befahrbar. Die Einwohner beider Täler sind kulturell durchaus unterschiedlich; in Lahaul leben etwa je zur Hälfte Hindus und Buddhisten, Spiti ist fast gänzlich buddhistisch.

Nachdem man den Pass überquert hat, teilt sich in **Gramphu** die Straße. Nach Osten geht es ins Lahaul-Tal und weiter über den **Kunzam-Pass** ins Spiti-Tal. Die andere, besser ausgebaute Straße führt nach Norden in Richtung Ladakh und passiert die Bezirkshauptstadt **Keylong** (der einzige Markt zwischen Manali und Leh).

Am Ende des Lahaul-Tals gelangt man über den **Kunzam-Pass** (4551 m) ins Spiti-Tal und damit wieder in eine ganz andere Umgebung, sowohl kulturell als auch klimatisch und landschaftlich. Während das Lahaul-Tal relativ fruchtbar ist und fast schon mediterran wirkt, ist die Landschaft im Spiti-Tal karg, fast öde. Wegen seiner Abgeschiedenheit macht das Tal den Eindruck, als hätte sich hier seit Jahrhunderten nicht viel verändert.

Die Stadt **Kaza** im Spiti-Tal ist der Ausgangspunkt für Trekkingtouren

Im August feiert Chamba den Minjar-Jahrmarkt, das größte und bedeutendste unter den zahllosen Festen in Himachal Pradesh. Man zelebriert die Maisblüte und das Heraufziehen des Regens. Ein prächtiger Umzug mit Pferden und Fahnen leitet die einwöchigen Festlichkeiten ein.

Unten links: Shimla
Unten: Medizinmann im Kullu Valley

Die tibetische Flagge. In Indien leben rund 100 000 tibetische Flüchtlinge

(bei der Polizeistation erhält man das notwendige Permit für die Inner Line Region) und den Besuch des 12 km entfernten Ortes **Kye** mit seinem exponiert auf einer Klippe gelegenen Kloster.

Nicht versäumen sollte man das 46 km weiter talaufwärts gelegene **Tabo-Kloster** (gegründet 996), das bekannteste Kloster des Spiti Valley. In dem 1000 Jahre alten Komplex leben heute noch 60 Mönche. Wegen der herrlichen Fresken im Innern wird es auch Ajanta des Himalayas genannt.

Das Kangra-Tal

Dharamsala ⓫, die Bezirkshauptstadt eines der schönsten Täler des Himalaya, liegt am Fuß des Dhauladhar-Gebirges. Der Ort, bestehend aus Ober- und Unterstadt, erstreckt sich von 1000 bis auf 2000 m Höhe.

Die Oberstadt, besser bekannt als **McLeod Ganj,** ist seit 1959 Sitz Seiner Heiligkeit, des Dalai Lama, und der tibetischen Exilregierung – und damit ein wichtiges Touristenziel. Hier konzentrieren sich die meisten Unterkünfte, doch wer in eines der umliegenden Dörfer ausweicht, hat mehr Ruhe und in der Regel eine ausgezeichnete Basis, um die Umgebung zu entdecken. **Naddi** hat eine besonders eindrucksvolle Aussicht zu bieten.

Die tibetische Bevölkerung unterstützt zahlreiche Organisationen wie TIPA (Tibetian Institute of Performing Arts), die sich für die Erhaltung der traditionellen tibetischen Musik und der Tanzoper *(lhamo)* einsetzen. Wann immer sich die Gelegenheit bietet, einer Aufführung beizuwohnen, sollte man sie unbedingt wahrnehmen.

Ein Besuch des faszinierenden, etwas unterhalb des Basars in McLeod Ganj gelegenen **Klosters Namgyal** verschafft einen hervorragenden ersten Einblick in die Welt des Buddhismus. Wenn der Dalai Lama in der Stadt ist, kann man im Security Office beim Hotel Tibet durchaus um eine Audienz bitten.

Einen Besuch wert ist auch das **Norbulingka Institute,** 5 km außerhalb der Unterstadt, das das kulturelle Erbe des tibetischen Buddhismus erhalten soll und u.a. Kurse für tibetische Sprache, Buddhismus und Meditation anbietet. Ein kleines Museum und eine gut bestückte Bibliothek sind angeschlossen.

Unten: Tibeter in McLeod Ganj

Herausragende Kangra-Miniaturen zeigt das **Museum of Kangra Art** in der Unterstadt (Di–So 10–13.30 und 14 bis 17 Uhr).

Die antike Stadt **Kangra** ⓬, 48 km südlich von Dharamsala, besitzt berühmte Tempel, am bedeutendsten ist wohl der Tempel der Göttin Vajreshwari. Die Festung von Kangra, einst Wohnsitz der hier ansässigen Katoch-Herrscher, erlaubt einen großartigen Rundblick über die Täler.

Auf der Fahrt von Kangra weiter nach Süden passiert man den Pilgerort **Jawalamukhi** mit seiner ewige Flamme: Aus einem Riss im Felsen strömt beständig brennendes Gas.

Etwas abseits der Straße nach Hoshiapur entstand **Pragpur,** Indiens erstes Heritage Village. Große Mühe wurde darauf verwendet, das Leben in der Region darzustellen, wie es vor Hunderten von Jahren war. Ein nettes Hotel mit schöner Atmosphäre rundet das Ganze ab.

Sehenswert sind auch die 34 km südwestlich von Kangra liegenden Felsentempel von **Masrur,** die einzigen in Nordindien. Sie ähneln denen von Ellora im Nundesstaat Maharashtra, sind allerdings längst nicht so gut erhalten. Ihre Entstehung geht auf das 8. bis 10. Jh. zurück.

Wo Milch und Honig fließen

Weiter nördlich bietet das romantische Chamba-Tal, einst ein unabhängiges Fürstentum, mit seinen Tälern, Wiesen, Flüssen, Seen und Bergbächen eine einzigartige Fülle von landschaftlichen Schönheiten.

Der Ort **Chamba** ⓭ liegt am rechten Ufer des Ravi auf 900 m Höhe. Er besitzt einige sehr bekannte Shiva- und Vishnu-Tempel, die sich bis ins 10. Jh. zurückdatieren lassen.

Das **Bhuri-Singh-Museum** in Chamba ist eine wahre Schatzkammer hervorragender Malereien aus der berühmten Kangra- und Basohli-Schule. Außerdem besitzt es eine sehr umfangreiche epigrafische Sammlung zur Geschichte der Region (geöffnet Di–Fr, So, jeden zweiten Samstag 10–17 Uhr).

Weitere interessante Orte im Umkreis von Chamba sind **Dalhousie,** ein ruhiger Bergort auf fünf Hügeln, **Bharmaur,** die antike Hauptstadt von Chamba mit einem Tempel im Pahari-Stil, und **Nurpur** wegen seiner handgearbeiteten Textilien.

In den Ausläufern des Himalaya

Mandi ⓮ liegt am linken Ufer des Flusses Beas in 750 m Höhe. Hier gibt es neben mehreren Tempeln mit schönen Steinmetzarbeiten kaum Sehenswürdigkeiten für Touristen.

Bilaspur liegt 40 km südlich von Mandi in den Siwalik-Hügeln. Dort aollte man der Höhle **Vyas Gufa** sowie den Tempeln **Lakshmi Narayan** und **Radheshyam** einen Besuch abstatten.

Der Tempel **Sri Naina Devi,** dessen zahlreiche Märkte regelmäßig Tausende von Pilgern anziehen, liegt auf einem Bergkegel knapp 57 km von Bilaspur entfernt. Dort hat man eine schöne Aussicht auf das heilige Anandpur Sahib, den Geburtsort eines Sikh-

Während des Shivratri-Fests (Februar/März) tragen die Gläubigen die *rathas* (Sänften) ihrer Familiengottheiten auf den Schultern und ziehen nach Mandi zum Raj-Madhan-Tempel. Anschließend erweisen sie Shiva im Bhootnath-Tempel ihre Reverenz. Es folgt eine fröhliche Festwoche mit viel Tanz und Musik.

Unten: Hinduschrein auf einem Gipfel in Himachal Pradesh

Gottheit in einem tibetischen Tempel in Dharamsala

TIPP

Kunsthandwerk aus Kaschmir, etwa hochwertige Kaschmirschals und -teppiche, kann man auch in den staatlichen Geschäften kaufen, die es in jeder größeren Stadt gibt.

Gurus, auf der einen und Govind Sagar (nach dem Guru Govind Singh benannt) auf der anderen Seite.

Das 45 km von Nahan an der Straße Nahan–Dehra Dun gelegene **Paonta Sahib** ist ein bedeutender Wallfahrtsort der Sikhs. Im eindrucksvollen **Gurdwara** (Tempel) am Yamuna-Ufer drängen sich im März während des Hola-Festes die Pilger.

Kasauli, oberhalb von Chandigarh gelegen, ist das Delhi am nächsten liegende Ferienziel in den Bergen. Dennoch ist der Ort vergleichsweise wenig überlaufen und bietet schöne Spazierwege in den umliegenden Pinienwäldern.

Jammu und Kaschmir

Obwohl die Gespräche zwischen Indien und Pakistan zur friedlichen Lösung der Teilung Kaschmirs immer wieder aufgenommen werden, bleibt eine Reise in die Region gefährlich. Glücklicherweise ist die Provinz Ladakh im Norden bis heute von Unruhen verschont geblieben.

Unten: Shanti-Stupa oberhalb von Leh

Geografische Gliederung

Geografisch und auch kulturell ist der Bundesstaat dreigeteilt. Jammu liegt in der Ebene und wird hauptsächlich von Dogra und Punjabi bewohnt, die überwiegend Hindus oder Sikhs sind. Weiter im Norden umfasst Kaschmir das Kaschmir-Tal und die umliegenden Berge, die sich von Banihal nördlich nach Pakistan erstrecken. Ladakh, das ebenfalls zum Bundesstaat Jammu und Kashmir gehört, ist die dritte Region (siehe S. 190).

Teile des nördlichen Kaschmir werden von Pakistan kontrolliert, die heutige Grenze ist die Waffenstillstandslinie *(Line of Control)* von 1948/49. Zum Zeitpunkt der Unabhängigkeit war nicht klar, welchem Staat Kaschmir zufallen würde. Der hinduistische Maharaja von Kaschmir entschied sich für einen Anschluss an Indien, obwohl die Bevölkerung mehrheitlich dem Islam anhing. Die Umstände der Entscheidung sind bis heute umstritten. Pakistan forderte 1949 in beiden Teilen der Region eine Volksabstimmung, die aber nie stattfand.

Jammu

Die Stadt **Jammu** ⓯ hat den einzigen großen Bahnhof im Staat Jammu und Kaschmir. Seine Lage auf nur 300 m inmitten der Siwalik-Berge bringt heiße feuchte Sommer mit sich, darum tagt hier das Parlament nur im Winter. Traditionell ist der Ort Zwischenstation auf dem Weg ins Kaschmir-Tal oder für Hindus, die zum Vaishnodevi-Höhlentempel pilgern.

Nennenswerte Heiligtümer der Stadt sind der **Ranbireshwar-Tempel** (kristallene Shiva-Lingams) und der **Raghunath-Tempel**, Vishnus siebter Inkarnation Rama zugeordnet. Beide Anlagen entstanden unter den Dogra Rajas (19. Jh.). Die **Dogra Art Gallery** zeigt Miniaturmalereien der Basholi-, Jammu- und Kangra-Schulen.

Nur 4 km vom Zentrum entfernt thront auf einer Anhöhe über dem Tawi das **Bahu Fort** mit einem Kali-Tempel. Der imposante **Amar Mahal Palace** am nördlichen Stadtrand, heute ein Museum, besitzt u.a. Pahari-Miniaturen und eine sehr umfangreiche Bibliothek.

Das Tal von Kaschmir

Srinagar ⑯, am Dal-See und an den Ufern des Jhelum gelegen, ist Zentrum des Tals von Kaschmir, und im Sommer arbeitet hier das Parlament von Jamu und Kaschmir. Die Menschen leben noch heute auf den Hausbooten am Dal-See. Einen guten Einblick in das tägliche Leben zwischen Reisfeldern und Obsthainen vermittelt der **Schwimmende Gemüsemarkt,** wo sich die Bewohner täglich Lebensmittel besorgen können. Eine der traditionellen Attraktionen Srinagars war schon immer ein Aufenthalt in einem der vielen Hausboothotels.

Am Seeboulevard sind schöne **Mogul-Gärten** angeordnet: der unter Shahjahan angelegte **Chashma Shahi**; ein Stück weiter bezaubern die Anlagen **Nishat** und **Shalimar** mit Springbrunnen und Pavillons mit gitterartigen Marmorarbeiten.

In der Stadt und ihrer Umgebung gibt es bedeutende Moscheen und Sufi-Schreine, die *dargah*, denen Hindus wie Muslime huldigen. Die große **Jama Masjid** entstand im späten 17. Jh. Die **Shah-Hamadan-Moschee** im kaschmirischen Blockhausstil (für Frauen und Nichtgläubige kein Zutritt) wurde ohne Nägel und Schrauben errichtet.

Auf der anderen Flussseite steht die steinerne **Pather Masjid** (1623). Ein Ausflug nach Nagin führt zum Schmuckstück **Hazratbal,** in dem angeblich ein Haar des Propheten Mohammed aufbewahrt wird.

Von **Pahalgam** (östlich von Srinagar) aus wandern hinduistische Pilger – unter strengen Sicherheitsvorkehrungen – in vier Tagen zum Shiva-Höhlenheiligtum **Amarnath.**

Südlich von Srinagar, in Mattan, abseits der Straße von Pahalgam nach Anantnag, liegen die Ruinen des **Martand-Tempelkomplexes** sowie eine heilige Quelle. 3 km südlich von Anantnag rufen in **Achabal** kunstvolle Gärten die Kultur des Mogulhofs in Erinnerung. Auch in **Verinag** gibt es schöne Gärten, während die Tempelruinen von **Avantipur** wieder ein Stück weit Richtung Srinagar liegen.

ACHTUNG

In Jammu und Kaschmir wurden in der Vergangenheit Touristen entführt, sogar ermordet, und das Auswärtige Amt rät weiterhin von Reisen in die beiden Regionen des Bundesstaates ab (in der Region Ladakh sollte man die Grenzgebiete meiden). Militante Gruppen und die Armee sind weiterhin aktiv, und es ist noch nicht lange her, dass sich Indien und Pakistan wieder am Rand eines Kaschmir-Krieges befanden.

Unten: Landschaft in Kaschmir

Der Dal-See mit seinen hübschen Hausbooten und der schönen Umgebung gilt als einer der romantischsten Orte Asiens; das Wasser ist jedoch stark verschmutzt

Unten: Der Dal-See bei Srinagar

Gulmarg und Sonamarg

Gulmarg ⓱, eine Autostunde von Srinagar entfernt, lieferte oft die Kulisse für alte Hindifilme. Mit der Fertigstellung eines 8 km langen Skilifts, der höchsten Gondelbahn der Nordhalbkugel, hat eine Renaissance des bereits in den 1970er-Jahren beliebten Wintersportorts begonnen. Erfahrene Skifahrer freuen sich über reichlich Pulverschnee und leere Pisten. Allerdings ist die Lawinengefahr nicht zu unterschätzen, vor allem auf ungesicherten Hängen. Verleiher von Skiausrüstungen sind ebenso vorhanden wie Englisch sprechende Skilehrer, die Anfängern auf den beiden mit Schleppliften ausgestatteten Übungshängen die Freude am Fahren auf zwei Brettern nahebringen.

Sonamarg ⓲ mit seinen alpinen Wiesen, auf denen im Frühjahr unzählige Wildblumen blühen, war einst beliebter Halt für Ladakh-Reisende. Allmählich zieht es immer mehr Besucher hierher, auch wenn die Straße von Srinagar nach Leh noch keine echte Alternative zur Verbindung Manali–Leh geworden ist.

Ladakh

Wer einen Eindruck von Tibet gewinnen möchte, sollte »Klein-Tibet« bereisen. Die Region im Nordosten des politisch unruhigen Bundesstaates Jammu und Kaschmir war ehemals ein eigenständiges Königreich, das nach der Invasion der Dogras im 19. Jh. von Indien annektiert wurde. Geografisch wie kulturell hat Ladakh mehr mit Tibet gemeinsam als mit Indien und ermöglicht daher einen guten Einblick in die tibetische Kultur. Die Sprachen Ladakhi und Tibetisch besitzen viele Ähnlichkeiten, der Buddhismus ist die vorherrschende Religion, selbst wenn es viele ladakhische Muslime gibt.

In ihrem Selbstverständnis unterscheiden sich die Bewohner so stark von den übrigen Teilen des Bundesstaats Jammu und Kaschmir, zu dem es politisch gehört, dass der Ruf nach einem eigenen Staat oder zumindest einer direkt Delhi unterstellten Verwaltung in Form eines Union Territory laut geworden ist – auch um Ladakh von den Wirren der Konfliktregion Kaschmir zu bewahren.

Erst 1974 wurde Ladakh für Touristen geöffnet – wie sehr die Region damals von der Welt abgeschnitten war, belegt eine Anekdote von der Landung des ersten kommerziellen Fluges in Ladakh. Gastfreundlich und aufmerksam, wie sie war, brachte die einheimische Bevölkerung große Mengen Gras an die Landebahn, damit das große Metalltier für seinen Rückflug auch genug zu fressen hätte. Natürlich haben sich die Dinge seitdem geändert, aber immer noch hat sich die Region ihren ganz eigenen Charme bewahrt. Für viele Besucher ist Ladakh ein magischer, unvergleichlicher Ort geblieben.

Beste Reisezeit ist Juni bis Mitte September, da in dieser Zeit die Straßen passierbar sind. Der saisonale Tourismus gehört inzwischen zu den wichtigen Einnahmequellen der Region.

Reisende fliegen entweder nach Leh oder wählen die Straßenverbindung über Manali in Himachal Pradesh, die über den 5328 m hohen **Taglang-Pass** führt (die Strecke über Srinagar, Sonamarg und Kargil ist wegen der politischen Situation zwar bis auf Weiteres nicht zu empfehlen, wird aber mittlerweile wieder von einigen Reisenden genutzt). Für die 475 km benötigt man zwei Tage. Unvergesslich ist der Eindruck, wenn das üppige Grün der Landschaft der kahlen Weite des tibetischen Hochlands weicht.

Ganzjährig ist Leh durch Flüge mit Delhi, Chandigarh und Srinagar verbunden; im Winter können sie aufgrund schlechter Wetterbedingungen tagelang ausfallen, im Sommer sind sie häufig überbucht. Der Blick aus dem Flugzeug auf die Eisriesen des Himalaya ist überwältigend. Nach der Landung in Leh sollte man sich unbedingt zwei Tage Zeit für die Akklimatisierung nehmen: Nichts tun und viel Wasser trinken – mindesten drei Liter am Tag. Wegen des sehr trockenen Klimas und der Höhenlage ist eine hohe Flüssigkeitsaufnahme ohnehin angeraten.

Umweltschutz hat in Ladakh einen hohen Stellenwert. Sein sensibles ökologisches Gleichgewicht ist dem Touristenstrom, beispielsweise bei der Trinkwasserversorgung, nicht gewachsen. Wasser aus Einwegflaschen sollte auf jeden Fall vermieden werden, denn Indiens Plastikflaschenberg ist bereits riesengroß. Reisende sollten eine eigene, wiederverwendbare Flasche bei sich tragen und sie (gegen geringe Gebühr) mit abgekochtem Wasser auffüllen, das Umweltschutzprojekte wie Dzomsa zur Verfügung stellen.

»Tschüle!«, grüßt man in Ladakh. Die Ladakhi sind ein freundliches und sehr naturverbundenes Volk, das sich von *tsampa* (geröstetem Gerstenmehl), Joghurt, gesalzenem Buttertee und Fleisch ernährt. Tibetische Gerichte wie *momos* (Klöße) und *thukpa* (Nudelsuppe) sind ebenfalls weit verbreitet.

Leh ⓳

Nach einer langen, anstrengenden Reise, insbesondere über die Landroute, endlich in Ladakhs Hauptstadt anzukommen ist wie eine Erlösung. Der Komfort, den man hier vorfindet, entschädigt für alle Mühen. Nette Unterkünfte und gute Restaurants finden sich reichlich. Da die Hauptsaison La-

TIPP

Wer in Leh ist, sollte unbedingt bei **Dzomsa** hereinschauen. Der Laden hat alles rund um den Umweltschutz, eine umweltfreundliche Wäscherei, abgekochtes Wasser für mitgebrachte Trinkflaschen sowie eine Reihe gesunder Snacks und Getränke, darunter *seabuckthorn juice* (Sanddornsaft). Ansonsten bieten die von Exiltibetern dominierten Geschäfte in Leh nichts Besonderes und sind recht teuer; günstiger und besser kauft man bei Ladakhis.

Unten: Tibetischer Tempel in Leh

TIPP

Es ist nicht einfach, in Leh Geld zu wechseln, auch Kreditkarten werden oft nicht akzeptiert. Auch wenn es mittlerweile zwei internationale Geldautomaten gibt, sollte man genügend Bargeld bei sich haben. Eine schnelle Internetverbindung bekommt man hingegen inzwischen überall in der Stadt.

dakhs genau entgegengesetzt zur Hauptsaison in Goa liegt, kommen viele Köche und Hotelpersonal im Sommer aus Goa nach Leh. Daraus folgt eine Vielfalt der in Leh erhältlichen kulinarischen Genüsse, die angesichts der Landschaft rundherum schon fast surrealistisch wirkt. Nirgendwo sonst kann man wohl in einer Hochgebirgswüste Pizza Calzone verzehren.

Es macht Spaß, durch Lehs Basar zu streifen, auch wenn das Angebot nicht vielfältig ist. Die Preise in tibetischen Geschäften sind oft höher als bei ladakhischen Händlern. Die Restaurants locken mit leckeren tibetischen Gerichten, etwa *momos* (gefüllte Teigtaschen) und *thukpa*, Nudelsuppe, aber auch italienisches, indisches und chinesisches Essen wird angeboten.

Ein Spaziergang führt hinauf zum imponierenden, wenngleich teilweise zerstörten **Palast** aus dem 16. Jh., den Ladakhs Könige bewohnten, bevor sie in den 1940er-Jahren nach Stok übersiedelten (geöffnet 7–9.30 Uhr; Eintritt). Die **Namgyal Tsemo Gompa** thront auf einer Anhöhe über dem Palast (7–9 Uhr; Eintritt).

Unten: Stupa in den Bergen von Ladakh

Unterhalb des Palasts erinnern die engen Gassen der **Altstadt** an vergangene Zeiten; ganz in der Nähe, an der Main Street, steht die neuere, 1957 erbaute **Soma Gompa.** Beeindruckend sind auch die wertvollen Bronzen im kleinen Kloster **Shankar** an der Straße, die aus der Stadt hinausführt. Lohnend ist ferner der Besuch des **Ecology Centre** (Mo–Sa 10–17 Uhr). Mit einer Ausstellung und Videos wird versucht, auf Gefahren für die Umwelt hinzuweisen. Das Zentrum unterhält eine Bibliothek und einen Laden für Kunsthandwerk.

Das **Dzomsa-Ökologie-Zentrum** in der Main Street betreibt eine umweltfreundliche Wäscherei und bietet abgekochtes Wasser an. Im Laden werden außerdem getrocknete Aprikosen und Äpfel verkauft.

Die Klosterroute

In Ladakh blieben einige der ältesten Klöster des tibetischen Buddhismus erhalten. Die meisten sind mit Jeep oder Taxi von Leh aus erreichbar. Der frühe Morgen ist die beste Zeit für den Besuch eines *gompa,* wenn sich die Mönche zum Gebet versammeln, ihre Trommeln schlagen und die Vibrationen der Sakralinstrumene den Raum füllen 70 km westlich von Leh erreicht man nach etwa 2,5 Std. das zum UNESCO-Weltkulturerbe erklärte Kleinod **Alchi** ⓴ (siehe auch S. 194). Wundervolle Wandmalereien, riesige Bodhisattva-Figuren und Holzschnitzarbeiten aus dem 11. Jh zieren das Kloster. Die Künstler kamen aus dem fernen Kaschmir-Tal – sie galten als die besten ihrer Zunft und Zeit. Wie durch ein Wunder blieb die Leuchtkaft der Farben über die Jahrhunderte erhalten.

Eine Übernachtungsmöglichkeit bietet sich in Zelten in der nahen Oase von Saspul (Anmeldung empfohlen).

125 km westlich von Leh liegt eingebettet in bizarre Erosionslandschaft mit weißlichen Felsformationen das sagenumwobene Großkloster **Lamayuru,** eines der ältesten des 11. Jhs. Bis heute leben hier über 100 Mönche des Rotmützenordens.

Nur wenige Kilometer von Leh zeichnet sich oberhalb des Flugplatzes auf einem Felsrücken das Kloster von **Spitok** ab, 16 km weiter westlich liegt etwas abseits der Leh-Srinagar-Straße das imposante **Phiyang Gompa.**

Tagesausflüge von Leh in südlicher Richtung führen entlang des Indus zum 600 Jahre alten **Shey Gompa** (16 km) und zum imposanten Kloster **Tikse** (20 km), seit dem 16. Jh. Sitz des Gelbmützenordens und als eines der schönsten Klöster in Ladakh bezeichnet. Zahllose verwitterte Chörten (stupaähnliche Reliquienschreine) säumen oft die Sakralanlagen.

Nach weiteren 25 km in südlicher Richtung gelangt man nach **Hemis** 21, dem oberhalb der Talsohle gelegenen 400 Jahre alten Zentrum des Rotmützenordens, auch bekannt wegen seiner im Juni abgehaltenen Mysterienspiele und Maskentänze. Kostbarkeit des Tempels ist eine riesige bestickte Thangka, die alle 12 Jahre entrollt wird (das nächste Mal 2016).

Die auf der Hemis-Seite zurückführende Straße berührt die Klöster **Stakna** und **Matho.**

Kurz vor der Indusbrücke, ehe man wieder Leh erreicht, zeichnet sich der Palast von **Stok** (18 Jh.), die Residenz der Könige von Ladakh, ab. Lohnend ist der Besuch des Palastmuseums.

50 km südöstlich von Leh liegt versteckt in einem Seitental auf 4000 m Höhe der kleine Klostertempel von **Traktok,** mit der Meditationshöhle des großen Magiers und Lehrmeisters Guru Rinpoche Padmasambhava aus dem 8. Jh.

Ein idyllischer Spaziergang zwischen Gärten und Gerstenfelder im nordwestlichen Leh führt zu dem Meditationskloster **Sankar Gompa** (tgl. 7–10 Uhr und 17–18 Uhr) und zum **Changspa Chörten,** dem ältesten Heiligtum aus der Dardenzeit (8. Jh.).

Mit Troddeln verzierte Tempelpforte am Kloster Tikse

Grandiose Natur

Zu den beliebtesten **Trekkingzielen** zählen Zanskar und Markha Valley. Kürzere Wanderungen führen zu den Klöstern bei Leh, z.B. von Lamayuru nach Alchi oder Chiling und zu den

Unten: Tibetische Mönche in Hemis

Heiligtümern am Indus. Von den umliegenden hohen Gipfeln ist der Stok Kangri am leichtesten zu besteigen. Die Versorgungslage ist nicht besonders gut, nehmen Sie mit, was Sie benötigen, doch lassen Sie nichts zurück.

Erst seit wenigen Jahren ist es möglich die *restricted areas* zu besuchen, deren wichtigste das **Nubra Valley** ㉒ ist, jenseits des Khardung La (5602 m), des höchsten befahrbaren Passes der Welt. Der alte Name *Ldum-ra* bedeutet Blumengarten und ist wörtlich zu nehmen: Nubra ist viel grüner als Zentral-Ladakh, und die üppigen Oasen entlang dem Nubra-Fluss sind dicht mit Aprikosen-, Apfel- und Walnussbäumen bewachsen. **Panamik,** am Ende des Tals, hat heiße Quellen; das wichtigste Kloster **Gompa Deskit** liegt in der gleichnamigen Stadt. In der Nähe von Nubra gibt es sogar Sanddünen, in denen man manchmal Nachkommen der zweihöckrigen Kamele sehen kann, die einst Waren von Indien nach China und zurück transportierten. Sie sind allerdings recht selten geworden.

» Gompa ist das auch in Ladakh gebräuchliche tibetische Wort für Kloster.

Die beiden Seen **Tso Moriri** ㉓ und **Pangong Tso** ㉔ liegen jeweils eine Dreitagesreise von Leh entfernt (je ein Tag Hin- und Rückreise, zwei Übernachtungen am Wasser). Trotz 4000 m Höhe findet man eine reiche Pflanzen- und Tierwelt. Tso Moriri ist Brutplatz für Streifengänse und die Brahminenweihe. Der 130 km lange Pangon Tso reicht bis nach Tibet hinein.

Das kleine Königreich **Zanskar** war lange für Touristen unerreichbar. Von hohen Bergen und Pässen umgeben, sind die auf 4000 m gelegenen Täler nur in den vier Sommermonaten zugänglich, es sei denn, man wagt im Spätwinter den riskanten Treck entlang dem zugefrorenen Zanskar-Fluss. **Padum** ㉕ ist die größte Ortschaft, von der aus schöne Tagesausflüge unternommen werden können.

Derzeit kann man Padum nur über die Straße von Kargil erreichen, doch es gibt Pläne, das Gebiet mit einer neuen Straßenverbindung nördlich von Padum an die Schnellstraße Leh–Srinagar anzuschließen. Nach Fertigstellung dürfte sich der Charakter von Zanskar grundlegend ändern; wer kann, sollte seine Reise in diese Region deshalb eher früher als später unternehmen. ■

Unten: Kloster Alchi

KLOSTER ALCHI

Alchi, rund 70 km westlich von Leh im Industal gelegen, ist vielleicht das großartigste der Klöster in Ladakh. Es wurde im 11. Jh. von dem Tibeter Kal-dan Shes-rab gegründet und zu großen Teilen aus in der Region gewachsenem Weidenholz erbaut. Heute werden die Gebäude nicht mehr als Kloster genutzt, aber von den Mönchen des nahe gelegenen Klosters Likir instand gehalten. Der eigentliche Bau scheint von Handwerkern aus Kaschmir ausgeführt worden zu sein, was man an den aufwendigen Schnitzereien und den bemalten Decken erkennen kann. Diese Gemälde gehören zu den ältesten und umfassendsten erhaltenen Beispielen buddhistischer Kunst aus Kaschmir.

Der älteste Tempel ist Du-Khang. Der Eingang ist mit geschnitzten Ornamenten versehen, die Wände mit Mandalas bedeckt. Auch der dreistöckige Sum-tsek-Tempel ist mit Mandalas ausgemalt, das Schnitzwerk der hölzernen Strukturen sehr fein gearbeitet. Direkt nebeneinander stehen die Schreine Lotsava Lha-Khang und Manjusri Lha-Khang mit jeweils viereckigem Grundriss; Letzterer zeigt innen Darstellungen der 1000 Buddhas. Die Statuen in den Tempeln zeigen Bodhisattvas, darunter Avalokiteshvara und Manjusri.

Alchi wird derzeit renoviert; als Beitrag zu den Kosten wird eine geringe Besuchsgebühr erhoben.

RESTAURANTS UND BARS

Durchschnittspreis für ein Menü mit bis zu drei Gängen ohne alkoholische Getränke:

● = bis 200 INR
●● = 200–500 INR
●●● = 500–1000 INR
●●●● = über 1000 INR

Die Küche der indischen Himalaya-Gebiete unterscheidet sich nicht sehr von der der Ebenen. Die Speisen der muslimischen Kashmiri sind ein Mix aus Mughlai-Küche und persischen Einflüssen: leicht gewürzte Fleischcurrys mit Sahne, Nüssen und getrockneten Früchten. Die häufig vorkommende Mischung von Dal und Reis, evtl. mit einem Gemüsegericht, spiegelt nepalesischen Einfluss wider, während die vielen hier lebenden Tibeter *momos*, Teigtaschen mit Fleisch oder Gemüse, und *thukpa*, Nudelsuppe, eingeführt haben.

Himachal Pradesh

Dalhousie

◆ **Milan**
Gandhi Chowk. ●
Nettes, freundliches Lokal mit gutem indischem und chinesischem Essen.

Dharamsala

◆ **Chocolate Log**
Jogibara Road, McLeod Ganj. ●
Kuchen, Aufläufe, Quiche und andere Leckereien. Hat auch ein schönes Dachterrassencafé.

◆ **Nick's Italian Kitchen**
Bhagsu Road, McLeod Ganj. ●●
Italienisches Essen und gutes Desserts auf einer Dachterrasse mit Blick.

◆ **Shambala**
Jogibara Road, McLeod Ganj. ●
Günstiges vegetarisches Essen, leckeres Frühstück und köstlicher Kuchen.

Manali

◆ **Chopsticks**
The Mall. ●●
Exzellente chinesische und tibetische Küche (sehr gute *momos*). Auch gut fürs Frühstück.

◆ **German Bakery**
The Mall (am Kreisverkehr). ●
Pasteten, Brot und gesunde Kost; sehr lecker.

◆ **Johnson's Café**
The Mall. ●●–●●●
Gartenrestaurant auf dem Weg nach Old Manali (vor Johnson's Lodge). Ausgezeichnetes europäisches Essen, großartig die Forelle.

◆ **Shiva Garden Café**
Old Manali. ●
Beliebtes Restaurant für den kleinen Geldbeutel: gutes Essen, u.a. israelische Spezialitäten, und viel Atmosphäre.

Shimla

◆ **Baljees**
26 The Mall. ●
Beliebte Snackbar; im ersten Stock ist ein sehr gutes Restaurant mit großer Auswahl.

◆ **Choice**
Middle Bazaar. ●–●●
Gutes chinesisches Essen für wenig Geld.

◆ **Devico's**
5 The Mall. ●–●●
Indisches, chinesisches und westliches Fast Food, Milkshakes und Bar.

Ladakh

Leh

◆ **Dreamland**
Fort Road. ●●
Europäosche und chinesische Küche; viel Fleisch.

◆ **La Terrasse**
Main Square. ●●
Die beste Pizza der Stadt; immer voll, aber gut geführt.

◆ **Norlakh Tibetan Restaurant**
Main Street. ●
Leckeres, billiges tibetisches Essen; Bananen mit Vanillesauce als Nachtisch.

◆ **Pumpernickel German Bakery**
Main Street. ●–●●
Große Auswahl an Brot, Pasta, Müsli, Kuchen und Pasteten; herrlicher Apfelkuchen.

◆ **Tibetan Kitchen**
Hotel Tso-Kar, Fort Rd. ●
Nettes Restaurant in schönem Innenhof. Einfache, aber gute tibetische Gerichte.

Uttarakhand

Dehra Dun

◆ **Daddy's**
3 Astley Plaza, Rajpur Road. ●●
Indisches, westliches und chinesisches Essen.

◆ **Kumar**
15a Rajpur Road. ●
Beliebtes, billiges Restaurant mit guter nordindischer Vegetarierküche.

Haridwar

◆ **Big Ben**
Ganga Azure Hotel, gegenüber dem Bahnhof. ●–●●
Im Stil wie ein Schnellimbiss, aber netter Service und große Auswahl.

◆ **Chotiwala**
Lalta Rao Bridge, Upper Road. ●
Weithin bekannt für seine rein vegetarische Küche und feine *thalis*.

Mussoorie

◆ **The Tavern**
The Mall, Kulri. ●●
Beliebtes Restaurant und Bar. Am Wochenende Livemusik.

◆ **Windsor's Whispering Windows**
Library Bazaar, Gandhi Chowk. ●●
Gute indische und chinesische Küche, nette Bar.

Joshimath

◆ **Almora**
Shikar Hotel, High Street. ●
Alteingesessenes Restaurant mit der üblichen Speisenauswahl – aber alles ist köstlich.

Nainital

◆ **Kumaon Restaurant**
Grassmere Estate, Mallital. ●●
Exzellentes Restaurant, das schmackhafte Pahari-Speisen serviert.

Wüstenstaaten

Von Delhi oder Mumbai aus sind Rajasthan und Gujarat gut zu erreichen. Die großteils aus Wüste oder Halbwüste bestehenden Bundesstaaten im Nordwesten zählen zu den farbenprächtigsten Indiens.

Rajasthan verwirrt durch Kamelmärkte, verschleierte Frauen, bunte Turbane und erschreckt durch gelegentliche Atomtests. Rajas empfangen Gäste in ihren zu Hotels umgestalteten Familienpalästen, während Pfauen in prachtvollem Gefieder durch die zauberhaften Gärten stolzieren. Rajasthan lockt mit der rosaroten Stadt Jaipur, den herrlichen Seen und Palästen von Udaipur, der überaus romantischen Wüstenstadt Jaisalmer und dem faszinierenden Mount Abu, und in Ranthambore kann man mit etwas Glück auch noch in freier Wildbahn lebende Tiger erspähen.

Die kleine Insel Diu vor Gujarats Küste hat sich zu einem alternativen Strandgebiet entwickelt, in dem es angenehm ruhig zugeht. Allerdings sind die Einheimischen noch kaum an Sonnenbadende gewöhnt, sodass sich Touristinnen mitunter in einer Amateur-Peepshow wähnen.

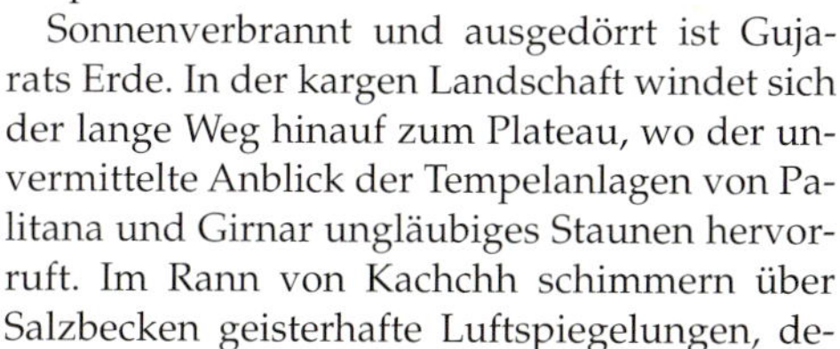

Sonnenverbrannt und ausgedörrt ist Gujarats Erde. In der kargen Landschaft windet sich der lange Weg hinauf zum Plateau, wo der unvermittelte Anblick der Tempelanlagen von Palitana und Girnar ungläubiges Staunen hervorruft. Im Rann von Kachchh schimmern über Salzbecken geisterhafte Luftspiegelungen, deren Muster sich in den verschlungenen Stickereien wiederfinden, für welche die Region zu Recht berühmt ist. Antike Stücke der brillanten Handwerkskunst können hohe Preise erzielen, was wiederum dafür sorgt, dass die Tradition des Umgangs mit der Nadel aufrechterhalten wird.

Das Calico-Museum in Ahmedabad zeigt großartige Beispiele des textilen und architektonischen Erbes von Gujarat. Zigeunerinnen mit vielschichtigen Gewändern und aufwendig verziertem Kopfschmuck, die zwischen Fahrzeugen hindurchschlüpfen, ähneln lebenden Ausstellungsstücken. ■

Vorhergehende Seiten: Salzbecken im Rann von Kachchh
Links: Gefärbte Stoffe in Rajasthan **Oben rechts:** Wasserträger in der Thar-Wüste
Oben links: Haveli in Shekhavati **Oben:** Fort Amber

Rajasthan

Mehr als die Hälfte Rajasthans ist Wüste oder Halbwüste. Trotzdem spiegeln sich Paläste in idyllischen Seen, schmücken Tempel und Forts mit wunderschön gearbeiteten Reliefs in honig- und rosafarbenem, schneeweißem und rotem Stein das Land.

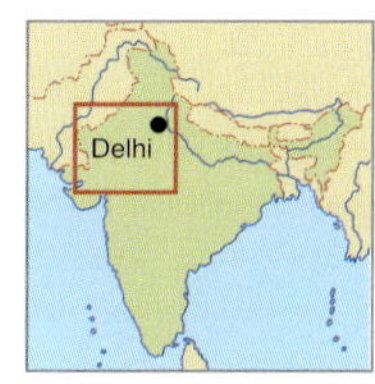

Von den lachsfarbenen Fassaden von Jaipur bis zu den indigoblauen von Jodhpur, von den ockerfarbenen Wällen, die sich auf sandigen Ebenen erheben, bis zu den roten Havelis von Bikaner hat jede Stadt in Rajasthan ihre eigene unverwechselbare Farbe. Außerhalb der Städte verstärkt die monochrome Landschaft die leuchtenden Farben der Rajasthani-Trachten: helle Turbane, üppig gefältelte Röcke mit Stückchen von Spiegelglas und zart bestickte Schleier setzen sich gegen einen Hintergrund von Buschwerk und dünnen *khejri*-Bäumen ab.

Obwohl sie für uns überall die Besonderheit der Region ausmacht, erreicht Rajasthans Extravaganz ihre faszinierendste Ausprägung in den Palästen und Festungen, die die Rajputen-Maharajas errichtet haben. Lebhafter Handel und vorteilhafte militärische Bündnisse mit den Moguln sorgten besonders seit dem 17. Jh. für einen wahren Bauboom, der bis zum Ende der Kolonialzeit anhielt. Aus diesem Grund finden sich nirgendwo sonst in Indien so exotische Stadtsilhouetten. Königliche Residenzen vereinen die anmutigen Linien der islamischen Architektur mit dem Prunkbedürfnis der Herrscher und enthalten u.a. Festsäle, an deren Wänden und Decken Mosaiken, Malereien und Glas funkeln. Bogenfenster eröffnen den Blick vom Hofgarten auf die Ansammlungen von Flachdächern weit unten bis zu den dahinterliegenden Wüstenlandschaften.

Unterwegs in der Wüste

Der trockene Nordwesten Indiens wurde schon immer von Dürren heimgesucht, die auch heute noch das Leben der Rajasthani bedrohen, denn 70 % der 60 Millionen Einwohner bestreiten ihren Unterhalt mit Kleinlandwirtschaft. Das Pro-Kopf-Einkommen und die Alphabetisierung hinken dem landesweiten Durchschnitt hinterher, und nach wie vor hat nur eine wohlhabende Minderheit in der Region Zugang zu medizinischer Versorgung, Ausbildung und sauberem Wasser.

NICHT VERPASSEN!

- Jaipur
- Shekhavati
- Pushkar
- Ranthambore N. P.
- Udaipur
- Ranakpur
- Jodhpur
- Jaisalmer

Links: Der Jain-Tempelkomplex in Ranakpur
Unten: Rajasthani-Frau

Schleier in leuchtenden Farben sind ein Markenzeichen von Rajasthan

Nichtsdestoweniger blüht Rajasthans unverwechselbare Kultur: Hier erfüllt sich die romantische Vorstellung von Indien wie nirgendwo sonst. Der Tourismus hat dem traditionellen Kunstgewerbe und Handwerk zu einem enormen Aufschwung verholfen – wohin man in diesem Bundesstaat auch reist, überall findet man wundervolle handgewebte Stoffe, Holzpuppen und Silberschmuck und kann fesselnden Tanz- und Musikaufführungen beiwohnen. Auch für die Land besitzenden Rajputen erwies sich der Reiseboom der vergangenen Jahrzehnte als Segen: Viele der Besitzungen wurden in Luxushotels umgewandelt, in denen sich Reisende nun wie ein Maharaja in seinem Palast fühlen, auf einem Elefanten thronend baufällige Festungsanlagen besichtigen und die Wüste vom Kamelrücken aus erkunden können.

In geografischer Hinsicht teilt sich Rajasthan in eine Monsunklima-Zone im Südwesten, deren dicht besiedelte Ebenen von Flüssen und bröckelnden Sandsteinfelswänden durchzogen sind, und die flache Thar-Wüstensteppe im Westen und Norden. Dazwischen verläuft das Aravalli-Gebirge diagonal von Nordosten nach Südwesten. Der höchste Gipfel ist der Mount Abu (1722 m); an den bewaldeten Hängen und in den abgeschiedenen Tälern le-

Rajasthan

0 — 100 km

ben Bhils und andere Minderheiten, die früher als Sammler und Jäger, heute als Bauern in Substistenzwirtschaft dem Land das Lebensnotwendige abtrotzen.

Die Rajputen

Es gibt Anhaltspunkte dafür, dass der Norden Rajasthans einen Teil der prähistorischen Hochkultur des Industals bildete. Nach deren Niedergang um 1400 v. Chr. fielen indoeuropäische Nomaden auf dem Subkontinent ein, aber es ist unklar, was in den tausend Jahren darauf passierte. Erst in nachchristlicher Zeit gibt es von dort schriftliche Quellen, die zeigen, dass Rajasthan eine wichtige Region staatlicher Entwicklung wurde. Zwischen dem 10. und dem 13. Jh. wurde es ein wichtiges Zentrum von Politik und Kultur, unter der Herrschaft von zahlreichen größeren und kleineren Königen.

Von den neuen muslimischen Herren aus Zentralasien, den Delhi-Sultanen und später den Mogul-Kaisern, wurden sie zwar erobert, aber nicht vernichtet. Schon Kaiser Akbar, der 1556 die Regierung übernahm, setzte mehr auf Verträge als auf Krieg. So machten viele Rajputen-Könige Karriere im Mogulreich. Nach dem Tod des Mogul-Herrschers Aurangzeb 1707 machten sich die Rajputen umgehend unabhängig, sahen sich aber sofort mit einer neue Bedrohung konfrontiert: den mächtigen Marathen aus der Gegend von Mumbai. Von diesen wurden sie so sehr bedrängt, dass sie »Schutzverträge« mit der British East India Company abschlossen.

Nachdem die East India Company mit Mühen die Marathen 1818 besiegt hatte, begann sie nach und nach, die Steuer- und Kontrollschraube bei den Rajputen immer mehr anzuziehen. Eine formelle Selbständigkeit blieb ihnen jedoch bis 1947 erhalten.

Die Rajputen haben eine starke Clan-Ideologie. Ehen dürfen z.B. nur zwischen bestimmten Clans geschlossen werden, niemals innerhalb des eigenen Clans. Etliche der heutigen Familien können auf eine Geschichte von mehr als tausend Jahren zurückblicken.

Traditionell gibt es 36 Clans, in Wirklichkeit existieren jedoch viel mehr. Sie lebten in 23 Königreichen, wo ihre

Rajputs, Königssöhne, war ein Titel, der sich für die Angehörigen der mächtigen Clans in Rajasthan im 16. Jh. durchgesetzt hatte. Ihre Vewandtschaft mit einem König der Vergangenheit berechtigte alle zum Anspruch auf den Krieger-Status.

Unten: Laternenmast mit Elefant, Bikaner Fort

REISEVERBINDUNGEN

Von Jaipur, Jodhpur und Udaipur gehen regelmäßig **Flüge** nach Delhi und Mumbai, auch einige Städte in Gujarat und Südindien werden angeflogen. Der nächstgelegene internationale Flughafen ist Delhi.

Die **Züge** zu Indiens Metropolen sind schnell und verkehren häufig; die Hauptlinie Delhi – Mumbai durchquert den Bundesstaat Rajasthan. Zugreisen sind generell sicherer und komfortabler als Busreisen, allerdings sollte man frühzeitig reservieren, denn die Sitz- und Schlafwagenplätze sind sehr begehrt.

Für kürzere Fahrten bieten sich daher **Busse** an: Von Großstadt zu Großstadt reist man bequem mit den Video Coaches privater Unternehmen (buchbar über Reisebüros), abgelegenere Ziele erreicht man mit den Bussen der staatlichen Transportgesellschaft RSTC.

Das Gemälde im Fort von Nahargarh zeigt einen Feldzug der Rajputen

Angehörigen ca. 13 % der Gesamtbevölkerung ausmachten und eine äußerst wichtige Rolle spielten. Nach der Unabhängigkeit wurden die Königreiche zu einem Bundesstaat mit dem neuen Namen Rajasthan vereinigt. Die Könige wurden enteignet, erhielten aber anfangs noch eine Apanage. 1974 wurden diese Zahlungen eingestellt.

Jaipur ❶

Die rosarote Stadt, Hauptstadt Rajasthans, wurde 1728 von Maharaja Sawai Jai Singh II. aus der Familie der Kachhawaha-Rajputen gegründet. Bis dahin war das nahe Amber das Zentrum seines Reiches. Sawai Jai Singh II. war der bedeutendste Herrscher Ambers (reg. 1700–1743). Er galt als begabter Staatsmann, Astronom, Architekt, Soldat und Mathematiker. Auf der Grundlage der alten hinduistischen Abhandlung Shilpashastra entstand eine Planstadt vom Reißbrett. Als Architekten holte er sich einen Brahmanen aus Bengalen, der mit der hinduistischen Bautradition vertraut war.

Jaipur wurde nach kosmologischen Prinzipen als regelmäßiges Rasternetz angelegt. Die Gebäudeblocks sind von breiten Straßen unterteilt, der Palast liegt im Zentrum. Die Stadt ist von einer Mauer mit sieben Toren *(pols)* umgeben. Die Straßen waren von vornehmen, einheitlich gestalteten Gebäuden und Alleen gesäumt. In der Mitte der Hauptstraße verlief ein Aquädukt, in regelmäßigen Abständen gab es Trinkwasserbrunnen, die teils noch heute benutzt werden.

Die einzelnen Bezirke waren unterschiedlichen Berufsgruppen wie Töpfern, Webern, Färbern und Juwelieren zugeteilt.

Von Delhi und Agra aus gut zu erreichen, ist die Hauptstadt Rajasthans ein hervorragender Ausgangspunkt für Nordindiens sog. goldenes Dreieck der Sehenswürdigkeiten und zieht im Winter ganze Ströme von Reisenden an. Neben der beeindruckenden Rajputen-Architektur bietet Jaipur einen der größten Basare des Landes, der vor allem für Kunsthandwerk, insbesondere Textilien und Edelsteinschmuck, berühmt ist.

Unten: Der Palast von Jaipur

Die Paläste von Jaipur

Der **City Palace** (Palast/Museum 9.30 bis 17.00 Uhr; Eintritt) nimmt den größten Teil des gitternetzartig angelegten Zentrums von Jaipur ein und bildete einst den politischen Mittelpunkt unter den ambitionierten Bauten der Maharajas. Ein Teil des Palasts wird wie ehedem von der Herrscherfamilie bewohnt. Die inneren Anlagen stammen aus dem 18. Jh., weitere Flügel kamen später hinzu und schufen eine Verbindung von Rajputen- und Mogul-Architektur.

Eine Reihe von reich geschmückten Torwegen, breit genug, um Elefantenprozessionen durchzulassen, führt zu den ineinander übergehenden Hofgärten im Zentrum der Palastanlage. Viele Pavillons, *mahals,* sind heute Teil des **Museums Sawa Man Singh II.** Rüstungen, Waffen, kostbare Teppiche, Staatsinsignien, Schmuck, Miniaturen und erlesene Ritualgegenstände aus dem königlichen Besitz machen den Großteil der Sammlung aus, alle verschwenderisch von Kunsthandwerkern verziert, die zum Teil vom Mogul-Hof, zum Teil aus der lokalen Handwerkerschaft kamen. Aufseher mit Turbanen und beeindruckenden Schnauzbärten wachen über die Ausstellung, deren Prunkstück ein Paar 1,5 m hoher Silberkannen darstellt (laut Guinnessbuch der Rekorde die größten handgefertigten Silberobjekte der Welt). In Auftrag gegeben hatte sie Maharaja Sawa Man Singh II., als er 1907 zum Staatsbesuch nach London reiste, um in den – angeblich 8181 Liter fassenden – Gefäßen Ganges-Wasser mit sich zu führen.

Im der Öffentlichkeit zugänglichen inneren Teil der Palastanlage, dem **Pitam Niwas Chowk** (Pfauenhof) kann man vier erlesene, für uns leider verschlossene Türen und das zierliche Äußere des siebenstöckigen **Chandra Mahal** bewundern. Dort leben der gegenwärtige Maharaja Bhavani Singh und seine Familie.

Die meistfotografierte Sehenswürdigkeit von Jaipur ist jedoch der 1799 erbaute **Hawa Mahal** (Palast der Winde, tgl. 9–16.30 Uhr; Eintritt) am Ostrand der Palastanlage. Der fünfstöckige Bau im traditionellen Jaipur-Rosa mit geschwungenen Balkonen, fein gearbeiteten Kuppeln und gemeißelten

TIPP

Die Ankunft am Bahnhof von Jaipur kann für Individualreisende zu einem einschüchternden Erlebnis werden, da sie sich sogleich von ganzen Scharen von Autorikscha-Fahrern bedrängt sehen. Diese Unannehmlichkeit lässt sich am besten vermeiden, wenn man gleich bei der Buchung der Unterkunft um Abholung vom Bahnhof bittet.

Unten links: Im Hawa Mahal
Unten: Süßwarenherstellung auf einem Markt in Jaipur

Die bemalten Elefanten von Amber leiden oft unter Wassermangel, Sonnenstich, Fußverletzungen und Mangelernährung, nachdem sie sich Stunde um Stunde zum Palast und wieder zurück geschleppt haben. Um ihr Elend zu lindern, stellt die NGO Elephant Family (www.elephantfamily.org) Wassertröge, Sonnenschutz und eine mobile Tierklinik bereit und bietet Trainings für Mahuts an.

steinernen *jali*-Sichtblenden ist in Wirklichkeit nur eine prachtvolle Fassade – 953 Fenster erlaubten es den Damen des Hofes, die Außenwelt zu beobachten, ohne selbst gesehen zu werden.

Gleich dahinter erhebt sich das Observatorium **Jantar Mantar** (tgl. 9 bis 16.30 Uhr; Eintritt), das einen verblüffenden Gegensatz zur umliegenden Rajputen-Pracht bildet. Es besteht aus 16 monumentalen geometrischen Elementen, die dem begeisterten Astronomen Maharaja Jai Singh II. zur Berechnung der Positionen und Bewegungen der Planeten und Sterne diente. Neben dieser Sternwarte, die 1948 den Status eines Nationalmonuments erhielt, gibt es noch drei weitere derartige Bauten in heiligen indischen Städten (Mathura, Ujjain und Varanasi).

Der besondere Stolz gilt einer gigantischen Sonnenuhr, deren Schatten binnen einer Stunde um vier Meter weiterwandert und damit eine bis auf fünf Sekunden genaue Bestimmung der Uhrzeit ermöglicht. Einst schlugen Trommler, die am oberen Ende des Schattenzeigers standen, die volle Stunde.

Unten: Languren (Hanuman-Affen) in Amber

Die Umgebung von Jaipur

Außerhalb der Stadtmauern liegt im Ram-Nivas-Garten die Albert Hall mit dem **Central Museum** (tgl. außer Fr 10–16.30 Uhr; Eintritt) im indosarazenischen Stil. Leider etwas vernachlässigt, beherbergt es Abteilungen für Waffen, Schmuck, traditionelle Kunstgegenstände, Kleidung, Musikinstrumente und Elfenbeinschnitzereien.

Auf einigen der kahlen Wüstenberge, die Jaipur umgeben, thronen imposante Festungen, die einen atemberaubenden Blick auf die Stadt erlauben. Bei Sonnenuntergang am schönsten ist das **Nahargarh Fort** (tgl. 10–17 Uhr; Eintritt), erbaut 1734 von Maharaja Jai Singh II. gegen die Marathen-Angriffe angelegt, mit interessanten Gebäuden. Man erreicht die Festung über die Straße oder in weniger als einer Stunde zu Fuß über einen Weg, der an der Nordwestecke des Palasts beginnt.

Weitere Ausflugsziele sind zum einen der ummauerte Bezirk **Gaitor** (tgl. 9–16.30 Uhr; Eintritt frei) an der Straße Richtung Amber, 6 km außerhalb von Jaipur. Er wurde von Jai Singh II. begründet und beherbergt marmorne **Kenotaphe** *(chhatri)*, Ehrenmäler für die frühere Herrscherfamilie Jaipurs. Zum anderen der **Affentempel** in **Galta**, der versteckt in einem Felseinschnitt liegt und den äußersten östlichen Stadtrand überblickt. Der Rama-Schrein bietet Scharen von kreischenden und mit Wasser spritzenden Makaken eine Heimstatt.

Amber und Samode

Amber (11 km von Jaipur entfernt; tgl. 9–16.30 Uhr; Eintritt) war einst die Kapitale der Mina-Stämme, vermutlich der Ureinwohner dieses Gebiets. Bis 1727 blieb Amber Hauptstadt der Kachhawaha-Rajputen. Heute werden hier Touristen von bemalten Elefanten den Berg hinaufgetragen, wo sie mächtige Tore, Höfe, Treppenaufgänge, Säulenpavillons und Paläste bewundern können. Besonders sehenswert sind **Diwan-i-Am**, Jai Singhs Audienzhalle, und **Shish Mahal**, der Spiegelpalast, geschmückt mit wunderschönen Spiegelintarsien, ein Höhepunkt der mogulzeitlichen Architektur. Vom Fort hat man einen herrlichen Blick auf die Gartenanlage im Mogul-Stil.

Über einen steilen Fußweg gelangt man in 20 Minuten vom Palast zum **Jaigarh Fort** (tgl. 9–16.30 Uhr; Eintritt). Die Festungsanlage mit dem herrlichen Blick auf Amber ist der Öffentlichkeit erst seit den späten 1980er-Jahren zugänglich. Zuvor war sie jahrzehntelang versiegelt gewesen, weil angeblich in Gewölben unter den Wasserspeichern ein riesiger Goldschatz schlummerte. Aufgrund der jahrelangen Abgeschiedenheit sind viele Palast- und Tempelbauten in sehr gutem Erhaltungszustand. Jaigarh war berühmt für sein Waffenarsenal, und so ist **Jaya Vana,** die größte historische Kanone Indiens, eine der wichtigsten Sehenswürdigkeiten. Angeblich hatte sie eine Reichweite von 35 km, wofür rund 100 kg Schießpulver vonnöten waren.

Ebenfalls einen Besuch wert ist das prachtvolle neue **Anokhi Museum for Hand Printing** (tgl. außer Mo 11 bis 16.30 Uhr, www.anokhimuseum.com) in Amber. Diess Handdruck-Museum ist in einer großen alten Haveli am Kheri Gate untergebracht (zehn Gehminuten von der Festung) und widmet sich der Geschichte dieser so typischen Textilgestaltung der Rajasthani. Gezeigt werden sowohl geschnitzte historische Holzmodel für den Musterdruck als auch neuere, eher für den Export bestimmte Gewänder.

Mit einem Teil der Einnahmen des Anokhi-Museums werden Holzmodeldrucker in der Region Jaipur unterstützt, von denen viele in **Sanganer** (10 km südlich von Jaipur) leben. Hier kann man traditionellen Färbern und Textildruckern am besten bei der Arbeit zusehen, die sie in ihren engen kleinen Läden entlang dem Basar ausüben. Die am Flussufer zum Trocknen ausgebreiteten, leuchtend farbigen Baumwollstoffe sind ein wunderbares Fotomotiv. Seit dem 16. Jh. ist Sanganer auch ein wichtiges Zentrum für Papierherstellung: Als Rohmaterial dienen Baumwolllumpen, zudem werden dem Faserbrei Blütenblätter beigegeben, die für die unverwechselbare Textur der manuell hergestellten und anschlie-

TIPP

Das **Tigerreservat in Sariska** ist von Alwar aus sehr gut zu erreichen: Jeder Bus in Richtung Jaipur hält vor den Toren des Parks. Für Fotosafaris eignen sich Jeeps besser als die üblichen, recht lauten Ambassador-Mietautos. Geländewagen man kann beim Forest Reception Office gegenüber dem Sariska-Palast (beim Haupteingang) buchen.

Unten: Bürogebäude in Alwar

Ein Röhrensystem im Keshar Bhawan von Deeg speiste 500 Springbrunnen, die die kühle Frische der Regenzeit simulieren sollten, während rundherum Kanonenkugeln in speziell konstruierten Bahnen das Donnergeräusch nachahmten – eine ungeheure Extravaganz, wenn man bedenkt, dass es eine Woche brauchte, um das Becken zu füllen, und nur wenige Stunden, um es zu leeren.

Unten: Sambharhirsch im Sariska-Reservat
Unten rechts: Bäuerin in Südrajasthan

ßend zu Büchlein gebundenen wunderbaren Papiere sorgen.

Folgt man von Amber aus der Straße nach Delhi, gelangt man nach **Samode** (42 km nördlich von Jaipur), wo inmitten des Aravalli-Gebirges ein spektakuläres Palasthotel liegt. Hier wurden für den Film »Palast der Winde« (1983) die Afghanistan-Szenen gedreht. Die wunderbar erhaltene Durbar-Halle und der Spiegelsaal Shish Mahal zählen zu den erlesensten von Rajasthan und können gegen eine geringe Gebühr auch von Nichthotelgästen besichtigt werden.

Alwar und Sarsika

Eine Abzweigung vom National Highway 8 nach Delhi führt 60 km nordöstlich von Jaipur nach **Alwar** ❷, einem kleinen Handelszentrum mit vielen malerischen historischen Bauten. Das 1771 gegründete Fürstentum ist eines der jüngsten Rajasthans. Die Herrscher liebten es, ihren Reichtum zur Schau zu stellen. Um es den anderen gleichzutun, ließ der erste König Rao Pratab Singh einen aufwendigen **Stadtpalast**, Vina Vilas, bauen, der Stilelemente der Rajputen- und Mogul-Architektur zu einer Fülle von Balkonen, Bögen und Innenhöfen, in denen man ausgiebig herumspazieren kann, vereint.

Das **Alwar Museum** (tgl. außer Fr 10–16.30 Uhr) im Komplex des Stadtpalasts beherbergt eine schöne Sammlung von Miniaturmalereien, Schriften, Waffen und einen Esstisch aus massiven Silber. Hier bekommt man einen Eindruck vom Pomp des höfischen Lebens in Alwar, der im frühen 20. Jh. mit prunkvollen Umzügen und Tigerjagden seinen Höhepunkt erreichte.

Neben dem Palast befindet sich ein Wasserspeicher mit filigranen Tempeln, Kiosken und symmetrischen Treppenfluchten. Als Meisterwerk der indoislamischen Architektur gilt ein doppelstöckiger Kenotaph *(chhatri)*, der dem Andenken an die rituelle Selbstverbrennung *(sati)* der königlichen Lieblingskonkubine Moosi Maharani geweiht ist.

Ein zweiter Königspalast, 37 km südlich von Alwar, diente einst als Jagdschloss und ist heute ein Hotel am Rand der **Sariska-Tigerreservats**. 2005 geriet das Schutzgebiet weltweit in die

Schlagzeilen, als herauskam, dass die gesamte, zwei Jahre zuvor auf 28 Exemplare geschätzte Tigerpopulation Wilderern zum Opfer gefallen war, die mit den Parkwächtern gemeinsame Sache gemacht hatten. Seitdem sind die Besucherzahlen drastisch zurückgegangen; nichtsdestotrotz lohnt der Park einen Besuch wegen seiner reichen Vogelwelt und der reizvollen Landschaft, die von den bewaldeten Hängen des Aravalli-Gebirges geprägt ist.

In **Bairat** (64 km südwestl. von Alwar) sind uralte Steinedikte des Herrschers Ashoka zu sehen, ein buddhistischer *chai-tya* (Tempel) aus dem 3. Jh. v. Chr. und ein bemalter Gartenpavillon (um 1600).

Deeg

Obwohl architektonisch sehr interessant, wird Stadt am Rand von Rajasthan, 34 km südöstlich von Alwar an der Straße nach Bharatpur, nur wenig besucht. Sie war die zweite Hauptstadt der Krieger- und Bauernkaste der Jat, die den Moguln im 18. Jh. die Herrschaft entrissen. Eingezwängt zwischen einem heute ausgetrockneten Burggraben und 28 m hohen Wällen, erlebte die Festung, die die Jat hier errichteten, einige erbitterte Schlachten. Die meisten Besucher kommen jedoch wegen des **Palasts** (tgl. 8–17 Uhr; Eintritt) hierher, dessen Anlage auch eine Reihe von anmutigen Pavillons mit Blick auf den *charbagh*-Garten im indo-islamischen Stil umfasst. Der 1767 erbaute **Gopal Bhawan** (geöffnet Sa–Do) ist das größte Gebäude; es enthält eine Fülle originaler Möbelstücke, etwa eine Schaukel, die einst angeblich der Kaiserin Nur Jahan gehörte. Nach dem gewagtem Überfall Maharaja Suraj Mals auf das in der Hand der Moguln befindliche Delhi wurde sie 1762 als Kriegsbeute nach Deeg verbracht.

Vor dem Palast steht der Monsunpalast **Keshar Bhawan**; der reich ornamentierte Pavillon gilt als der feinste seiner Art in Rajasthan und diente der Herrscherfamilie als Rückzugsort in der Sommerhitze.

Reich geschmückte Städte

Der nach Norden verlaufende National Highway (NH 11) führt zu den bemalten Orten der Provinz **Shekhavati** ❸ und weiter nach Bikaner. Die einst zum Herrschaftsgebiet von Jaipur gehörende Region erlangte ihre Unabhängigkeit 1471 unter Rao Shekhaji, nach dem sie benannt ist.

Einst zogen hier die Karawanen vorbei, die Waren aus den Häfen von Gujarat und aus Zentralindien nach Delhi transportierten, und der florierende Handel mit Opium, Seide, Baumwolle und Gewürzen begründete im 18. und 19. Jh. den Reichtum der sogenannten Marwari-Händler. Vom einstigen Wohlstand der Region zeugen fein gearbeitete Kenotaphe und Wasserspeicher, Tempel und Karawansereien und vor allem die großen, bemalten Häuser *(havelis)* der Kaufleute. Die Familien wetteiferten miteinander um das großartigste, am reichsten verzierte Haus.

Die ummauerten Innenhöfe, in denen die Frauen einen Großteil ihres streng von der Außenwelt abgeschirmten Alltags *(purdah)* verbrachten, werden durch üppige Wandmalereien in

Statuen getreuer Gefolgsmänner auf einem der Kenotaphe in Bikaner

Unten: Typische Wandmalerei in der Region Shekhavati; sie bildet indische und britische Soldaten sowie neue Erfindungen ab

Der Rani-Sati-Tempel in Jhunjhunu (nördlich von Shekhavati) ist das Zentrum eines populären Kultes, in dessen Mittelpunkt eine Kaufmannsfrau steht, die bei der Einäscherung ihres Mannes 1935 eine rituelle Selbstverbrennung *(sati)* vornahm. Obwohl der Sati-Brauch strengste Strafen nach sich zieht, wird er in Rajasthan noch heute gelegentlich ausgeübt. Die Selbstverbrennung einer 18-jährigen Rajputin sorgte 1987 landesweit für Aufregung.

leuchtenden Farben belebt, die mythologische Szenen mit Göttinnen und Göttern darstellen.

Die Männer hingegen führten ihre Geschäfte von den weißen Baumwollmatratzen ihrer Kontore aus, die ebenfalls reich bemalt waren, allerdings mit Szenen aus der großen weiten Welt – viele zeigen neue technische Errungenschaften wie Züge, Heißluftballons und Autos, die man in dieser Ecke Rajasthans damals noch nicht kannte. In versteckten Nischen sind auch erotische Motive zu sehen.

Mittlerweile hat die Zeit ihren Tribut gefordert, doch sind noch genügend Beispiele dieser traditionellen Kunst erhalten, dass eine Reise durch diesen Teil des Landes sich lohnt.

Einige der am reichsten bemalten Havelis der Region Shekhavati findet man in den sandigen Nebenstraßen von **Nawalgarh**, 120 km nördlich von Jaipur. Dort gibt es auch eine ganze Reihe von Hotels, von denen aus man weitere Ausflüge in die Gegend unternehmen kann. Das **Dr. Ramnath A Poddar Haveli Museum** (tgl. 8.30 bis 17.30 Uhr; Eintritt) im Osten Nawalgarhs gehört zu den wenigen vollständig restaurierten Havelis der Stadt. In den benachbarten Havelis Moraka und Bhagton ki Choti kann man interessante Beispiele von Szenen der Hindu-Mythologie und Darstellungen der viktorianischen Zeit bewundern.

Von hier führt die Straße weiter nach **Dundlod** und **Mandawa** mit ihren Burgen, die nun als Hotels geführt werden. Mandawa lockt zudem mit einem Basar und einigen Havelis. Auch ein Besuch von **Fatehpur** (NH 11) im Westen von Shekhavati ist lohnend. Das **Haveli Nadine Le Prince** (tgl. 8–19 Uhr) trägt den Namen der französischen Künstlerin, die es erworben und restauriert hat. Obwohl ihre Übermalungen teilweise als zu grob kritisiert wurden, beschwören sie auf gelungenere Weise als anderswo die Pracht und Herrlichkeit des einstigen Kaufmannslebens herauf.

Wüstenstadt Bikaner ❹

Rao Bika, der jüngste von mehreren Söhnen des Hauses Rathor, gründete diese Stadt 1488. Das erste aus Lehm gebaute Fort ist heute verfallen. 1593 wurde die heutige Festung aus Stein, Junagarh, fertiggestellt. 1818 wurden die Rajputen in einen Vertrag mit den Briten gepresst.

Ganga Singh (1881–1933) versuchte, die Ansprüche der Briten zu erfüllen und baute seinen Staat nach modernen Prinzipen um. Um den Kanal, mit dessen Hilfe er Teile der Wüste zu fruchtbarem Ackerland machen wollte, musste er jedoch kämpfen, denn die Briten wollten das Wasser lieber in ihrer Provinz Punjab behalten.

Die mehrfach erweiterte Palastanlage mit kostbar ausgestatteten Räumen (Shish Mahal, Phool Mahal etc.) macht **Junagarh Fort** (tgl. 10–16.30 Uhr; Eintritt) zu einem der interessantesten Rajasthans. Am kostbarsten ausgestattet ist **Anup Mahal** mit seinen roten und goldenen filigranen Wandverkleidungen *(usta)*. Die **Durbar-Halle** beeindruckt mit herrlichen Fresken, vergoldeten Stuckabeiten, Blumenmustern

HERITAGE HOTELS

Nichts vermittelt einen schöneren Eindruck vom einstigen Leben der Reichen in Rajasthan als eine Nacht in einem historischen Anwesen. Havelis, *thikaras*, kleine Paläste und Forts werden von den Eigentümern oder Ketten heute als Hotels geführt. Einige bieten recht schlichte Gästezimmer in einem bröckelnden Flügel des Palasts, den die weniger betuchten Mitgliedern alter aristokratischer Familien bewohnen. Andere Paläste wurden luxussaniert und um Swimmingpool, Ayurveda-Wellness und Fünf-Sterne-Komfort erweitert. Die Einrichtung ist oft spektakulär: Alte Wandmalereien zieren die Mauern, die Zimmer sind mit Antiquitäten möbliert. Vielleicht bekommen Sie eine traditionelle Musikaufführung zu hören, nächtigen in einem historischen Schlafzimmer oder speisen auf einer Terrasse mit atemberaubendem Blick auf die Wüste.

Die Superluxushotels werden von den Maharajas von Udaipur, Jaipur und Jodhpur geführt. In abgeschiedeneren Gegenden, wo es die kleinen Fürsten den größeren Herren nachgetan haben, ist Luxus aber durchaus auch zum kleineren Preis zu haben. (Unterkünfte s. S. 435)

und Teppichen von erlesener Feinheit; die Miniaturmalerei Bikaners wird von Kennern hoch geschätzt.

Im Vergleich dazu nimmt sich das Heim des heutigen Herrschers relativ bescheiden aus. **Lalgarh Palace** liegt 3 km außerhalb von Bikaner in Richtung Norden. Ganga Singh ließ den roten Sandsteinpalast nach Plänen von Sir Swinton Jacob erbauen, ein Meisterwerk der Rajputen-Baukunst mit fein bearbeiteten Fassaden, kühlen Innenhöfen und Kolonnaden. Zeitgeschichtlich interessant ist das kleine **Shri Sadul Museum** (tgl. außer So 10–17 Uhr; Eintritt) mit einer umfangreichen Fotosammlung aus Familienbesitz. Einen Trakt bewohnt die Familie, der Rest ist Hotel.

Umschlossen von einem 6 km lagen Festungswall aus dunkelrotem Sandstein, ist die **Altstadt** von Bikaner ein Gewirr von gewundenen, staubigen Gässchen, gesäumt von bröckelnden Jain-Tempeln und einigen der exzentrischsten Havelis von ganz Rajasthan. Sie wurden während des Textilbooms im frühen 20. Jh. errichtet und zeigen einen ungewöhnlichen Stilmix aus Art nouveau und viktorianischer Backsteinarchitektur. Im Fremdenverkehrsbüro im RTDC Dholamaru Hotel erhält man die Broschüre Heritage Route mit den architektonischen Highlights der Altstadt.

Kamele, Ratten und Tempel

Bikaner liegt in der Wüste, und viele Bewohner der verstreuten Ortschaften ringsum sind noch heute auf Kamele als Arbeits- und Transporttiere angewiesen. Rund 10 km südlich der Stadt kann man das **National Camel Research Centre** (tgl. 14–17 Uhr)besichtigen – am besten am Abend, wenn die Herden heimkehren. Hier werden nicht nur Kamele gezüchtet, sondern man erforscht auch die Heilwirkung der Kamelstutenmilch, die möglicherweise Krankheiten wie Tuberkulose und Diabetes vorzubeugen hilft.

Das Städtchen **Deshnoke,** rund 30 km südlich von Bikaner, ist eine wichtige Pilgerstätte für die früher sehr verehrte Kaste der Barden *(charans)*. Die Göttin Karni Mata war eine historische Person, durch ihre Wundertaten bald als Göttin verehrt und zur Schutz-

TIPP

Bikaner ist für **Kameltouren** vielleicht nicht so bekannt wie Jaisalmer, aber einige Reiseveranstalter in der Stadt bieten Touren zu weniger überlaufenen Ziele in der Wüste an, wo es viele Wildtiere und zahlreiche traditionelle Dörfer gibt. Empfehlenswert ist das von Vijay Singh Rathore geführte Unternehmen (www.camelman.com).

Unten: Das Eingangstor des Dargah Sharif in Ajmer

Mit seiner hohen Population bietet kein anderer indischer Nationalpark dem Besucher so gute Chancen, einen Tiger in freier Wildbahn zu sehen, wie Ranthambore

Unten: Blick auf den Pushkar-See

gottheit der Herrscherfamilie wurde. Im **Karni Mata Tempel** gelten Ratten *(kaba)* als heilig und werden von den Gläubigen gefüttert. Die *charans* glauben, die Tiere seien wiedergeborene Verwandte. Es wird nicht gern gesehen, wenn man auf sie tritt. Vor der Stadt, in Devi Kund (8 km), stehen die Kenotaphe der früheren Herrscher von Bikaner.

Ajmer und Pushkar

Rund 130 km südwestlich von Jaipur liegt **Ajmer** ❺, die bedeutendste muslimische Pilgerstätte Indiens. Die Stadt war Residenz der Chauhan-Rajputen, die 1193 vom Afghanen-Herrscher Mahmud von Ghor besiegt wurden. Mit ihm kam der persische Sufi-Heilige Khwaja Moinuddin Chishti (1142 bis 1236), der bald auch unter Hindus große Popularität erlangte.

Akbar, der 1556 Ajmer einnahm, pilgerte häufig zum Grabmal des Sufi-Heiligen Dargah Sharif, das bis zum heutigen Tag alljährlich Tausende Pilger anzieht. Besonders belebt ist die Stadt zum Urs-Fest im 7. Monat des Mondkalenders.

Unter den historischen Bauten in Ajmer sind von besonderem Interesse: das **Große Tor,** das Sultan Iltutmish von Delhi im 13. Jh. erbauen ließ, das **Grabmal des Wasserträgers,** der dem Herrscher Humayuns das Leben rettete, und die elegante weiße **Marmormoschee** (1650) Shahjahans.

Eine andere Sehenswürdigkeit, die Moschee **Arhai din ka Jhonpara** westlich des Dargah, war im 12. Jh. eine Sanskrit-Akademie und ist bis heute eines der schönsten Beispiele für indo-islamische, reich mit Inschriften verzierte Architektur.

In Akbars roter Sandsteinpalast **Daulat Khana** an der Station Road empfing der Mogul-Herrscher Jahangir 1616 den ersten Abgesandten des britischen Hofes. Sir Thomas Roe, der ein Handelsrechtsabkommen zustande bringen sollte, war zwar nur teilweise erfolgreich, ebnete aber den Weg für die East India Company.

Jenseits des Gebirgszugs Nag Pahar (Schlangenberge) liegt **Pushkar** ❻, 14 km nordwestlich von Ajmer, ein sehr wichtiger hinduistischer Wallfahrtsort. Einer der wenigen Tempel Brahmas, des Schöpfergottes, steht hier. Die Legende besagt, dass dem Gott nach dem Kampf mit einem Dämon Lotosblütenblätter zu Boden fielen. An dieser Stelle entstand der Pushkar-See. Der Ort besteht aus einer Ansammlung von Tempeln, *ashrams* und *dharamshalas;* jedes Jahr im Herbstmonat *kartika* (Okt./Nov.) wimmelt es hier von Asketen und Gläubigen. Ihr Bad im heiligen See wird morgens und abends von Trommelschlag und Glockenklang begleitet. Neben dem Viehmarkt ziehen traditionelle Jahrmärkte und Rennveranstaltungen die Massen an, aber auch sonst herrscht in den blauen und weißen Tempeln, den Pavillons mit Zwiebeldach und auf den *ghats* das ganze Jahr über fröhliches Treiben.

Hinter Stadt und See erheben sich zwei anmutige Wüstenhügel, gekrönt von kleinen Tempeln, die Brahmas Gattinnen Savitri und Gayatri geweiht sind. Die Tempel erreicht man über gepflasterte Pfade und genießt auf dem herrlichen Spaziergang großartige Ausblicke auf die Hänge des Nag Pahar im Süden und die sandige Thar-Ebene in Norden und Westen.

Ranthambore National Park

Von Tonk, 80 km südlich von Jaipur, führt die Straße südwärts nach Bundi (s. S. 214) und Kota (s. S. 215) oder zum Naturschutzgebiet von **Sawai Madhopur,** wo früher die Maharajas jagten. Über dem Wildreservat (13 km vor der Stadt) thront die mächtige Festung von Ranthambore, 1569 von Akbar erobert. Heute sind nur noch die Ruinen der Paläste und Tempel zu besichtigen.

Berühmt ist **Ranthambore** ❼ für seine Tiger, die man oft in den mittelalterlichen Ruinen oder am Seeufer beobachten kann. Wegen dieser Attraktion ist Ranthambore der beliebteste Nationalpark Indiens und mit rund 30 Tigern maximal ausgelastet (Tiger brauchen viel Platz). Es wird lediglich eine begrenzte Zahl von Eintrittskarten für Safaris ausgegeben, und wenn man nicht gerade in einem der teuren umliegenden Hotels logiert, die über feste Kartenkontingente verfügen, muss man sich am Vortag in die Schlange beim RTDC-Büro in Sawai Madhopur einreihen. Neben Großkatzen – es gibt auch Leoparden – leben im Park Hirschziegen- und einige weitere Antilopenarten sowie Hyänen. Hinzu kommen rund 300 Vogelarten, darunter wilde Pfauen (www.ranthamborenationalpark.com).

Vogelschutzgebiet von Bharatpur

Fährt man von Jaipur Richtung Agra, erreicht man **Bharatpur.**

Im **Palast** ist ein Museum (tgl. 10 bis 16.30 Uhr) untergebracht, das eine recht bunt gemischte Sammlung zeigt. Berühmt wurde Bharatpur aber durch das 29 km² große Vogelschutzgebiet **Keoladeo Ghana** ❽ (tgl. Sonnenaufbis Sonnenuntergang; Eintritt). Es war bis 1940 das Jagdrevier der britischen Vizekönige, der Tagesrekord lag damals bei 4273 erlegten Vögeln. Heute kommen Naturfreunde hierher, um Vögel zu beobachten – die beste Zeit in den frühen Morgen- und in den Abendstunden; ideal sind die Monate Oktober bis Februar.

Während des jährlich stattfindenden Urs-Mela-Fests (Okt. bis Nov.) wird auf den Straßen um die Dargah von Ajmer in riesigen *degs* (Metallkesseln) Glück verheißender *kheer*-Pudding gekocht. Übereifrige springen buchstäblich in den Kessel und lassen sich von Kopf bis Fuß mit dem süßen Reisbrei überziehen – ein wunderbares Fotomotiv!

DER KAMELMARKT

Zwei Wochen vor dem Vollmond des *kartika*-Monats (23. Okt. bis 22. Nov.) kommen die Bewohner der Wüstenregionen Westindiens am Pushkar-See zum berühmten Kartik-Purnima-Fest und Kamelmarkt zusammen. In feinste traditionelle Gewänder gehüllt, treffen sie sich hier, um mit Vieh zu handeln, Ehen zu arrangieren und Verwandte wiederzusehen. Sanft gewellte Dünen und 50 000 staubbedeckte Kamele bilden die Kulisse für eines der fesselndsten Spektakel ganz Indiens. Nebenan findet ein Jahrmarkt statt, zu dem auch Kamelrennen, der Wettbewerb um die schönste Felldekoration und andere Veranstaltungen gehören. Bei alldem vergisst man leicht, dass es sich ursprünglich um ein religiöses Fest zum Angedenken an Brahmas Hochzeit mit Savitri und Gayatri handelte. Die Hindus glauben, das Wasser des Sees wüsche von allen Sünden rein.

Während des Fests sind Unterkünfte meist so knapp, dass das Fremdenverkehrsbüro und einige der besseren Hotels Zelte rund um die Stadt errichten. Diese sind mit Ventilatoren, elektrischem Licht, Bädern und weiteren Annehmlichkeiten ausgestattet. Buchungsmöglichkeiten im Voraus bietet www.rajasthantourism.gov.in.

Fensterdetail in der luxuriösen Palastanlage von Udaipur

Das Gebiet besitzt eine Artenvielfalt, die in Asien einzigartig ist. Hier leben 375 Vogelarten, wovon 150 aus so fernen Gegenden wie Sibirien und Europa stammen. Zu den zahllosen einheimischen Wasservogelarten gehört der Sarus-Kranich, der Menschengröße erreicht und eine auffallende scharlachrote Haube trägt. Der seltene Sibirische Kranich ist seit 2002 leider nicht mehr gesehen worden. Auch haben wiederholte Dürreperioden das Vogelleben beeinträchtigt; im Jahr 2006 war das Feuchtgebiet zeitweise komplett ausgetrocknet.

Bundi und Kota

Das 1342 gegründete Fürstentum **Bundi** ❾ im Südosten von Rajasthan liegt eingebettet in die Aravalli-Bergkette. Aufgrund der abgeschiedenen Lage blieben die Einwohner der Hauptstadt unter sich, auch als ab 1818 die Briten die Herrschaft übernahmen. »Bundi ist auf köstliche Weise hinter der Zeit zurückgeblieben«, schrieb der Maharaja von Boroda – was in vielerlei Hinsicht auch heute noch zutrifft. Keine andere Stadt von vergleichbarer Größe (ca. 88000 Einwohner) in ganz Rajasthan wirkt so unberührt von modernen Strömungen.

Die bedeutendste Sehenswürdigkeit von Bundi ist zweifellos der Palast **Chattar Mahal** (tgl. 7–17 Uhr; Eintritt), dessen gewundene, ausgebleichte Mauern aus Ocker und rotem Sandstein sich im See **Naval Sagar** spiegeln. Rampen und Treppen verlaufen in unglaublichem Zickzack zwischen den Wällen, die von Balkonen, Kuppeln und geschweiften Bögen geziert sind.

Anders als vergleichbare Bauten in Rajasthan zeigt der Palast kaum islamische Einflüsse und gilt daher als das unverfälschteste Beispiel der Rajputen-Architektur. Große Bereiche sind der Öffentlichkeit zugänglich. Man betritt die Palastanlage durch das von Elefantenstatuen flankierte Hathi Pol und geht dann weiter durch eine verwirrende Reihe von Sälen, *zenanas* (Frauengemächern), Vorzimmern und Innenhöfen. Der erlesene Badal Mahal wartet mit einigen der schönsten und besterhaltenen Wandgemälden ganz Indiens auf; dargestellt sind zumeist Szenen aus dem Leben Krishnas in

Unten: Die Altstadt von Udaipur

Karte auf Seite 202

schönen, subtilen Türkis-, Blau-, Grün- und Terrakottatönen.

Chitra Shala (Sonnenauf- bis Sonnenuntergang; Eintritt frei) oberhalb des Hauptpalasts enthält hervorragende Fresken aus dem 17. und 18. Jh.. Gleich dahinter führt ein steiler Pfad den Berg hinauf zu den Ruinen der mittelalterlichen Festung **Taragarh**, von wo aus man einen unvergleichlichen Blick auf die Stadt hat.

Die mit traditionellen Läden und Gebäuden vollgestopfte Stadt Bundi selbst erkundet man am besten zu Fuß. Ortskundige Führer weisen den Weg zu verborgenen Brunnenanlagen wie **Ranji-ki-Baori**, deren Wände die zehn Inkarnationen von Vishnu zeigen, und ummauerten Havelis am Seeufer.

Das hiesige Gebiet wurde zunächst von Udaipur und später von Jaipur beansprucht. 1579, als der Herrscher von Bundi einen Teil seines Reiches abtrennte, entstand das Fürstentum **Kota** ❿. Die Stadt ist größer und geschäftiger als Bundi, aber hat zum Teil auch eine schöne alte Bausubstanz. Die Fresken und Miniaturmalereien der Bundi-Kota-Schule gehören zum Besten, was Indien zu bieten hat. Der **Stadtpalast**, eine verwirrende Kombination aus Kuppeldächern, Balkonen und Bastionen, besticht durch große, kunstvolle Einlegearbeiten aus Spiegeln und Glas, die Wände und Decken überziehen. Die Fresken aus dem 18. Jh. zeigen vor allem Szenen aus dem Leben des Gottes Krishna. Das erstklassige Museum **Maharao Madho Singh** (tgl. außer Fr 10–16.30 Uhr; Eintritt) birgt Schätze aus der Privatsammlung der Herrscher. Besondere Aufmerksamkeit verdient der Kleine Audienzsaal **Raj Mahal**, in dem Bilder von der Zeit der Moguln bis zur britischen Kolonialzeit hängen.

Udaipur ⓫

Das Herrscherhaus von Mewar, besser bekannt als Udaipur, hatte von allen Königreichen die größte Bedeutung. Seine ruhmreichste Zeit erlebte es unter den drei Sisodia-Herrschern Rana Kumbha (reg. 1433–1468), Rana Sanga (reg. 1509–1527) und Maharana Pratap (reg. 1572–1597). 1567 zerstörte Mogul Schah Akbar die Residenzfeste der Mewar-Herrscher, Chittaurgarh (Chittor),

Der erste Europäer in Udaipur war Leutnant James Tod, der 1805 als Repräsentant der East India Company hierher kam. Während der nächsten zehn Jahre durchstreifte er »Rajpootana« auf Elefanten und legte sein gesammeltes Wissen über die Herrscherhäuser, Volkskunde, Poesie und Geschichte in dem Buch *Annals and Antiquities of Rajasthan* nieder – bis heute ein bedeutendes Werk über die Region.

Unten links: Udaipur-Palast, Detail
Unten: Lokalkolorit

Der neunstöckige Kirtti Stambha in Chittaurgarh

Unten: Dhobis beim Kleiderwaschen in Bharatpur

die Hauptstadt wurde in das 120 km entfernte Udaipur verlegt.

Mit seinen Seen, Hügeln und Palästen zählt Udaipur auch heute noch zu den malerischsten Städten Nordindiens. Mehrere lange Basarstraßen durchziehen den Ort, in denen geschäftiges Treiben herrscht. In den schön gebauten Häusern entstanden stimmungsvolle kleine Hotels, nette Restaurants, und immer mehr Kaufleute richten hübsche Geschäfte ein. In kleinen Läden und Werkstätten könnte man den Handwerkern stundenlang zuschauen – und natürlich verführen ihre Produkte zum Kauf.

Der Stadtpalast

Der im Verlauf von fast 300 Jahren entstandene Stadtpalast bildet eine eindrucksvolle Fassade aus hellem Stein am Pichola-See, gekrönt von Kuppeln, goldenen Spitzen, Pfeilern und Bögen. Die Ausrichtung nach Osten entspricht dem Symbol der Sisodia-Herrscher, der aufgehenden Sonne. Ein kleiner Teil des Palasts wird noch immer vom Maharaja von Udaipur bewohnt, doch die ältesten, herrlich geschmückten Bereiche sind dem **Stadtpalastmuseum** vorbehalten (tgl. 9.30–16.30 Uhr; Eintritt).

Fantasievolle Spiegelarbeiten, Mosaiken, Gemälde, Porzellanfliesen sowie Einlegearbeiten aus Glas und Halbedelsteinen zieren die Wände. Beim Gang durch die vielen Säle kann man den Wandel von der Spitzbogen- und Zwiebelhaubenpracht der Mogul-Ära zum Pomp der britischen Periode mit böhmischem Kristall und Goldstuck nachvollziehen. Die herrlichsten Verzierungen besitzt der berühmte Mor Chowk (Pfauenhof), dessen Wände vier prächtige, aus 5000 farbigen Glasstücken gebildete Pfauen schmücken.

Den Gartenpalast Bada Mahal erreicht man über eine steile Treppe; in seinem Zentrum befindet sich ein Garten. Dahinter liegt Dil Kushal, dessen Wände mit schönen Miniaturmalereien verziert sind. Es folgen Chini Chitrashala, eine mit holländischen Kacheln ausgekleidete Galerie, und Moti Mahal, der Perlenpalast, dessen Wände aus farbigem Glas und Spiegelarbeiten nicht endende Reflexionen auslösen.

Bilder stellen die Lebensgeschichte des ruhmreichen Rana Pratap in einzelnen Etappen dar, auch seine Rüstung, Waffen und andere Erinnerungsstücke sind aufbewahrt.

Der **Fateh-Prakash,** jüngster Teil des Stadtpalasts, liegt in der Nähe des **Zenana Mahal** (Palast der Königinnen). Sehenswert sind die Durbar-Halle und die Kristallgalerie. Heute bietet der zum Hotel umgebaute Palast anspruchsvollen (und zahlungskräftigen) Reisenden Unterkunft – ebenso wie das ehemalige königliche Gästehaus, **Shiv Nivas**, ein Heritage-Hotel mit exklusiven Suiten.

Die Seen, Paläste und Tempel

Auf Inseln im **Pichola-See** ließen sich die Udaipur-Herrscher Gärten mit Pavillons errichten. Der größte ist der **Jag-Nivas-Garten** von 1746. Hier entstand 1974 das überaus luxuriöse, romantische Lake-Palace-Hotel. Südlich davon liegt der ältere **Jag-Mandir-Garten** auf der gleichnamigen Insel, die man bei Sonnenuntergang besuchen sollte.

In der Altstadt säumen historische Gebäude und leider immer mehr Neubauten das Gewirr der engen, gewundenen Gässchen am Seeufer. Zu den wenigen restaurierten Häusern zählt die **Bagore-ki-Haveli** (tgl. 10–17.30 Uhr) mit 138 Zimmern, das einst der wichtigsten Adelsfamilie des Staates Udaipur gehörte. Heute enthält es ein kleines Museum und einen Konzertsaal für traditionelle Musik- und Tanzaufführungen. Der **Jagdish-Tempel** (17. Jh.) oben auf dem Hügel birgt eine Bronzestatue des mythischen Vogels Garuda; sein 24 m hoch aufragender, mit Friesen übersäter Tempelturm zieht den Blick auf sich.

Am Nordufer des Pichola-Sees liegt das Freilichtmuseum **Shilpgram** (tgl. 11–19 Uhr; Eintritt). In den rekonstruierten westindischen Dorfhäusern wird traditionelles Handwerk und Kunsthandwerk der Region gezeigt, während auf den Straßen Musiker und Tänzer Vorführungen zeigen.

Von hier aus bietet sich ein Ausflug zum **Sajjangarh-Palast** an, der 5 km westlich von Udaipur auf einem Hügel liegt. Der 1883 für die Herrscherfamilie erbaute Palast selbst ist heute halb verfallen und daher kaum von Interesse, doch der Blick auf den See und die Berge rings um Udaipur ist schlicht atemberaubend.

Die Umgebung

24 km nördlich von Udaipur liegen die Tempel von **Eklingji,** des Schutzgottes des Herrscherhauses von Udaipur. Die aus vielen Schreinen bestehende Anlage besitzt schöne Marmorreliefs und ist dem Gott Shiva geweiht. Der Maharana von Udaipur sucht dieses Heiligtum jeden Montag auf. Das antike **Nagda,** wo zwei hinduistische Tempel (10. Jh.) mit herrlichen Fassaden stehen, liegt am Wege.

In **Nathdwara,** 48 km nördlich von Udaipur, steht der Tempel des **Sri Nathji** (Inkarnation Krishnas), eine der wichtigsten Pilgerstätten Rajasthans. Als der puritanische Mogul-Kaiser Aurangzeb im 16. Jh. die Verehrung Krishnas im Land verbot, flohen die Anhänger einer Sekte, der Vallabhacharya, in der Hoffnung auf Zuflucht nach Udai-

Die berühmten, nach der Hauptstadt von Marwar benannten Jodhpur-Reithosen wurden angeblich im Ersten Weltkrieg vom Regenten Pratap Singh eingeführt, dem die um die Schienbeine gebundenen Stoffstücke seiner Soldaten missfielen. Stattdessen entwarf er ein einteiliges Kleidungsstück, das auf der traditionellen Rajputen-Tracht basierte. Nach Singhs Besuch bei Königin Viktoria anlässlich ihres Thronjubiläums 1887 breitete sich die Mode auch in England aus.

Unten: Ranakpur

TIPP

Geführte Wanderungen zu den bewaldeten Tälern und Hügeln rund um die Stadt Mount Abu veranstaltet täglich das Shri Ganesh Hotel (Tel. 02974/237292). Die Touren führen zu einigen der weniger bekannten und unzugänglicheren Aussichts- und Wildbeobachtungspunkte, wo man Bären, Raubkatzen und andere seltene Arten sehen kann.

pur. Noch vor ihrem Zielort blieb der Wagen, der das Kultbild transportierte, in einer Wegfurche stecken. Dies wurde als Zeichen göttlicher Intervention gedeutet, und so errichtete man an jenem Ort einen neuen Schrein.

Forts und Tempel von Mewar

Im einstmals fürstlichen Mewar-Staat stehen drei nahezu uneinnehmbare Festungen: **Chittaurgarh** (Chittor) und **Kumbhalgarh,** 112 km bzw. 64 km von Udaipur entfernt, sowie **Mandalgarh** bei Kota.

Kumbhalgarh ⓬ liegt mitten im Aravalli-Gebirge und ist selbst heute noch schwer zu erreichen, doch die Anreise lohnt schon allein der wunderbar unberührten Landschaft wegen. Das Fort ließ Rana Kumbha im 15. Jh. erbauen, und es ist wahrscheinlich die gewaltigste aller Festungen Indiens. Durch sieben Tore gelangt man zu den Palästen. Man braucht zwei Tage (einschließlich einer unter freiem Sternenhimmel verbrachten Nacht), um die Anlage zu umrunden – eine abenteuerliche Wanderung mit herrlichem Panoramablick, vorbei an vergessenen alten Tempeln, die dichter Urwald und Affenhorden in Besitz genommen haben.

In einem schattigen Tal, 98 km nördlich von Udaipur, stehen die großartigen Jain-Tempel von **Ranakpur** ⓭, die zu den fünf bedeutendsten Kultstätten dieser Glaubensgemeinschaft gehören.

Der 1439 begonnene Haupttempel dieses Komplexes ist Adinath geweiht und heißt nach dem viergesichtigen Bild des Tirthankara auch Chaumukka, der Viergesichtige. Mit seinen 3600 km^2 ist er der größte Jain-Tempel auf dem indischen Subkontinent. Er besitzt einen Wald von 1444 Säulen, von denen wirklich keine der anderen gleicht. Sie alle sind mit feinsten Steinmetzarbeiten verziert. Gleich daneben steht der Sonnentempel, den man nicht übersehen sollte.

Chittaurgarh (Chittor) ⓮ war lange eine heiß umkämpfte Burg. Im 13. Jh. von den Königen von Mewar eingenommen, vertrieb sie kurz darauf der Sultan von Delhi. Im 15. Jh. starteten sie einen zweiten Versuch, dessen Gelingen mit dem Bau einer Reihe von einmaligen Gebäuden gefeiert wurde, die heute noch, z.T. in Ruinen, vorhanden sind. Besonders die 37 m hohe **Ruhmessäule** (Kirtti Stambha) ist eine großartige Bauleistung. Maharana Kumbha ließ alle Götter und sogar den Namen Allahs auf den Außenwänden einmeißeln. Man kann in der Säule hinaufsteigen. Neben der schönen Aussicht gibt es oben Inschriftentafeln aus dem 15. Jh. Lohnend ist auch das sakrale Zentrum nebenan mit dem Sammideshvara-Tempel und dem Gaumukh- (Kuhkopf-) Teich. Die Paläste von Maharana Kumbha, relativ schmucklos, zählen zu den ältesten erhaltenen Palastbauten Indiens. Etwas weiter im Norden befindet sich ein Jaina-Zentrum mit dem kleineren Vorläufer der Ruhmessäule.

Mount Abu ⓯

Der auf 1220 m Höhe (190 km westlich von Udaipur) gelegene Ferienort zieht im Sommer viele indische Besucher an

Unten: In einem Höhlentempel, Mount Abu

 Karte auf Seite 202

Am Nakki-See erbauten mehrere Könige ihre Sommerresidenzen und kleine Paläste. Daneben ist Mount Abu aber auch ein bedeutendes Pilgerzentrum der Jainas. Mahavira, der letzte der 24 Tirthankaras (Heiligen), soll hier ein Jahr gelebt haben.

Da sie fern der Kriegsgebiete lagen, erhielten sich die mittelalterlichen **Jain-Tempel von Dilwara** (tgl. 12–18 Uhr; Eintritt frei; Fotografieren verboten, Lederartikel müssen draußen vor dem Tempel abgegeben werden) zum Glück unzerstört. Besonders die verschwenderischen Marmorarbeiten des **Adinath-** und **Neminath-Tempels** zählen zu den schönsten Indiens. Sie zeigen, wie es früher im Norden an vielen Stellen ausgesehen haben muss. Die kunstvolle Ausstattung ist unübertrefflich, auf allen Flächen stellen Reliefs Szenen aus der Mythologie, Frauen, geometrische Ornamente und florale Motive dar. Durch ihre Feinheit wirken sie oft durchsichtig wie Elfenbein.

Die anderen Tempel sind weniger interessant: Der Chaumukha-Tempel datiert aus späterer Zeit, der Risabh-Deo-Tempel blieb unvollendet, und der Digambar-Tempel weist kaum Verzierungen auf.

Der höchste Gipfel des Abu-Massivs ist der 1772 m hohe **Guru Shikhar**, zugleich der höchste Berg von Rajasthan. Hier befindet sich das Heiligtum Atri Rishi.

Jodhpur ⓰

Die Rathor-Rajputen wanderten im Jahr 1211 in das heiße, trostlose Marusthal im Herzen Rajasthans ein. Ihr Land erhielt den Namen Marwar, Land des Todes. Es deckt sich mit der Wüstenregion West-Rajasthans und umfasst die drei wichtigen Städte Jodhpur, Bikaner und Jaisalmer. Im 15. Jh. regierten die Rathor von ihrer alten Hauptstadt Mandor aus bereits über ganz Marwar. Die Rajputen waren auch die berühmten Züchter der Marwari-Pferde, einer robusten, schnellen Wüstenpferdrasse.

Rao Jodha gründete Jodhpur im Jahr 1459. Bald darauf verbündeten sich die Rathor-Fürsten mit den Moguln und kämpften auf ihrer Seite. Wechselnde Allianzen prägten die folgenden Jahrhunderte, bis Jodhpur 1818 unter den

Fort Meh(e)rangarh in Jodhpur ist einer der am reichsten verzierten und mit Edelsteinen geschmückten Paläste Indiens

Unten: Blick vom Fort auf Jodhpur, die blaue Stadt

Patwon Haveli (Kaufmannshaus) in Jaisalmer

Unten: Ein Führer mit seinem Kamel in der Thar-Wüste außerhalb von Jaisalmer

Einfluss der Briten kam. Heute ist es mit einer Million Einwohner zur zweitgrößten Stadt Rajasthans geworden, hat sich aber einen etwas verträumten Anstrich bewahrt.

In den labyrinthischen Gassen der Altstadt findet man Dutzende von Läden, die traditionelle *katputli*-Puppen sowie mit kleinen Spiegeln bestickte Textilien feilbieten. Das faszinierende Blau der Häuser rührt vom Kupfersulfat her, das der Tünche beigegeben wird, um Termiten und andere Insekten fernzuhalten.

Das **Meh(e)rangarh Fort** erhebt sich auf einem mächtigen, 120 m hohen Felsen. Durch sieben Tore führt der serpentinenartige steile Weg ins Innere. Dort umschließt die Palastanlage, eine der eindrucksvollsten Residenzen Rajasthans, mehrere Höfe. Das reichhaltige **Meh(e)rangarh Museum** (tgl. 9–13 und 14.30–17 Uhr; Eintritt) umfasst eine der großartigsten Waffensammlungen Indiens (Maan Vilas), eine prächtige Sammlung von Miniaturmalereien (Umaid Vilas), einen privaten Audienzsaal (Phool Mahal), ein riesiges fürstliches Schlafgemach (Takhat Mahal), eine Anzahl reich verzierter, feinst gearbeiteter Kinderwiegen und ein prächtiges Zelt aus dem 17. Jh.

Umaid-Bhawan-Palast

Am Südrand von Jodhpur steht der gewaltige Umaid-Bhawan-Palast inmitten weitläufiger Gärten. Es waren 3000 Arbeiter vonnöten, um in über zehn Jahren Bauzeit das 347 Räume umfassende Ungetüm zu errichten, dessen Zentrum eine 60 m hohe Kuppelhalle bildet. Auch bei der Innenausstattung scheute Maharaja Umaid Singh keine Kosten: Art déco verbindet sich mit einer kargen Version des Rajasthan-Stils zu einem eigenartigen Konlomerat. Außerdem gibt es zahlreiche extravagante Einrichtungsgegenstände – und das wohl einzige Hallenbad Indiens.

In einem der Flügel lebt nach wie vor die Maharaja-Familie, der Rest beherbergt jedoch heute ein Heritage-Hotel der Superluxusklasse. Wer kein Zimmer gebucht hat, kann immerhin zum Teetrinken hierherkommen und den paradierenden Pfauen auf den ausgedehnten Rasenflächen zusehen. Ein

kleines **Museum** (tgl. 9–17 Uhr; Eintritt) zeigt eine Sammlung von königlichen Schätzen, Herrscherinsignien, Jagdtrophäen und alten Fotos sowie ein Video über den Bau des Palasts nach Plänen des Architekten Henry Lanchester. Gegen eine Gebühr von 1500 Rupien darf man sich auch im übrigen Gebäude umsehen.

Nördlich von Jodhpur

In **Mandore**, der alten Residenzstadt der Rathor-Rajputen, 8 km nördlich von Jodhpur, stehen die wie Tempel gebauten Kenotaphe der Marwar-Herrscher inmitten einer weitläufigen, viel besuchten Gartenanlage.

Osian, 65 km von Jodhpur entfernt, birgt 16 teils hinduistische, teils jainistische Tempel, die aus dem 8. bis 12 Jh. stammen. Mit ihrem Skulpturenschmuck und ihren verzierten Außenfassaden zählen sie zu den schönsten Zeugnissen indischer Tempelarchitektur. Der größte Jain-Tempel, Mahavira, ist dem Gründer der Religionsgemeinschaft, geweiht, der älteste Hindu-Tempel dem Sonnengott Surya.

Jaisalmer ⓱

Jaisalmer, die Residenz der Bhatti-Könige, der Söhne des Mondes, wurde 1156 gegründet. Die hiesigen Rawals erkannten Mitte des 17. Jhs. die Oberhoheit der Moguln an. Das Ortsbild beherrschen Patrizierhäusern mit verzierten Sandsteinfassaden, Balkonen und Terrassen, denn die Kaufleute investierten ihren Reichtum in Residenzen. Prunkvoll sind die berühmten Havelis von Salim Singh, Nathmalji und der Familie Patwon (s. rechts.), allesamt aus dem goldgelben Jaisalmer-Stein erbaut.

Das mächtige, aus gelbem Jura-Sandstein erbaute **Fort** ist von einem 9 m hohen Mauerring umschlossen und hat 99 Bastionen (17. Jh.). In den engen Basarstraßen fühlt man sich ins Mittelalter zurückversetzt. Der **Palast** (tgl. 9–18 Uhr; Eintritt) ist sehenswert, ebenso der Maharani-Palast **Rani-ki-Mahal.** Innerhalb der Festung befindet sich eine Gruppe von schönen **Jain-Tempeln** (tgl. 8–12 Uhr).

Im Süden der Stadt liegt der 1367 künstlich geschaffene **Gadi-Sagar-See,** die einstige Wasserversorgung der Stadt, der von kleinen Tempeln und Gedenkstätten umgeben ist.

Havelis

Am Fuß der Zitadelle stehen viele schöne Havelis, denn bis zur Ziehung der Grenze zwischen Indien und Pakistan nach der Teilung im Jahr 1947 war Jaisalmer ein blühender Handelsort an der Karawanenstraße durch die Thar-Wüste.

Vor allem im 18. und 19. Jh. wurden enorme Summen für den Bau von Privathäusern ausgegeben, und die hiesigen *silavats* (Steinmetze) waren berühmt für ihre Kunstfertigkeit. Die drei schönsten Häuser sind **Patwon Haveli** (geöffnet tgl. 8–18.30 Uhr; Eintritt), dessen Fassade 60 fein geschnitzte Balkone zieren, sowie **Salim Sigh Haveli** (geöffnet tgl. 8–19 Uhr; Eintritt) an der Gadi Sagar Road und **Nathmal Haveli** in der Nähe der Court Road gleich nördlich des Forts. ■

SHOPPING

In Jaisalmer kann man hervorragend Souvenirs einkaufen, vor allem originelle **Patchworkdecken,** die in der ganzen Stadt angeboten werden, und traditionelle **Rajasthani-Puppen** *(katputli).* Letztere werden noch immer von der hiesigen Kaste der Puppenmacher hergestellt; ihr Dorf liegt in der Wüste am Nordwestrand der Stadt (fragen Sie nach *katputli bastee*).

REISEN IN DIE THAR-WÜSTE

Am besten erkundet man die Thar-Wüste mit dem Kamel, und so sind Kamelsafaris das ganz große Geschäft in Jaisalmer. Das Angebot reicht von Halbtagestouren zu den Thar-Ausläufern bis zu einwöchigen Expeditionen mit luxuriösen Nomadenzelten, erstklassiger Verpflegung sowie Musik- und Tanzaufführungen.

Den meisten Reisenden genügen jedoch drei oder vier Tage, um in Begleitung eines Englisch sprechenden Führers, eines Kameltreibers und eines Kochs die weniger leicht erreichbaren Sehenswürdigkeiten der Wüste in Stadtnähe zu besichtigen. Hierzu zählen die Ruinen des alten **Lodurva,** das die Hauptstadt der Bhatti-Herrscher war, bevor Jaisalmer gegründet wurde, und der **Akal Wood Fossil Park,** in dem man die versteinerten Überreste riesiger Bäume aus der Juraze-it bestaunen kann.

Einige Safariveranstalter beginnen ihre Tour mit dem Dorf **Khuri,** dessen mit geometrischen Mustern und Spiegeln verzierte Häuser ein schönes Fotomotiv abgeben. Das beliebsteste Ziel sind jeodch die Sanddünen von **Sam,** 40 km westlich von Jaisalmer, die Schwärme von fliegenden Händlern, Führern, Straßenmusikern und Busladungen von Tagesausflüglern anziehen – ein ziemlich ernüchternder Anblick, wenn man Tage auf dem Kamelrücken verbracht hat, um die berühmten Sonnenuntergänge von Sam zu erleben.

RESTAURANTS

Durchschnittspreis für ein Menü mit bis zu drei Gängen ohne alkoholische Getränke:

● = bis 200 INR
●● = 200–500 INR
●●● = 500–1000 INR
●●●● = über 1000 INR

Die Küche Rajasthans ist ebenso raffiniert und ausgeklügelt wie die Inneneinrichtung der Paläste: Sie kombiniert Zutaten aus ganz Indien mit dem jahrhundertealten kulinarischen Know-how der Hindus, Muslime und Jains. Ob man in Wüstendörfern oder in Palästen speist, stets überrascht die Vielfalt und Komplexität der Gerichte.

Ajmer

◆ Honeydew
Station Road, beim King Edward Memorial. ●●
Das recht schicke Restaurant im Zentrum mit schöner Gartenterrasse ist sehr beliebt, besonders am Wochenende. Es bietet vegetarische und Fleischgerichte der nordindischen Küche sowie ordentliche Pizza.

◆ Mango Masala
Sardar Patel Road. ●●
In dem gutbürgerlichen, schicken kleinen Speiselokal im Nordosten der Stadt hinter der Hauptstraße nach Jaipur serviert man indisches und kontinentales Fast Food, Frucht-»Mocktails« und Shakes. Zudem gibt es sättigende Rajasthan-Thalis, Hauptgerichte aus dem Punjab und *biryanis* nach Hyderabad-Art.

Bundi

◆ Garden
Bohra Meghwahan, beim Lake View Guest House. ●–●●
»Rajasthani Pizza« – Schmelzkäse, Tomaten und indisches Basilikum auf Chapatti mit Zwiebeln und Knoblauch – heißt eine der kulinarischen Kreationen, wie man sie in allen viel besuchten Orten des Bundesstaats findet. Die hiesige Version ist leckerer als anderswo, und das Ambiente ist perfekt.

Jaipur

◆ Anokha Gaon
14 Vishwakarma Road, beim Jodla Power House. ●●●
Hier gibt es unverfälschte Rajasthan-Küche; die Gerichte werden auf Holzfeuer oder im Lehmofen zubereitet und wie ein traditionelles Festmahl auf langen, niedrigen Tischen serviert. Folkloristische Kleinkunstdarbietungen und Kamelritte runden den Abend ab. Am Wochenende herrscht hier ein fürchterliches Gedränge!

◆ Chokhi Dhani
22 km südlich von Jaipur an der Tonk Road. Tel. (0141) 2 77 05 54 ●●●
Die Mittelschicht Jaipurs strömt am Wochenende auf der Hauptstraße gen Süden, um in diesem »Special Village«-Restaurant unter freiem Himmel üppige traditionelle Thalis zu genießen, begleitet von Livemusik, Tanz und Puppenspiel. Für Kinder gibt's Kamel- und Elefantenritte.

◆ Copper Chimney
Maya Mansions, M. I. Road. ●●●
Gute nordindische Küche, serviert in stilvollem Ambiente. Zu den Spezialitäten zählt traditionelles Rajasthan-Lammragout, nach Wüstenart mit *gatta* (Kichererbsenmehl-Bällchen in Joghurt) zubereitet.

◆ Four Seasons
Bhagat Singh Marg. ●●
Das beliebte vegetarische Café-Restaurant serviert die knusprigsten Masala-*dosas* (Pfannkuchen) der Stadt. Zudem gibt es die ganze Palette südindischer Snacks sowie »chindische« Nudelgerichte.

◆ Lassiwala
M. I. Road. ●
An einer Reihe von Straßenständen bekommt man Snacks und sahnig-dickes Lassi, das in Tontassen serviert wird.

◆ LMB
Johari Bazaar. ●●–●●●
Trotz der flotten Inneneinrichtung bietet das vegetarische Restaurant seit gut 50 Jahren traditionelle Küche, die den Reinheitsgeboten selbst der höchsten Kasten entspricht. Den luxuriösen Rajasthan-Thalis spricht man v.a. sonntags zu.

◆ Niros
M. I. Road. ●●●
Eine umfangreiche Speisekarte mit leckeren indischen, chinesischen und abendländischen Gerichten offeriert das saubere Restaurant mit Klimaanlage. Auch der flinke Service rechtfertigt die gehobenen Preise.

◆ Om
Best Western Om Tower, Church Road, hinter der M. I. Road. Tel. (0141) 2 36 66 83. ●●●●
Vom Drehrestaurant im glamourösen Wolkenkratzer aus überblickt man ganz Jaipur, während man köstliche Spezialitäten aus Rajasthan und Nordindien genießt. Beliebter Treffpunkt für betuchte Einheimische und Geschäftsleute. Reservierung empfohlen.

Jaisalmer

◆ Little Italy
Direkt hinter dem ersten Tor des Forts. ●
Herrlich authentische hausgemachte Pasta-Gerichte (die Pizza ist weniger interessant) werden auf einer Terrasse auf der Festungsmauer serviert – vor allem abends schön, wenn die Wälle in Flutlicht getaucht sind.

◆ Natraj
Gegenüber dem Salim Singh ki Haveli.
●

Berühmt ist das hübsche Dachnrestaurant v.a. für sein Hähnchen-Curry nach Mogulart und sein *malai kofta* – Gemüsebällchen in Cremesauce.

◆ Trio
Gandhi Chowk. ●●
Das sehr beliebte, sympathische Lokal bietet, teilweise unterm Zeltdach, gute Gerichte und Getränke sowie Liveaufführungen traditioneller Musik. Wer früh genug da ist, ergattert einen Tisch mit Blick auf das Fort und den Palast.

◆ Vyas Meals Service
In der Nähe der Jain-Tempel im Fort. ●
Ein reizendes älteres Paar serviert hausgemachte *paratha*-Fladen mit *curd* (Joghurt) und Gewürztee zum Frühstück, mittags Thalis und abends traditionelles *dal batti* (Hülsenfrüchte mit luftigen Brötchen). Man muss allerdings Zeit mitbringen …

Jodhpur

◆ Marwar
Taj Hari Mahal.
Tel. (0291) 2 43 97 00.
●●●
Kellner im schwarzen Anzug servieren in schickem Ambiente erstklassige hiesige Marwari-Küche. Kosten Sie das würzige Hammelgericht *Jodhpuri mas*, oder die vegetarische Variante, *gatta ki sabzi*.

◆ Mehran Terrace
Fort Meherangarh.
Tel. (0291) 2 54 97 90.
●●●●
Speisen bei Kerzenschein auf dem äußersten Festungswall – das Ambiente ist unschlagbar, das Essen jedoch zu teuer und eher mäßig.
Nur abends; unbedingt reservieren.

◆ Mishri Lal
Im Torweg unmittelbar südlich des Uhrturms. ●
Eine Institution in Jodhpur, in der einem steten Strom von einheimischen Naschkatzen üppiges *makhania lassi* (mit Büffelsahne, Safran und Kardamom) serviert wird. Wer diese Spezialität zu süß findet, kann hier trotzdem die Atmosphäre der guten alten Zeit genießen.

◆ The Pillars
Hotel Umaid Bhawan.
Tel. (0291) 2 51 01 01.
●●
Unter den vier Hotelrestaurants ist das Veranda-Café das günstigste und stimmungsvollste – Pfauen stolzieren malerisch über den Rasen, und man hat einen herrlichen Blick auf die Stadt und die Wüste. Sehr schön zum Nachmittagstee oder zu einem Drink bei Sonnenuntergang.

Mount Abu

◆ Jodhpur Bhonalaya
Beim Taxistand. ●
Berühmt ist das traditionelle Thali-Lokal vor allem für sein *churma*: mürbe, leicht süße Kardamom-Bällchen.

◆ Kanak
Beim Busstandplatz.
●
Gujarat-Thalis sind anders als jene von Rajasthan: weniger ölig und scharf, oft etwas süßer und mit einzigartigen Geschmackskombinationen – im Kanak gibt's die besten der Stadt.

◆ Veena
Nakki Road. ●●
Fantastische indische Fast-Food-Gerichte, von südindischen *dosas* bis zum Bombay-typischen *pao bhaji* (würziger Linsen-Tomaten-Eintopf mit Rohrnudeln). Auf der zur Straße gehenden Terrasse wird abends ein offenes Feuer entfacht.

Pushkar

◆ Om Shiva
Sadar Bazaar Road. ●
All-you-can-eat-Buffets sind die Hauptattraktion dieses stets gut besuchten Café-Restaurants, einem hippen Treffpunkt am Ostufer des Sees. Die Küche ist überdurchschnittlich gut, der Garten sehr entspannend.

◆ Raju Garden
Nahe Ram Ghat, Hauptbasar. ●
Einfaches Lokal, vorwiegend für Reisende, auf einer mit Lampen und Pflanzen geschmückten Dachterrasse. Das Essen (z.B. Holzofenpizza) wie auch der herrliche Seeblick schlagen die Konkurrenz in diesem Stadtviertel aus dem Feld.

Udaipur

◆ Ambrai
Hanuman Ghat. ●●●
Die Lage auf einer Landzunge im Pichola-See macht das Ambrai zu einem der am schönsten gelegenen Restaurants von Udaipur. Das Essen – vorwiegend Spezialitäten der Mogul- und Rajputen-Küche – steht dem in nichts nach.

◆ Kankarwa Haveli
26 Lalghat. ●●–●●●
Geboten werden üppige vegetarische Thalis mit Gemüsen der Saison und leckerem Merwari-Maisbrot auf einer Dachterrasse über dem See.

◆ Natraj
New Bapu Bazaar, hinter dem Ashok-Kino. ●
Schwer zu finden, immer brechend voll und etwas schmuddelig – aber das köstliche, jeden Tag frisch zubereitete Essen (nordindische Thalis) lohnt die Suche. Bestes Lokal für den kleinen Geldbeutel in Udaipur.

◆ Queen Café
Chand Pol. ●
Echte Udaipur-Hausmannskost mit würzigen vegetarischen Frucht- und Kürbis-Currys und fabelhaftem *pakora*, frisch zubereitet vom netten Inhaberpaar.

◆ Savage Garden
Ostseite der Chand-Pole-Brücke. ●●●
Trendige Fusion-Küche (v.a. Pasta mit lecker gewürzten indischen Saucen) in einer schick umgewandelten 250 Jahre alten Haveli. Die Preise spiegeln das Renommee wider, das jedoch weniger auf der Küche als auf der Einrichtung basiert.

Karte auf Seite 226

Gujarat

Gujarat, eine unwiderstehliche Mischung aus Tradition und Moderne, liegt abseits der touristischen Hauptrouten, ist aber ein lohnendes Ziel für alle, die ein Stück echtes Indien entdecken wollen.

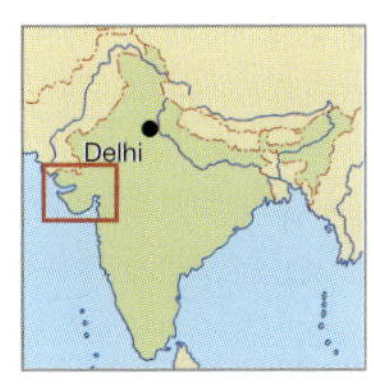

NICHT VERPASSEN!

Ahmedabad: Jama Masjid
Modhera: Sonnentempel
Kachchh (Kutch)
Somnath
Sasan Gir Lion Sanct.
Insel Diu
Palitana

Inmitten des lärmenden Durcheinanders von Fahrrädern, Motorrikschas, Autos und Ochsenkarren bahnt sich ein Motorradfahrer seinen Weg durch die Straßen von Ahmedabad. Links und rechts am Motorrad sind Milchkannen befestigt: Es ist ein Rabari auf dem Weg zu einer Molkereigenossenschaft, der sich eines modernen Transportmittels bedient und doch in der Wahl seiner Kleidung konservativ am Überkommenen festhält – Tradition und Fortschritt sind in Gujarat keine unvereinbaren Gegensätze.

Gujarat ist der indische Bundesstaat mit der höchsten Industrialisierung. Er steht für 20 % des Bruttoinlandsprodukts (sowie für 47 % der petrochemischen Industrie), und die Umweltverschmutzung in den Städten ist gigantisch. Zur weiteren Förderung des Booms wurden am Fluss Narmada einige riesige Staudämme errichtet, was Millionen von Menschen heimatlos machte und Bürgerrechtsorganisationen auf den Plan rief.

Vergangenheit und Gegenwart

Grab- und Siedlungsfunde belegen die Besiedlung Gujarats bereits zur Zeit der Induskultur vor 3500 Jahren. Im Mittelalter errichtete die hinduistische Dynastie der Caulukyas hier ein mächtiges Königreich. Großartige Monumente zeugen noch davon. Unter den Caulukyas nahm auch der Handel einen enormen Aufschwung, zahlreiche Kaufleute siedelten sich hier an, mehrten den Reichtum des Landes und gründeten einflussreiche Gilden. 1298 wurde das Land vom Delhi-Sultan erobert, ca. 100 Jahre später entstand ein selbstständiges Sultanat, das später vom Mogulreich geschluckt wurde.

Der Staat ist in drei Hauptregionen unterteilt. Im Nordwesten liegt der Salzsumpf Rann von Kachchh (Kutch) an der pakistantischen Grenze, im Westen die Halbinsel Kathiawar (oder Saurashtra) zwischen dem Golf von Kachchh und dem Golf von Khambhat.

Links: Adivasi-Frau mit massivem Silberschmuck
Unten: Palast in Ahmedabad

Fischer im Rann von Kachchh, einer entlegenen Salzmarschlandschaft

Der östliche, großteils agrarisch geprägte Teil des Bundesstaats mit der Hauptstadt Ahmedabad bildet die dritte Region.

Bis zur Kolonialzeit lagen in Gujarat die wichtigsten Hafenstädte Indiens. Araber, Juden, Chinesen und später die Europäer hatten hier ihre Niederlassungen, Gujarati waren in allen Häfen am Arabischen Meer zu finden. Noch heute gibt es Gemeinschaften mit afrikanischer Herkunft in der Nähe der Küste.

Im Unterschied zu früheren Zeiten ist das Zusammenleben zwischen Hindus und Muslimen heute leider nicht ohne Spannungen. 2002 fand in einigen größeren Städten Gujarats ein grauenhaftes Massaker statt, bei dem viele hundert Menschen, zum Großteil Muslime, umgebracht und Tausende vertrieben wurden. Dass die Polizei untätig zusah, trug der Regierung unter Vorsitz von Ministerpräsident Narenda Modi, einem anerkannten Hardliner des Hindunationalismus, schwere Vorwürfe ein. Trotz der Kritik aus dem In- und Ausland errang Modi im Jahr 2007 jedoch einen überragenden Wahlsieg.

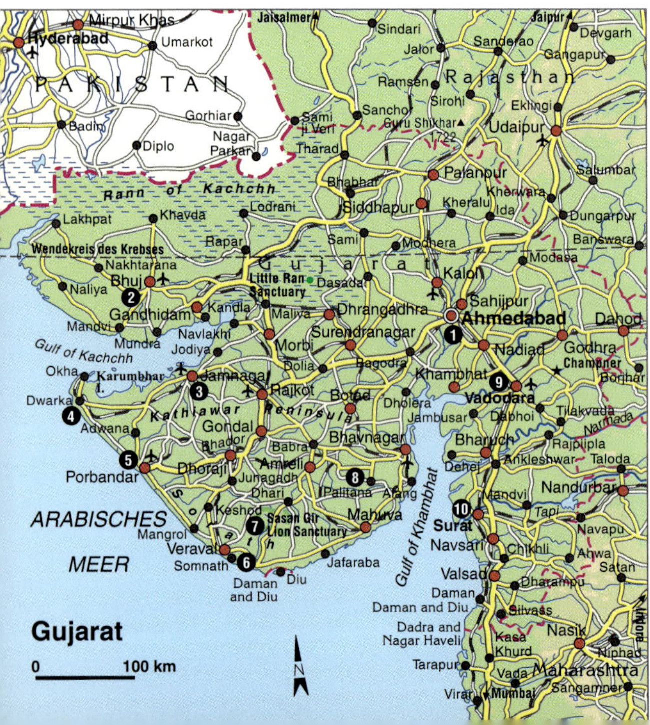

Ahmedabad ❶

Um 1300 unternahm der Sultan von Delhi einen beispiellosen Feldzug nach Zentralindien und eroberte dabei auch Gujarat. Ermutigt durch die spätere Schwächung des Sultanats machte sich der dortige Gouverneur 1402 unabhängig und gründete ein eigenständiges Sultanat, welches 1574 wiederum der Expansionspolitik des Mogulkaisers Akbar zum Opfer fiel. 1411 gründete Ahmed Shah I. an der Stelle des antiken Karnavati Ahmedabad als Hauptstadt.

Heute ist Ahmedabad eine große Industriestadt, vor allem im Textilsektor mit vielen Hotels, Geschäften und Kinos entlang der Ashram Road. Umweltverschmutzung ist ein riesiges Problem. Das traditionelle Müllentsorgungs- und Recyclingsystem ist überfordert, die Luftverschmutzung erreicht kritische Werte, und dem Verkehrssystem droht mit einer weiteren Zunahme des Individualverkehrs der Kollaps. Ahmedabad ist die Stadt mit der höchsten Dichte an Motorrädern in Südasien. Der Sabarmati-Fluss beherrscht das Stadtbild, vier Brücken verbinden die alte Stadt mit der neuen.

Berühmt ist die Stadt wegen ihrer Verbindung zu Mahatma Gandhi: Er wurde in Porbandar an der Südküste von Gujarat geboren und lebte während seines Kampfes für die Unabhängigkeit in den 1940er-Jahren in Ahmedabad – zum einen wegen der hiesigen Textilindustrie (deren Wiederbelebung eine wichtige Rolle in seiner *Swadeshi*-Kampagne zur Selbstversorgung Indiens spielte) und zum anderen, weil die permanenten Aufstände in der Stadt die Verhandlungen über die Zukunft Indiens zu gefährden drohten.

Zahlreiche herrliche Beispiele mittelalterlicher Architektur haben an den hektischen Straßen der Altstadt am Ostufer überlebt. In der Blütezeit der Stadt im 16. und 17. Jh. ließen die Sultane und später die Moguln ihre beeindruckenden Moschee-, Festungs- und Palastbauten von örtlichen Hindu-Handwerkern ausschmücken. Daraus resultierte ein einzigartiger indoislamischer Stil, der auch die Moguln stark beeinflusst hat. Ein besonders schönes Beispiel hierfür ist die **Teen Darwaza**, ein gedrungener Triumphbogen mit drei Durchgängen, der mit einer Mischung aus islamischer Kalligrafie und traditionellen Hindu-Ornamenten verziert ist. Hier findet werktags ein lebhafter Obst- und Gemüsemarkt statt.

Geht man von der Darwaza aus in östlicher Richtung der Mahatma Gandhi Road – der Hauptverkehrsstraße der Altstadt –, gelangt man zur prachtvollen **Jama Masjid** (1424), der Freitagsmoschee, deren von einer Kuppel überwölbte Gebetshalle *(qibla)* von 120 Pfeilern getragen wird, alle reich verziert mit Ornamenten, die in einem Hindu-Tempel derselben Epoche nicht fehl am Platz wirken würden.

Gegenüber der Moschee liegt das **Grabmal von Ahmed Shah I.** (1442) mit seinen hübschen Arkadengängen. Weitaus betriebsamer geht es im benachbarten **Manek-Chowk-Basar** zu, wo Silberhändler auf Kundschaft warten. An den oberen Stockwerken der Haveli, die die Straße säumen, sind fein geschnitzte Holzbalkongeländer angebracht. Die schönsten Arbeiten sieht man längs der Straße **Do-shiwada-ni-Pol**.

Die **Sidi-Sayed-Moschee** an der Dr. Tankaria Road ist mit ihren wunderbaren Ornamenten in Sandstein ein gutes Beispiel für den indoislamischen Baustil. Ihre Doppelfenster aus durchbrochenem Stein zeigen Ornamente aus Palmblättern und zarten Rankengebilden. Die »schwankenden« Minarette der **Sidi-Bashir-Moschee** in Kalipur (südlich des Bahnhofs) sind ein erstaunlicher Anblick. Wird Druck auf die Innenwände der Minarette ausgeübt, so beginnen sie sich leicht zu bewegen – vermutlich eine bauliche Maßnahme zum Schutz vor Erdbeben.

Das **Calico Museum of Textiles** (geöffnet Do–Di 10.30–12.30, 14.45 bis 16.45 Uhr) in Shahibag ist im Gebäude der gemeinnützigen Stiftung der Sarabhai Foundation, einer alten Haveli, untergebracht. Die prächtigsten Brokatstoffe und Stickereien aus Kaschmir, Gujarat und den südlichen Unionsstaaten sollten sich Liebhaber edler Stoffe und traditioneller Dessins auf keinen Fall entgehen lassen. Der eine Flügel des Museums, der säkulare Exponate enthält, ist nur vormittags geöffnet; der andere Flügel ist religiösen und ikonografischen Themen gewidmet und nur nachmittags zu besichtigen.

Hridey Kunj (geöffnet 8.30 bis 18.30 Uhr), der Ashram in **Sabarmati**, ist eine Siedlung mit schönen, schlichten Gebäuden zwischen Mangobäumen. Hier lebte Gandhi und entwickelte seine Theorie des gewaltfreien Kampfes. Das Museum wurde von dem renommierten indischen Architekten Charles Correa entworfen; es zeigt persönliche Gegenstände Gandhis und einige von ihm selbst im Rahmen der *Swadeshi*-Kampagne gewebte Stoffe.

Gujarat Vidyapith, die von Gandhi gegründete Universität an der belebten Ashram Road, besitzt eine Büchersammlung und ein Museum. Angegliedert sind ein Forschungszentrum und

VERKEHR

Gujarat verfügt über mehrere **Flughäfen**, der verkehrsreichste ist Ahmedabad. Bhuj wird täglich von Mumbai aus angeflogen, ebenso Diu, Porbandar, Rajkot, Vadodara, Jamnagar und Bhavnagar. **Züge** und **Überlandbusse** gibt es im ganzen Bundesstaat; sie sind relativ schnell und die Verbindungen recht zahlreich.

Unten: Rituelle Waschung vor dem Gebet, Jama Masjid

Gujarat ist eine der besten Gegenden Indiens für den Kauf von Stoffen und Kunsthandwerk

der Navjivan-Verlag, der das Copyright an Gandhis Werken besitzt. Nicht weit davon entfernt liegt der **Khadi Gramudyog Bhandar**, ein von Gandhi gegründetes Selbsthilfeunternehmen, das handgewebte *Khadi*-Stoffe sowie andere in den Dörfern gefertigte Handarbeiten verkauft.

Architektonische Schätze

In der Zentralregion von Gujarat um Ahmedabad finden sich eine Fülle von stufenförmig angelegten, reich geschmückten Brunnenanlagen (*baoli* oder *vav*). Eine der schönsten, **Dad Hari-ni Vav**, liegt im Nordosten der Stadt. Der Brunnen wurde im Jahr 1500 angelegt und mit traditionellen Hindu-Motiven verziert, obwohl die Auftraggeberin zum Sultansharem gehörte. Die beste Besuchszeit ist vormittags zwischen 10 und 12 Uhr, wenn die Sonnenstrahlen ins Innere dringen.

Noch spektakulärer ist der Treppenbrunnen **Adalaj Vav**, 19 km nördlich der Stadt, dessen Sanskrit-Inschriften besagen, dass er 1498 auf Geheiß der Gattin eines Lokalfürsten erbaut wurde. Reliefbilder von Göttern, tanzenden Mädchen, Musikern, Vögeln, Elefanten und einigen erotischen Szenen schmücken die Wände, Nischen und Pfeiler der rechtwinkligen Brunnenanlage.

Der **Sonnentempel** in **Modhera** liegt drei Autostunden nördlich von Ahmedabad. Er wurde 1026 unter König Bhima aus der Caulukya-Dynastie errichtet, ist dem Sonnengott Surya geweiht und steht auf einem Sockel mit Blick auf ein tiefes Wasserbecken, zu dem steinerne Stufen hinabführen. Das Bauwerk ist nach Osten ausgerichtet, und während der Tagundnachtgleichen im Frühjahr und Herbst wird die Hauptgottheit von den Strahlen der aufgehenden Sonne beleuchtet. Wunderschöne, fein gearbeitete Skulpturen zieren die Fassade aus rotem Sandstein.

Kachchh: Isolation und Zuflucht

Zwischen der indischen Region Kathiawar (Saurashtra) und der pakistanischen Provinz Sindh liegt der hohe Norden von Gujarat, Kachchh (Kutch). Einst war das Gebiet jedes Jahr für Monate von der Außenwelt abgeschnitten,

Unten: Gläubige versammeln sich zu einem muslimischen Fest in der Jama-Masjid-Moschee, Ahmedabad

DIE LETZTE WERFT

Das Küstenstädtchen Mandvi, eine Autostunde südlich von Bhuj, beherbergte einst den wichtigsten Hafen der Region. Vom früheren Reichtum ist nur wenig geblieben, doch sind die Flussufer am Rand der Stadt Sitz einer außergewöhnlichen Werft, die wie seit Jahrhunderten handgefertigte Schiffe ganz aus Holz baut, für die es keine Pläne gibt.

Im Durchschnitt brauchen die muslimischen Werftarbeiter, die kaum elektrisches Gerät einsetzen, zwei Jahre für den Bau eines Schiffes. Die größten kosten bis zu 500 000 Euro, gekauft werden sie von wohlhabenden Arabern in den Golfstaaten, die sie als Freizeitluxusjachten nutzen. Besucher können die halb fertigen Schiffe am Ufer bewundern – kommen Sie an Werktagen (außer Freitag) und bitten Sie den Vorarbeiter um Besuchserlaubnis.

weil es vom Monsunregen überflutet wurde und keine befestigten Straßen und Eisenbahngleise existierten. Die Hinterlassenschaft der Regenzeit sind riesige Schlamm- und Salzflächen mit opalblauen Salzwasserseen, in denen Flamingos stolzieren: die einzigartigen Salzsümpfe Great Rann im Norden und Little Rann im Süden. Die beste Besuchszeit sind die Monate Oktober bis Februar.

Die extreme Abgeschiedenheit erklärt, warum Kachchh lange ein Rückzugsgebiet für die Stammesbevölkerung war. So hat sich hier eine Vielzahl unterschiedlicher Kulturen bewahrt. Besondere Kleidung, Architektur, Handwerk und Kunsthandwerk zeugen für uns davon.

Leider ist die Gegend stark durch Erdbeben gefährdet. 2001 verwüstete eines die ganze Region, und schätzungsweise 25 000 Menschen kamen um. Der Schaden an Häusern und Städten war unermesslich.

Eine der am schlimmsten betroffenen Städte war die von einer mittelalterlichen Mauer umgebene Regionalhauptstadt **Bhuj** ❷, deren alter Kern mehr oder weniger dem Erdboden gleichgemacht wurde. Im **Palast** der Maharao-Herrscher stürzten viele Decken ein, der berühmte **Spiegelsaal** jedoch blieb ebenso unversehrt wie der Großteil seines kostbaren Inhalts, der heute den Grundbestand eines faszinierenden Museums bildet (geöffnet Sa–Do 9–13 und 15–18 Uhr). Kernstück des Palastkomplexes ist der Aina-Mahal-Saal mit Dutzenden von Springbrunnen.

Kachchh ist in ganz Indien für sein Kunsthandwerk, insbesondere Stickereien und Holzblockdrucke, bekannt, und jede der hier lebenden Minderheiten bewahrt ihre eigenen Stile und Techniken. In der Halbwüstenregion nördlich von Bhuj liegt eine Vielzahl von Kunsthandwerksdörfern, man erreicht sie problemlos, wenn man für einen Tag einen Wagen mit Chauffeur und Führer mietet.

Als Einstieg empfiehlt sich der **Kala Raksha Trust** (tgl. 10–14, 15–18 Uhr; www.kala-raksha.org) in Sumrasar, 25 km nördlich von Bhuj, eine nichtstaatliche Organisation, die sich der Bewahrung des regionalen Kunsthand-

TIPP

In Ahmedabad findet jedes Jahr vom 12. bis 14. Januar das **International Kite Festival** (Drachenfest) statt. Einer der Höhepunkte ist die Schlacht der Drachen: Von den Flachdächern der Häuser aus versucht jeder Teilnehmer, die in Klebstoff und Glassplitter gewälzten Drachenschwänze der Wettbewerbsgegner abzureißen. Abends erhellen beleuchtete Kastendrachen den Himmel.

Unten: Drachenfest, Ahmedabad

TIPP

Die **beste Informationsquelle** über Kachchh (Kutch) ist Mr. Pramod Jethi, der hinter dem Ticketschalter des Aina-Mahal-Museums sitzt und Reisenden gern Auskunft erteilt – auch auf die Frage, wie man am besten in die Kunsthandwerksdörfer nördlich von Bhuj gelangt (Sa–Do 9–13, 15–18 Uhr).

werks widmet. Es gibt ein kleines Museum mit Shop, und man kann Rabari- und Garasia-Jat-Frauen zusehen, wie sie traditionelle Stickereien anfertigen.

Wer mehr Zeit zur Verfügung hat, sollte unbedingt einen Ausflug in den **Rann von Kachchh** (Rann of Kutch) unternehmen. Der Little Rann im Südosten beherbergt das abgeschiedene **Wild Ass Sanctuary**, ein 4850 km² großes Reservat für den Khur, den sehr seltenen und wunderschönen Indischen Wildesel. Die scheuen, braungelben Tiere überleben die Monsunüberschwemmung, indem sie sich auf Grasinselchen *(bets)* zurückziehen. Die beiden direkt außerhalb des Reservats gelegenen Hotels organisieren Jeep-Safaris. Man erreicht das Reservat per Mietwagen vom 30 km entfernten Bahnhof Viramgam aus.

Kathiawar entdecken

Kathiawar, auch unter dem Namen Saurashtra bekannt, ist eine große, spatelförmige Halbinsel, die das Herz von Gujarat bildet. Im Norden wird sie vom Golf von Kachchh (Kutch), im Süden vom Golf von Khambhat (Cambay) begrenzt. Die malerische Bezirkshauptstadt **Jamnagar** ❸ ist von einer Mauer mit mehreren Zufahrtstoren umgeben – die Altstadt scheint aus allen Nähten zu platzen, andere Stadtteile hingegen wurden 1914 planvoll angelegt. Bekannt geworden ist Jamnagar als Textilstadt, unter anderem für Bhandani-Stoffe. Darüber hinaus verfügt sie über ein interessantes Museum, das in der Kotho-Bastion im **Lakhota-Palast** untergebracht ist. Über eine Steinbrücke erreichbar, konnte die imposante Bastion bis zu 1000 Soldaten aufnehmen (geöffnet Do–Di 10.30–13, 15–18.30 Uhr; Eintritt).

Die Stadt **Dwarka** ❹, 140 km westlich von Jamnagar, war in der Antike ein blühender Hafen und eine wichtige Kultstätte. Krishna soll sie vor 5000 Jahren gegründet haben. Der **Tempel von Dwarkadish** am Nordufer des Gomti-Flusses besitzt einen Schrein, eine große Halle, ein von 60 Granit- und Sandsteinsäulen getragenes Dach sowie einen kegelförmigen, 50 m hohen Turm. Der Bau ist außen reich verziert, u.a. mit einer Ganesha-Skulptur über dem Eingang.

Unten: Stammesangehöriger in Kachchh

Gandhis Geburtsort

Wer sich für Leben und Werk Mahatma Gandhis (1869–1848) interessiert, sollte eine Fahrt in seine Geburtsstadt **Porbandar** ❺, 90 km südlich von Dwarka, einplanen. Mit seinen kleinen Zimmern, den vergitterten Fenstern und geschnitzten Balkonen strahlt sein Geburtshaus, heute ein Museum, eine Atmosphäre friedlicher Ruhe aus (geöffnet tgl. 7.30–19.30 Uhr). In der Nähe befindet sich das Kirti-Mandir-Museum mit einer Spezialbibliothek, Gegenständen aus Gandhis Besitz, einer Fotoausstellung, einem Web- und einem Gebetsraum.

Über beschauliche Küstenstraßen führt die Fahrt über Chorwad und Verawal nach **Somnath** ❻ (115 km von Porbandar) zu einem der zwölf wichtigsten Shiva-Heiligtümer Indiens, das sich majestätisch am Strand des Arabischen Meeres erhebt. Der Mondgott Soma soll den Tempel erbaut haben, um den zornigen Shiva zu besänftigen, der ihn mit einem Fluch belegt hatte. Weite Teile der Anlage wurden im Jahr 1026 von Mohammed Ghazni zerstört und später im alten Stil wieder aufgebaut. Man hat einen kleinen Tempel an der Stelle errichtet, wo der Legende zufolge der Pfeil eines Jägers den Gott Krishna getötet hat.

In und um Junagadh

Junagadh, am Fuße des Mittelgebirges Girnar auf der Halbinsel Kathiawar gelegen, ist eine der ältesten Städte Indiens. Während des Maurya-Reiches (321–125 v. Chr.) war die Stadt ein wichtiges religiöses und administratives Zentrum. Aus der Zeit von 200 v. Chr. bis 200 n. Chr. sind buddhistische Felsenhöhlen erhalten. Eine neuerliche Blütezeit erlebte Junagadh im 19. Jh. unter muslimischen Fürsten, wovon beispielsweise das prachtvolle Grabmal Mahabat Maqbara im Stadtzentrum zeugt.

Hauptattraktion dieser Gegend aber ist der **Girnar**, ein erloschener Vulkan, der 4 km östlich der Stadt über der Ebene aufragt. Das Massiv hat fünf Gipfel, deren höchster 945 m hoch ist. Man erreicht ihn über gut 8000 Steinstufen, die sich zwischen kleinen Jain- und Hindu-Tempeln den Hang hinaufziehen. Der mit Abstand wichtigste

Shiva-Statue im alten Hindu-Wallfahrtsort Dwarka

Unten: Somnath das Shiva-Heiligtum am Meer

An der Straße 2 km östlich von Junagadh steht ein Felsblock, in den einer der berühmtesten Erlasse des Maurya-Herrschers Ashoka eingraviert ist. Die Inschrift stammt aus dem 3. Jh. v. Chr., sie proklamiert in der alten Brahmi-Schrift Ashokas Übertritt zum Buddhismus und seine inständige Bitte an die Untertanen, Buddhas Lehre des gewaltfreien Handelns zu befolgen. Identische Steine wurden überall im Land aufgestellt.

Unten: Jain-Tempel drängen sich auf dem Berg Shatrunjaya bei Palitana

Tempel ist der Muttergottheit **Amba Mata** (oder Ambaji) geweiht – junge Paare aus ganz Nordwestindien strömen hierher, um eine glückliche und fruchtbare Ehe zu erbitten. Der fünfte, am weitesten von der Stadt entfernte Gipfel wird mit Kalika verbunden, dem Zeit-Aspekt der Göttin Durga; hier lebt eine Gemeinschaft außerordentlich strenger Asketen, die Shiva huldigen.

Die Löwen des Gir Forest

Die trockene, hügelige Waldregion des 40 km von Somnath entfernt gelegenen **Sasan Gir Lion Sanctuary** ❼ ist eines der wenigen Gebiete Indiens, in denen man die bedrohten Asiatischen Löwen noch in ihrer natürlichen Umgebung beobachten kann (geöffnet Mitte Okt bis Mitte Juni, tgl. 7–11, 15–17.30 Uhr; www. tigertrails.co.uk/sasan-gir.html). In dem 1972 gegründeten Naturschutzgebiet leben circa 250 Löwen. Der **Gir Forest** ist eines des wichtigsten und zudem erfolgreichsten Wildreservate Indiens: Die Population hat sich von etwa 100 Löwen zu Beginn des 20. Jhs. auf heute mehr als 250 erhöht.

Das Erbe der Portugiesen

Die Küste von Kathiawar spielte im Seehandel zwischen Nordinidien und dem Persischen Golf schon immer eine wichtige Rolle, und die ersten portugiesischen Seefahrer erkannten rasch das strategische Potenzial einer kleinen Insel namens **Diu** im Süden der Halbinsel Kathiawar. Portugal erhielt den Hafen von Diu 1535 von Sultan Bahadur von Gujarat als Gegenleistung für militärische Unterstützung in seinem Kampf gegen die Moguln. Die Portugiesen blieben auf Diu, bis Ministerpräsident Jawaharlal Nehru sie 1961 gewaltsam vertreiben ließ.

Die Stadt Diu, an das Vorgebirge an der Südspitze der Insel geklebt, hat sich mit einer Reihe von eleganten indoportugiesischen Herrenhäusern und Kirchen sowie den hiesigen liberaleren Bestimmungen zum Alkoholausschank viel von ihrem portugiesischen Charakter bewahrt. Einen weiteren Anreiz, hier ein paar Urlaubstage zu verbringen, bieten die schönen Strände unweit der Stadt. Das Wattenmeer im Norden der Insel zieht im zeitigen Frühjahr Vogelkundler an, die hier rastende Flamingos beobachten.

Tempelstadt Palitana

Mit **Palitana** ❽ im Bezirk Bhavnagar ist die Rundreise durch Kathiawar nahezu vollendet. Südlich des Ortes liegt der **Shatrunjaya-Berg**, das wichtigste Pilgerzentrum der Jainas; auf dem Gipfel befinden sich 863 herrliche Jain-Tempel, deren ältester im 11. Jh. errichtet wurde. Der bedeutendste dieser Gruppe, der Tempel des Adinath, ist dem ersten geistigen Führer (Tirthankara, Furtbereiter) des Jainismus geweiht. Von diesem Hügel genießt man eine wunderbare Fernsicht.

Auf der Fahrt zurück nach Ahmedabad lohnen Abstecher in die Städte **Surendranagar**, deren Geschäfte eine riesige Auswahl von Stickereien und Kunstwerken der ganzen Halbinsel feilbieten, und **Wadhwan**. Die Vorfahren der Steinmetze in Wadhwan erbauten Dwarka und Somnath. Heute leben und arbeiten kunstfertige Steinmetze in der Nähe des **Hawa Mahal**, eines schön angelegten, aber unvollendeten Palastbaus am Rand der Ortschaft.

Der Osten von Gujarat

Die Industriestadt **Vadodara** ❾, früher Baroda, 115 km südlich von Ahmedabad war bis 1947 die Hauptstadt eines der bedeutendsten einheimischen Fürstentümer Indiens. In der Altstadt stehen einige interessante Bauten früherer Maharaja-Familien zur Besichtigung offen, z.B. der verspielte **Lakshmi-Vilas-Palast** (Ende 19. Jh.) mit dem sehenswerten Maharaja Fateh Singh-Museum (geöffnet Di–So 9–12, 15–18 Uhr, April–Juni bis 18.30 Uhr).

Ein Geheimtipp ist die 45 km nordöstlich gelegene Stadt **Champaner.** Die einstige Hauptstadt des Sultans von Gujarat lockt mit einer Fülle von üppig ornamentierten Moscheen, Mausoleen und Toren. Sie stammen aus dem späten 15. Jh., als die Stadt den Namen Muhammabad trug. Obwohl Champaner von der UNESCO zum Weltkulturerbe erklärt wurde, verirrt sich kaum ein Reisender hierher.

Surat ❿ an der Ostküste des Golfs von Khambhat wurde 1608 gegründet und war der bedeutendste Hafen des Mogulreiches. Die East India Company unterhielt hier auch eine Niederlassung. Die Stadt lag an einer der großen Handelsrouten für Seide, Stickereien und Gewürze. Bekannt wurde Surat durch seine Diamantschleifer und die Fertigung von Goldfäden (*zari*).

Fährt man von hier aus entlang der Küste nach Süden, lohnt ein Zwischenstopp in **Daman,** einer einstigen Niederlassung der Portugiesen. Die Festung aus dem 16. Jh. umschließt eine Reihe von herrlich erhaltenen portugiesischen Barockkirchen und *palácios,* die auf die Mündung des Damanganga-Flusses blicken. Eine weitere Verlockung mögen die weniger strikten Verordnungen zum Alkoholausschank darstellen, denn Daman genießt gemeinsam mit Diu den Status eines bundesunmittelbaren Unionsterritoriums. Das ist auch der Grund, weshalb der Ort am Wochenende von ganzen Wagenladungen trinkfreudiger Männer aus dem übrigen Gujarat überschwemmt wird. ■

Die Tiere im Wald von Gir sind die letzten Exemplare einer einst beträchtlichen Population von Asiatischen Löwen. Die Schwanzquaste des majestätischen Gir-Löwen ist größer, das Fell rauer und die Mähne weniger üppig als beim afrikanischen Cousin

Unten: Wässern des Fangs auf der Insel Diu

RESTAURANTS

Durchschnittspreis für ein Menü mit bis zu drei Gängen ohne alkoholische Getränke:

- ● = bis 200 INR
- ●● = 200–500 INR
- ●●● = 500–1000 INR
- ●●●● = über 1000 INR

Die Küche von Gujarat gilt zu Recht als besonders aufwendig, raffiniert und gesund. Auf den Einfluss der Jainas ist die Dominanz vegetarischer Gerichte zurückzuführen. Alkohol wird in Gujarat nur mit Sondererlaubnis an ausländische Hotelgäste ausgeschenkt. Das regionale Gericht schlechthin ist der Gujarat-*thali*. Er umfasst gedünstete Gemüsesorten der Saison mit *vaghaar* (in heißem Öl sautierte Kräuter und Gewürze), die mit *khichdi* (einer Mischung aus Reis und Linsen, *mung dal*), Gurken-Tomaten-Salat *(kachumber)*, *toovar dal* (Erbsen-Kichererbsen-Eintopf), süßen und sauren Pickles, Joghurt und *bakhri*-Fladenbrot serviert werden.

Ahmedabad

Günstiges muslimisches Fast Food erhält man an den Ständen bei der Teen Darwaza an der Bathiyar Gali, einer parallel zur M. G. Road verlaufenden Seitenstraße. Lamm-Kebab und andere nichtvegetarische Gerichte gibt's auf dem stimmungsvollen Law-Garden-Nachtmarkt.

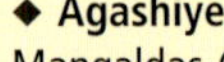

◆ Agashiye
Mangaldas-Girdhardas-Haus gegenüber der Sidi-Sayid-Moschee.
Tel. (079) 25 50 69 46.
●●●–●●●●
Auf zwei geräumigen Terrassen auf dem Dach des berühmten Heritage Hotels in Ahmedabad mit Kerzenlicht und Baldachinen werden die Speisen in einer offenen Küche frisch zubereitet und auf traditionellen Metallschalen *(thalis)* serviert. Die Gerichte sind raffiniert, weniger scharf und ölig als anderswo und sehr aromatisch. Zur Abrundung das fünfgängigen Menüs wird *paan* (Betelblätter und Arekapalmnuss) gereicht. Täglich wechselnde Karte; Reservierung empfohlen.

◆ Gopi Dining Hall
Gegenüber dem Rathaus, Ellis Bridge, Ashram Road. ●
Das immer überfüllte Nichtraucher-Restaurant bietet leckere vegetarische Gerichte zum Spottpreis. Berühmt sind die Kathiawar-Thalis – schärfer, würziger und weniger süß als üblich.

◆ Green House
Mangaldas-Girdhardas-Haus, gegenüber der Sidi-Sayid-Moschee.
●●●
In dem schicken Café im Innenhof des MG-Hotels kann man die Gourmetversion traditioneller indischer Häppchen genießen, z.B. *dhoklas* (Reiskuchen in Sesam), *panaki* (Reismehlpfannkuchen) und köstliche *handos* (knusprige Gemüsebratlinge aus Kichererbsenmehl). Zudem gibt es südindische Gerichte und verlockende Desserts, Lassis, Shakes und Joghurtcremespeisen *(shrikhands)*.

◆ Mirch Masala
7–10 Chadan-Komplex, Swastik Char Rasta Navrang Pura. ●●
In klimatisierten Räumen werden inmitten von ausgestellten Puppen und Plakaten von Hindi-Filmen gute Punjab-Gerichte und Gujarat-Snacks *(chaats)* serviert.

◆ Vishalla
Im Süden der Stadt gegenüber Vasana Tol Naka.
Tel. (079) 6 60 24 22.
●●●
Trotz des pseudorustikalen Ambientes genießt man hier unverfälschte Gujarat-Küche im Stil von Ahmedabad. Man sitzt an langen Holztischen auf dem Boden, und Kellner in traditionellem Gewand häufen köstliche Delikatessen auf Servierplatten aus Blättern (dazu gibt's frisches Brot und weiße Butter), während Volkstänzer, Puppenspieler, Zauberer und Musiker unter freiem Himmel ihre Kunst zeigen.

Links: Snackauswahl, darunter *dosas* (Pfannkuchen)

Bhuj

Hiesige Spezialitäten spielen im Restaurant Green Rock die Hauptrolle, aber auch im Greenland an der Hospital Road und im Green Hotel im Shroff-Basar speist man sehr gut.

◆ **Gangaram**
Hinter dem Aina Mahal. ●
Mr. Jethi kocht Hähnchen-Curry nach bengalischer Art und andere einfache, nichtvegetarische Gerichte. Man speist auf treppauf gelegenen Veranden oder im Erdgeschoss.

◆ **Green Rock**
Gegenüber der STC-Bushaltestelle. ●●
Das klimatisierte Restaurant im ersten Stock ist das beliebsteste vegetarische Lokal der Stadt, v.a. am Wochenende, wenn es den »Special Gujarati Thali« gibt, mit diversen Häppchen *(farsan)*, Gemüsebällchen *(chaat)* sowie Unmengen von Milchdesserts. Unter der Woche steht eine riesige Auswahl an *dosas*, *samosas* und anderen Snacks auf der Karte.

Daman

In der Saison (Oktober/November) sollte man die Fischgerichte und besonders die Meeresfrüchte wie Krebs und Hummer probieren. Ansonsten sind in Papier eingewickelte Bohnensnacks *(papdi chaat)* empfehlenswert, die gut zu kaltem Bier passen und daher in rauen Mengen von den Schluckspechten konsumiert werden, die am Wochenende hier einfallen.

◆ **Daman Delite**
Hotel Gurukripa, Seaface Road. ●●●
Die Klientel im schicksten Restaurant der Stadt ist etwas nüchterner und höflicher als sonst üblich. Geboten werden Fisch und Meeresfrüchte.

Diu

Das Meer bildet die Basis der vielfach portugiesisch beeinflussten Küche Dius. Anders als im übrigen Gujarat gibt es hier auch viele würzige Fleischgerichte.

◆ **Herança Goesa**
Hinter dem Diu-Museum. ●●
Unter Reisenden beliebtes Frühstückslokal, aber auch abends trifft man sich hier gern am Buffet, das u.a. indoportugiesische Gerichte wie Kalamari in saurer Chili-Sauce bietet. Lecker ist auch das Eisdessert »Hello to the Queen«.

◆ **O'Coqueiro Music Garden**
Bei der St.-Thomas-Kirche. ●●
An Plastiktischen unter einer Palme isst man köstlichen gegrillten Fisch. Riesige Portionen, gut gekühltes Bier – was will man mehr?

◆ **São Tomé Retiro**
●●
George D'Souzas Fisch- und Meeresfrüchte-Barbecues sind legendär. Man sitzt im Innenhof der Familie um ein loderndes Feuer, und genießt Spießchen mit fangfrischem Fisch.

Junagadh

◆ **Santoor**
M.G. Road. ●–●●
Das beliebte, etwas altmodische vegetarische Restaurant in der Innenstadt bietet frisch zubereitete, leckere Gerichte aus dem Punjab und Südindien.

Porbandar

In Porbandar hält man sich aus Achtung vor Gandhis Einstellung zum Fleischverzehr strikt an vegetarische Prinzipien. Auch Alkohol bekommt man kaum irgendwo. Berühmt sind die hiesigen *khandvi* (Kichererbsen-Buttermilch-Pfannkuchen) und *dhoklas* (Kichererbsen-Joghurt-Kuchen).

◆ **Swagat**
M.G. Road. ●●
Das familienfreundliche Lieblingsrestaurant der Stadt bietet außer lokalen Spezialitäten eine Fülle von chinesischen und Punjab-Gerichten.

Vadodara

◆ **Mandap Express Hotel**
R.C. Dutt Road. ●●
In einem der schicksten Hotels der Stadt werden vor einer Dorfkulisse Gujarat-Thalis serviert.

Rechts: Das aus Persien stammende Getränk *falooda*

West- und Mittelindien

Von den hellen Lichtern Mumbais über die Strände von Goa und atemberaubende historische Stätten bis hin zu den abgelegenen Dschungeln des Landesinneren hat Indiens westliches Kernland viel zu bieten.

Die vom Arabischen Meer umspülte Metropole Mumbai, früher Bombay, gibt das Tempo für ganz Westindien vor. Elephanta Island und die Felsentempel von Ajanta und Ellora im Bundesstaat Maharashtra mögen antikes Kunstschaffen und Legenden zeigen, Kommerz und Kino aber ziehen sämtliche Gesellschaftsschichten an: Mumbai ist der Mittelpunkt des neuen Indiens, das Handels- und Industriezentrum, der Motor des rasanten Wirtschaftswachstums.

Südöstlich der Stadt erstreckt sich die Küstenregion Konkan über Hunderte von Kilometern bis nach Goa. Die einstige portugiesische Kolonie, einer der ersten europäischen Brückenköpfe in Asien, ist heute das Wochenendparadies wohlhabender Mumbaier und ein beliebtes Ziel für Club-Urlauber und Pauschaltouristen. Hier geht es anders zu als im übrigen Land: Billigreisende düsen auf gemieteten Motorrädern durch die Gegend, drängeln sich auf den Flussfähren und lassen sich am Strand rösten. In der Regenzeit haben die donnernde Brandung und spektakuläre Wolkengebirge über den Forts und Kirchen ihren Reiz – dann hat man Goa quasi für sich, die Urlauber sind längst abgereist.

Weiter im Inland hinter Mumbai bilden die bewaldeten Höhenzüge der Westghats (oder Sahyadri) eine Scheide zwischen der Küstenebene und dem Dekkan-Plateau. Der Bundesstaat Maharashtra ist vor allem für seine imposanten Höhlen- und Felsentempel in Ajanta und Ellora berühmt, hier liegen aber auch die faszinierende Stadt Pune (Poona), stille Bergdörfer auf den Höhen der Ghats und einige sehenswerte Hindu-Tempel. Im Herzen des Subkontinents liegt der Bundesstaat Madhya Pradesh, der vor allem für feinste mittelalterliche Kunst in Khajuraho, beeindruckende Festungen wie Gwalior und Mandu und großartige Wildparks bekannt ist, in denen nachts Tiger und Leoparden auf Streifzug gehen. Im Bundesstaat Chhattisgarh, der im Jahr 2000 durch eine Abspaltung der östlichen Distrikte von Madhya Pradesh entstand, lebt eine große Zahl von Nachkommen der Ureinwohner (Adivasi). ■

Vorhergehende Seiten: Strand von Vagator, Goa **Links:** Weg zu den Bhaja-Höhlen, Maharashtra **Oben:** Heiliger Stier in Benaulim **Oben links:** Laden in Mumbai **Oben rechts:** Girlandenverzierter Autobus

Mumbai (Bombay)

Bombay, das heute nach der Göttin Mumba Devi offiziell Mumbai heißt, ist der wirtschaftliche Mittelpunkt Indiens, die größte und modernste Stadt des Subkontinents, ein Magnet für Reiche wie Arme.

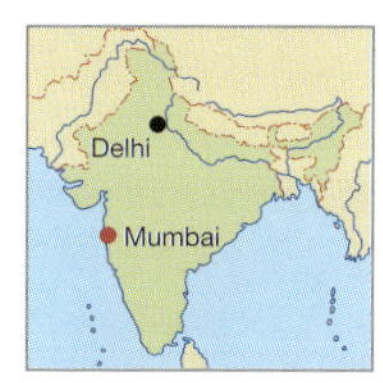

NICHT VERPASSEN!

- Gateway of India
- Oval Maidan
- CST-Bahnhof
- Jyotiba Phule Market
- Mangaldas Lane
- Malabar Hill
- Bhau-Daji-Museum
- Elephanta

Die Ursprünge der Metropole liegen in sieben kleinen Inseln mit Brackwassertümpeln und malariaverseuchten Sümpfen. Von ihnen sind nur noch die Namen geblieben: Colaba, Mahim, Mazgaon, Parel, Worli, Girgaum und Dongri. Die Sümpfe wurden trockengelegt, die Inseln durch Landgewinnung miteinander verschmolzen.

Heute boomt Mumbai. Es ist das Zuhause der Reichen und Schönen und das Zentrum der Hindi-Filmindustrie, das Hollywood (Bollywood) Indiens – denn in Mumbai werden mehr Filme gedreht als sonstwo auf der Welt. Jetzt ist es auch die Heimat von Indiens schnell wachsender Satelliten- und Fernsehindustrie.

Die Kehrseite der Medaille sind die Slums – neben Wolkenkratzern und Konzernriesen breiten sich Armut und Elend aus. Und wie in allen Erfolgsgeschichten gibt es auch in jener Mumbais dunkle Kapitel – Zeiten, in denen Intrigen und Gewalt dominierten. Die Stadt hat als politische Zentrum der indischen Unabhängigkeitsbewegung all deren Kämpfe und Leiden erlebt.

Gerade in jüngerer Zeit geriet Mumbai mehrfach wegen gewalttätiger Ausschreitungen in die Schlagzeilen. Die extrem rechtsgerichtete Shiv-Sena-Partei, die die Ideologie des Hindu-Nationalismus *(Hindutva)* vertritt, wiegelte in den 1990er-Jahren zu blutigen Unruhen zwischen Hindus und Muslimen auf. Eine Reihe anonymer Bombenattentate wurden von offizieller Seite als Gegenschlag internationaler muslimischer Terrororganisationen gewertet. 1993 wurden zehn prestigeträchtige Gebäude in die Luft gesprengt, darunter der Hauptsitz der Air India und die Börse, und 107 Menschen verloren bei einem Anschlag am Gateway of India ihr Leben. Bombenattentate auf überfüllte Pendlerzüge im Jahr 2006 forderten zahlreiche weitere Opfer, und im November 2008 wurden Teile des Stadtzentrums – einschließlich des berühmten Taj-Mahal-Hotels – drei Tage

Links: Geschäftiges Treiben in der Muhammad Ali Road **Unten:** Der Mumba-Devi-Tempel im Kalbadevi-Viertel

Mumbai (Bombay)
0
1 km
Racecourse
Mahalaxmi
Dharavi, Bandra
Jacob Circle
Marg
Dr Bhau Daji Lad Museum (Victoria & Albert Museum)
JIJAMATA UDYAN
Rambhau Bhogle Marg
Barrister Nathpai Marg
Signal Hill Ave
Reay Road
Marg
Savita
Sant
Haji Ali
R
Mahalkshmi Temple
Lala Lajpat Rai Marg
Keshavrao
Khadye
Marg
CHINCHPOKLI
Guruji
Sane
Maulana Azad Road (North)
Bapurao Jagtap
N.M. Joshi Marg
Dr. Barbaseheb Ambedkar Marg
Willingdon Golf Club
Breach Candy Club
Tardeo Road
BYCULLA
Byculla
Messent Road
Seth Moti Shah Road
Sophiya Bhaba Auditorium
Dr Anandarai Nair Marg
Sir J.J. Road
Bhulabhai Desai Marg
Dr. Gopalrao Deshmukh Marg
S. K. Barodawalla
Mumbai Central
MSRTC Depot
J. Boman Behram Marg
Dockyard
CUMBALA HILL
KHETWADI
Maulana Azad Rd (S.)
Chandsi Marg
MANDVI
Parmanand Marg
August Kranti Marg
Grant Road
Dr Daosaheb Shaokamkar Marg
Patthe Bapurao
M. Shaukatali Road
R. Bhatt Marg
Shivdas
Towers of Silence
KAMALA NEHRU PARK
Malabar Hill
Q
Hängende Gärten
P
Mani Bhavan
Babulnath Mandir
GIRGAUM
Round Temple
Chor Bazaar
Sandhurst Road
Sardar Vallabhbhai
Patel Rd
P.D. Mello Road
Sardar Vallabhbhai Patel Road
BHULESHWAR
Vithalbhai Patel Road
Brigadier Usman Marg
S. Patkar Marg
Babulnath Rd
B.G. Kher
Purandare Marg
Sahitya Sang Mandir
Madhavbaug Temple
Mohammed Ali Road
Minara Masjid
Charni Road
O
Chowpatti Beach
Walkeshwar Marg
Taraporevala Aquarium
Netaji Subhash Chandra
Mumba Devi Temple
Yusuf Meher Ali Road
Dr. B. Javkar Marg
KALBADEVI
A. Rehman St.
Masjid
J. Shankarshet Marg
Kalbadevi Road
Jama Masjid
L
Jyotiba Phule Market (Crawford Market)
K
Back Bay
Bose Road (Marine Drive)
Marine Lines
Shyamaldas Gandhi Road
Lokmanya Tilak Marg
Dr D. Navroji Rd
M
Maharshi Karve Road
Municipal Corporation Building
Mahapalika Marg
Chathrapathi Shivaji Terminus (CST)
AZAD MAIDAN
I
General Post Office
J
Nagar Chowk
CROSS MAIDAN
Mahatma Gandhi
H. Somani Marg
Dr D. Navroji Rd
Walchand Hirachand Marg
Shahid Bhagat Singh Road
BALLARD ESTATE
FORT
(Marine Drive)
Western Railway Central Office
S. Vallabhdas Marg
Churchgate
H
Flora Fountain
Veer Nariman
Hutatma Chowk
Rd
Horniman Circle
G
Royal Asiatic Society Library
St Thomas' Cathedral
Bose Road
OVAL MAIDAN
Mumbai University
Dalal St
Rajabai Tower
F
KALA GHODA
Shahid Bhagat
Netaji Subhash Chandra
Secretariat
D
Madam
Jehangir Art Gallery
C
Maharaja Chatrapati Sivaji Museum (Prince of Wales Museum)
Cama Rd
E
National Gallery of Modern Art
Nariman Point
N
National Centre for the Performing Arts
Cottage Industries Emporium
Nathalal Parekh Marg
APOLLO BUNDER
P.J. Ramachandani Marg
Taj Mahal Palace Hotel
A
Gateway of India
Shahid Bhagat Singh Marg
(Colaba Causeway)
COLABA
Sassoon Docks
Dolphin Rock
Maker Towers
N
Afgan Memorial Church
S
Elephanta Island
Patel Stadium
Racecourse
Jaihind
Jijamata Udyan
Haji Ali Tomb
Chor Bazaar
Chowpatti Beach
Jain Temple
Walkeshwar Temple
Back Bay
Crawford Market
Marine Drive
Banganga Tank
CST
Raj Bhavan
ARABISCHES
Mumbai University
National Centre for the Performing Arts
Maharaja Chatrapati Sivaji Museum
MEER
Gateway of India
World Trade Centre
Harbour Bay
Jehangir Bhabha Auditorium
Afghan Memorial Church
B
St Johns
Oyster Rock
0
1 km

lang Ziel terroristischer Anschläge, bei denen 173 Menschen ums Leben kamen.

Mumbai besitzt einen hervorragenden natürlichen Hafen an Indiens schöner Westküste, die sich von Gujarat über Goa und Karnataka bis nach Kerala erstreckt. Südlich der Stadt gehen schmale Uferstreifen und Ebenen in die bewaldeten Hügel der Westghats über. Die Bedeutung des noch von den Briten ausgebauten Naturhafens ist vor allem seit der Eröffnung des Suezkanals stetig gewachsen. Heute werden über 40 Prozent des indischen Seehandels in Mumbai abgewickelt.

Indiens größte Stadt wurde auf einer Landzunge erbaut, die 22 km weit ins Arabische Meer hineinragt. Das Gebiet der früheren Inseln, auf dem die eigentliche Stadt liegt, ist kaum 5 km breit.

Auf diesem schmalen Streifen Land lebt fast die Hälfte der mehr als 16 Mio. Einwohner, hier sind die großen Geschäfts- und Verwaltungsgebäude, die Hafenanlagen, Lagerhäuser und ein Großteil der Industriebetriebe angesiedelt, darunter fast die gesamte Textilindustrie Mumbais, die Tausende von Menschen beschäftigt.

Gegenwärtig baut man an einem Neu-Mumbai (Navi Mumbai), das nur wenige Kilometer vom Hafen entfernt auf dem Festland entsteht. Für Reisende interessanter sind jedoch die älteren, südlichen Bezirke Mumbais wie Colaba, Kala Ghoda und Fort. Hier findet man die meisten Gebäude und Monumente aus der Zeit der britischen Kolonialherrschaft, etwa den berühmten Triumphbogen Gateway of India, sowie die wichtigsten Galerien und Museen der Stadt. Vom Gateway of India gehen auch die Barkassen zur Insel Elephanta ab.

Die beste Jahreszeit für einen Besuch Mumbais ist die relativ kühle und trockene Winterperiode von November bis Februar. Ab März nimmt die Luftfeuchtigkeit zu, und die Temperaturen steigen bis auf über 30 °C im Sommer. Im Juni setzen dann die Monsunregenfälle ein, die den Himmel verfinstern und die Straßen überfluten. Im Oktober endet die Regenzeit allmählich, doch auch im November kann es noch feucht und heiß sein.

»

Es gilt als einigermaßen gesichert, dass Mumbais früherer Name Bombay vom portugiesischen Bom Bahia (gute Bucht) abgeleitet ist. Um an ihre präkolonialen Wurzeln zu erinnern, wurde die Stadt 1995 umbenannt. Namensgeberin ist nun die lokale Hindu-Gottheit Mumba Devi. Ihr Tempel stand einst in der Nähe des CST-Bahnhofs, wurde in den 1880er-Jahren aber aus Platzgründen an seinen heutigen Ort im Basarviertel verlegt (siehe S. 250).

Unten: Mumbais Wäschereiviertel Dhobi Ghats

STADTVERKEHR

Taxis gibt es in zwei Kategorien: Die gelb-schwarzen sind älter und nicht klimatisiert, die blauen Cool Cabs verfügen über eine Klimaanlage, verlangen dafür aber einen Aufschlag von 40 %. Der Fahrpreis richtet sich nach einer Conversion Chart, die der Fahrgast einzusehen berechtigt ist. Den Preis für die Taxifahrt vom Flughafen sollte man vorher aushandeln und bezahlen (Autorikschas sind im alten Teil von Mumbai nicht erlaubt).

Am günstigsten fährt man mit dem **Bus.** Die Busgesellschaft Brihanmumbai Electric Supply and Transport (BEST) steuert jeden Winkel der Metropole an. Detaillierte Informationen bietet die Website www.bestundertaking.com.

Die **Vorortzüge** sollte man um jeden Preis meiden, sie sind immer überfüllt – es gibt mehr als 6 Millionen Pendler in der Stadt!

Mumbai hält den Rekord unter den Städten mit der ergiebigsten Niederschlagsmenge an einem Tag: Am 26. Juli 2005 überfluteten 942 mm Regen die Kapitale. Die dadurch ausgelösten Erdrutsche und Überschwemmungen forderten 100 Menschenleben. Die regierende Shiv-Sena-Partei sah sich massiver Kritik ausgesetzt, da sie nicht in der Lage war, mit der Sintflut und ihren Folgen fertig zu werden.

Unten: Ruinen aus portugiesischer Zeit in Vasal nördlich von Mumbai

Ein Schmelztiegel

In Mumbai sind sämtliche Kulturen Indiens vertreten. Die Verwaltung sorgt für eine Schulausbildung in mindestens zehn Sprachen, einschließlich Englisch. Die Stadt hat mit dem Bombayspeak ihre eigene Lingua franca, die in vielen indischen Filmen persifliert wird.

Die meisten Bewohner der Stadt sprechen die indoeuropäische Sprache Marathi und haben eine starke gemeinsame Identität. Sie sind die Wähler der hindunationalistischen Stadtpartei Shiv Sena. Auch die Gujarati sind in Mumbai sehr zahlreich. Sie kamen zur britischen Zeit aus dem damals größten indischen Hafen, Surat, der durch den britischen Einfluss immer mehr an Bedeutung verlor.

Bis 1534 gehörte die Gegend dem Sultan von Gujarat, der sie den Portugiesen für ihre Hilfe gegen die Moguln schenkte. Diese gründeten hier eine Niederlassung. Damals entstand eine starke christliche Gemeinde, die zahlreiche Kirchen erbauen ließ. Heute findet man lediglich vereinzelt alte portugiesische Fassaden oder Befestigungsanlagen, wie an der Kirche **St. Andreas** im Vorort Bandra und auf der Halbinsel **Salsette** im Norden der Stadt. Im alten Bassein, heute **Vasai**, 50 km entfernt, stehen die Ruinen einer portugiesischen Festung mit großer Kirche.

Charles II. von England heiratete 1662 die portugiesische Prinzessin Katharina von Bragança. Zu ihrer Mitgift gehörten die Inseln von Mumbai, die auf diese Weise an die britische Krone fielen und für symbolische zehn Pfund im Jahr an die East India Company verpachtet wurden. Die Handelsgesellschaft hatte seit Langem nach einem Hafen an der Westküste Indiens Ausschau gehalten, um Surat in Gujarat zu entlasten und schließlich zu ersetzen.

Viele Zuwanderer brachten ihre Gebräuche und Religionen mit, und so schufen die verschiedenen Gemeinden der Parsen, Muslime und Hindus die höchst vielfältige Kultur dieser Metropole. Viele Parsen, die im 7. Jh. vor religiöser Verfolgung aus Persien nach Gujarat geflohen waren, ließen sich in Mumbai nieder. Sie bauten hier mehrere Feuertempel und auf dem Malabar

Hill die Türme des Schweigens. Juden sind von alters her mit kleinen Gemeinden in Mumbai vertreten, sieben Synagogen sind aktiv.

Der Baumwollboom

Der mühsamen Kultivierung des Sumpflandes auf den Inseln im 17./18. Jh. folgte eine rasche Entwicklung. 1858 gab die East India Company die Inseln an die britische Krone zurück. In der zweiten Hälfte des 19. Jhs. hielt auch in Mumbai die Dampfmaschine Einzug. Bald danach waren die Bahnverbindungen nach Zentral-, Nord- und Ostindien hergestellt.

Mumbai erlebte einen Baumwollboom. Die Rohbaumwolle aus Gujarat wurde von hier aus nach Lancashire verschifft und dort zu Stoffen verarbeitet, dann nach Mumbai zurücktransportiert und auf dem indischen Markt verkauft. Zu jener Zeit gelang es auch indischen Unternehmern, gegen den Widerstand der Briten in Mumbai den Grundstein für eine eigenständige Textilindustrie zu legen. Der Ausbruch des Amerikanischen Bürgerkriegs im Jahr 1861 und die Eröffnung des Suezkanals heizten die Baumwoll-Hausse weiter an.

Zu dieser Zeit veränderte sich die Architektur der Stadt: Firmen und reiche Privatleute, aber auch Staat und Verwaltung errichteten repräsentative Gebäude.

Am Gateway of India

Als langer Finger ragt die Halbinsel **Colaba** nach Süden ins Meer. Ihren Namen hat sie von den Koli-Fischern (siehe Randspalte S. 249), den Ureinwohnern des einstigen Eilands. Im späten 19. Jh. wurde die Insel Colaba mit dem Festland verbunden. Gleich dahinter auf dem Festland steht der grandiose 26 m hohe Triumphbogen **Gateway of India** Ⓐ mit indoislamischen Steinmetzarbeiten. Er wurde anlässlich der Landung des britischen Königspaares George V. und Mary zur Kaiserkrönung in Delhi 1911 von George Wittet direkt am Wasser errichtet. Das erlauchte Paar hat den Triumppbogen zwar niemals durchschritten, wohl aber marschierten die letzten britischen Truppen bei ihrem Rückzug aus Indien durch dieses Tor aufs Schiff.

Die alten, nicht klimatisierten Taxis sind 40 % billiger als die neuen mit Klimaanlage

Unten und unten links: Der Stoffbasar an der Mangaldas Lane

Nur wenige Schritte entfernt erhebt sich das weltberühmte Hotel **Taj Mahal Palace & Tower**. Nachdem dem Industriellen J. N. Tata der Zutritt zu dem europäischen Hotel Watson's verwehrt worden war, rächte er sich mit dem Bau eines noch prachtvolleren Hotels in der Nähe. Seit der Eröffnung 1903 gingen hier viele Staatsmänner und Berühmtheiten ein und aus. Das Watson's hingegen existiert schon seit Jahrzehnten nicht mehr, doch das Bauwerk (1869) an sich steht noch – es ist das einzige erhalten gebliebene Gebäude in Gusseisen-Skelettbauweise in Mumbai. John Watson, ein wohlhabender Tuchhändler, hatte es komplett aus London importieren lassen.

SHOPPING

Hübsche, preiswerte Souvenirs findet man an den Ständen des **SBS Marg** (Colaba Causeway), etwa Specksteinschnitzereien, Lederwaren, Weihrauch und Postkarten. Der nahe **Search Word Bookshop** hat eine große Auswahl von Indien-Büchern. Hochwertiges Kunsthandwerk aus dem ganzen Westen und Süden Indiens zum günstigen Preis bietet das **Central Cottage Industries Emporium** am Shivaji Marg.

Colaba

Geht man auf der Hauptstraße von Colaba, der Shahid Bhagat Singh Marg (besser bekannt als Colaba Causeway), nach Norden, gelangt man nach etwa 10 Minuten zu den **Sassoon Docks**, an denen die Mumbaier Fischer jeden Morgen ihren Fang anlanden. Hunderte von Booten machen hier im Lauf des Tages fest, und ihre Wimpel, Masten und Takelage geben ein malerisches Bild ab.

Hier wird auch die lokale Spezialität Bombay Duck in der salzigen Meeresbrise getrocknet. Dabei handelt es sich keineswegs um Enten (engl. *duck*), sondern um einen Fisch – genauer gesagt, einen Eidechsenfisch, *Harpadon nehereus* (auf Marathi *bummalo*). Sein englischer Name ist vermutlich vom Hindustani-Wort für Postzug, *dak*, abgeleitet. Der unappetitliche Geruch des Fischs erinnerte die Bombayer wohl an den widerlichen Gestank des *dak* Kalkutta–Bombay, wenn er nach drei Tagen und Nächten mit seinen modrig nach Monsunregen riechenden Holzwaggons am Victoria-Bahnhof ankam. Tausende von Eidechsenfischen sind in der Takelage der Fischerboote an den Sassoon Docks zum Trocknen aufgehängt – trotz des pittoresken Anblicks ist Fotografieren jedoch streng verboten, denn gleich nebenan liegt eine wichtige Kriegsmarinebasis.

Mit Bus oder Taxi geht es zum zweiten Monument aus der britischen Kolonialzeit, der neogotischen **Afghan Memorial Church** Ⓑ (1847) am Captain P. Pethe Marg im Süden Colabas. Vor dem Bau der Hochhäuser am Nariman Point beherrschte sie die Silhouette der Stadt. Gewidmet ist die Kirche dem Andenken der Gefallenen des Ersten Anglo-Afghanischen Krieges (183[illegible] bis 1842).

Kala Ghoda

Nördlich an Colada schließt sich de[illegible] Bezirk **Kala Ghoda** an, in dem gewaltige Kolonialbauten stehen, die während der Hochzeit des Baumwollbooms errichtet wurden. Das markanteste Gebäude ist das einstige Prince of Wale[illegible] Museum, heute **Maharaja Chhatrapati Shivaji Museum** Ⓒ an der Mahatma Gandhi Road (M.G. Road), eines de[illegible] reichsten und bedeutendsten Museen Indiens. Den Grundstein legte George V. 1905. Der bekannteste Architekt der Epoche, George Wittet, entwarf da[illegible] Kuppelgebäude im orientalischen Sti[illegible] aus blaugrauem Basalt und gelben

GANESH CHATURTHI

Eines der größten Spektakel von Mumbai ist das Ganesh-Chaturthi-Fest, ein religiöses Hindu-Fest, das auf dem Höhepunkt der Regenzeit im Juli und August stattfindet. Nach den Feiern in den einzelnen Stadtteilen werden riesige Lehmstatuen des Elefantengottes Ganesha (oder Ganapati) durch die Straßen getragen und anschließend im Meer gebadet. Hunderttausende wohnen dem Ereignis als Zuschauer bei und tanzen zu den Rhythmen der Musikkapellen, die die leuchtend bunt bemalten Statuen auf ihrem Weg zum Meer begleiten.

Die meisten Ganesha-Statuen werden am Chowpatti Beach (siehe S. 251) in die Fluten getaucht. Die genauen Veranstaltungsdaten sowie weiterführende Informationen bietet die Website www.maharashtratourism.gov.in.

In den vergangenen Jahrzehnten wurde das einstmals so unbeschwerte Fest allerdings mehr und mehr von Maharashtra-Nationalisten als Kundgebungsort genutzt – ein Symptom für den wachsenden Einfluss der rechten Shiv-Sena-Partei.

Sandstein. Das Museum präsentiert Miniaturen und Skulpturen u.a. aus Elephanta, daneben Jade, Silber, Elfenbein, und Porzellan (geöffnet Mi–Mo 10.15–18 Uhr; Eintritt).

Die **Jehangir Art Gallery** D im Komplex des Museums veranstaltet Ausstellungen zeitgenössischer indischer Kunst (geöffnet Mo–Fr 10–17 Uhr). Auf der gegenüberliegenden Straßenseite komplettiert die **National Gallery of Modern Art** E das Triumvirat der Museen. In der ehemaligen Konzerthalle werden zeitgenössische Gemälde und Installationen gezeigt (geöffnet Di–So 11–17 Uhr).

Im Westen von Kala Ghoda liegt auf einem einstigen Truppenübungsgelände der East India Company der weitläufige, grüne **Oval Maidan**, auf dem sich den ganzen Tag Jugendliche zum Cricket treffen. Die passende imperiale Kulisse bilden einige der bedeutendsten viktorianischen Gebäude Mumbais am Ostrand des Parks.

Das 1874 fertiggestellte **Old Secretariat** gestaltete Colonel Orel Henry St. Clair Wilkins im Baustil der hochviktorianischen Neogotik; heute dient es als städtisches Gerichtsgebäude. Der Entwurf der benachbarten **Bombay University** stammt von dem englischen Architekten George Gilbert Scott, einem bedeutenden Vertreter des neogotischen Baustils. Ihr Herzstück, die kirchenähnliche **Convocation Hall**, stiftete ein vermögender Händler der Parsi mit dem sprechenden Namen Cowasjee Readymoney. Die Bibliothek auf dem Campus befindet sich unterhalb des 85 m hohen Uhrturms **Rajabai Clock Tower** F (1869–1878), dessen Stil ebenfalls an die Architektur Oxfords angelehnt ist.

Das Fort-Viertel

Das **Fort-Viertel** im Süden Mumbais verdankt seinen Namen der Zitadelle, die die East India Company errichtete, nachdem sie den Hafen und die sieben Inseln von den Portugiesen übernommen hatte. Von den alten Befestigungsanlagen ist noch ein kleiner Teil in der östlichen Mauer am **St. George's Hospital** erhalten. Bezeichnungen wie Churchgate, Bazargate und Rampart Row erinnern an einstige Bauten der Zitadelle.

ESSEN

Hat man während eines Besuchs des Chhatrapati Shivaji Maharaj Museum eine kleine Stärkung nötig, geht man am besten ins **Café Samovar,** erreichbar über die Jehangir Art Gallery. Hier genießt man auf der Terrasse mit Blick auf den Museumsgarten leckere Snacks und kalte Getränke, etwa köstlich gefüllte Fladenbrote *(parathas)* und frischen Guavensaft.

Unten: Gateway of India und Hotel Taj Mahal

Iranische Cafés, gegründet von parsischen Einwanderern, gehörten im 19. Jh. zum Stadtbild. Heutzutage sind diese Cafés, in denen traditionell Tee mit heißer Milch und Kondensmilch, Kuchen und Plätzchen serviert werden, weitaus seltener

Unten: Am Maidan widmet man sich dem Nationalsport Cricket
Unten rechts: Straßenverkäufer

Heute ist das Fort-Viertel das Finanzzentrum Mumbais, wo sich sämtliche wichtigen Banken, großen Geschäfte und Zeitungsverlage niedergelassen haben. Viele Firmen residieren in imposanten viktorianischen Gebäuden.

Den **Horniman Circle** G mit seiner gepflegten Gartenanlage im Osten umgibt ein Rund eleganter Sandsteingebäude. Einst trug der Platz den Namen Elphinstone Circle, nach einem Zeitungsverleger, der sich für die Unabhängigkeit Indiens einsetzte. Der Platz wurde 1860 auf Veranlassung des früheren Municipal Commissioner Charles Forjett an der Stelle des Bombay Green angelegt, wo früher Baumwollauktionen stattfanden und Paraden abgehalten wurden.

An der Ostseite befindet sich die frühere **Town Hall** (Rathaus), in der heute die **Royal Asiatic Society Library** untergebracht ist (geöffnet Mo–Sa 10 bis 19 Uhr). Die Bibliothek beherbergt sämtliche in Indien gedruckten Bücher sowie mehr als 10 000 historische Manuskripte, darunter ein Exemplar von Dantes »Göttlicher Komöde«, das angeblich rund 3 Mio. Euro wert ist – Mussolini wollte es einst erwerben, wurde aber abgewiesen. Der Lesesaal mit seinen Statuen großer Geister, dunklen Teakholzregalen und unermüdlich surrenden Deckenventilatoren wirkt wie von der Zeit vergessen.

An der gegenüberliegenden, westlichen Seite des Platzes steht eines der ältesten Gebäude der Stadt, die **St.-Thomas-Kathedrale.** Die am 25. Dezember 1718 geweihte Kirche verbindet klassizistischen und gotischen Stil. Gedenktafeln erinnern an die Angestellten und Soldaten, die im Dienst der East India Company ihr Leben ließen.

Nach einem fünfminütigen Spaziergang entlang der V. N. Road gelangt man zum **Hutatma Chowk,** einem Platz im Zentrum des Geschäftsviertels, mit dem **Flora Fountain** H. Der weiß gesrrichene Brunnen, ein Wahrzeichen der Stadt, wurde zu Ehren von Gouverneur Sir Henry Frere errichtet, der in den 1860er-Jahren das moderne Mumbai schuf. Der jetzige Name des Platzes der Märtyrer *(hutatma)* gedenkt derjenigen, die nach der Unabhängigkeit für einen separaten Staat Maharashtra kämpften.

Im Umkreis des Chhatrapati Shivaji Terminus

Vom Hutama Chowk in westlicher Richtung strömen nach Büroschluss Scharen von Pendlern dem Knotenpunkt des innerstädtischen Eisenbahnnetzes zu, der **Churchgate Station.** Der steinerne Koloss im indosarazenischen Stil wurde in den 1890er-Jahren erbaut und ist auch Sitz der Western-Railway-Eisenbahngesellschaft.

Noch weitaus imposanter jedoch ist der **Chhatrapati Shivaji Terminus (CST)** ❶, früher Victoria Terminus (VT), im Nordosten, das bemerkenswerteste Gebäude der viktorianischen Neogotik in Mumbai. 2004 wurde es zum UNESCO-Weltkulturerbe erklärt. Der Bahnhof mit dem angrenzenden Bau der Hauptverwaltung der Central Railway, entworfen von Frederick W. Stevens, war zu seiner Entstehungszeit (1878–1888) der mit Abstand größte Bahnhof der Welt. Den Haupteingang überwölbt eine rund 100 m hohe, begehbare achteckige Kuppel, die von einer Rippenkonstruktion getragen wird. Auf der Kuppel thront eine Dame, die den Fortschritt repräsentiert. Der Innenbereich mit offenen Säulengängen ist reich mit Steinskulpturen sowie Reliefs verziert. CST ist der verkehrsreichste Bahnhof Indiens.

Der Sitz der **Municipal Coporation** gegenüber ist mit seiner großen Kuppel über dem Treppenhaus ein weiteres Meisterwerk von Stevens. Er war auch Architekt des **General Post Office** Ⓙ in der Nähe des CST und des Ballard-Estate-Komplexes, der eine Ähnlichkeit mit Londoner Bürogebäuden des 19. Jhs. aufweist.

Kalbadevi und Bhuleswar

Der unmittelbar nördlich des Chhatrapati Shivaji Terminus und der Maidans gelegene Bezirk **Kalbadevi** ist das wichtigste Basarviertel der Stadt. Das Gewirr der überfüllten Gässchen wird von Wohnhäusern mit hölzernen Galerien und pistazienfarbenen Moscheen gesäumt. In der von William Emerson 1865–1871 entworfenen Markthalle **Jyotiba Phule Market** Ⓚ, früher Crawford Market (Ecke D.N. Marg und Lokmaniya D.N. Marg), mit Basreliefs von Rudyard Kiplings Vater John Lockwood Kipling, kann man an Reihen

»

Die ersten Siedler auf dem Gebiet des heutigen Mumbai gehörten einer Fischerkaste an, den Koli, die vermutlich in prähistorischer Zeit aus Gujarat eingewandert waren. Sie waren die Ersten, die die Göttin Mumba Devi verehrten, von der sich der heutige Name der Stadt herleitet. Die Nachkommen der Koli leben, umgeben von Hochhäusern, noch immer in Hütten an einigen Teilen des Strandes im Süden der Stadt und trotzen tapfer Bauspekulanten und Umweltverschmutzung.

Unten: Dabbawalla

MUMBAIS DABBAWALLAS

In der zunehmenden Hitze des späten Vormittags sind die Straßen um die Churchgate Station voll von Menschen, deren Handkarren oder Fahrräder mit kleinen Aluminiumdosen beladen sind. Die Dabbawallas mit ihren Nehru-Kappen bieten einen einzigartigen Service: Sie liefern in *dabbas* (Henkelmännern) hausgemachte Mittagsmahlzeiten aus den Vororten aus, insgesamt rund 160 000 Essen pro Tag.

Die *dabbas* sind mit einem farbigen Code gekennzeichnet, mittels dessen die Dabbawallas die Lieferadresse ersehen können. Obwohl etliche der Dabbawallas Analphabeten sind, geht angeblich nur einer von sechs Millionen Henkelmännern verloren! Bill Clinton und der Virgin-Gründer Sir Richard Branson sind eigens hierhergekommen, um herauszufinden, wie eine solche Trefferquote möglich ist.

TIPP

Während des Monats Ramadan herrscht in den Straßen rund um die Minara-Moschee reges **Markttreiben** – aus der ganzen Stadt kommen Muslime zum Fastenbrechen hierher. Geboten werden eine Auswahl an köstlichen gegrillten Kebabs, scharfen Currys und heißen ungesäuerten Fladenbroten *(rotis)* sowie jede Menge traditioneller Milchdesserts. Gegen 21 Uhr geht's los, dann wird die ganze Nacht durchgefeiert.

Unten: Muslimischer Basar **Unten rechts:** Verkaufsstand im Crawford Market

hell erleuchteter Stände von Obst und Gemüse über Gewürze bis hin zu Perücken und Sittichen einfach alles kaufen. Gewieftes Feilschen ist allerdings unerlässlich.

Die **Mangaldas Lane** gegenüber dem Markt ist Mumbais wichtigster Stoffbasar; die Straße führt zum Herzen des Muslimbezirks, der Moschee **Jama Masjid** Ⓛ mit ihren grünlichen Kuppeln und kannelierten Minaretten. In den umliegenden Straßen findet man viele Geschäfte, in denen Parfums verkauft werden – ein traditionell muslimischer Handelszweig. Weiter nördlich gelangt man zum etwa 600 Jahre alten **Tempel der Mumba Devi,** der Schutzpatronin Mumbais, nach der die Stadt heute benannt ist.

Noch weiter nördlich liegt **Bhuleswar,** einer der charaktervollsten Bezirke der Innenstadt, dessen Basare sich auf frische Blumen spezialisiert haben und Girlanden von Lotosblüten, Hibiskus und leuchtend orangefarbenen Tagetes an die Besucher der umliegenden 85 Shiva-Tempel verkaufen. Dass sich im 18. und 19. Jh. bevorzugt Einwanderer aus dem gesamten Westen Indiens hier niederließen, wird an der Architektur erkennbar, die Einflüsse Gujarats, Rajasthans und der Konkan-Region zeigt. In einer vom Hauptmarkt ausgehenden Seitenstraße liegt in der Nähe einiger weißer Marmortempel das von Jainas gegründete **Panjarapool Animal Sanctuary**, ein Schutzgebiet für rund 400 Kühe, in dem auch zahllose Tauben, Hühner und Kaninchen leben, die irgendwo verletzt aufgefunden wurden.

Leben am Wasser

Da Mumbai auf drei Seiten vom Meer umgeben ist, spielt sich das Leben weitgehend an Stränden, Uferpromenanden und Küstenstreifen ab. Der **Marine Drive** Ⓜ (Netaji Subhash Chandra Bose Road), der sich in einem langen Bogen am Westufer der Halbinsel entlangzieht, verbindet Malabar Hill mit dem Fort-Viertel und Colaba. In der Regenzeit schlagen die Meereswogen bis über die Brüstung der breiten Uferpromenade hoch.

Der Marine Drive endet am **Nariman Point**, und ganz an der Spitze der Landzunge befindet sich das **National**

Centre for the Performing Arts **N**, eines der renommiertesten Kulturzentren Indiens, in dem Ausstellungen sowie Musik-, Tanz- und Theateraufführungen stattfinden.

Am sandigen **Chowpatti Beach** **O** im Norden der Back Bay treffen sich allabendlich die Menschen, Kinder spielen, Verkaufsstände bieten Erfrischungen an. Während des Ganesh-Chaturti-Fests (siehe S. 246) ist er das Ziel der Prozessionen mit Figuren des Elefantengottes Ganesha. Im nahen **Taraporevala-Aquarium** tummeln sich in einer reichhaltigen Sammlung zahllose Fische aus tropischen Gewässern.

Geht man vom Chowpatti-Strand etwa 10 Minuten nach Norden, gelangt man zum **Mani Bhavan** **P** (Labornum Road 19). In diesem früheren Haus eines wohlhabenden Diamantenhändlers wohnte Gandhi während seiner zahlreichen Aufenthalte in Mumbai zur Zeit des gewaltfreien Kampfes *(satyagraha)* gegen die britische Kolonialherrschaft. Am 8. August 1942 hielt Gandhi im Gowalia Tank Maidan in Bombay seine berühmte Rede, mit der er die sofortige Unabhängigkeit Indiens forderte. Das Haus beherbergt heute ein Museum, das unter anderem Gandhis berühmte Spinnräder, seine Bibliothek und eine Sammlung von Briefen zeigt, darunter ein Schreiben aus den 1930er-Jahren, in dem Gandhi Hitler eindringlich zum Frieden mahnt (geöffnet tgl. 9.30–18 Uhr).

In der Mitte der mit Hochhäusern bebauten Landzunge, die die Back Bay im Nordwesten begrenzt, liegt **Malabar Hill** **Q**. In diese von Meeresbrisen gekühlte Gegend flüchteten sich schon die Bewohner der Zitadelle, wenn ihnen Hitze und Enge zu viel wurden, und auch heute stehen hier die gesuchtesten und teuersten Immobilien Mumbais.

An der dicht bewaldeten Südflanke des Hügels errichteten parsische Einwanderer ihre Türme des Schweigens *(dhokmas)*, wo ihre Toten den Elementen und den Geiern überlassen – luftbestattet – werden. Für die Anhänger Zarathustras gelten Feuer, Erde, Luft und Wasser als heilig, Feuer- oder Erdbestattungen sind nicht erlaubt. Hinduistische Feuerbestattungen finden der jahrhundertelangen Tradition folgend

BAR

Einen herrlichen Ausblick auf den Marine Drive und die Bucht bietet die schicke **Dome Bar** auf dem Dach des Hotels Intercontinental – weiße Ledersofas und dezente Chill-out-Music bilden das perfekte Ambiente, um den Sonnenuntergang zu genießen.

Unten: Die Küste am Walkeshwar-Tempel, Mumbais westlichstem Punkt

Stand mit Fruchtsäften am Marve Beach im vorstädtischen Norden von Mumbai

mittlerweile wieder am **Banganga Tank** statt, einem von Tempelchen umgebenen alten Speichersee an der Spitze der Landzunge.

Wesentlich bedeutender jedoch ist der aus neuerer Zeit stammende **Mahalakshmi-Tempel** an der Nordseite des Malabar Hill, der der Göttin von Reichtum und Wohlstand geweiht ist (was bezeichnend ist für eine von der Jagd nach Reichtümern besessene Stadt). Nicht-Hindus kommen vor allem wegen des farbenfrohen Blumenmarkts hierher.

Bettler säumen den schmalen Damm, der zum **Grabmal des Haji Ali** Ⓡ auf einem vorgelagerten Inselchen (etwa auf Höhe der Rennbahn von Mahalakshmi) führt. Der Sage nach wurde der Sarg des islamischen Sufi-Heiligen hier angespült, nachdem man ihn im Land Sind (heute ein Teil Pakistans) ins Meer geworfen hatte. Donnerstags und freitags kommen viele Interessierte abends hierher, um den Liveaufführungen religiöser Qawwali-Musik im Innenhof zu lauschen. Diese pakistanisch-indische Musikform hat ihre Wurzeln im Sufismus.

Byculla, Dharavi und Bandra

Der Bezirk **Byculla** im Herzen Mumbais war einst das Zentrum der örtlichen Textilindustrie. Teilweise eingefallene Schlote, verfallene Lagerhäuser und die ausgebrannten Ruinen von Tuchfabriken erinnern an den lange zurückliegenden Baumwollboom.

Es hat immer wieder Pläne für eine Neugestaltung dieses Schandflecks in der urbanen Landschaft gegeben, bislang wurde aber nur ein nennenswertes Projekt in die Tat umgesetzt. Im Osten Bycullas liegt das **Dr Bhau Daji Museum** (vormals Victoria & Albert Museum), das bei seiner Einweihung 1872 als »eine der größten Wohltaten der Briten an Indien« gepriesen wurde. Das Herrenhaus im Palladio-Stil inmitten eines botanischen Gartens wurde sorgfältig restauriert und lohnt den Besuch ebenso seiner Architektur wie seiner Exponate wegen. Gezeigt werden Landkarten, Drucke, Gemälde und maßstabsgetreue Modelle, die sich auf Mumbais Kolonialgeschichte beziehen, sowie die Steinskulptur eines Elefanten, die die portugiesischen Entdecker

Unten: Mahalakshmi-Tempel
Unten rechts: Banganga Tank

aus dem Höhlentempel von Elephanta mitgenommen hatten (geöffnet Do–Di 10.30–16.30 Uhr; Eintritt).

Zwei völlig gegensätzlichen Aspekten von Mumbai begegnet man an den beiden Ufern des verdreckten Flusses Mahim im Norden von Byculla. Auf der Südseite erstreckt sich der riesige Slum **Dharavi,** wo mehr als eine halbe Million Menschen ohne Zugang zu sauberem Wasser und ärztlicher Versorgung leben. Für den kärglichen Lebensunterhalt eines großen Teils der Slumbewohner sorgen die rund 15 000 Fabriken des Viertels, die sich vorwiegend auf Recycling spezialisiert haben. Das Rohmaterial – Aluminiumdosen, Altmetallteile, ausrangierte Lederwaren, Ölfässer etc. – sammeln die Bewohner Dharavis in der ganzen Stadt und bringen es zur Weiterverarbeitung hierher. Die Kommunalverwaltung plant jedoch den Abriss der Slums – Kritiker argwöhnen, privaten Investoren solle dadurch der Zugriff auf Indiens wertvollsten Grund und Boden ermöglicht werden.

Was aus Dharavi werden könnte, wenn tatsächlich Bauspekulanten die Oberhand gewännen, sieht man an **Bandra** am gegenüberliegenden Mahim-Ufer, dem protzigsten Viertel von Nord-Mumbai. Hier lebt, shoppt und feiert die wohlhabende Elite der Stadt. Die südliche Begrenzung bildet die schicke Carter Road mit klimatisierten Malls und Bars. Die Enklave Bandra repräsentiert die selbstsichere, der Zukunft zugewandte Seite Indiens. Schöne junge Menschen in Designerjeans, die Augen hinter teuren Sonnenbrillen verborgen, bevölkern die klimatisierten Bars und Malls, wo sich auch viele aus dem Ausland zurückgekehrte Inder tummeln, die in den letzten Jahren Mumbai zu ihrer Heimatstadt erkoren haben.

Ganz im Süden von Bandra steht die **Basilika Mount Mary,** in der Angehörige der niederen Hindu-Kasten und Muslime ihre Feste feiern. Die im 17. Jh. von Portugiesen erbaute, nach einem Brand im 20. Jh. aber großteils neu gestaltete Kirche besitzt ein angeblich wundertätiges **Marienbildnis,** zu dessen Füßen Wachsmodelle von Körperteilen und Kerzen aufgeschichtet sind.

TIPP

Geführte Touren durch Dharavi von unterschiedlicher Dauer bietet **Reality Tours & Travel** in Colaba an. Der Schwerpunkt liegt weniger auf der Vorführung der Armut, die in diesem Slumviertel herrscht, als auf den kleinen und größeren wirtschaftlichen Erfolgen. Weitere Informationen unter www.realitytoursandtravel.com.

REISEVERBINDUNGEN

Flüge: Vom internationalen Flughafen Mumbai gehen Direktflüge in die ganze Welt. Der benachbarte Inlandsflughafen ist das Drehkreuz der Region.

Züge gehen mehrmals täglich u.a. nach Ahmedabad, Aurangabad, Bengaluru, Chennai, Delhi, Hyderabad, Kolkata und Pune.

Busse: Private und Überlandbusse steuern Ziele in Zentral- und Südindien an, und dies oft häufiger als die Bahn. Kurzfristig bekommt man in der Regel viel leichter ein Bus- als ein Bahnticket, auch wenn Nachtreisen im Bus weniger komfortabel sind als im Zug. Die staatliche Busgesellschaft in Dadar betreibt Expresslinien in Maharashtra, die u.a. Kolhapur, Nasik und Pune anfahren. An der Mumbai Central Bus Station gehen Busse zu weiter entfernten Regionen ab, etwa nach Goa, Ahmedabad und Bangalore.

Unten: Nach Schulschluss im Victoria & Albert Garden, Byculla

ESSEN

Spannend ist ein Spaziergang durch die sog. **Khau Gullies** (Essstraßen) im Fort- oder Churchgate-Viertel: *Pao bhaji*, ein würziges, in einem Brötchen serviertes Tomaten-Linsen-Mus mit Korianderkraut, ist der Lieblingssnack der müden Pendler. Der andere Hauptimbiss der Stadt ist *bhel puri*, ein köstliches Gericht aus Reis, Fadennudeln, Kartoffeln und knusprigen Fladenbrotstücken *(puri)* mit Tomaten, rohen Zwiebeln, Korianderkraut, Tamarinde und Zitronensaft.

Unten: Die Küste an der Carter Road, Banda

Die Insel Elephanta Ⓢ

In Mumbai selbst gibt es, abgesehen von einigen Kultstätten aus buddhistischer Zeit (Mahakali Caves, Yogeshwari, Mandapeshwar), die allerdings in dicht besiedelter Umgebung liegen, keine antiken oder auch nur mittelalterlichen Monumente. Eine einstündige Bootsfahrt ab dem Gateway of India (Di–So, siehe Randspalte S. 255) bringt Reisende jedoch zur Insel **Elephanta (Gharapuri)**, auf noch eine Reihe von in den Felsen geschlagenen Höhlentempeln mit großen, gemeißelten Innenräumen aus dem 7. und 8. Jh. existieren.

Der Inselname rührt von einer riesigen Elefantenskulptur her, die einstmals im Hof einer der Kultstätten stand und von den portugiesischen Entdeckern mitgenommen wurde (heute befindet sie sich im Garten des Bhau Daji Lad Museums, siehe S. 252). Portugiesische Seefahrer fügten auch den Götterbildnissen in den Tempeln erheblichen Schaden zu, indem sie Schießübungen auf sie veranstalten. Wundersamerweise hat dieser Frevel die machtvolle Ausstrahlung der Kunstwerke aber nur unwesentlich beeinträchtigt.

Die Felsentempelanlage nimmt eine Fläche von rund 5600 m² ein und besteht aus einer Hauptkammer, zwei Seitenkammern, Innenhöfen und einer Reihe von Nebentempeln. Dem Hindu-Glauben zufolge ist der Tempelkomplex der Wohnsitz Shivas.

Die Felsentempel gehen auf die Silhara-Könige (810–1240) zurück. Einige der Skulpturen, vor allem die Trimurti-Figur (siehe rechts oben), werden auch mit den Herrschern der Rashtrakuta-Dynastie (753 bis 973) von Manyakheta (heute Karnataka) in Verbindung gebracht, deren am meisten verehrte Gottheiten Shiva und Vishnu waren. Weitere den Rashtrakuta zugeordnete Kunstwerke sind die Reliefs von Nataraja (Shiva als kosmischer Tänzer) und Sadashiva sowie die prachtvollen Skulpturen von Ardhanarishvara (einer androgynen Gottheit, die Aspekte Shivas und Shaktis vereint).

Den Shiva geweihten Höhlentempel, der vollständig aus einem Stück besteht, erreicht man über eine 100-stufige Treppe. Als unbestrittenes Meister-

werk althinduistischer Kunst – obwohl die genaue Datierung umstritten ist – gilt die Trimurti-Figur (auch unter dem Namen Maheshmurti bekannt), eine 6 m hohe Darstellung des dreiköpfigen Gottes als Schöpfer, Erhalter und Zerstörer.

Kanheri

Rund 40 km nördlich des alten Stadtzentrums von Mumbai (Haltestelle Borivali der Western-Railway-Vorortbahn) erstreckt sich der **Sanjay Gandhi National Park** (auch Borivali National Park). Eine ganze Reihe von Wildtieren leben in den ausgedehnten Teakwäldern, die ein beliebtes Wochenendausflugsziel der Nord-Mumbaier darstellen.

Man sollte also am besten werktags hierherkommen, um einen der archäologisch bedeutendsten Orte von Maharashtra zu besichtigen: die **Kanheri Caves.** Hier schufen ab dem 1. Jh. buddhistische Mönche über einen Zeitraum von 700 Jahren Höhlen- und Felsentempel. Die Bandbreite reicht von schlichten quadratischen Zellen bis hin zu herrlich geschmückten Gebetshallen, die durch steile, stufenförmige Wege verbunden sind. Ähnlich wie in den bekannteren Höhlen von Ajanta und Ellora stammen die Skulpturen aus dem 2. bis 7. Jh. n. Chr.

Die meisten der Höhlen sind buddhistische *viharas*, karge, zellenartigen Refugien, in denen die Mönche lebten, studierten und meditierten. Die größeren *chaityas* (Gebetshallen) sind mit detailreich ausgeführten buddhistischen Skulpturen, Reliefs und Säulen sowie mit aus dem Fels gegeschlagenen Stupas geschmückt. Am bezeichnendsten ist die Avalokiteshwara-Figur. Man hat hier 100 in Stein gemeißelte Inschriften in den altindischen Schriften Brahmi, Devanagari und Pahlavi gefunden. Die große Zahl der *viharas* lässt auf ein gut organisiertes Kloster buddhistischer Mönche schließen, das auch mit Handelszentren wie Sopara, Kalyan, Nasik, Paithan und Ujjain in Verbindung stand. Zur Zeit des Maurya- und Kuschana-Reiches besaß Kanheri eine bedeutende Universität.

Die Felsentempel liegen etwa 5 km vom Parkeingang entfernt; Busse gehen jede Stunde. ■

Die Elephanta-Felsentempel sind montags geschlossen. Am Gateway of India legen stündlich Barkassen ab (9–14.30 Uhr); die etwas teureren »Deluxe«-Boote sind weniger überfüllt. Auf der Insel gibt es Getränke- und Imbissstände, das heruntergekommene Restaurant MTDC Chalukya beim Hauptschalter sollte man allerdings meiden

Unten: Kanheri Caves

RESTAURANTS UND BARS

Restaurants

Durchschnittspreis für ein Menü mit bis zu drei Gängen ohne alkoholische Getränke:

● = bis 200 INR
●● = 200 – 500 INR
●●● = 500 – 1000 INR
●●●● = über 1000 INR

Mumbai ist ein kulinarisches Paradies: Das Angebot reicht von der vegetarischen Küche Südindiens bis zu den muslimischen Fleischgerichten des Nordens, bereichert durch die Gerichte der Zuwanderer.

Colaba

◆ All Stir Fry
Gorden House Hotel, 5 Battery Street, Apollo Bunder.
Tel. (022) 22 87 11 22.
●●●
In dem fernöstlich anmutenden Designer-Restaurant wählt man die Zutaten und Saucen selbst aus und sieht dann zu, wie sie mit Verve im Wok zubereitet werden.

◆ Bade Miya
Tullock Road, hinter dem Taj Mahal Hotel. ●
Dieser seit drei Jahrzehnten bestehende, nur abends geöffnete Kebab-Stand ist eine Institution in Mumbai. Probieren Sie das berühmte Hähnchen-*tikka* oder Kebab in Fladenbrot.

◆ Busaba
4 Mandlik Marg.
Tel. (022) 2204 3779.
●●●
In einem der schicksten Restaurants der Stadt gibt es üppige Gerichte aus ganz Asien: tibetische *momos*, vietnamesische Fischhäppchen oder koreanischen Glasnudelsalat. Freitags und samstags legen DJs auf.

◆ Café Basilico
Arthur Bunder Road.
●●●
Das elegante Bistro serviert leckere mediterrane Snacks und Teigwaren sowie guten Kaffee.

◆ Indigo
4 Mandlik Marg.
Tel. (022) 22 36 89 99.
●●●●
Viele Promis frequentieren dieses angesagteste aller Lokale im Süden Mumbais. Die entspannte Atmosphäre, die raffinierte Fusion-Küche und die Einrichtung rechtfertigen jedoch den Hype.

◆ Kamat
Sahid Bhagat Singh Marg. ●
In dem beliebten kleinen südindischen Lokal an Colabas Hauptmeile genießt man – auch zum Frühstück – eine ganze Reihe köstlicher Snacks.

◆ Konkan Café
Taj President Hotel, Cuffe Parade.
Tel. (022) 56 65 08 08.
●●●●
Haute Cuisine von der Konkan-Küste zu überraschend moderaten Preisen, z.B. Black Tiger Prawns in saurer *kokum*-Sauce, Fisch in Bananenblättern und göttliche Pfeffer-Knoblauch-Krebse. Absolut authentisch im Geschmack und formvollendet serviert.

◆ Leopold Café
Sahid Bhagat Singh Marg. ●●
Der legendäre Touristentreff mit Bar bietet gute europäische Küche zu etwas gehobenen Preisen.

◆ Olympia Coffee House and Stores
Rahim Mansion 1, Sahid Bhagat Singh Marg. ●
Historische Eleganz verströmt der alte muslimische Palast: An weißen Marmortischen servieren Kellner in Salwar-Kamiz-Gewändern das berühmte *biriyani* des Hauses oder Shish Kebabs mit würzigen Joghurtdips. Kein Alkoholausschank.

◆ Saurabh
136 S.B.S. Marg. ●
In dem alkovenartigen südindischen Restaurant kehrte Madonna 2007 ein. Neben der üblichen Udupi-Küche gibt es auch Gujarati- und Marathen-Spezialitäten.

◆ The Sea Lounge
Taj Mahal Hotel, Apollo Bunder. ●●●
Nostalgiker nehmen ihren Nachmittagstee an einem Fensterplatz mit Blick auf das Gateway of India ein.

Kala Ghoda

◆ Café Samovar
Jehangir Art Gallery, 161B M.G. Road. ●
Künstler, Studenten und Museumsbesucher bilden die Hauptklientel des anheimelnden kleinen Cafés auf einer Gartenveranda. Neben *parathas* mit gekühltem Guavensaft oder Bier gibt es auch Hauptmahlzeiten wie Krabben-Curry und vegetarische *dhansak*-Bällchen.

◆ Khyber
154 M.G. Road. ●●●●
In entsprechendem Ambiente (an den Wänden hängen Gemälde von einigen der renommiertesten Künstler Indiens) wird klassische Mughlai-Küche serviert – von sahnigem Panir-Schaschlik bis hin zu mürbem *makhanwalla*-Hähnchen. Wer's ganz üppig mag, wähle die gemischte Kebab-Platte (mit oder ohne Fleisch).

◆ Trishna's
7 Rope Walk Lane. ●●●
Das renommierte Restaurant machte die Konkan-Küche in Mumbai bekannt. Bollywood-Stars, Krickethelden und Milliardäre haben hier gespeist – trotz der kitschigen Einrichtung und der gesalzenen Preise. Die Spezialität sind Pfeffer-Knoblauch-Krebse, und sie sind fantastisch.

Fort

◆ Apoorva
Vasta House (Noble Chambers), S.A. Brelvi Road.
Tel. (022) 22 87 03 35. ●●
Raffinierte Konkan-Fischküche – darunter das wohl beste Garnelen-*gassi* der Welt und köstlicher Bombay Duck –,

serviert in typischem »Mangalore«-Ambiente mit niedrigen Decken und kitschigem Dekor. Gleich beim Horniman Circle, vor dem Eingang steht ein mit Lichterketten geschmückter Baum.

◆ **Vithal Bhelwala**
5 A.K. Naik Marg (Baston Road), beim CST-Bahnhof. ●
Angeblich wurde im Vithal Bhelwala Mumbais Lieblingssnack, *bhel puri*, erfunden. Das Angebot umfasst rund 25 Varianten sowie weitere Leckereien wie *samosas* und *aloo tikki* (gebratene Kartoffelplätzchen).

Ballard Estate

◆ **Brittania & Co**
Gegenüber der Hauptpost, Sprott Road. ●
In das schäbige alte »Irani«-Restaurant geht man, um den legendären *berry pulao* aus Huhn, Hammel oder Gemüse mit extra aus Teheran importierten pikanten roten Beeren zu genießen. Nur mittags; die Portionen sind riesig!

Churchgate

◆ **Cha Bar**
Oxford Bookstore, 3 Dinsha Vaccha Road. ●●
Das schicke Buchladencafé wird vorwiegend von Studenten der Universität auf der anderen Seite des Maidan besucht. Hier gibt es Tee aus ganz Indien (vom Ladakh-*chai* mit Yakbutter bis zum feinen Nilgiri) und dazu Sandwichs und andere Snacks.

◆ **The Pearl of the Orient**
Ambassador Hotel, V.N. Road.
Tel. (022) 22 04 11 31. ●●●
Einen umwerfenden Blick über die Stadt und die Back Bay bietet dieses Dachrestaurant, das sich in einer Stunde um 360 Grad dreht. Geboten wird ordentliche chinesische Küche. Reservierung empfohlen; kommen Sie spätestens 30 Minuten vor Sonnenuntergang.

◆ **The Tea Centre**
Resham Bhavan, 78 V.N. Road. ●●
Selbst Kenner werden begeistert sein von den Einzellagentees aus Assam, Darjeeling and Nilgiri, die in charmantem Ambiente serviert werden. Herrlich entspannend und nur 5 Minuten Fußweg vom Meer und vom Fremdenverkehrsbüro entfernt.

Dhobi Talao

◆ **Kyani's »House of Cakes« Bakery**
Gegenüber dem Metro-Kino. ●
Der Zahn der Zeit nagt sichtbar an dem altmodischen Irani-Café, doch noch immer werden hier *bun maska* (eine Art Butterbrötchen) und Biskuits serviert, die man in orangefarbenen *chai* taucht. Lohnt einen Abstecher vor oder nach einem Kinobesuch.

Kalbadevi

◆ **Badshah Juice and Snack Bar**
Gegenüber dem Crawford Market, Lokmanya Tilak Road. ●
Große Gläser mit leuchtend rotem Rosensirup, Milch und Maismehl-Fadennudeln – *falooda* ist der Softdrink Mumbais schlechthin, eingeführt von persischen Irani in den 1920er-Jahren. Das vollgestopfte kleine Café ist seine geistige Heimat. Es gibt auch Säfte, diverse Milkshakes und süßes indisches Eis *(kulfi)*.

Marine Drive

◆ **Haji Ali Juice Centre**
Lala Lajpat Rai Road, Haji Ali Circle. ●
Das gleich beim Eingang zum Haji-Ali-Grabmal gelegene Lokal ist berühmt für seine frisch gepressten Säfte aus Granatapfel, Sapodilla *(chickoo)*, Mango, Orange und Litschi. Zudem gibt es *faloodas*, *lassis* und Milkshakes mit Eis.

Khar

◆ **Olive Bar and Kitchen**
14 Union Park. ●●●●
Versteckt in einer Seitenstraße und überaus angesagt, sehr raffinierte Mittelmeerküche.

Bars

◆ **Mocha Bar**
V.N. Road.
Tel. (022) 56 33 60 70. ●●
Wenn Sie schon immer mal Wasserpfeife *(hookah)* rauchen wollten, sind Sie in dieser schicken Terrassenbar mit Teppichen und dicken Kissen an der richtigen Adresse. Nichtsdestotrotz kommen die meisten Gäste wegen des hervorragenden Kaffees hierher. Im klimatisierten Innenraum werden mediterrane *meze*-Gerichte und teure Weine aus der Neuen Welt serviert.

Rechts: Stilvoller Nachmittagstee im Taj Mahal Hotel

Ajanta und Ellora

Die Felsentempel der Buddhisten, Hindus und Jainas in Ajanta und Ellora zählen zu den wichtigsten Denkmälern Indiens.

Fast 1000 Jahre waren die buddhistischen Felsenmalereien in Ajanta, 105 km nordöstlich von Aurangabad, in Vergessenheit geraten – erst 1819 wurden sie zufällig von einigen Briten auf Tigerjagd wiederentdeckt. Heute zählen sie zum UNESCO-Weltkulturerbe. Die Fresken und Skulpturen datieren aus der Zeit von etwa 200 v. Chr. bis 650 n. Chr. Wer den Buddhismus als Verneinung jeglicher Sinnenfreude begreift, wird überrascht sein von der Sinnlichkeit vieler Darstellungen. Zu den Glanzlichtern zählen Höhle 1 mit ihren grandiosen Wandbildern und das Deckengemälde in Höhle 2, doch sind schon allein die spektakuläre Szenerie und die mystische Aura Grund genug für einen Besuch.

Ellora, 25 km nordwestlich von Aurangabad, besitzt 34 in den Felsen gehauene Tempel aus der Zeit von etwa 400 bis etwa 1000 n. Chr. Sie unterteilen sich in eine buddhistische (Höhlen 1–12), eine brahmanistisch-hinduistische (Höhlen 13–29) und eine jainistische Gruppe (Höhlen 30–34). Das Herausmeißeln der Tempel aus dem Fels geschah zumeist von oben nach unten, sodass keine Baugerüste benötigt wurden. Das Herzstück der Anlage ist der Kailasa-Tempel, der mit mythischen Szenen geschmückt ist, darunter der ewige Kampf Gut (Shiva und Parvati) gegen Böse (Ravana). Kailasa (oder Kailash) ist der heilige Berg, auf dem die Götter wohnen. ■

Links: Varaha, eine Inkarnation Vishnus als Bär, Ellora

Oben: Von *apsaras* (himmlischen Nymphen) flankierter Buddha in Ellora. Obwohl von drei verschiedenen Religionsgemeinschaften geschaffen, ähneln die Tempelbauten einander – die Verschiedenheit tritt in der Innenausstattung zutage

Ganz oben: Für den Kailasa-Tempel in Ellora höhlten die Erbauer 85 000 m³ Felsgestein aus
Oben: Darstellungen des Lebens Buddhas in Ajanta
Unten: Verwitterter Buddha in einer *chaitya* (Kapelle), Ajanta

Der Fluch von Ajanta

Die im 19. Jh. unternommenen Versuche, die Kunstschätze von Ajanta zu dokumentieren, wurden von so vielen Fehlschlägen begleitet, dass man mutmaßte, ein Fluch laste auf dem Ort. Der britische Maler Robert Gill verbrachte 27 Jahre mit dem Abzeichnen der Wandgemälde, doch seine gesamte Arbeit fiel dem Brand im Londoner Kristallpalast 1866 zum Opfer. Eine weitere Sammlung dieser Art wurde bei einem Feuer im Victoria & Albert Museum zerstört. Eine Gruppe japanischer buddhistischer Künstler verlor ihre Arbeiten bei einem Erdbeben. Weitere Versuche hatten kaum mehr Erfolg. Die vom Nizam von Hyderabad in den 1920er-Jahren in Auftrag gegebene Restaurierung zerstörte gar die Wandgemälde, als der aufgetragene Firnis abbröckelte und mit ihm Teile der Gemälde abfielen.

Oben rechts: Eine große Herausforderung stellt die Erhaltung und Dokumentation der Kunstwerke von Ajanta dar. Sie untersteht inzwischen der staatlichen Denkmalbehörde
Unten rechts: Gemeißelte Deckenskulptur in Ajanta

Maharashtra, Madhya Pradesh und Chhattisgarh

Die Bundesstaaten Zentralindiens bieten atemberaubende Felsentempel, Festungen und Ruinen. In der Bergwelt der Westghats existiert eine vielfältige Pflanzen- und Tierwelt und im Landesinneren erstrecken sich große Wälder.

NICHT VERPASSEN!

- Bhaja-Höhlenkloster
- Karla-Höhlenkloster
- Ellora-Felsentempel
- Ajanta-Felsentempel
- Khajuraho
- Festung Gwalior
- Sanchi
- Kanha-Nationalpark

Die benachbarten Bundesstaaten Maharashtra, Madhya Pradesh und Chhattisgarh, die eine große Fläche Zentralindiens einnehmen, bieten Reisenden eine Fülle von historischen Sehenswürdigkeiten, Tierschutzgebieten und Wallfahrtsorten sowie abgelegene Wald- und Bergregionen. Dennoch trifft man hier auf weit weniger Weltenbummler als in anderen Regionen des Subkontinents.

Fünf große Flüsse durchziehen die Bundesstaaten: Die Narmada entspringt im Norden von Madhya Pradesh und mündet ins Arabische Meer, die Tapti entspringt im Osten und mündet in den Golf von Khambhat; in den Westghats liegen die Quellen der Flüsse Godavari, Bhima und Krishna, die den Bundesstaat Maharashtra in östlicher Richtung durchziehen. Der Gebirgszug stellt ein natürliches Hindernis für den Westmonsun dar und bildet zudem die wichtigste Wasserscheide des Landes, die die fruchtbare, dicht bewohnte Konkan-Küstenebene vom relativ trockenen Osten mit dem Dekkan-Plateau trennt.

Eine Reise durch das indische Kernland ist gleichzeitig ein Streifzug durch die Geschichte des Subkontinents, angefangen bei den ältesten buddhistischen Felsentempeln und Stupas des Maurya-Reiches über die Pracht des hinduistischen Mittelalters in Khajuraho und Orchha und die afghanisch beeinflussten Paläste und Grabmäler in Mandu bis hin zu den Festungen der Marathen an der Küste von Maharashtra. Etwas abseits des Weges liegen die zentralindischen Salbaumwälder, in denen wilde Tiger sowie, vorwiegend im ländlichen Chhattisgarh, Angehörige verschiedener Stämme leben.

Maharashtra

Die Konkan-Küste

Der schmale, wasserreiche Küstenstreifen am Arabischen Meer, der sich südlich von **Mumbai** ❶ erstreckt, wird

Links: Die spektakulären Felsentempel von Ellora **Unten:** In den Bergen bei Matheran

TIPP

Den ganzen Tag über legen *hodka*-Boote zur **Festung Janjira** von der Mole von Rajpuri ab, die man per Autorikscha von der Stadt Murud (3 km nördlich) erreicht. Allerdings werden die Leinen erst losgemacht, wenn das Schiff voll ist – am Wochenende kein Problem, an Werktagen muss man jedoch mitunter lange warten.

Konkan genannt. Er zählt zu den touristisch am wenigsten erschlossenen Gebieten Indiens, denn kaum ein Reisender legt die Strecke Mumbai–Goa per Auto oder Zug zurück.

Doch die rund 500 km lange, zum Inland hin von den Westghats begrenzte Küste bietet herrliche Strände und Landschaften und zudem beeindruckende Festungen aus jener Zeit, als die Küste des Seehandels wegen heiß umkämpft war. Portugiesen, Siddi (afrikanische Seeleute), Marathen und Briten errichteten hier – teils auf küstennahen Inseln – ihre Bollwerke. Doch nicht nur die zerfallenden Zitadellen, auch die Dörfer und Städte des Konkan besitzen eine ganz besondere Atmosphäre, ganz zu schweigen von der speziellen, vielfach portugiesisch beeinflussten Küche dieses Landstrichs.

Reisen durch den Konkan sind eine beschauliche Angelegenheit, denn die vielen Tideflüsse zwingen einem immer wieder Wartezeiten auf. Schneller geht es mit dem Hochgeschwindigkeitszug Konkan Kanya Express der Konkan Railway (www.konkanrailway.com), dessen Trasse allerdings 10 bis 25 km landeinwärts verläuft. Daher muss man Busse und Fähren benutzen, um in das Städtchen **Chaul** an der Mündung des Flusses Roha zu gelangen, aus dessen portugiesischer Ära

noch die Befestigungswälle erhalten sind. **Murud,** 33 km weiter südlich (165 km südlich von Mumbai), ist Ausgangspunkt für einen Besuch der spektakulären Siddi-Inselfestung **Janjira** (16. Jh.), von deren bröckelnden Wällen man einen herrlichen Rundblick hat.

Zehntausende von Hindus pilgern jedes Jahr zum Tempel des Elefantengottes Ganesha in **Ganpatipule** (200 km südlich). Nicht-Hindus lockt vor allem der fantastische und saubere weiße Sandstrand mit hübschen Hotels. Man erreicht den Ort am einfachsten über die Stadt Ratnagiri (Bahnhof der Konkan Railway).

Weiter gen Süden sind die Transport- und Unterbringungsmöglichkeiten rarer gesät, doch lohnt ein Vordringen in diese ursprünglich gebliebene Region wegen der mächtigen Festungsinsel **Sindhudurg** auf Höhe der Stadt **Malvan.** Das Fort wurde 1664 von dem legendären Marathen-Krieger Shivaji errichtet und niemals eingenommen. Der nächstgelegene Bahnhof ist Kudal, 38 km westlich.

Die südlichste und prachtvollste der Küstenfestungen von Konkan nimmt die Landzunge von **Vijaydurg** ein. Ansonsten gibt es in dem verschlafenen Fischernest nicht viel zu sehen, aber in westlicher Richtung liegen unterhalb des kahlen Felsplateaus einige exquiste Buchten mit Muschelsand.

Felsenhöhlen und Bergketten

Von Mumbai führt eine sechsspurige Autobahn ins Binnenland, die sich durch die Westghats bis Pune hinaufwindet und durch die Sahyadri-Berge parallel zur Eisenbahnlinie verläuft. Letztere hatten die Briten im 19. Jh. angelegt, um die Baumwolle aus der Dekkan-Region zum Arabischen Meer zu transportieren. Dass dies aber bereits seit Jahrtausenden eine wichtige Handelsroute gewesen war, belegen die uralten in den Fels gehauenen Skulpturen an jenem Einschnitt im Gebirge, wo die Berge zur Küste hin steil abfallen.

An klaren Tagen kann man von **Matheran** ❷ aus die Wolkenkratzer des 108 km südöstlich gelegenen Mumbai sehen. Der aus britischer Zeit stammende Ort mit einigen schönen Kolo-

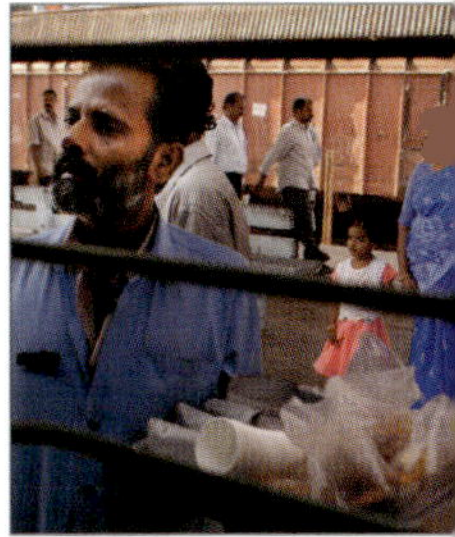

Verkauf von Tee, *samosas* und anderen Snacks durchs Zugfenster

Unten: Dekkan-Landschaft bei Karla

REISEVERBINDUNGEN

Flüge: Mumbai verfügt über einen internationalen und einen Inlandsflughafen, weitere Städte mit Inlandsflughafen sind Aurangabad, Bhopal, Indore, Jabalpur, Khajuraho, Kolhapur, Pune, Nagpur und Raipur.

Züge gehen mehrmals täglich von Aurangabad nach Delhi und Mumbai; von Bhopal nach Delhi, Gwalior, Indore, Mumbai, Nagpur und Sanchi; von Gwalior nach Delhi, Indore, Mumbai und Ujjain; von Kolhapur nach Bengaluru, Mumbai und Pune; von Nagpur nach Bhopal, Chennai, Delhi, Hyderabad, Indore, Jabalpur, Kolkata, Mumbai und Nasik; von Nasik nach Agra, Bhopal, Delhi, Jabalpur, Mumbai und Nagpur; von Pune nach Bengaluru, Chennai, Delhi, Hyderabad, Kolhapur, Mumbai und Nagpur; von Raipur nach Delhi, Kalkutta und Puri.

nialbauten liegt auf 800 m Höhe inmitten von Wäldern. Eine rasselnde alte Schmalspurbahn keucht hier hinauf, und während der Fahrt hat man zahlreiche wunderbare Ausblicke auf die Berge. Die Luft ist herrlich rein, denn Autos sind in Matheran tabu.

An der Autobahn weiter südlich liegt die Stadt **Lonavale,** in deren Umgebung es an drei verschiedenen Stellen buddhistische Höhlentempel zu sehen gibt. Sie stammen aus der Shatavahana-Zeit (etwa 230 v. Chr. bis 199 n. Chr.) und stellen als Ensemble das schönste Beispiel buddhistischer Felsentempel nach Ajanta und Ellora dar.

Der nächstgelegene Höhlentempel befindet sich in **Bhaja** (9 km östlich). Die fein gearbeitete Basaltfassade leitet über zu einer von einer Apsis abgeschlossenen Halle mit bauchigem Votiv-Stupa. Die Höhlen von **Karla** (11 km östlich) besitzen eine prachtvolle Gebetshalle mit herrlich erhaltenen Skulpturen sowie Reliefs mit höfischen Szenen. Der benachbarte Tempel ist der Orakelgöttin Ekrivi geweiht, der Kastenschutzgöttin der Mumbaier Fischer, der Koli, die regelmäßig hierher pilgern (siehe Randspalte S. 249). Der Felsentempel in **Bedsa** (12 km östlich der Abzweigung nach Bhaja) hingegen liegt fast immer in kontemplativer Ruhe da.

TIPP

Zu den drei **Tempelanlagen bei Lonavale** gelangt man am einfachsten mit einer Autorikscha, die man für eine Halbtagestour (etwa 4 Stunden) mietet. In Karla kann man Softdrinks und Wasser in Flaschen kaufen. Am Wochenende, wenn lärmende Massen die Tempel stürmen, sollte man allerdings besser nicht hierherkommen.

Pune ❸

Die Stadt, 170 km südöstlich von Mumbai, hieß unter den Briten Poona und trägt nun wieder ihren ursprünglichen Marathen-Namen. Die einstige Hauptstadt des Marathen-Reiches fiel nach der Schlacht von Koregaon 1818 an die Briten, die sie zur Garnisonsstadt ausbauten: Britische Korrektheit ließ gerade angelegte Straßen und wohlgeordnete Soldatenquartiere entstehen, die einen seltsamen Kontrast zur verwinkelten, von geschäftigem Treiben erfüllten Altstadt bilden.

In der Stadt nahmen viele soziale Reformbewegungen des Hinduismus ihren Ausgang. In der großen Zeit von Bal Gangadhar Tilak war es auch Zentrum der indischen Unabhängigkeitsbewegung. Heute ist die mehr als 5 Mio. Einwohner zählende Stadt mit ihrem rasch wachsenden IT-Sektor eines der Wirtschaftszentren des Landes.

Unten: Votiv-Stupa im Felsentempel von Bhaja

Einen Besuch lohnt die von Dr. Dinkar G. Kelkar (1896–1990) zusammengetragene, umfangreiche Privatsammlung vorwiegend altindischer Kunst im **Raja Kelkar Museum.** In den 36 Abteilungen sind geschnitzte Palast- und Tempeltüren, 2000 Jahre alte Keramiken, Lampen und Miniaturen aus dem 17. Jh. sowie Messingarbeiten zu sehen (geöffnet 8.30–18.00 Uhr).

Der **Palast des Aga Khan** (geöffnet Mo–Fr 9–17.45 Uhr; Eintritt) mit seinen Torbogen im italienischen Stil und weitläufigen gepflegten Rasenflächen sieht nicht wie ein Gefängnis aus, und doch hielten die Briten Mahatma Gandhi, seine Frau Kasturba und andere Führer der Kongresspartei hier interniert. An die hier verstorbene Kasturba erinnert ein Gedenkstein.

Mahadji Scindia, einer der regierenden Marathen-Fürsten, ließ im 18. Jh. den kleinen schwarzen Shiva-Tempel **Shinde Chhatri** errichten. Mahadjis Nachfolger Madhavrao II. fügte einen Anbau hinzu. Dessen Architekt orientierte sich jedoch nicht an der indischen Architektur des Hauptgebäudes, sondern an der südeuropäischen Tradition. Das Ensemble im indomediterranen Stil ist damit zum Denkmal indischer Assimilationskraft geworden. Mahadjis *samadhi* (Ehrenmal) steht auf der anderen Seite des Hofes. Ein Schild mahnt Besucher, dass es einer Beleidigung Scindias gleichkäme, hier einen Regenschirm aufzuspannen, da nach altindischer Tradition ein Schirm nur dem Herrscher zusteht.

Shaniwar Wada, der Samstagspalast in der Altstadt, entstand 1736 und diente den Peshwa als Residenz, bis er 1827 fast gänzlich abbrannte. Nur die alten Befestigungsmauern, große messingverzierte Tore, Lotosteiche aus dem 18 Jh. und die Fundamente sind erhalten (8–18.30 Uhr; Eintritt).

Noch heute ist der **Pataleshwar-Tempel** mitten in der Stadt das Ziel unzähliger Gläubiger. Er wurde im 8. Jh. aus einem einzigen gigantischen Felsblock gemeißelt. Der **Parvati-Tempel** war die private Kultstätte der Peshwa-Herrscher. Das islamische Heiligtum **Qamarali Darvesh** enthält den berühmten Stein, der angeblich schweben kann.

Von der Löwenfestung **Simha Ghad**, 24 km südlich von Pune, hat man einen unvergleichlichen Blick auf die Stadt und die umliegenden Berggipfel. Hier errang Shivaji Maharaj, der Begründer des Marathen-Reiches, 1670 einen bedeutenden Sieg über die Armee des Sultans von Bijapur. Einer Legende zufolge erklommen Shivajis Offiziere diese fast senkrecht abfallende Anhöhe mithilfe eigens dafür trainierter Rieseneidechsen an Seilen.

Der Süden von Maharashtra

Inmitten der Berge im Süden von Pune liegen **Mahabaleshwar** ❹ (100 km) und **Panchgani** (90 km). Hier kann man in unberührter Natur wandern; verschiedene Aussichtspunkte bieten weite Rundblicke. Für Ausflüge stehen Pferde und Ponys zur Verfügung.

Kolhapur ❺ (225 km von Pune) zählt zu den bedeutendsten Wallfahrtsorten in Maharashtra. Im Volksmund

Die Felsentempel von Bhaja stammen aus dem 2. Jh. v. Chr., die Stupas wurden aus dem Fels gehauen

Unten: Tempel in Karla am Eingang zu den Höhlen

TIPP

Vom Busbahnhof Swargate in Pune fahren den ganzen Tag Stadtbusse zur **Festung Sinhaghad.** Während der Regenzeit kann die Straße zur Zitadelle hinauf beschädigt sein, sodass kein Besuch möglich ist. Aktuelle Informationen erhält man beim Fremdenverkehrsamt MTDC in der Bahnhofshalle von Pune (Mo–Sa 9–19, So 9–15 Uhr; Tel. (020) 2 61 26 86).

heißt er oft **Dakshina Kashi** (Varanasi des Südens). Von den zahlreichen Tempeln in Kolhapur genießt der **Mahalakshmi-Tempel** (oder auch Ambabai-Tempel) aus dem 9. Jh. höchste Verehrung. Der Mahadev geweihte **Kotiteerth-Tempel** steht inmitten einer weiten Wasserfläche.

Als einstige Hauptstadt eines einheimischen Königreichs besitzt Kolhapur auch einige interessante Paläste und Residenzen. Zu besichtigen sind der **Raj Waida** (Alter Palast) aus dem 18. Jh. in der Nähe des Mahalakshmi-Tempels (geöffnet tgl. 10–18 Uhr, Eintritt frei) und der **Neue Palast** aus dem 19. Jh. (geöffnet Di–So 9.30–13, 14.30–18 Uhr; Eintritt). Kolhapur ist zudem für seine ledernen *chappals* (Sandalen) bekannt.

Der Nordosten

Etwa 150 km nordöstlich von Mumbai liegt die heilige Stadt **Nasik** ❻ mit rund 2000 Tempeln und vielen Bade-Ghats an den Ufern des Flusses Godavari. Nasik wird auch im *Ramayana*-Epos erwähnt: Als Lakshman, Ramas jüngerer Bruder, sich der um ihn werbenden Dämonin Shurpanakha entledigen wollte, schlug er ihr die Nase ab, die dann genau auf die Stelle fiel, an der Nasik (*nasika*, Sanskrit: Nase) heute steht. Unweit von Nasik liegen die buddhistischen Höhlen von Pandu Lena (1.–6. Jh.).

Unten: Ochsenkarren in Pune

Der **Trimbakeshwar-Tempel** (30 km von Nasik) ist ein Bau mit reichhaltigem Skulpturenschmuck und und einem bedeutenden Shiva-Lingam. Alle zwölf Jahre findet hier die Kumbh Mela (hier Sinhastha genannt) statt, das größte religiöse Fest des Hinduismus. Die Kumbh Mela (von *kumbh*, Krug, und *mela*, Fest) wechselt alle drei Jahre zwischen den Städten Nasik, Ujjain sowie Allahabad und Haridwar am Ganges. Das Fest geht auf eine Legende zurück, der zufolge sich einst Götter und Dämonen um einen mit dem Nektar der Unsterblichkeit gefüllten Krug stritten. Die Götter gingen als Sieger aus dem Kampf hervor und labten sich an dem Trank. Dabei fielen vier Tropfen auf die Erde – und zwar dort, wo heute Millionen von Hindus die Kumbh Mela feiern. Sicherheitshalber sollte man sich das Treiben aus einiger Entfernung ansehen (2003 wurden einige Menschen im Gedränge totgetrampelt).

Ein Glück verheißender Ort ist der nahe gelegene Berg **Brahmagiri**, an dem der heilige Fluss Godavari entspringt.

Die Stadt **Aurangabad** ❼, 370 km nordöstlich von Mumbai, ist stark vom Islam geprägt. Dieser Einfluss begann in der Zeit des Mogulherrschers Aurangzeb und ist innerhalb der Stadt und in der Umgebung an vielen Bauten und Gräbern abzulesen. Das Mausoleum von Aurangzebs Begum, **Bibi ka Maqbara,** ähnelt sehr dem Taj Mahal wurded aber aus weniger kostbaren Materialien erbaut. Der Sunehri Mahal (Goldener Palast) und die Wassermühle **Panchakki** entstanden beide unter Malik Amber. 3 km hinter dem Bibi ka Maqbara wurden zwölf buddhistische Höhlentempel aus dem 3. bis 7. Jh. entdeckt und freigelegt. Am interessantesten sind die Höhlen 3, 6 und 7 (für den

Besuch müssen Sie eine Taschenlampe mitnehmen).

In **Daulatabad** (15 km westlich von Aurangabad) erhebt sich eine mächtige, zu ihrer Zeit als uneinnehmbar geltende Festung mit einem Burggraben, in dem früher Krokodile schwammen. Von oben genießt man eine herrliche Aussicht (6–18 Uhr; Eintritt).

Ganz in der Nähe liegen zwei wichtige heilige Stätten: in **Khuldabad** das Grabmal (1707) des Mogulherrschers Aurangzeb, umgeben von Grabmälern von Muslimheiligen, und der **Ghrisneshwar-Tempel** (in Richtung Ellora). Er wurde im 8. Jh. errichtet und zählt mit einem der 12 *jyotirlingas* (Lichtlingams) zu den wichtigen hinduistischen Pilgerzentren.

Ellora und Ajanta

Zu den bedeutendsten historischen Monumenten Indiens zählen die Höhlen von Ellora (25 km nordwestlich von Aurangabad) und von Ajanta (100 km nordöstlich).

Die Höhlen von **Ellora** ❽ sind reich geschmückt mit hinduistischen, buddhistischen und jainistischen Steinmetzarbeiten. Unbestreitbares Prunkstück der Anlagen ist der hinduistische Kailash-Felsentempel aus dem 8. Jh. (geöffnet Mi–Mo 9–17.30 Uhr).

In den 26 buddhistischen Höhlen von **Ajanta** ❾ sind neben den Skulpuren auch Fresken gut erhalten. Die Kulthöhlen sind so abgelegen, dass sie vermutlich in Vergessenheit gerieten, als der Buddhismus an Einfluss verlor. Deshalb blieben sie auch von Zerstörungen verschont, bis ein Brite sie durch Zufall im 19. Jh. wiederentdeckte. Die überwältigenden Wandmalereien haben ihre Leuchtkraft über die Jahrhunderte kaum verloren. Die wichtigsten Höhlen tragen die Nummern 1, 2, 9, 10, 16, 17, 19, 21 und 26 (geöffnet 9–17.30 Uhr).

Weitere Einzelheiten zu Ajanta und Ellora lesen Sie auf den Seiten 258–259.

Weitere Reiseziele

Nagpur ❿ war die Hauptstadt der Bhonsles, einem Zweig der Herrscher des Marathen-Reiches. Die Stadt liegt exakt im geografischen Zentrum Indiens. Ein schwacher Abglanz des einstigen imperialen Status ist jeden Winter

TIPP

Ein alter Pilgerpfad mit Hunderten in den Fels gehauenen Stufen zieht sich an den Hängen des Brahmagiri-Berges bei Trimbakesvar hinauf. Er führt zur Quelle des Flusses Godavari, die der heilige *parikrama*-Pfad umkreist (siehe Kasten S. 272). Die **herrliche Wanderung** mit großartigem Blick auf die umliegenden Berge dauert etwa drei Stunden.

Unten: Bibi ka Maqbara, Aurangabad

in Nagpur spürbar, wenn die heutigen »Regenten« – sprich die Provinzialregierung – von Mumbai hierher umziehen. Die in dieser Gegend geernteten Orangen sind im ganzen Land berühmt.

Ramtek (40 km von Nagpur) wurde nach Rama, einer Inkarnation Vishnus, benannt. Der Gott hielt sich hier mit seiner Frau Sita und seinem Bruder Lakshman nach seiner Verbannung aus Ayodhya auf. Sein Tempel steht auf einer Anhöhe, ebenso wie die Gedenkstätte des Dichters Kalidasa (um 400), einem Hauptvertreter der indischen Sanskrit-Lyrik, der unvergängliche Werke wie das Gedicht *Meghaduta* (»Der Wolkenbote«) schuf.

Wardha (75 km von Nagpur) ist der Ausgangspunkt für einen Besuch in **Sevagram** (6 km) und **Paunar** (10 km). Mahatma Gandhi lebte 15 Jahre in einem Ashram in Sevagram, der sich später zu einem Wallfahrtsort entwickelte. Paunar ist berühmt, weil hier der Gandhi-Schüler Acharya Vinobha Bhave lebte und starb.

Bis vor ca. 60 Jahren war dieser Teil Indiens von einem riesigen Dschungel bedeckt, in dem unzählige Tiger und andere Wildtiere lebten. Er ist großteils abgeholzt, einige kleinere Areale sind aber noch erhalten, darunter der **Navegaon-Nationalpark** (etwa 140 km östlich von Nagpur) mit einem im 18. Jh. angelegten künstlichen See (geöffnet tgl. 4–19 Uhr).

Chandrapur ⓫ (160 km von Nagpur) besitzt eine Burg und mehrere Tempel. Außerdem ist **Tadoba,** das bekannteste Tierschutzgebiet Maharashtras, von hier aus gut zu erreichen. Der See des Parks, in dem sich Krokodile tummeln, ist den einheimischen Stämmen heilig. Den Erholungsort **Chikalda** (200 km von Nagpur) erreicht man auf einer Straße durch dichten Dschungel mit reichem Wildbestand, dessen Schutz der nahe gelegene **Melghat Wildlife Sanctuary** gewidmet ist.

Madhya Pradesh

Madhya Pradesh, wörtlich das mittlere Land, im Herzen des Subkontinents ist mit 308 144 km² einer der größten Bundestaaten Indiens. Geografisch gesehen

TIPP

Ajanta und **Ellora** sind von Aurangabad aus gut zu erreichen: Mit Bus oder Taxi braucht man etwa 2,5 Stunden nach Ajanta, nach Ellora 45 Minuten. Man kann auch bei einem Reiseveranstalter eine Tagestour zu beiden Orten buchen. Kopfbedeckung und bequemes Schuhwerk sind empfehlenswert, Mückenspray und Taschenlampe unerlässlich. Blitzlichtaufnahmen sind in den bemalten Höhlen nicht erlaubt.

Unten: Höhlentempel bei Aurangabad

gehört er zu den interessantesten Gebieten des Subkontinents: im Norden die Ganges-Yamuna-Ebene, südlich dann Hochebenen und Gebirge, durchschnitten von Flüssen, die im Osten in den Golf von Bengalen und im Westen ins Arabische Meer münden. Die Berge sind bewaldet; fast ein Drittel der Waldfläche Indiens gehört zu Madhya Pradesh. Es sind wertvolle Wälder mit Edelhölzern wie Teak, Rosenholz, Ebenholz, Salbaum, dem rot blühenden Palasbaum Flame of the Forest u.v.m. Neben den Laub abwerfenden Bäumen stehen immergrüne Bambushaine, in den Agrarlandschaften dominiert der Mangobaum, der in Indien endemisch ist. In den Mahadeo Hills, einem Teil des Satpura-Gebirges, sind Tiger, Leoparden, indische Büffel und zahllose kleinere Waldtiere zu Hause.

Hier leben auch viele Adivasi-Stämme. Am zahlreichsten sind die Gond, die im Zentrum und im Osten des Bundesstaats leben. Der Westen ist die Heimat der Bhil, eines Krieger- und Jägerstamms, der sogar der Armee der Moguln widerstand. Der Osten wird von den Oraon bewohnt, die sich mehrheitlich zum Christentum bekennen.

Der Bundesstaat ist reich an historischen und heiligen Stätten. Die spektakuläre Bergfestung in Gwalior lohnt als Erstes einen Stopp, wenn man aus nördlicher Richtung zu den mittelalterlichen Ruinen von Orchha unterwegs ist. Von dort aus gelangt in einer vierstündigen Autofahrt durch eine hügelige, von Flüssen durchzogene Landschaft ins abgelegene Khajuraho mit den großartigen mittelalterlichen Tempeln. Bhopal, die Hauptstadt des Bundesstaats, bietet sich als Ausgangspunkt für Ausflüge zu den frühbuddhistischen Tempelanlagen von Sanchi und den Steinzeithöhlen von Bhimbetka an – beide sind UNESCO-Weltkulturerbestätten, ebenso wie Khajuraho. Eine weitere archäologische Sehenswürdigkeit bieten die Paläste und Grabstätten im afghanischen Stil in Mandu, Zeugnisse der frühislamischen Ära Indiens.

die größten Chancen einen wild lebenden Tiger zu sehen, hat man in Madhya Pradesh. Im Osten des Bundesstaats, an der Grenze zu Chhattisgarh, liegen die Nationalparks Kanha und Bandhavgarh. Hier leben in einem der letzten unberührten Salbaumwälder Indiens nicht nur die größten Tigerpopulationen des Landes, sondern auch eine Vielzahl anderer Wildtiere.

Gwalior ⓬

Diese nördlichste Stadt des Bundesstaats wurde im 8. Jh. gegründet, der Legende nach aus Dankbarkeit gegenüber dem Hinduheiligen Gwalipa, der den Rajputen-Stammesfürsten Suraj Sen von der Lepra geheilt hatte.

Überragt wird die Stadt vom **Fort**, einer der mächtigsten Bergfestungen der Welt (geöffnet 6–19 Uhr; Eintritt) und die älteste erhaltene Festung Indiens. Deren besterhaltener Teil, der vor 1500 erbaute **Gujuri Mahal** (Palast des Raja Man Singh), besteht aus gewaltigen Steinblöcken. Geometrische Verzierungen aus türkisfarbenen, blauen und grünen Kacheln, kuppelüberwölbte Türme und fein gearbeitete Steingit-

Madhya Pradesh zählt zu den heißesten Regionen Indiens: Von März bis Juni steigen die Temperaturen nicht selten auf über 45 °C.

Unten: Eine große Zahl von Angehörigen der niederen Kasten in Zentralindien ist zum Christentum übergetreten

TIPP

In der Festung Gwalior werden beim Gujiri Mahal abends stimmungsvolle **Klang-Licht-Shows** veranstaltet. Von November bis Februar finden die englischsprachigen Vorführungen von 19.30 Uhr bis etwa 20.30 Uhr statt, von März bis Oktober eine Stunde später.

terfenster *(jali)* zeigen, dass hinduistische Herrscher schon damals auch muslimische Formen integrierten. Das **Gwalior State Archaeology Museum** in der Zitadelle ist eines der besten Skulpturenmuseen des Landes; das Prunkstück ist die Salabhanjika, eine kleine Sandsteinfigurine, die ihrer sinnlichen Kurven und ihres Lächelns wegen auch Indiens Mona Lisa heißt (geöffnet Di–So 10–17 Uhr; Eintritt).

Auf dem südlichen Teil des Festungsareals erhebt sich der alte Tempel **Teli-ka-Mandir**, daneben die moderne **Sikh-Gedenkstätte** *(gurdwara)* für Guru Govind Singh (1595–1644), den zehnten und letzten Guru der Sikhs, der hier eingekerkert war. Den steilen Weg zum Urwahi-Tor säumen einige Jain-Skulpturen (7. bis 15. Jh.); vor dem Tor bieten Führer ihre Dienste an. Die Aussicht von den Zinnen bei den fein zieselierten **Sas-Bahu-Tempeln** ist schlicht atemberaubend.

Der gegenwärtige Nachfahre der Königsfamilie, Jyotiraditya Rao Scindia, bewohnt einen Teil des gewaltigen **Jai-Vilas-Palasts**, der 1875 von dem britischen Architekten Michael Filose in einem unglaublichen Stilmix erbaut wurde. Im **Palastmuseum** kann man einige der extravaganteren Familienerbstücke bewundern, darunter eine silberne Miniatureisenbahn, mit der der Maharaja Branntwein und Zigarren anzubieten pflegte (geöffnet Do–Di 9.30–17 Uhr; Eintritt).

Gwalior ist seit Jahrhunderten ein Zentrum der klassischen indischen Musik. Miya Tansen, der große Musiker und einer der »Neun Juwelen« am Hof des Mogulkaisers Akbars, stammte aus dieser Stadt und liegt hier begraben. Das **Tansen-Grabmal** befindet sich im Garten des **Mausoleums von Fürst Ghau Muhammad,** seines Patrons (etwa 1 km östlich der Festung in der Altstadt). Im Westen der Stadt liegt an der Ustad Hafiz Ali Khan Road das **Sarod-Ghar-Museum**, das einem der wichtigsten Instrumente der klassischen nordindischen Musik, der lautenähnlichen *sarod*, gewidmet ist (geöffnet Di–So 10–13, 14–16 Uhr, Eintritt frei).

Datia, Orchha und Shivpuri

Das an der Eisenbahnlinie Delhi–Mumbai gelegene Städtchen **Datia** (25 km

Unten: Die prachtvolle Festung Gwalior überragt die Ebene

nördlich der Großstadt Jhansi) beherrscht der Narsing-Dev-Palast. Er wurde im frühen 17. Jh. von Bir Singh Deo, einem Rajputen-Herrscher der Bundela-Dynastie, errichtet. Mit seinem Labyrinth von Brückchen, Kuppelpavillons, versteckten Durchgängen und Terrassen zum Altstadtviertel hin ist der Palast einer der schönsten – und am seltensten besuchten – spätmittelalterlichen Bauten Indiens (Sonnenauf- bis Sonnenuntergang; Eintritt frei).

Orchha ⓭ (16 km östlich von Jhansi) wurde 1501 von dem Bundela-Herrscher Rudra Pratap an den Ufern der Betwa gegründet. Bis zur Ermordung Bir Singh Deos 1627 war Orchha das Zentrum des gleichnamigen Fürstenstaats, danach verlor die Stadt rasch an Bedeutung. Ihre Erbauer hinterließen zahlreiche Paläste, Festungen, Tempel und Grabmäler. Sie pflegten einen Baustil, in dem sich traditionell hinduistische und indoislamische Formen mit mogulzeitlichem Dekor vereinen. Besonders eindrucksvoll ist der Blick auf die Gedenkmonumente der verstorbenen Könige (*chattris*) am Betwa-Fluss: im Hintergrund die grünen Berge und davor die kunstvollen tempelähnlichen Bauten am Ufer.

Shivpuri ⓮, die einstige Sommerresidenz der Scindia-Fürsten, liegt 100 km südwestlich von Gwalior auf dem Vindhya-Plateau, das sich südlich der Ganges-Ebene erhebt. Der nahe **Madhav-Nationalpark** umfasst die beiden Seen Sakhia Sagar und Madhav Sagar. Hier haben Axishirsch, Indische Gazelle *(chinkara)*, Pferdehirsch *(sambar)*, Nilgau-, Hirschziegen- und Vierhornantilope noch ausreichend Lebensraum. Pfauen und zahllose andere Vogelarten beleben den Park. In den Seen schwimmen indische Krokodile *(maggar)*.

Khajuraho ⓯

Ein Highlight in Madyha Pradesh ist zweifellos Khajuraho. In der Zeit von 950 bis 1050 erlebte dieser Ort eine unvergleichliche Blütezeit der Architektur. Die Könige der Chandela-Dynastie (9. bis 16. Jh.) ließen hier 85 Tempel errichten, von denen nur noch 22 erhalten sind. Reich verzierte Friese und Skulpturen bezeugen die Genialität ihrer Erbauer und den Reichtum des Königs.

Khajuraho wurde vor allem wegen der Sinnlichkeit, die seine erotischen Skulpturen ausstrahlen, bekannt. Diese Thematik ist jedoch nur ein Teil der universalen Aussage des Gesamtkunstwerks: Die Skulpturen beschreiben das tägliche Leben des einfachen Volkes wie auch des Adels im 10./11. Jh. Diese Feier des Lebens kulminiert in inneren Allerheiligsten.

Die Haupttempel gehören zur westlichen Gruppe (geöffnet von Sonnenauf- bis Sonnenuntergang). Hier gibt es auch ein **Archäologisches Museum** (geöffnet Sa–Do 10–17 Uhr).

Weitere Einzelheiten zu Khajuraho lesen Sie auf den Seiten 278–279.

Indore und Ujjain

Die rasch wachsende Industriestadt **Indore** ⓰ liegt im Zentrum der Hochebene von Malwa im Westen von Madhya Pradesh, die für ihre Baumwollfelder

TIPP

Jedes Jahr im November wird des legendären Sängers Tansen gedacht: Die berühmtesten Virtuosen klassischer indischer Musik spielen auf dem Gelände seiner Grabstätte, im Hintergrund die imposante Kulisse der Festung Gwalior. Natürlich werden auch *drupads* gesungen – eine besonders verhaltene, intensive Form der Vokalmusik, die in Gwalior entwickelt und an der hiesigen *gharana* (Musikschule) auch heute noch gelehrt wird.

Unten: Ein Adivasi worfelt Reis

TIPP

In der stimmungsvollen Stadt **Maheshwar,** 91 km südwestlich von Indore, wurde ein Palast aus dem 18. Jh. zu einem Heritage Hotel umgebaut: das Ahilya Fort am Ufer des heiligen Flusses Narmada (siehe unten). Maheshwar ist auch als Handwebzentrum bekannt; hier werden einige der feinsten handgewebten seidenen Saristoffe hergestellt.

bekannt ist. In **Dewas** nordöstlich von Indore lebte der britische Romancier E.M. Forster in den 1920er-Jahren als Privatsekretär des hiesigen Maharajas. Seine Erlebnisse schilderte er in dem Reisebericht »The Hill of Devi« (1953). Nach seiner Rückkehr schrieb er sein literarisches Meisterwerk, »A Passage to India« (1924).

Für die Hindus ist Malwa heiliges Land; im **Mahakaleshwar-Tempel** in **Ujjain** ⓱ am heiligen Fluss Shipra, 60 km von Indore entfernt, sowie im **Omkareshwar-Tempel** auf der Insel **Mandhata** befinden sich zwei der insgesamt zwölf *jyotirlingams* (Lichtlingams). Alle zwölf Jahre findet in Ujjain die Kumbh Mela (hier Sinhastha genannt) statt.

Ujjain ist auch ein Zentrum des traditionellen Handwerks und der modernen Industrie. Die Färber und Drucker von **Bherugarh** arbeiten in einem Vorort von Ujjain. Mithilfe von pflanzlichen Farbstoffen und handgeschnitzten Teakholzmodeln mit jahrhundertealten Mustern stellen die Chhipa kunstvolle, sehr fein gearbeitete, bunt gemusterte Stoffe her.

DER HEILIGE FLUSS NARMADA

Die Narmada entspringt im Norden von Madhya Pradesh auf dem Gipfel des Amarkantak, windet sich auf den ersten 320 km zwischen den Hügeln des Mandla-Hochlands hindurch, bahnt sich bei Jabalpur ihren Weg durch Marmorfelsen (Bheraghat) und mündet schließlich nördlich von Surat im Golf von Khambhat ins Arabische Meer. Den Hindus ist der Fluss heilig: Ein einziger Blick auf seine Fluten kann die Seele von allen Sünden reinwaschen. Die heiligste Stätte ist der **Omkareshwar-Tempel** auf der Insel Mandhata, in dem sich eines der 12 *jyotirlingas* (Lichtlingams) befindet. Ein Pilgerpfad führt an einigen Tempeln und von Sadhus bewohnten Höhlen vorbei.

Die höchste Verehrung bezeigt man dem Fluss jedoch mit der *parikrama* (Umkreisung). Der Weg beginnt am Mündungstrichter und führt ostwärts zurück zur Quelle, von wo aus er sich dann wieder dem Meer zuwendet – normalerweise dauert dieser Fußmarsch zwei Jahre. In neuerer Zeit wird die Reise jedoch durch ein extrem umstrittenes Bauprojekt erschwert: Die 1961 begonnene **Sardar-Sarovar-Talsperre** beraubt Umweltschutz- und Menschenrechtsorganisationen zufolge die armen Bauern der Region (darunter viele Angehörige von Adivasi-Stämmen) ihrer Existenzgrundlage. Es werden immer wieder Prozesse angestrengt, um die endgültige Fertigstellung des Staudamms zu verhindern.

Die Festungsstadt Mandu ⓲

Eine Reise durch Malwa wäre unvollständig ohne den Besuch von Mandu, 90 km südwestlich von Indore. Die Residenzstadt des Sultans erreicht man von Dhar her oder über die Passstraße von Manpur: Unvermittelt taucht nach dem Durchqueren einer Schlucht die größte erhaltene Festungsstadt der Welt in ihrer ganzen Schönheit auf. Die 400 Jahre alten Mauern sind insgesamt 75 km lang.

Das **Bhangi-Tor** führt in die Stadt, einem Ensemble von Seen, Hainen, Gärten und Palästen. Besonders sehenswert sind der **Jahaz Mahal** (Schiffspalast) und der **Hindola Mahal**.

Die **Jama Masjid** hat eine so ausgeklügelte Akustik, dass selbst ein Flüstern von der Kanzel noch in der entfernsten Ecke der Moschee zu hören ist. Der **Nilkanth-Tempel** ist ein Monument jener religiösen Offenheit, die Mogulkaiser Jalaluddin Muhammad Akbar (1542–1605) auszeichnete.

Durchquert man das Tal von Mandu, erreicht man den idyllischen **Rewa-Kund-See,** angeblich speißt ihn die 90 km entfernte (und 600 m tiefer fließende!) Narmada. Der Rewa Kund ist verknüpft mit der Legende von Sultan Baz Bahadur und seiner Hindukönigin Roopmati: Baz Bahadur soll sie bei einem Jagdausflug zur Narmada am Flussufer angetroffen haben. Er heiratete sie und versprach, die Narmada nach Mandu umzuleiten. Dass er Wort hielt, beweist der Rewa Kund. An seinen Ufern ließ er für sich einen Palast und oberhalb für Roopmati einen Pavillon errichten, von dessen Terrasse sie das silberne Band der Narmada am Horizont erkennen konnte.

Bhopal und Sanchi

1984 geriet die Hauptstadt **Bhopal** ⓳ weltweit in die Schlagzeilen, als sich in einem Chemiewerk eine Giftkatastrophe ereignete, die 3500 Menschenleben forderte und Hunderttausende verletzte. Aber Bhopal hat auch eine andere Seite. Das Klima in dieser von drei Seen und wie Rom auf sieben Hügeln erbauten Stadt ist mild und angenehm. Vielleicht hat die Lage den zeitgenössischen Architekten Charles Correa zum Bau des **Bharat Bhavan** inspiriert, einem in Indien einmaligen Zentrum für Kunst in einer der kunstsinnigsten Städte des Landes. Es beherbergt u.a. den **Rashtriya Manav Sangrahalaya** (Museum für Stammeskunst) mit seinen beeindruckenden Exponaten (Di–So, Sep–Feb 10–17.30 Uhr, März–Aug 11–18.30 Uhr; Eintritt). Ebenfalls einen Besuch wert sind das **Archäologische Museum** und das **Birla Museum** mit schönen Skulpturen.

Die Stadt wurde im 10. Jh. von Rajputenkönig Bhoja aus der Parmara-Dynastie gegründet. Die Ruinen des **Bhojpur-Tempels** und die Überreste des künstlich angelegten **Tal-Sees** lassen die Macht dieses Herrschers erahnen. Der See war früher 600 km² groß; die Dammbauten wurden von Sultan Hoshang Shah von Malwa im 15. Jh. zerstört.

Knapp 30 km südlich von Bhopal liegt **Bhimbetka,** wo über 500 Höhlen mit jungsteinzeitlichen Felszeichnungen entdeckt wurden. Man hat dort Zeugnisse aus fünf Epochen der Menschheitsgeschichte gefunden, von der Altsteinzeit bis ins Mittelalter.

Der kleine Ort **Sanchi** 20, 67 km nördlich von Bhopal gelegen, besitzt ein Juwel frühbuddhistischer Architektur: Auf einem Hügel thront erhaben der älteste und besterhaltene Stupa des ganzen Landes. Der Große Stupa (Anfang 3. Jh.) aus honigfarbenem Sandstein wurde ursprünglich vom Maurya-Herrscher Ashoka über den sterblichen Überresten Buddhas errichtet, der heutige Bau geht allerdings auf die Shatavahanas zurück.

Die feinen erzählenden Reliefs an den Toren sind die ältesten Zeugnisse indischer Bildhauerkunst. Bis zum 12. Jh. war Sanchi eines der wichtigsten buddhistischen Pilgerzentren, die UNESCO hat die Stätte zum Weltkulturerbe erklärt. Der Komplex umfasst mehrere buddhistische Klöster mit Darstellungen aus dem Leben Buddhas und einen Gupta-Tempel.

Nordöstlich von Sanchi liegen die Orte **Vidisha** und **Udaygir** (8 km) sowie **Gayraspur** (50 km), die Wiege der Maurya-Kultur.

Im Jahr 1610 glaubte Sir Thomas Roe, britischer Gesandter am Mogulhof Jahangirs, er und seine Gefährten seien die einzigen Briten auf dem Subkontinent. Man stelle sich ihr Erstaunen vor, als sie inmitten der Ruinen von Mandu auf Thomas Coryate stießen, der den ganzen Weg von Somerset zu Fuß zurückgelegt hatte. Anders als Roe sah Coryate seine Heimat nie wieder; er starb im folgenden Jahr.

Unten: Morgenandacht in Orchha

TIPP

Während des hinduistischen **Mahashivaratri-Fests** (Februar bis März) pilgern Zehntausende nach Pachmarhi, um den heiligen Berg Chauragarh 10 km vor der Stadt zu besteigen. Im Gedränge ist der Aufstieg nicht ungefährlich, wer jedoch zu anderer Zeit kommt, kann die Wanderung auf dem 24 km langen alten Pilgerpfad genießen. Der Gipfel ist Shiva-Dreizacken gespickt und bietet einen großartigen Rundblick über die Vindhyakette.

Unten: Der Große Stupa in Sanchi

Nationalparks Kanha und Bandavgarh

Südlich von Bhopal erstreckt sich Kiplings Land des Dschungelbuchs. Der große Fluss Narmada verbindet das Satpura- mit dem Vindhya-Gebirge. Die dichten Wälder, die sich von den flachen Hügeln von Hoshabad bis zum Mahadeo-Gebirge in Chhindwara, Pachmarhi und Betul erstrecken, bilden in Kanha einen der schönsten Nationalparks der Welt mit 7000 km² (Kerngebiet 1000 km²).

Den **Kanha National Park** ㉑ und seinen Schwesterpark **Bandavgarh** ㉒ sollte man sich also auf gar keinen Fall entgehen lassen, denn hier leben nicht nur Tiger (und man hat durch aus Chancen, das eine oder andere Exemplar zu Gesicht zu bekommen), sondern auch viele andere Wildtiere wie Leoparden, Bären und diverse Affenarten.

Die beste Besuchszeit ist Dezember bis März; beide Parks bieten komfortable Unterkünfte (siehe S. 433).

Pachmarhi und Bedaghat

Pachmarhi im Satpura-Gebirge, 210 km südlich von Bhopal, ist ein wahres Paradies für Trekker und Bergsteiger. Sehenswert sind die prähistorischen Pandav-Höhlen.

Zweifellos ein großartiges Erlebnis ist der Besuch von **Bedaghat** ㉓ im Osten von Madhya Pradesh (22 km von Jabalpur): Hier fließt die Narmada durch eine 5 km lange Schlucht zwischen weißen Marmorklippen hindurch und stürzt sich als **Dhuandhar-Fall** in die Tiefe.

Chhattisgarh

Chhattisgarh, der jüngste der indischen Bundesstaaten, wurde im Jahr 2000 aus dem größeren Madhya Pradesh ausgegliedert.

44 % der Fläche sind von Wald bedeckt, das sind 12 % der gesamten Waldfläche Indiens. Unter der Erde aber lagern reiche Rohstoffvorkommen von enormem Wert. Kraftwerke, Stahlwerke, Aluminiumbetriebe und Kupferschmelzhütten sind teils schon in Betrieb, teils in Planung. Bei der Gründung von Chhattisgarh war die Hoffnung groß, dass dieser Reichtum zur Linderung der weitverbreiteten Armut beitragen würde. Doch die Regierung setzt auf rasche Industrialisierung und Privatisierung der Ressourcen und vertreibt damit arme Bauern und die Stammesbevölkerung aus ihrem Lebensraum.

Unterwegs in Chhattisgarh

Die Kapitale **Raipur** ㉔ liegt im Zentrum des Bundesstaats und ist als aufstrebende Industriestadt Verkehrsknotenpunkt der gesamten Region. Ihre Wirtschaft wird von der Holz- und Lebensmittelindustrie bestimmt. Raipur soll von König Ram Chandra Ende des 14. Jhs. gegründet worden sein. Zu besichtigen sind eine Festungsruine und ein Tempel aus dem 17. Jh.

Im gut 80 km entfernten **Sirpur** wurden erst in jüngster Zeit Funde aus der Zeit des 6. bis 10. Jhs. gemacht. Damals war der Ort ein Zentrum des Buddhismus. Einen Teil der Funde kann man

Karte auf Seite 262

im Museum des Laxman-Tempels besichtigen. Dieser Tempel, ein imposantes Bauwerk der indischen Backsteinarchitektur, war bislang Sirpurs Hauptanziehungspunkt.

Im Nationalpark **Kanger Valley**, etwa 140 km südlich von Raipur Richtung Jagdalpur, erstreckt sich das größte unberührte Naturschutzgebiet Indiens. Es war das erste von der UNESCO unter Schutz gestellte Biosphärenreservat der Welt.

Unweit der hübschen Stadt **Jagdalpur** stürzen die **Tiratgarh-Fälle** 80 m in die Tiefe; in den umliegenden Kalksteinfelsen gibt es bizarre Tropfsteinhöhlen (**Kotumsar**). Westlich von Jagdalpur bieten die **Chitrakut-Fälle** ein spektakuläres Naturschauspiel.

Ebenfalls westlich von Jagdalpur, in der Region Dantewara, liegt das Naturschutzgebiet **Indravati National Park** ㉕, das seit 1982 zum Project Tiger gehört. Der Park ist zweifellos eine der Hauptattraktionen des Bundesstaats, wegen der Gefahr terroristischer Anschläge allerdings nicht immer zugänglich. Aktuelle Informationen gibt es beim hiesigen Fremdenverkehrsamt, Tel. (0771)4 06 64 15 oder unter www.chhattisgarhtourism.net.

Völkervielfalt

Etwa ein Drittel der Bevölkerung Chhattisgarhs sind Adivasi. Die meisten gehören zu den Gond; ihre beiden Hauptgruppen, die Maria und die Muria Gonds, leben in Bastar. Die Oraon, heute vielfach Christen, siedeln vorwiegend im Osten.

Die Regierung des Bundesstaats versucht die kulturelle Eigenständigkeit dieser Gruppen zu unterstützen. Dadurch haben sie sich viel von ihrer besonderen Lebensweise erhalten. Sie pflegen viele traditionelle Formen des (Kunst-)Handwerks: Arbeiten mit Messing und Eisen, Schnitzen und das Fertigen von Gegenständen aus Bambus (Bastar), da diese Pflanze weite Teile der Region bedeckt. Auch die Wand- und Fußbodenmalerei zeugt von großer Kunstfertigkeit, v.a. die traditionellen *pithora*-Bilder, die wichtige Ereignisse wie Hochzeit oder die Geburt eines Kindes markieren. Meist ist ein Pferd mit abgebildet, da es einst als Glück verheißendes Opfertier galt. ■

Die Zahl der Leoparden in Zentralindien hat in den letzten Jahren zugenommen, nicht zuletzt wegen der schwindenden Tigerpopulation

Unten: Chitrakut-Wasserfälle

RESTAURANTS

Durchschnittspreis für ein Menü mit bis zu drei Gängen ohne alkoholische Getränke:

● = bis 200 INR
●● = 200–500 INR
●●● = 500–1000 INR
●●●● = über 1000 INR

Die Küche im westlichen Zentralindien ist im Wesentlichen dieselbe wie in der Zentralebene; Gerichte wie *palak panir* (Frischkäse mit Spinat) und *puri* (frittiertes Fladenbrot) mit *chana dal* (Kichererbsen) findet man fast überall. Muslimische Fleischgerichte haben in Bhopal Tradition, und an der Küste von Maharashtra herrscht Fischküche vor. Die Strandsnacks von Mumbai haben in ganz Indien Verbreitung gefunden, ebenso wie die Spezialitäten der Mumbaier Gujarati und Parsen.

Maharashtra

Ajanta

◆ **MTDC Ajanta Restaurant**
Beim Haupteingang zu den Felsentempeln. ●
Etwas heruntergekommen, aber halbwegs akzeptabel (indische und chinesische Gerichte).

Aurangabad

◆ **Food Lovers**
Station Road East, gegenüber dem Fremdenverkehrsbüro. ●●●
Die Inneneinrichtung ist ein kitschiges Sammelsurium, doch die indische und mandschurische Küche ist beständig gut.

◆ **Prasanth**
Station Road East, gegenüber dem Fremdenverkehrsbüro. ●●
Hier gibt es vegetarische chinesische und Punjab-Gerichte, die man auf einer schönen Terrasse genießen kann.

◆ **Tandoor**
Shyam Chambers, Station Road East.
Tel. (0240) 2 32 84 81.
●●●
Hochwertige Mughlai-Küche in pseudoägyptischem Ambiente.

◆ **Thaliwala's Bhoj**
Gegenüber dem Hotel Kartiki, Dr Ambedkhar Road. ●
Erstklassige, rein vegetarische Rajasthan- und Gujarat-Thalis.

Ellora

Straßenstände gegenüber der Bushaltestelle verkaufen *pakoras* und andere frittierte Snacks sowie günstige vegetarische Currys.

◆ **Kolhapur**
Subraya Station Square. ●
Das elegante, klimatisierte Lokal serviert die besten Maharashtra-Thalis der Stadt sowie südindische Häppchen.

◆ **MTDC Ellora Restaurant**
Beim Ticketschalter. ●
Passable vegetarische und nichtvegetarische nordindische Küche sowie üppige Thalis, zu denen ein kaltes Bier passt.

Lonavale

◆ **Kumar's**
An der Straße Mumbai–Pune. ●●
Geschäftiges Mughlai-Tandoori-Restaurant mit köstlichem *murg handi* (ausgelöstes Huhn) und sahnigen Frucht-Lassis. Bier gibt es ebenfalls.

◆ **Shabri**
Hotel Rama Krishna, an der Straße Mumbai–Pune. ●●●
Der Gourmettempel betuchter Mumbaier bietet eine große Auswahl an nord- und südindischen Gerichten.

Matheran

Wer kein Hotel mit Halb- oder Vollpension gebucht hat, findet im Hauptbasar an der M.G. Road viele annehmbare Cafés und Restaurants. Unbedingt probieren müssen Sie *chikki* (Nuss-Sahnekaramellen).

◆ **Hookahs 'N' Tikkas**
M.G. Road. ●●
Die leckeren Kebab- und *tikka*-Gerichte werden draußen auf der Terrasse mit Blick auf den Basar oder drinnen im gemütlichen Gastraum serviert.

Pune

Die meisten Bars, Cafés und Restaurants liegen im Nordosten des Stadtzentrums von Pune in einer Enklave namens ABC Farms.

◆ **Koyla**
Mira Nagar Corner, North Main Road, Koregaon Park.
Tel. (020) 26 12 01 02.
●●●
Extravagant dekoriertes Hyderabad-Restaurant, die Kellner tragen Djellabas und Feze. Geboten werden reichhaltige Currys und Biryanis sowie leckere Desserts mit Kardamom und Pistazien.

◆ **The Place (Touche the Sizzler)**
7 Moledina Road. ●●●
Frittiertes (Fisch, Rind, Schwein oder Gemüse) und Steaks sind die Spezialität des alten Parsi-Restaurants im Stadtzentrum.

◆ **Ram Krishna**
6 Moledina Road, gegenüber dem West End Theatre. ●●
Indische vegetarische Gerichte, u.a. würzige Punjab-Tandooris, werden in dem großen Gastraum serviert.

◆ **Shisha Café**
ABC Farms, Koregaon Park.
Punes coolste Gastrobar mit Jazz als Hintergrundmusik ist ein strohgedeckter Bau auf Stelzen. Irani-Gerichte dominieren die Karte. Man kann nicht nur Bier, sondern auch eine Wasserpfeife ordern.

◆ **Swiss Cheese Garden**
ABC Farms, Koregaon Park. ●●
Hier genießt man echte Schweizer Rösti, Fondues

und Raclettes sowie Pizza aus dem Holzofen.

◆ **Yogi Tree**
Hotel Surya Villa, 284/1 Koregaon Park. ●
In dem bei Osho-Jüngern beliebten Lokal gibt es Fruchtsäfte, überbackene Sandwiches, Tofusteaks und leckere Köfte sowie »sündige« Desserts.

Madhya Pradesh

Bhopal

◆ **Bagicha Restaurant**
3 Hamidia Road, New Market. ●●
Das Restaurant ist vor allem für seine Grillgerichte bekannt. Wer im Garten speisen will, sollte sich gut gegen die Mücken wappnen.

◆ **India Coffee House**
Hamidia Road, New Market. ●
Hier gibt es eine gute Auswahl an leckeren südindischen *dosas*, *wadas* und Biryanis.

◆ **Palash**
T.T. Nagar, New Market.
Exzellente südindische Küche, von *dosa*-Snacks bis zu kompletten Thalis.

Gwalior

Die Toprestaurants gehören großteils zu den Spitzenhotels. Günstiger isst man in den einfachen Lokalen am Bahnhof.

◆ **Indian Coffee House**
Station Road. ●
Gute südindische Gerichte und Snacks sowie ordentliches Frühstück (bereits morgens geöffnet).

◆ **Silver Saloon**
Usha Kiran Palace Hotel. ●●●●
Hier speist man vornehm wie ein Marathen-Maharaja, an Tischen inmitten eines üppig bepflanzten Innenhofs. Dazu gibts klassische hiesige *gharana*-Musik.

Indore

Neben den unten aufgeführten Restaurants gibt es zahllose *dhabas* (einfache, günstige Lokale) an der Bushaltestelle Sarawate sowie Straßenstände beim Raj-Wada-Palast. Kosten Sie die heißen Häppchen *ratlami sev* und *namkeen*.

◆ **Ambrosia**
Fortune Landmark Hotel, Adjoining Meghdoot Gardens.
Tel. (0731) 3 98 84 44. ●●●●
Die multikulturelle Speisekarte verzeichnet indische, europäische und chinesische Gerichte, doch in dieses schicke, geradezu tiefgekühlte Restaurant kommt man v.a. wegen der üppigen Mughlai-Küche.

◆ **Woodlands**
Hotel President, 163 R.N.T. Marg. ●●●
Exzellente südindische vegetarische Gerichte, angenehmes Ambiente.

◆ **Status**
565 M.G. Road, unterhalb des Hotel Purva. ●
Mittags günstige hervorragende vegetarische Gerichte und Thalis.

Khajuraho

◆ **Blue Sky**
Main Road. ●●
Das große Plus des bei Touristen beliebten Restaurants mit japanischer und italienischer Küche ist die Baumhausterrasse mit Blick auf die Tempelanlage.

◆ **Mediterraneo Ristorante Italiano**
Jain Temple Road. ●●
Das nette Dachcafé gehört einem italienisch-indischen Paar. Gute Pasta, Holzofenpizza und andere authentische Gerichte.

◆ **Raja Café**
Main Square. ●
Im schattigen Innenhof werden indische und europäische Gerichte (z.B. Rösti, Gulasch oder Waffeln) serviert.

Chhattisgarh

Raipur

Einer Reihe günstiger Imbissstände begrüßt hungrige Reisende an den Bus- und Eisenbahnhöfen. Der beliebteste Stand der Stadt (geöffnet 7–9 Uhr) befindet sich am Platz Phool Chowk; neben Reisgerichten *(poha)* verkauft er auch köstliche *jalebi* (süße Kringel).

◆ **Deep Rupa**
Bei der City Kotwali. ●
Hier gibt's die besten südindischen *dosas* der Stadt und andere Snacks.

◆ **Hotel Babylon**
VIP Road, Rajiv Gandhi Marg. ●●●–●●●●
Das eleganteste Hotel des Bundesstaats verfügt über drei (klimatisierte) Spitzenrestaurants: Das **Shells** ist multikulturell, das **Oriental Kitchen** asiatisch, und das **Frontier** bietet indomuslimische Kebabs, Tandooris und Mughlai-Currys.

◆ **Girnar**
Ramji Building, G.E. Road, Jaistambh Chowk.
Tel. (0771) 2 53 47 76. ●●
Das alteingesessene, bei Mittelschichtfamilien beliebte Lokal serviert erstklassige Thalis und bengalische Desserts.

Rechts: *bhel puri* ist ein in Zentralindien beliebter Imbiss

Khajuraho

Die Tempelanlage im Norden von Madhya Pradesh zählt zu den prachtvollsten Beispielen mittelalterlicher Tempelkunst in Indien.

Die Tempel von Khajuraho wurden zwischen 950 und 1050 von der Chandella-Dynastie, einem Rajputen-Herrschergeschlecht, erbaut. Von Bedeutung sind nicht nur ihre architektonischen Formen und Proportionen, sondern auch die mit Myriaden von Nymphen und Gottheiten fantasievoll geschmückten Fassaden – und vor allem die berühmten Darstellungen erotischer Szenen. Obwohl die Chandellas Hinduisten waren, gibt es hier auch jainistische Tempel; sie stehen fast alle im Osten der Anlage und sind in der Regel weniger groß und weniger aufwendig gestaltet.

Viele der verbliebenen 22 Tempel (ursprünglich waren es insgesamt 85) sind aufgrund ihrer Abgeschiedenheit bemerkenswert gut erhalten. Sie lagen zu weit abseits des Weges der ersten muslimischen Eroberer, die im 10. Jh. viele Hindu-Tempel beschädigten oder zerstörten. Die Tempel von Khajuraho gerieten in Vergessenheit und wurden von dichtem Dschungel überwuchert, bis britische Gelehrte sie im 19. Jh. wiederentdeckten.

Heute führt von Mahoba (63 km) eine Eisenbahnlinie hierher. Besonders stimmungsvoll ist ein Besuch im März während des 10-tägigen Tanzfestivals, wenn die berühmtesten klassischen Tänzer des Landes im Khandariya-Tempel ihre Kunst zeigen. ■

Links: Der Lakshmana-Tempel ist der erste im Khajuraho-Stil erbaute Tempel (1025) und vereint alle Tempelbautraditionen der späten Hindu-Periode in sich

Oben: Beeindruckende Steinmetzarbeiten am Duladeo-Tempel (um 1130), einem der spätesten Bauten der Anlage

Ganz oben: Die Tempelbauten lenken den Blick des Betrachters nach oben zum mythischen Götterhimmel Kailash
Oben: Die Türme könnten einem Fantastyfilm entstammen
Unten: Der Lakshmana-Tempel ist Ramas Bruder und Gefährten im Kampf gegen den Dämonen Ravana (dem Sinnbild für das Böse) gewidmet

Erotische Skulpturen

Der Kandriya-Mahadeva-Tempel (oben) gilt als prachtvollstes Beispiel der Tempelbaukunst von Khajuraho. In noch höherem Ausmaß als bei den anderen Tempeln offenbart sich hier eine auf den ersten Blick nahzu unglaubliche Perfektion der Silhouette und Form. Zudem ist der Tempel für seinen außergewöhnlichen Schmuck und v.a. für seine erotischen Skulpturen berühmt. Als die Briten die Tempel zum ersten Mal sahen, waren sie schockiert (zumindest behaupteten sie das) von den scheinbar unverhohlen pornografischen Darstellungen. Allerdings missverstanden sie die wahre Intention der Skulpturen gründlich. Für die Hinduisten des Mittelalters wurde das Universum durch das Prinzip des Weiblichen und des Männlichen zusammengehalten, und die sexuelle Vereinigung galt ihnen gleichermaßen als Manifestation dieser vollkommenen Verbindung wie als Verbeugung vor der Schöpfung. Die mit dem Yoga verwandte Tantra-Lehre stellt eine Form dar, diesem metaphysischen Ideal in Form des Sexualakts physisch zu huldigen. Dennoch sind die Skulpturen von Khajuraho sehr menschlich; sie feiern einen essenziellen Teil des Menschseins, und dies zum Teil durchaus mit Ironie, so etwa die Nymphe, die aus Erheiterung oder Beschämung ihr Gesicht verbirgt, oder der Mann, der Sex mit einem Pferd hat.

Goa

Indiens beliebteste Badeorte machten den kleinen Bundesstaat Goa berühmt – im einstige Hauptstützpunkt des ausgedehnten Asienhandels der Portugiesen hat sich heute ein einzigartiges Kulturengemisch entwickelt.

Bis zur Ankunft der portugiesischen Flotte unter Führung von Alfonso de Albuquerque war Goa nur einer der vielen kleinen Häfen an der indischen Südwestküste, die ihre Existenz dem Pferdehandel mit Arabien verdankten. Jahrhunderte lang hatten die sich bekriegenden Herrscher im Tausch gegen indische Gewürze und Diamanten arabische Zuchthengste eingeführt. Albuquerque begriff, welche Reichtümer – entsprechende militärische Stärke vorausgesetzt – in der Beherrschung dieses Handels lagen, und erkannte in Goa sofort den idealen Stützpunkt für die expandierende Seemacht Portugal. Mit seinem Sieg über die Flotte des Sultans von Bijapur, Yusuf Adil Shah, am 25. November 1510, dem Tag der heiligen Katharina, begann die vier Jahrhunderte dauernde Ära der Portugiesen, die das heutige Alt-Goa zur Hauptstadt ihres östlichen Reiches erhoben.

Im Lauf der nächsten eineinhalb Jahrhunderte erblühte die anfangs winzige Kolonie unter dem Schutz der Moguln zu einer der wichtigsten Ha-

NICHT VERPASSEN!

- Panaji
- Markt von Margao
- Calangute
- Strand von Anjuna
- Strand von Vagator
- Benaulim
- Palolem
- Velha Goa

Links: Strandhütte in Palolem
Unten: Panaji

REISEVERBINDUNGEN

Der internationale **Flughafen** von Goa liegt 45 Autominuten südlich von Panaji. Er wird nicht nur von Chartermaschinen aus Europa angeflogen, es bestehen auch Flugverbindungen nach Mumbai, Delhi, Bengaluru und Chennai (mehrmals pro Tag) sowie nach Hyderabad, Jaipur, Kochi, Kolkata, Pune und Thiruvananthapuram.

Goa ist an das **Eisenbahnnetz** der Konkan Railway angeschlossen, die in nördlicher Richtung nach Mumbai und Maharashtra führt, gen Süden in die Küstengebiete von Karnataka und nach Kerala. Es gibt auch eine Breitspurverbindung nach Osten in die Dekkan-Region, mit der man die Ruinen von Hampi erreicht. Die Züge fahren ab Madgaon (Margao) im Süden Goas nach Delhi, Ernakulam/Kochi, Gokarna, Hospet (für Hampi), Mangalore, Mumbai, Pune, Thiruvananthapuram und Udupi.

Bemalte Bäume markieren den Ort einer Vollmond-Strandparty. Goa war sehr bekannt für seine Partyszene, die heute jedoch großteils der Vergangenheit angehört (siehe S. 286). Die einzige Ausnahme bildet die Vollmondparty zur Weihnachtszeit – die hiesigen Taxifahrer wissen, wo und wann die Fete steigt.

Unten: Haus in Fontainahas, Panaji

fenstädte Asiens, deren Handelsverbindungen bis ins chinesische Macau reichten und deren Einwohnerzahl die von Rom oder Lissabon übertraf.

Prachtvolle Barockkirchen und *palácios*, deren Dächer sich über die Palmen erhoben, und die Basare an der Rua Direita ächzten unter dem Gewicht von Gold, Seidenstoffen und Edelsteinen. Doch der Aufschwung war nicht von Dauer. Holländer und Briten machten den Portugiesen den Rang streitig, die schließlich ihren Einfluss auf den weltweiten Seehandel verloren. Der Hafen verlandete, und ein Großteil der Einwohner Velha Goas wurde von Seuchen dahingerafft.

Dennoch hielt sich die portugiesische Kolonie weitere 451 Jahre, bis Ministerpräsident Jawaharlal Nehru ihr 1961 mit Militärgewalt ein Ende setzte. Doch trotz der zahlreichen Veränderungen im Gefolge der Eingliederung in die Republik hat der Bundestaat seine unverwechselbare indoeuropäische Identität bewahrt: Dies gilt nicht nur hinsichtlich Architektur und Städtebau, sondern beispielsweise auch für die charakteristische hiesige Küche.

Europäische Einflüsse

Obwohl Goa das Christentum brutal aufgezwungen wurde, leben Christen heute in friedlicher Koexistenz mit hiesigen Hindus, und aus der Vermischung der Kulturen sind einzigartige Formen der Architektur, Kochkunst, Kleidung und Sprache hervorgegangen. Überall in Goa stößt man auf giebelgeschmückte Kirchenfassaden, viele Frauen kleiden sich europäisch, und selbst in jedem Dorf gibt es eine Fülle von Bars und Spirituosengeschäften.

Die europäisch beeinflusste Haltung zum Alkoholgenuss ist aber nur einer der Gründe für Goas Beliebtheit unter sonnenhungrigen europäischen Urlaubern. Den Hauptanreiz bilden die herrlichen Strände, die laue Brandung des Arabischen Meeres und die Schatten spendenden Kokospalmen. Andererseits jedoch ist die Entwicklung stellenweise außer Kontrolle geraten, und ganze Dörfer werden heute von Luxus-Resorts erstickt. Leider hat keiner der Strände Goas den Tourismusboom unbeschadet überstanden, doch es gibt immer noch eine ganze Reihe friedvoller, stiller Küstenabschnitte.

Die denkwürdigsten Reiseziele im Binnenland bieten die frühere portugiesische Kapitale Velha Goa (Old Goa) sowie die überall verstreuten bröckelnden Kolonialbauten.

Kirchen und Karneval

Bei der Fahrt durch Goa entdeckt man die Spuren von 450 Jahren Katholizismus, denn natürlich gingen portugiesische Kolonialpolitik und die Verbreitung des Katholizismus (unter Führung des Jesuitenordens) Hand in Hand. Über jedem Dorf, auf jedem Hügel, an der Meeresküste, an Flüssen und staubigen Straßen thronen weithin sichtbar die weißen Kirchen, zeugen Kruzifixe und kleine Andachtsstätten von der Allgegenwart des Christentums.

Am Festtag des Schutzheiligen eines Dorfes – und jedes Dorf hat seinen eigenen Heiligen – sind alle Einwohner unterwegs. In einer feierlichen Prozession wird die bunt geschmückte Statue des Heiligen von Priestern und Laien unter Gebeten und Gesängen durch die Straßen getragen.

Während des Karnevals von Goa im Februar, der drei Tage lang Städte und Dörfer in seinen Bann zieht, tanzen die Menschen in bunten Kostümen auf den Straßen, durch die geschmückte Festwagen fahren, und der *feni* (Kokosnuss- oder Cashewapfel-Schnaps) fließt in Strömen.

Panaji ❶

Die Hauptstadt des Bundesstaates Goa (das fühere Panjim) mit 85 000 Einwohnern liegt am Südufer der Mandovi. Das Leben konzentriert sich um die Pfarrkirche und auf dem Platz davor: Der **Largo da Igreja** (Kirchplatz) ist ein eindrucksvolles Ensemble. Zur der mit Zwillingstürmen geschmückten **Church of the Immaculate Conception** (Kirche der Unbefleckten Empfängnis) von 1541 führen Stufen aus weißem Stein hinauf. So erreichten die Baumeister, dass die den Platz beherrschende Barockfassade noch majestätischer wirkt.

Panaji besitzt eine Reihe von Plätzen, die von imposanten Häusern gesäumt sind. Ihr fahles Gelb, Grün und kräftiges Rosa kontrastiert mit den in Weiß gehaltenen Verzierungen, zur Straße hin öffnen sich französische Fenster mit schmiedeeisernen Balkonen davor.

TIPP

Goas Motorradtaxis sind in Indien einzigartig. Eine Fahrt auf dem durch gelbe Schutzbleche gekennzeichneten Zweiradtaxi kostet weniger als mit der Autorikscha, und bei einer kurzen Stadtfahrt kommt man schneller durch den Stoßverkehr. Man findet die *pilots* außerhalb des Busbahnhofs von Panaji und an Ständen rund um die Stadt.

Links unten: Die Heiliggeistkirche in Margao
Unten: Der Markt von Mapusa

SHOPPING

Der **Markt von Margao** ist eine echte Fundgrube für Textilien. Handgewebte Baumwoll- und Seidenstoffe gibt's bei Khadi Gramodyog auf der Ostseite des Platzes Municipal Gardens. Bei einem der vielen ortsansässigen Schneider können Sie ein Kleidungsstück daraus nähen lassen. Eine sehr empfehlenswerte Adresse ist **Señor Tailors** auf der anderen Seite des Platzes, der Haus- und Hofschneider der katholischen Familien der Stadt.

Unten: Morgens am Strand
Unten rechts: Stand in Calangute

Sehenswert ist außerdem **Fontainhas**, ein einst portugiesisches Wohnviertel hinter der Kirche mit schmalen Kopfsteinpflastergassen und dicht gedrängt stehenden, bunt getünchten Häusern mit überhängenden Balkonen und behauenen Säulen.

Seit Panaji 2004 zum ständigen Veranstaltungsort des International Film Festival of India erkoren wurde, hat man kräftig renoviert, so etwa die öffentlichen Gebäude am Ufer der Mandovi, darunter der einstige Palast von Adil Shah, den die Portugiesen 1615 zum **Secretariat** (Ministerium) umwidmeten.

Das weiter westlich gelegene **Menezes-Braganza Institute** (Mo–Fr 9.30 bis 13.15, 14–17.30 Uhr; Eintritt frei) ist das imposanteste einer Reihe von Bürgerhäusern, die unter Gouverneur Dom Manuel de Portugal e Castro (1826 bis 1835), dem Gründervater Panajis, erbaut wurden. Hinreißende *azulejos* (bemalte Keramikfliesen) mit Szenen aus dem portugiesischen Nationalepos *Os Lusíadas* (1572) von Luís Vaz de Camões schmücken den Haupteingang. Dargestellt ist beispielsweise die erste Begegnung Vasco da Gamas mit einem indischen König in Calicut 1498.

Margao und Mapusa

Margao ❷ liegt 27 km südlich von Panaji in Salcete, dem fruchtbarsten und reichsten Distrikt des Staates, und ist die zweitgrößte Stadt und das wichtigste Handelszentrum Goas. Auf die frühere Bedeutung der Stadt verweisen die vielen portugiesischen *palácios* im Norden. Die prachtvollsten Bauten säumen die vom Largo de Igreja ausgehenden Straßen. An dem Platz selbst steht eine der schönsten erhaltenen Spätbarockkirchen Indiens, die Church of the Holy Spirit (Heiliggeistkirche, tgl. 6.30–12, 16–21 Uhr).

Geht man an der Rückseite der Kirche auf der Lourenço Road etwa 200 m nach Westen, gelangt man zum **Sat Banzam Gor** (nicht öffentlich zugänglich). Das Haus der sieben Giebel – nur noch drei der typisch goanischen Giebel sind erhalten – mit der rot-weißen Rokokofassade wurde 1790 von einem Privatsekretär des portugiesischen Vizekönigs erbaut und ist noch heute im Besitz seiner Nachkommen.

Mapusa (13 km nördlich von Panaji) ist das Zentrum von Goa. Hier gibt es weniger historische Gebäude als in Margao, dafür lockt der jeden Freitag stattfindende Obst- und Gemüsemarkt. Am besten kommt man am frühen Morgen hierher, bevor die Sonne auf die engen Sträßchen niederbrennt. Nicht entgehen lassen sollte man sich einen Besuch in F. R. Xaviers berühmtem Café (bei den Bananenverkäufern), wo man sich bei köstlichen Garnelenpastetchen *(prawn patties)* und gewürztem Ingwertee entspannen kann.

Strandleben

Hundert Kilometer weit erstrecken sich an der Küste von Goa die beliebten Strände: heller Sand zwischen den leuchtend blauen Wassern des Arabischen Meeres und dem Grün der üppigen Natur.

Fort Aguada ❸, 10 km westlich von Panaji, liegt in der Nähe der luxuriösen Hotelanlagen am **Sinquerim Beach** und der preiswerteren Unterkünfte am **Candolim Beach**. Der Strand von **Calangute** ❹, 6 km nördlich von Fort Aguada, ist bei Touristen und Tagesausflüglern besonders beliebt. Der lange Strandstreifen mit vielen Imbissständen und jeder Menge fliegender Händler setzt sich fort bis zur Mündung eines kleinen Flusses in **Baga,** in dessen zahlreichen Hotels sich vorwiegend trinkfreudige junge Leute versammeln. Auf der anderen Seite des Flusses liegen einige gute Cafés und Pensionen. Eine schöne Aussicht und frische Meeresfrüchte genießt man im Restaurant Fiesta (siehe S. 288).

Ein Fußpfad über die Klippen führt am Meer entlang nach **Anjuna** (4 km nördlich von Calangute, auch via Autostraße zu erreichen). Der bei späten Blumenkindern des Westens beliebte, von Kokospalmen gesäumte Strand ist ideal zum Baden, außer mittwochs zur **Flohmarktzeit** oder nachmittags, wenn gaffende indische Touristengruppen aufkreuzen.

Gleich hinter Anjuna liegen die weißen Sandstrände von **Vagator.** Einen herrlichen Rundumblick hat man von den Ruinen des portugiesischen Forts im Fischerdorf **Chapora** ❺.

Colva ❻, 25 km südlich von Panaji, mit seinem breiten Streifen silbergrau-

GETRÄNKE

Saft von Cashewäpfeln oder Palmen, der zur Herstellung von *todi* in Tontöpfen vergoren wird, ist der Grundstoff für Goas einzigartigen **feni-Schnaps.** Das Destillationsverfahren führten die Portugiesen im 16. Jh. ein, und noch heute gibt man sich im christlichen Teil Goas dem *feni*-Genuss hin. Ein erheblicher Teil der Produktion fließt illegal in die benachbarten Bundesstaaten, doch in den meisten Bars in Goa kann man *feni* ordern – besonders lecker als Cocktail mit Limonade.

Unten: Anjuna

DIE PALÁCIOS VON GOA

Die elegante Verschränkung der Kulturen in Goa kommt am eindrucksvollsten in der Architektur der *palácios* (Herrenhäuser) der Kolonialzeit zum Ausdruck. Zwar zieren viele schöne Bauten die älteren Straßen in Panaji, Margao und Mapusa, die fotogensten jedoch liegen versteckt inmitten von Reisfeldern oder Palmenhainen im Hinterland. Erbaut wurden sie in der mittleren Periode der portugiesischen Herrschaft, als hochgestellte, aus Goa gebürtige Beamte und Kaufleute riesige Vermögen anhäuften, die sie in den Umbau ihrer ererbten Häuser im europäischen Stil investierten. Traditionelle Hindu-Innenhöfe wurden mit klassizistischen Fassaden und verspielten Rokokoformen versehen. Treppenfluchten führten zu giebelgeschmückten Eingangsbereichen, wo Veranden zum Verweilen einluden. Im Inneren zierten belgische Kristalllüster, Porzellan aus Macau und fein geschnitzte Möbel die luxuriösen Salons und Ballsäle. Mit Abstand das beeindruckendste der wenigen goanischen *palácios*, die der Öffentlichkeit zugänglich sind, ist das Haus Braganza-Perreira/Menezes-Braganza in Chandor, 13 km östlich von Margao im Süden Goas.

TIPP

Zum **Fest des hl. Franz Xaver** am 3. Dezember pilgern Katholiken aus dem ganzen Bundesstaat nach Velha Goa, um am Sarkophag des Heiligen zu beten. Viele Familien kampieren unter freiem Himmel, um die besten Plätze für die Messe zu ergattern, die im Morgengrauen in der Basilika stattfindet. Alle zehn Jahre wird die Messe zu einem ganz besonderen Ereignis, denn dann wird der unversehrte Leichnam des Heiligen den Gläubigen gezeigt – das nächste Mal 2014.

en pulverigen Sandes sollten Sie nicht verpassen. Einige Luxushotelanlagen haben hier eröffnet, und der einst ruhige Strand ist jetzt belebt. Wer Ruhe sucht, findet sie eher in **Benaulin** 2 km weiter südlich. Der 40 km südlich gelegene Bezirk **Canacona** bietet schöne Strände an der Felsküste, etwa im für seine Brandung berühmten **Agonda** und in **Palolem**, wo viele Rucksacktouristen den Winter verbringen.

Das Partytreiben bei Vollmond, das Goa einst so berühmt machte, ist aufgrund des rigorosen Vorgehens der lokalen Behörden praktisch zum Erliegen gekommen. Stattdessen feiert man in verschiedenen Nachtklubs im nördlichen Teil von Goa, etwa im bekannten Tito's in Baga oder im bei Reisenden beliebten Copa Cabana auf einem Hügel bei Arpora. Noch weiter nördlich, in Anjuna, versetzen die DJs des Paradiso's das vorwiegend indische und russische Publikum in Goa-Trance. Diese Techno-Variante ging aus den Strand-Raves der 1990er-Jahre hervor. Deren wahre geistige Heimat ist jedoch The Nine Bar in großartiger Lage auf den Klippen von Vagator.

Velha Goa (Old Goa) ❼

Eine Reise in diesen Teil Indiens wäre nicht vollständig ohne einen Besuch von **Velha Goa** (englisch Old Goa), dem einstigen Rom des Orients mit seinen prächtigen Kirchen, luxuriösen Gebäuden, Palästen und breiten Boulevards, heute weitgehend Ruinenstadt und UNESCO-Weltkulturerbe..

Die **Se Cathedral** Ⓐ (1562–1623), der heiligen Katharina von Alexandrien geweiht, ist die größte christliche Kirche Asiens mit 15 vergoldeten Seitenaltären, einem prachtvoll geschnitzten Hauptaltar und einem 80 m langen Kirchenschiff. Das Taufbecken ist möglicherweise hinduistischen Ursprungs und wurde der Legende nach vom hl. Franz Xaver verwendet. Auf demselben Gelände befinden sich **Kirche und Konvent des hl. Franz von Assissi** Ⓑ, 1521 von Franziskanermönchen erbaut. Sehenswert sind die Deckenstuckaturen und das verschwenderische Schnitzwerk. Im Konvent befindet sich ein Museum.

In der 1605 fertiggestellten **Basilica Bom Jesus** (des guten Jesus) Ⓒ steht der silberne Sarkophag des hl. Franz

Unten: Boot am Strand von Palolem

Xaver (siehe Tipp S. 286), Schutzpatron von Goa und Mitbegründer des Jesuitenordens. Sein angeblich vollständig erhaltener Leichnam ist die meistverehrte Reliquie Goas.

Die Kirche **St. Cajetan** **D** (1656 bis 1700) beim Fähranleger wurde von ihrem italienischen Architekten dem Petersdom in Rom nachempfunden und hat den Grundriss eines griechischen Kreuzes. Ebenfalls in Ufernähe steht die Kapelle **St. Katharina** **E**, die an der Stelle der erbittertsten Kämpfe während der Eroberung von Goa durch Albuquerque erbaut wurde.

In wenigen Minuten geht man von der Basilika zum **Monte Santo** (Heiliger Berg) mit dem viel besuchten Turm der Kirche des **Augustinerklosters** **F**, den einzigen Überresten des einst glänzenden Bauwerks. Neben der Ruine wurde das Stift **der heiligen Monika**, eines der größten Frauenklöster des portugiesischen Kolonialreichs, errichtet.

Unweit dieses Klosters steht am Rande einer steilen Klippe die Ruine der **Kirche Unserer Lieben Frau vom Rosenkranz** **G**, eines der ältesten Gotteshäuser in Goa. Während die Fresken hinduistische Muster aufweisen, sind am Alabastergrabmal der Frau des zehnten Vizekönigs Einflüsse des islamischen Bijapur-Stils zu erkennen.

Das Landesinnere von Goa

Im engeren Küstenbereich sind fast keine Tempelbauten erhalten, was an dem mit der Zeit immer fanatischer gewordenen missionarischen Eifer der portugiesischen Eroberer lag. Sie zerstörten Tempel, um an ihrer Stelle Kirchen zu errichten. Die Hindus, die für die Portugiesen arbeiteten, mussten auf Tempel außerhalb der Grenzen zurückgreifen. Deshalb sieht man nur in den küstenfernen Bergregionen des Hinterlands Hindu-Tempel.

Der Shiva geweihte **Sri-Mangesh-Tempel** **8** und die Tempel von **Shanta-Durga** (Parvati) und **Nagesh** in der Ortschaft Ponda (22 km östlich von Panaji) sind die meistbesuchten Tempel Goas. Die reiche barocke Ornamentik und mehrere stufenförmige *dipmals*, kunstvolle Lampentürme, sind die einzigartigen Merkmale dieser hinduistischen Kultsätten. ■

Nach den Staaten im Nordosten ist Goa der christlichste Bundesstaat Indiens. Der Anteil der Christen geht jedoch zurück und beträgt heute nur noch 25 Prozent

Unten: Holzschnitzerei in der St.-Cajetan-Kirche, Velha Goa

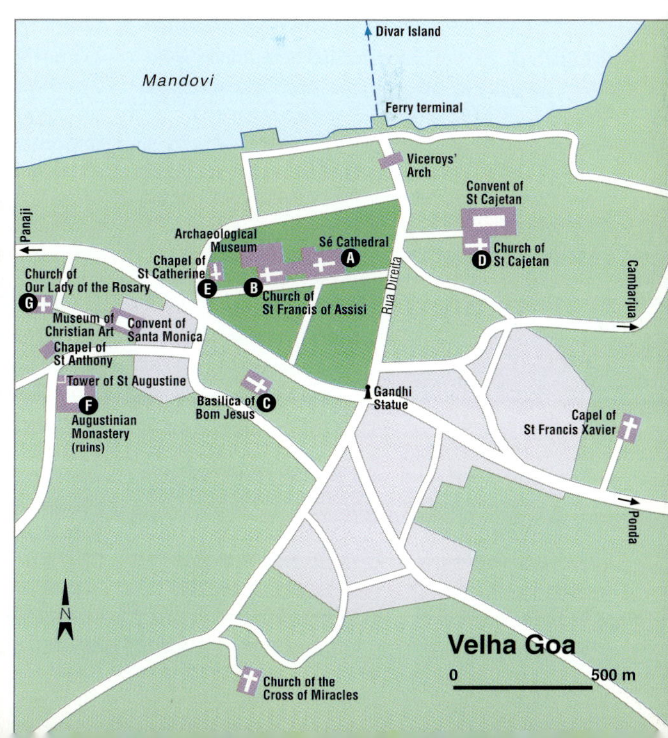

RESTAURANTS

Durchschnittspreis für ein Menü mit bis zu drei Gängen ohne alkoholische Getränke:

● = bis 200 INR
●● = 200–500 INR
●●● = 500–1000 INR
●●●● = über 1000 INR

Die Küche Goas verdankt ihre Besonderheit v.a. den portugiesischen Einflüssen. Während es die auf Fisch und Kokosmilch basierenden Currys so oder ähnlich in ganz Indien gibt, wird Schweinefleisch nur in ganz wenigen Gegenden außerhalb Goas verzehrt. Hier jedoch taucht es etwa im *vindaloo* auf, einem Eintopf mit Chili, Essig, scharfen Würstchen und Blutwurst.

Anjuna

◆ **Blue Tao**
Straße zum Strand. ●●
Roggen- und Vollkornbrot, gesunde Sesam- und Nussbutter sowie Kräutertees und frische Säfte bietet dieses fantastische Frühstückscafé.

Arambol

◆ **Double Dutch**
An der Hauptstraße. ●●
Unter Palmen genießt man Köstlichkeiten wie »mixed stuff« (gefüllte Pilze und Paprika mit Sesamkartoffel), Apfelkuchen und duftenden südindischen Kaffee.

◆ **Fellini's**
Am Strand. ●
Hierher strömen alle wegen der tollen Pasta- und Gnocchi-Gerichte und der Pizzen. Preiswert.

Baga

◆ **Fiesta**
Tito's Lane, oberhalb des Strands. ●●●●
Seit seiner Eröffnung Ende der 1990er-Jahre ist das Fiesta das extravaganteste und teuerste Restaurant von Baga. Die Küche ist mediterran-portugiesisch, z.B. Rindercarpaccio oder saftige Holzofenpizza.

◆ **J&A Little Italy**
Little Baga, gegenüber dem Fluss. ●●●●
Das italienische Restaurant serviert wunderschön angerichtete Speisen unter freiem Himmel am Fluss: originelle Antipasti, Lasagne mit Meeresfrüchten, Steaks und zum Abschluss köstliches Schokoladensoufflé.

◆ **Lila Café**
Fünf Gehminuten flussaufwärts von der Box's Bridge. ●●
Deutsche Bäckerei mit superrelaxtem Café in einem lauschigen Garten. Frisch gebrühter Kaffee und Leckereien wie *aubergine pâté* begleiten die Zeitungslektüre.

Benaulim

◆ **Palmira's**
Straße zum Strand. ●
Das anheimelnde Hüttenrestaurant wird von einer reizenden hiesigen Familie geführt, die den ganzen Tag köstliches Frühstück serviert, z.B. den legendären Sahnequark mit frischen exotischen Früchten.

Betalbatim

◆ **Martin's Corner**
Beim Strand. ●●●
Seit seinen bescheidenen Anfängen führt Mrs. Martin das mittlerweile ziemlich überlaufene Restaurant. Die Chefin überwacht die Zubereitung der berühmten *masalas* noch immer persönlich. Ebenso köstlich sind die goanischen Spezialitäten wie *chicken cafreal* oder Hummer in Knoblauchbutter. Reservierung empfohlen.

Calangute

◆ **After Eight**
Gauro Waddo, bei der Lifeline-Apotheke. ●●●●
Todschickes Gourmetrestaurant in einem von Kerzen beleuchteten Garten. Berühmt sind die saftigen Steaks, es gibt aber auch indoitalienische Meeresfrüchte- und Fischgerichte, viel Vegetarisches und köstliche Mousse au Chocolat.

◆ **Florentine's**
Saligao, 4 km landeinwärts von Calangute, neben dem Ayurvedic Natural Health Centre. ●●
Das Renommee des Restaurants gründet auf einem einzigen Gericht: Mrs. D'Costas berühmtem *chicken cafreal*. Ein absolutes Muss!

◆ **Infantaria Pastelaria**
Bei der St John's Chapel. ●●●
Touristen strömen in Scharen in diese Bäckerei, die zum berühmten Restaurant Souza Lobo am Strand gehört, um sich an Croissants, Apfelkuchen und goanischem Naschwerk wie *dodol* and *bebinca* zu laben. Essen kann man unter Palmen oder im Restaurant im ersten Stock.

◆ **Plantain Leaf**
Am Marktplatz von Calangute. ●
Das vegetarische Restaurant in einer großen Steinhalle mit Marmortischen bietet leckere Häppchen – *dosas*, *idlis*, *wadas*, *samosas* und *uttapams* – sowie Thalis und nordindische Küche.

Canacona

◆ **Cozy Nook**
Im Norden von Palolem, beim Tidefluss am Strand. ●●
Salate sollte man in Indien generell meiden, doch hier kann man sie bedenkenlos genießen. Das All-you-can-eat-Mittagsbuffet bietet eine große Auswahl an Blattsalaten und Gemüsen, die sorgfältig mit Chlorwasser abgespült wurden.

◆ **Droopadi**
Palolem-Strand. ●●●
Direkt am Strand bereitet ein Mughlai-Spitzenkoch köstlich-raffinierte

nordindische Gerichte wie Fisch-Tandoori, *tikka-masala*-Huhn und Lamm-Kebabs zu. Auch die Currys mit Safran und gerösteten Mandeln sind hervorragend.

Candolim

◆ Amigo's
3 km östlich von Candolim an der Nerul-Brücke. Tel. (0832) 2 40 11 23. ●●●
Hinter dem maroden Äußeren verbirgt sich eines der besten Meeresküche-Restaurants von Goa. Der Fisch, die urige Atmosphäre und die Preise sind eine Klasse für sich. Alles kommt direkt von den Fischerbooten der Familie – angefangen vom gegrillten Snapper, der Spezialität des Hauses, bis zu den Riesenkrebsen, die jede Nacht im Fluss gefangen werden.

◆ Pete's Shack
Escrivao Waddo, am Nordende des Strands von Candolim, bei Shanu's Guesthouse. ●●
Strandcafés durchleben in der Regel ihre Höhen und Tiefen, doch Pete's Shack ist im Lauf der Jahre immer besser geworden. Das Angebot an (hygienischen) Salaten, serviert mit echtem Olivenöl und Balsamessig, wird ständig erweitert. Lecker sind auch die Fisch- und Tandoori-Spezialitäten, ebenso wie die Schokoladencreme.

◆ Sheetal
Murrod Waddo. ●●●
Das beste Restaurant für hochwertige Mughlai-Küche in Nord-Goa. Die Hähnchen-, Hammel- und Gemüsestücke blubbern in cremiger Sauce und werden in kupfernen *karahis* (Wok-artigen Schalen) auf Kohlenglut serviert. Wer scharfe Gerichte nicht sonderlich mag, wähle das mildere *murg malai* – Hähnchen in köstlicher Sauce mit Cashewnüssen.

◆ Stone House
An der Straße Fort Aguada – Chogm. ●●●
Riesige Portionen Beefsteak und Königsmakrelenfilet, mit Ofenkartoffeln als Beilage, sind das Markenzeichen dieses lebhaften Restaurants in Süd-Candolim. Das Ambiente ist großartig, ebenso wie die Atmosphäre, und das Lokal hat meist bis spät in die Nacht geöffnet – dann legt der Inhaber, Chris D'Souza, seine geliebte Bluesmusik auf.

Chapora

◆ Bean Me Up
In der Nähe der Zapfsäule. ●●
Vollwertkost ist hier nicht nur gesund, sondern auch raffiniert und sehr lecker. Hausgemachter *tempeh* (die indonesische Version von Tofu) in Cashewsauce und würziger Tofueintopf sind die Spezialitäten des Hauses, dazu gibts Biospinat und selbst gebackenes Brot mit Dips. Ebenfalls verlockend ist die Dessertauswahl.

Mapusa

◆ F.R. Xavier's
Auf dem städtischen Marktgelände. ●
Wer beim Bummel über Mapusas Freitagsmarkt Hunger bekommen hat, sollte hier einkehren. Die luftigen Gemüse- und Fleischpastetchen (*patties*), das Garnelen-Curry und die *samosas* nach Goa-Art sind allesamt köstlich, vor allem aber bezaubert das altmodische Ambiente.

Margao

◆ Banjara
De Souza Chambers. ●●
Komfortables Restaurant mit ordentlicher nordindischer Küche.

Panaji

◆ Delhi Darbar
M. G. Road, gegenüber dem Magnum Centre. ●●●
Ableger einer berühmten Mumbaier Kette mit der besten Mughlai-Küche in Goa. Kosten Sie das mürbe Hähnchen-*tikka* oder die Spezialität des Hauses, *rogan josh* (Eintopf).

◆ Shiv Sagar
M.G. Road. ●–●●
Im schicksten südindischen Fast-Food-Lokal *(udipi)* von Panaji tragen die Kellner Krawatte und Weste – die Gäste müssen sich in engen Nischen hinter Resopaltische quetschen. Die knusprigen *masala dosas*, *idly-wada-sambar* und *samosas* sind hervorragend, ebenso wie die frittierten Zwiebeln *(bhajji pao)* und die frisch gepressten Fruchtsäfte und Lassis.

◆ Viva Panjim!
178 Rua 31 de Janeiro, hinter der Highschool Maria Immaculata, Fontainhas. ●●
Fontainhas ist ein altes portugiesisches Viertel mit engen Seitensträßchen und bunt getünchten Häusern. Die passende Umgebung also, um traditionelle indoportugiesische und goanische Küche zu genießen: Garnelen-*xacuti*, *ambotik* (Fischeintopf), gegrillte Königsmakrele und *chicken cafreal*.

Rechts: *Samosas*, serviert mit Chutney und Zitrone

সুন্দর পথ ঘাট
সেতু সুন্দর
বিশ্ববাসীর কাছে
বাড়ায় কদর।

Ost- und Nordost-Indien

Indiens östlicher Teil mit Kolkata als Zentrum liegt am Golf von Bengalen – eine einzigartige und farbenprächtige Region. Noch recht unberührt vom Tourismus zeigt sich der vom Rest des Landes beinahe isolierte Nordosten.

Ost- und Nordost-Indien sind die am wenigsten häufig besuchten Regionen des Landes. Dabei haben sie wegen ihrer Schönheit und Üppigkeit der Landschaft viel zu bieten. Die von zahllosen Mündungsarmen durchzogenen Ebenen des Ganges-Brahmaputra-Deltas stehen im Gegensatz zu den waldigen Bergen des nordöstlichen Grenzlandes, dem Himalaya im Norden und dem wilden Hinterland von Orissa.

Zuhauf pilgern die Gläubigen zu den prachtvollen mittelalterlichen Tempeln an der Küste Orissas. Am Sonnentempel von Konarak findet jährlich ein Festival des klassischen Tanzes statt, das man sich nicht entgehen lassen sollte. Während des großen Tempelfestes von Puri wird einmal im Jahr eine aufsehenerregende Prozession mit riesigen Tempelwagen abgehalten, zu der Zigtausende Pilger strömen.

An der Grenze zu Bangladesh im Gangesdelta liegt eines der großartigsten Wildreservate Indiens: die Sunderban-Sümpfe. Sie haben Nationalparkstatus und ziehen besonders Abenteurernaturen an. Honigsammler und Fischer tragen Masken auf dem Hinterkopf, um die Tiger zu täuschen – angeblich fallen die Raubtiere ihre Beute nur von hinten an.

Kolkata (ehemals Kalkutta) steht zu Unrecht als Synonym für Elend und wartet mit großartigen Bauwerken aus der Zeit der britischen Herrschaft auf. Die Straßen der Stadt der Göttin Kali sind ein einziges Chaos, zu dem fliegende Händler, Rikschas und politische Aktivisten ihr Teil beitragen.

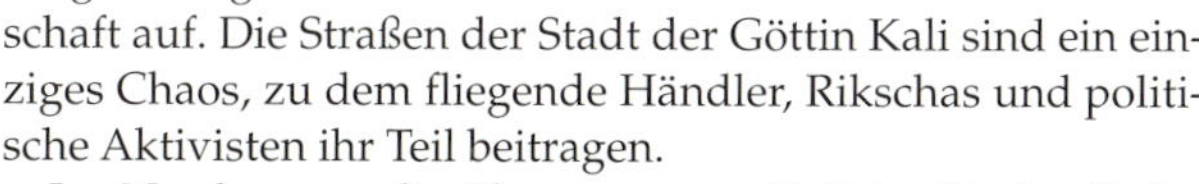

Im Norden, wo die Ebene unvermittelt in die Ausläufer des Himalaya übergeht, liegt Darjeeling. Den größte Bergbahnhof des Ostens erreicht man nach einer 88 km langen Fahrt auf einer Schmalspur-Eisenbahn, während der man bei einer Tasse Tee spektakuläre Ausblicke auf den nahen Himalaya genießen kann. Die Orchideen in Sikkim sind ein weiteres Highlight.

Die Staaten des Nordostens sind durch Bangladesh von Indien fast abgetrennt und nicht nur dadurch sehr abgeschieden. Weit entfernt vom Tiefland des Brahmaputra ist es eine entlegene Welt mit dicht bewaldeten Bergen und christianisierten Volksstämmen. ■

Vorhergehende Seiten: Teeplantagen bei Darjeeling **Links:** Die Haora Bridge in Kolkata **Ganz oben:** Aussicht bei Darjeeling **Oben links:** Ziege in Kolkata **Oben rechts:** Verzierung an einem Tempel in Sikkim

বিবাহে ও উৎসবে
প্রিয় গোপাল বিষয়ী
বড়বাজার : খেংরাপট্টী • মহাত্মা গান্ধী রোড
গড়িয়াহাট : ট্র্যাঙ্গুলার পার্ক
খনা মা
KHANA MAA
We were, We are, We will
We will remember
KHANA MAA till our end of life.
See "KHANA BACHAN" on T.V., Write and take spiritual advice from her.
033-2531 2929, 9831070429, 9831058429
ইন্দিরা সুইট হোম
INDIRA SWEET HOME
প্রসিদ্ধ খোয়াক্ষীর এবং পেঁড়া বিক্রেতা
FAMOUS KHOAKHIR & PENRA SELL
7, Kali Temple Road, Kolkata - 70002
RELIANCE PCO
WEL COME

Kolkata (Kalkutta)

Von seinen Anfängen als kleine Handelsniederlassung an der Ostküste entwickelte sich Kolkata (früher Kalkutta) auf dem Höhepunkt der britischen Herrschaft zur Stadt der Paläste. Heute genießt es einen Ruf als kulturelle Hauptstadt Indiens.

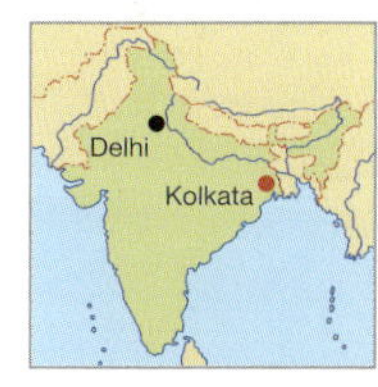

NICHT VERPASSEN!

- Fort William
- Der Maidan
- Victoria Memorial
- St. Paul's Cathedral
- Indian Museum
- Salt Lake
- Kali Tempel
- Botanischer Garten
- Haora-Brücke

Die als Kalkutta bekannte Stadt änderte 1999 ihren Namen in seine bengalische Form, Kolkata. Ihre Geschichte geht zurück bis auf das Jahr 1686, als Job Charnock von der East India Company vom Mogulkaiser die Erlaubnis bekam, die drei Dörfer Kalikata, Govindapur und Sutanuti, in denen sich armenische und portugiesische Kaufleute angesiedelt hatten, als Standort für eine neue Niederlassung zu wählen. Zum Schutz der Handelswaren wurde eine Festung gebaut, die sogenannte Faktorei, und nach König William benannt.

Als das Mogulreich zerfiel, wurde Kalkutta das Zentrum der ersten großen Landnahme der Briten. 1757 verleibten sie sich unter dem Heerführer Robert Clive Bengalen ein und begannen, Grundsteuern einzunehmen.

Das Fort erhielt 1773 seine heutige Form. Im selben Jahr wurde Kalkutta Sitz der obersten britischen Behörde in Indien und damit potenzielle Hauptstadt. Zu dieser Zeit war die Anzahl der Europäer in der Stadt von ein paar Hundert auf gut 100 000 angeschwollen. Die Stadt florierte; sie bot eine Heimat fern von England, mit einer Promenade und einem Strand.

Der Niedergang Kalkuttas begann 1911 mit der Verlagerung der Hauptstadt von Britisch-Indien nach Delhi. Nach der Unabhängigkeit Indiens und der neuen Grenzziehung strömten mehr Flüchtlinge nach Kalkutta als die Stadt aufnehmen konnte. Ein weiterer, sprunghafter Anstieg der Bevölkerung erfolgte nach dem Bangladesh-Krieg 1971, der die Versorgung der Stadt fast zusammenbrechen ließ.

Zwei Neuerungen halfen, die chaotische Verkehrssituation der Stadt zu entspannen: die Metro (U-Bahn) – die erste Indiens – und die Hängebrücke über den Fluss bei Hastings, die Entlastung für die Haora Bridge brachte.

Heute, 300 Jahre nach der Gründung, ist Kolkata mit 8 Millionen Einwohnern Indiens zweitgrößte Stadt (im gesamten Großstadtgebiet sind es sogar mehr

Links: Straßenszene in Kolkata
Unten: Markt an der Haora-Brücke

Kolkata (Kalkutta)
0
1 km
N
Haora Bridge
Howrah (Haora)
Armenian Ghat
Motiseal Ghat
Hugli
Telkal Ghat
Ramakrishnapur Ghat
Chandpal Ghat
Babu Ghat
Outram Ghat
Shibpur Ghat
Gwalior Monument
Princep Ghat
HOARA
Botanical Gardens
Vidyasagar Setu
HASTINGS
Fort William
Eden Gardens
Ranji Stadium
Writers' Building
St John's Church
High Court
Town Hall, Museum Kolkata
Rajya Sabha
Raj Bhavan
Saheed Minar
Oberoi Grand Hotel
Indian Museum
Asiatic Society
Park Street
THE MAIDAN
Maidan
Racecourse
Polo Grounds
Victoria Memorial
St Paul's Cathedral
Birla Planetarium
Academy of Fine Arts
Rabindra Sadan
Nehru Children's Museum
Netaji Bhawan
Bhawanipur
BHAWANIPUR
ZOOLOGICAL GARDENS
National Library
ALIPUR
Garden Reach Shipyard, Botanical Gardens
Jatindas Park
Home for the Destitute and Dying
Kali Temple
KALIGHAT
Kalighat
Tollygunge Club
Birla Academy of Art and Culture
C.I.T. Open Theatre
Ramakrishna Mission Institute of Culture
Baliganja
BALIGANJA
Birla Industrial and Technological Museum
PARK CIRCUS MAIDAN
BENIAPUKUR
South Park Street Cemetery
Kala Mandir
Mother House
Martinière College
Mother Teresa's Mission
TALTALA
ENTALI
Sealdah
BAITAKKHANA
Calcutta University
Central
Tiretta Market
CHINATOWN
TIRETTA
Nakhoda Mosque
American Church
Magen David
BARA BAZAR
St Andrew's Kirk
BBD Bagh (Dalhousie Square)
Chandni Chawk
Tipu Sultan's Mosque
Esplanade
M.G. Road
Marble Palace
Mahajati Sadan
MACHUABAZAR
Rabindra Mancha
Tagore's Castle
JORASHANKHO
Girish Park
SIMLA
Majerhat
CHETLA
NEW ALIPUR
Chittaranjan Ave
Jawaharlal Nehru Rd
Acharya Jagadish Chandra Bose Rd
Ashutosh Mukherjee Rd
Shyama Prasad Mukherjee Rd
Strand Rd
Khidirpur Rd
Rash Behari Ave
Hazra Rd
Lenin Sarani
Salt Lake

als 16 Millionen), muss aber nicht mehr unbedingt als Synonym für Armut und Elend in der Dritten Welt stehen. Durch die Metro und ein effizientes Einbahnstraßensystem wirkt die Stadt gut organisiert. Gewählt wird traditionell links; die seit Langem bestehende kommunistische Stadtverwaltung betreibt eine sehr marktwirtschaftliche und fremdenfreundliche Politik.

Trotz seiner Elendsviertel ist Kolkata eine Metropole voller Leben. Immer ist etwas geboten: religiöse Feste, Konzerte, Sportveranstaltungen, Theater- oder Filmfestivals, politische Großveranstaltungen. Es gibt bedeutende alte Bauten (wenn auch nicht immer in bestem Zustand) und eine große Anzahl gut gepflegter Parks – hervorzuheben ist der Maidan im Herzen der Stadt.

In Südasien gibt es wohl keine Stadt mit einem ähnlich guten Ruf als einer Metropole der Intellektuellen und der Kultur wie Kolkata. Hier lebte nicht nur der Literaturnobelpreisträger Rabindranath Tagore (1913), sondern auch der einzige Oscarpreisträger Indiens, der Regisseur Satyajit Ray. Im 20. Jh. brachte die Stadt zudem einige der wichtigsten indischen Maler und Bildhauer hervor, unter anderen Jamini Roy und Nandalal Bose.

Der Maidan

Kolkata wurde um **Fort William** Ⓐ herum angelegt. Westlich davon verläuft die **Strand Road** am **Hugli** entlang, einem Nebenfluss des heiligen Ganges, im Osten grenzt das Fort an den **Maidan** (Park) Ⓑ.

Das bedeutendste Gebäude innerhalb des 400 ha großen Parkgeländes rund um das Fort ist das **Victoria Memorial** Ⓒ, ein massiver, überkuppelter Bau aus weißem Rajasthan-Marmor. Er ist wunderbar erhalten. 1921 weihte der Prince of Wales (der spätere König Edward VIII.) das Gebäude ein. Es werden dort allerlei Exponate aus der Zeit von Königin Victoria gezeigt, außerdem Dokumente und andere Zeugnisse aus der Geschichte Bengalens (10–16.30 Uhr; Eintritt). Die interessanteste Ausstellung besitzt jedoch die neue **Calcutta Gallery,** in der anhand von Dokumenten und Modellen (einschließlich der Nachbildung einer ganzen Straße aus dem 19. Jh.) die Ge-

Viele Namen haben sich geändert in Kolkata: Die Harrison Road heißt nun M. G. Road, aus der Theatre Road wurde Shakespeare Sarani, und Howrah schreibt sich heute Haora.

Unten: Die Statue Edwards VII. vor dem Victoria Memorial

STADTVERKEHR

Die **Metro** verkehrt in Nord-Süd Richtung von Dum Dum nach Tollygunge. Diese Linie wird zur Zeit in Richtung Süden nach Garia verlängert und soll durch eine zweite Bahn zwischen Salt Lake und Haora ergänzt werden. Die **Vorort-Eisenbahnen** eignen sich kaum für Zwecke der meisten Besucher.

Als einzige indische Stadt hat Kolkata auch **Straßenbahnen**, viele Punkte im Zentrum sind damit gut erreichbar.

Statt der meist überfüllten **Busse** nimmt man besser ein **Taxi** oder eine **Autorikscha.** Wie überall in Indien müssen die Fahrer das Taxameter einschalten; es aber kann sehr schwer sein, sie dazu zu bringen, das auch wirklich zu tun.

Über den Hugli verkehren zahlreiche **Fähren** von den Ghats nach Haora. Die Überfahrt ist kurz und billig und bietet interessante Aussichten.

Der Saheed Minar: Bengalische Patrioten hissten im 19. Jh. die französische Flagge zum Zeichen der Rebellion gegen die Briten

schichte Kolkatas vom kleinen Dorf über die Anfänge als Handelshafen bis zum Unabhängigkeitskampf beleuchtet wird. Im Park, der das Memorial umgibt, finden sich Statuen von Königin Victoria, Lord Curzon und anderen Größen des britischen Empire.

Hinter dem Gebäude, auf der A. J. C. Bose Road, liegt das **Presidency General Hospital**, in dem Sir Ronald Ross 1898 entdeckte, dass Malaria von der Anopheles-Mücke übertragen wird.

Der 1819 eröffnete **Racecourse** ist die größte Pferderennbahn des Ostens. Seit 1861 nutzt der **Kolkata Polo Club** die Rasenfläche im Zentrum als Spielfeld.

Die nach Rabindranath Tagore benannte Konzerthalle **Rabindra Sadan** markiert den Beginn der Cathedral Road. Ganz in der Nähe befindet sich die **Academy of Fine Arts** Ⓓ, in der eine Sammlung alter Textilarbeiten, Miniaturen, mogulzeitlicher Schwerter, Erinnerungsstücke an Tagore und moderne bengalische Kunst zu sehen sind (tgl. 15–18 Uhr; Eintritt).

Die **St. Paul's Cathedral** Ⓔ (tgl. 9–12 und 15–18 Uhr) unmittelbar daneben wurde 1847 geweiht. Der große neugotische Bau besitzt ein farbiges Glasfenster des Präraffaeliten Edward Burne-Jones (*Die Zerstörung von Sodom*).

In der Nähe der Kathedrale sind das **Birla-Planetarium** (eines der größten der Welt; tgl. geöffnet; Vorführungen in englischer Sprache um 13.30 und 18.30 Uhr; Eintritt) und das **Nehru-Kindermuseum** zu besichtigen, letzteres mit kindgerechten Darstellungen der großen Hindu-Epen *Ramayana* und *Mahabharata* (Mi–So 11–19 Uhr; Eintritt).

Am Nordausgang des Maidan erinnert das 48 m hohe **Ochterlony Monument** an die Siege David Ochterlonys in den Nepal-Kriegen. Zum Gedenken an die gefallenen Freiheitskämpfer der bengalischen Rebellion gegen die Briten im 19. Jh. wurde es in **Saheed Minar** Ⓕ umbenannt.

Der Maidan ist rund um die Uhr belebt. Sobald die Sonne aufgeht, kommen die Jogger, die berittene Polizei bewegt ihre Pferde, und Einheiten der Armee treten zum morgendlichen Exerzieren an. Ziegen und Schafe weiden auf dem Gelände des **Kolkata Golf Club.** Dann tauchen die ersten Straßenbahnen auf, mit denen die Men-

Unten: Das Birla Planetarium

schen zur Arbeit fahren. Untertags geht es mit Fußball oder Cricket weiter. Bei Einbruch der Dunkelheit konzentriert sich das Geschehen um den Platz an der **Sri-Aurobindo-Statue** gegenüber dem Victoria Memorial.

In den **Eden Gardens,** nördlich des Maidan, finden während der Cricketsaison die berühmten *test-matches* statt. Nicht weit davon steht inmitten eines verkehrsreichen Kreisverkehrs die Statue von Bengalens berühmtestem Freiheitskämpfer, Subhas Chandra Bose. Sein Andenken pflegt das heutige Museum im Netaji Bhavan in der Elgin Road (siehe S. 304).

Jawaharlal Nehru Road

An der Jawaharlal Nehru Road (früher Chowringhee) und **Esplanade** spürt man noch etwas von kolonialer Größe in den repräsentativen Bauten des **Oberoi Grand** und des Indian Museum, wenn auch an vielen Fassaden heute der Putz abblättert und die alten Gebäude durch moderne Hochhäuser ersetzt werden.

Das riesige **Indian Museum** Ⓖ am Nordende der Jawaharlal Nehru Road ist sicher das größte des Subkontinents wenn nicht ganz Asiens. Es wurde schon 1814 gegründet, ist der Öffentlichkeit aber erst seit 1878 zugänglich (tgl. außer Mo, März–November 10 bis 17 Uhr, Dez.–Feb. 10–16.30 Uhr; www.indianmuseum.kolkata.org). Auch bekannt als *jadu ghar* (magisches Haus), ist das Museum unbedingt einen Besuch wert, auch wenn der langgestreckte Komplex etwas heruntergekommen wirkt. In 36 Abteilungen wird eine breite Vielfalt von Exponaten geboten, und man sollte sich einen ganzen Vor- oder Nachmittag Zeit nehmen, um wenigstens die besten zu sehen. Glanzlichter sind u.a. ein Maurya-Löwenkapitel des 3. vorchristlichen Jhs., Kunstgegenstände aus Mohenjadaro und Harappa sowie hervorragende Stücke vom Stupa aus Bharhut in Madhya Pradesh aus dem 2. Jh. v. Chr. Die Skulpturenabteilung besitzt Stücke aus allen wichtigen Perioden der indischen Kunst, von Gandhara bis zur Pala-Zeit. Das Museum zeigt auch umfangreiche geologische und naturhistorische Ausstellungen und Textilien, Kalighat-Gemälde und Miniaturen.

Die St. Paul's Cathedral stammt aus der Mitte des 19. Jhs. und ist eines der beeindruckendsten Zeugnisse aus der Ära der britischen Herrschaft

Unten: Einige der mehr als eine Million Exponate, die man im Indian Museum bestaunen kann

TIPP

Kolkatas saubere und gut funktionierende **U-Bahn (Metro)** war die erste Indiens, als sie 1984 eröffnet wurde und hat viel dazu beigetragen, die Verkehrslage zu entspannen. Die Metro verkehrt von Dum Dum nach Tollygunge, Mo–Sa 7–21.45 und So 14–21.45 Uhr. TV-Bildschirme vertreiben Ihnen die Wartezeit. Vermeiden Sie aber die Hauptverkehrszeiten. Info: www.kolmetro.com.

Zwischen Maidan und Haora Bridge liegt Kolkatas Verwaltungszentrum, ein Ensemble imposanter viktorianischer Architektur: der **Raj Bhavan** H an der Esplanade Row East. Zum Fluss hin stehen der **High Court** (Gerichtsgebäude), der nach dem Vorbild des gotischen Rathauses von Ypern in Flandern erbaut wurde und die **Town Hall** (altes Rathaus). Seit der Restaurierung beherbergt es das **Kolkata Museum** (Di–So 11–17 Uhr). Modelle, Gemälde und interaktive Schaustücke vermitteln einen guten Überblick über die Geschichte der Stadt.

Nördlich des Raj Bhavan liegt die **St. John's Church** I von 1784 mit dem berühmten *Abendmahl* von Johann Zoffany. Auf dem Friedhof liegt der Stadtgründer Job Charnock begraben.

BBD Bagh

Der ehemalige Dalhousie Square hinter der St. John's Church wurde in **BBD Bagh** umbenannt, zum Gedenken an die Brüder Binoy, Badal und Dinesh, die wegen einer Verschwörung gegen den Generalgouverneur Indiens, Lord Dalhousie, erhängt wurden.

Dem Wasserspeicher (einst Kolkatas einzige Trinkwasserquelle) zugewandt, liegt das im späten 19. Jh. erbaute **Writers Building** J der East India Company, heute Sitz der bengalischen Landesregierung. Es herrschen strenge Sicherheitsvorkehrungen; fotografieren ist strikt verboten. Gegenüber steht die **St. Andrew's Kirk** aus dem Jahr 1818, eine kühle Oase in der Gluthitze des Platzes. Sie beherbergt die wohl beste Kirchenorgel ganz Indiens.

Die Gebäude der traditionsreichen Firmen – viktorianische und Jugendstilbauten mit hohen Treppenhäusern, viel Marmor und Holzpaneelen – findet man an der alten Clive Row, der jetzigen Netaji Subhas Road.

Fliegende Händler und der Autoverkehr beherrschen heute die Straßen. Selbst die Börse hat sich bis zur gegenüberliegenden Straßenseite ausgedehnt.

An der India Exchange Lane unweit der Jute Balers Association arbeiten die Jute-Makler von kleinen Ständen aus. Die Käufer schreien ihre Angebote zu den auf der Straße stehenden Verkäufern hinaus.

Unten: Hof im Indian Museum. Der italienisch anmutende Bau wurde 1878 errichtet
Unten rechts: St. Andrew's Kirk

Karte auf Seite 296

Das Chinesenviertel Ⓚ

An der Nordostecke des Maidan beginnt die **Bentinck Street** mit einer Reihe von Geschäften (chinesische Schuster, muslimische Schneider, Läden mit Tee und Süßigkeiten). Auf dem **Tiretta-Markt** ganz in der Nähe bekommt man Trockenfisch, Gemüse und Fleisch.

Das Chinesenviertel entstand im Stadtviertel Tangra im 18. Jh. Nach dem Grenzkrieg zwischen Indien und China 1962 verließen die meisten Chinesen Kolkata; heute zählt man hier noch etwa 5000 von ihnen. Außer dem Nanking Restaurant (Blackburn Lane), dem Sea-Ip-Tempel am Chatawala Gully und einigen Klubgebäuden sind fast alle chinesischen Gebäude verschwunden. Und auch die ehemals bei Kuomintang Press in der Metcalfe Street erschienenen Tageszeitungen auf chinesisch (*Seong Pow* und *Chinese Journal of India*) wurden eingestellt.

Im **Alten Chinesischen Basar** westlich der Brabourne Road bauten die Parsen einen Feuertempel, die Ismaeliten eine Moschee, die Gujarati-Jains einen der schönsten **Tempel** Kolkatas (tgl. 6–12 und 15–19 Uhr) und die Juden zwei Synagogen, darunter die 1884 errichtete **Magen-David-Synagoge**. Jüdische Einwanderer waren im 19. Jh. aus dem Irak nach Kolkata gekommen und bildeten bald eine blühende Gemeinde. Nach dem Zweiten Weltkrieg wanderten die meisten Juden nach England oder Amerika aus. Heute leben weniger als 100 jüdische Familien in der Stadt.

Etwas abseits der Old China Bazaar Lane steht die 1724 erbaute **Armenische Kirche** mit der angeblich ältesten, noch funktionierenden Uhr in Kolkata. Als Job Charnock die Stadt gründete, hatten sich hier und in Chinsura etwas flussaufwärts bereits Armenier aus Isfahan niedergelassen. In und um Kolkata gibt es noch eine Reihe weiterer armenischer Kirchen sowie verschiedene andere Einrichtungen, außerdem gehört eine der besten Rugby-Mannschaften Indiens zu der armenischen Volksgruppe, die aber nur noch ein paar hundert Menschen umfasst.

An der Rabindra Sarani (früher Chitpur Road) steht die vierstöckige **Nakhoda-Moschee** Ⓛ. Sie ist aus rotem Sandstein nach dem Vorbild von Kaiser

In Kolkata stehen mehr christliche Kirchen als in jeder anderen indischen Stadt

Unten: Die grandiose imperiale Architektur des Writers Building

ESSEN

Die Gerichte, die die kleinen Restaurants im Chinesenviertel servieren, weisen wenig Ähnlichkeit auf mit echtem chinesischem Essen. Ein typisch indischer Mix von Gewürzen, der Nudeln und gebratenem Reis zugesetzt wird, führte zu einer äußerst populären Verschmelzung von indischer und chinesischer Küche. Authentische chinesische Gerichte finden Sie im **Beijing**, im **Mainland China** oder in der **Chinoiserie** (siehe S. 308/309).

Unten rechts: Die Feiern zur Durga puja im September oder Oktober sind ein großes Ereignis

Akbars Grab in Sikandra bei Agra erbaut. Zehntausend Gläubige finden darin Platz. In der Umgebung finden sich viele muslimische Läden und einige gute Restaurants.

Prächtige Villen

Den Charakter von **Jorashanko** prägen die herrschaftlichen Häuser in der Gegend der Sir Hariram Goenka Street, Kali Krishna Tagore Street und Jadulal Mullick Street. Besonders exzentrisch ist **Tagore's Castle** Ⓜ an der Darpanarain Tagore Lane, das an ein Disneyland-Schloss erinnert. Der Anblick wird leider durch Anbauten gestört.

Rabindra Mancha Ⓝ (Di–So 10.30 bis 16.30; Eintritt) heißt das Haus am Ende der Dwarkanath Tagore Lane, in dem 1861 der Dichter Rabindranath Tagore geboren wurde und 1941 starb. Das Haus birgt ein Museum mit etwa 2000 Gemälden Tagores und Zeugnissen aus dem Leben des Nobelpreisträgers. Das Tagore-Haus veranstaltet auch bengalische Musik- und Tanzaufführungen. Angeschlossen sind eine Bibliothek, die **Rabindra Bharati Universität** und die Tagore Akademie.

In **Kumarthuli** weiter nördlich lebt eine Künstlergemeinschaft, die Lehmfiguren der hinduistischen Gottheiten Durga, Lakshmi und Sarasvati für Festumzüge herstellt.

In **Rajabazar** stehen an der Badni Das Temple Road vier Ende des 19. Jhs. errichtete Tempel der jainistischen Digambara-Sekte. Das bekannteste der zusammen als **Parasnath Mandir** bekannten Bauten ist dem Tirthankara Sital Nath gewidmet. Seine Architektur ist eine Mischung aus Mogul-, Barock-, klassizistischem und bengalischem Stil; im Inneren ist der Tempel mit buntem Glas, Spiegeln, gefärbten Steinen und Marmor dekoriert.

In Chorebagan (Garten der Diebe) steht an der Muktaram Babu Street der **Marble Palace** Ⓞ (Di, Mi, Fr–So 10 bis 16 Uhr; Besuche nur nach Voranmeldung beim Deputy Director of Tourism, 3/2 BBD Bagh, Tel. (033) 2248 8271 oder bei einem regionalen Touristenbüro). Im Jahr 1835 ließ Raja Mullick den Palast aus italienischem Marmor bauen. Seine Nachfahren bewohnen ihn noch immer. Die meisten Räume und ihre Kostbarkeiten – Gemälde, Uhren, Plas-

SATYAJIT RAY

Der Filmregisseur Satyajit Ray (1921–1992) ist einer der berühmtesten Söhne Kolkatas. Bislang ist er der einzige indische Regisseur, der mit einem Oscar ausgezeichnet wurde. Er erhielt ihn 1992 für sein Lebenswerk. Ray war ein Visionär, der praktisch im Alleingang eine indische Form des künstlerischen Films entwickelte.

Vom französischen Filmemacher Jean Renoir ermutigt, drehte er 1955 mit schmalem Budget seinen ersten Film *Pather Panchali*, obwohl er so gut wie keine filmische Erfahrung hatte. Die Geschichte des Jungen Apu, der in einem bengalischen Dorf aufwächst, wurde ein großer Erfolg – nicht nur in Indien. Es war der erste Teil seiner *Apu-Trilogie*, deren andere Teile *Aparajito* und *Apur Sansa* er in der Folge zusammen mit seinem Kameramann Subrata Mitra schuf.

Die Trilogie gilt als sein größtes Werk. Doch natürlich drehte Ray noch viele weitere Filme, darunter *Charulata* (1964), die *Kalkutta-Trilogie* (1970–1975), und seinen ersten Hindi/Urdu Film *Shatrani ke Khilai* (»Die Schachspieler«, 1977). Ausführliche Informationen zu seinem Leben und zu einzelnen Filmen findet man unter www.satyajitray.org.

 Karte auf Seite 296

tiken, Kristall und Porzellan – sind aber zu besichtigen. Es gibt sogar eine Michelangelo zugeschriebene Statue, außerdem Gemälde von Rubens, Gainsborough und Arnold. Im Hof steht der Familientempel und eine Sammlung von Papageien, Tauben und Beos.

Die **Calcutta Universiy** Ⓟ am College Square wurde schon im Jahr 1857 gegründet und befindet sich seit 1873 an diesem Platz. Mit rund 235 000 Studenten ist sie die größte der Welt. Sie war oft Schauplatz großer Demonstrationen und viele Fassaden sind voll von politischen Graffiti.

Kolkata ist Indiens intellektuelle und kulturelle Metropole. Allein 29 Theater, 114 Kinos und 33 Museen kann sie vorweisen. Eine der informativsten kulturgeschichtlichen und volkskundlichen Sammlungen besitzt das im **Senatsgebäude** der Universität untergebrachte **Asutosh Museum** mit Pala-Skulpturen, Bronzen, Terrakotten, Thangkas (Rollbilder) und bengalischer Volkskunst (Mo–Fr 10–17.30 Uhr; www.caluniv.ac.in).

Im 150 Jahre alten **Coffee House** an der Bankim Chatterjee Street treffen sich schon seit Langem Studenten und Intellektuelle der Stadt.

Im Westen von BBD Bagh steht an der R.N. Mukharji Road mit der **Old Mission** die älteste Kirche in Kolkata. 1770 wurde sie von einem schwedischen Missionar erbaut.

Hinter der Jawaharlal Nehru Road erstreckt sich das **Euröpäerviertel.** Nach und nach müssen die alten Herrenhäuser modernen Bauten weichen. Die **Park Street** entstand erst am Anfang des 20. Jhs. Hier residiert in einem Gebäude aus dem 19. Jh. die Freimaurerloge »Stern des Ostens«, die älteste britische Loge im Ausland.

Die **Asiatic Society,** ebenfalls mit Sitz am Anfang der Park Street, gründete Sir William Jones 1784 . Auf Anfrage kann man hier eine umfangreiche Sammlung orientalischer Manuskripte, Drucke und Bilder besichtigen (Mo–Fr 10.30–18 Uhr, Sa und So 10–17 Uhr; www.indev.nic.in/asiatic).

Die Park Street – sinnigerweise auch Europäische Begräbnisstraße genannt – endete einst am ältesten Friedhof Kolkatas, der **South Park Street Cemetery.** Hier liegen viele britische Militärs

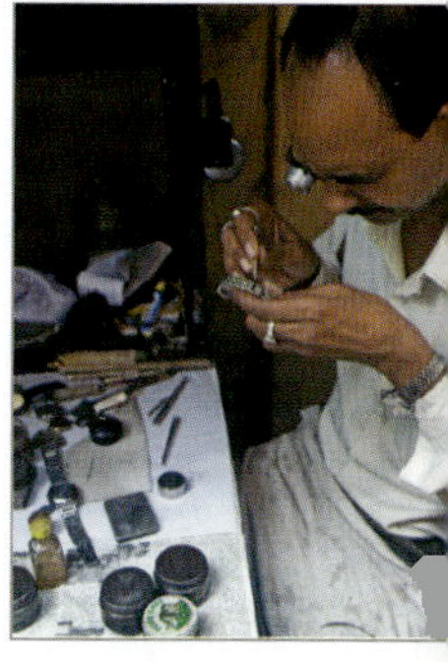

Uhrmacher auf einem Bazar in Kolkata

Unten: Straßenszene auf der Strand Road

Das South City Einkaufszentrum in der Südstadt. Kolkatas wachsende Mittelschicht verfügt über ein nennenswertes Nettoeinkommen

Unten: Schuhmacher und -putzer vor dem zentralen Busbahnhof

und andere Größen der Stadt begraben, unter anderen Robert Kyd (Gründer des Botanischen Gartens), der Dichter Henry Derozio (er rief die Young-Bengal-Bewegung ins Leben) und Sir William Jones, der Gründervater der freidenkerischen Asiatic Society.

Ein weiterer auffallender Bau ist das **La Martinière College** an der Acharya Jagadish Chandra Bose Road, das der in Lyon geborene Franzose Claude Martin gründete. Ursprünglich Leibwächter des französischen Gouverneurs von Pondicherry, stand er später in Diensten der East India Company und war zuletzt Generalleutnant. Er hinterließ bei seinem Tod im Jahr 1800 ein beträchtliches Vermögen, das er verschiedenen Schulstiftungen in Lyon (Frankreich), Kolkata und Lucknow vermachte sowie anderen wohltätigen Zwecken zuführte.

In Bhayanipur an der Elgin Road kann man den **Netaji Bhavan** besichtigen. Aus diesem Haus gelang es dem nationalistischen Führer Netaji Subhas Chandra Bose während des Zweiten Weltkriegs trotz britischer Bewachung zu fliehen. Heute dient es als Museum. Es beherbergt eine Sammlung von Fotografien und Briefen, die Bose während des Befreiungskampfs schrieb (Di bis So 11–16.30 Uhr; www.netaji.org).

Das **Birla Industrial and Technological Museum** (Di–So 10–17.30 Uhr; Eintritt) an der Gurusady Road zeigt gut aufbereitete, thematisch gruppierte Ausstellungen, z.B. zu Elektrizität, Bio-Wissenschaften oder Transport, und besitzt etliche interaktive Modelle.

Kolkatas Süden

Dieser Teil Kolkatas besteht aus Wohnvierteln der oberen und mittleren Gesellschaftsschichten. Die **National Library** Q an der Belvedere Road war ursprünglich als Winterresidenz des Vizekönigs errichtet worden. Die umfangreichen Sammlungen sind aufgeteilt nach den einzelnen indischen Regionalsprachen (Mo–Fr 9–20 Uhr, Sa und So 9.30–18 Uhr; www.nlindia.org).

Ganz in der Nähe liegen die vor über 130 Jahren eröffneten **Zoologischen Gärten,** deren Besuch eine eher bedrückende Erfahrung sein kann.

Kalighat ist ein wohltuend traditionelles, bürgerliches Wohnviertel am

REISEVERBINDUNGEN

Es gibt tägliche **Flüge** aus Europa und Ostasien nach Kolkata. Alle landen auf dem Subhas Chandra Bose International Airport. Er ist das Tor zum Osten Indiens, während praktisch alle anderen Ziele des Landes – besonders die im Nordosten – vom angrenzenden Inlands-Terminal aus bedient werden.

Von den Stadbahnhöfen Haora (Howrah), Kolkata und Sealdah verkehren regelmäßige **Fernzüge** nach Delhi, Chennai, Mumbai, New Jaipalgiri (für Darjeeling), Secunderabad, Guwahati und auch zu den meisten anderen Zielen in Indien.

Erreichbar sind alle Orte auch mit den **Überlandbussen**, die vom Esplanade Bus Terminal nahe des Saheed Minar am Nordende des Maidan abfahren, doch da man fast überall mit der Bahn hinkommt, stellt die Zugfahrt die bei weitem sicherere und komfortablere Alternative dar.

Tolly's Nullah, einem Kanal, der auch Adiganga (Der echte Ganges) heißt. 1775 ließ Colonel Tolly den verlandeten Wasserlauf ausgraben, um Gangeswasser zum **Kali-Tempel** Ⓡ zu leiten. Der heutige Kali-Tempel wurde 1809 an der Stelle eines Vorgängerbaus aus dem 16. Jh. gebaut. Es heißt er stünde dort, wo der Zeh Satis, der ersten Frau Shivas, zu Boden fiel, als Vishnu die Glieder ihres toten Körpers über die Erde verstreute, um Shivas zerstörerischen Trauertanz zu beenden.

Der Tempel ist noch immer im Besitz der Nachfahren der Gründer, den *Paladas*, die das Monopol auf die religiösen Rituale haben. Pilger opfern der Göttin mit Gangeswasser gemischte Milch und *Bhang* (Cannabis). Kalis Abbild im innersten Schrein ist aus schwarzem Marmor. Die Göttin ist vierarmig dargestellt mit einer Girlande aus Menschenköpfen; eine Hand, Zunge und Augenbrauen sind aus Gold; Augen und Zunge blutrot bemalt.

Der Tempel ist für Nicht-Hindus nicht zugänglich, und die Straßen in der Umgebung können zeitweise etwas unsicher sein. Zwar ist der inbrünstige Eifer der Gläubigen sehr faszinierend, doch sollten zartbesaitete Gemüter die täglich stattfindenden Blutopfer – meist sind es Ziegen oder Hähne, die der Göttheit dargebracht werden – besser aus der Entfernung beobachten. Auf dem belebten Markt außerhalb des Tempels werden massenhaft Devotionalien angeboten.

Daneben liegt das **Home for the Destitute and Dying** Ⓢ der verstorbenen Mutter Teresa. Es ist die erste von mehreren Missionen, die der von ihr gegründete Orden der Missionarinnen der Nächstenliebe betreibt (siehe auch Tipp auf S. 306). Die Nonnen in ihren weißen Saris sieht man überall in der Stadt. Das Heiligsprechungsverfahren für Mutter Teresa läuft bereits – forciert durch Papst Johannes Paul II. Trotzdem bleibt die Friedensnobelpreisträgerin von 1979 eine umstrittene Person in Indien und auch im Ausland.

Wenn man auf der Alipore Chetla oder der Tollygunge Road nach Süden fährt, kommt man an Shiva-, Radha- und Krishnatempeln vorbei. In der Nähe liegt auf dem Gelände einer ehemaligen, 1781 von der Familie Johnson

Einer der zahlreichen Schreine im Kali-Tempel

Unten links und unten: Stände auf dem Markt vor dem Kali-Tempel

TIPP

Interessierte, die als freiwillige Helfer im **Home for the Destitute and Dying** (Nirmal Hriday) mitarbeiten möchten, sollten sich direkt mit dem Mutterhaus in Verbindung setzen: Missionaries of Charity, 54 A. J. C. Bose Road, Tel. (033) 2244 7115.

angelegten Indigo-Plantage der **Tollygunge Club** Ⓣ. Bevor der Club das Anwesen 1895 übernahm, lebte hier Tipu Sultans Familie im Exil. Auch Nichtmitglieder können auf den Anlagen Golf, Tennis oder Squash spielen und auch den Swimmingpool benutzen. Abends trifft sich hier auf einen Drink, wer in der Stadt Rang und Namen hat. Man bekommt einen guten Eindruck davon, wie das Bürgertum der Stadt miteinander umgeht. Wer sich im grünen Umfeld des Tollygunge nicht so wohl fühlt, sucht eher die nahegelegene **South City Mall auf,** Kolkatas größter Einkaufspassage. Die großen Glasfronten des klimatisierten Komplexes mit seinen Restaurants und internationalen Geschäften bilden einen hartem Kontrast zu der recht heruntergekommenen Umgebung.

Am **Rabindra-Sarovar-See** östlich von Tollygunge wird Rudersport getrieben; dort, an der Southern Avenue, liegt auch die **Birla Academy of Art and Culture** Ⓤ, die eine Ausstellung mit Miniaturen aller Schulen, moderne Malerei und alte buddhistische Plastiken zeigt (Di–So 16–20 Uhr).

Das **Ramakrishna Mission Institute of Culture** am Gol-Park beim See gehört zur Ramakrishna Mission of Belur Math. Es beherbergt eine Sprachenschule, eine Bibliothek, ein Museum indischer Kunst sowie einen Gebetsraum.

Die Ghats am Hugli

Vom Ghat bei der Garden-Reach-Werft kann man mit einer Fähre zu dem seit 1787 bestehenden **Botanischen Garten** Ⓥ (tgl. 7–17 Uhr) von Haora übersetzen. Früher stand dort der größte Banyan-Baum der Welt. 1919 wurde der Hauptstamm von einem Blitz getroffen und musste entfernt werden. Geblieben sind dafür an die 1500 Luftwurzeln, die einen Ring von weit über 10 m Durchmesser bilden. Zum Komplex des Botanischen Gartens gehört auch das Central National Herbarium of India.

Die reich dekorierte **Metiaburuz-Shiite-Moschee** an der Garden Beach Road wurde von der königlichen Familie von Avadh im 19. Jh. errichtet. Hierher wurde der letzte Nawab, Wajid Ali Shah, verbannt.

Unten: Die Luftwurzeln des großen Banyan-Baumes im Botanischen Garten

Die Ghats entlang der Strand Road sind vor allem am frühen Morgen und am Abend voller Leben, wenn die Menschen zum Waschen an den Fluss kommen. An Festtagen pilgern Tausende von Gläubigen zu den Ghats von **Babu, Outram** und **Princep**, um Lehmbildnisse von Durga, Kali, Lakshmi und Saraswati in den Fluss zu versenken.

Auch andere Gemeinschaften feiern an den Ghats: Anlässlich des Sonnenfestes Chaat tauchen die Bihari Früchte in den Fluss ein, die Sindhi zu Chetti Chand Plastiken des Gottes Jhulelal. Im Januar wird an der Strand Road ein Transitlager für Tausende von Pilgern eingerichtet, die zur heiligen Insel Sagardwip übersetzen möchten. Morgens wimmeln die Ghats dann nur so von Menschen, die sich waschen und beten.

Das **Gwalior-Monument,** seiner höchst eigenwilligen Form wegen auch Pfefferbüchse genannt, wurde zur Erinnerung an den britischen Sieg in den Marathen-Kriegen errichtet. Am Ghat von Princep kann man stundenweise kleine Boote mieten.

Die 1941 erbaute **Haora-Brücke** über den Hugli ist eines der Wahrzeichen von Kolkata. Ihre acht Spuren reichen längst nicht mehr aus, um die indientypische, chaotische Flut aus Straßenbahnen, Bussen, Lastwagen, Rikschas, Fußgängern, Schafen, Ziegen, Taxis und Ochsenkarren zu bewältigen. Jetzt wird sie durch die neue Hängebrücke bei Hastings entlastet.

Salt Lake

Am nordöstlichen Rand von Kolkata, auf dem Weg zum Flughafen, liegt die neue Stadt Bidhannagar, die allgemein als **Salt Lake** bekannt ist. Schon in den 1950er-Jahren angelegt, entwickelte sie sich zu einem der attraktivsten Teile Kolkatas mit einem Park nahe am Zentrum. Die Stadt besteht hauptsächlich aus bürgerlichen Wohnvierteln, beherbergt aber auch das todschicke Hyatt Regency Hotel und eine von Kolkatas größten Einkaufspassagen, das City Centre.

Der **Nicco Park** (tgl. 10.30–19.30 Uhr) ist ein Vergnügungspark im Süden von Salt Lake. Von diesem aus erreicht man auch die beste öffentliche Schwimmanlage der Stadt, das etwas überschwänglich so benannte **Wet-o-Wild Beach Tropicana** (tgl. 11–19 Uhr; Eintritt).

Gar nicht weit entfernt, dort wo der Eastern Bypass die J.B.S. Halden Avenue kreuzt, liegt ein weiteres gutes Ausflugsziel für Familien: die Wissenschaftsstadt **Science City** (tgl. 9–21 Uhr; Eintritt). Der auffällige Komplex aus rundlichen Gebäuden beherbergt ein großes interaktives Wissenschafts- und Technik-Museum. Dazu gehört auch ein hochmodernes Planetarium und eine ausgezeichnete Ausstellung zum Thema Tektonik und Erdbeben.

Eine ganz andere Anlage findet man in einem großen Park gegenüber des Salt Lake Stadions. **Swabhumi** (tgl. 12–22 Uhr; Eintritt) hat einen Speisehof, in dem Gerichte aus allen Teilen Indiens serviert werden. Darüber hinaus findet man dort ein Handwerkerdorf, eine Einkaufspassage und ein Auditorium für traditionelle Musik und Tanzvorstellungen. ■

Salt Lake ist eine der wohlhabendsten Vorstädte Kolkatas

Unten: Rasur auf der Straße

RESTAURANTS UND BARS

Restaurants

Durchschnittspreis für ein Menü mit bis zu drei Gängen ohne alkoholische Getränke:
● = bis 200 INR
●● = 200–500 INR
●●● = 500–1000 INR
●●●● = über 1000 INR

In Kolkata gibt es eine ganze Reihe exzellenter Restaurants mit köstlicher, original bengalischer Küche. Aber auch die relativ große chinesische Gemeinde hat die Restaurantlandschaft der Stadt geprägt.

BBD Bagh

◆ **Amber Bar und Restaurant**
11 Waterloo Street.
Tel. (033) 22 48 65 20. ●●
Nordindische Küche und einige europäische Speisen, sehr gut vor allem die Tandoori-Gerichte.

Tangra

◆ **Beijing**
77/1 Christopher Road
Tel. (033) 23 28 10 11.
●●–●●●
Tangra in Ost-Kolkata ist das Chinesenviertel der Stadt, und dieses Restaurant mit Bar serviert eine große Auswahl an authentischen chinesischen Gerichten.

Chowringhee

◆ **Aheli's**
Peerless Inn, 12 Jawaharlal Nehru Road.
Tel. (033) 22 28 03 01.
●●●
Eines der ältesten und authentischsten Bengal-Restaurants von Kolkata bietet traditionelle bengalische Küche zu etwas überteuerten Preisen.

◆ **Baan Thai**
Oberoi Grand, 15 Jawaharlal Nehru Road.
Tel. (033) 22 49 23 23.
●●●●
Das beste Thai-Restaurant in Kolkata, wenn nicht gar in ganz Indien serviert herrlich aromatische Gerichte. Reservierung empfohlen.

◆ **Flury's**
18 Park Street.
Tel. (033) 22 29 76 64. ●
Köstliches Gebäck und Eiscreme gibt's in dem beliebten, kürzlich nobel renovierten Café.

◆ **Mocambo**
25b Park Street.
Tel. (033) 22 46 43 00. ●●
Gutes Allround-Restaurant mit einer großen Auswahl an Gerichten; besonders gut ist die bengalische Küche.

◆ **Peter Cat**
18a Park Street.
Tel. (033) 22 29 88 41.
●●●
Leckere Mughlai-Küche, einige Gerichte aus Rajasthan und Gujarat und eine gute Bar. Etwas langsamer Service.

◆ **Saffron**
The Park, 17 Park Street.
Tel. (033) 22 49 90 00.
●●●●
Hier werden Gerichte aus ganz Indien neu interpretiert, sodass Altbewährtes in neuem Gewand daherkommt.

◆ **La Terrasse**
Oberoi Grand, 15 Jawaharlal Nehru Road.
Tel. (033) 22 49 23 23.
●●●●
Das Restaurant bietet sehr leckere westliche Küche. Besonders gut ist das Frückstücks- und Mittagsbuffet.

◆ **Urban Desi**
9th Floor Fort Knox, 6 Camac Street.
Tel. (033) 32 52 29 01.
●●●
Neues chinesisches Restaurant mit moderner Einrichtung. Einige Gerichte sind überraschend gut, das Buffet lohnt einen Versuch.

◆ **Zaranj**
26 Jawaharlal Nehru Road.
Tel. (033)22 49 55 72.
●–●●
Sehr gute nordindische Küche mit leckeren vegetarischen Gerichten und tollen Fleisch-Kebabs.

◆ **Zen**
The Park, 17 Park Street.
Tel. (033) 22 49 90 00.
●●●●
Das neu eröffnete, von Terence Conran gestaltete, superschicke Restaurant serviert fantastisch zubereitete Gerichte aus ganz Asien. In der offenen Küche wirbeln japanische, chinesische und thailändische Köche.

Elgin Road Area

◆ **Kewpie's**
2 Elgin Road.
Tel. (033) 24 75 98 80. ●●

Links: Bengalische Küche ist heute in ganz Indien bekannt

Außerordentlich gute bengalische Küche mit leckeren Fischgerichten im hübschen Wohnhaus einer Familie; sehr netter Service.

◆ **Mainland China**
Uniworth House, 3a Gurusaday Road.
Tel. (033) 22 83 79 64.
●●●
Wohl der beste Hummer in Schwarze-Bohnen-Sauce, den Sie je gegessen haben! Außerdem Buffet mit 15 Gängen.

◆ **Oh! Calcutta**
Lala Lajpat Rai Sarani.
Tel. (033)22 83 71 61.
●●●–●●●●
Exzellente bengalische Küche in einem der ersten Restaurants, die diese landesweit bekannt gemacht haben. Köstlicher Hilsa-Fisch und viele Gerichte auf Senfbasis. Reservierung empfohlen.

◆ **Sare Chuattor**
213 Sarat Bose Road.
●●–●●●
Bei Einheimischen beliebtes, ruhiges Restaurant mit unverfälschter bengalischer Küche. Die Einrichtung im ländlichen Stil greift das Thema Tollywood (das bengalische Pendant zu Bollywood) auf.

◆ **Tamarind**
64 Sarat Bose Road.
Tel. (033) 2463 8799. ●●
Das einzige südindische Restaurant der Stadt serviert eine Auswahl an vegetarischen sowie Fleisch- und (köstlichen) Fischgerichten.

Baitakkhana

◆ **The Indian Coffee House**
15 Bankim Chatterjee Street. ●
Das berühmte Café an der Universität war lange Zeit ein Treffpunkt der Intellekuellen und serviert auch Snacks.

Taltala

◆ **Suruchi**
89 Elliot Road, bei der A. G. School.
Tel. (033) 22 29 17 63.
●–●●
Das von einer Fraueninitiative geführte Restaurant bietet exzellente bengalische Küche. Ganztägig geöffnet.

Alipur

◆ **Chinoiserie**
Taj Bengal, 34B Belvedere Road.
Tel. (033) 22 23 39 39.
●●●●
Vorwiegend Gerichte aus Kanton und Sichuan, besonders gut mit Ente oder Schnitzel.

◆ **The Hub**
Taj Bengal, 34B Belvedere Road.
Tel. (033) 22 23 39 39.
●●●
Großartige, üppige italienische Gerichte, darunter köstliche Pizzas und Focaccia-Brot. Rund um die Uhr geöffnet.

◆ **Sonargaon**
Taj Bengal, 34B Belvedere Road.
Tel. (033) 22 23 39 39.
●●●●
Das bengalische Restaurant im Hotel Taj ist hervorragend und bietet eine große Auswahl an authentischen regionalen Gerichten. Ganz gleich, ob man mittags eines der Thali wählt oder abends à la carte speist, das Essen ist immer köstlich und der Service exzellent.

Salt Lake

◆ **La Cucina**
Hyatt Regency, JA-1 Sector III.
Tel. (033) 23 35 12 34.
●●●●
Hier gibt das beste und authentischste italienische Essen der Stadt. Pasta, Pizza und Risotto sind köstlich und die Desserts ebenfalls.

◆ **Guchhi**
Hyatt Regency, JA-1 Sector III.
Tel. (033) 23 35 12 34.
●●●●
Das indische Restaurant im Hyatt serviert einige wirklich sehr gute Gerichte, v.a. Tandoori- und Kaschmir-Küche.

◆ **Red Hot Chilli Pepper**
Bengal Intelligent Park, Sector 5.
Tel. (033) 24 55 95 60. ●●
Das beliebte Lokal bietet chinesische und westliche Küche in einem ostasiatisch-westlichen Einrichtungsstilmix.

Bar

Chowringhee

◆ **Tantra**
The Park, 17 Park Street.
Tel. (033) 22 49 90 00.
The Park ist sicherlich die beste DJ-Bar mit Club in der Stadt, die Lieblings-Location der Szene, um abzutanzen und Cocktails zu schlürfen.

Rechts: Delikatesshäppchen im Restaurant Sonargaon

Westbengalen, Orissa und Jharkhand

Von den Mangrovensümpfen der Sunderbans bis zu den Gipfeln des Himalaya hat diese abwechslungsreiche Region Händler und Kolonialisten, Poeten und Philosophen angezogen – und sie alle haben hier ihre Spuren hinterlassen.

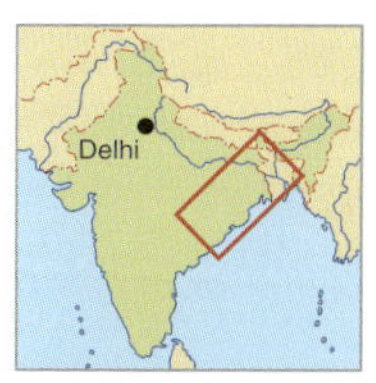

NICHT VERPASSEN!

- Sunderbans
- Darjeeling
- Toy Train
- Bhubaneshwar
- Puri: Jagannath-Tempel,
- Konarak: Sonnentempel

Die drei Staaten, die den östlichen Teil des indischen Subkontinents bilden – Westbengalen, Orissa und Jharkhand – werden im Vergleich zum Süden und Westen von relativ wenigen Reisenden besucht. Wer sich jedoch hierher aufmacht, wird reich belohnt: Es gibt alte Tempel, ausgedehnte Strände, den größten Mangrovenwald der Welt, kulturelle Zentren und Teeplantagen, die sich an den Ausläufern des Himalaya entlangziehen.

Bengalen ist ebenso für seine ausgeprägte intellektuelle Tradition bekannt wie für einige bedeutende historische Stätten, von denen viele Aufschluss geben über die Frühzeit des Handels mit den Europäern und deren Eroberung des Landes. Orissa besitzt mit den Tempeln von Puri und Bhubaneshwar zwei der wichtigsten Hindu-Heiligtümer sowie einige bedeutende buddhistische Stätten. Jharkhand, das bewaldete Bergland des Chota-Nagpur-Plateaus, ist die Heimat einer Reihe von Adivasi-Volksgruppen, aber auch ein Zentrum der Schwerindustrie mit Indiens größten Stahlwerken.

Westbengalen

Westbengalen erstreckt sich vom Himalaya bis zum Golf von Bengalen. Schon im *Mahabharata*-Epos und in den Schriften des Ptolemäus ist von den Bengalen die Rede, einem seefahrenden Volk, das mit Sri Lanka, Sumatra und Java Handel trieb und dessen Land von Griechen, Chinesen und Persern besucht wurde.

Ab dem Ende des 19. Jhs. entwickelte sich Bengalen zu einer der blühendsten Provinzen des britischen Empire. Tempel entstanden, Dichter und Schriftsteller wie Bankim C. Chatterjee oder der Literaturnobelpreisträger

Links: Gebetsfahnen in Darjeeling
Unten: Mann mit Kind aus Sikkim

Gorkha-Junge in traditionellem Hochzeitsgewand bei Darjeeling

Rabindranath Tagore bereicherten die Bengali-Sprache. Bedeutende Religionsphilosophen wie Ramakrishna und Vivekananda lehrten hier.

Die ersten Kolonisatoren

Am rechten Ufer des Hugli, 60 km von **Kolkata** ❶ entfernt, liegen an der Grand Trunk Road kleine Orte mit Palästen, alten Kirchen, Flusspromenaden, Kolonialvillen und christlichen Friedhöfen – Überreste dänischer, holländischer und französischer Siedlungen. Die Grand Trunk Road erreicht man über die Bally-Brücke, die den Hugli bei **Dakshineswar** 20 km nördlich von Kolkata überquert.

Am linken Hugli-Ufer steht die Tempelanlage **Kali Bhavatarini** aus dem 9. Jh. mit einem Heiligtum der Göttin Kali, einem Radha-Krishna-Tempel sowie zwölf Shiva-Tempeln. Der Philosoph Ramakrishna lebte hier; ihm ist ein kleines Museum gewidmet.

Flussabwärts steht am anderen Ufer die Zentrale der Ramakrishna-Mission, **Belur Math,** gegründet 1938 von Ramakrishnas Schüler Vivekananda. Der Hauptbau, der **Sri-Ramakrishna-Tempel**, 75 m lang und 35 m hoch, entspricht in seiner Architektur Ramakrishnas Forderung nach Harmonie der Religionen und Kulturen: Das Tor ist buddhistisch, die Fassade südindisch, Fenster und Balkone entsprechen dem Mogul- und Rajputen-Stil, Grundriss ist ein christliches Kreuz.

Die älteste ausländische Niederlassung ist **Serampore,** 25 km nördlich von Kolkata. Die Dänische Ostindische Gesellschaft trieb vom Ende des 17. Jhs. bis 1845 von hier aus Handel, bis die dänischen Besitzungen in Indien an die Briten verkauft wurden. Serampore war unter den Dänen auch ein wichtiges kulturelles Zentrum. Ab 1799 wurden Schriften in mehreren orientalischen Sprachen gedruckt, 1819 gründete William Carey das **Serampore College** am Ufer des Hugli. Das College bildet heute baptistische Theologen aus. Unweit davon befindet sich die **St.-Olafs-Kirche** von 1747.

Das Motto der französischen Republik steht über dem Zugang zu **Chandernagore,** 1673–1952 Sitz der französischen Vertretung. Die Atmosphäre am einstigen Quai Dupleix, heute

Unten: In Darjeeling wird Tee nicht maschinell geerntet, gepflückt wird ausschließlich von Hand

Strand Road, mit seinen Parkbänken erinnert noch an Paris.

Im Nordwesten, in **Palpara** und **Narvah,** stehen einige Shiva-Tempel. Der bedeutendste ist der dem Gott Krishna geweihte **Nandadulal-Tempel** (18. Jh.) von Lal Bagan. Mit seinem geschwungenen Dach gilt er als schönes Beispiel bengalischer Tempelarchitektur.

Die Holländer siedelten 1625 in **Chinsura** (1 km südlich des Hugli), das sie 1826 im Tausch gegen Sumatra an die Briten abtraten. Die Armenier des Ortes bauten 1695 die **Johannes-Kirche,** in der sich alljährlich im Januar, am Tag des Heiligen Johannes Chrysostomos, die Gläubigen aus Kolkata zum Gottesdienst versammeln. Im Norden steht am Fluss die **Imambara** der Schiiten; den Turm hat Queen Victoria gestiftet.

Portugiesen gründeten 1580 das nahe gelegene Bandel de Ugolim, das heutige **Hugli,** und kontrollierten weitgehend den Außenhandel des Mogulreichs, der über Bengalen abgewickelt wurde, bevor die anderen Europäer kamen. 1632 zerstörte eine Armee des Mogulkaisers Shahjahan Hugli nach dreimonatiger Belagerung. Die Kirche **Unserer Lieben Frau von Bandel** ist das einzige erhaltene Bauwerk aus portugiesischer Zeit. 1599 geweiht, wurde sie nach der Zerstörung von 1632 in deutlich schlichterer Form wieder aufgebaut und ist noch heute ein Wallfahrtsort.

Heilige Städte

In **Bansberia** ❷, 6 km nördlich von Hugli, stehen zwei Tempel. Glasierte Reliefziegel am kleinen **Vasudeva-Tempel** (17. Jh.) zeigen neben Ramayana-Szenen auch verschiedene weltliche Motive – portugiesische Soldaten und Schiffe. Der **Hangseshwari** mit seinen 13 Türmen stammt aus dem frühen 19. Jh. Raja Deb hatte den Bau nach einem visionären Traum in Auftrag gegeben, starb aber vor dessen Vollendung. Seine Witwe wurde durch den Religionsreformer Ram Mohan Roy vor der rituellen Verbrennung gerettet

Tibetische Spezialitäten wie *momos* (gefüllte Teigtaschen) gibt es überall in Darjeeling

und ließ aus Dankbarkeit den Tempelbau vollenden.

Etwas außerhalb von Bansberia, wo der Fluss Saraswati in den Hugli münden, steht die Kultstätte **Tribeni**. Zweimal im Jahr, an Dussehra und beim Fest des Wassergottes Varuna, pilgern die Gläubigen zum kleinen **Benimadhava-Tempel** und nehmen ein Bad im Ganges. Am Südufer des Saraswati ist das älteste muslimische Gebäude Bengalens zu sehen, der **Darya Zafar Khan**; er wurde im 13. Jh. aus Spolien (Trümmern) zerstörter hinduistischer und buddhistischer Tempel errichtet.

Nawadwip ❸, kurz Nadia genannt (125 km nördlich von Kolkata), wurde auf neun Inseln im Ganges, der hier Bhagirathi heißt, erbaut. Im 11./12. Jh. war es die Hauptstadt Bengalens. Es ist einer der heiligsten Orte im Bundesstaat. Im 16. Jh. lehrte hier Chaitanya Mahaprabhu, der als Inkarnation Vishnus gilt, die Vaishnava-Philosophie. Alljährlich im März kommen 500 000 Pilger nach Nadia zur *parikrama,* einer 50 km langen Wallfahrt zu Fuß. Ausgangspunkt ist Mayapur auf der Insel Antardwip, der Geburtsort Chaitanyas. In Mayapur befindet sich auch die Zentrale der International Society for Krishna Consciousness (ISKCON).

Murshidabad und Malda

Murshidabad ❹ liegt 50 km nördlich des Schlachtfelds von Plassey und wurde 1705 Hauptstadt Bengalens. Damals verlegte der Diwan (Gouverneur) von Bengalen, Bihar und Orissa, Murshid Kuli Khan, seine Residenz von Dacca hierher.

Die meisten Bauten sind zerstört, doch das Grab Siraj-ud-Daulas in Khusbagh, das Grabmal Murshid Kuli Khans in der Katra-Moschee sowie der Friedhof von Jaffraganj sind noch zu sehen. Der Jaffraganj-Deorhi-Palast, in dem Siraj-ud-Daula ermordet wurde, und **Hazarduari,** der neugotische Nawab-Palast (1837), stehen ebenfalls noch. Letzterer enthält Waffen, Porzellan und Teller, die am Nawab-Hof verwendet wurden: Angeblich zersprangen sie, sobald eine vergiftete Speise darauf gelegt wurde (geöffnet Di–Sa 10–16.30 Uhr). Noch heute ist Murshidabad berühmt für seine feinen Seidenstoffe und Elfenbeinschnitzereien.

Unten: Salzwasserkrokodil im Sunderban-Nationalpark

REISEVERBINDUNGEN

Flüge: Verkehrsknotenpunkt der Region ist Kolkata, aber die meisten größeren Städte wie Bhubaneswar und Ranchi verfügen über Inlandsflughäfen. Die einzige Ausnahme bildet Darjeeling; hier ist der nächstgelegene Airport der Militärflugplatz von Bagdora bei Siliguri (nur per Taxi erreichbar).

Züge: Westbengalen, Orissa und Jharkhand durchzieht ein dichtes Eisenbahnnetz. Bhubaneswar liegt an der Hauptstrecke von Norden nach Süden entlang der Ostküste, Puri an einer Nebenlinie der Hauptlinie nach Khurda Road (Jatani). Ranchi ist etwas schwieriger zu erreichen, am besten geht es von Patna oder auch von Kolkata aus. In Westbengalen gibt es zahlreiche lokale Bus- und Bahnunternehmen. Ein ganz besonderes Erlebnis ist die Schmalspurbahn, die von New Jalpaiguri nach Darjeeling hinaufkriecht.

 Karte auf Seite 313

Im nicht weit entfernten **Barangar** gibt es einige Terrakottatempel aus dem 18. Jh. 340 km nördlich von Kolkata liegt **Malda** ❺, 1680 von Europäern gegründet und einst Handelsstation der Holländer, Franzosen und Briten.

Nicht weit von Malda war **Gaur** die Residenz der Pala- und Sena-Dynastien. Die Stadt wurde von afghanischen Eroberern Bengalens zerstört. Teile der Hindu-Bauten verwendete man bei der Errichtung der neuen Residenz in **Pandua,** von der noch die Barasona-Baraduari-Moschee (1526), das 26 m hohe Feroze-Minarett, die Ruine der Chika-Moschee (1486) mit Hindu-Gottheiten an Türen und Stürzen sowie Reste der Lattina- und der Adina-Moschee zu sehen sind.

Mangrovendschungel

Südlich von Kolkata, im Schwemmland und Mangrovendickicht zwischen Ganges und Brahmaputra, erstreckt sich der **Sunderban-Nationalpark** ❻, den die UNESCO zum Weltnaturerbe erklärte. Das Labyrinth unzähliger Flüsse mit 54 Inseln liegt zu zwei Dritteln in Bangladesch und ist Indiens größtes Rückzugsgebiet des Bengalischen Königstigers (rund 400 Tiere). Doch selbst hier ist die nachtaktive Großkatze nur selten zu sehen. Riesige Salzwasserkrokodile bevölkern die Gewässer, eine weitere Gefahr für die Bewohner dieses unzugänglichen Gebiets. Ein Besuch der Sunderbans ist nur organisiert und mit Sondergenehmigung möglich (Infos beim West Bengal Tourist Promotion Board, Genehmigungen beim Forest Department Kolkata). Dies gilt insbesondere für die Schutzgebiete **Sudhanyakali** und **Sajnakhali** (ca. 70 km von Kolkata). Die Chancen, einen Tiger zu erspähen, sind nicht allzu groß, dafür kann man hier die größten Salzwasserkrokodile der Welt sowie Fischkatzen, Bindenwarane und Schildkröten beobachten.

In **Bratacharingam** (15 km südlich von Kolkata in Richtung Diamond Harbour) zeigt das **Gurusaday Museum** eine Sammlung bengalischer Volkskunst: Tempeltafeln aus Terrakotta, Lehmfiguren, Holzskulpturen, Kalighat-Malereien, Schriftrollen und *kanthas,* zusammengenähte und bestickte gebrauchte Saris (Di–So 10–17 Uhr).

Anders als im übrigen Indien wird Tee in Darjeeling oft ohne Milch getrunken

Unten: Muschelernte in den Sunderbans

Eine Gurkha-Frau wartet auf den Zug in Darjeeling

Am Fluss Hugli liegt am Ende der Budge-Budge Road **Achipur,** benannt nach Ah-Chi, dem ersten Chinesen, der in der Neuzeit (Ende 18. Jh.) nach Bengalen einwanderte. Im örtlichen taoistischer Tempel versammeln sich an jedem chinesischen Neujahrsfest die Chinesen Kolkatas.

Diamond Harbour ❼, 50 km flussabwärts, ist ein Naturhafen, in dem sich portugiesische Piraten festgesetzt hatten. Man kann die Überreste ihres Forts am Ufer noch sehen.

Westlich von Kolkata

Der **Tarakeshwar-Tempel** (57 km westlich von Kolkata) ist um ein schwarzes Stein-Lingam des Tarakeshwar Babu, einer Erscheinungsform Shivas, angelegt. Das Heiligtum zählt zu den beliebtesten Wallfahrtsorten in Bengalen. Bei den Festen Shivratri im Februar und Kasta Mela im August tragen barfüßige Pilger Gangeswasser von Kolkata zum Tempel, wo es über das Lingam gegossen wird.

Vishnupur ❽, die alte Residenz der Malla-Könige, 200 km nordwestl. von Kolkata, entwickelte sich im 17./18. Jh. zu einem kulturellen Zentrum des *Dhrupad*-Gesangs. In der Tempelarchitektur bildete sich ein eigener Stil heraus; typisch sind geschwungene Dächer und mit glasierten Ziegeln verzierte Fassaden.

Eindrucksvollstes Gebäude ist der Vishnu geweihte **Rasa-Mancha-Tempel,** ein Bau in Form einer flachen Pyramide. Diese ruht auf Arkaden, die die umlaufenden Galerien stützen.

Ganz in der Nähe steht gegenüber der Tourist Lodge die fast 4 m lange **Dalmadal-Kanone,** die die Stadt im Jahr 1742 vor den angreifenden Armeen der Marathen rettete. Von den zahlreichen, vorwiegend Radha und Krishna geweihten Tempeln sind der **Kalachand Sri Mandir** und der **Shyama-Raya-Tempel,** wohl der feinste sakrale Terrakottabau Bengalens, hervorzuheben, außerdem der **Jore Bangla** mit Abbildungen von Seeschlachten und Jagdszenen, der **Madan Mohan** (1694) sowie der **Madan Gopal,** der mit seinen fünf Türmen mehr einer Kirche als einem Tempel ähnelt.

Nördlich von Vishnupur liegt **Shantiniketan** (136 km von Kolkata), wo

Unten: Der Toy Train im Bahnhof von Darjeeling

der Vater von Rabindranath Tagore 1861 einen Ashram (Meditationszentrum) gründete. Der Dichter verwendete den größten Teil seiner Nobelpreisgelder auf die Einrichtung einer Akademie. Mit Unterstützung des Maharajas von Tripura konnte er 1921 das Institut zu einer Universität ausbauen. Tagore führte hier die traditionelle indische Methode des Lehrens in freier Natur wieder ein. Shantiniketan entwickelte sich bald zu einem geistigen Zentrum in Indien. Auch Indira Gandhi hat hier studiert.

Im nahen **Kendubilwa** kam Jaidev zur Welt, ein weiterer großer bengalischer Dichter und Verfechter des Krishna-Kultes. Mitte Januar jedes Jahres treffen sich hier die bengalischen Barden, *bauls,* um vier Tage lang bei Musikveranstaltungen feierlich sein Werk vorzutragen.

Nördlich liegen zwei Wallfahrtsorte: In **Bakreshwar** werden Shiva und Kali verehrt: Hier soll damals, als die Göttin in 51 Teile zerschnitten wurde, die Nasenwurzel zu Boden gefallen sein. Der Ort ist außerdem wegen seiner heißen Schwefelquellen berühmt.

Tarapith, ein kleines Dorf 80 km nördlich von Shantiniketan, besitzt einen Tempel der Tara, einer Erscheinungsform der Kali, deren drittes Auge hier niederfiel. Mehrmals im Jahr werden Feste gefeiert; Tara- und Lakshmi-Puja im Oktober sind die bedeutendsten Veranstaltungen.

Nordbengalen und das Bergland

Nordbengalen erstreckt sich über die Hügel und Berge des Himalaya rund um Darjeeling und umfasst zudem das unter dem Namen Duars bekannte Gebiet am Ostrand der Terai-Tiefebene. In kultureller Hinsicht unterscheidet sich die eher vom nördlich gelegenen Tibet beeinflusste Region stark vom übrigen Bengalen. Die Forderung nach einem autonomen »Gorkhaland«, am vehementesten erhoben von der Organisation Gorkha Janmukti Morcha, führt seit Jahren zu Unruhen (entsprechende Graffiti und die grün-gelben Flaggen der autonomen Gorkha-Bewegung sieht man überall). Bislang haben weder Protestaktionen noch Verhandlungen mit der indischen Regierung irgendwelche Resultate erbracht, doch wird das öffentliche Leben immer wieder durch Streiks lahmgelegt.

Die Bergbahn Toy Train

Jedes Jahr zu Beginn der Regenzeit reisten die britischen Vizekönige von Indien und später die Gouverneure von Bengalen nach **Darjeeling** ❾, wo sie auf 2134 m Höhe im Angesicht des Himalaya die kühle Bergluft genossen. In den 1840er-Jahren wurde hier der Teeanbau eingeführt. Heute ist der orthodoxe Darjeeling-Tee berühmt für sein feines Aroma.

Darjeeling erreicht man vom Flugplatz Bagdogra bei Siliguri (wo es auch einen Bahnhof gibt) nach dreistündiger Fahrt mit dem Auto auf einer kurvenreichen Straße. Oder man besteigt im Bahnhof Jalpaiguri die Schmalspurbahn, den **Toy Train,** ein UNESCO-Weltkulturerbe, das einen in sieben Stunden in die Stadt bringt.

Ein mit leuchtenden Farben bemalter Nandi, Shivas Stier, auf dem Observatory Hill

Unten: Teestand einer Sherpa in den Bergen oberhalb von Darjeeling

Makaken sind ein gewohnter Anblick auf dem Observatory Hill. Füttern sollte man sie allerdings nicht, da sie manchmal beißen

Unten: Gebetsfahnen schmücken die Bäume um einen buddhistischen Tempel in den Bergen von Darjeeling

Die Eisenbahnlinie wurde 1881 fertiggestellt und windet sich auf knapp 90 km duch Teeplantagen und Berge 1500 Höhenmeter hinauf. Der höchstgelegene Punkt ist der Bahnhof Ghoom auf 2225 m (siehe S. 320). Dann geht es die spekakuläre Batasia-Kehre mit dem hinreißenden Ausblick hinunter zur Endstation Darjeeling.

Obwohl statt der alten Dampfloks Diesellokomotiven eingesetzt werden, kommt der Zug in der Steigung von bis zu 20 % nur langsam voran – an einer Stelle ist er so langsam, dass Fahrgäste den Straßenhändlern ihre Ware abkaufen können. Während der Regenzeit wird die Fahrt manchmal unterbrochen, weil die Gefahr besteht, dass die Gleise unterspült sind. Außerdem sorgen Streiks, die der Forderung nach Autonomiestatus für die Region Nachdruck verleihen sollen, zeitweise für Unterbrechungen – machmal geht tage- oder gar wochenlang kein Zug.

Darjeeling

Die Stadt hat kaum Gemeinsamkeiten mit den Orten im Tiefland. Tibeter, Nepali, Lepcha und Bhutia leben hier. Durch das Zentrum von Darjeeling zieht sich die **Mall,** eine Geschäftsstraße mit vielen Andenkenläden. Fotogeschäfte bieten Reproduktionen von Schwarzweißaufnahmen aus der Zeit um 1900 an. Die Straße führt zum **Chaurastha-Platz** mit Cafés, Hotels, einem Musikpavillon, einem guten Antiquariat mit Büchern über Indien und Tibet sowie Antiquitätengeschäften.

Auf dem **Observatory Hill** wurden die ältesten Siedlungsfunde Darjeelings gemacht. Dort stand die buddhistische Klosteranlage **Dorjeling,** der Platz des Donnerkeils. Im 19. Jh. zerstörte ein nepalesisches Heer die Gebäude. Heute stehen an dieser Stelle ein altmodisches Hotel und ein Shiva-Tempel, allerdings wird der zentrale Schrein sowohl von hinduistischen als auch von buddhistischen Priestern genutzt, und in den Bäumen ringsum flattern Gebetsfahnen.

Auf dem Birch Hill im Norden steht die **Shrubbery,** die Residenz des Gouverneurs von Westbengalen, und weiter unterhalb an der Birch Hill Road das **Himalayan Mountaineering Institute.** In einem Museum werden neben anderen Bergsteigermemorabilien auch Ausrüstungsgegenstände der Expedition gezeigt, bei der Edmund Hillary mit Sherpa Norgay Tenzing am 29. Mai 1953 erstmals den Mount Everest bezwang (tgl. 9–13, 14 –16.30 Uhr, im Winter Do geschlossen; www.himalayanmountaineeringinstitute.com).

Nicht weit davon entfernt liegt der **Zoo** mit vielen Bergtieren – Yaks, schwarzen Himalayabären, Pandas, aber auch vier Sibirischen Tigern. Trotz der Freigehege ist der Platz sehr beengt, und die Tiere machen einen recht erbärmlichen Eindruck (geöffnet tgl. 10–16 Uhr; die Eintrittskarte gilt auch für das Mountaineering Institute.)

Die **Lloyd Botanical Gardens** wurden 1878 auf einem Gelände angelegt, das die Eigentümer der Lloyd's Bank gestiftet hatten. Hier wachsen Pflanzen des Himalaya und anderer Gebirgsregionen (geöffnet Mo–Sa 6–17 Uhr). In der Nähe gibt es ein Zentrum tibetischer Flüchtlinge mit Tempel, Schule und Krankenhaus sowie einem Laden, der Textilien und Schmuck verkauft.

Etwas außerhalb der Stadt Richtung Ghoom, in Dali, liegt das Kloster **Druk Thupten Sangag Choling.** Obwohl das Gebäude nur gut 20 Jahre alt ist (gegründet von Lama Thuksay Rimpoche, der 1983 starb), ist es ein sehr schöner Bau mit herrlichem Fassadenschmuck und beeindruckender Gebetshalle. Wenn es nicht gerade Zeit für die Abendandacht ist (17 Uhr), wird Ihnen einer der Mönche sicherlich gern eine Führung gewähren – am besten bedanken Sie sich mit einer Spende.

Südlich von Darjeeling

Vom **Tiger Hill** (10 km südl., per Taxi erreichbar) sieht man an klaren Wintertagen die Gipfel des Himalaya: **Kanchenjunga** (8598 m) in der Mitte, daneben **Kabru** (7338 m) und **Pandim** (6691 m); rechter Hand die Drei Schwestern: **Everest** (8848 m), **Makalu** (8482 m) und **Lhotse** (8516 m), im Osten die Gipfel von Tibet.

Die 1458 m hoch gelegene Stadt **Kurseong** (35 km südl. von Darjeeling) bietet einen fantastischen Blick auf die Talebenen von Bangladesch. Ab hier verlaufen die Gleise des Toy Train parallel zur Straße. Südwestlich von Ghoom liegt in den Bergen die hübsche

Lama auf einem Wandgemälde im Kloster Druk Thupten Sangag Choling

Unten links: Basar in Darjeeling. **Unten:** Friseur in Darjeeling

Schwer beladene Gorkha-Frau auf dem Hügel der Mall von Darjeeling

Unten: Frauen am Teestand
Unten rechts: Schuhe vor dem Druk-Thupten-Kloster zur Gebetszeit

Ortschaft **Mirik** (Bahnstation), umgeben von Wäldern und an einem künstlich angelegten See. Wer mag, kann hier Boote mieten.

Die meiste Zeit des Jahres von Nebel verhüllt ist **Ghoom,** dessen Bahnhof einer der höchstgelegenen von ganz Asien ist. Hier gibt es ein bedeutendes buddhistisches Heiligtum, den **Yiga-Cholang-Tempel.** Er wurde 1875 erbaut und ist seiner 5 m hohen Buddha-Statue wegen berühmt. Folgen Sie den Wegweisern an der schmalen, von der Hauptstraße abzweigenden Straße gleich unterhalb des Bahnhofs. Das kleine tibetische Kloster linker Hand an der Hauptstraße wird oft mit dem Yiga-Cholang-Tempel verwechselt.

Sandhakphu ist eine wichtige Anlaufstelle für Trekking-Touristen und schon allein wegen der herrlichen Aussicht auf den Hauptkamm des Himalaya einen Besuch wert. Man erreicht es von Darjeeling aus in fünf Stunden. Wer von hier weiter will, muss seinen Pass dabeihaben – an der Stadtgrenze wird kontrolliert, denn des Hinterland von Sandhakpu verläuft großteils entlang der Grenze zu Nepal, und überall gibt es Kontrollpunkte. Wer eine Stärkung nötig hat (was nach der Fahrt von Darjeeling in der Regel der Fall ist), kann sich im Hotel Khangchendzonga gegenüber der Land-Rover-Vermietung mit Nudeln und *momos* stärken.

Einen Geländewagen braucht man, um nach **Phalut** (22 km weiter südl.) zu gelangen. Die Straße ist geradezu halsbrecherisch, aber das Panorama und die moosbewachsenen Rhododendronwälder entschädigen für alles. An der höchsten Stelle warten ein kleines Gasthaus und einen Teestand – denken Sie an warme Kleidung, da der Wind bitterkalt sein kann. Der Ort Phalut selbst liegt 3566 m hoch und bietet spektakuläre Ausblicke auf den Kanchenjunga-Gipfel. Viele der hiesigen Vehikel stammen noch aus den 1940er-Jahren – sie wurden nach dem Ende des Zweiten Weltkriegs von der britischen Armee zurückgelassen.

Kalimpong ⑩

Die östlich von Darjeeling gelegene Kleinstadt erreicht man über eine zuerst bis auf 200 m Meereshöhe abfallende und danach auf 1243 m ansteigende

Karte auf Seite 313

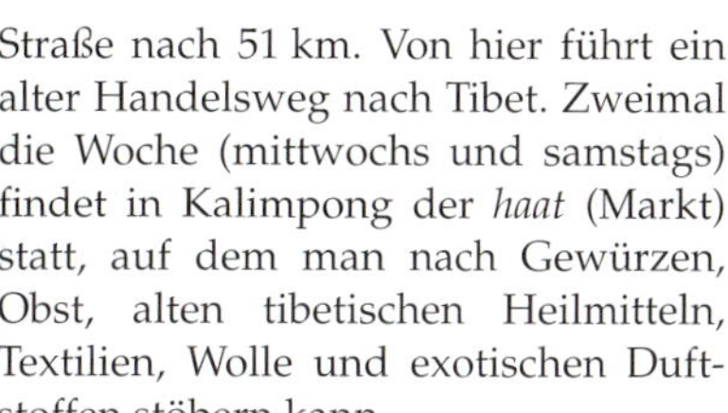

Straße nach 51 km. Von hier führt ein alter Handelsweg nach Tibet. Zweimal die Woche (mittwochs und samstags) findet in Kalimpong der *haat* (Markt) statt, auf dem man nach Gewürzen, Obst, alten tibetischen Heilmitteln, Textilien, Wolle und exotischen Duftstoffen stöbern kann.

In Kalimpong gibt es zwei buddhistische Gelbmützen-Klöster. **Tharpa Choling** in Tirpai besitzt eine Bibliothek mit tibetischen Manuskripten und *thangkas*. Das Kloster **Zangdopelri Fo-Brang** auf dem Durpin Dara Hill besitzt ein dreidimensionales Mandala.

Östlich von Kalimpong, an der Grenze zu Bhutan, liegen im unteren Teesta-Tal die **Duars,** ein wenig bekanntes Gebiet mit Teeplantagen und Dschungel. In **Jaldapara** leben in einem Tierschutzgebiet Nashörner, Elefanten, Hirsche, Gaurs und Wildschweine. Die Tourist Lodge im nahen **Madarihat** ist ein Holzbau auf Stelzen. Gleich jenseits der Grenze liegt Phuntsholing.

Orissa

Das tropische Orissa hat Reisenden viel zu bieten: Tempel gibt es im Überfluss; der bedeutendste ist der Sonnentempel in Konarak. Pilger strömen in Scharen zu der am Meer gelegenen Stadt Puri; Naturparks schützen Elefanten, Tiger und andere Wildtiere.

Orissa ist immer ein Land der Seefahrer gewesen. Es gab Zeiten, da unterhielt es eigene Niederlassungen in Myanmar und Java. Kurz nachdem der Buddhismus entstanden war, wurde er die Religion des Königreichs Kalinga, zu dem Orissa damals gehörte. In Nrusinghanath im Zentrum Orissas und in Ratnagiri bei Cuttack erblühten buddhistische Universitäten.

In Orissa entstanden im Mittelalter große, vom König gestiftete Tempelzentren. Insbesondere der Jagannath-Tempel von Puri ist auch heute noch der Mittelpunkt des kultischen Lebens. Auch der Tempeltanz Odissi stammt von hier.

Die Stadt der Tempel

Bhubaneshwar ⓫, die Stadt der Tempel, ist seit 1956 Hauptstadt von Orissa. Unter der Kesari- und der nachfolgenden Ganga-Dynastie entstanden ab dem 5. Jh. rund 1000 Tempel. Etwa 30 sind noch gut erhalten, und anders als im benachbarten Puri dürfen sie in der Regel auch von Nicht-Hindus betreten werden. Eine große Zahl von Tempeln liegt rund um das Reservoir **Bindu-Sarovar,** das die Wasser aller heiligen Flüsse Indiens enthalten soll.

Hauptheiligtum ist der 1014 n. Chr. zu Ehren Shivas erbaut **Lingaraj-Tempel.** Eine mächtige Mauer umgibt den 50 m hohen Hauptbau *(deul)* mit seinen Nebengebäuden und kleineren Tempeln. Überall ist Figurenschmuck mit Darstellungen von Göttern, Nymphen und Liebenden zu sehen. Nur Hindus haben Zutritt in den Innenraum.

Der **Vaital Deul** aus dem 8. Jh. trägt ein typisches *khakhara deul* (Dach). Den Tempel zieren zahlreiche Steinskulpturen, Erscheinungsformen von Durga, so etwa die achtarmige Mahishasuramardini (an der Nordmauer), die die linke Schulter Mahishasuras, des büf-

2007 und 2008 gab es im ländlichen Orissa, besonders im vorwiegend von Adivasi bewohnten Bezirk Kandhamal, gewaltsame Auseinandersetzungen. Die Ermordung des Hindu-Führers Swami Lakshmanananda durch maoistische Aufständische 2008 entfesselte eine Welle von Angriffen auf die im Bundesstaat lebenden Christen.

Unten: Der Muktesvara-Tempel in Bhubaneshwar

»

Ganz eigen ist der Nagara-Baustil, in dem einige Orissa-Tempel errichtet wurden (am schönsten in Bhubaneswar). Das *mandapa* (Halle), das zum Allerheiligsten führt, verzieren horizontalen, *pida* genannte Bänder. Diese Bänder leiten auch zum Tempelturm (*rekha deul*) hin, wo die konvex aufstrebenden Konturen des Gebäudes durch Skulpturen und die horizontalen *pagas* gegliedert werden.

Unten: Siddhesvara-Tempel, Bhubaneswar

felköpfigen Dämons, mit ihrem Dreizack durchbohrt. Im Allerheiligsten sitzt auf einem Leichnam eine weitere Form Durgas, die achtarmige Chamunda, neben ihr eine Eule und ein Schakal. Sie trägt eine Kette aus Totenschädeln, ihre Augen liegen tief in den Höhlen.

Der **Sisiresvara-Tempel** neben dem Vaital-Komplex verdeutlicht den starken buddhistischen Einfluss in Orissa mit Löwen- und Elefantenplastiken, Ganesha- und Karttikeya-Bildnissen sowie einem sitzenden Avalokiteshwara in Gesellschaft eines Hirsches und eines *naga* (Kobra) .

Der **Uttaresvara-Tempel** am Nordufer des Teiches wurde restauriert; der **Ananta-Vasudeva-Tempel** ist einer der wenigen in Bhubaneshwar, der dem Vaishnava-Kult gewidmet ist.

Einer der ältesten Tempel ist der **Parasuramesvara** aus dem 7. Jh. Er liegt 1 km südlich des Museums. Den gut erhaltenen Bau zieren ein vierarmiger Ganesha, ein zweiarmiger Karttikeya, der auf einem Pfau reitet und eine Schlange tötet, sowie Liebespaare und wilde Löwen.

Das Juwel unter den Bauten ist der **Muktesvara-Tempel** (10. Jh.), den man durch ein mit Skulpturen reich dekoriertes Tor *(torana)* betritt; die Gebetshalle *jagamohana* hat kunstvoll durchbrochene Fenster mit feinem Rhombenmuster und reich ausgeschmückte Innenwände. Traum in Sandstein wird der Tempel wegen seiner fein bearbeiteten Fassaden auch genannt. Im Nordwesten liegt der jüngere und weniger reich geschmückte **Siddhesvara-Tempel.**

Ebenfalls faszinierend ist der **Rajarani-Tempel** (tgl. Sonnenauf- bis Sonnenuntergang). Wie die Tempelbauten von Khajuraho (siehe S. 278) ist er vor allem für seine Frauenfiguren in sinnlichen Posen und seine acht Wächter-Skulpturen berühmt, die um das Hauptgebäude angeordnet sind.

Bhubaneshwar besitzt drei Museen. Im **Orissa State Museum** sind hinduistische, buddhistische und Jain-Plastiken sowie frühe Palmblattmanuskripte aus Orissa zu sehen (Di–So 10–13, 14–17 Uhr; Eintritt). Das **Handicraft Museum** hütet eine Sammlung von Silberfiligranarbeiten aus Cuttack und

Karte auf
Seite 313

Patachitra-Malereien auf Stoff (Di–So 10–13, 14–17 Uhr). Den Zeugnissen der alten Stammeskulturen widmet sich das **Tribal Research Museum** (Mo–Sa 10–17 Uhr).

Die Umgebung

Udayagiri und **Khandagiri** heißen zwei Berge 6 km westlich von Bhubaneshwar. In den Fels gehauene Höhlen waren einst von Jain- und buddhistischen Asketen bewohnt. Den Khandagiri krönt noch ein kleiner Jain-Tempel (8–18 Uhr; zwei Stunden Besichtigung sind erlaubt).

In **Dhauli** (8 km südlich von Bhubaneshwar) bekannte sich Ashoka zum buddhisitschen Prinzip der Gewaltlosigkeit. Eine Elefantenskulptur trägt ein Steinedikt mit entsprechender Inschrift. Japanische Buddhisten haben zum Ruhm Ashokas eine weiße **Friedenspagode** auf den Dhauligiri-Hügel gebaut.

Am Ort der einstigen buddhistischen Universität **Ratnagiri** (nordöstl. von Bhubaneshwar) sind die Überreste dreier Klöster sowie eine Reihe von Tempelruinen und Stupas zu sehen.

Gen Süden nach Puri

Rund 10 km südlich von Bhubaneshwar gelangt man in das Dorf **Pipli,** dessen Bewohner auf die für diese Gegend typischen Stoffapplikationen in leuchtenden Farben spezialisiert sind. Noch weiter südlich, 60 km von Bhubaneshwar entfernt, liegt **Puri ⓬**, die heiligste Stätte in Orissa und eines der größten Pilgerzentren Indiens. In der Vergangenheit war die Stadt ein blühender Handelshafen, das antike Dantpur.

In Puri wird Jagannath verehrt. Seine Bildnisse sind immer aus Holz geschnitzt, deswegen wurde angenommen, dass seine Verehrung aus einem alten Baumkult, der in Orissa heimisch war, hervorgegangen ist. Die Legende erzählt, dass Jagannath dem König Indradyumna im Traum erschien und ihm befahl, einen Tempel zu errichten. Der König ließ die Kultbildnisse für das Heiligtum aus einem einzigen Holzblock schnitzen, der vom Meer angeschwemmt worden war und den er im Traum gesehen hatte. Sein Tempel ist Teil eines gewaltigen Gebäudekomplexes, der mehr als 5000 Priester und Tempelangestellte beherbergt.

Fischerdorf an der Küste in der Gegend von Puri

Unten: Vor dem Jagannath-Tempel, Puri

Feinste Ornamente schmücken den Sonnentempel von Konarak

Der Höhepunkt des rituellen Lebens der Stadt ist das **Rath-Yatra-Fest** (Wagen-Fest), das jeden Sommer vor dem **Jagannath-Tempel** (siehe unten) stattfindet. Hintergrund des Rath Yatra sind unterschiedliche Mythen, z.B. das Gedenken an die Heimkehr Krishnas mit seinem Bruder Balarama und der Schwester Subhadra aus dem großen Krieg *(Mahabarata)*.

Der **Strand von Puri** gehört zu den einladendsten in Indien, doch leider sind Wellengang und Unterwasserströmungen tückisch. Nicht umsonst halten hier Rettungsschwimmer, zu erkennen an den weißen Strohhüten, Wache.

Der Sonnentempel

Konarak ⓭ war ein frühes Zentrum des Buddhismus in Orissa. Der einst bedeutende Hafen ist verlandet. Im 9. Jh. bereits entstand ein erster Tempel des Sonnengottes. Der heutige **Sonnentempel** wurde im 13. Jh. erbaut. 1200 Handwerker und Künstler arbeiteten 16 Jahre lang daran.

Ursprünglich bestand er aus einem 70 m hohen *deul* mit einem 40 m hohen *jagamohana*, die zusammen den Sonnenwagen mit seinen 24 achtspeichigen Rädern darstellten, der von sieben Pferden gezogen wurde. Um 1850 begann der Deul zusammenzubrechen; seither fehlt ein Pferd.

Obwohl nicht mehr intakt, ist der Tempel ein herausragendes Beispiel der Oriya-Architektur. Hauptgebäude, *jagamohana*, die Ruinen des Tanzsaals und der Mayadevi-Tempel innerhalb des Tempelkomplexes sind mit Plastiken von Liebespaaren und Nymphen sowie mit Kriegs-, Jagd- und Hofszenen, Musikanten, Tänzern, Blumenmotiven und Elefanten reich verziert. Zwei riesige Löwen bewachen den pyramidenförmigen Eingang, beiderseits des Tempels stehen ein Kriegselefant und ein Schlachtross, das auf Soldaten herumstampft.

Entlang der Küste nach Süden

Südlich von Bhubaneshwar liegt der **Chilka-See,** ein 1100 km² großer seichter Meerwassersee. Vom Golf von Bengalen trennt ihn nur eine sandige Anhöhe, die sich über 75 km von Norden Richtung Süden erstreckt. Der See ist

Unten rechts: Der Sonnentempel in Konarak

DER JAGANNATH-TEMPEL IN PURI

Der Jagannath-Tempel, die Weiße Pagode, wurde im 12 Jahrhundert erbaut. Das Hauptgebäude ist 65 m hoch – höher als sämtliche Gebäude ringsum – und wird bekrönt vom Rad des Lebens *(chakra)* und der Fahne Vishnus. Eine 6 m hohe Mauer umgibt die Anlage, zu der Nicht-Hindus keinen Zutritt haben.

Etwa zwei Wochen vor dem jährlich stattfindenden Rath-Yatra Fest im Juni und Juli erhalten die Statuen *(murtis)* von Jagannath, seinem Bruder Balabhadra und seiner Schwester Subhadra ein rituelles Bad. Am ersten Tag des Festes werden die Gottheiten auf über 12 m hohe Wagen *(rathas)* mit jeweils 14 bis 16 Rädern gesetzt, die jedes Jahr nach traditionellen Regeln neu gebaut werden. Jagannaths Wagen ist gelb gestreift, Subhadra hat ein rotes Gefährt und Balabhadra ein hellblaues. Alle drei haben vier Holzpferde vorgespannt, tatsächlich ziehen Tausende die Wagen durch die Straßen der Stadt in den Tempel Gundicha Mandir (Gartenhaus). Dort bleiben die Statuen der Gottheiten sieben Tage lang. Wenn alle rituellen Handlungen vollzogen sind, kehren sie in ihren Tempel zurück.

Karte auf Seite 313

sehr fischreich. Zugvögel aus dem Norden Asiens verbringen hier die Wintermonate. Von Barkul kann man mit einem Schiff des Touristikbüros von Orissa einen Ausflug (2 Std.) zum **Kalijai-Tempel** unternehmen, einem Heiligtum auf einer Felseninsel. Eine längere Rundreise (4 Std.) führt auf die **Insel Nalabar.**

Von Bhubaneshwar sind 95 km bis **Gopalpur-on-Sea** ⓮ zurückzulegen, das bis zum Zyklon Ende 1999 sehr schöne Strände besaß.

Im Bezirk **Koraput,** dem südlichen Berggebiet, leben Angehörige von Adivasi-Gruppen, die großteils den austroasiatischen Munda angehören. Am wenigsten assimiliert hat sich einer der ältesten und ursprünglichsten Stämme Indiens: die Bonda. Ihre Kultur bewahrten sie sich über tausend Jahren fast unverändert. Im Unterschied zu vielen anderen indischen Volksstämmen herrscht bei den Bonda ein erheblicher Frauenüberschuss. Die Frauen tragen traditionell dicke Halsreifen aus massivem Silber.

Ganz im Norden, nahe der Grenze zu Westbengalen und Jharkhand, leben versteckt in den hügeligen Wäldern des **Simlipal-Nationalparks** ⓯ (2750 km^2) noch Tiger und wilde Elefanten.

Der Norden Orissas

19 km nördlich von Bhubaneshwar liegt auf einer schmalen Flussinsel **Cuttack** ⓰ (19 km), die alte Hauptstadt Abhinara Bidanasi Katak. Erhalten sind hier lediglich die Reste der Burg **Barabati Maratha,** die die Briten im Jahr 1803 erstürmten, ferner der **Kadam Rasul,** eine ummauerte Anlage mit Ecktürmen, drei Moscheen aus dem 18. Jh. und einem Kuppelbau, in dem Fußabdrücke des Propheten Mohammed auf einem runden Stein verehrt werden.

Ebenfalls nördlich der Stadt (20 km) liegt mitten im Chandka Forest der **Nandanakawan-Freizeitpark,** dessen Hauptattraktion vier weiße Tiger, Rhinozerosse, Gibbonaffen und afrikanische Löwen sind. Der **Botanische Garten** mit einem Rosarium und einem Kakteenhaus nimmt einen anderen Teil des Parks ein.

Balasore ⓱ im Norden, 1633 als Besitz der East India Company urkundlich erwähnt, ist eine der ältesten

»

Die Küste von Orissa ist weltweit der bedeutendste Brutplatz der Olive-Ridley-Schildkröte. Tausende kommen jedes Jahr in Fischernetzen oder Schiffsschrauben zu Tode, wenn sie zur Eiablage dem Ufer zustreben. Der Staat hat einige Schutzzonen ausgewiesen, doch der illegale Fang findet weiterhin statt. Zum Schutz der Tiere gründeten regionale Naturschutzgruppen das **Orissa Marine Resources Conservation Consortium** (www.omrcc.org).

Unten: Am Strand von Puri

TIPP

Der **Hazaribagh-Nationalpark** liegt rund 90 km von Ranchi entfernt auf dem Chota-Nagpur-Plateau. Der Großteil der Fläche ist bewaldet, und mehrere Flüsse haben tiefe Schluchten in die Hochebene gegraben. Obwohl der Park Teil des »Project Tiger« ist, gibt es leider nur wenige Tiger – aber man kann Pferdehirsche, Nilgauantilopen und Lippenbären erspähen.

britischen Siedlungen in Indien. Drei Heiligtümer stehen in der Nähe: Der Kutopokhari-Tempel, der Bhudhara Chandi sowie der Panchalingeswar-Tempel.

Am Strand von **Chandipur-on-Sea** ⓲ im Osten weicht das Meer bei Ebbe um 5 km zurück. Hier kann man herrliche Sonnenaufgänge erleben. Eine hübsche Freizeitbeschäftigung ist ein Ausflug mit den Fischern aufs Meer. Oder man macht sich zum Simlipal-Nationalpark (siehe S. 325) auf, der von hier aus gut zu erreichen ist.

Jharkhand

Jharkhand, was so viel wie Waldland bedeutet, wurde als eigener Bundesstaat (im Süden Bihars und östlich von Orissa) mit der neuen Hauptstadt Ranchi im November 2000 gebildet. Sein Kernland ist das mineralienreiche Plateau Chota Nagpur. Dort leben vor allem Adivasi, unter anderem die Völker der Santhal, Bedia, Gond, Munda und Oraon, die zur austroasiatischen und Mon-Khmer-Sprachfamilie gehören. Über ein Viertel der Bevölkerung ist als Ureinwohner klassifiziert.

Nur wenige leben noch als Nomaden von der Jagd, die Mehrheit ist sesshaft geworden und erwirtschaftet durch Vieh- und Geflügelzucht sowie Getreideanbau (Mais und Hirse) ein Einkommen. Rund 60 % sind Christen. Viele Urbevölkerungsgruppen leiden unter starker Diskriminierung. Hohe Arbeitslosigkeit und damit verbundene Armut zwingt sie oft, sich in den neuen städtischen Industriezentren als ungelernte Arbeitskräfte anstellen zu lassen. Nichtsdestoweniger ist Jharkhand die Region mit der höchsten landwirtschaftlichen Wachstumsrate Indiens.

Ranch und Umgebung

Die einstige Sommerresidenz Bihars, **Ranchi** ⓳, hat ihr kühles Klima eingebüßt, seit die meisten Bäume Industriebauten weichen mussten. Wenige Kolonialbauten blieben erhalten: das **Eastern Railway Hotel,** die Anglikanische **St.-Pauls-Kirche** und die **Lutherische Kirche** sowie einige exzentrische Villen an der Kanke Road unweit des Ranchi-Hügels. Der **Shiva-Tempel** auf

Unten: Adivasi-Volksgruppen machen einen großen Teil der Bevölkerung von Jharkhand aus

dem Ranchi-Hügel mit Blick über den Ranchi-See verblasst neben dem befestigten **Jagannath-Tempel** (17. Jh.) in Jagannathpur, unweit des Flugplatzes, den auch Nicht-Hindus betreten dürfen. Das **Tribal Research Institute and Museum** (Mo–Sa 10.30–17 Uhr) umfasst eine große Sammlung volkskundlicher Ausstellungsstücke.

Die Hauptstadt Ranchi eignet sich gut als Ausgangspunkt zur Besichtigung von beeindruckenden Wasserfällen, die wunderschön in der trotz allen Kahlschlags noch immer waldreichen Landschaft Jharkhands liegen: **Hundrau, Dassam** und **Johna Falls** (40 km), **Panch Ghargh Falls,** benannt nach den fünf Kaskaden (55 km) und **Hirni Falls** (70 km).

Am Zusammenfluss von Dumodar und Bahiravi liegt der Wallfahrtsort **Rajrappa,** der der Göttin Chinamastika geweiht ist. Im **Palamau-Nationalpark** (140 km westl. von Ranchi) kann man Elefanten beobachten, am besten in den Monaten März und April, bevor der Monsun einsetzt.

Indiens industrielles Herzstück

Jharkhands Abbau von Mineralien leistet einen großen Beitrag zum Staatshaushalt. Für das arme Bihar bedeutet die Abspaltung dieser Gebiete einen herben Verlust. Nicht nur der Großteil der indischen Kohlevorkommen liegt hier. Zu den Bodenschätzen, die fast ausschließlich in Jharkhand abgebaut werden, gehören Kupfer, Kalkstein, Bauxit, Eisenerz und Glimmer.

In **Jamshedpur** ⑳, (170 km südl. von Ranchi) steht Indiens zweitgrößtes Stahlwerk. Der Name beruht auf der Stadtgründung durch den Parsi-Industriellen Jamsetji Tata 1912; der Ort wird volkstümlich auch Tatanagar genannt.

Die größten Kohlevorkommen Indiens sind die Felder von Jharia und Raniganj im Damodar-Tal östlich von Ranchi. Die Kohle wird zumeist unter primitiven Arbeitsbedingungen im Tagebau gefördert. Zur Stromerzeugung und Wasserspeicherung wurden 1948 der Damodar und einige seiner Nebenflüsse aufgestaut. ■

TIPP

Teile von Orissa und Jharkhand wie auch Bihar sind berüchtigt wegen der Banditen, die es meist auf die Mietwagen von Ausländern abgesehen haben. Fahrten nach Einbruch der Dunkelheit sollten Sie vermeiden, und wenn doch, seien Sie auf der Hut. In diesen Regionen wird auch Gewalt gegen bestimmte Minderheiten ausgeübt, und die maoistischen Naxaliten bekämpfen die Grundbesitzer.

RESTAURANTS

Durchschnittspreis für ein Menü mit bis zu drei Gängen ohne alkoholische Getränke:
● = bis 200 INR
●● = 200–500 INR
●●● = 500–1000 INR
●●●● = über 1000 INR

Die Küche Ostindiens ist überraschend vielfältig. Einige der in den Bergen beliebtesten Gerichte stammen aus Tibet, z.B. Nudelsuppen *(thukpa)* oder die allgegenwärtigen *momos* (Teigtaschen mit Gemüse oder Fleisch). Das Essen in Orissa ist sowohl von Bengalen im Norden als auch von Andhra Pradesh im Süden beeinflusst und oft sehr scharf. Wie üblich speist man in den teureren Hotels am besten, während Straßenstände einfache, aber günstige und oft köstliche Reis- und *dhal*-Gerichte oder tibetische Speisen anbieten.

Westbengalen

Darjeeling

◆ **Deveka's**
52 Gandhi Road.
●
Nettes kleine Restaurant unterhalb des Dekeling-Hotels mit guter tibetischer Küche und Leckereien wie Banane mit Vanillesauce.

◆ **Glenary's**
Nehru Road.
Tel. (0354)2 25 75 54.
●●–●●●
Renommiertes Restaurant mit Bar und Café, wo man gern ein Frühstück oder einen Snack einnimmt. Einer der verlässlichsten Orte der Stadt, um mit dem eigenen Computer drahtlos ins Internet zu gehen.

◆ **New Dish**
J. P. Sharma Road.
●●
Das Lokal ist in der Stadt berühmt für seine schmackhaften chinesischen Gerichte und freundlichen Service.

Orissa

Bhubaneswar

Das beste Essen in Bhubaneswar bekommt man in den Hotelrestaurants. Probieren Sie die indische Küche im Hotel Shishmo, Gautam Nagar, und im Hotel Swosti am Janpath.

◆ **Banjara**
Station Square.
Tel. (0674) 253 5702.
●●–●●●
Hochwertige, schmackhafte islamische Küche und Tandoori-Gerichte.

Puri

◆ **Wildgrass**
VIP Road.
●●–●●●
Ein sehr bekanntes Restaurant in einem bezaubernden Garten. Geboten werden ordentliche indische und abendländische Gerichte, die Hauptattraktion jedoch ist das Ambiente.

Die Staaten im Nordosten

In einer sensiblen Grenzregion mit nur wenigen Zufahrtsstraßen gelegen, ist Indiens Nordosten Siedlungsgebiet zahlreicher kleinerer Stämme. Durch die gelockerten Einschränkungen ist es heute eher möglich, diese faszinierenden Gebiete zu besuchen.

NICHT VERPASSEN!

Gangtok
Kloster Rumtek
Trekking im Himalaya
Kaziranga N.P.
Shillong
Tawang
Imphal:
Kwairamband Bazaar

Die Staaten im Nordosten Indiens sind weitgehend isoliert vom Rest des Landes und bieten einige der schönsten und eindrucksvollsten Gegenden, die zudem recht selten besucht werden. Die Vielfalt der Landschaften umfasst das dampfende Tal des mächtigen Brahmaputra samt seiner Nationalparks mit UNESCO-Welterbestatus, das Hochgebirge in Sikkim und die bewaldeten Hügel der Adivasi-Staaten an der Grenze zu Myanmar (Birma) und Bangladesh.

Noch vor wenigen Jahren war es schwierig, eine Zugangserlaubnis zu den sieben Schwestern zu erhalten, wie die Gruppe der Staaten Assam, Tripura, Meghalaya, Arunachal Pradesh, Nagaland, Manipur und Mizoram auch genannt werden. Zwar ist das Grollen des Aufstands in Assam, Nagaland und v.a. Manipur noch nicht ganz verhallt, doch hat sich die Situation so weit entspannt, dass Indiens entlegenste Regionen besucht werden können. Sorgfältige Vorausplanung ist aber unabdingbar (siehe S. 332).

Sikkim

Sikkim ist Indiens höchstgelegener Staat mit einigen Gipfeln über 6000 m und dem dritthöchsten Berg der Welt, dem Kanchenjunga (8598 m), der als Sitz des gleichnamigen Gottes gilt.

Bis ins 18. Jh. lebten in Sikkim hauptsächlich die Lepcha, ein Bauernvolk mongolischen Ursprungs, das im 8. Jh. aus Tibet eingewandert war. Die ersten Könige Sikkims waren die Namgyal, eine Seitenlinie der tibetischen Miyak. Khye-Bumsa, ein Namgyal-Prinz, war am Bau des Sakya-Klosters in Zentraltibet 1268 beteiligt. Er schloss mit den Lepcha Freundschaft und mit ihrem Häuptling Thekongtek Blutsbrüderschaft. Nach dessen Tod wählten die Lepcha einen Sohn Khye-Bumsas zu ihrem Führer. 1642 weihten drei Lamas dessen Nachkomme zum *chogyal* (König). Als im Jahr 1700 die Bhutanesen

Unten: Gebetsfahnen vor dem Kanchenjunga **Unten:** Schminken für das Goshta Astami Theater in Manipur

Eine der gut 700 Orchideenarten im Nordosten

Sikkim besetzten, musste der junge *chogyal* Chador Namgyal ins Exil gehen. Er ließ in Pemayangtse und Tashiding Klöster errichten und führte eine eigene Lepcha-Schrift ein. 1717 wurde er ermordet.

Zu Beginn des 19. Jhs. drang die East India Company ins Himalayagebiet vor, um den Handel mit Tibet aufzunehmen. Im Krieg der Briten gegen Nepal stellte sich Sikkim 1814 auf die Seite der Company und wurde 1816 mit einem Teil des nepalesischen Terai dafür belohnt. Als dann aber die Briten Steuern in Sikkim erhoben, verschlechterten sich die Beziehungen. Kurzerhand annektierte das Empire den Terai und erklärte das Königreich zum Protektorat. Seit dem 18. Jh. wandern Nepali nach Sikkim ein; heute stellen sie 75 % der Bevölkerung.

Bei Gründung der Republik Indien bekam Sikkim zunächst einen Sonderstatus. 1975 wurde es als Bundesstaat voll in die Indische Union integriert.

Gangtok ❶

Die Hauptstadt ist mit dem Auto von Darjeeling, per Flugzeug von Badora (110 km) sowie per Bahn von New Siliguri (125 km) gut zu erreichen. Der **Chogyal-Palast** im Süden ist das bedeutendste Bauwerk der Stadt. Besuchern steht nur die königliche Kapelle

Staaten im Nordosten

Tsuklakhang offen, Schauplatz vieler Feiern und Zeremonien. Einmal jährlich, beim Pong-Labsal-Fest Ende Dezember, öffnet der Palast seine Tore. Lamas mit Masken führen dann einen rituellen Tanz für Kanchenjunga auf.

Das **Research Institute of Tibetology** (erbaut 1958) besitzt eine große Sammlung von *thangkas* (Stoffbilder mit religiösen Motiven) und eine Bibliothek mit über 30000 Bänden. Der **Hirschpark** ist dem berühmten Park in Sarnath nachgebildet, in dem der Buddha seine erste Predigt hielt. Im Orchideengarten wachsen mehr als 250 Arten. In der Nähe finden Sie das berühmte **Hotel Tashi Delek** und ein Volkskunstzentrum mit Arbeiten tibetischer Flüchtlinge.

Kloster-Trekking

Im **Kloster Rumtek**, 23 km westlich von Gangtok, leben Mitglieder nach der buddhistischen Kargyü-Tradition. Das Gebäude wurde in den 1960er-Jahren einem tibetischen Kloster nachgebaut, das die Chinesen zerstört hatten.

In **Pemayangtse,** 120 km von Gangtok im Westen Sikkims, liegt das Kloster des Rotmützenordens der Nyingmapa aus dem Jahr 1705. Fresken zieren seine Wände und Decken. Eine Tageswanderung führt zum **Kloster Tashiding Ningma** (erbaut 1706) im Norden.

Man kann von Pemayangtse aus auch eine längere Tour unternehmen: Ein Saumpfad führt bis auf 4300 m hinauf an den **Kanchenjunga** ❷; zunächst geht man an terrassierten Reis- und Gerstenfeldern entlang, dann liegen Apfelplantagen am Weg, die von Tannenwäldern und Bergseen abgelöst werden. **Yakshun,** einen kleinen Ort, in dem 1642 der erste *chogyal* gekrönt wurde, erreicht man nach sechs Stunden. Hier arbeitet das Himalayan Mountaineering Institute (Bergsteigerschule). Die nächsten Stationen sind **Bakkhin** (5 Std.) und **Dzongri** (6 Std.).

Assam

Das die Ufer des majestätischen Brahmaputra säumende Assam ist das Eingangstor zu der faszinierenden, jedoch relativ unzugänglichen Grenzregion

Buddhisten verstehen das Flattern der Fähnchen im Wind als Gebetshandlung

Unten: Ein junger Mönch im Kloster Rumtek

REISEVERBINDUNGEN

Flüge: Die meisten Inlandsflüge in den Nordosten starten von Kolkata. Es gibt Flugplätze in Guwahati, Argartala, Dibrugarh, Imphal und Shillong. Der Landeplatz in Sikkim ist Bagdora von wo man ein Taxi nach Gangtok nehmen muss (es gibt einen extra Schalter am Flugplatz). Zwischen Kolkata und einigen Städten existiert auch ein Helikopterservice.

Züge: Die Breitspurbahnen verkehren ausschließlich im Brahmaputra-Tal über Guwahati bis nach Dibrugarh. Nördlich davon gibt es eine Schmalspurbahn von Guwahati nach Murkongselek.

Busse: In vielen Gegenden ist man auf die meist recht verlässlichen, örtlichen Buslinien angewiesen. Allerdings kann man manche Staaten im Nordosten nur im Rahmen einer Gruppenreise besuchen, bei der der Transport bereits vom Reiseveranstalter organisiert ist.

Nordostindiens. Die Menschen dort weisen eine nähere Verwandtschaft zu den Nachbarn in Südostasien als zu indischen Völkerschaften auf – ethnisch und kulturell. Das gleiche gilt auch für die Topographie: Assam bedeutet soviel wie wogende Wellen: Ein treffender Name für die geschwungene Landschaft, die durch den Brahmaputra und dessen Zuflüsse zergliedert wird. Der Brahmaputra gehört zu den mächtigsten Flüssen der Erde, an manchen Stellen ist er einige Kilometer breit und es ist dort nicht möglich, das andere Ufer zu sehen. Während der Monsunzeit tritt der Fluss oft über die Ufer. In den letzten Jahren wurden bei Überschwemmungen über eine Million Menschen obdachlos – Folge der exzessiven Abholzung der Wälder am Oberlauf des Flusses.

TIPP

Die kleine Stadt **Pelling** nahe Pemayangtse in Westsikkim wird immer beliebter bei Besuchern aus den tiefer liegenden Gegenden. Man kann in einer Vielzahl einfacher Hotels übernachten. In der Umgebung gibt es einige Sehenswürdigkeiten, etwa das Kloster Sanga Choelling (wohl das älteste in Sikkim) und den friedlich gelegenen Khecheopalri-See, der angeblich die Form von Buddhas Fuß hat.

Frühgeschichte

Seinen Namen verdankt Assam vermutlich der Dynastie der Ahom, die vom 13. bis ins frühe 19. Jh. regierte. Vorher war das Land als Kamarupa bekannt gewesen. Die Legende weist die Rolle des Urkönigs von Assam Narakasur zu, einem Sohn des Hindugottes Vishnu und Dharitiris (Mutter Erde). Eines Tages tötete Vishnu Narakasur, weil er die Religion missachtet hatte, und setzte dessen Sohn Bhagadatta als Nachfolger ein.

Seit Urzeiten ist Assam ein Schmelztiegel von indoeuropäischen, tibetomongolischen und birmanischen Ethnien. 1228 fielen die buddhistischen Ahom vom Norden Siams ein und gründeten ein Reich mit der Hauptstadt Charideo (heute Sibsagar). Obwohl sich die Ahom später zum Hinduismus bekannten, gibt es bis heute abgelegene Dörfer, die buddhistische Sitten praktizieren und Thai-Dialekte sprechen. Am Südufer des Brahmaputra entstand ein mächtiges Reich, das sich nie den Moguln unterwarf.

Die britische Herrschaft

Nachdem der Niedergang der Ahom-Dynastie seit dem 17. Jh. längst begonnen hatte, sah sich König Gaurinath Singh 1792 nach einer Invasion aus Birma gezwungen, die Hilfe der britischen East India Company zu erbitten. Der Vertrag von Yandaboo setzte dem Britisch-Birmanischen Krieg von 1824 bis 1826 ein Ende: Birma überließ den Briten weite Teile des heutigen Indiens. Im Zweiten Weltkrieg war Assam eine strategisch sehr wichtige Nachschubbasis für britische Truppen in China und Birma. Zeugnis des britischen Erbes legen heute die 300 Teeplantagen der Region ab. Dem unwirtlichen Gelände und Klima trotzend, verwandelten die Briten unter Einsatz von Arbeitern aus Zentralindien malariaverseuchte Dschungellandschaften in die gepflegten Teeanbaugebiete, für die die Region heute gerühmt wird.

Das moderne Assam

Nach der Unabhängigkeit 1947 wurde Assam in kleinere Verwaltungsgebiete untergliedert und umfasst heute nur noch die Ebenen des Brahmaputra-Tals südlich des Bundesstaats Arunachal Pradesh und des Königreichs Bhutan. Die Aufsplitterung hat seine Probleme

EINREISEERLAUBNIS

Die Einreise in manche Gegenden im Nordosten kann trotz der gelockerten Beschränkungen immer noch problematisch sein. Man sollte die notwendigen Genehmigungen wenigstens vier Wochen vor Reiseantritt beantragen.

Zur Zeit ist die Reise nach Assam, Tripura und Meghalaya für ausländische Besucher ohne Erlaubnis möglich. Es kann aber erforderlich sein, sich bei Abfahrt und Rückkunft zu melden. Die Genehmigung für Sikkim ist weitgehend eine Formalität. Sie kann im Rahmen des Visum-Antrags oder an der Grenze nach Sikkim in Rangpo eingeholt werden. Für eine Reise nach Arunachal Pradesh, Mizoram, Nagaland und Manipur braucht man dagegen eine Sondergenehmigung *(Inner Line Permit)* und darf nur in einer Gruppe reisen. Eine Erlaubnis für Manipur ist wegen anhaltender Unruhen am schwierigsten zu bekommen.

Alle Genehmigungen erhält man am einfachsten über Agenturen. Man kann aber auch beim **Foreigners' Registration Office** vorstellig werden: A.J.C. Bose Road, Kolkata, Tel.: (033) 2247 3301. Möglicherweise wird man dort an das **Ministry of Home Affairs** verwiesen (Foreigners' Division, Lok Nayak Bhavan, Khan Market, Delhi). Es gibt auch Meldebüros in Siliguri und Darjeeling. Für die Anträge benötigt man Passbilder und eine Kopie des Reisepasses.

Karte auf Seite 330

vergrößert. Belastend wirkt vor allem das wachsende Ungleichgewicht zwischen ethnischen Assamesen und eingewanderten bengalischen Hindus, die aufgrund der Spaltung des Subkontinents nach 1947 hierher verschlagen wurden, sowie muslimischen Neuankömmlingen, die vor der Armut in Bangladesh flüchten.

Die Angst vor Überfremdung gipfelte in den 1980er-Jahren in einer von Studenten geführten Revolte, aus der verschiedene sezessionistische Bewegungen hervorgingen. Die militante ULFA und Splittergruppen der Bodo-Stämme führen Buschkriege gegen die indische Armee und sind im Bundesstaat sehr präsent. Aufgrund der unsicheren Situation war Assam bis in die 1990er-Jahre für Touristen verschlossen. Selbst nach seiner Öffnung ist es immer noch angeraten, sich einer organisierten Gruppe anzuschließen.

Guwahati ❸

Pragjyotishpur, die alte Hauptstadt der Herrscher Kamarupas, heißt heute **Guwahati.** Die besten Eindrücke von der Flusslandschaft gewinnt man von einer 3 km südwestlich des Stadtzentrums gelegenen Anhöhe, auf der sich die Gouverneursresidenz **Raj Bhawan** und das **Belle Vue Hotel** befinden, sowie bei einer Bootsfahrt bei Sonnenuntergang. Nahe dem Bahnhof und gegenüber der künstlichen Teichanlage Dighali Pukhuri findet man im **Staatsmuseum** wertvolle Steinskulpturen aus der Kamarupa-Zeit (10–16 Uhr, So, Mo und jeden zweiten Sa geschlossen).

In Guwahati stehen einige ungewöhnliche Tempel: am Fluss liegt der aus dem 10. Jh. stammende und im 17. Jh. umgebaute **Sukhleshvar Janardhan Tempel** der eine Statue des Buddha in seltener Koexistenz mit Hindugottheiten beherbergt, sowie mitten im Fluss auf der Insel **Umananda** (Pfaueninsel) ein kleiner Shiva-Tempel, zu dem man sich von den Ghats hinüberrudern lassen kann. Auf der Nachbarinsel können Besucher in den Wintermonaten täglich in einer Sound-and-Light-Show die Geschichte Assams etwas näher kennenlernen.

Auf einem Hügel namens Chitrachala thront **Navagraha Mandir,** der Tempel der neun Planeten. Er war einst ein

Zahlreiche heimische Teesorten: Über die Hälfte der indischen Tees kommt aus Assam. Der bekannteste ist der starke, schwarze Tee. Es werden aber auch andere Sorten angebaut

Unten: An Bord der Fähre über den Brahmaputra zur Insel Majuli

Nach Jahren relativer Ruhe explodierten im Oktober 2008 in kurzer Folge vier Bomben in Guwahati. Eine davon tötete auf einem belebten Markt über 50 Menschen. Urheber des Anschlags war die United Liberation Front of Assam (in Indien als ULFA bekannt). Man ist gut beraten, vor einer Reise nach Assam die aktuelle Situation genau zu prüfen.

Unten: Tänzerinnen bei den Mising Bihu Feiern auf der Insel Majuli

bekanntes astrologisches Zentrum. Daher rührt auch der frühere Name der Stadt, Pragjyotishpur: die Östliche Stadt der Astrologie.

Guwahatis bedeutendster Tempel, der **Kamakhya Mandir,** erhebt sich 10 km südwestlich des Stadtzentrums oberhalb des Brahmaputra auf dem Nilachal Hill: Um Shivas furchtbarem Weltzerstörungstanz ein Ende zu setzen, den dieser nach dem Anblick des Leichnams seiner geliebten Gattin Sati vollführte, sollen der Legende nach die anderen Gottheiten deren Gliedmaßen in Stücke gerissen und in alle Winde verstreut haben. Ihre Geschlechtsorgane fielen hier nieder.

Die Ruinen des Originaltempels stehen noch. Der mächtige Brahmane Kalapahar zerstörte ihn 1553, nachdem ihn seine Gemeinschaft wegen seiner Ehe mit einer muslimischen Prinzessin ausgestoßen hatte und er zum Islam übergetreten war. Die heutige Tempelstruktur mit ihrer bienenkorbförmigen Turmspitze und der langen gewölbten Halle in Form eines Schildkrötenpanzers ist ein typisches Beispiel der frühen sakralen Architektur Assams.

25 km südwestlich von Guwahati liegt auf einem Hügel die **Pao Mekkam-Moschee.** Es heißt, dass eine Pilgerfahrt hierher einem Viertel *(pao)* einer Hadsch nach Mekka gleichkommt.

Das buddhistische Erbe des Staates kann man im Tempel Hayagribha Mahadeva Mahadap in Hajo sehen. Wie manche Gläubige meinen, ist dies der Platz, an dem der Buddha die Erleuchtung erlangte.

Weitere Orte in Assam

372 km östlich von Guwahati liegt die alte Hauptstadt der Ahom, **Charideo,** das nun den Namen **Sibsagar** ❹ trägt. Nur wenige Bauwerke sind erhalten: ein Wasserreservoir mit angrenzenden Devi-, Shiva- und Vishnu-Tempeln und ein ovaler Pavillon, von dem aus die Ahom-Könige Elefantenkämpfe beobachteten. Ferner sind Reste des *charideo,* der Nekropole der Ahom-Könige, zu sehen.

100 km nordöstlich von Sibsagar liegen inmitten dichter Waldgebiete die Ölstädte **Duliajan** und **Digboi** ❺. Hier fanden die Briten 1876 Öl und bauten in Digboi die erste Raffinerie.

In Assam liegt auch die möglicherweise größte Flussinsel der Welt: **Majuli.** Sie ist das Zentrum des Vaishnavismus in Assam und übersät mit *satras*, dorfähnlichen Plätzen, an denen Vishu verehrt wird. Die Insel ist außerdem ein Zufluchtsort vieler Vogelarten.

Nationalparks

230 km nordöstlich von Guwahati ist der **Kaziranga National Park** ❻ Heimat des einhörnigen indischen Panzernashorns. Nachdem es Anfang des 20. Jhs. nahezu ausgerottet schien, hat sich der Bestand nun erholt. Nashörner sind Einzelgänger und bevorzugen Sumpfgebiete. Trotz der strengen Schutzmaßnahmen fallen jedes Jahr einige Tiere Wilderern zum Opfer – ihrer Hörner wegen, die für traditionelle Medizin auf Märkte in Ostasien geschmuggelt werden.

An der Grenze zu Bhutan befinden sich die dichten tropischen Dschungelgebiete des **Manas Wildlife Sanctuary** ❼. Es ist ein Rückzugsgebiet gefährdeter Arten: Tiger, Leoparden, Elefanten und ebenfalls Nashörner leben hier. Der Fluss, der durch den Park fließt, ist ein Paradies für Angler, die es besonders auf den *mahaseer*, eine heimische Karpfenart, abgesehen haben. Anglercamps werden auch zum im 200 km von Guwahati entfernt gelegenen **Nameri Sanctuary** am Fluss Jai Bharali organisiert.

Meghalaya

Das bergige, im Winter oft neblige Gebiet wurde erst 1972 ein eigener Unionsstaat, bis dahin gehörte es zum nördlich gelegenen Assam. Drei Stämme bildeten früher kleine, politisch selbstständige Staaten, die von den Briten im 19. Jh. annektiert wurden.

Die Garo sind tibetischen Ursprungs und praktizierten einst die animistische Bön-Religion. Ihr Stammesgebiet im Westen ist schwer erreichbar. Die Straße ab Shillong ist noch nicht fertig, sodass man über Guwahati und Tura im Südwesten fahren muss. In den Dörfern ist die traditionelle Architektur noch sehr lebendig; ein gutes Beispiel dafür ist das Haus für die jungen Männer des Stammes in Rongreng.

Die Khasi leben im Zentrum, sind Mon-Khmer und verwant mit den Shan in Myanmar. Ihre Religion, Seng Khasi, ist sehr unkompliziert: Gott ist in allen Dingen gegenwärtig, besondere Kultstätten oder Bilder Gottes sind deswegen nicht erforderlich. Es gibt keine Tempel, sondern nur Versammlungsräume, die dem gemeinsamen Gebet dienen.

Die Khasi fertigen ihren Schmuck hauptsächlich aus Gold und Bernstein. Ihren Toten setzten sie Denkmäler, *mawbynnas* genannte Monolithen verschiedener Größe, die in Gruppen von drei oder mehr in den Dörfern stehen.

Die Jaintia (Pnar) im Osten sind mit den Khasi eng verwandt.

Das soziale System der Stämme ist matrilinear geprägt. Obwohl sie im 19. Jh. das Christentum angenommen haben, ist noch viel von ihrem alten Brauchtum lebendig, vor allem die Volkstänze.

Ein indisches Panzernashorn kühlt sich in einem Wasserloch im Kaziranga Nationalpark ab

Unten: Vishnu-Darstellungen in einem Kloster

TEE AUS INDIEN

Einer chinesischen Überlieferung nach ist Indien die Heimat des Tees: Ein Brahmane namens Dharma ging als Missionar nach China. Auf dem Weg wurde er so müde, dass er einschlief. Als er wieder aufwachte und erkannte, dass ihn während der Meditation der Schlaf übermannt hatte, riss er sich vor Zorn über seine Schwäche die Augenbrauen aus. Die Härchen schlugen Wurzeln und wurden zu Teepflanzen. Er aß die Blätter und versank in Meditation.

Gegen Ende des 18. Jhs. hatten englische Reisende die Pflanze in Assam entdeckt. Bis 1823 besaß die East India Company das Monopol, chinesischen Tee nach Großbritannien einzuführen; China war bis dahin der einzige Teeproduzent der Welt.

Als das Monopol erlosch, sah sich die East India Company nach Möglichkeiten um, in Indien Tee anzubauen. Nach dem ersten Burma-Krieg 1826 brachten die zurückkehrende Truppen der Company eine Teepflanze aus Assam mit, als Beweis, dass auch in dieser Gegend Tee wuchs. Ende 1844 verkündete der Generalgouverneur Lord Bentinck offiziell, dass in Indien Tee entdeckt worden sei und forderte den Ausbau der Industrie.

1836 wurde in Assam, 1839 in Bengalen und 1863 im Nilgiri-Gebiet in Südindien der erste kommerziell angebaute Tee geerntet. Bei Darjeeling begann die Produktion in den 1840er-Jahren. Die Teepflanzen dort stammten allerdings nicht aus Indien selbst, sondern waren aus China ins Land geschmuggelt worden.

Für die harte Arbeit auf den Plantagen warb man Arbeiter – meist Adivasi – aus Zentralindien an. Tatsächlich aber wurden sie wie Sklaven gehalten und eine enorme Zahl starb an Hunger und Krankheiten. Auch heute noch werden die Pflückerinnen in einigen Plantagen sehr schlecht behandelt.

Bald entwickelte sich Indien zu einem bedeutenden Teeproduzenten. Bereits 1900 übertraf der indische Teeexport nach Großbritannien mit 150 Millionen Pfund die Ausfuhren Chinas um das Zehnfache.

Mit einer jährlichen Produktion von 635 000 Tonnen (bei insgesamt 2 Millionen Tonnen weltweit) ist Indien heute der größte Teeproduzent der Welt und hat mit 400 000 Hektar die größten Anbauflächen. Mehr als die Hälfte des indischen Tees gedeiht in Assam, ein Viertel in Bengalen, ein Fünftel im südlichen Nilgiri-Gebiet.

Man unterscheidet zwei Sorten indischen Tees. CTC-Tee (Cut-Twist-Curl) ist der am weitesten verbreitete. Er wird bei der Herstellung nach dem Welken gerollt, um die Zellwände aufzubrechen, und dann in Gärkammern bei 35–40 °C über vier Stunden fermentiert, wobei er sich durch Oxidationsvorgänge rotbraun bis schwarz verfärbt. Das Trocknen erfolgt bei 85–125 °C. Dabei geht ein Großteil feiner Aromastoffe verloren. CTC-Teesorten werden meist auf den einheimischen Märkten verkauft, aber auch in Teebeuteln verpackt exportiert. Der klassische Tee hat dagegen eine hellere Farbe; ein Kilo davon ergibt 350 Tassen Tee gegenüber 500 Tassen beim CTC-Tee.

Der größte Teil des klassischen Tees wird exportiert. Die besten Qualitäten sind Darjeeling und Assam Golden Flower Orange Pekoe.

Etwa sechzig Prozent des indischen Tees werden auf Auktionen verkauft, darunter die gesamte Exportware. Guwahati in Assam, Kochi, Coimbatore und Coonoor im Süden sowie Siliguri und Kalkutta in Westbengalen sind die wichtigsten Umschlagplätze. In Kolkata findet sich der größte Probiersaal der Welt, und es gibt zwei Auktionshäuser: eines für den inländischen Markt und eines für Verkauf außer Landes.

In nur 150 Jahren wurde Tee zum indischen Nationalgetränk. Trotzdem können es die Inder, was den Pro-Kopf-Verbrauch betrifft, nicht annähernd ihren einstigen Kolonialherren gleichtun: Ein Brite trinkt durchschnittlich etwa sechsmal so viel Tee. ■

Links: Teepflückerin auf einer Plantage bei Darjeeling

Shillong und Umgebung

Shillong ❽, die Hauptstadt von Meghalaya, liegt 100 km südlich von Guwahati. Drei Stunden fährt man durch Berge mit Ananas- und Betelplantagen sowie durch Pinienwälder, vorbei am **Bara Pani** (Umian-Stausee). Aufgrund seines Klimas und seiner Höhenlage (1500 m) wird Shillong das Schottland des Ostens genannt. Briten und reiche Bengalen bauten sich hier Landhäuser, legten Golf- und Poloplätze an.

An den Berghängen um Shillong sieht man vereinzelt Landhäuser im englischen Stil, unter denen der **Raj Bhavan,** die Sommerresidenz des Gouverneurs von Assam und Meghalaya, und das **Pinewood-Hotel** besonders bemerkenswert sind. Außerhalb der Stadt liegen der **Ward-See** und der **Botanische Garten.**

Ein großes Tanzfest, **Shad Suk Myasiem,** das Fest der hundert Trommeln, findet im April in Shillong statt; die Garo feiern es im November, wenn die Ernte eingebracht ist, in Tura.

Cherrapunji ❾, 56 km südlich von Shillong, gilt mit einer durchschnittlichen Jahresniederschlagmenge von 11 500 mm als der regenreichste Fleck der Erde. Sehr eindurcksvoll ist die kahle, windige, mit Monolithen übersäte Hochebene **Mawphluang** (24 km südlich).

Auf dem Rückweg sollte man am **Shillong Peak** (1965 m) wegen der schönen Aussicht auf die Nachbarberge und am Elephant-Wasserfall eine Pause einlegen. Die gesamte Region durchziehen viele Flussläufe und tiefe, dramatisch aussehende Schluchten, manche mit bizarren Felsformationen.

Die höchste Erhebung im Garo-Stammesgebiet ist der **Nokrek Peak** (1412 m); das Gebiet wurde jetzt aufgrund seiner seltenen Flora zum Biosphärenreservat erklärt. Hier erstreckt sich auch der **Balpakram National Park** auf beiden Seiten einer riesigen Schlucht.

Tripura

Die Bewohner des einstigen Fürstentums Tipperah traten früh zum Vaishnava-Hinduismus über und wurden bis zur Unabhängigkeit Indiens von

Räucherstäbchen in einem buddhistischen Tempel in Arunachal Pradesh

Unten: Der Bara Bazaar in Shillong

TIPP

Vom **Shillong Peak** bietet sich außerhalb der Monsunzeit (Mai bis September), und falls er sich nicht gerade in Wolken hüllt, ein atemberaubender Blick über Shillong und das Umland. Der Berg ist mit 1961 m die höchste Erhebung des Distrikts und liegt auf dem Weg von Shillong nach Cherrapunji.

Rajas regiert. Unter den ethnischen Gruppen sind Kuki, Verwandte der Shan aus Birma, Chakma, Mogh, Lushari und Riang.

Tripura lag ständig im Krieg mit seinen Nachbarn, bis die Briten, einen Konflikt zwischen Maharaja Krishna Manikya und den Nawabs von Bengalen ausnutzend, intervenierten und ein Protektorat bildeten. Sie trennten das Gebiet der Stämme von der fürstlichen Herrschaft Tripura ab und verwalteten den neuen Teilstaat selbst. Nach der Unabhängigkeit trat Tripura 1949 der Union bei und wurde 1972 als Unionsstaat eingegliedert.

Tripuras Hauptstadt ist **Agartala** ❿. Die kleine Stadt (60 000 Einw.) ist auf drei Seiten von Bergen umringt und sehenswert wegen ihrer beiden Paläste. Den weitläufigen **Ujjayanta-Palast** errichtete Maharaja Radha Kishore Manikya wurde 1899–1901. Umgeben von schönen Gartenanlagen, wirkt er sehr romantisch. Jetzt tagt in dem Gebäude der Landtag Tripuras.

Den **Pushbanta-Palast** ließ 1917 Maharaja Birendra errichten, jener Philantrop, der den Schriftsteller Rabindranath Tagore auch beim Bau der Shantiniketan Universität in Bengalen finanziell unterstützte. Der Palast ist heute Sitz des Gouverneurs von Tripura. Das **Tripura Government Museum** verfügt über einige interessante Exponate, z.B. archäologische Funde sowie kunsthandwerkliche Arbeiten aus der Region (Mo–Sa 10–13, 14–17 Uhr).

In **Udaipur** (55 km von Agartala), der alten Residenz Tripuras, stehen die Ruinen des **Tripura-Sundari-Tempels,** nach der Legende der Ort, an dem der Fuß Satis zu Boden fiel (siehe S. 334). In der Nähe des Tempel ist ein Teich, in dem große Schildkröten leben.

Arunachal Pradesh

Nördlich von Assams liegt – lange isoliert durch seine strategische Lage an der Grenze zu China – Arunachal Pradesh. In diesem kleinen Staat leben ca. 600 000 Menschen, die 82 Stämmen mongolischen und tibeto-birmanischen Ursprungs angehören und meist Buddhisten sind. *Apatani*, *Khampti*, *Padma* und *Miri* sind die größten Ethnien.

Unten: Khasi-Bogenschützen in Meghalaya

Selbst im Sommer kann es in Arunachal Pradesh sehr kalt werden. Genügend warme Kleidung auf die Reise mitzunehmen ist deshalb ratsam.

Itanagar, die Hauptstadt des Staates, weist einige Sehenswürdigkeiten auf, wie das Itar Fort, eine vermutlich von den Ahoms erbaute Zitadelle und das Jawaharlal Nehru Museum, das mit seinen Ausstellungsstücken einen guten Überblick über die örtlichen Traditionen vermittelt.

In **Tawang** ⓫, auf der anderen Seite des Sela-Passes (4215 m), steht das im Jahr 1642 gegründete, größte buddhistische Kloster Indiens. Hier wurde der sechste Dalai Lama geboren. Mit seinen bunt bemalten Fenstern und Wänden und seiner großen vergoldeten Buddhastatue ähnelt es sehr stark einem tibetischen Kloster. Nicht nur seine Lage in 3048 m Höhe ist faszinierend; der Blick auf die umgebende Landschaft ist geradezu atemberaubend.

Im Osten, unweit der Grenze zu China und Birma, speist der Brahmaputra den **Brahmakund-See,** bevor er die Ebene von Assam erreicht. Mitte Januar, an Makar Sankranti, kommen Tausende von Hindus hierher, denn ein Bad in diesem See soll von allen Sünden reinwaschen.

In **Ledo** beginnt die alte Straße nach Mandalay.

Der **Namdapha National Park** im Süden des Staates erstreckt sich über unterschiedlichste Landschaftsformen auf einer Höhe zwischen 200 m und 4500 m. Dank seiner unzugänglichen Lage hat sich das Gebiet viel von seiner Unberührtheit bewahren können. Hier leben noch die selten gewordenen Weißbrauengibbons, der vom Aussterben bedrohte Kleine Panda und vier Raubkatzenarten: Tiger, Leoparden, Nebelparder und Schneeleoparden.

Nagaland

Das entlegene Nagaland bewohnen mehrere tibeto-birmanische Stämme, die mehr als 20 verschiedene Dialekte sprechen. Die größten dieser Völker sind die Ao, Angami und Konyak.

Die Cachari, einer der Naga-Stämme, gründeten einst ein hinduistisches Reich in **Dimapur.** Dort sind noch Reste ihrer alten Hauptstadt zu sehen, die von den Ahoms im Jahr 1536 zersört wurde.

1832 kamen die Briten beim Bau einer Straße zwischen Assam und Manipur zum ersten Mal mit den Naga in Berührung. Viele Jahre hindurch versuchten sie vergeblich, die Stämme unter Kontrolle zu halten. Noch 1879 belagerten die Naga einen ganzen Monat lang den britischen Posten in **Kohima** ⓬. Dauerhaften Frieden schloss man erst im Jahr 1889.

Im Zweiten Weltkrieg griffen Japan und die Indian National Army Kohima an und nahmen 1943 einen Teil der Stadt ein. Ihr Ziel war die Kontrolle über den wichtigen Eisenbahnknotenpunkt Dimapur, über den der Nachschub für die britischen Truppen lief. Die Offensive scheiterte in Kohima; die Japaner wurden zurückgeschlagen.

Im Krieg gegen Japan waren die ortskundigen Naga eine wichtige Stüt-

Der Kleine Panda gehört zu den vom Aussterben bedrohten Arten und lebt in den Ausläufern des Himalaya in Höhen zwischen 2000 und 4000 m

Unten: Die Hügel von Nagaland an der Grenze zu Birma

Yongchak (Bittermelone, *Momordica charantia*) ist neben Chili und fermentiertem Fisch Hauptbestandteil des wohl bekanntesten Gerichtes Manipurs, dem *yongchak eronba*

ze der Alliierten. Als Indien schließlich unabhängig wurde, formierten sich einige Naga-Stämme zum Kampf um ihre Autonomie und gründeten den Naga National Council. In einem Vertrag, den die Regierung 1975 in Shillong mit gemäßigten Naga-Politikern schloss, erkannten diese die indische Verfassung an und erhielten im Gegenzug eine begrenzte Autonomie. Die radikalen Separatisten sind heute in der Minderheit; es kommt aber gelegentlich noch zu Gewalttaten, und Reisende müssen unterwegs mit Kontrollen an Armeeposten rechnen.

Die Dörfer der Naga liegen meist auf Anhöhen und sind mit Mauern umgeben. Eines, das Dorf **Barra Basti,** ist heute ein Vorort von Kohima.

Manipur

Dieses Gebiet an der birmanischen Grenze war früher ein unabhängiges Fürstentum. Der mit den Shan verwandte tibeto-birmanischer Stamm der Meithei stellt 60 % der Bevölkerung. Die Meithei leben in den Tälern und haben eine eigene Manipuri-Schule des klassischen indischen Tanzes entwickelt, den *Jagoi-Stil*. Nahezu 30 weitere Stämme, meist tibeto-birmanischer Abstammung und heute Christen, siedeln hier. Sie bilden ein Drittel der Bevölkerung und wohnen in bergigen Gebieten. Die größten Gruppen sind die Lotha, die Konyak und die Naga.

Die Manipuri gelten als sehr kriegerisches Volk; in ihrer Folklore gibt es zahlreiche Spiele und Sportarten mit martialischem Charakter: Speertanz (*takhou sarol*), Schwertkampf (*thanghaicol*) und Ringen (*mukna*).

1819 erschien der Raja von Manipur, der stets der Krone von Birma Tribut gezollt hatte, nicht zur Krönungsfeier des neuen birmanischen Königs Bagyidaw. Aus der folgenden Strafexpedition Birmas entwickelte sich der Krieg mit England. Nach seiner Niederlage musste Birma im Vertrag von Yangdaboo im Februar 1826 die Herrschaft über Manipur an die Briten abtreten. 1949 wurde Manipur Union Territory und 1972 Unionsstaat.

In Manipuris Hauptstadt **Imphal** ⓭, 130 km von Kohima, liegen der Palast

Unten: Man wird sich handelseinig auf dem Kwairamband Bazaar von Imphal. Den großen Markt betreiben ausschließlich Frauen

des Rajas, ein Polo-Stadion, zwei Soldatenfriedhöfe und das **Manipur State Museum** mit Ausstellungsstücken der verschiedenen Stämme (Di–So 10 bis 16.30 Uhr). Größter Anziehungspunkt ist der riesige **Kwairamband Bazaar,** auf dem Frauen Lebensmittel und Gebrauchsgegenstände anbieten.

In der Umgebung kann man den Sommerpalast des Rajas in **Langthabal** oder den einer Waldgottheit geweihten Thankgjing-Tempel in **Moirang** (45 km von Imphal) besuchen. Hier befindet sich auch ein Stützpunkt der indischen Armee.

Mizoram

Der frühere Bezirk Lushai Hills und heutige Bundesstaat liegt eingezwängt zwischen Bangladesh und Myanmar (Birma). Seine Bewohner sind die Mizo, eine Gruppe von Stämmen (Lushai, Hmar, Pawi), die mit den Shan verwandt sind. Die Region kam relativ spät zu Indien. 1871 überfielen die Mizo erstmals Teeplantagen. Die Briten setzten Militär ein und kontrollierten die Region, aber erst 1892 konnten sie Frieden schaffen. In der Folgezeit isolierten die Briten das ganze Gebiet und gewährten nur noch Missionaren den Zutritt. Heute sind nahezu 95 % der Bewohner Christen und größtenteils alphabetisiert. Als Indien unabhängig wurde, machte man Mizoram zum Union Territory, 1987 wurde es ein Bundesstaat der Indische Union.

Die Hauptstadt **Aizawl** ⓮ wurde auf einem Bergrücken errichtet. Auf dem zentral gelegenen Bara Bazaar verkaufen hauptsächlich Frauen, noch traditionell gekleidet, ihre Waren, darunter Flusskrebse in kleinen Weidenkörben.

Das kleine, aber interessante **Mizoram State Museum** (Mo–Fr 9–17, Sa 9 bis 13 Uhr) in der Stadtmitte gibt einen guten Einblick in Tradition, Kultur und Geschichte Mizorams.

Sehenswert sind auch das **Dampha Wildlife Sanctuary** an der Grenze zu Bangladesh (gehört zum Project Tiger) in einem weitgehend immergrünen, waldreichen Hügelgebiet und die Stadt **Champhai,** von der aus man das noch ursprüngliche Dorf **Ruantlang** besuchen kann. ■

Thukpa, eine tibetische Nudelsuppe. In vielen Teilen Arunachal Pradeshs sind die tibetischen Einflüsse unübersehbar.

RESTAURANTS

Durchschnittspreis für ein Menü mit bis zu drei Gängen ohne alkoholische Getränke:
● = bis 200 INR
●● = 200–500 INR
●●● = 500–1000 INR
●●●● = über 1000 INR

In Sikkim und Arunachal Pradesh ist das Essen stark von der tibetischen Küche beeinflusst. Im Rest der Region ist Reis das Grundnahrungsmittel, dazu gibt es viele Süßwasserfische. Anders als in den meisten anderen Gebieten Indiens wird im Nordosten viel Schweinefleisch, in einigen Orten auch Ente gegessen. Der Reis erinnert eher an den Klebreis Südostasiens als an den langkörnigen Patnareis. Auch Bambussprossen kommen oft auf den Tisch.

Einge Hotelrestaurants servieren gutes nichtregionales Essen. Wer sich aber auf die ungewöhnliche Küche v.a. ganz im Nordosten einlassen will, sollte Restaurants mit *Lokal Meals* oder Garküchen wählen (wichtig ist dabei, dass es einigermaßen sauber aussieht). Achtung, in Nagaland isst man Hundefleisch, und es kann durchaus auch in Restaurants serviert werden.

Sikkim

Gangtok

◆ **Porky's Restaurant**
Deorali Bazaar.
●●●
Dies ist eindeutig kein vegetarisches Lokal. Gute Auswahl von Snacks, Fast Food und Eis. Ganztags geöffnet.

◆ **Shaepi Restaurant**
Hotel Mayur, Paljor Stadium Road.
●●–●●●
Tandoori-, chinesische und sikkimesische Gerichte.

◆ **Wild Orchid Restaurant**
Central Hotel,
31-A National Highway.
●
Gute, billige chinesische und tibetische Gerichte. Ganztags geöffnet.

Assam

Guwahati

◆ **Paradise**
G.N.B. Road, Chandmari.
●
Gute Assam-Küche mit ausgezeichneten *thalis* und großer Auswahl zum Lunch.

◆ **Woodlands**
G.S. Road, Ulubari. ●
Kette von sauberen vegetarischen Restaurants mit südindischer Küche; gute *thalis*. Auf der A. T. Road gibt es auch ein »Café de Woodlands«.

Der Süden

In Indiens Süden fühlt man sich wie in einem anderen Land. Das ausgezeichnete Essen, kühle Bergorte in grüner Umgebung, schöne Sandstrände und die Vielfalt der Kulturen machen eine Reise dorthin zu einem Erlebnis.

Die vier Bundesstaaten Südindiens sowie die Inselgruppen der Lakkadiven, Andamanen und Nikobaren liegen tief in den Tropen. Kokospalmen ragen in den Himmel, Frauen flechten sich duftende Jasminblüten ins Haar, Muster aus Blumenblättern oder gefärbtem Reispulver zieren die Eingänge selbst der bescheidensten Hütten. Reis isst man in riesengroßen Portionen, als Teller dienen Bananenblätter. Statt Tee wird süßer Kaffee angeboten.

Hindi wird hier kaum gesprochen, die meisten Sprachen sind drawidischen Ursprungs. Nur ein Sprachgenie könnte sich in Hyderabad auf Telugu verständigen, in Bengaluru auf Kannada, in Chennai auf Tamil und in Kochi auf Malayalam. Englisch wird aber großteils verstanden.

Die weiten, trockenen Ebenen des Dekkan-Hochlandes, die Regenwälder der Ost- und Westghats und zwei lange Küstenlinien kennzeichnen den Süden. Nirgends sind die Tempel bunter als hier. Die Götterfiguren sind mit leuchtenden Farben bemalt, die steil aufragenden Tempeltürme *(gopurams)* überladen mit Götterfiguren und mythologischen Gestalten.

Kerala ist berühmt für seine bunten Elefantenparaden. Hyderabad, die Hauptstadt von Andhra Pradesh, wurde im 16. Jh. zur Hochburg der islamischen Kultur. Gewaltig ist auch die nahe Festung von Golkonda. Übertroffen wird die riesige Anlage nur von Hampi, der Hauptstadt des letzten Hindureiches Vijayanagar in Karnataka.

Die Pubs von Bengaluru (Bangalore), der zukunftsorientiertesten Stadt Indiens, sind der Treffpunkt der modernen Jugend, während das konservative Chennai sein Erbe des klassischen Tanzes pflegt.

Ohne seinen Charme zu verlieren, hat der Süden sein etwas rückständiges Image abgelegt und ist heute die Antriebsfeder der boomenden Technik- und Softwareindustrie Indiens.

Jenseits des Golfs von Bengalen liegen die Inselgruppen der Andamanen und Nikobaren, bedeckt mit tropischem Dschungel und voll exotischer Vögel. Vor der Westküste wiederum erstreckt sich die Inselkette der Lakkadiven mit perfekten weißsandigen Stränden. ■

Vorhergehende Seiten: Am Strand von Kovalam **Links:** Blick über die üppig grünen Westghats bei Munnar **Ganz oben:** Der Küstentempel von Mamallapuram **Oben links:** Am Strand von Bekal Fort **Oben rechts:** Junges Mädchen mit Jasminblüten im Haar

RESTAURANT
SYEDI BOOK SELLER

Karte auf Seite 348

Karnataka und Andhra Pradesh

Mit wundervoller Landschaft, beeindruckenden Ruinen und faszinierenden Städten ist Karnataka einer der attraktivsten Staaten Indiens. Auch Andhra Pradesh hat interessante Sehenswürdigkeiten, wird aber von Touristen weniger besucht.

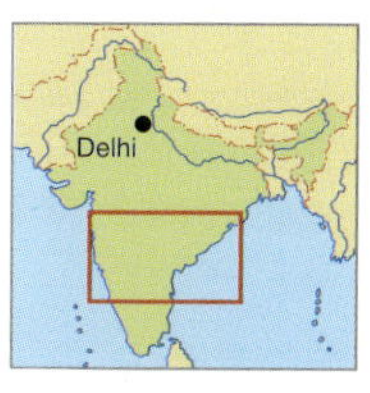

NICHT VERPASSEN!

Bengaluru
Maisuru (Mysore)
Somnathpur
Belur
Halebid
Sravanabelagola
Hampi
Gokarna
Festung Golkonda
Altstadt, Hyderabad

Die Bundesstaaten Karnataka und Andhra Pradesh liegen an der Schwelle zum tiefen Süden Indiens zwischen den üppig grünen Küsten von Malabar und Coromandel. Dazwischen erstreckt sich das Dekkan-Plateau.

Karnataka

Karnataka, das seinen heutigen Namen 1973 erhielt, ging 1956 aus dem früheren Fürstenstaat Mysore und Teilen der Bombay Presidency hervor und hat 53 Millionen Einwohner.

Drei unterschiedliche Regionen prägen das Landschaftsbild. Im Westen säumt ein schmaler, sehr regenreicher Küstenstrich das Arabische Meer, durzogen von mehreren in den Monsunmonaten Juli bis September anschwellenden Flüssen. Landeinwärts schließen sich die feuchten Hänge der Westghats an, deren dünner Gürtel tropischen Regenwaldes für Teak, Rosenholz und Bambus berühmt ist. Der Inlandteil ist ganz abhängig vom Monsun und wirkt im Winter trocken. Jedoch gibt es hier äußerst fruchtbare Schwarzerdegebiete, auf denen Baumwolle und Zuckerrohr wächst. Im Südwesten liegen die Berge und Täler des Kodagu-Distrikts. Durch Indiens feuchteste Region, die tropischen Regenwälder am südlichen Ende der Westghats streifen Elefanten, stattliche Gaurs (Wildrinder) und Langschwanzlanguren.

Menschen und Kulturen

Karnatakas Bevölkerung ist so vielfältig wie seine Landschaften. Im Norden siedeln die Lingayat, Anhänger des im 12. Jh. lebenden Gelehrten Basava, der die Gleichheit der Menschen propagierte.

Im alten Fürstentum Mysore im Süden des Bundesstaates dominieren die durch Landwirtschaft zu Wohlstand gelangten Vakkaliga. Die uralte Konkurrenz beider setzt sich bis in die heutige Politik Karnatakas fort. Fast nirgendwo sonst in Indiens ist der

Links: Blick vom Charminar in Hyderabad **Unten:** Einwohner Mysores

Karnataka und Andhra Pradesh
0
100 km
Golf von Bengalen
INDISCHER OZEAN
ARABISCHES MEER
Konkan Coast
Malabar Coast
Coromandel Coast
Mumbai (Bombay)
Pune
Hyderabad
Secunderabad
Bangalore (Bengaluru)
Chennai (Madras)
Maisuru (Mysore)
Vishakapatnam
Andhra Pradesh
Karnataka
Maharashtra
Orissa
Chhattisgarh
Tamil Nadu

Unterschied zwischen reichen Städtern (namentlich in Bengaluru) und verarmten Dorfbewohnern größer als in diesem Staat.

Die Menschen in den Fischerdörfern an der Küste sind Nachfahren eines Volkes, das schon früh Handelsbeziehungen zu Mesopotamien, Persien und Griechenland unterhielt.

Unverkennbaren portugiesischen Einfluss weist Mangalore mit seinen christlichen Gemeinden und den aus dem 16. Jh. stammenden Kirchen auf. Um Chikmagalur, am Rande der Westghats, liegt ein bedeutendes Kaffeeanbaugebiet. Im Norden und Westen leben verschiedene Adivasi-Stammesgemeinschaften; eine besonders eigentümliche Kultur pflegen die Coorg im Distrikt Kodagu.

Die am meisten gesprochene Sprache Karnatakas, Kannada, hat eine reiche Tradition der Lyrik und Prosa. Inschriften aus dem 5. Jh. zeugen von ihrem Alter; das klassische Werk *Kavirajamarga* stammt aus dem 9. Jh.

Berühmt ist die das Tanzdrama pflegende Yakshagana-Musikschule von Dharwad, in der die Künstler aufwendige Kostüme tragen. Die volkstümlichen Vorstellungen, die eine ganze Nacht dauern (*bayalata*, siehe S. 356), finden unter freiem Himmel statt. Zum traditionellen Handwerk Karnatakas gehören die Seidenweberei, feine Sandelholz- und Elfenbeinschnitzerei, *bidri*-Ware (siehe Seite 359) aus Bidar und Mangalores rote Tonziegel.

Geschichte

Im Mittelalter waren die wichtigsten Dynastien die Chalukyas (6.–8. Jh.), die Rashtrakutas (8.–10. Jh.) und die Hoysalas (10.–13. Jh.). Jede hat Bedeutendes zur Entwicklung der indischen Kultur beigetragen. Nach dem Eroberungszug des Sultans von Delhi um 1300 wurde der nördliche Teil von Karnataka muslimisch, mehrere Sultanate entstanden. Der Süden wurde unter dem hinduistischen Großreich Vijayanagar (siehe Hampi S. 368) zu der bestimmenden spätmittelalterlichen Macht Südindiens. Ein Nachfolgestaat dieses Reiches war Maisuru (Mysore), in dem sich zwei muslimische Generäle (Hyder Ali, Tipu Sultan) zeitweise die Macht aneigneten und den Briten großes Kopf-

Karnataka hat ein dichtes Eisenbahnnetz

Unten: Der Stier-Tempel im Südwesten von Bengaluru ist im drawidischen Stil Südindiens erbaut

REISEVERBINDUNGEN

Bengaluru ist einer der frequentiertesten **Flughäfen** Indiens. Von hier gibt es Direktflüge in viele Städte in Asien, Europa und Nordamerika sowie viele Inlandsflüge zu den meisten großen Städten in Indien. Maisuru und Mangalore haben kleinere Inlandsflughäfen. Von Goa aus erreicht man hauptsächlich den Norden.

Karnataka hat ein ausgezeichnetes **Bahnnetz.** Schnellverbindungen laufen von Bengaluru nach Mangalore, Maisuru, Tamil Nadu und Hyderabad. Linien nach Bijapur, Gulbarga und anderen Städten im Dekkan zweigen von einer Hauptroute im Norden ab. Entlang der Küste verbindet die Konkan Railway Mangalore und Kerala und alle Ziele weiter nördlich von Gokarna bis Goa und letztlich Mumbai.

Die Lücken im Bahnnetz werden von **Buslinien** geschlossen.

Bangalore wurde am 1. November 2006 in seine Entsprechung in der Kannada-Sprache, Bengaluru, umgetauft. Die Namensänderung wurde – wie anderswo in Indien auch – von nationalistischen Politikern durchgesetzt und war sehr umstritten. Die Wirtschaft klagte über die enormen Kosten der Umstellung und über die Image-Einbußen, während die Befürworter einwandten, dass der neue Name das heimische Selbstgefühl heben sollte.

Unten: Westlich geprägte Einkaufsmeile in der Brigade Road

zerbrechen bescherten. Schließlich gelang den Briten 1799 in der Schlacht von Srirangapatnam (siehe S. 353) ein großer Sieg. Die Maharajas von Mysore wurden darauf als Schattenkönige wieder eingesetzt.

Bengaluru (Bangalore) ❶

Die Hauptstadt des Bundesstaates, Bengaluru, wurde 1531 von einem lokalen Gouverneur gegründet, später von Hyder Ali und Tipu Sultan befestigt und erweitert. Unter den Briten war Bangalore wegen des angenehmen Klimas und der schönen Parkanlagen eine beliebte Garnisonsstadt. Nach der Unabhängigkeit entwickelte sie sich zum Zentrum von Wissenschaft und Technologie. Die Expansion der Computersoftware-Industrie zog Menschen aus ganz Indien an, und heute droht die moderne Stadt mit fast 6 Millionen Einwohnern aus allen Nähten zu platzen. Mittlerweile ist sie die viertgrößte Stadt Indiens.

Bengaluru ist nicht nur ein Wirtshaftszentrum, sondern auch ein Verkehrsknotenpunkt. Den Mangel an touristischen Attraktionen wiegen gute Hotels und ausgezeichnete Restaurants vor allem im Bereich der M.G. (Mahatma Gandhi) Road, Brigade Road und St. Mark's Road auf. Auch Shoppingbegeisterte kommen nicht zu kurz: Kleidung und Schmuck kauft man günstig in der **Commercial Street.** Sehenswert sind der bunte **Obst- und Gemüsemarkt** an der Avenue Road sowie die engen Gassen und Basare der Altstadt.

Das Unterhaltungsangebot Bengalurus ist ebenfalls äußerst vielfältig. **The Plaza** an der M. G. Road und **Galaxy** an der Residency Road, zwei der zahlreichen Kinos, zeigen die neuesten amerikanischen Kinohits. Die Universitätsstadt lädt außerdem zu mehreren Musikfestivals ein, die lokale Rockgruppen fördern. Zahllose Pubs schenken frisch gezapftes Bier aus.

Zu den wenigen touristischen Sehenswürdigkeiten gehören in erster Linie öffentliche Gebäude wie das 46 m hohe **Vidhana Soudha** (Staatssekretariat und Legislative) sowie im Nordwesten der 1864 vom britischen Vizekönig in Auftrag gegebene 1200 ha große **Cubbon Park** Ⓐ, in dessen Nähe der rote gotische **High Court** und die **State Central Public Library** stehen.

Eine wahre Oase ist der im 18. Jh. unter Tipu Sultan und Hyder Ali angelegte 97 Hektar große **Lalbagh Botanical Garden** B (geöffnet Sonnenauf- bis Sonnenuntergang; Eintritt) im Süden der Stadt. Er beherbergt Indiens größte Sammlung seltener Tropen- und Subtropenpflanzen, rare alte Baumarten aus Persien, Afghanistan und Europa sowie ein riesiges Gewächshaus.

Der **Palast Tipu Sultans** C (Avenue Road, südwestlich des Marktes; geöffnet täglich 9–17 Uhr; Eintritt) beherbergt heute ein Museum, in dessen Nähe auch die Ruinen der von ihm erweiterten Festung zu besichtigen sind.

An der Chord Road, 8 km nördlich des Zentrums, liegt der ultramoderne Hare-Krishna-Tempel **ISKCON Sri Radha Krishna Mandir** (geöffnet tgl. 7–13, 16.15–20.30 Uhr). Man muss lange anstehen, um die kolossale Struktur des angeblich größten Tempelkomplexes der Welt betreten zu können. Die Haupthalle wird gekrönt von einer Pyramide aus farbigem Glas, vier riesigen *gopuram*-Türmen und einer enormen goldenen Kuppel. In der Mitte der Decke hängt ein vergoldeter Lüster in Form einer umgedrehten Lotusblüte.

In Bengaluru ist auch die Zentrale der **Art of Living Foundation** des 1956 in Südindien geborenen Gurus und Hindupredigers Sri Sri Ravi Shankar (nicht zu verwechseln mit dem berühmten Sitarspieler). Der Schwerpunkt des hochmodernen VVM- (Ved Vignan Mahahvidyapeeth) Geländes ist die fünfstöckige Meditationshalle, die in Form einer Lotusblüte komplett aus Marmor erbaut ist. 1088 steinerne Blütenblätter überziehen die Außenseite.

KSTDC (Karnataka State Tourism Development Corp.) im Badami House an der Kasturba Road bietet Stadtrundfahrten und Exkursionen zum 21 km südlich gelegenen **Bannarghatta National Park** mit Tiersafaris, Krokodil- und Schlangenfarm (Di geschl.) sowie zum **Sai Baba Ashram** im 20 km östlich gelegenen Whitefield an.

Fürstliches Maisuru (Mysore) 2

140 km südwestlich von Bengaluru liegt die Stadt Maisuru. Die einstige

Der Venkataramanasvami-Tempel beim Palast Tipu Sultans

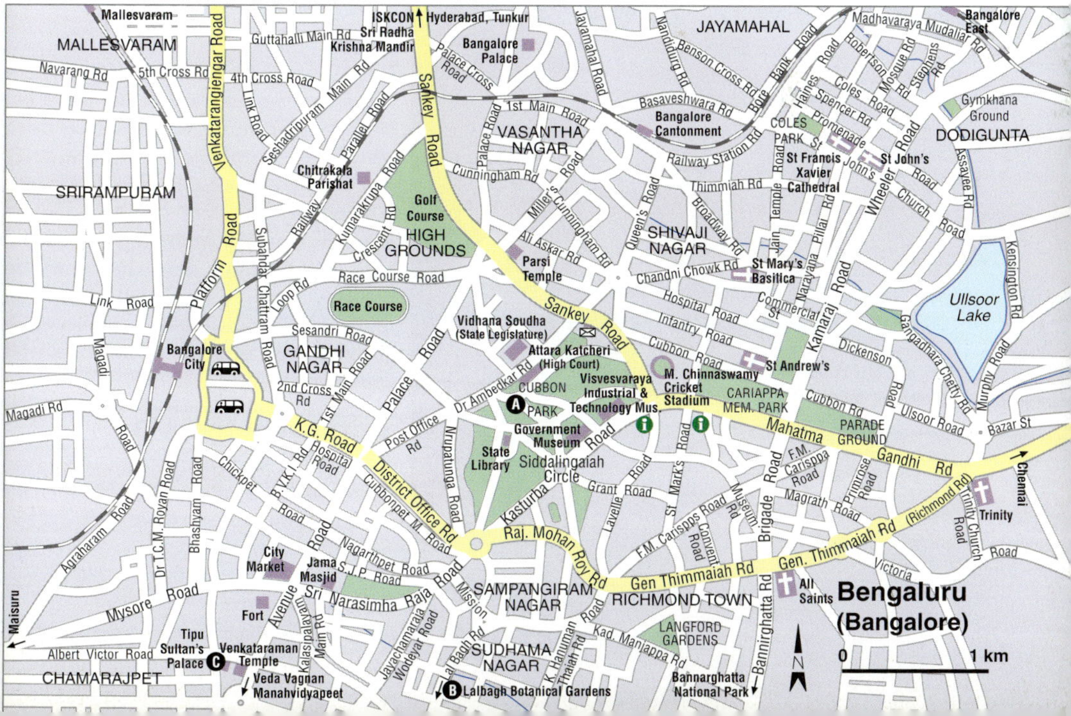

Bengaluru (Bangalore)

0 1 km

TIPP

Während des **Dasahra (Dussehra)-Festes** in Mysore wird der Palast von etwa 97 000 Glühbirnen illuminiert. Aus Umweltschutzgründen wurden die bislang verwendeteten 40-W-Birnen gegen 30-W-Versionen ausgetauscht, doch das tut dem spektakulären Anblick des Palastes, wie er sich in den Bassins spiegelt, keinen Abbruch.

Unten: Straßenszene in Maisuru

Kapitale eines eigenständigen Fürstentums ist heute eine betriebsame Stadt.

An den Abenden des zehntägigen Dasahra (Dussehra)-Festes ist der **Palast von Maisuru** hell erleuchtet. Die große, märchenhaft anmutende Residenz der Wodiyar-Dynastie wurde mit enormem finanziellem Aufwand 1912 von einem britischen Architekten im indosarazenischen Stil errichtet. Teile dienen dem gegenwärtigen Maharaja als Residenz. Innen erwartet den Besucher eine erstaunliche Mischung aus bunt bemalten Säulen, Glasmalereien, Türen mit reichem Schnitzwerk (eine davon mit Silber beschlagen) und gemeißelten Steinreliefs. Die Wände der weiten, achteckigen, und mit Kristalleuchtern und buntem belgischen Glas geschmückten Malyana Mandapa, der königlichen Hochzeitshalle, ziert ein interessantes Wandgemälde, das die große Dasahra-Prozession von 1930 darstellt. Es ist nach Fotos gemalt, vier Künstler arbeiteten 15 Jahre daran.

Das herausragende Schmuckstück des Palastes ist jedoch die offene, allseits von Kolonnaden umgebene Audienzhalle, in der der Maharaja Versammlungen abhielt und Besucher empfing. Vom äußeren Balkon bietet sich eine beeindruckende Aussicht auf die Stadt und das Umland.

Im Jaganmohan-Palast präsentiert die **Sri-Jayachamarajendra-Kunstgalerie** (geöffnet 8–17 Uhr) Gemälde aus dem 19. Jh., darunter Arbeiten von Raja Ravi Varma und Blattgoldmalereien im Mysore-Stil.

Die Fenster der im gotischen Stil gebauten **St. Philomenas Church** aus den 1930er-Jahren, eine der größten Kirchen Indiens, sind mit wunderschönen Glasmalereien versehen. Ein Pilgerweg mit unzähligen Stufen führt auf den **Chamundi Hill,** vorbei an einer mächtigen, monolithischen Statue Nandis, Shivas Reittier. Oben steht der **Chamundesvari-Tempel,** geweiht der Göttin Chamunda, der Schutzheiligen der früheren Herrscherfamilie und der ganzen Stadt. Der Blick von oben auf die Stadt und die umliegende Gegend ist beeindruckend.

Im Bereich der Savaji Rao Road sind zahlreiche Geschäfte und Restaurants angesiedelt. Ein Spaziergang führt zum **Devaraja Market** mit Blumen, Früchten, Weihrauch, Räucherstäbchen, Gewürzen und zu steilen Kegeln geformten, satt-bunten Pigmenten *(kumkum).*

Maisuru ist auch berühmt als Zentrum der Seidenweberei. In der 4 km von der Stadtmitte gelegenen, staatlich geführten **Karnataka Silk Industries Factory** (geöffnet Mo–Sa 10–12 und 14–16 Uhr) kann man den Arbeitern an den riesigen Webstühlen zusehen. Im Ausstellungsraum der Fabrik sowie in den Läden am K. R. Circle und entlang der Mandavadi Road werden goldgesäumte Saris aus feinem Brokat und Seide vom Meter verkauft.

Srirangapatnam ❸

14 km von Mysore nehmen die Überreste von Tipu Sultans alter Hauptstadt Srirangapatnam eine Insel im Fluss Kaveri ein. Die Stätte wurde nach dem im 8. Jh. erbauten Sri Ranganathaswamy-Tempel benannt, der erstaunlicherweise all die Schlachten, die in seiner Nähe

 Karte auf Seite 348

ausgetragen wurden, heil überstanden hat. Die Insel ist der zweite große südliche Vishnu-Pilgerort neben Srirangam in Tamil Nadu. 1 km östlich des Tempels steht der ursprünglich als Gästehaus dienende Sommerpalast der Tipu Sultans, **Daria Daulat.** Der niedrige Kolonnadenbau ist im Inneren geschmückt mit Säulen in Tigerstreifen-Muster und äußerst interessanten Wandmalereien. Eines der Wandgemälde verklärt den historischen Sieg Tipu Sultans bei Puliyur über die Briten im Jahr 1780. Der große Herrscher und sein Vater sind im 3 km östlich gelegenen **Mausoleum (Gumbaz,** geöffnet täglich 10–17 Uhr) begraben. Das quadratische, im Bijapur-Stil erbaute Grabmal trägt eine Kuppel aus verputztem Ziegelmauerwerk. Geschnitzte Türen aus Rosenholz mit feinen Elfenbein-Intarsien führen ins stille Innere des Grabes, das mit den für Tipu Sultan charakteristischen Tigerstreifen ausgemalt ist.

Die Hoysala, Herrscher über Zentral-Karnataka vom 11. bis zum 13. Jh., errichteten überall in ihrem Gebiet einzigartig reich verzierte Tempel in einer Mischung aus nördlichen und südlichen Stilen der Hindu-Architektur. Das beste Beispiel für ihre Bauweise findet man beim Dorf **Somnathpur** ❹, 35 km östlich von Mysore. Wie viele Hoysala-Tempel hat auch der **Keshava-Vishnu-Tempel** (geöffnet täglich 9 bis 17 Uhr) einen sternförmigen Grundriss und ruht auf einem hohen Podest. Was ihn aber besonders auszeichnet, sind die überaus feinen Steinmetzarbeiten. Prächtige, aus glänzendem Steatit (Speckstein) gehauene Darstellungen der Gottheiten schmücken die Außenmauer des Schreins. Wunderschön sind auch die Decken in der Haupthalle.

Das Biosphären-Reservat der Nilgiri-Berge

Das abgelegene Bergland beidseits der Grenze zu Kerala, tief im Südwesten Karnatakas, umfasst ein Gebiet mit außerordentlich reicher Artenvielfalt. In den dichten, immergrünen und laubwechselnden Wälder der Westghats wächst ungefähr ein Drittel der Blütenpflanzen ganz Indiens; dazu leben hier Großtierarten wie Zibetkatzen, Wildrinder *(gaur)*, Elefanten und Restbe-

Treppenabgang zur Loggia am Eingang von Tipu Sultans Palast

Unten: Portal zum Palast des Maharajas in Maisuru

DER TIGER VON MYSORE

Tipu Sultan (1750–1799), der gefürchtete muslimische Herrscher über den Staat von Mysore, war berühmt-berüchtigt für seine tollkühnen Feldzüge, die – wie auch jene seines Vaters Hyder Ali – eine ständige Bedrohung der Interessen der East India Company im tiefen Süden Indiens darstellten. Früh schon lernte Tipu, dass den Europäern am besten mit ihren eigenen Strategien und Waffen beizukommen ist. Mit Unterstützung Frankreichs stellte er eine gut ausgebildete und bestens bewaffnete Infanterie, Kavallerie and Artillerie auf und errang während der vier Mysore Wars zahlreiche überwältigende Siege.

Tipu Sultan hat die Briten traumatisiert – er gehört zu den wenigen indischen Heerführern, die einem unterlegenen britischen General Bedingungen diktieren konnten. Erst 1799 gelang es einer 30 000 Mann starken Streitmacht unter dem Befehl von General Arthur Wellesley (der für seinen späteren Sieg über Napoleon bei Waterloo zum Duke of Wellington ernannt wurde), ihn in seiner Hauptstadt Srirangapatnam zu schlagen, wobei Tipu Sultan selbst ums Leben kam. Von den Franzosen in letzter Minute im Stich gelassen fiel der »Tiger von Mysore« beim Versuch, eine Lücke in den Mauern der Festung zu verteidigen. Sein Palast wurde geplündert. Einige der Beutestücke stehen heute im Victoria and Albert Museum in London.

Aus den Wäldern von Karnataka stammen 90 % des indischen Sandelholzes. Der Duft des seltenen Holzes ist bei vielen Hindu-Ritualen zu riechen und findet in der ayurvedischen Medizin Verwendung. Zwar hat die indische Forstverwaltung das Monopol, doch wird wegen der hohen Preise auch vieles illegal geschlagen, was die wenigen noch vorhandenen Vorkommen stark dezimiert.

Unten: Aufwendige Skulptierung in Halebid
Unten rechts: Garuda am Tempel von Belur

stände von Tigern. Leider wird die Natur aber zunehmend durch Staudämme, Straßenbau, Überweidung und illegale Abholzung bedroht.

Das ausgedehnte **Nilgiri-Biosphären-Reservat ❺**, das den größten geschützten Wald des Subkontinents umfasst, entstand aus der Zusammenlegung von fünf Nationalparks.

Zwei davon – **Nagarhole** und **Bandipur** – liegen in Karnataka und sind von Mysore aus leicht erreichbar.

Bandipur wird häufiger besucht. Hier kann man am Fuß des 1455 m hohen Bergs Gopalswamy Betta Trekking-Touren oder Jeep-Safaris unternehmen. Eine Chance, Großwild zu sehen, hat man aber praktisch nur gegen Ende der Trockenzeit von Ende Februar bis in den Mai hinein.

Das im Norden gelegene Nagarhole wurde in den 1990er-Jahren von Waldbränden heimgesucht, als der Streit über die Weiderechte zwischen der Forstverwaltung und den ansässigen Stämmen in einer Serie von Brandstiftungen eskalierte. Von den Folgen hat sich die Tierwelt noch nicht wieder vollständig erholt.

Nach Sravanabelagola

Hassan (118 km nordwestlich von Mysore) ist ein guter Ausgangspunkt für den Besuch der äußerst sehenswerten Hoysala-Tempel von **Belur** und **Halebid ❻**, die mit überaus feinen Reliefs reich verziert sind und die zu den schönsten in Indien zählen.

Im Gegensatz dazu liegt der Reiz des heiligen Jain-Wallfahrtsortes **Sravanabelgola ❼** vielmehr in seiner Anlage und der atemberaubenden Größe der hier unter freiem Himmel stehenden Statue des Jaina-Heiligen Gommateshvara. Die etwa 50 km östlich von Hassan gelegene Stadt ist der wichtigste Jain-Pilgerort Südindiens. Die mit 18 m wohl höchste freistehende Statue der Welt ist Mittelpunkt des alle 12 Jahre (zuletzt 2005) stattfindenden Mahamastakabhisheka-Festes an dessen Ende nach einem einwöchigen Ritual die Statue von einem extra um sie herum errichteten Gerüst aus (bzw. 2005 von einem Hubschrauber aus) mit einer riesigen Menge der fünf heiligen Flüssigkeiten (Milch, Butterfett, Wasser, Joghurt und Sandelholzwasser) übergossen wird.

Hampi ❽

Im Norden Karnatakas liegt an den Ufern des Flusses Tungabhadra die verlassene Stadt Hampi in einer mit Ruinenfeldern und gewaltigen Findlingen übersäten Landschaft. Vom 14. bis zum 16. Jh. war Hampi die Hauptstadt des mächtigen Reiches Vijayanagar. Nach der Niederlage von Vijayanagars Armee gegen die Truppen der vereinten zentralindischen Sultane wurde die Stadt 1565 zerstört. Seine Tempel und Paläste sind heute UNESCO-Weltkulturerbe. Die Stadt, deren sagenhafter Wohlstand auf effizienter Verwaltung und Gewürz- und Baumwollhandel basierte, soll einmal eine halbe Million Einwohner gezählt haben. Zu den Sehenswürdigkeiten gehören die Tempel **Vittala, Virupaksha, Krishna** und **Hazara Rama** sowie die Überreste des königlichen Palastes mit dem **Lotos Mahal** und der **Mahanavami Plattform,** auf der das wichtigste königliche Fest, Dasahra, gefeiert wurde.

Badami und Aihole

Auf dem von Felsen übersäten Tafelland im Nordwesten Karnatakas finden sich unzählige Zeugnisse der mächtigen Chalukya-Dynastie, die das Gebiet und sogar fast ganz Südindien zwischen dem 6. und 8. Jh. beherrschte. Bei **Badami**, das etliche Stunden Busfahrt nördlich von Hospet liegt, schneidet eine Schlucht tief in die hügelige Sandsteinlandschaft. Die Felswände sind regelrecht pockennarbig von den vielen Höhlentempeln (geöffnet Sonnenauf- bis Sonnenuntergang; Eintritt). Weitere Tempelruinen mit schön gearbeiteten Verzierungen häufen sich an den Ufern des Agastya-Sees, der als Trinkwasserspeicher wohl schon im 5 Jh. am Fuß der östlich der Stadt verlaufenden Schlucht angelegt wurde.

Man braucht eineinhalb Stunden mit dem Bus von Badami nordwärts nach **Aihole** ❾ an der uralten Grenzlinie zwischen der nordindischen und südindischen Kultur. Die archäologischen Reste in der Gegend dort stammen aus einer Zeitspanne von 600 Jahren und enthalten nicht weniger als 125 alte Heiligtümer, die deutlich beide Einflüsse zeigen.

Gleiches gilt für das nahegelegene **Pattadakal,** das seit dem 6. Jh. Krö-

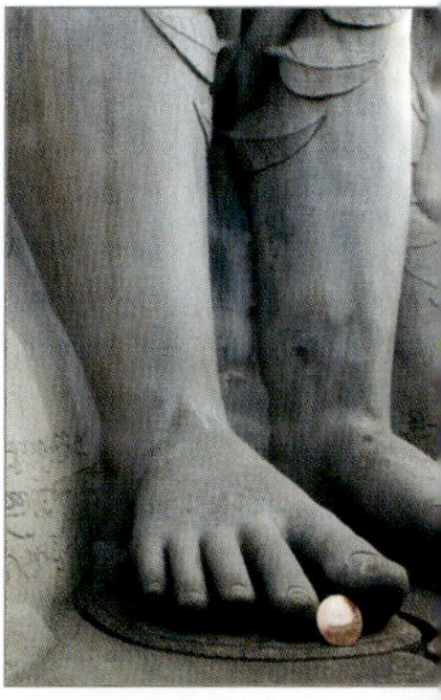

Die riesige, 18 m hohe Statue in Sravanabelagola

Unten: Blick auf die Jain-Pilgerstätte Sravanabelagola

nungsstätte der Chalukya-Herrscher war. Seine großartigsten Überreste sind eine Gruppe von Tempeln, die – deutlich beeinflusst von den Pallava-Heiligtümern von Kanchipuram in Tamil Nadu – zur Zeit ihrer Errichtung wahrscheinlich die größten und am reichsten verzierten ganz Indiens waren.

TIPP

Von Bijapur (132 km nördlich) bzw. Hubli-Gadag (80 km südlich) verkehren täglich fünf bis sechs **Züge** einer Schmalspur-Bahn nach Badami. Man kann aber auch den **Bus** von Hospet nehmen: Eine holprige sechsstündige Fahrt durch die Baumwollplantagen Karnatakas.

Karnatakas Norden

Die Region zwischen den Flüssen Krishna und Tungabhadra im äußersten Norden Karnatakas besteht aus einem sehr trockenen Hochplateau – einem Teil des Dekkan-Hochlands –, auf dessen schwarzen, vulkanischen Böden der Großteil der indischen Baumwolle wächst.

In diesem Grenzgebiet gründeten die Gouverneure des Delhi-Sultanats ab dem 14. Jh. eigene muslimische Reiche, als die Macht ihrer Oberherren immer schwächer wurde. Sie wurden zu den größten Gegnern der Könige von Vijayanagar. Später wurde das Gebiet weitgehend in das Mogulreich eingegliedert. Nach dem Ende der Mogulmacht wurde die Region eine wichtige Basis der Marathen.

TRADITIONELLE UNTERHALTUNG

Unvergesslich bleibt eine Nacht, in der man, unter freiem Himmel auf einer Strohmatte sitzend, Karnatakas Volkstheater **Bayalata** verfolgt. Das Spektakel über die Taten von Helden und Heldinnen der indischen Epen dauert oft vom frühen Abend bis Sonnenaufgang. Es zeigt eine Mischung aus Musik, Tanz und Schauspiel und bringt einen sehr wahrscheinlich mit geselligen Menschen zusammen, die die Inhalte kennen und ihr Wissen mit Vergnügen teilen.

Sobald die Felder bewässert sind, beginnt ein anderes Schauspiel, das nur Karnataka zu bieten hat: die alljährliche Attraktion der **Kambala** (Büffelrennen). Auf den Reisfeldern messen sich jeweils zwei Wasserbüffel, von muskulösen Männern gelenkt. Die Männer kauern zunächst regungslos auf einem Holzgerüst, in das die Tiere eingespannt sind. Dann plötzlich springen sie auf, lassen ihre Peitschen knallen, und die mächtigen Tiere preschen schnaufend los. Ihre Hufe wühlen den schlammigen Boden auf und spritzen Wasserfontänen in die heiße Luft. Auf den Sieg wird hoch gewettet, und die Atmosphäre knistert vor Spannung.

Die Kontrolle über den Seehandel an der Konkan-Küste und einige erfolgreiche Feldzüge gegen das wohlhabende Vijayanagar-Reich brachten den Sultanaten des Dekkan mit der Zeit genügend Reichtum ein, sodass sie ihre Städte hervorragend befestigen konnten und schöne Plätze, Moscheen und Gräber anlegten. Die großartigste und am besten erhaltene unter ihnen ist **Bijapur** ❿, das oft wegen der Größe und der Meisterschaft der Verzierung seiner Bauwerke als Agra des Südens oder Palmyra des Dekkan umschrieben wird. Bijapurs Blütezeit fällt in die Herrschaft Adil Shahs II. (1627–1657), nach der Eroberung eines großen Teils von Vijayanagar. Sein Grab, das gewaltige **Gol Gumbaz,** ist das auffälligste Gebäude der Stadt (wenn nicht ganz Südindiens) und erinnert an die Macht des Herrschergeschlechts, die sich auf ihrem Höhepunkt über fast den ganzen Süden des Subkontinents erstreckte.

Das andere berühmte Grabmal Bijapurs, **Ibrahim Rauza** (geöffnet Sonnenauf- bis Sonnenuntergang; Eintritt), ist ein architektonisches Juwel und in einem viel kleineren Maßstab konzipiert. Es liegt in einem ummauerten Gelände auf der anderen Seite der Stadt und wurde vermutlich von der Frau des Sultans Ibrahim Adil Shah (1580–1626) in Auftrag gegeben. Seine schlanken Minarette, Springbrunnen und schön gewölbten Kuppeln schmücken ein Paar von Zwillingsgräbern, die sich von den gegenüberliegenden Seiten einer Säulenplattform aus ansehen.

Die ersten Herrscher, die den gesamten Dekkan unter ihre Kontrolle bringen konnten, waren die aus Afghanistan eingewanderten Bahmani. In ihrer ehemaligen Hauptstadt **Gulbarga** ⓫ stehen die Ruinen einer von Allauddin Bahmani gegründeten Festung. Zu der mehrere Hektar großen Anlage gehört auch die ihrem Stil nach an die Moschee von Córdoba (Spanien) erinnernde **Jami-Moschee.** Die Bögen und Pfeiler im Inneren sind so angeordnet, dass die Kanzel von jeder Stelle der Halle aus unverdeckt zu sehen ist.

Das meistbesuchte Bauwerk in Gulbarga ist aber das **Grab von Saiyid Muhammad Husaini Gisu Daras** am Nordostende der Stadt. Der Sufi-Heilige – heute liebevoll Bandah Nawaz genannt – war der spirituelle Mentor der Bahmanis und starb über hundertjährig im Jahr 1422. Sein Grab war in allen Zeiten danach das wichtigste Objekt der muslimischer Verehrung im Dekkan.

Nur wenige Reisende fahren bis nach **Bidar** ⓬ in den Nordosten. Dabei finden sich hier einige der bezauberndsten islamischen Relikte Südindiens. Die Stadt liegt 284 km nordöstlich von Bijapur und 136 km von Hyderabad entfernt und begann ihren Aufstieg ab 1420 nach dem Tod von Bandah Nawaz und dem darauf folgenden Niedergang der Bahmani-Dynastie. Wälle und Befestigungen von 10 km Länge umgeben am Nordrand der Stadt ein Gelände mit zerbröckelnden Palästen und Moscheen. Manche davon weisen schöne Perlmuttintarsien im Mauerwerk und prächtige Holzschnitzarbeiten auf. Von hier bietet sich zudem ein herrlicher Blick auf die Umgebung. Das alte Viertel südlich davon wird vom mit Kacheln verkleideten Minarett einer Koranschule beherrscht, deren Fassade islamische Kalligraphie und bunte Keramik schmücken.

Die Konkan-Küste

Der schmale Küstenstreifen, der die Westghats vom Arabischen Meer trennt, heißt Konkan oder Dakshini Kannada. Er unterscheidet sich in vieler Hinsicht vom restlichen Karnataka: Man spricht eine eigene Sprache (Konkani), isst viel Fisch und blickt auf eine lange Geschichte des Kontakts mit ausländischen Händlern und Eindringlingen zurück. Dank der gut ausgebauten Küstenstraße (NH 17) und der endlich fertig gestellten Konkan-Bahnlinie kann man heute die Küste viel bequemer bereisen, als das früher wegen der langsamen Fährboote über viele Flüsse möglich war.

Die Hafenstadt **Mangalore** nahe der Grenze zu Kerala ist weitestgehend uninteressant, weshalb die bedeutende Pilgerstadt **Udupi** ⓭ das erste Ziel auf einer Reise entlang der Konkan-Küste sein sollte. Im Zentrum steht der vom

SHOPPING

In den Basaren in den Gassen der Altstadt von Bidar südlich der Festung findet man noch die Werkstätten von Handwerkern, die sich auf die heute seltene **Kunst des bidri** verstehen. Diese Damaszener-Technik wurde ursprünglich von persischen Silberschmieden erfunden und kam im 15. Jh. mit den Bahmanis in die Region. Die silbernen Blumenmotive auf schwarzem Hintergrund schmücken so manches, von Vasen bis Betelnussdosen. Die besten *bidri*-Werkstätten liegen in der Siddiq Talim Road.

Unten: Om Beach, Gokarna

ESSEN

Die Brahmanen-Köche des Krishna Tempels in Udupi haben angeblich Südindiens beliebtesten Snack erfunden – das **masala dosa:** In der Pfanne knusprig gebratene Pfannkuchen aus halbfermentiertem Reis- und Linsenmehl. Die *dosas* sind aber nur eines der leckeren, rein vegetarischen Gerichte, die in den sehr sauberen Udupi-Cafés überall im Land angeboten werden.

Hindu-Heiligen Madhava im 13. Jh. gegründete Krishna-Tempel inmitten des Quadrates eines großen Basars. Der Ort ist berühmt für die Feierlichkeiten im Januar und Februar, wenn riesige hölzerne Wagen mit zwiebelförmigen Kuppeln, die von bunten Stoffplanen bedeckt sind, von den Gläubigen um den heiligen Bezirk gezogen werden.

Ähnliche Rituale finden mehrfach im Jahr auch in **Gokarna** ⓮ statt, einer weiteren alten Tempelstadt der Hindus. Im Unterschied zu Udupi sind die Heilgtümer hier nicht Vishnu, sondern Shiva und seinen Nebengottheiten geweiht. Nach einem reinigenden Untertauchen im von Treppen gesäumten **Kooti-Theerta-Bassin** auf der Ostseite der Stadt pilgern die meisten Gläubigen zum **Mahabaleshwar-Tempel** im westlichen Teil der Hauptstraße.

Gokarna ist auch eine beliebte Anlaufstelle für Aussteiger aus westlichen Ländern, die gerne an einer der vielen zu Fuß oder mit einem Boot erreichbaren sandigen Buchten auf der anderen Seite der Landzunge einen längeren Aufenthalt einlegen. Neuerdings werden auch mehr und mehr Luxushotels an den Flanken der Hügel über dem pittoresken **Om Beach** gebaut. Doch der Wandel in dieser standhaft traditionellen Gegend Indiens verläuft langsam und läßt Besucher noch viel von dem beschaulichen ländlichen Leben genießen.

Eine viel besuchte Attraktion sind die **Jog Falls** ⓯ südlich von Gokarna, wo der Shiravati-Fluss in zahlreichen Kaskaden, umhüllt von Gischtschleiern, ins Tal hinabstürzt. Die Fälle ziehen die meisten Besucher nach der Monsunzeit ab September an, wenn der Wasserstand am höchsten ist.

Andhra Pradesh

Viele alte Staaten haben ihre Spuren im Bundesstaat Andhra Pradesh an Indiens Ostküste hinterlassen. Tempel, Paläste und die Grundmauern von Festungen bereichern die Landschaft und zeugen von grandioser Architektur.

Geologisch gehört Andhra Pradesh zu den ältesten Teilen des Subkontinents. Die Landschaftsformen sind vielfältig: Hügelketten, felsige Plateaus,

Unten: Ghats in Gokarna

fruchtbare Flusstäler, eine lange Küstenlinie. Das Klima wird bestimmt durch zwei Extreme, die oft verheerende Schäden verursachen: Die fast das ganze Jahr andauernde trockene Hitze wird nur unterbrochen durch die Monsun-Monate, wenn die Flüsse ansteigen und über die Ufer treten. Zu den schlimmsten Überschwemmungen seit 50 Jahren kam es 2000, während in den extrem heißen Sommern 2002 und 2003 Menschen auf den Straßen starben. Im Okt./Nov. ziehen Zyklone auf und verheeren mitunter die Küstenzone. Auch der Tsunami hatte 2004 seine Auslaufzone in Andhra Pradesh. Dabei kamen 105 Menschen ums Leben.

Andhra Pradesh wurde 1956 durch die Vereinigung des Telugu-Sprachraums der britischen Madras Presidency mit dem Territorium des früheren Fürstenstaates Hyderabad gebildet. Buddhismus, Hinduismus und Islam erlebten in der Region Blütezeiten, die sich bis heute in der Architektur spiegeln. Besonders wichtig waren die buddhistischen Shatavahanas in den ersten nachchristlichen Jahrhunderten und die Mogulprovinz Hydarabad.

Andhras Kultur

Die im Bundesstaat am weitesten verbreitete Sprache Telugu hat eine so ebenso reiche Literatur wie das Sanskrit. Davon künden die *padyam:* kraftvolle und bilderreiche Prosaerzählungen über das ländliche Leben und die dortigen Sitten und Feste. Andhras traditioneller erzählerischer Tanzstil *kuchipudi* gilt als Ableger des *yaksagana*-Theaters.

Viele geschickte Handwerker haben sich auf Holzschnitzarbeiten spezialisiert und erzeugen lackierte oder bemalte Puppen. Auf Wasserpfeifen, Vasen, Schachteln und Schmuck bezaubern Einlegearbeiten in Silber- oder Golddrahtdekor aus Bidar (die sogenannte Bidri-Ware). Die Weber haben lokale Web- und Färbetechniken entwickelt und sind berühmt für ihre reich verzierten Brokat-, Seiden- und *himru*-(Baumwoll-Seiden-)Gewebe.

Hyderabad-Secunderabad

Hauptstadt von Andhra Pradesh ist **Hyderabad** ⑯, mit über 4 Mio. Einwohnern (sogar 6 Mio. im Ballungsgebiet) Indiens sechstgrößte Metropole.

Frisches Kokoswasser direkt aus der Frucht erfrischt angenehm

Links: Gokarna
Unten: Reisfelder im Araku-Tal

Belebte Straßen umgeben den Charminar in Hyderabad

Wegen akuter Wasserknappheit und Platzmangels verlegte Sultan Mohammed Quli aus der Qutb-Shahi-Dynastie 1591 seine Hauptstadt vom 11 km westlich gelegenen **Golkonda** nach Hyderabad, an die Ufer des Flusses Musi. 1687 brachte Mogul Aurangzeb die Dynastie zu Fall und ernannte den General Asaf Jahi zum Nizam (Vizekönig). Dessen Dynastie herrschte bis zum Jahr 1949 in Hyderabad.

Der siebte und letzte Nizam, Osman Ali Khan (1911–1950), galt als Exzentriker. Seinen ungeheuren Reichtum sollen Diamanten wie der sagenumwobene Kohinoor und der Stern Indiens begründet haben. Seine Vorfahren hatten ihm viele Edelsteine hinterlassen, die in den Diamantminen von Golkonda im 17. Jh. gefunden worden waren.

Nach der Unabhängigkeit plante Ali Khan eine Union mit Pakistan und verfolge dieses Ziel bis 1949, als die Unruhen in Hyderabad der indischen Armee den Vorwand zur Invasion lieferten.

Das seit seiner Gründung als kosmopolitisches Zentrum von Lehre und Kunst gerühmte alte Hyderabad wird durch den See **Hussain Sagar** von seiner modernen Zwillingsstadt **Secunderabad** getrennt. Die Metropole von Handel und Industrie gehört zu den berühmten Verarbeitungszentren für Perlen aus dem Mittleren Osten, Japan und China. Sie gilt als südindisches Zentrum des Islam, doch zugleich steht am Seeufer eine der größten Buddhastatuen der Welt.

In den letzten Jahren entwickelte sich Hyderabad zusammen mit Bengaluru zum Zentrum der indischen Hi-Tech- und Software-Industrie. Teure Villen und grelle Einkaufspassagen beherrschen jetzt die Stadtteile Banjara und Jubilee Hills, wo das neureiche Bürgertum wohnt. Etwas weiter draußen haben internationale Konzerne wie Microsoft oder Oracle ihre modernen Glaspaläste hochgezogen – ein scharfer Kontrast zu den engen Gassen um den Charminar und zur unerbittlichen Armut des Umlandes.

Die Altstadt

Die Mahatma Gandhi Road verläuft quer durch Hyderabad; vorbei an den Einkaufsparadiesen im Bereich des Abids Circle zum Tank Bund (einer be-

Unten: Einheimische in Hyderabad

Karte auf Seite 348/361

liebten Promenade am See) und weiter nach Secunderabad. Im Bereich der alten ummauerten Stadt steht Hyderabads berühmteste Sehenswürdigkeit: der **Charminar** Ⓐ, was soviel heißt wie vier Minarette. Das quadratische Bauwerk mit vier 56 m hohen Türmen soll 1591 zum Dank für das Ende einer Pestepidemie errichtet worden sein. Es ist mit einem gelbem Gemisch aus pulverisiertem Marmor, Reismehl und Eigelb verputzt. Im zweiten Stock befindet sich eine kleine Moschee, in der einst die Kinder der Herrscherfamilie den Koran studierten.

Gegenüber steht mit der **Mecca Masjid** eine der größten Moscheen Indiens; die roten Ziegel über dem zentralen Bogengang des Bauwerks aus schwarzem Granit sollen aus Mekka stammen.

Um den Charminar herum erstrecken sich alte Basare mit engen Gassen, in denen in winzigen Läden Gewürze, Tabak, Reis, parfümierte Öle und lokale Spezialitäten wie die kernlosen Anabshahi-Trauben angeboten werden. Auf dem **Perlenmarkt** werden Perlen nach Gewicht, aber auch fertiger Schmuck verkauft. Hier findet man filigranen Silberschmuck, mit Spiegeln besetzte Stammestrachten, Lack-Armreifen, Brokatstoffe, Artikel aus Sandelholz und Messing sowie *bidri*-Ware. Östlich des **Lad Bazaar,** dem traditionellen Zentrum für Brautschmuck, liegt ein Komplex mit Palästen des Nizam.

Am Südufer des Musi-Flusses befindet sich die weltweit größte private Kunstsammlung: Das **Salar Jung Museum** Ⓑ (geöffnet Sa–Do 10–17 Uhr; Eintritt). Salar Jung war Minister am Hof des Nizam. Seine enorme, über 43 000 Kunstgegenstände und gut 50 000 seltene Bücher umfassende Sammlung enthält auch viel europäische Kunst und einige wundervoll ornamentierte islamische Manuskripte. Besonderes Augenmerk verdient die große Sammlung von Mogul-Jade.

Der prominent auf einem Hügel erbaute, neoklassizistische **Falaknuma-Palast** aus dem Jahr 1884 diente den Nizams als königliches Gästehaus. Das Gebäude mit seinem opulenten Inneren wird bald zu einem Luxushotel umgebaut.

Das Qutb-Shahi-Grabmal zwischen Hyderabad und Golkonda

Armreifen auf einem Stand im Basar von Hyderabad. Die Stadt ist bekannt für ihre Glasarmreifen.

Unten rechts: Blick von der Festung Golkonda nach Hyderabad

Weitere Sehenswürdigkeiten

Sehenswert sind der **Bagh-e-Aam** (Öffentliche Gärten) mit dem staalichen **Archäologischen Museum** Ⓒ (geöffnet 10.30–17 Uhr, Fr geschlossen) im reich verzierten Gebäude der **Legislative Assembly**. Die Ausstellung von mittelalterlichen Chalukya- und Kakatiya-Skulpturen ist besonders sehenswert.

Zum Sonnenuntergang empfiehlt sich ein Abstecher zum **Kala Pahad** (Schwarzer Berg), auf dessen Anhöhe der **Birla-Venkateshwara-Tempel** steht, und zum **Planetarium** (geöffnet täglich 10.30–20.30 Uhr; Eintritt) auf dem Hügel nebenan.

Hyderabads Zoo, der 120 ha große **Nehru Zoological Park,** soll angeblich einer der besseren in Indien sein. Dennoch sind auch hier die Lebensbedingungen der Tiere eher deprimierend.

Wenn man die Stadt in Richtung der Festung Golkonda verlässt, kommt man zum Friedhof der Qutb Shahi-Herrscher. Deren **Grabmale** Ⓓ (geöffnet 9–16.30 Uhr, Fr geschlossen; Eintritt) sind bemerkenswerterweise alle in ähnlichem Stil erbaut, obwohl sie aus den unterschiedlichsten Epochen stammen. Alle sind mit Stuck verziert und tragen eine mehr oder weniger zwiebelförmige Kuppel, die aus dem Kelch einer Lotusblüte emporwächst. Die meisten Gräber sind aus schwarzem Basalt erbaut und tragen kalligraphische Inschriften. Im Zentrum des umfriedeten Bezirks liegt der von Sultan Quli erbaute **Hamam.** Das einfache Innere des Badehauses besitzt eine wunderschön gekachelte Plattform.

In den äußersten Randgebieten von Hyderabad liegt die **Ramaji Film City.** Man kann dieses Zentrum der Telugu-Filmindustrie (die größte Filmproduktionsanlage der Welt!) mit Führungen besuchen (täglich 9–17.30 Uhr).

Die Umgebung von Hyderabad

Die wichtigste Sehenswürdigkeit außerhalb von Hyderabad ist die **Festung Golkonda** Ⓔ (siehe links unten).

Schöne Ausflüge führen auch in das für seine Saris und die Ikat-Webereien bekannte Dorf **Pochampalli** (50 km östlich von Hyderabad) und nach **Warangal** ⓱ (145 km nordöstlich), das im 12./13. Jh. Hauptstadt der hinduisti-

GOLKONDA

Die gewaltige Festung (tgl. 10–16.30 Uhr; Eintritt), die sich auf einem steilen Granitberg 11 km westlich von Hyderabad erhebt, geht auf die im 16. und 17. Jh. herrschende Qutb-Shahi-Dynastie zurück und galt als uneinnehmbar. 1590 wurde Hyderabad neue Hauptstadt. Der letzte Sultan benutzte Golkonda noch als Bastion gegen die einfallende Mogul-Armee. Die Anlage wurde von gewaltigen Mauern mit 87 halbkreisförmigen Bollwerken und acht mit Eisenstacheln besetzten Toren zur Abwehr von Angriffen mit Kriegselefanten gesichert. Die erhaltenen Anlagen vermitteln einen Eindruck von der damaligen Pracht der Palast- und Gartenanlagen. Die Akustik war hervorragend, es gab fließend heißes und kaltes Wasser, natürliche Luftströmungen wurden zur Kühlung genutzt. Edelsteine schmückten die Wände der Frauengemächer, und in einem kupfernen Springbrunnen sprudelte Rosenwasser. Vom höchsten Punkt der Anlage hat man einen spektakulären Blick auf die Stadt, von der aus die Festung per Bus oder Autoriksha leicht erreichbar ist.

schen Kakatiya-Dynastie war. Es ist berühmt für die längst verlassene, von zwei Mauern und Wassergraben umgebene Festung aus massiven Ziegel- und Lehmquadern. Auf den Hügeln in und um Warangal stehen Shiva-Tempel aus der Chalukya-Zeit.

166 km südlich von Hyderabad liegen Damm und Stauasee von **Nagarjunakonda Sagar** ⓲. Der 1960 gebaute See überschwemmte ein Tal, in dem mehrere alte Zivilisationen siedelten. Rekonstruktionen bedeutender buddhistischer Bauwerke und Bildhauereien sind im Museum (9–16 Uhr, Fr. geschl.) zu sehen. Es wurde auf einer Insel im See errichtet, die vor der Flutung die Spitze eines 200 m hohen Hügels war. Von 9.30 Uhr bis 13.30 Uhr legen Boote in Vijayapuri zur 45-minütigen Überfahrt auf die Insel ab. Das letzte Boot kommt um 16.30 Uhr zurück (der Fahrpreis ist im Eintritt zum Museum enthalten).

Im Osten von Nagarjunakonda, kurz vor der Mündung des Tungabhadra in den Krishna-Fluss zieht der wichtige Wallfahrtsort **Srisailam** (Heiliger Hügel) viele Pilger an. Hier stehen acht Tempel sowie ein Museum mit Alampuri-Skulpturen (Sa–Do 10.30–17 Uhr).

Vijayawada und Amaravati

Von der alten Stadt **Vijayawada** ⓳ an den Ufern des Flusses Krishna (240 km östlich von Hyderabad) berichtet schon der altchinesische Reisende Hsiuan Tsang. Zwei Jain-Heiligtümer und die nahe gelegenen Höhlentempel, besonders aber der auf einen Hügel gebaute **Kanakadurga-Tempel** zeugen von ihrer langen Vergangenheit.

Das Handelszentrum ist eine gute Basis für den Besuch der 30 km westlich gelegenen frühbuddhistischen Siedlung **Amaravati** ⓴, in der die erhaltenen Anlagen des 2000 Jahre alten Großen Stupa reich mit Darstellungen aus dem Leben des Buddha verziert sind. Die meisten Reliefs von Amaravati befinden sich zwar im Government Museum in Chennai und im Britischen Museum in London, einige sind aber auch im kleinen **Museum** der Stadt zu sehen (geöffnet 9–17 Uhr, Fr geschlossen; Eintritt).

Ein lohnender Abstecher quer durch das schöne Krishna-Godavari-Delta

Buddha-Statue am Nagarjunakonda Sagar

Unten: Die Festung Golkonda nahe Hyderabad

Der in Puttaparthi geborene Guru Shirdi Sai Baba ist eine sehr umstrittene Figur. Nicht nur wegen der Vorwürfe, die von Ehebruch bis Mord reichen, sondern auch wegen des enormen Reichtums, die seine Hindu-Sekte von ihren Tausenden von Anhängern erwirbt.

führt in den 70 km östlich gelegenen Küstenort **Machilipatnam**, Heimat der im traditionellen *kalamkari*-Verfahren bedruckten Stoffe.

Die Nordostküste

Indiens viertgrößter Hafen **Vishakapatnam** ㉑, kurz Vizag genannt, ist Flottenstützpunkt und Schiffsbauzentrum. Guter Ausgangspunkt für die Erkundung der Küstenregion ist die von den Briten als Erholungsort angelegte Zwillingsstadt **Waltair** mit ihren schattigen Alleen.

Die beiden Berge im Norden und Süden, zwischen denen sich Vizag entlang einer wunderschönen Bucht ausbreitet, bieten außergewöhnliche Ausblicke. Besonders der vom Leuchtturm (geöffnet 15–17 Uhr; Eintritt) auf dem **Dolphin's Nose** (der südliche Berg) ist spektakulär. Auf dem Gipfel des **Kailasa Hill** im Norden liegt ein gepflegter Park mit Statuen von Shiva und Parvati. Mit der Seilbahn (täglich 11–13, 14–20 Uhr; an jedem 19. eines Monats geschlossen) kommt man mühelos nach oben. Schöne Strände haben **Rishikonda** (10 km) und das von Holländern gegründete **Bhimunipatnam** (24 km).

Simhachalam mit einem Hindutempel im Orissa-Stil aus dem 13. Jh. und heißen Quellen liegt in den waldigen Ostghats. Im 70 km landeinwärts gelegenen Kalksteingebiet des **Araku Valley** beeindrucken die **Borra Caves** ㉒ (geöffnet 10–13, 14–17.30 Uhr; Eintritt) mit wundervollen Stalaktiten und Stalagmiten. Durch die Höhlen fließt der Gosthani-Fluss.

In Araku gibt es das **Museum of Habitat** (geöffnet 9–12.30, 13.30–17.30 Uhr; Eintritt), das eine faszinierende Ausstellung von Haushaltsgegenständen, Schmuck und Musikinstrumenten der Adivasi-Stämme des Gebiets zeigt, z.T. in Nachbildungen traditioneller Behausungen.

Andhras Süden

Zu den meistbesuchten und wohlhabendsten Wallfahrtsorten der Welt zählt **Tirupati** ㉓ auf dem Tirumala Hill mit dem **Venkateshwara-Tempel**. 60 000–70 000 Pilger finden alltäglich hierher. Der Zugang zum Tempel wird von der Tempelverwaltung (www.

Unten: Vishakapatnam hat einen der besten Stadtstrände Indiens

tirumala.org) perfekt organisiert; jedem Pilger wird ein Zeitpunkt zugewiesen, zu dem er sich an der langen Schlange anstellen darf. Dort wartet er noch etwa zwei Stunden, bis er endlich den Tempel betreten kann. Viele lassen sich für ein Gelübde oder aus Dank an eine Gottheit den Kopf scheren. Aus den abgeschnittenen Haaren werden Perücken hergestellt, die regional oder im Ausland verkauft werden. Der Tempel steht auch Nicht-Hindus offen; die steile Anfahrt führt über 57 Serpentinen hinauf und bietet schöne Aussichten.

In **Chandragiri**, 11 km entfernt von Tirupati, liegen die Überreste einer Provinzhauptstadt des Reiches Vijayanagar mit den beiden Palästen Raja Mahal und Rani Mahal aus dem 17. Jh., umgeben von einem Wassergraben und mächtigen Mauern (geöffnet täglich; Licht und Ton-Show um 19.30 Uhr; Eintritt).

13 km östlich von Hindupur ist die Tempelstadt **Lepakshi**. Der 1530 errichtete **Virabhadra-Tempel** ist berühmt für seine Wandmalereien; der größte **Nandi** Indiens befindet sich einen Kilometer entfernt.

Von einer ganzen Reihe von Festungen kann man die unwirtliche Umgebung überblicken. Besonderes Interesse verdient dabei **Penukonda**, 35 km nördlich von Hindupur, mit seiner mächtigen Mauer und einem Pavillon auf der Spitze des Berges.

Die Festung von **Gandikota** liegt östlich von Anantapur und balanciert auf einer Klippe über einer Schlucht des Flusses Pennar.

Puttaparthi an Andhra Pradeshs Südwestgrenze zu Karnataka ist der Geburtsort des spirituellen Führers Sai Baba (siehe Randspalte links und www.srisathyasai.org.in), der schon als Kind übernatürliche Fähigkeiten besessen haben soll. 1950 gründete er seinen Ashram Prasanthi Nilayam, der Anhänger aus aller Welt anzog.

Etwa 25 km nördlich von Gandikota liegt die Stadt **Tadpatri**, die man am einfachsten per Bahn von Chennai aus erreichen kann. Die beiden Tempel **Ramalingesvara** und **Venkataramana** stammen aus dem 15. bzw. 16. Jh., der Zeit des Großreiches Vijayanagar, und sind schöne Beispiele für den Tempelstil jener Ära. ■

Auf dem Land in Andhra: Pflückerinnen ernten rote Chilischoten

Unten: So macht man Omelett in Vijayapuri

REISEVERBINDUNGEN

Vom beeindruckenden neuen internationalen **Flughafen** von Hyderabad gibt es Flüge von und nach London, Frankfurt und anderen Zielen in Europa, den USA und dem Mittleren Osten. National werden alle großen Städte Indiens bedient, einschließlich Delhi, Mumbai, Chennai und Kolkata.

Secunderabad (für Hyderabad) und Vijayawada sind die wichtigsten **Eisenbahnknoten** in Andra Pradesh. Fast alle bedeutenden Reiseziele sind mit der Bahn erreichbar, mit Ausnahme von Amaravati und Nagarjunakonda (dorthin verkehren Busse von Hyderabad und Vijayawada; Näheres unter www.aptourism.in). Die Bahnfahrt über die Ostghats ins Araku-Tal (zweimal täglich von Vishakapatnam) ist eine der schönsten Reisen im Süden Indiens. Tirupati erreicht man ganz einfach mit der Bahn von Chennai aus.

RESTAURANTS

Durchschnittspreis für ein Menü mit bis zu drei Gängen ohne alkoholische Getränke:

● = bis 200 INR
●● = 200–500 INR
●●● = 500–1000 INR
●●●● = über 1000 INR

Karnataka

Die Küche Karnatakas enthält neben *dosas* (die angeblich in Udupi erfunden wurden), *idlis* und *thalis*, wie man sie überall in Südindien findet, auch Spezialitäten wie *bisi bele bath* – Reis mit Linsen, Gewürzen und Tamarinde – und *hoalige*, eine Art Pfannkuchen, gefüllt mit Melasse, Kokosnussstückchen und Linsen.

Bengaluru

◆ Barista Coffee House
M.G. Road. ●●
Gehört zu einer Kette mit mehreren Filialen in der Stadt, sehr beliebt bei jungen Leuten. Guter Espresso und Cappuccino, auch Kuchen und Snacks.

◆ Casa Piccola
A-14 Devatha Plaza, 131 Residency Road.
Tel. (080) 2221 2907. ●●
Europäische Snacks und Mahlzeiten wie Tapas, Pasta und Steaks zu vernünftigen Preisen, im Nu serviert. Modern und freundlich eingerichtet.

◆ Coconut Grove
Spencer's Building, 86 Church Street.
●●●
Das nette Restaurant mit Plätzen im Freien serviert ausgezeichtete Andhra-, Malabar-, Konkan-, Kodagu- und Chettinad-Küche. Spezialität des Hauses ist der Kokos-Cocktail *coconock.*

◆ Ebony
18th Floor, Barton Centre, 84 M.G. Road.
Tel. (080) 558 9333. ●●
Allgemeine indische Küche, sehr preiswert. Panoramablick von der Terrasse auf die Stadt. Probieren Sie das *mutton pulao* mit Safran und Rosenblütenblättern (Parsi-Küche), oder das vegetarische *paneer kairi dopiaza* (Goa-Stil) mit grünen Mangos. Großartiges Frühstücksbuffett.

◆ Karavalli
Taj Gateway Hotel, 66 Residency Road.
Tel. (080) 558 4545.
●●●–●●●●
Presigekrönte Gourmet-Fischküche mit Seebrassen aus Mangalore, Riesengarnelen, Krebs in Butter und Knoblauch, and *pearlspot*-Fischen frisch aus den Backwaters in Kerala, alles im Freien unter einem riesigen Baum serviert.

◆ Koshy's
39 St Mark's Road. ●●
Das altmodische, ruhige Café mit Bambusrouleaus und Getränken in Zinnbechern und Teetassen ist eine Institution in Bengaluru. Auf der Speisekarte stehen viele indische und europäische Gerichte zur Auswahl.

◆ Mavalli Tiffin Rooms
Lalbagh Road. ●
Das seit 1924 geöffnete Lokal serviert Udupi-Brahmanen-Küche, v.a. *masala dosas*, nach denen die Leute regelmäßig bis vor die Tür Schlange stehen (sogar der Ministerpräsident von Karnataka soll schon darunter gewesen sein). Immer gut besucht, mittags wegen seiner *thalis* brechend voll. Das Haus brüstet sich, schon einmal in nur sieben Stunden 21 000 Gäste abgefüttert zu haben – Weltrekord.

◆ Nagarjuna
44/1 Residency Road.
●–●●
Scharfe nichtvegetarische Gerichte aus Andhra, darunter exzellente Hyderabadi-*biriyani*, die in Windeseile auf einem frischen Bananenblatt serviert werden.

◆ Ullas Refreshments
Public Utility Building, M.G. Road. ●●
Sehr beliebtes vegetarisches Restaurants, v.a. seiner guten *thalis* zur Mittagszeit wegen – man kann sie traditionell südindisch oder im Gujarati-Stil ordern, mit allem Drum und Dran. Schöne Plätze auf der Terrasse.

Hospet

◆ Naivedyam/Manasa
Hotel Priyadarshini, V-45, Station Road. ●●
Gartenrestaurant mit Blick auf Zuckerrohrfelder und Bananenplantagen. Gutes vegetarisches und nichtvegetarisches Essen; es gibt auch Bier.

◆ The Waves
Hotel Malligi, 10-90, Jambunath Road. ●●
In dem angenehmem Restaurant mit Terrasse kocht man Tandoori-, südindische und chinesische Gerichte, dazu gibt es kaltes Bier (aber nur von 19 bis 23 Uhr). Gegen die Mücken muss man sich schützen.

Maisuru (Mysore)

◆ Hotel Dasaprakash
Gandhi Square. ●
Gutes vegetarisches Restaurant mit *Meals* und Udupi-Küche. Die *dosas* sind eine Spezialität.

◆ Lalitha Mahal
Palace Hotel Siddhartha Nagar.
●●●–●●●●
Großartiges Essen (v.a. die *biriyani)*, das in prachtvollem Ambiente serviert wird, dazu wird live Hindustani-Musik gespielt.

◆ RRR
Gandhi Square. ●
In der stets gut besuchten, einfach eingerichteten Kantine verputzen hungrige Arbeiter *thalis* im Andhra-Stil von Bananenblättern. Beliebt, gut und billig – und außerdem in der Nähe der Geschäfte und des Palasts.

◆ Shilpastri
Gandhi Square. ●●
Beliebtes, zentral gelegenes Dach-Restaurant mit vorwiegend nordindischer Küche.

◆ **Vinayaka Mylari**
769 Mazabad Main Road. ●
Eins der bekanntesten Lokale für Udupi-Küche in Mysore, u.a. mit fabelhaften *masala dosas* und vielen anderen südindischen Leckereien, dazu frischer Nilgiri-Kaffee.

Andhra Pradesh

Andhra Pradesh ist bekannt für seine sehr scharfen Currys, zu denen man Reis oder *parathas* (Brotfladen) isst. Hyderabad hat seine eigene Nawabi-Küche, die auf der Mughlai-Küche basiert. Spezialitäten sind etwa duftende *biryani, halim* (Weizen-Lammfleisch-Mischung) und *mirch ka salan* (grünes Chili-Curry).

Hyderabad-Secunderabad

◆ **Firdaus**
Taj Krishna, Road No.1, Banjara Hills, Hyderabad. Tel. (040) 5566 2323. ●●●●
Ausgezeichnete Hyderabadi-Küche; Reservierung empfohlen.

◆ **Hotel Ista**
Road 2, I.T. Park, Nanakramguda Gachi Bowli. Tel. (040) 4450 8888. ●●●●
Das **Deori** serviert Andhra-Küche, das **Collage** internationale Speisen, beide hervorragend.

◆ **Kamat's**
Ramalaya und Alladin Komplexe, Sarojini Devi Road, Secunderabad; Secretariat Road und Station Road, Nampally. ●
Saubere, günstige Kette mit etlichen Filialen; vegetarische Udupi-Küche.

◆ **Laxmi**
Nampally, in der Nähe des Bahnhofs. ●
Gutes und günstiges vegetarisches und nichtvegetarisches Essen aus Nord- und Südindien.

◆ **Paradise Café and Stores**
Annexe Persis, M.G. Road, Secunderabad. ●
Eine Reihe von Imbissbuden mit gutem indischen und chinesischem Essen, auch zum Mitnehmen. Sehr gute *biryani*.

◆ **Pickles**
Baseraa Hotel, 9/1–167/8 Sarojini Devi Rd., Secunderabad. ●●●
24 Std. geöffnetes Café im Baseraa Hotel, eins der beliebtesten Lokale für den späten Hunger. Besonders gut ist das Mitternachts-*biryani*.

◆ **Udipi Anand Bhavan**
Machli Kaman, Pathar Gatti, Hyderabad. ●
Der richtige Ort für vegetarische *Meals* und *dosas* im Herzen der Altstadt. Sehr beliebt und sauber. Für Hitzegeschädigte gibt es auch einen Raum mit Klimaanlage.

◆ **Utsav**
221 Tivoli Road, Secunderabad. ●●
Hier werden ausgezeichnete vegetarische Speisen im nordindischen Stil serviert. Sehr angenehm gestaltetes Ambiente.

Nagarjunakonda

◆ **Punnami Ethiopothala**
Punnami Vihar. ●
Kleiner Ort 11 km von Nagarjuna Sagar; es halten auch viele Tourbusse. Herrliche Lage neben einer Höhle mit Wasserfall.

Tirupati

◆ **Punnami Srinivasam**
Tirupati. ●
Gutes vegetarisches Restaurant in einem staatlich geführten Hotel.

Vijayawada

◆ **Hotel Santhi**
Nahe Apsara Theatre, Governorpet. ●
Sauberes Hotelrestaurant, gutes vegetarisches Essen.

◆ **Punnami**
Berm Park. ●
Hotelrestaurant mit ordentlichem Essen und schöner Lage am Fluss.

◆ **Sree Lakshmi Vilas Modern Café**
Besant Road, Govenorpet. ●–●●
Empfehlenswertes vegetarisches Restaurant in einem Hotel.

Vishakhapatnam

◆ **Dakshin**
Hotel Daspalla, Suryabagh. ●●–●●●
Nichtvegetarische Andhra-Küche, sehr gut und ziemlich scharf. Köstliche Lammgerichte.

◆ **Punnami Yatri Niwas**
Gegenüber der Appu Ghar Site, Beach Road, M.V.P. Colony. ●
Ordentliches Hotelrestaurant mit großem, gut zubereitetem Angebot.

◆ **Vaishali**
Hotel Meghalaya, 10-4–15 Ram Nagar, Asilmetta Junction. ●
Exzellentes vegetarisches Hotelrestaurant.

Rechts: *Vadai* sind beliebte Häppchen in Südindien

Hampi

In der alten Hauptstadt des Königreichs Vijayanagar faszinieren nicht nur die gewaltigen Ruinen, sondern auch die Magie der Landschaft, in der sie stehen.

Das Reich Vijayanagar (1336–1565) umfasste in seiner Blütezeit einen großen Teil Südindiens. Der Reichtum seiner Könige war legendär, die Hauptstadt Hampi eine der prächtigsten Städte des Mittelalters. Handel und Handwerk konzentrierten sich hier; dazu waren die Könige große Förderer der Künste und machten sich so um die Entwicklung der südindischen Musik, Bildhauerei und Architektur sehr verdient.

Die Herrscher von Vijayanagar waren Hindus, gestatteten aber die Ausübung anderer Religionen und verehrten selbst eine ganzen Anzahl von Göttern, darunter Virupakhsa und Vittala, deren Tempel als bedeutende Monumente auch heute noch erhalten sind. 1565 wurde diese große, kosmopolitische Stadt vernichtet, als die nördlich gelegenen Dekkan-Sultanate gemeinsam Vijayanagar angriffen. Der Hof floh, Hampi wurde geplündert und nie wieder aufgebaut. Die Überreste sind seit 1986 UNESCO-Weltkulturerbe und können immer noch einen Eindruck davon erwecken, welche Pracht hier einst geherrscht haben muss.

Die Monumente von Hampi sind heute über einen großen Bereich in einer magischen, von Felsbrocken übersäten Landschaft verstreut. Die drei wichtigsten Gebiete sind der Virupaksha-Tempel, der Palastbezirk und der Vittala-Tempel. Die Stadt war auf drei Seiten von Bergen und im Norden vom Tungabhadra-Fluss geschützt, der gleichzeitig die Einwohner mit dem nötigen Wasser versorgte. ■

Ganz oben links: Die Elefantenställe im Palastbezirk
Oben: Die aus einem einzigen Felsblock gehauene Monumentalskulptur zeigt Vishnu in seiner Inkarnation als Löwe
Links: In den Ruinen leben auch einige Sadhus. Sie zieht der Ruf Hampis als der Stadt Sugrivas an, des Königs der Affen, der dem »Ramayana« zufolge Rama in seinem Kampf gegen den Dämon Ravana half

Oben: Der Virupaksha-Tempel ist nach wie vor ein Ort des Gebets. Virupaksha wird auch als Inkarnation Shivas gesehen

Der Palastbezirk (Royal Enclosure)

Im Süden Hampis standen die Paläste der Herrscher von Vijanagar, von denen das Reich auch verwaltet wurde. Bemerkenswert ist der Ramachandra-Tempel zwischen dem Königshof und der Residenz, in dem die Könige zu beten pflegten. An der Außenseite wird in drei umlaufenden Reliefs die Geschichte des Ramayana erzählt. Sehenswert sind auch die großen steinernen Plattformen, von denen der König wohl religiösen Zeremonien zugesehen hat. Die Aussicht von oben íst umwerfend. Sehr schön ist auch das »Bad der Königin« (Queens Bath), ein quadratisches Becken, über dem Erker aus der Wand hervorstehen. Die Frauen am Hof hatten eigene Gebäude, von denen das bekannteste der oben abgebildete Lotus Mahal ist. Das letzte große Gebäude im Palastbezirk sind die Elefantenställe mit zehn großen, überkuppelten Kammern.

Oben: Der Lotus Mahal, eine kunstvolle Verschmelzung von hinduistischer und islamischer Architektur

Links: Gläubige kommen nach Hampi, um ein rituelles Bad im Tungabhadra-Fluss zu nehmen

Links unten: Der Vittala-Tempel enthält einige besonders schöne Skulpturen aus der Vijayanagar-Zeit. Sehr bekannt ist der Schrein in Form eines steinernen Ratha (Tempelwagens).

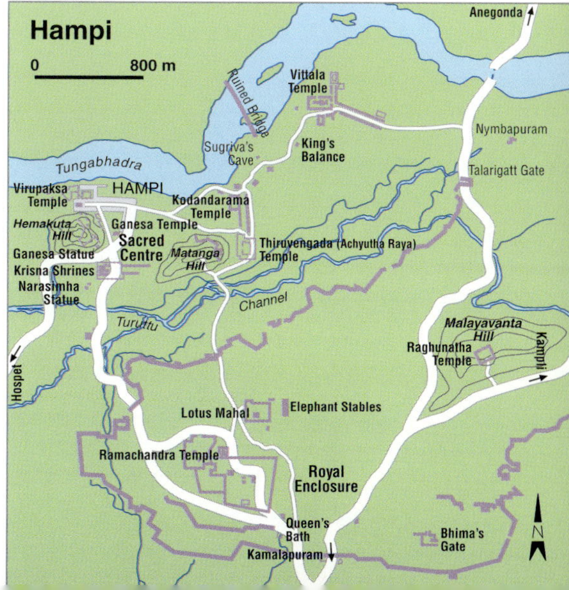

Chennai (Madras)

Chennai, früher Madras, ist die Hauptstadt des Bundesstaates Tamil Nadu. In der Hochburg der tamilischen Kultur geht es – im Vergleich zu den anderen drei großen Metropolen Indiens – noch am wenigsten aufgeregt zu.

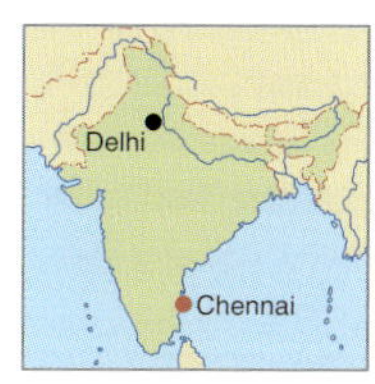

NICHT VERPASSEN!

- Fort St. George
- Die Marina
- M.G.R. Memorial
- Kapalesvara-Tempel
- Anna Salai
- State Gov. Museum
- Music Academy
- St. Andrew's Kirk

Das an der Ostküste des Subkontinents gelegene Chennai – bis 1996 hieß es Madras – ist mit etwa 5 Millionen Einwohnern die fünftgrößte Stadt Indiens. Viele Kilometer weit erstreckt sie sich entlang der Küste im Norden von Tamil Nadu.

Viele Einwohner von Chennai sind Christen; es gibt Gemeinden nahezu aller Konfessionen. Die Tamilen sind jedoch sehr traditionsgebunden und meist gläubige Hindus.

Das heutige Chennai ist die Hochburg der tamilischen Regionalkultur und auch des tamilischen Nationalismus, der teils recht aggressiv auftritt. Sprache und Kunst werden gepflegt, politisch hätte hier eine Partei mit nordindischer Basis keine Chance. Zugleich ist es das Bollywood Südindiens und das aufstrebende Zentrum einer wirtschaftlich starken Region.

Tamil Nadu hat, was das Wachstum angeht, mittlerweile die anderen Bundesstaaten abgehängt. Große Industriegebiete (Chennai wird auch das Detroit Indiens genannt) und glitzernde Technoparks am Stadtrand zeugen davon. In der Stadt schießen Hochhäuser und Einkaufszentren in die Höhe. Einige wenige alte Gebäude, Wohngebiete und Gärten zeugen noch von der kolonialen Vergangenheit.

Auch die Prozentzahl der Armen konnte in den letzten 30 Jahren halbiert werden, Analphabeten gibt es hier fast keine mehr. Trotzdem bleibt der Gegensatz zwischen Reich und Arm bestehen, denn durch den Boom steigen die Preise und machen vielen das Überleben wieder schwerer.

Klimatisch gehört diese Ecke Indiens zu den allerheißesten Gebieten des Landes. Nur in den Monsunzeiten von Juni bis Juli und von Dezember bis Januar bringt eine frische Brise von der See Erleichterung. Dann ist es früh morgens und spät abends am Strand wunderbar. Das Meer hier an der Coromandelküste ist aber nicht so einladend für Schwimmer wie an Indiens Westküste, weil unberechenbare Strömun-

Links: M.G. Ramachandran Memorial **Rechts:** Schmuckmacher in Mylapore

In Chennai leben seit der britischen Okkupation im 17. Jh. viele anglo-indische Christen (Nachfahren von Briten und indischen Frauen). Obwohl sie sich gut in die indische Gesellschaft integrieren, pochen sie sehr auf ihre britische Tradition.

gen das Baden gefährlich machen. Dennoch wimmelt der Strand von Familien, die Picknicks machen oder spazierengehen. Nachts funkeln die Lichter der Fischerboote auf dem dunklen Wasser.

Chennai ist das Tor nach Tamil Nadu und bietet einen ausgezeichneten Einblick in die Besonderheiten der tamilischen Kultur, Küche und Bräuche. In den Restaurants werden leckere vegetarische Gerichte mit gekochtem Reis, Linsencurrys und kleinen Gemüsebeilagen aufgetischt, außerdem die berühmten *dosas* (knusprige Teigfladen) und *idlis* (gedämpfte Reisküchlein) für die die tamilische Küche bekannt ist.

Fort St. George Ⓐ

Die East India Company errichtete in der bereits existierenden Hafenstadt Madras einen ihrer ersten Stützpunkte auf Einladung des hiesigen Fürsten. Das um das Jahr 1640 erbaute Fort St. George ist das älteste koloniale Bauwerk des Landes. Es war einer der Hauptschauplätze des französisch-britischen Krieges im 18. Jh. und wurde damals stark ausgebaut. Heute sind hier **Secretariat** (Ministerien) und **Legislative Assembly** (Landtag) des Bundesstaates Tamil Nadu untergebracht. Es sind noch einige elegante Gebäude aus der Zeit der East-India-Company zu sehen.

Chennai (Madras)

0 — 1 km

Am interessantesten ist **St. Mary's Church** (geöffnet täglich 9.30–17 Uhr), die älteste anglikanische Kirche Indiens. In dieser Kirche heiratete Robert Clive, der Gouverneur von Chennai und Sieger der Schlacht von Plassey (1757) gegen den Nawab von Bengalen, die den Briten ihre ersten Territorien verschaffte und die Idee der Kolonie aufkeimen ließ.

Im **Fort St. George Museum** (geöffnet täglich 10–17 Uhr, Fr geschlossen; Eintritt) bekommt man einen guten Überblick über den Lebensstil in der frühen britischen Kolonialzeit. Das Erdgeschoss wird von Lagerhallen und der ersten Bank der Stadt eingenommen. Der erste Stock, in dem heute Portraits aus der Kolonialzeit gezeigt werden, war einst das Kaffeehaus, in dem sich Händler und Beamte auf ein Schwätzchen trafen.

Neben den hier auch ausgestellten Uniformen, Münzen, Waffen und Büchern ist der Anstruther's Cage das wohl außergewöhnlichste Objekt: Eine kleine hölzerne Kiste, in der während des Ersten Opiumkrieges die Chinesen im Jahr 1840 einen britischen Offizier ganze sechs Monate lang eingequetscht gefangen hielten.

Weitere interessante Gebäude im Fort sind das **Old Government House** und die **Banqueting Hall** (Rajaji Hall) aus der Amtszeit von Robert Clive, bei deren Bau man sich von klassisch griechischen und römischen Bauformen inspirieren ließ.

Der fast 13 km lange, breite (und nicht überall saubere) Sandstrand der **Marina** ist Chennais populärster Treffpunkt. Interessante Beispiele für den nach 1850 in Mode gekommenen neo-indo-islamischen Stil bilden das im 19. Jh. errichtete **Presidency College** und das gegenüberliegende **Senatsgebäude** der **Universität** **B**.

Gegenüber der Universität steht der **Anna Samadhi.** Das große, mit Marmor verkleidete Denkmal in Form eines Lotos erinnert an C.N. Annadurai, unter dem die drawidische (tamilnationalistische) Bewegung politischen Einfluss gewann und die sozialen und politischen Strukturen Tamil Nadus veränderte. Daneben steht das Denkmal von **M.G. Ramachandran,** einem beliebten Filmstar und Politiker.

Die Busse in Chennai sind meist völlig überfüllt und für Fremde kaum benutzbar.

Unten: Dichter Verkehr auf der Anna Salai

Das M. G. R. Memorial erinnert an den 1987 gestorbenen Filmstar, tamilischen Nationalisten und Politiker Maruthur Gopala Ramachandran

Unten: Ein *tavil*, das in der karnatischen Musik und Tempelmusik verwendet wird
Unten rechts: Die Chennai University hat einige bemerkenswerte Gebäude im indoislamischen Stil des 19. Jhs.

San Thome und Adyar

Entlang der Main Beach Road gelangt man zur **San Thome Basilika** ❸, einem der bedeutendsten Heiligtümer indischer Christen. Die Kirche wurde im 16. Jh. erbaut, später mehrfach verändert und ist nach dem Apostel Thomas benannt, der der Überlieferung nach auf dem **St. Thomas Mount** bei Chennai den Märtyrertod gestorben ist. In der Krypta kann man sein Grab, einen wichtigen Pilgerort, besichtigen.

Die **Theosophische Gesellschaft** (geöffnet Mo–Fr 8.30–11.30 und 14 bis 17 Uhr) hat seit 1882 ihren Hauptsitz in Chennai am Südufer des Adyar-Flusses. Bemerkenswert sind die Bestände der Bibliothek, die Meditationshalle, das Forschungszentrum und die Gebetsstätten der großen Religionen. Einer der größten Banyan-Bäume Indiens wächst im Garten am Fluss.

Mylapore

Von San Thome aus landeinwärts liegt einer der interessantesten Teile von Chennai: Mylapore mit seinem Marktplatz und den alten brahmanischen Wohnhäusern. Die bedeutendste Kultstätte des Viertels ist der **Kapalesvara-Shiva-Tempel** ❹. Die lebhaft bunten Skulpturen, die den Tempel und die Eingangstürme *(gopurams)* schmücken, gehören zu den herausragenden Sehenswürdigkeiten in Chennai. Der Tempel ist Shiva in Gestalt eines Pfaus *(mayil)* gewidmet. Hiervon leite sich der Name Mylapores her: *mayil-puram*, Pfauenstadt. Der Zutritt zum Allerheiligsten bleibt wie in den meisten Tempeln für Nicht-Hindus verschlossen. Von Interesse ist auch der **Krishna-Parathasarathy-Tempel** an der Triplicane High Road weiter im Norden.

Mylapore ist auch berühmt für seine Schmuckhersteller, die sich auf die Herstellung der traditionellen Tanzschmuck-Garnituren spezialisiert haben. Dazu tauchen sie Ornamente aus Silber in eine Goldflüssigkeit. Danach wird ein intensiv rosafarbenes Papier in eine vorgefertigte Gussform gelegt und ein blassrosa Stein daraufgesetzt, dessen Farbe auf diese Weise von hinten verstärkt wird. Das Ergebnis täuscht den traditionellen, rubinbesetzten Goldschmuck vor, der für klassische Tänze erforderlich ist.

DIE SEASON

Das populärste klassische Musik- und Tanz-Festival Indiens ist die Chennai-Season. Das jährliche Großereignis findet seit 65 Jahren statt und geht zurück auf die von der Chennai Music Academy (siehe S. 376) durchgeführten Tagungen zu den Aspekten der karnatischen (südindischen) Musik und des *Bharata Natyam*. Die Konferenzen wurden von ganztägigen Konzertveranstaltungen mit Vokal- und Instrumentalmusik und von Tanzaufführungen begleitet. Die Season findet nach wie vor an der Music Academy statt und dauert drei Wochen (Mitte Dez.–Anfang Jan.). Für Künstler ist es eine Ehre, zum Festival eingeladen zu werden, und die Anhänger der Musik und des Tanzes Südindiens kommen aus dem ganzen Land angereist.

Einige andere Kunstvereine *(sabhas)* in Chennai haben sich an den Erfolg angehängt und veranstalten im selben Zeitraum eigene Seasons. Hierzu zählen der Tamil Isai Sangam, die Brahma Gana Sabha, Narada Gana Sabha, Krishna Gana Sabha und der Mylapore Fine Arts Club. Veranstaltungsübersichten veröffentlicht die Zeitung *The Hindu* jeden Tag.

Das klassische Kopfteil besteht aus einem *rakodi*, das oberhalb des Blumenschmucks im Haar getragen wird, eingefasst von stilisierter Sonne und Mond. Als Ohrschmuck trägt man eine Kette, eine baumelnden Anhänger und eine Unterstützung für das Ohrläppchen. Um den Hals hängt eine enge Kette, an der wiederum eine längere Kette mit herunterhängendem, halbmondförmigem Anhänger *(padakkam)* befestigt ist. Ein Armreif *(vanki)* umschließt fest den Oberarm; ein breiter verzierter Gürtel *(odyanan)* vollendet das Kostüm. Manchmal windet sich noch ein besonderer Haarschmuck *(sarpam)* durch den langen Zopf.

Anna Salai und das State Government Museum

Anna Salai Ⓔ, früher Mount Road, ist heute Chennais Hauptgeschäftsstraße. Bei Higginbotham's, einem der bekanntesten Buchgeschäfte Indiens, lohnt es sich, in Ruhe zu stöbern. Erwähnenswert sind in der Nähe außerdem der angeblich größte Buchhändler Asiens, Landmark Books an der Spencer Plaza, mit einem riesigen Angebot an Büchern und CDs sowie Giggles im Taj Connemara Hotel.

Berühmt ist die Stadt wegen ihrer Seidengeschäfte, die Saris, Schals und Stoffe in großer Auswahl führen. Die staatlichen Cooptex-Geschäfte bieten eine große Auswahl an Stoffen, und Poompuhar, das ebenfalls staatliche Government Handicraft Emporium, schöne Bronzen. Die beiden Geschäfte liegen an der Anna Salai, wo auch noch andere staatliche Geschäfte ihre Verkaufsräume haben.

Nördlich des geschäftigsten Teils der Anna Salai finden sich viele der neueren Sehenswürdigkeiten der Stadt. Die meisten sind 100 bis 150 Jahre alt. An der Pantheon Road steht das großartige **State Government Museum** Ⓕ (geöffnet 9.30–17 Uhr, Fr geschlossen; Eintritt; www.chennaimuseum.org).

Für einen Besuch des 1846 gegründeten Museums sollte man sich Zeit nehmen. Es beherbergt eine bedeutende archäologische Sammlung. Chronologisch sind die steinernen Tempelfiguren der wichtigsten Epochen und Dynastien angeordnet. Zu den beeindruckenden Exponaten zählen die hervorragenden buddhistischen Darstellungen (etwa 2. Jh. v. Chr.) aus Amaravati in Andhra Pradesh; die feinen Reliefs erzählen Episoden aus dem Leben des Buddha. Das Museum besitzt zudem eine weltweit einzigartige Sammlung von Chola-Bronzen aus dem 9.–13. Jh. Die Figuren sind unterschiedlich groß (10–60 cm), allesamt perfekt modelliert, ikonographisch durchdacht und ausdrucksstark. Besonders bekannt ist die Skulptur des tanzenden Shiva, die hier in vielfachen Ausfertigungen zu sehen ist. Doch auch die anderen Göttestatuen sind großartige Kunstwerke.

In der angeschlossenen **National Art Gallery** ist eine Dauerausstellung indischer Malerei untergebracht. Die neueren Flügel zeigen in wechselnden Sonderschauen zeitgenössische Kunst.

Nicht weit entfernt ist die **Connemara Public Library,** eine von insgesamt vier Nationalbibliotheken, die ein Ex-

STADTVERKEHR

Das gute Netz von **Vorortzügen** nützt Touristen leider kaum, da sie nicht zu den wichtigen Sehenswürdigkeiten fahren. **Busse** fahren überall hin, sind billig, aber meist völlig überfüllt. Es ist schwierig, **Taxis** auf der Straße anzuhalten, man bucht sie besser vom Hotel aus. Chennais **Rikschafahrer** sind bekannt für ihre Sturheit beim Feilschen. Selbst Einheimische können sie nur schwer auf einen vernünftigen Preis herunterhandeln. Ihr Taxameter schalten sie ohnehin nie ein.

Unten: Details am *gopuram* des Kapalesvara-Shiva-Tempels

Tempelstatue der Göttin Kali im State Government Museum in Chennai

emplar von jedem in Indien veröffentlichten Buch besitzt.

Die **Musikakademie** Ⓖ ist die bekannteste *sabha* (Konzerthalle) der Stadt. Im Winter finden Darbietungen von karnatischer (klassischer südindischer) Musik und *Bharata Natyam* (klassischer Tanz) von hoher Qualität statt. Erkundigen Sie sich auch nach Vorführungen in der **Krishna Gana Sabha** im Rahmen der Chennai-Season im Dezember und Januar (siehe S. 374). Auch hier erleben Sie Tanz und Musik Südindiens. Interessante Musikinstrumente sind im **Sangita Vadyalaya Museum**, 759 Anna Salai, zu bewundern (geöffnet Mo–Fr 9.30–17 Uhr).

Die Adresse 601 Anna Salai hat heute das **Park Hotel.** Einst logierte unter dieser Hausnummer das Gemini Film Studio, in dem viele Klassiker des tamilischen Films gedreht wurden. Jetzt nutzt das luxuriöse Hotel das Gebäude in dessen Club, Dachterrasse und Bars trifft sich die junge Oberschicht Chennais und gibt ihr ihr Geld aus.

Egmore und George Town

Hinter dem Government Museum liegt **Egmore**. Das heutige Handelszentrum Chennais war einst die indische Stadt, bei der Fort St. George errichtet wurde. Hier stehen noch einige Bauten aus der Kolonialzeit: Der Bahnhof, das Chennai Medical College, das Ripon Building und die Victoria Public Hall. Es lohnt sich, alle einmal aufzusuchen. Der **High Court** (Gerichtsgebäude) und der Campus des **Law College** (juristische Hochschule) im Nordosten Egmores sind die sicher beeindruckendsten Bauten des Stadtteils im indo-sarazenischen Stil. Hier mischen sich imperialer Pomp und traditionelle Bauformen in eindrucksvoller Form.

Die **St. Andrew's Kirk** Ⓗ steht nicht weit vom Bahnhof Egmore. Sie wurde 1818–1821 von James Gibbs erbaut und erinnert sehr an St. Martin-in-the-Fields in London. Die hohen Kirchtürme und die mächtigen Säulen an der Fassade machen St. Andrew's zu einem Wahrzeichen der Stadt.

George Town ist das lebhafte Geschäftsviertel der Stadt und liegt im Norden von Egmore und Fort St. Geor-

Unten: Herstellung einer *mridangam*-Trommel in Mylapore

REISEVERBINDUNGEN

Chennai besitzt einen der wichtigsten internationalen **Flughäfen** Indiens und ist außerdem das Drehkreuz für viele Inlandsflüge der heimischen Fluglinien.

Wenn Sie mit der **Bahn** fahren, prüfen Sie genau, von welchem Bahnhof Ihr Zug abgeht, denn Chennai hat zwei große Bahnhöfe: Chennai Central und Chennai Egmore. Es gibt – meist mehrmals täglich – Verbindungen zu vielen Städten Indiens, u.a. nach Bengaluru, Delhi, Hyderabad, Kolkata, Kanyakumari, Madurai, Thanjavur und Tirupati.

Wegen der guten Zugverbindungen sind die **Überlandbusse**, die alle vom gut organisierten und ausgeschilderten Mofussil Bus Terminal (einem der größten Busbahnhöfe Asiens) im Süden Chennais abfahren, eigentlich nur für eine Fahrt auf der Küstenstraße Richtung Mamallapuram interessant.

ge. Dass es schon reichlich heruntergekommen ist, sollte einen nicht abhalten, durch sein dichtes Straßennetz zu streifen. Hier stehen einige der ältesten Tempel und Moscheen des kolonialen Chennai und die Kirchen der ersten protestantischen Missionare. Die Zwillings-Tempel **Chennakesavara** und **Chennammallikesvara** und die wundervoll erhaltene **Armenian Church** sind wohl die interessantesten Andachtsorte der Stadt.

Ausflüge

Alle nachfolgend beschriebenen Orte kann man leicht von Chennais neuem, gut organisierten **Chennai Mofussil Bus Terminal (CMBT)** aus erreichen. Er liegt im Südwesten der Stadt im Viertel Koyambedu.

Nahe der Küstenstraße nach Mamallapuram liegt die Musik- und Tanzakademie **Kalaksetra** von Rukmini Devi, der großen alten Dame des indischen Tanzes. Ihre Anstrengungen, dem ehemals verbotenen Tempeltanz wieder Geltung zu verschaffen, führte zur Entwicklung des *Bharata Natyam*, der heute prominentesten klassischen Tanzform Indiens. Kalaksetra veranstaltet Tanzprogramme, deren Besuch auf jeden Fall lohnend ist.

Dieselbe Küstenstraße führt ins Künstlerdorf **Cholamandalam,** in dem Ausstellungen, Dichterlesungen und andere kulturelle Programme stattfinden, und nach Muttukadu, 28 km von Chennai, mit dem Open-Air-Museum **Dakshina Chitra** (geöffnet 10–18 Uhr, Di geschlossen; www.dakshinachitra.org; Eintritt). Das Museum hat sich die Erhaltung des traditionellen Kunsthandwerks und der Kultur Südindiens zur Aufgabe gemacht.

Naturfreunde faszinieren die Hirschziegenantilopen, Axishirsche und Affen im **Guindy Deer Park** sowie die **Schlangen- und Krokodilfarm**, die neben der Erhaltung der Tiere auch die Produktion von Schlangengift für medizinische Zwecke betreibt.

Neben dem Deer Park erstreckt sich der Campus eines Zweiges des IIT (Indian Institute of Technology). Die IIT sind die angesehensten naturwissenschaftlichen Universitäten Indiens, und die Studienplätze sind regelrecht umkämpft. ■

Portier des Park Hotels in Chennai, das in den ehemaligen Filmstudios an der Anna Salai eingerichtet wurde

Unten: Indosarazenische Architektur nahe dem Bahnhof Egmore

RESTAURANTS UND BARS

Restaurants

Durchschnittspreis für ein Menü mit bis zu drei Gängen ohne alkoholische Getränke:

● = bis 200 INR
●● = 200–500 INR
●●● = 500–1000 INR
●●●● = über 1000 INR

Traditionell basiert das Essen in Tamil Nadu auf Reis – meist ein ganzer Berg, zu dem man die unterschiedlichsten Currys serviert. Die Tamilen essen zum Reis am liebsten *sambar* (ein mit Tamarinde abgeschmecktes Linsengericht), eine dünne, pfeffrige Suppe namens *rasam*, eine Gemüseauswahl, die man *kutus* nennt, und zum Abschluss eine ordentliche Portion Quark bzw. Joghurt, der mit Reis vermischt wird. Als Besonderheit wird *pappad* (kleine Papadams) zerkrümelt uner Reis und *sambar* gemischt – dies ergibt eine interessantere Konsistenz, was in der tamilischen Küche sehr wichtig ist. Speisen werden traditionell auf frischen Bananenblättern serviert, die man hinterher wegwirft – ein sehr hygienischer Brauch. Es gibt auch die Chettinad-Küche, in der eine Vielfalt von Fleisch und Fisch mit Chilis und gemahlenem Koriander zubereitet wird. Dieser Stil hat jüngst eine Renaissance erfahren und wird in vielen Restaurants in Chennai angeboten.

Verwirrenderweise nennt man Esslokale in Tamil Nadu traditionell Hotels. Die vielen kleinen nichtvegetarischen Restaurants Chennais heißen *military restaurants/ hotels*. Schon immer unterscheidet man in tamilischen Städten zwischen nichtvegetarischem und vegetarischem »zivilen« Essen. Wer kein Fleisch zu sich nehmen möchte, findet in Südindien hervorragende Möglichkeiten. Achten Sie auf Lokale mit vegetarischen *Meals* oder Udupi-Restaurants (Snacks wie *dosa* und *idli* eigen sich sehr gut als Frühstück), die gute vegetarische Gerichte servieren. Es gibt sie überall in der Stadt, insbesondere in Mylapore. Auch wenn sie nicht immer piekfein glänzen sind sie in der Regel sehr hygienisch. Die teuersten (und manchmal auch besten) Restaurants in Chennai haben – wie überall in Indien – die Fünfsterne-Hotels wie The Park und die beiden Taj-Hotels. Meist sind sie mittags und abends geöffnet (etwa 12–15 und 18 bis 22.30 Uhr), einfachere Lokale meist durchgehend. Reservieren muss man im Allgemeinen nicht; im Restaurant eines Luxushotels vorher anzurufen, kann aber sicher nicht schaden.

Chennai Mitte

◆ Annalakshmi
804 Anna Salai. ●●
Sehr gutes südostasiatisches vegetarisches Essen, von ehrenamtlichen Helfern gekocht (der Gewinn wird gespendet).

◆ Buhari's
83 Anna Salai. ●●
Leckere, gut gemachte Tandoori-Gerichte.

◆ Dasaprakash
806 Anna Salai, nahe Higginbotham's Buchladen. ●●
Udipi-Fast-Food in gehobenem Ambiente, aber zu vernünftigen Preisen.

◆ Lotus
The Park, 601 Anna Salai. Tel. (044) 4214 4000. ●●●●
Großartige Thai-Küche in schickem Designer-Ambiente – die Klimaanlage bläst aber sehr kalt. Das **Six-O-One**, auch im Hotel The Park, hat ein ausgezeichnetes Büffet mit indischem und sehr gutem italienischem Essen.

◆ Saravana Bhavan
Viele Filialen, etwa im Shanti Theatre Complex, 44 Anna Salai; im Hauptbahnhof; 77–9 Usman Road, Theagaraya Nagar; 209 N.S.C. Bose Road, George Town. ●
Hervorragende Kette mit billigem, gutem südindischem vegetarischem Essen. Ganztags geöffnet.

Egmore

◆ Mathsya Udipi Home
11 Halls Road. ●

Links: Die würzige Linsensuppe Sambar isst man mit Reis

Einfaches, sehr beliebtes Lokal mit *Meals* und *dosa.* Hervorragende Udipi-Küche.

◆ **Sangeetha Vegetarian Restaurant**
Ethiraj Salai. ●
Gehört zu einer Kette ordentlicher vegetarischer Lokale. Sauber; große Auswahl südindischer Gerichte.

Alwarpet

◆ **Benjarong**
146 T.T.K. Road.
Tel. (044) 2432 2640.
●●●●
Angeblich Chennais bestes Thai-Restaurant – allerdings hart bedrängt vom Lotus (siehe S. 378). Authentisches, köstliches Essen. Reservierung empfohlen.

◆ **Dakshin**
ITC Park Sheraton, 132 T.T.K. Road. ●●●●
Für südindische Küche ist dies eins der besten Restaurants des Landes. Ungewöhnliche Gerichte aus allen vier Staaten und der Region Chettinad. Empfohlen.

◆ **Ente Keralam**
1 Kasturi Estate, First Street, Poes Garden.
Tel. (044) 4232 8585.
●●●●
Das beste Restaurant mit Kerala-Küche in Chennai. Nur frisch eingeflogene Zutaten aus diesem Staat werden verwendet: Fisch und Meeresfrüchte, sowie köstliche vegetarische Speisen.

◆ **Kabul's**
35 T.T.K. Road. ●●●
Teuer, aber hervorragende Mughlai-Küche.

◆ **Midnight Express**
115 T.T.K. Road. ●
Das einzige Lokal, wo man außerhalb der großen Hotels spät nachts noch etwas zu essen bekommt.

Mylapore

◆ **Kaaraikudi**
10 Sivasvamy Street. ●
Exzellentes tamilisches Essen, auch nichtvegetarische Chettinad-Küche.

Nungambakkam

◆ **The Cascade**
15 Khader Nawaz Khan Road. ●●●
Teure, dafür sehr gute chinesische, japanische und thailändische Küche.

◆ **Southern Spice**
Taj Coromandel Hotel, 37 M.G. Road.
Tel. (044) 6600 2827.
●●●●
Eines der Spitzenrestaurants Chennais für südindische Küche. Das **Prego,** auch im Taj Coromandel, ist ein sehr gutes italienisches Restaurant.

◆ **Velu's Military Hotel**
Valluvar Kottam High Road. ●●
Erstklassige nichtvegetarische Chettinad-Küche. Bestellen Sie eine gemischte Platte, um mehrere Gerichte auszuprobieren.

Theagaraya Nagar

◆ **Mavalli Tiffin Room**
G.N. Chetty Road. ●
Die Filiale des in Bengaluru gut eingeführten vegetarischen Lokals.
Köstliches Essen; Gewürze und Pickles auch zum Mitnehmen.

Teynampet

◆ **Woodlands Drive-in**
Agri Horticultural Gardens, 30 Cathedral Rd.
●●
Die nordindische Küche dieses Lokals in einer Gartenanlage ist besser als die Udupi-Gerichte. Ganztägig geöffnet.

R.A. Puram

◆ **Peppers**
105 Chamiers Rd. ●●●
Beliebtes vegetarisches Restaurant, gute indische und chinesische Küche. *Panir* (Frischkäse) spielt eine Hauptrolle.

Besant Nagar

◆ **Cozee**
14, TNHB Shopping Complex. ●
Mittlerweile schon legendärer Imbissstand mit Restaurant; hier genießt man hervorragende Kebabs.

Bars

◆ **Distil**
Taj Connemara Hotel, Binny Road.
Tel. (044) 6600 0000.
In der nette und relativ ruhigen Hotelbar werden gute Cocktails. gemixt. Geöffnet 18–24 Uhr.

◆ **The Leather Bar**
The Park, 601 Anna Salai.
Tel. (044) 4214 4000.
Hier lässt sich Chennais junge, modische Szene bewundern. Auf der Freifläche außen kann man dem Gedränge etwas entfliehen. Auch der Nachtclub des Hotels The Park, **Pasha**, ist einen Besuch wert.

Rechts: Schön angerichtetes Dessert im Fünfsternehotel

Tamil Nadu

Indiens hervorragende Tempelarchitektur ist nur einer der Höhepunkte Tamil Nadus, das sich von den Sanddünen der Ostküste zu den kühlen Nilgiri-Bergen im Westen erstreckt.

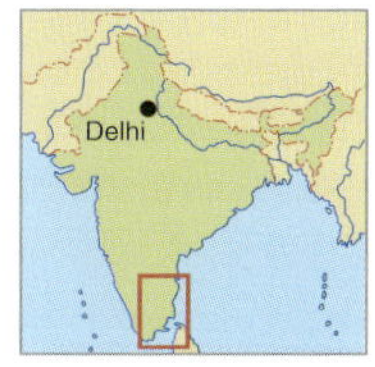

NICHT VERPASSEN!

Mamallapuram
Kanchipuram
Thanjavur
Madurai: Minakshi-Tempel
Puducherry
Karaikkudi
Udhagamandalam
Nilgiri-Berge
Mudumalai

Links: Gopuram am Murugan-Tempel, Madurai **Unten:** Stoffgeschäft in Madurai

Die moderne tamilische Kultur ist ein intensives Erlebnis: temperamentvolle Menschen, feurige Speisen, glühende Farben, heiße Musik, starker Kaffee. Üppige Filmplakatschönheiten und das Aroma gerösteter Kaffeebohnen – diese Bilder und exotischen Gerüche begleiten Reisende überall hin. Daneben begeistern beeindruckende alte Steintempel, milde vegetarische *thalis*, subtile klassische Musik- und Tanzkunst – vielleicht um mit einer solchen Vorstellung der drawidischen Zivilisation und Kultur den Fremden aufzumuntern, der im Verkehrschaos von Tamil Nadus Hauptstadt **Chennai** (**Madras**) ❶ hoffnungslos gestrandet ist.

Chennai ist normalerweise auch der Ausgangspunkt für eine Reise durch den südlichsten Bundesstaat Indiens und bietet reichlich Gelegenheit zur Teilnahme an einer Tanzvorführung des klassischen *Bharata Natyam*. Einst gehörten die Tänzerinnen einer hochgebildeten Gemeinschaft von Kurtisanen an, den *devadasi*, »Dienerinnen Gottes«. Heute kommt ihr Nachwuchs meist aus konservativen Familien der städtischen Mittelschicht, die sich dadurch soziales Renommee erwerben.

Neugierige Reisende sollten sich in ein *military restaurant* (die traditionelle Umschreibung für Lokale mit nichtvegetarischer Küche) wagen – eine Feuerprobe: Die brennend scharfe Chettinad-Küche serviert Lamm, Kaninchen, Wachteln und Krebse, die mit vielen Gewürzen und Kräutern exotisch aromatisiert sind.

Die Chettinad-Region im südöstlichen Teil Tamil Nadus ist außerdem berühmt für ihre palastähnlichen Herrenhäuser, prächtige, oft mit birmanischem Teak schön verzierte Residenzen ehemaliger reicher Kaufleute.

Tamil Nadus langer Küstenstreifen erstreckt sich bis nach Kanniyakumari an der Südspitze Indiens (Kap Komorin). Der Tsunami, der Ende 2004 in ganz Südostasien verheerende Schäden anrichtete, erreichte auch die Küste

Felsentempel nahe dem Murugan-Tempel, Madurai

Tamil Nadus. Über 8000 Menschen verloren dort ihr Leben, darunter 6000 Fischer aus der am stärksten betroffenen Region um Nagapattinam. Die Tsunami-Welle hat auf etwa 800 km an der indischen Küste massive Spuren hinterlassen, die man immer noch sieht, auch wenn die Aufräumarbeiten inzwischen fast abgeschlossen sind.

Die touristischen Sehenswürdigkeiten, einschließlich der Küstentempel in Mamallapuram und der Stadt Puducherry (ehemals Pondicherry), blieben weitgehend unversehrt, und die umliegenden Hotels wie auch Restaurants konnten bereits nach kurzer Zeit wieder öffnen.

Politik und Filmstars

Tamilischen Tempeln stehen orthodoxe Brahmanen vor, immer noch mit weißem Lendenschurz *(dhoti)*, Stirnbemalung, halbgeschorenem Schädel, am Hinterkopf langen Zöpfen und der heiligen Schnur am nackten Oberkörper. Obzwar eine Minderheit, üben sie starken Einfluss auf Themen von nationaler und internationaler Bedeutung aus.

1967 errang eine pan-drawidische Partei die Macht, die sich in Reaktion auf die jahrhundertealte Brahmanen-Herrschaft für die niederen Kasten engagierte und eine stärkere Behauptung der eigenen drawidischen Kultur gegen die Dominanz der nordindischen

Tamil Nadu und Kerala

0 100 km

Sanskrit-Kultur propagierte (das ging so weit, dass nach drawidischer Lesart des *Ramayana* Rama als der Unterdrücker des dunkelhäutigen Ravana angesehen wird). Das Ruder der Partei übernahm später der Schauspieler M. G. Ramachandran (»MGR«), der sich als Sprachrohr der Massen begriff.

Nach seinem Tod folgte ihm Jayalalitha Jayaram als Ministerpräsidentin, gleichfalls eine ehemalige Schauspielerin. Jayalalitha tauschte ihre Popularität als Filmstar gegen ein politisches Mandat ein. Als sie an der Macht war, versuchte sie, ihre Anhänger mit der größten Kollektion an seidenen Saris zu blenden, und organisierte für den Sohn ihres Partners die teuerste Hochzeit der Welt. Das Geld für diese schillernden Selbstinszenierungen stammte aus den Kassen des Bundesstaats Tamil Nadu. Heute steht Jayalalitha im Mittelpunkt einer ganzen Reihe von Korruptionsskandalen und wurde abgewählt; Ministerpräsident ist seit 2006 ihr schärfster politischer Konkurrent M. Karunanidhi.

Von Anfang an war die Sprachenfrage ein wichtiger Teil der pan-drawidischen Bewegung und hat auch heute große Bedeutung für die tamilische Politik. Als nach der Unabhängigkeit in ganz Indien Hindi als Amtssprache eingeführt werden sollte, löste dies Entestzten in Südindien aus und wurde als weiteres Beispiel für nordindische Arroganz angesehen. Versuche, sie durchzusetzen, bergen immer noch das Potenzial für Unruhen.

Mamallapuram ❷

Die erste Station für Reisende ab Chennai ist der kleine Küstenort **Mamallapuram,** ein Juwel tamilischer Tempelbaukunst (tgl. Ticketverkauf 6.30 bis 17.30 Uhr; Anlagen bis 18 Uhr geöffnet; Eintritt gilt für alle Anlagen). Das wohl bekannteste Kunstwerk Südindiens und größte Flachrelief der Welt (27 x 9 m) zeigt **Arjunas Buße,** eine Szene aus dem Epos *Mahabharata*. Oft wird es auch als **Herabkunft der Ganga** bezeichnet. In einer wunderbaren Komposition sind Hunderte von Gottheiten, Menschen und Tiere um einen natürlichen Spalt zwischen den beiden Felsen gruppiert, die das Relief tragen. Der Spalt symbolisiert den heiligen Fluss

Fahrrad-Rikschas werden in ganz Indien immer seltener

Unten: »Arjunas Buße«, das größte Flachrelief der Welt, in Mamallapuram

Die Affen in Mamallapuram sind extrem frech und haben Touristen schon Essen aus der Hand gestohlen

Ganges. Dominiert wird die Szene von einem fünf Meter langen Elefanten, der eine Prozession weiterer Elefanten anführt. Sie langen am Ort der Buße am Felsspalt an, wo Arjuna auf einem Bein steht, um Shiva wohlgesonnen zu stimmen – er möchte den Gott bewegen, ihm zu helfen, das Königreich der Pandavas zurückzugewinnen.

Das bekannteste und auffälligste Bauwerk in Mamallapuram ist jedoch der **Küstentempel** (*Shore Temple*; tgl. 6–18 Uhr; UNESCO-Welterbe). Da er von Erosion bedroht ist, schützt ihn mittlerweile eine Mauer gegen die bei hohem Seegang anbrandenden Wellen, die Mauer behindert allerdings den Blick auf die Fassade. Der Küstentempel ist einzigartig in Indien, da hier sowohl Shiva als auch Vishnu verehrt werden.

Der Tsunami von 2004, der die tamilische Küste schwer getroffen hat, ließ den Küstentempel unversehrt, spülte aber eine große Menge Sand fort. Dadurch wurden einige hundert Meter südlich die Fundamente eines anderen großen Tempels freigelegt, der wohl in die Pallava-Zeit zu datieren ist. Spekulationen über die Existenz weiterer Tempel kamen auf, der sogenannten Sieben Pagoden, von denen schon die ersten Europäer, die an diese Küste gekommen waren, berichtet hatten. Auch eine lange Mauer nördlich des Küstentempels legte die Riesenwelle frei.

Zu den weiteren Sehenswürdigkeiten Mamallapurams gehören die *mandapams*, aus dem Felsen geschlagene Höhlentempel, die mit Säulen und in die Felswand gehauenen Reliefs verziert sind. Im **Krishna Mandapam** wird gezeigt, wie Krishna mit dem Berg Govardhana als Schirm die Erde vor einem verheerenden Sturm schützt. Im **Varaha Mandapam** kommt Vishnu in seiner Inkarnation als Eber Varaha aus dem Ozean, in seinen Armen die gerettete Erdgöttin. Das **Mahishasuramardini Mandapam** schließlich zeigt die Göttin Durga auf einem Löwen reitend im Kampf gegen den mächtigen büffelköpfigen Dämon Mahishasura.

Berühmt sind auch die *rathas* Mamallapurams, aus jeweils einem einzigen Felsblock gehauene monolithische Schreine, die Generationen von südindischen Tempelbauern inspiriert ha-

Unten: Felstempel (*mandapam*) in Mamallapuram
Unten rechts: Verkaufsstände beim Tempelkomplex in Kanchipuram

ben. Die bekanntesten sind die **Fünf Rathas** (tgl. 6–18 Uhr) südlich des Küstentempels. Sie tragen die Namen der Helden des *Mahabharata,* der fünf Pandava-Brüder und ihrer gemeinsamen Frau Draupadi. Die Bauten sind hölzernen *rathas* (Tempelwagen) nachempfunden und unvollendet, dennoch ist jeder ein architektonisches Juwel. Bei den Fünf Rathas stehen auch die ebenfalls großen monolithischen Skulpturen eines Elefanten und eines Nandi, des heiligen Stiers. Vier weitere *rathas* finden sich an anderen Plätzen in Mamallapuram.

Kanchipuram ❸

Die Goldene Stadt der tausend Tempel zählt zu den sieben heiligen Städten Indiens. 125 Schreine, manche davon Jahrhunderte alt, sind hier offiziell anerkannt. Unter Kaiser Ashoka war Kanchipuram ein buddhistisches Zentrum, in den ersten nachchristlichen Jahrhunderten Sitz einer berühmten Universität. Verschiedene Dynastien, darunter die Chola und die Vijayanagara-Könige, machten es zu ihrer Hauptstadt und errichteten nach und nach über 100 Tempel. Zwischen 600 und 750 galt Kanchipuram als die glanzvolle Residenz der Pallava.

Außergewöhnlich fein gearbeitet ist die Tempelanlage **Kailasnatha** (7. Jh.), die dem Gott Shiva geweiht ist und die zu den ältesten freistehenden Steintempeln zählt. Als Erstes fällt der alles überragende Turmaufsatz *(vimana)* des zentralen Heiligtums ins Auge – anders als bei späteren Tempelbauten war in der Frühphase der Torturm *(gopuram)* noch niedrig. Der größte Tempelkomplex der Stadt mit weithin sichtbaren *gopurams* ist der **Ekambaresvara-Tempel,** zu Ehren Shivas und seiner Gefährtin Shakti bei einem heiligen Mango-Baum unter den Königen von Vijayanagar 1509 erbaut.

Die Stadt ist außerdem berühmt für leuchtende, kunstvoll gemusterte Seidensaris. Schon seit dem 16. Jh. arbeiten Weber sowohl mit Seiden- als auch mit Goldfäden.

Tiruvannamalai ❹

Der weitläufige, über 10 Hektar große Tempelkomplex von **Tiruvannamalai,** 100 km westlich von Chennai, zählt zu

Krishna Mandapam in Mamallapuram

Unten: Monumentalskulptur bei den Fünf Rathas, Mamallapuram

REISEVERBINDUNGEN

Internationale **Flughäfen** gibt es außer in Chennai (siehe S. 376) auch in Coimbatore, Madurai und Tiruchirapalli.

Das **Eisenbahnnetz** Tamil Nadus ist gut ausgebaut; die wichtigsten Knotenpunkte sind Madurai, Erode, Tiruchirapalli und Nagercoil. Von Chennai gibt es Verbindungen u.a. nach Madurai, Erode, Kanniyakumar, Nagercoil und Puducherry. Die Bergbahnen stehen mittlerweile auf der Weltkulturerbeliste der UNESCO (ebenso wie der »Toy Train« nach Darjeeling in Nordindien).

Das **Bussystem** Tamil Nadus gehört zum besten ganz Indiens. Einige Orte, v.a. in den Bergen, kann man nur mit dem Bus erreichen. Wichtige Verbindungen sind etwa von Udhagamandalam (Ooty) nach Coonoor (1 Std.), von Kodaikanal nach Mettupalayam (7,5 Std.) und von Chennai nach Mammalapuram (3 Std.).

Der Murugan-Tempel in Madurai. Murugan, der Sohn von Shiva und Parvati, ist eine der beliebtesten Gottheiten in Tamil Nadu

Unten: Der Wasserspeicher (*tank*) am Kamakshi-Tempel, Kanchipuram

den heiligsten Stätten im Süden. Der älteste Teil des Tempels, das Sanktum, stammt aus dem 11. Jh., die Tortürme wurden während der Vijayanagar-Periode im 14. bis 16. Jh. errichtet.

Östlich von Tiruvannamalai liegt das 700 Jahre alte **Gingee Fort,** dessen Mauern sich über drei Hügel erstrecken. Ursprünglich eine Vijayanagar-Festung, wurde sie in der Folge von den Marathen, den Moguln und den Franzosen weiter ausgebaut. Innerhalb der Mauern stehen mehrere mit Reliefs reich ornamentierte Tempel, ein Palast, ein Harem und eine Moschee. Das Fort verfügte über ein interessantes Wasserleitungs- und -speichersystem, dessen Überreste noch zu sehen sind.

Chidambaram ❺

Hinter Gingee beginnt das fruchtbare Kaveri-Delta, das Kernland Tamil Nadus und der alte Machtbereich der Chola-Dynastie. Die kleine Stadt **Chidambaram** hat sich um den etwa 20 Hektar großen Tempelkomplex entwickelt. Dieser Tempel ist Nataraja, dem Gott des kosmischen Tanzes, einer Inkarnation Shivas, geweiht. Das beeindruckende Beispiel drawidischer Baukunst entstand unter den Chola, deren Hauptstadt Chidambaram von 907 bis 1310 war.

Massive *gopurams* (Tortürme) ragen neben den Portalen auf. Im Inneren des Komplexes stehen mehrere Schreine, darunter auch einer, der dem Gott Vishnu geweiht ist. Das Allerheiligste des Tempels beherbergt ein Bildnis Shivas in Tanzpose. Angebaut ist das Heiligtum der Göttin, die hier Shivakamasundari heißt, »die schöne Frau, die Shivas Liebe erregte«. Ungewöhnlich ist ein Schrein, in dem kein Bildnis enthalten ist – das sogenannte Geheimnis von Chidambaram, das darauf hinweist, dass Gott überall zu finden ist. An den Schreinen und in den Durchgängen sind viele Darstellungen des tanzenden Gottes zu sehen, die vom klassischen Tanzstil *Bharata Natyam* übernommen wurden.

Thanjavur ❻

Das in die Reisfelder des Kaveri-Deltas gebettete **Thanjavur** (Tanjore; 260 km von Chennai) war einst Hauptstadt der Chola-Herrscher, die als große Förde-

rer der Kunst die meisten der 93 Tempel der Stadt erbauen ließen.

Der dem Gott Shiva geweihte Tempel **Brihadisvara,** bekannt als der »Große Tempel«, beherrscht das Bild. Zusammen mit den beiden Chola-Tempeln in Gangaikondacholapuram und Darasuram wurde er 1987 in die Welterbe-Liste der UNESCO aufgenommen.

Im 10. Jh. unter Rajaraja I. errichtet, sollte der Brihadisvara-Tempel die Bauten der Pallava an Größe und Kunstfertigkeit in den Schatten stellen. Entsprechend hoch (über 60 m, der höchste Indiens) fiel der *vimana* (Tempelturm), aus; Tortürme *(gopurams)* wurden in dieser Zeit noch niedriger gebaut als der Haupttempelturm. Die Fassaden des Heiligtums zeigen Shiva in verschiedenster Gestalt sowie Reste der ursprünglichen Bemalung. Der Bulle Nandi gegenüber dem Lingam-Heiligtum ist aus Granit, 6 m lang und der zweitgrößte Indiens. Das Lingam im Heiligtum selbst, Symbol des Gottes Shiva, gilt als das größte Indiens.

Ein paar Schritte nordöstlich liegt der **Palast** (geöffnet tgl. 9–18 Uhr; Eintritt). Von der Festung, die den Palast früher umgab, stehen noch Reste; der 58 m hohe Wachtturm ist gut erhalten. Mitglieder der ehemaligen Königsfamilie von Thanjavur wohnen noch in einigen der inneren Gemächer, ansonsten befindet sich eine Kunstgalerie und die Saraswathi-Mahal-Bibliothek im Palast. Der Musiksaal Sangita Mahal hat eine hervorragende Akustik.

Die **Kunstgalerie** (geöffnet tgl. 9–13, 15–18 Uhr) wurde 1951 eingerichtet und beherbergt heute einige der schönsten Skulpturen der Chola-Periode, insbesondere aus dem 9. bis 14. Jh., sowie eine großartige Sammlung von Chola-Bronzeplastiken, einschließlich einige einzigartige Darstellungen von Shiva Nataraja. Eine der schönsten Skulpturengruppen zeigt Shiva als hübschen Bettler, der die Frauen der irrgläubigen *rishis* verführt, um sie in ihrem Hochmut bloßzustellen (siehe auch unten).

Zur Kunstgalerie gehört auch das **Rajaraja Museum** (geöffnet tgl. 9 bis 18 Uhr), das unter anderem Funde der Ausgrabungsstätte im Palast des Chola-Königs Rajendra in Gangaikondacholapuram zeigt – Münzen, Terrakot-

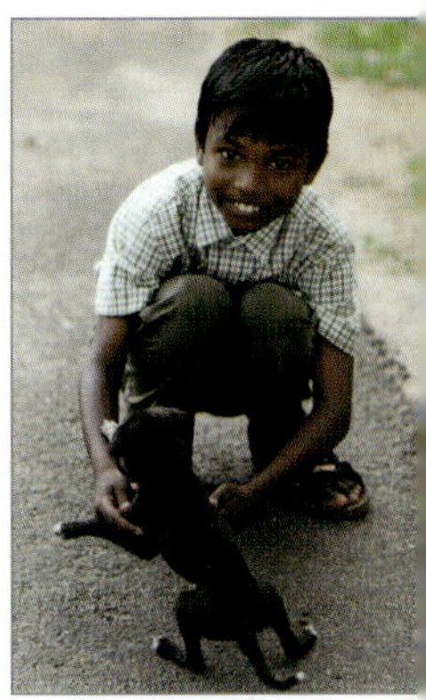

Straßenhunde gibt es überall in Indien in großer Zahl

Unten links: Im Ekambaresvara-Tempel, Kanchipuram

DER KOSMISCHE TANZ SHIVAS

Chidambaram ist einer der heiligsten Orte Indiens; hier soll der Gott Shiva seinen kosmischen Tanz aufgeführt haben, nachdem er einige dünkelhafte *rishis* (Weise) in die Schranken gewiesen hatte, die meinten, durch ihre strenge Askese außerordentliche Kräfte entwickelt zu haben. Die Götter und Göttinnen baten ihn daraufhin, seinen Tanz ebenfalls sehen zu dürfen, und Shiva versprach ihnen, im Wald von Thillai (ein anderer Name für Chidambaram) für sie zu tanzen. Hier forderte ihn aber die Hüterin des Waldes, Kalika Devi (eigentlich Shakti, die Gefährtin Shivas), zu einem Tanzwettstreit heraus. Shiva besiegte sie, indem er Bewegungen machte, die sie als züchtige Frau nicht ausführen konnte. Auf den Wunsch der *rishis* tanzt Shiva den kosmischen Tanz in Chidambaram auf ewige Zeit, wie es die Bronzeplastik im Tempel zeigt. Die Darstellungen von Shiva Nataraja, dem tanzenden Shiva, gehören zu den schönsten aller Chola-Bronzen.

»

Im Minakshi-Sundaresvara-Tempel in Madurai wird jedes Jahr im April/Mai die Hochzeit der lokalen Gottheit Minakshi mit Lord Sundaresvara (Shiva) mit einer großen Prozession gefeiert.

Unten: Vor dem Minakshi-Sundaresvara-Tempel in Madurai werden Kokosnüsse und Bananen als Opfergaben verkauft

ten, geschnitzte Muschelschalen und Metallgegenstände.

Die **Saraswathi-Mahal-Bibliothek** (für Forscher geöffnet Do–Di 10–13, 13.30–17.30 Uhr), die in einem anderen Teil des Palasts untergebracht ist, nennt einen der großartigsten Bestände ganz Indiens ihr Eigen. Die Marathen-Herrscher Thanjavurs im 17. und 18. Jh. waren aufgeklärte Monarchen, die Kunst und Kultur unterstützten. König Serfoji, der bedeutendste von ihnen, gründete die Bibliothek. Als leidenschaftlicher und unendlich neugieriger Intellektueller sammelte er nicht nur Manuskripte und Buchmalereien, sondern auch Bücher in mehreren europäischen Sprachen. Die Sammlung umfasst über 40000 Bände, darunter seltene Bücher über Kunst und Wissenschaft, die in vielen Fällen auf Palmblätter geschrieben sind.

Tempelstädte

Gangaikondacholapuram ❼ liegt etwa 65 km nordöstlich von Thanjavur. Der Name bedeutet Stadt des Königs, der den Ganges eroberte, nach dem Triumph des Chola-Königs Rajendra, dem Sohn des großen Rajaraja. Er fiel in Nordindien ein, eroberte viele Gebiete und stieß bis zum Ganges vor. Bei seiner Rückkehr gründete er eine Stadt und einen **Brihadisvara-Tempel,** der dem gleichnamigen Tempel in Thanjavur weitgehend gleicht. Von der im 11. Jh. großen Stadt ist heute nur ein Dorf übrig geblieben. In der Nähe des Tempels stellt ein kleines Museum Funde aus, die bei den örtlichen Grabungen zu Tage kamen.

In **Darasuram ❽**, unweit von Kumbakonum, steht der großartige, Shiva geweihte **Airavatesvara-Tempel,** im 12. Jh. erbaut vom Chola-Herrscher Raja Raja II. Da er jahrhundertelang vernachlässigt wurde, ist ein Großteil verfallen, doch auch in den Resten finden sich noch beeindruckende Zeugen der Chola-Architektur und -Steinmetzkunst.

Der Hauptschrein mit seinem 26 m hohen *vimana* (Tempelturm) und der Schrein der Göttin sind relativ gut erhalten. Prachtvolle Skulpturen vermitteln eine Vorstellung davon, wie der Tempel zu seinen besten Zeiten ausgesehen haben mag. Zusammen mit Res-

ten von Wandgemälden schaffen sie eine ganze Welt von Tänzern und Artisten und zeigen vielfältige Szenen aus dem täglichen Leben. Als »Tempel des ewigen Vergnügens« war er bekannt.

Tiruchirapalli ❾

Tiruchirapalli, kurz Trichy genannt, liegt etwa eine Autostunde von Thanjavur entfernt. Das Stadtbild beherrscht das Rock Fort, ein riesiger Granitfelsen mit Höhlentempeln aus dem 7. Jh. Ganz oben, am Ende einer 437 Stufen langen Treppe, steht der Tayumanasvami-Tempel, gekrönt von einem goldenen *vimana* (tgl. 6–20 Uhr). Die Aussicht von oben ist fantastisch.

Der **Sriranganathasvami-Tempel** im nahe gelegenen **Srirangam** ist der größte Vishnutempel Indiens – vielmehr eine ganze Tempelstadt mit sieben Umfassungsmauern. Eine belebte Basarstraße führt zum eigentlichen Tempel mit 21 *gopurams*. Das Hauptheiligtum, das Vishnu als Ragunatha auf der Weltenschlange verehrt, ist nur Hindus zugänglich. Von einer Aussichtsterrasse nahe dem Krishna-Tempel (12. Jh.) hat man einen herrlichen Blick auf die Gesamtanlage und auf das vergoldete Dach oberhalb des Sanktuariums. Besonders sehenswert ist hier der Pferdehof, eine Reihe von Karyatiden-Plastiken, die Reiter auf sich wild aufbäumenden Pferden zeigen, ein typisches Motiv für die Vijayanagar-Zeit.

Madurai ❿

Auch in dieser lebhaften Stadt sind Relikte der Vijayanagar-Herrscher zu bewundern. Madurais Stadtplanung war auf den zentralen Tempelbezirk ausgerichtet, in dessen **Minakshi-Sundaresvara-Tempel** die Lokalgöttin Minakshi, die Fischäugige, und Shiva als Sundaresvara, schöner Bräutigam, verehrt werden. Besuchen Sie auch die Halle der 1000 Säulen, in der keine Säule der anderen gleicht, werfen Sie einen Blick in die Hochzeitshalle mit der wertvollen Holzdecke. Versäume Sie nicht die dem Sundaresvara-Heiligtum vorgelagerte Säulenhalle mit wertvollen Skulpturen an den Granitsäulen und dem Altar der neun Planeten. Beachtenswert ist der über 50 m hohe südliche Torturm mit hunderten Stuckfiguren.

Bunte Blumengirlanden sind beliebte Opfer für die Götter in Hindu-Tempeln

Unten links: Radfahrer auf den heißen Straßen von Madurai
Unten: Im Minakshi-Sundaresvara-Tempel

Weibliche Inkarnation Vishnus im Minakshi-Sundaresvara-Tempel

Der Glanz der Nayak-Herrschaft in Madurai wird sichtbar in den Überresten des **Palasts von Tirumalai Nayak** (tgl. 9–13, 14–17 Uhr; Eintritt), dem berühmtesten König der Nayak-Dynastie. Ursprünglich belegte er eine Fläche von etwa 210 x 300 m und enthielt prunkvoll ausgestattete Wohnungen und Umgänge, dazu Gärten, Speicherseen und Springbrunnen. Davon ist nicht mehr viel erhalten, legiglich die große Audienzhalle, der von 18 m hohen Säulen gestützte Innenhof und eine 18 m hohe freitragende Kuppel stehen noch.

An der Straße zum Flughafen fällt ein **Murugan-Tempel** vor einem großen Granithügel auf. Die schön bemalte Fassade und der *gopuram* sind besonders sehenswert. Etwas weiter hinter dem Monolithen ist ein kleiner, in den Felsen gehauener Tempel, der aus der Zeit der Pallavas stammt. Hier ist es sehr ruhig und friedlich; in den Bäumen ringsum spielen Affen.

Tempel am Meer

Ruhesuchende können die im 15. Jh. durch einen Zyklon vom Festland getrennte **Insel Rameswaram** ⓫ besuchen, 150 km südöstlich von Madurai. Hier soll Rama Halt gemacht haben, um Shiva nach der Eroberung von Lanka zu danken.

Der im 16./17. Jh. erbaute **Ramalingesvara-Tempel** zieht zahlreiche Besucher an, eindrucksvoll sind seine etwa 1300 m langen Korridore. Shiva selbst soll die beiden Lingams im Sanktuarium aufgestellt haben. Nicht-Hindus dürfen das Innere nicht betreten. Der Tempelbetrieb ist stark kommerzialisiert.

Lassen Sie den Trubel hinter sich und fahren Sie mit einem Bus zum äußersten Inselzipfel. Nach dem *Ramayana*-Epos baute hier, wo Indischer Ozean und Golf von Bengalen einander umspülen, der Affenkönig Hanuman eine Brücke, um Sita von dem Dämonenkönig Ravana zu erretten. Es heißt, eine Pilgerreise nach Varanasi sei erst vollkommen, wenn man auch in **Danushkodi** ein heiliges Bad genommen hat. Danushkodi war eine blühende Hafenstadt, ehe ein Zyklon es 1964 verwüstete. Nur 20 km entfernt erkennt man auf der gegenüberliegenden Seite des Gol-

Unten: Im Minakshi-Sundaresvara-Tempel

fes von Mannar die Insel Sri Lanka. Wegen des dort jahrzehntelang tobenden Bürgerkriegs wurde Danushkodi nie wieder aufgebaut, und auch jetzt stehen die Chancen dafür eher gering.

Enklaven an der Küste

Tamil Nadus langer Küstensaum ist durchdrungen von verschiedenen Einflüssen. Im Unionsterritorium **Puducherry** (früher Pondicherry) ⓬, einst Kolonialbesitz der Franzosen, ist vieles anders als im übrigen Indien. Die Stadt Puducherry (siehe Exkurs unten) besitzt eines der wohl besten französisches Restaurant Südindiens (»Le Club«) und französisch sprechende Rikschafahrer.

Etwas nördlich von Puducherry liegt die 1968 gegründete New-Age-Gemeinde **Auroville** (siehe auch unten rechts). Die Stadtanlage und die experimentelle Architektur der Häuser ist ausgesprochen sehenswert; im Zentrum steht das große, aber unvollendete Meditationszentrum Maitri Mandir. Reisende können Auroville besuchen, sich über den Ort informieren und an freiwilligen Entwicklungsprojekten teilnehmen.

Außerhalb von Puducherry ist die archäologische Ausgrabungsstätte **Arikamedu**, wo im Altertum ein griechisch-römisches Handelszentrum bestand. Es weist darauf hin, dass es in früher christlicher Zeit einen florierenden Handel mit gefärbten Stoffen und Gewürzen mit dem Römischen Reich gegeben haben könnte.

Auf Entdeckernaturen warten an Tamil Nadus Küste auch unbekanntere europäische Siedlungen. Der dänische König ließ 1620 das **Fort Dansborg** in **Tranquebar** ⓭ (100 km südl. von Puducherry) errichten. Ein Denkmal für Bartholomäus Ziegenbalg und Heinrich Plutschau erinnert an die ersten protestantischen Missionare in Indien.

Chettinad

In der Küstenebene zwischen Tiruchirapalli und Madurai liegt die Region Chettinad, die Heimat der Chettiar, einer Gemeinschaft von Kaufleuten. In deren – heute teilweise verlassenen – Heimatdörfern stehen einige der prachtvollsten Familenpaläste im Süden Indiens. Im 19. Jh. waren die Chettiar bekannt als die Bankiers Südindiens, deren enormer Reichtum sich nicht nur in Gold und Juwelen widerspiegelte, sondern auch auf eindrucksvolle Weise in ihren Häusern. Die ganze Straßenblocks einnehmenden palastartigen Herrenhäuser sind innen mit Säulen aus Teak, Satinholz und Granit, aufwendig geschnitzten Teakholztüren und italienischen Marmorfußböden eingerichtet. Die Wände sind mit einer Paste aus Limette, Eiweiß und der *myrobalam*-Frucht glänzend weiß gestrichen.

In **Karaikkudi** ⓮, dem größten Ort der Region, und im nahe gelegenen **Kanadukathan** finden sich einige besonders schöne Familiensitze dieser Art. Die Unabhängigkeit Indiens bedeutete jedoch das Ende des märchenhaften Reichtums der Chettiar, und die luxuriösen Herrenhäuser konnten zum großen Teil nicht mehr unterhalten werden. Viele stehen heute leer. Dasku-

Frisches Kokoswasser erfrischt in der Hitze Südindiens

Unten: Französisches Straßenschild in Puducherry (Pondicherry)

DAS FRANZÖSISCHE INDIEN

Puducherry liegt 150 km südlich von Chennai an der Küste. Mitte des 18. Jhs. kam es in französischen Besitz und fiel erst 1954 wieder an Indien.

Ein Kanal teilte früher die Stadt in zwei Hälften: die **Ville Blanche** (Weiße Stadt) für die französische Bevölkerung auf der einen Seite und die **Ville Noire** (Schwarze Stadt) für die Inder auf der anderen. Das Zentrum bildete der **Government Park**, um den heute der **Raj Nivas** (Amtssitz des Gouverneurs) sowie andere staatliche Gebäude gruppiert sind. Unweit des Bahnhofs steht die im neugotischen Stil gehaltene **Kirche des Heiligen Herzens.** Im einst französischen Teil erinnern die Strände und Uferpromenaden an südfranzösische Städte.

10 km südlich liegt der **Sri Aurobindo Ashram** und die universelle Gemeinde von **Auroville,** einer 1968 vom französischen Architekten Roger Anger entworfenen Stadt. Der Ashram ist eine Gründung des bengalischen Religionsphilosophen Sri Aurobindo. Nach seinem Tod setzte seine in Paris geborene spirituelle Gefährtin Mirra Alfassa, genannt The Mother, sein Lebenswerk fort.

Traditionelle Küchenmesser stehen in Karaikudi zum Verkauf

linarische Erbe der Chettiar indes – pfeffrige Fleischgerichte, aromatisiert mit ungewöhnlichen Gewürzen und getrockneten Früchten – ist heute noch lebendig. Die meisten Chettiar-Paläste kann man zwar nicht von innen besichtigen, selbst wenn sie in gutem Zustand sind, doch hat die eine oder andere unternehmungsfreudige Familie mittlerweile ihr Haus in ein attraktives Hotel umgewandelt und erlaubt so einen Einblick in ihre ungewöhnliche Welt.

Kanniyakumari ⓯

An der südlichsten Spitze Indiens (Kap Komorin) liegt eine weitere Pilgerstadt – das der Göttin Kanya Devi geweiht Kanniyakumari. Für Inder dies ein beliebter Ausflugsort, kann man hier doch drei Meere zusammenfließen sehen: Indischen Ozean, Arabisches Meer und Bengalisches Meer. Im April ist es sogar möglich, Vollmond und Sonne am selben Horizont stehen zu sehen; zu dieser Zeit an den Ghats zu baden, die unterhalb des Schreins ins Meer führen, gilt als besonders segensreich.

Ein Stück vor der Küste ragen zwei Felseninseln aus der Brandung. Auf einer steht ein riesiges, 29 m hohes Standbild des tamilischen Dichters und Heiligen Thiruvalluvar. Der im Jahr 2000 eingeweihte Koloss wurde von 150 Arbeitern in über zehnjähriger Arbeit gebaut und kostete über eine Million US-$. Die andere Insel beherbergt eine Gedenkstätte für den Hindu-Reformer Swami Vivekananda (1863–1902), eine jener Persönlichkeiten, die Yoga und die vedische Philosophie im Westen bekannt gemacht haben. Dieser Ort stellte den Höhepunkt seiner zwei Jahre dauernden Reise durch ganz Indien dar: Als der Weise 1890 Kanniyakumari erreichte, sprang er ins Meer, schwamm zu dem Felsen hinaus und meditierte dort drei Tage lang über Vergangenheit, Gegenwart und Zukunft des Landes. Etwas über ein Jahrhundert später retteten sich 400 Menschen auf die kleine Insel, nachdem der große Tsunami von 2004 die Küste verwüstet hatte.

Die Stadt Kanniyakumari selbst kann mit ihren Menschenmassen, hässlichen Betonbauten und aufdringlichen Straßenhändlern für all jene enttäuschend sein, die sich eine etwas mystischere Atmosphäre erhofft hatten.

12 km nordwestlich, in **Suchindram,** ist dafür erheblich mehr Atmosphäre zu erleben. Der hiesige Sithanumalayan-Tempel wurde vor 1000 Jahren in der Chola-Ära gegründet; weithin bekannt sind die musikalischen Säulen, die einen Ton erzeugen, wenn sie angeschlagen werden. Anders als bei den meisten anderen Schreinen dürfen Nicht-Hindus hier das Allerheiligste betreten – das, einzigartig für ganz Indien, eine Gottheit beherbergt, die alle drei Götter der Hindu-Trimurti (Brahma, Vishnu und Shiva) repräsentiert.

Westlich von Kanniyakumari liegt **Nagercoil** mit Tempeln und Kirchen, und hinter Nagercoil der Palast von **Padmanabhapuram** (Di–So 9–13, 14 bis 16.30 Uhr; Eintritt). Die prächtige Festungsanlage mit vier Innenhöfen war einst die Residenz der Maharajas von Travancore, bevor die Hauptstadt 1790

Unten: Chettiar-Haus aus dem 19. Jh. in Kanadukathan

nach Thiruvananthapuram im heutigen Kerala verlegt wurde.

Im Inneren verbreiten Steingitterfenster und Scheiben aus Glimmer ein magisches Licht. Die mit herrlichen Schnitzereien verzierten Räume werden durch den natürlichen Luftzug aus den Innenhöfen gekühlt. Das imposante königliche Bett, aus einem einzigen Granitblock gehauen, steht auf einem schwarz glänzenden Fußboden, der mit Eiweiß und verkohlter Kokosnussschale gefärbt ist. Viele Wände sind mit Wandgemälden überzogen (leider ist das beste von ihnen im ehemaligen Meditationsraum des Rajas nicht für Besucher zugänglich), und in etlichen der größeren Räume sind antike Möbel und Miniaturmalereinen ausgestellt. Das **Palastmuseum** (Do–So 9–17 Uhr) zeigt eine schöne Sammlung von Wandgemälden, Steinskulpturen und wunderschönen Holzschnitzereien.

Die Nilgiri-Berge

Der südliche Teil der Westghats, die sich auf einer Länge von 1400 km entlang der indischen Westküste ziehen, stellt eine hohe Barriere zwischen den tamilischen Ebenen und der Malabarküste dar. Dort, wo sich die Grenzen von Karnataka, Tamil Nadu und Kerala treffen, erreichen die Berge ihre größte Höhe. Dieser Teil wird auch Nilgiris, Blaue Berge, genannt.

Fast 2700 m hohe Gipfel überragen immergrüne Wälder und unzugängliche Täler; weiter unten erstrecken sich ausgedehnte Teeplantagen. Da sich während des Monsuns zwischen Juni und Oktober die Wolken, die vom Arabischen Meer nach Osten ziehen, an den Bergen abregnen, fallen in den Nilgiris sehr viele Niederschläge – etwa 2500 mm in weniger als sechs Monaten. Dies ermöglicht eine außergewöhnliche Artenvielfalt: ein Drittel aller Blütenpflanzen des Subkontinents wächst in den hiesigen Wäldern, die Elefanten, Wildrindern *(gaurs),* Panthern, lebensfähigen Tigerpopulationen und Dutzenden anderen seltenen Säugetieren, Vögeln, Reptilien und Insekten eine Heimat bieten.

Diese prächtigen Tiere zu jagen und zu sammeln war im frühen 19. Jh. die Absicht der ersten Briten, als sie in das Gebiet vordrangen. Bis dahin hatten

TIPP

Mehr über das Leben von Swami Vivekananda erfährt man im **Wandering Monk Museum** an der Hauptstraße von Kanniyakumari. Die Reisen und die Philosophie des Mönchs werden auf 41 Tafeln ausführlich dargestellt.

Unten: Granit-Felsformation nahe Madurai

TIPP

Vier Züge der **Nilgiri Blue Mountain Railway** fahren von Ooty hinunter nach Coonoor. Wer nach Chennai möchte, sollte den Zug nehmen, der bis Mettupalayam weiterfährt. Dort besteht Anschluss an die Hauptstrecke mit regelmäßigen Verbindungen in die Hauptstadt Tamil Nadus.

hier nur Angehörige von Adivasi-Stämmen gelebt, etwa die Toda, die sich vor allem in den Hochtälern aufhielten und nur selten in die Ebenen herabkamen. 1819 entdeckte der Gouverneur von Coimbatore, John Sullivan, bei einer Expedition ins Gebirge eine flache, von hohen Bergketten umgebene Talmulde, bewässert von Flüssen, die durch unberührte Wälder strömten. Sullivan erkannte das Potenzial dieses paradiesischen Fleckens Erde sofort, kaufte den Toda das Land zu einem Spottpreis ab und gründete 1822 darauf eine Teeplantage.

Innerhalb weniger Jahrzehnte wuchs Ootacamund zu einem wohlhabenden Ort heran, da immer mehr Briten aus der schwülen Hitze der Ebene flüchteten und hierher zogen. 1880 hatte es sich zu einem sehr englisch wirkenden Städtchen entwickelt, mit anglikanischer Kirche, einem Botanischen Garten, einer Rennbahn und einem britischen Club, der mit seinen Rasenflächen und Veranden den ganzen Snobismus der britische Herrschaft in Indien symbolisierte – Snooty Ooty, das hochnäsige Ooty, wurde sein Spitzname.

Udhagamandalam (Ooty) ⓰

Heute trägt der Ort wieder seinen ursprünglichen Toda-Namen **Udhagamandalam,** ist jedoch auch nach der Unabhängigkeit dank des kühlen Klimas ein beliebter Kur- und Ferienort geblieben. Von steifer britischer Vornehmheit ist im Stadtzentrum zwar kaum mehr etwas zu sehen, dafür stehen in den Außenbezirken noch viele Bungalows aus kolonialer Zeit. Die Berge ringsum bieten Wanderern nahezu unbegrenzte Möglichkeiten. Wege führen in die Hochlagen der Nilgiris, wo auch vereinzelte Toda-Siedlungen in den Wäldern liegen. Einzelne Besucher wagen sich immer wieder dorthin, um die traditionellen wagenförmigen, aus Bambus und Stroh gebauten Hütten zu bewundern, doch die von Krankheit, Armut und Alkoholismus dezimierten Toda bleiben meist misstrauisch, wurden sie doch von den verschiedensten Regierungen um den Großteil ihres Landes gebracht.

Eine stark frequentierte Straße führt von der Industriestadt Coimbatore hinauf nach Ooty; der klassische Weg ist

Unten: Dorf in den grünen Nilgiri-Bergen

jedoch eine Fahrt mit der **Blue Mountain Railway.** Auf der zwischen 1890 und 1908 gebauten Schmalspurstrecke verkehrt eine der letzten Dampfeisenbahnen Indiens – die historischen Original-Lokomotiven und -Wagen werden sorgfältig intakt gehalten. Für die 46 km lange Strecke mit 16 Tunnels, die durch Teeplantagen und von Dunst verschleierten tropischen Regenwald führt, braucht der Zug vom Ausgangsbahnhof Mettupalaiam viereinhalb Stunden.

Der wichtigste Zwischenhalt ist **Coonoor,** eine eher ungepflegt wirkende Stadt am oberen Ende der Hulikal-Schlucht. Auf dem Markt kann man erstklassigen Orange-Pekoe-Tee und ätherische Öle kaufen; ansonsten locken in den Außenbezirken im oberen Teil der Stadt einige schöne Heritage-Hotels in Häusern aus britischer Zeit. Auszuspannen heißt hier, gemütlich mit einer Tasse Tee im blühenden Garten zu sitzen und den Blick über das Tal auf die Teeplantagen zu genießen, während die Blue Mountain Railway schnaufend und quietschend nach Ooty hinaufdampft.

Kodaikanal 17

Weiter im Süden bilden die Palani-Berge einen Ausläufer der Westghats, der nach Osten in die Vagai-Ebene hineinragt, etwa 120 km nordwestlich von Madurai.

Die wichtigste Hill Station (Höhenkurort) hier ist das 2 m hoch gelegene Kodaikanal, umgeben von schönem tropischem Regenwald. Amerikanische Missionare legten den Ort in den 1840er-Jahren um einen künstlichen sternförmigen See an. Vor allem bei tamilischen Paaren in den Flitterwochen ist er heute beliebt, die hier begeistert Tretboot fahren und am Steilabbruch im Südwesten der Stadt spazierengehen: Vom Hauptweg Coker's Walk hat man eine überwältigende Aussicht über die ganze Ebene, fast bis nach Madurai.

Kodaikanal ist auch für seine elitäre International School bekannt, deren Schüler aus über 30 Ländern die Cafés um den Basar bevölkern.

Die Palani-Berge sind in den letzten Jahren immer mehr zum Trekkingziel geworden; lokale Führer bieten Touren in allen Varianten an, vom Halb-

Blüten setzen Farbtupfer in die Wälder der Westghats

Unten: In den Bergen oberhalb von Ooty

Orange-Pekoe-Teeblätter aus einer Pflanzung in den südlichen Nilgiris

Unten: Wilde Elefanten in Mudumalai

tagesausflug bis hin zu mehrtägigen Wanderungen für Abenteuerlustige mit Übernachtung in Berghütten.

Naturparadiese

Das von Gebirgszügen und der Coromandel-Küste umschlossene Tamil Nadu hat sich einige Flecken unversehrter Natur bewahrt: Dschungel, Feuchtgebiete an der Küste und Koralleninseln sind Nischen der Tierwelt.

An der Küste der Palk Strait bei **Vedanthaga** und **Point Calimere** (315 km südlich von Chennai) rasten während des Wintermonsuns Scharen von Zugvögeln.

Mudumalai (67 km nordwestlich von Ooty) in den Nilgiri-Vorbergen ist Heimat des Dschungelrinds *(gaur)*, wilder Elefanten und einzelner Tiger. Im **Anamalai-Schutzgebiet** (70 km nordwestlich von Kodaikanal) leben Languren. Bei einem Besuch dieser Schutzgebiete empfiehlt sich die Reservierung von Unterkünften und Transportmitteln (Elefanten oder Jeeps).

Die weniger bekannten Naturschutzgebiete (für die man eine besondere Erlaubnis der Regierung benötigt) bietet Naturfreunden hervorragende Möglichkeiten, seltene Arten zu beobachten. Der **Mannar-Meerespark** etwa umschließt 21 flache, unbewohnte Koralleninseln im Golf von Mannar. Er schützt die vom Aussterben bedrohte Gabelschwanzseekuh *(Dugong)*, eine vielfältige Korallenriff-Fauna und über 100 Arten von Algen und Seegräsern, die in allen Grüntönen schillern. Die Inseln sind nur mit Erlaubnis des Chief Conservator of Forests in Chennai nach Darlegung beruflich-wissenschaftlichen Interesses zu besuchen. Neuerdings macht man sich Sorgen, dass die Inseln im Meer verschwinden könnten; als mögliche Ursache wird illegaler Sandabbau genannt.

Für das **Mukurti-Schutzgebiet,** Heimat des bedrohten, der Bergziege verwandten Nilgiri-Tahr, benötigt man die Genehmigung der Nilgiri Wildlife Association in Ooty (kann einige Tage dauern). Im wenig bekannten Mukurti erscheinen Schluchten tropischen Regenwalds (*sholas*) und Grasland wie ein urzeitlicher Garten Eden; sehr angenehm ist das gemäßigte Klima der Höhenlage von 1800 bis 2100 m. ■

RESTAURANTS UND BARS

Durchschnittspreis für ein Menü mit bis zu drei Gängen ohne alkoholische Getränke:

● = bis 200 INR
●● = 200–500 INR
●●● = 500–1000 INR
●●●● = über 1000 INR

Tamil Nadus vegetarische Küche gehört zu den besten der Welt. *Dosa*, einen knusprigen dünnen Linsenmehl-Pfannkuchen, und den dickere Teigfladen *uttappam* isst man in ganz Indien. Oft sehr gut sind die belebten Lokale, die *Meals* anbieten: Auf einem Bananenblatt als Teller ist in der Mitte ein Berg Reis aufgehäuft, um den sich *poriyals*, *sambar* und *rasam* (Linsensuppen), *chatni* (eine Art Sauce) und Pickles gruppieren. Die zunehmend beliebte Küche der Chettinad-Region basiert dagegen auf ungewöhnlich gewürztem Fleisch.

Chidambaram

◆ **Hotel Saradharam**
19 V.G.P. Street.●
Heruntergekommenes Hotel, aber beliebtes Restaurant mit großer Vielfalt an Gerichten.

Kanchipuram

◆ **Saravana Bhavan**
504 Gandhi Road;
66 Anna Indira Gandhi Road, nahe Busstop. ●
Zwei Filialen einer ausgezeichneten, billigen und sehr sauberen Kette von vegetarischen Restaurants.

Kodaikanal

An der P.T. Road liegt eine Reihe von günstigen Esslokalen und netten Cafés, die auch von den Schülern der International School gut frequentiert werden.

◆ **Manna Bake**
Bear Shola Falls Road. ●
Leckere, sättigende vegetarische Vollwertkost, die eine nette Familie jeden Tag frisch zubereitet. Für das Vollkornbrot kommen Reisende und im Ausland lebende Inder von weit her, und der Apfelkuchen mit Vanillesauce ist ein Traum. Das ganze Unternehmen ist ziemlich ökologisch angehaucht, nur die grauen Betonwände im Café wirken etwas ungemütlich.

◆ **Royal Tibet**
PT Road. ●
Hier gibt es dampfende Schalen voll *thukpa* und *momos*, zu denen man dunkles Brot isst.

Madurai

◆ **Bell Jumbo**
Kochadai. ●●
Das größte Speiselokal der Stadt ist makellos sauber. Serviert werden verschiedene leckere nord- und südindische Gerichte (sowohl nicht- als auch vegetarisch). Fast Food mit dem gewisssen Etwas.

◆ **Meenakshi Bhawan**
West Perumal Maistry Street, nahe Bushaltestelle Anna. ●–●●
Beliebtes Lokal mit ausgezeichetem südindischem Essen; auch ein paar Chettinad-Gerichte.

◆ **New Arya Bhavan**
241a West Masi Street. ●
Leckeres und günstiges nord- und südindisches vegetarisches Essen.

◆ **Only Appam**
Town Hall Road. ●
In dem winzigen Lokal werden einige der besten lokalen Gerichte von Madurai gekocht.

Thanjavur

◆ **Ananda Bhavan**
Gandhiji Road, nahe dem Hotel Tamil Nadu. ●
Sauber, sehr billig und hervorragende vegetarische Speisen.

◆ **Coffee Palace**
Eliamman Kovil Street. ●
Der beste Ort in Thanjavur für echten südindischen Kaffee und Snacks.

◆ **Golden Restaurant**
Hospital Road. ●
Guter Ruf für vegetarische Gerichte.

Udhagamandalam

Die meisten Hotels in Ooty haben Restaurants und bieten in der Saison bevorzugt Vollpension an. Im Zentrum gibt es aber immer noch genug unabhängige Lokale.

◆ **Chandan**
Nahar Hotel, Commercial Road. ●●
Preisgünstige nordindische Küche, u.a Ootys beste Tandoori-Gerichte, serviert auf einem schönen Rasen. Es gibt auch Menüs mit Lassi und Eiscreme und zu Mittag unschlagbare *thalis*.

◆ **Sidewalk Café**
Nahar Hotel, Commercial Road.
●–●●
Pizza aus dem Holzofen, Toasts, vegetarische Burger und knackige Salate sind die Spezialitäten in dieser schicken Fast-Food-Bude im Mumbai-Stil. Es gibt auch sehr gute Milkshakes, frische Obstsäfte und echten Cappuccino.

Rechts: Pasayam ist eine beliebte südindische Nachspeise

Kerala

Kerala ist ein saftig grünes Land mit großem Reichtum an Kultur und Tradition. Seine Sehenswürdigkeiten liegen eingebettet zwischen den Cardamombergen und der Malabar-Küste.

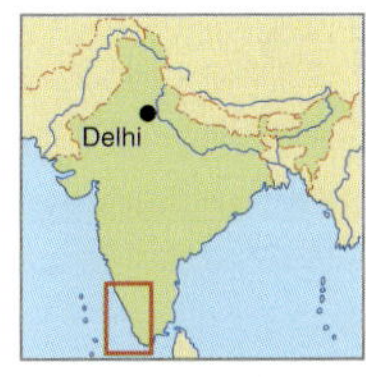

Als die siegreiche Kriegsgöttin Bhadrakali sich einen Wohnsitz auf der Erde suchte, wählte sie das heutige Kerala. Dort residiert sie immer noch und wird in fast allen Dörfern als Schutzgöttin und oberste Richterin verehrt.

Der Legende nach entstand Kerala, als Parashurama, eine Inkarnation Vishnus, seine Streitaxt ins Arabische Meer warf und sich daraufhin das fruchtbare Land aus dem Meer erhob. Ganz real formierte sich der Unionsstaat 1956 durch den Zusammenschluss dreier Regionen mit gemeinsamer Sprache, dem Malayalam. Dies waren Malabar und die ehemaligen Fürstentümer Kochi und Travancore.

Keralas Attraktionen ballen sich zum großen Teil im Süden des Staates, nicht weit von der Hauptstadt Thiruvananthapuram. Die schönen weißen Sandstrände um Kovalam ziehen in den Wintermonaten die Sonnenhungrigen an. Nördlich davon liegen die dicht besiedelten, tropischen Backwaters mit ihrem Gewirr von Kanälen, Flussläufen und Seen. Flotten von umgebauten Reisbooten, die früher als Frachtboote eingesetzt wurden, bieten für Touristen eine komfortable, auch mehrtägige Möglichkeit, die idyllischen Wasserwege von Städten wie Kollam oder Alappuzha aus zu erkunden.

Je näher man Kochi (ehemals Cochin) kommt, der größten Stadt von Kerala, desto mehr verlanden die Backwaters. Die ausufernde Großstadt wird vom Wasser zweigeteilt: Ernakulam auf dem Festland und das alte Fort Cochin auf der Halbinsel gegenüber. Die engen, von vielen kolonialen Gebäuden gesäumten Gassen des Forts quellen über von Besuchern aus aller Welt; genauso wie schon vor 400 Jahren, als hier das Zentrum des indischen Gewürzhandels war.

Gewürze, Tee und Kaffee

Gewürze wie Pfeffer, Kardamom und Kurkuma sind neben Kaffee und Tee die wichtigsten Anbauprodukte im

NICHT VERPASSEN!

- Padmanabhapuram
- Kovalam
- Vizhinjam
- Varkala
- Backwaters
- Alappuzha
- Periyar Sanctuary
- Eravikulam N.P.
- Munnar
- Kochi-Ernakulam

Links: In den Backwaters von Kerala
Unten: Vizhinjam

»

Indien ist der drittgrößte Pfefferproduzent der Welt. Der Großteil der 70 000 t wird entweder in Kerala angebaut oder dort verkauft. Die Internationale Pfefferbörse war früher in Mattancherry in Kochi, wurde aber neuerdings von der online arbeitenden India Pepper and Spice Trade Association (IPSTA) abgelöst.

Hinterland, wo die Flusstäler und dichten Wälder ins Grasland der Berge übergehen. Im Periyar Wildlife Sanctuary hoch oben auf der Wasserscheide des über 2600 m hohen Gebirgszuges kann man Tiger und Elefanten beobachten, während man auf Bambusflößen die Wasserwege entlang paddelt. Das weiter nördlich gelegene Munnar bietet sich als Ausgangspunkt für die Erkundung der höchsten Gipfel der indischen Halbinsel an. Dort im Wild-Reservat kommt noch die seltenen Nilgiri-Tahr (eine Wildziegenart) vor.

Überall stehen Kokospalmen. Alle Teile des Baumes finden Verwendung, die Coir-(Kokosfaser-)Verarbeitung ist ein wichtiger Industriezweig. Kaffee gedeiht an den Ausläufern der Westghats, in höheren Lagen Tee. Im Süden liegen Kautschukplantagen. Eine andere wichtige Frucht dieser Region, die vor allem nach Nordindien verkauft wird, ist die Nuss der Areca-Palme.

Der fruchtbare Boden ermöglicht zwei bis drei Reisernten im Jahr. Der feine Kerala-Reis ist praktisch Bestandteil jeder Mahlzeit. Vor dem Entspelzen wird er gekocht, ein Prozess, der das Vitamin D erhält und den dicken großen Körnern ihre rot gesprenkelte Oberfläche gibt. An der Malabar-Küste wächst dazu der beste Pfeffer der Welt, außerdem werden Kardamom und Cashew-Nüsse angebaut. Auch Bananenstauden sieht man häufig.

Kerala heute

Kerala unterstrich seine Stellung im modernen Indien bei den ersten Wahlen des Bundesstaates 1957 mit der Bildung der ersten demokratisch gewählten kommunistischen Regierung, die später von der Zentralregierung in Delhi unter der umstrittenen Einflussnahme Indira Gandhis entlassen wurde. Es dauerte jedoch nicht lange, bis die KPI(M) mit Unterstützung des Volkes wieder an die Macht kam und unter der Führung von E. M. S. Namboodiripad Landreformen, Erziehungs- und Gesundheitsprogramme durchsetzte.

Kerala kann ein stolzes Ergebnis vorweisen: die gerechteste Landverteilung Indiens, kaum keine Analphabeten und den niedrigsten Anteil an Armen – dabei ist es der Bundesstaat mit den wenigsten Bodenschätzen.

Unten: Die typischen Curraghs der Backwaters

Der hohe Bildungsstand (den der Staat schon der aufgeklärten Bildungspolitik der Herrscher der Travancore-Dynastie verdankt), verbunden mit verhältnismäßig geringen Arbeitsmöglichkeiten in Kerala selbst, hat dazu geführt, dass viele Bewohner sich in anderen Teilen des Landes und in den Golfstaaten Arbeit gesucht haben. Vor allem die Gastarbeiter in den Golfstaaten tragen zum Wohlstand ihrer Heimat bei, da sie einen Großteil ihres Verdienstes an ihre Familien schicken und in Kerala investieren.

Frauen in Kerala sind seit langem besser gestellt als in jedem anderen Teil Indiens. Einige Gemeinschaften, wie die Nambudiri-Brahmanen und die Nairs, vererbten Besitz lange Zeit über die Frauen, die auch das Vermögen der Familien verwalteten. Auch wenn dieses System heute nicht mehr besteht, hat die hohe Alphabetisierungsrate im Bundesstaat die Stellung der Frauen gestärkt und ermöglicht ihnen ein freieres Leben als in anderen Regionen.

Bei jeder Aufzählung indischer Schriftsteller, Dichter und Musiker stehen Malayali ganz obenan. Künstler wie der Dichter und Diplomat K. P. S. Menon, die Romanautorin Arundhati Roy, der Lyriker Vallathol Narayana, der das Kathakali-Tanztheater wieder belebte und die Kalamandalm-Schule in Cheruthuruthy gründete, oder der Sänger K. J. Yesudas genießen große Popularität.

Religiöse Harmonie

Die ersten Bewohner Keralas hingen einer Naturreligion an; sie betrieben Ahnenkult und verehrten eine Muttergottheit. Diese drawidischen Elemente findet man auch im philosophisch hoch entwickelten orthodoxen Hinduismus. Dieselben Menschen, die das Göttliche als etwas Abstraktes, als reines Geistwesen begreifen, können Gott auch in fast jedem konkreten Wesen oder Ding erkennen, in einem Baum, ja sogar in einem Stein.

Neben den Religionsgruppen der Hindus, Muslime, Christen und Juden bestehen verschiedene Kasten und Sekten, die ihren eigenen Bräuche pflegen. Und überall verschmelzen Rituale: Marxistische Politiker verneigen sich vor Hindu-Schreinen, Muslime neh-

TIPP

Das Heiligtum des **Krishnapuram-Tempels** aus dem 16. Jh. (32 km nördlich von Thrissur) ist Nicht-Hindus verschlossen, Besucher können aber die dort im November und Dezember stattfindenden klassischen Konzerte hören.

Unten: Chinesisches Fischernetz bei Fort Cochin

TIPP

Speziell für ausländische Zuhörer konzipierte **Kathakali-Vorstellungen** werden allabendlich um 18.30 Uhr an verschiedenen Stellen in Fort Cochin aufgeführt. Die beliebtesten veranstalten das Cochin Cultural Centre (www.cochinculturalcentre.com) und das Kathakali Centre (www.kathakalicentre.com). Kommen Sie frühzeitig, um auch die Vorbereitungen der Darsteller zu sehen.

men an Tempelfesten teil, Christen begeben sich auf eine hinduistische Wallfahrt und man sieht oft Amulette und Heiligenbilder aller drei großen Religionen vereint.

Der Hinduismus in Kerala wird, wie im restlichen Indien auch, in verschiedenen Ausprägungen ausgeübt. Die Verehrung lokaler Göttinnen kann man beispielsweise beim Tempel von **Chottanikkara** in der Nähe von Kochi beobachten. Er ist das Ziel einer wichtigen Pilgerreise, besonders für die Austreibung böser Geister bei Kranken. Zum Dank für die Heilung schlagen die Pilger lange Eisennägel in einen riesigen Baum beim Heiligtum ihrer Göttin. Im Kontrast zu solchen örtlichen Praktiken stehen die sanskritischen Traditionen des Kultes, wie sie in den großen, ausschließlich brahmanischen Zentren von Sri Padmanabhasvamy in Thiruvananthapuram, dem Shiva-Tempel Vadakkunathan in Thrissur (Trichur) oder dem Krishna-Tempel in Guruvayur gepflegt werden.

Im Jahre 50 n. Chr. soll der Apostel Thomas die erste Glaubensgemeinschaft syrischer Christen in Indien gegründet haben. Geschichtlich nachgewiesen sind christliche Gemeinden zumindest für das 2. Jh. Auch Muslime trieben schon seit zirka 800 n. Chr. Handel mit Indien und ließen sich hier nieder. Es war üblich, dass die hinduistischen Könige der Küste auch für andere Religionen Bauten stifteten, so wie die Moschee von **Kodungallur.** Auch jüdische Siedler wurden willkommen geheißen. Für sie wurde u.a. eine schöne Synagoge in Kochi errichtet. Die meisten Juden sind jedoch in der Nachkriegszeit nach Israel ausgewandert.

Die religiöse Toleranz, die in Kerala von alters her gepflegt wird, hat den Bundesstaat vor gewaltsamen Konflikten zwischen Religionsgruppen weitgehend bewahrt.

Darstellende Kunst

Den wichtigsten kulturellen Beitrag leistet der kleine Staat auf dem Gebiet des Theaters. Hier sind die klassische Kunst des Koodiyattam, des lyrisch-sinnlichen Tanzes Mohiniattam, die Leidenschaft des Krishnanattam und die Erhabenheit des Kathakali zu Hause. Ursprung all dieser Künste ist das

Unten: Der Krishna-Tempel in Guruvayur

REISEVERBINDUNGEN

Die drei **Flughäfen** in Kerala sind in Thiruvananthapuram, Kochi und Kozhikode. Neben vielen Städten im Inland bedienen sie jedoch hauptsächlich Ziele in den Golfstaaten.

Die wichtigste **Bahnlinie** Keralas verläuft parallel zur Küste und bietet schnelle und häufige Verbindungen: In nördlicher Richtung bis hinauf zur Konkan Railway und weiter nach Mumbai; nach Süden bis zur Südspitze Indiens bei Kanniyakumari und weiter (wieder Richtung Norden) bis Chennai. Von der nördlichen Hauptlinie zweigen Strecken durch die Ghats nach Tamil Nadu ab und durch die Backwaters nach Alappuzha.

Die **Fernbusse** sind deutlich langsamer als die Züge, aber man bekommt leichter noch kurzfristig Tickets. Sie empfehlen sich wie überall in Indien eher für kürzere Entfernungen.

 Karte auf Seite 382

Volkstheater. Es entwickelte sich aus religiös-rituellen Wurzeln und ist trotz hochdramatischer Darstellungsstile mehr Gottesdienst als Unterhaltung.

Das wird beim Betrachten der spektakulären *theyyams* von Malabar deutlich, an denen aufwendig kostümierte Darsteller vor den Schreinen die Mythen der Götter tänzerisch aufführen. Sie versetzen sich ganz in die Rolle der Gottheit, die sie verkörpern. Kostüme und Masken spielen eine wichtige Rolle in diesen rituellen Tanzdramen.

Es lohnt sich, schon frühzeitig zu einer Kathakali-Aufführung zu gehen. Dann kann man den Darstellern zusehen, wie sie sich mit leuchtendem Make-up schminken und die bis zu 35 kg schweren Kostüme anlegen.

In Zentral-Kerala bekommen die Feste durch die Mitwirkung von herausgeputzten Elefanten märchenhafte Züge. Es ist ein überwältigendes Schauspiel, wenn 30 Tiere beim **Vadakkunathan-Tempel** zum Thrissur-Pooram-Fest aufmarschieren.

Interessant sind die Musikgruppen, die die Prozessionen begleiten: die *panchavadayam* (wörtlich: fünf Instrumente) mit Trommeln und Trompeten, die lauten, aber virtuosen Trommelorchester *cenda melam* und die Trommeln *tyampaka*.

Auch wenn Nicht-Hindus zu Keralas Tempeln keinen Zutritt haben, dürfen sie an Tempelfesten ohne Einschränkungen teilnehmen. Nur während der Zeit des Monsuns von Juni bis August finden kaum religiöse Feste statt.

Die Hauptstadt Thiruvananthapuram ⓲

Keralas auf sieben Hügeln erbaute Hauptstadt und einstige Hauptstadt der Könige von Travancore, Thiruvananthapuram (Trivandrum), bietet viele kulturelle Attraktionen. Die früheren Herrscher errichteten zu Ehren Vishnus den Tempel **Sri Padmanabhashvamy,** der das Bild der geschäftigen Stadt prägt. Seine majestätischen im Vijayanagar-Stil gebauten Tortürme spiegeln sich im Wasser der angrenzenden Bassins, in denen die Gläubigen ihr rituelles Bad nehmen, bevor sie den Tempel betreten. Nicht-Hindus wird der Zutritt von *ambalavasi*-Wächtern verwehrt. Im Schrein befindet sich die

Auf Dorffesten in Kerala werden oft kunstvolle Kostüme und Kopfschmuck getragen

Unten: *Theyyam*-Tänzer

»

Arundhati Roy, die Autorin des Romans »Der Gott der kleinen Dinge«, wuchs in Kerala auf. Echte Personen und Orte in den Backwaters bei Kottayam bilden die Vorlage für viele Akteure und Schauplätze in ihrem Buch – u.a. das berüchtigte History House, das ehemals die Residenz eines Gummipflanzers war und heute ein Luxushotel beherbergt.

Gottheit Vishnu in der Form des Schöpfergottes, welchen die Gläubigen durch Gucklöcher anschauen.

Im **Puttan-Malika-Palast** nahe dem Tempel werden die Erbstücke der Travancore-Dynastie ausgestellt (geöffnet 8.30–13.30, 15–17.30 Uhr; Mo geschlossen; Eintritt). Der Bau ist mit seinen eleganten Giebeln, kunstvoll geschnitzten Säulen und umschlossenen Höfen ein Paradebeispiel für die Holzarchitektur des königlichen Kerala. Die reiche Sammlung von Musikinstrumenten und Tanzkostümen spiegelt die Rolle der Travancore-Könige als Schirmherren des regionalen Kunst- und Musikschaffens wider. Zu Ehren von Raja Swathi Thirunal (1813–1846), Mitglied der königlichen Familie und einer der größten Komponisten Keralas, findet im Puttan Malika alljährlich ein Musikfestival statt.

Im Westen des Stadtteils Fort, also dem alten Viertel um Tempel und Palast, liegt die **Margi School** (www.margitheatre.org), in der Studierende in der Kunst des Kathakali-Tanzdramas unterrichtet werden. Hier gibt es auch Aufführungen des älteren *kutiyattam*. Viele der strengen Übungen, entstanden aus der in Kerala heimischen Kampfkunst *(kalarippayattu)*, die ein wenig Ähnlichkeit mit Karate hat.

Im südlich vom Tempel gelegenen CVN Kalari Sangam kann man den Lernenden beim Training auf dem rotlackierten Kalkfußboden im Ring zusehen. Das Institut darf sich zu den angesehensten des Staates zählen (geöffnet täglich ab 7 Uhr).

Das **Napier Museum of Arts and Crafts** im indosarazenischen Baustil zeigt eine Sammlung von Schmuck, Elfenbeinschnitzereien, Chola-Bronzen und Holzkunst aus Kerala (geöffnet 10–17 Uhr, Mo geschlossen; Eintritt). Es liegt nördlich vom Stadtzentrum in einem Park, der bei Picknickern und Spaziergängern sehr beliebt ist.

Am nördlichen Rand des Parks stellt die **Shri Chitra Art Gallery** (geöffnet 10–17 Uhr, Mo geschlossen; Eintritt) Ölbilder des indischen Künstlers Raja Ravi Varma aus, der im 19. Jh. außerordentlich berühmt für seine viktorianisch beeinflussten Darstellungen kurvenreicher Frauen im Sari und mythologischer Szenen.

Unten: Padmanabhapuram

Zum 63 km entfernten **Padmanabhapuram-Palast,** der bereits in Tamil Nadu liegt, kann man per Taxi oder Bus einen interessanten Tagesausflug unternehmen. Der Palast war die Residenz der Könige von Travancore, bis sie Ende des 19. Jh. ihre Residenz nach Thiruvananthapuram verlegten. Heute ist dieser Palast das beste Beispiel der verschwindenden Kerala-Architektur (siehe S. 392).

Strandurlaub

Der bekannteste Strand Keralas heißt **Kovalam Beach** ⓳ (16 km von Thiruvananthapuram) und ist für Feriengäste bestens erschlossen. Abseits der Strandpromenade mit ihren vielen Geschäften geht im Hinterland und in den Fischerdörfern der Umgebung das Leben immer noch seinen für Kerala typischen, gemächlichen Gang.

In loser Anordnung der hastig hochgezogenen Hotels dehnt sich der Urlaubsort von drei Buchten in die Reisfelder und Palmenhaine des Inlands aus. Die meisten Urlauber – darunter eine steigende Zahl europäischer Pauschaltouristen – wohnen am Lighthouse Beach, dessen goldenen Sand ein rot-weiß gestreifter Leuchtturm überragt. Stehen Sie einmal frühzeitig auf und spazieren Sie um die felsige Landspitze herum, die den Lighthouse Beach vom benachbarten Hawa Beach trennt. Sie werden belohnt mit dem eindrucksvollen Anblick der örtlichen Fischer, die in ihren im Madras-Muster karierten *mundus* (die Tücher heißen auch *lunghis*) und dem Baumwoll-Turban auf dem Kopf die riesigen Netze an Land ziehen.

Der Hawa Beach endet abrupt an einer Landzunge, auf der das Fünf-Sterne-Hotel Leela steht. Der Sandstrand setzt sich aber auf der anderen Seite nach Norden fort – schier endlos und fast menschenleer.

In der anderen Richtung, südlich von Kovalam gibt es touristische Einrichtungen erst wieder jenseits des Hafens von **Vizhinjam,** einer ehemaligen Provinzhauptstadt, in der Christen und Hindu als Fischer leben.

Die Küstenlinie hinter Vizhinjam gliedert sich in viele kleine Buchten, an denen große Hotelkomplexe liegen, die sich auf ayurvedische Therapien spezi-

TIPP

Von der Station Thampanoor in Thiruvananthapuram fahren **Busse zum Padmanabhapuram-Palast** über den Abzweig nach Kovalam. Alle Linien nach Nagercoil bzw. Kanyakumari halten hier. Fahren Sie sehr früh am Morgen, um die rasch aufkommende Hitze zu vermeiden. Es gibt auch Taxis, die die Strecke zu festgelegten Preisen fahren.

Unten: Kovalam ist der bedeutendste Badeort in Kerala

TIPP

Am Lighthouse Beach treten zu bestimmten Zeiten von Ebbe und Flut **gefährliche Strömungen** auf. Deshalb wird der Strand von Badewärtern überwacht. Es kommt trotzdem jedes Jahr zu tödlichen Unfällen. Bleiben Sie also im überwachten Strandbereich und folgen Sie den Anweisungen der Rettungsaufsicht.

alisiert haben. Zum Schluss weichen die Klippen der schimmernden Weite des Chowara Beach, der sich auf 17 km Länge südwärts bis zur Mündung des Flusses Neyyar hinzieht. Dort liegt auf einer Inseln in den Backwaters eine weitere Gruppe von Luxushotels.

Varkala (54 km nördlich von Thiruvananthapuram) besitzt einen schönen, von tiefroten Klippen geschützten Strand. Nicht nur Touristen kommen hierher, der Strand ist auch ein wichtiges hinduistisches Pilgerziel. Angeleitet von den örtlichen Priestern streuen Hinterbliebene die Asche ihrer Verstorbenen ins Meer, während nebenan die fremden Sonnenanbeter ihre Fruchtcocktails schlürfen, Volleyball spielen oder Yogaposen üben. Hoch über all dem lugen die Palmdächer der Bambushütten-Cafés über den Rand des Kliffs. Von hier oben kann man sehr gut den idyllischen Sonnenuntergang über dem Arabischen Meer genießen.

Um der touristischen Szenerie von Varkala zu entfliehen, braucht man nur die knapp 4 km am Laterit-Strand nach Norden ins benachbarte Odayam spazieren. Dort schmiegen sich einige kleine Gästehäuser in die Palmenhaine an einer überschaubaren, schwarzsandigen Bucht. Auch hier ist die meist muslimische Bevölkerung sehr konservativ. Bitte zeigen Sie nicht allzu viel Haut; und »Oben ohne« ist selbst in Varkala absolut tabu!

Kuttanad: Die Backwaters

Der Cashewnusshafen **Kollam** ⑳ (Quilon) ist zugleich der südliche Zugang zu den Backwaters des **Kuttanad.** Kein Tourist sollte versäumen, vom Boot aus das einmalige Flair dieser malerischen Wasserlandschaft zu genießen. Sie ist das ehemals wichtigste Transport- und Verkehrsnetz Keralas mit einem mehr als 1500 km langem Labyrinth von Kanälen, Seen und Lagunen, auf dem einst der Gewürzhandel der ganzen Malabar-Küste mit den Arabern, Griechen Römern und Chinesen abgewickelt wurde.

Auf dem Weg zum Ashram der berühmten *gurvi* (Lehrerin) Amritanandamayi Ma und dem 33 km nördlich gelegenen Amritpuri macht so mancher in Kollam halt. Das Gesandtschaftshaus der Briten am Ufer des

Unten: Palmsaft-Sammler in Alappuzha
Unten rechts: In Alappuzha

Karte auf Seite 382

Ashtamudi-Sees nördlich vom Stadtzentrum zeugt als einer der wenigen Überreste aus jener Zeit noch von der früheren Bedeutung der Stadt. Das stimmungsvolle Gebäude dient heute als staatliches Gästehaus.

Viele Besucher unternehmen die attraktive Dampferfahrt auf den breiteren Kanälen zwischen Kollam und **Alappuzha** ㉑ (Alleppey). Die Tour mit den Schiffen des District Tourism Promotion Council (DTPC) bzw. des Alappuzha Tourism Development Council (ATDC), dauert etwa acht Stunden. Die Tickets kauft man in deren Büros am großen Landungssteg in Kollam. Abfahrt ist um 10.30 Uhr. Zum Mittagessen wird in **Karunagapalli** festgemacht, wo die traditionellen Reiskähne (*kettuvallam*) aus Jackwood-Planken und Kokos-Stricken hergestellt werden.

Alappuzha selbst ist eine geschäftige und für Kerala typische Marktstadt. In der Kolonialzeit wurden Kokosfasern, Cashews, Gewürze, Gummi, Tee und Kaffee über die Backwaters zu den Lagerhäusern an den Kanälen der Stadt transportiert und von einem langen Pier nach Europa verschifft. Dessen rostige Überreste stehen noch an Alappuzhas Strand. Heutzutage lebt die Region vom Tourismus: über 400 Touristenboote verkehren in den Backwaters.

Vembanad und Kottayam

Die nordöstlichen Randgebiete von Alappuzha liegen am riesigen **Vembanad-See,** der sich fast 100 km weit bis nach Kochi erstreckt. Mit 1500 km² Fläche zählt er zu Indiens größten Binnenseen und ist eine wichtige Verkehrsader, die die Küstenregion und die Backwaters mit den Gebirgsausläufern verbindet. Im Winter kann man buchstäblich Hunderte von Reiskähnen sehen, die über das stille, spiegelnde Wasser gleiten. Lokale Fähren tuckern zwischen den Städten und Dörfern an den Ufern des Vembanad hin und her.

Am Ostufer des Vembanad gründete der britische Missionar Henry Baker um 1820 eine experimentelle Gummi- und Obst-Plantage. Nach der Unabhängigkeit fiel das Gut an den Staat, der darauf das **Kumarakom Bird Sanctuary** (geöffnet von Sonnenauf- bis Sonnenuntergang; Eintritt), ein wichtiges Nistgebiet für Zugvögel, einrichte-

Sri Narayan Guru ist einer der angesehensten Heilgen Keralas. Er lebte die meiste Zeit in Varkala. Der von ihm auf dem Sivagiri Hill nicht weit vom Strand gegründete Ashram ist auch heute noch ein wichtiges, örtliches Pilgerziel. Die sterblichen Überreste des Gurus befinden sich im *samadhi* des Ashrams. Zu seinen Anhängern zählten auch Rabindranath Tagore und Mahatma Gandhi.

Unten links: Am Strand von Varkala

AUF DEN BACKWATERS VON KERALA

Vom Netz der Kanäle und Seen der örtlich auch Kuttanad genannten Backwater-Region kann man die einzigartige Landschaft und die Lebensweise der Menschen aus nächster Nähe kennenlernen. Verschiedene Arten von Booten werden auf den flachgründigen Wasserwegen gepaddelt, gestakt oder gesegelt. Dort, wo es breiter wird, stehen manchmal Fischer bis zum Hals im Wasser, greifen Fische mit den Zehen aus dem sumpfigen Grund und schleudern sie in Tongefäße, die neben ihnen schwimmen. Meist benutzen sie jedoch Netze.

Am besten mietet man sich einen der umgebauten Reiskähne (ein *kettuvallam*), um diese faszinierende Gegend zu erkunden. Früher wurde auf diesen Booten der Reis in die Städte transportiert. Sie sind aus geöltem Jackwood-Holz gemacht und mit Dächern aus geflochtenen Palmblättern gedeckt. Heute kreuzen mehr als 400 davon auf den Wasserwegen um Alappuzha. Daneben gibt es noch ganze Flotten von dieselgetriebenen Ausflugsbooten. Als Alternative bieten sich die staatlichen Fährboote an, mit denen die Fahrten wesentlich weniger kosten.

te. Bakers Residenz wurde zu einem der vielen Luxushotels, die heute das Seeufer regelrecht verkrusten. Arundhati Roys preisgekrönte Roman »Der Gott der kleinen Dinge« handelt in dieser Gegend, und Baker und sein Haus spielen darin eine Rolle.

Die Nähe zu **Kottayam** ㉒, das 10 km weiter im Inland liegt, ist einer der Gründe für den Erfolg von Kumarakom bei den Touristen. Die Kautschukplantagen der Umgebung legten den Grundstein für den schon legendären Reichtum der Stadt, was dem Bildungswesen enorm zugute kam. Bestens verdienende Auswanderer tragen mittlerweile genauso viel zum Einkommen bei wie der Kautschuk. Es sind syrische Christen, die die meisten landwirtschaftlichen Güter und die boomenden Verlage Kottayams betreiben. Zwei alte Kirchen 5 km westlich in Valliapalli und in Cheriapalli zeugen davon, dass schon lange Christen in der Region ansässig sind.

TIPP

In Kottayam erscheint die Malayalam Manorama, die **meistgelesene Tageszeitung** Keralas. Sie kam 1890 erstmals heraus und erreicht heute eine Auflage von etwa 1,5 Mio. Die englische Ausgabe kann man im Internet finden: www.manoramaonline.com.

In den Bergen

Im Hinterland von Kottayam wird das flache Land der Backwaters bald abrupt von anfangs noch niedrigen, bewaldeten Hügeln und Kautschukplantagen abgelöst und steigt dann mehr und mehr an bis zu den Bergketten der Westghats – dem höchsten Gebirge Südindiens. Da die bis zu 2695 m hohen Gipfel wie eine Barriere dem ostwärts vordringenden Monsun im Weg stehen, bekommen sie erhebliche Niederschlagsmengen ab: Zwischen Juni und November fallen 3000 bis 4000 mm Regen pro Quadratmeter, in manchen Gebieten sogar bis zu 9000 mm.

Höhenunterschiede und Regen ermöglichen hier das reichhaltigste Ökosystem der Erde: 4000 Pflanzenarten gedeihen am Westhang der Ghats. Gruppen von gigantischen Teak-Bäumen werden von tropischem Regenwald und monsunabhängigem Waldland abgelöst, das dann in offenes Grasland übergeht. In hochgelegenen Tälern nutzten die Briten die Vorteile des feuchten Wetters und der kühleren Temperaturen für groß angelegte Kaffee- und Teepflanzungen. Zusammen mit den Kardamom- und Gewürz-Plantagen prägen sie auch heute noch das Gesicht der Landschaft.

AYAPPAN

Jedes Jahr zwischen Dezember und Januar sind die Straßen und heiligen Stätten Keralas gedrängt voll mit Busladungen barfüßiger Männer und Jungen, alle mit bloßem Oberkörper und bekleidet nur mit einem schwarzen *lunghi*. Wild gestikulierend und lautstark fromme Lieder singend ziehen diese Anhänger der Hindu-Gottheit Ayappan zum tief im Wald bei Sabarimala in den Westghats liegenden Heiligtum. Der Shasta-Tempel ist nur in diesen zwei Monaten geöffnet und nur zu Fuß zu erreichen. Es sind jährlich wohl an die 1,5 Mio. Menschen, die den 61 km langen Marsch vom nächsten Ort dorthin auf sich nehmen. Damit ist diese Pilgerfahrt die zweitgrößte weltweit, nach der Hadsch nach Mekka.

Seinen Höhepunkt findet das Ereignis in der Nacht des Makara Sankranti, wenn die »himmlische Lichtsäule« (*makara jyoti*) auf geheimnisvolle Weise auf der gegenüberliegenden Seite des Tales aufleuchtet.

An dem Marsch dürfen Männer jeden Alters teilnehmen, Mädchen und Frauen dagegen nur unter 9 und über 50 Jahren. Bevor sie sich zu der Pilgerfahrt aufmachen, müssen die Anhänger Ayappas 41 Tage lang fasten, wobei sie nur *lunghi* und die *tulsi*-Halskette tragen, kein Fleisch essen, nicht fluchen, sexuell enthaltsam leben und jeden Tag *puja* durchführen.

Unten rechts: Nilgiri-Thar im Eravikulam National Park

Es sind aber die Wildtiere in den Naturschutzgebieten, derentwegen die meisten Besucher in die Berge Keralas reisen. Am bekanntesten ist das **Periyar Wildlife Sanctuary** (www.periyartiger reserve.org) nahe der Marktstadt Kumily dicht an der Grenze zu Tamil Nadu. Der Park war das Jagdrevier des Königs von Travancore, bevor er unter Schutz gestellt wurde. Er ist einer der meistbesuchten Naturparks in Indien. Inmitten des Schutzgebietes liegt ein verästelter Stausee, von dem man an Bord eines Bootes Herden grasender Elefanten und – wenn man Glück hat – auch einen der wenigen scheuen Tiger beobachten kann, die in den Wäldern überlebt haben.

Um die gefährdeten Tierpopulationen vor Wilderern zu schützen, brachte die Verwaltung des Periyar Wildlife Sanctuary viele der den Wald bewohnenden Menschen als Führer, Wildhüter und Hotelpersonal in Lohn und Brot. Angesichts des eklatanten Landmangels in Kerala war dies auch dringend nötig, gleichzeitig scheint mit der Maßnahme die Wilderei tatsächlich eingedämmt worden zu sein. Jedenfalls wachsen die Tierbestände, und die Armut der Menschen geht zurück.

Vier Stunden Fahrt nördlich von Periyar liegt nahe der Stadt Munnar der **Eravikulam National Park,** dessen Besuch einen Umweg wert ist (geöffnet täglich 7–18 Uhr; Eintritt). Hier oben an der Wasserscheide der Ghats sind die Matten der höchstgelegenen Kämme und Gipfel das Rückzugsgebiet für die letzten Bestände einer selten gewordenen Wildziegenart, der Nilgiri Tahr. Die Art wurde in der Kolonialzeit von Jägern fast ausgerottet, und es ist nur dem amerikanischen Biologen Clifford Rice zu verdanken, dass man sie heute noch sehen kann. Bei Vaguvarai grasen Dutzende halbzahme Tiere auch außerhalb der Parkgrenzen.

Die Teeplantagen bei **Munnar** ㉓ sind die schönsten in den Westghats. Sie allein verdienen schon einen längeren Aufenthalt in der Gegend. Im berühmten High Range Club im Süden der Stadt beherrscht noch immer die steife Förmlichkeit der britischen Herrschaft die Atmosphäre. Bei einem Gin-Tonic an der Bar, umgeben von Jagdtrophäen und verstaubenden Tro-

Bunt verzierte Busse sieht man häufig auf Indiens Straßen

Unten: Fruchtbares Land in den Westghats

Für das Pongal-Fest wurde diese Kuh mit blauen Hörnern und einem *tilak* geschmückt

penhelmen kann man sich in die längst vergangene Zeit der britischen Teepflanzer zurück versetzt fühlen.

Das Massiv des mächtigen Anai Mudi zieht die Bergwanderer in die Gegend. Er ist der höchste Berg der indischen Halbinsel, und sein imposantes Profil beherrscht das Tal von Norden. Um ihn zu besteigen braucht man eine Genehmigung *(permit)*, die man im Büro der Forstverwaltung beim Haupttaxistand der Stadt im Basar bekommt.

Kochi-Ernakulam ㉔

Einen mehrtägigen Besuch wert ist eine der stimmungsvollsten alten Städte im Süden, Kochi-Ernakulam, das ehemalige Cochin. Fähren pendeln zwischen den Inseln **Willingdon, Bolgatty, Gundu** und **Vypeen**, der Halbinsel von Fort Cochin und Mattancherry sowie dem wirtschaftlichen Zentrum **Ernakulam** auf dem Festland. Wie schon seit über 1000 Jahren ist Kochi auch heute ein wichtiges Zentrum des Handels mit kostbaren Gewürzen.

Die meisten Sehenswürdigkeiten liegen in der Gegend des Forts.

Mattancherry Palace (geöffnet 10 bis 17 Uhr, Fr geschlossen; Eintritt) war der Palast der Kleinkönige von Kochi, die nicht genug Macht hatten, um sich dagegen zu wehren, dass ihr Gebiet als Basis für die Portugiesen, dann für die Niederländer und schließlich für die Briten benutzt wurde. Aus der niederländischen Zeit (17. Jh.) stammt noch der Name Dutch Palace. Seine aus dem 17. Jh. stammenden, mit besonderen Pflanzenfarben gemalten Fresken stellen Ausschnitte indischer Epen dar.

Im Herzen des Forts steht Indiens älteste von Europäern gebaute Kirche: **St Francis's** stammt aus dem Jahr 1506.

Die Siedlung **Jew Town,** deren Gründung ein Jahrtausend zurückliegt, besitzt einen guten Namen für ihre Antiquitäten- und Gewürzhandlungen. Die Paradesi Synagoge (1568) bekam die heutige Gestalt im 18. Jh. Interessant sind die 1100 blau-weißen Bodenfliesen aus Kanton (China), von denen sich keine zwei gleichen.

Von Arabern, Phöniziern, Römern und Griechen, die alle hier Handel trieben, sind wenige Spuren geblieben. Die verblassende Eleganz alter Kirchen

Unten: Leute aus den Bergen
Unten rechts: Wasserfall an der Straße nach Munnar

und Lagerhäuser erinnert an portugiesische, niederländische und britische Siedler. Und die chinesischen Fischernetze, die den Strand im Norden von Fort Cochin säumen, erinnern an die Zeit, als der Hafen überquoll von chinesischen Dschunken. Die von Gegengewichten ausbalancierten Netze sind heute eine echte Touristenattraktion.

Keralas Norden

Wenn man Kochi via der Insel Vypeen nach Norden verlässt, kommt man an zwei portugiesischen Forts vorbei, bevor man wieder das Festland erreicht. Kurz nach Azhikod liegt **Kodungallur,** der antike Hafen Musiris, der angeblich schon von den Römern angelaufen wurde und in dem Indiens früheste Moschee stand.

Nördlich des Reisanbaugebiets **Palakkad Gap** (Palghat) liegt am niedrigsten Punkt der Westghats **Thrissur** ㉕. Der Tempel **Vadakkunnatham** gehört zu den bedeutendsten in Kerala. Das kleine **archäologische Museum** auf der Town Hall Rd. (Di–So 9–17 Uhr; Eintritt) besitzt einige interessante Ausstellungsstücke zur Tempelkunst.

Der Krishna-Tempel in **Guruvayur,** 30 km von Thrissur, gilt als der heiligste Platz Keralas. Die Handwerker, die den Tempel ausgemalt haben, zählen zu den besten der Region (Zutritt für Nicht-Hindus verboten).

Schon Phönizier und Griechen kannten **Kozhikode** ㉖ (Calicut) an der Küste durch ihren Gewürzhandel. Auch heute noch hat die Stadt einen bedeutenden Hafen und lebt zum größten Teil vom Handel. Das **Pazhassi Raja Museum** zeigt Rekonstruktionen megalithischer Monumente, aber auch Metallskulpturen und Tempelmodelle (Di–So 10–12.30, 14.30–17 Uhr). Von Interesse ist auch das daneben liegende **Krishna Menon Art Gallery and Museum** mit Malereien von Raja Ravi Varma, ein im 19. Jh. lebendes Mitglied der Königsfamilie von Travancore.

In **Kappad** (16 km von Kozhikode) landete im Jahr 1498 Vasco da Gama bei seiner ersten Reise nach Indien. Nördlich der französischen Enklave von **Mahé** und der schönen Hafenstadt **Kannur** (Cannanore) steht in **Bekal** ㉗ Tipu Sultans beeindruckendes Fort mit einem weiten Blick über den Strand. ■

ESSEN

In den Imbissbuden bei den chinesischen Fischernetzen von Fort Cochin isst man vorzüglich **Fisch und Meeresfrüchte.** Man kann sich den Fisch direkt im Netz aussuchen und zusehen wie er am Grill oder in der Pfanne zubereitet wird.

Unten links: Schwere Last
Unten: Straßenszene in Munnar

RESTAURANTS UND BARS

Durchschnittspreis für ein Menü mit bis zu drei Gängen ohne alkoholische Getränke:

● = bis 200 INR
●● = 200–500 INR
●●● = 500–1000 INR
●●●● = über 1000 INR

Die gemischte Bevölkerung Keralas aus Hindus, Christen und Muslimen spiegelt sich in seiner Küche wider. *Meals* (Tagesmenüs) herrschen wie überall im Süden vor, hier aber mit dem rot gesprenkelten Kerala-Reis, an machen Orten auch mit Tapioka-Wurzeln (Maniok). Kokosmilch und -öl sind weit verbreitet. Besonders gut ist Fisch, sowohl in Currys als auch gebraten. Die Christen Keralas essen gern Rindfleisch (für Hindus ein absolutes Tabu), häufig in der Form eines trockenen Currys namens *beef fry*, während sich die Mapillas (Keralas Muslime) an mit Nelken und Pfeffer gewürzte Fleischcurrys halten. Bananen isst man frittiert als Chips, gedämpft oder in Currys.

Alappuzha

◆ **Chakara**
Hotel Raheem Residency, Beach Road. ●●●●
Das beste Restaurant in Alappuzha; der offene Saal im ersten Stock wird von der Seebrise erfrischt. Spezialität sind Kerala-Fischgerichte, mit *masala* gebraten oder in Saucen mit viel Kokosnuss geschmort. Es gibt aber auch viele gesunde (fettarme) westliche Alternativen.

◆ **The Harbour**
Beach Road. ●●●
Fischgerichte im Alappuzha-Stil und Delikatessen aus den Backwaters, etwa *Kuttanadi chicken* oder *karimeen pollichathu*, in einem blitzsauberen Restaurant am Strand. Es gibt auch Snacks und Sandwiches.

◆ **Hot Kitchen**
Mullackal Road. ●
Das beste Esslokal mit südindischen »Meals« in Alappuzha. Mittags füllt es sich mit hungrigen Arbeitern der Umgebung, die *thalis* im Tamil-Stil von Blechtabletts verzehren.

◆ **Indian Coffee House**
Beach Road. ●
Von dieser zuverlässigen Kette gibt es einige Filialen in der Stadt – diese aber liegt am schönsten, gleich gegenüber dem Strand.

Kochi-Ernakulam

In Ernakulam gibt es eine Reihe von beliebten, preisgünstigen Cafés und Restaurants an der Shanmukam Road. Gegenüber, in Fort Cochin, kann man sich den Fisch direkt aus den chinesischen Fischernetzen auswählen und sofort für wenig Geld grillen lassen. In den Heritage Hotels im Fort gibt es auch gemütliche Touristenrestaurants.

◆ **Fort House**
Fort House Hotel, 2/6A Calvathy Road, Fort Cochin. Tel. (0484) 221 7103. ●●●
Köstlich würzige Kerala-Fischgerichte, super Lage an einem Pier, wo man die Schiffe ein- und ausfahren sehen kann.

◆ **Fry's Village**
Chittoor Road, Ernakulam. ●●
Ländlich-authentische Kerala-*thalis*, Reiskuchen, Fischgerichte und Mapilla-*biryanis*, von Kellnern mit schwarzer Krawatte serviert in einem lebhaften Speisesaal. Leckeres, immer frisches Essen, sehr beliebt bei Büroangestellten.

◆ **The Old Courtyard**
The Old Courtyard Hotel, 1/371–2 Princess St, Fort Cochin. Tel. (0484) 221 6302. ●●●●
Solche Köstlichkeiten wie die berühmten Meeresfrüchte-Spaghetti des Hauses, gegrillte Makrele in Korianderbutter und die großartigen Nachspeisen sollten Sie sich nicht entgehen lassen. Sehr stimmungsvolles Gebäude aus dem 17. Jh.

Kollam

◆ **Sri Suprabathan**
Clock Tower. ●
Vegetarisches Lokal mit niedrigen Preisen, fröhlicher Atmosphäre und leckerem Essen.

◆ **Sun Moon**
Oberster Stock, Bishop Jerome Nagar Mall. Tel. (0474) 301 3000. ●●
Ein guter Ort mit kräftiger Klimaanlage, um der Hitze zu entfliehen; dazu ein umwerfender Blick über die Dächer der Stadt und das Grün der Kokospalmen bis hin zu den Backwaters. Neben der erstklassigen Kerala-Küche gibt es auch allerlei nord- und südindische, chinesische und europäische Gerichte.

Kottayam

Alle Hotels in Kottayam haben gute Restaurants, dazu gibt es jede Menge einfacher Lokale für *Meals* rund um Gandhi Square (das beste davon ist das **Anand** in der Nähe der K. K. Road).

◆ **Karimpunkala**
6 km südlich von Kottayam in Nattakom-Palam, auf der M. C. Road. ●
Rustikale Raststätte an der Straße, zu deren zuverlässig guten traditionellen Spezialitäten üppige *thalis* mit Austern, Tapioka und köstliche *appam* zählen.

◆ **Meenachil**
Homestead Hotel, K. K. Road. ●–●●
Gute nichtvegetarische Kerala-Küche, etwa köstliches Hühnercurry im Kuttanadi-Stil sowie *meen pollicahattu*, in einem netten Restaurant mit Klimaanlage nahe der Stadtmitte. Im Anbau

werden auch *Meals* auf Reisbasis für Vegetarier serviert.

Kovalam

Die beste und stimmungsvollere Alternative zu den großen Hotels sind die vielen Cafés und Restaurants am Stand, die frisch gefangenen Fisch gegrillt oder gebraten mit Pommes frites und Salat servieren. Passen Sie aber auf, welchen Fisch Sie bestellen. Ein toller Nachtisch sind die Mangos, Ananas und Papayas, die Frauen am Strand verkaufen.

◆ Fusion
Lighthouse Beach. ●●
Hier verbindet man das Beste aus Kerala und Europa, etwa Tagliatelle mit hausgemachtem Chili-Pesto, dazu ein kühles Minz-Lassi, mit dem die Aussicht auf Strand und Meer noch einmal so schön ist.

◆ Waves
Am Südende von Lighthouse Beach. ●●
Die »German Bakery« mit ihrem Strudel und Brot ist eine Institution in Kovalam; außerdem gute Thai- und europäische Speisen (v.a. Pasta).

Kozhikode

Frisches, leckeres und günstige Essen (Fischsteaks und Reisplatten) gibt es am *tattukada*-Nachtmarkt an der Beach Road.

◆ Kalpaka Tourist Home
Town Hall Road. ●
Ordentliches indisches Essen in der Nähe des Bahnhofs.

◆ Paragon
Nahe Kannur Rd. ●–●●
Ein guter Ort, um das bekannte Mapilla-Fischgericht *kombathu* mit echten *pathiri* (Reiskuchen) zu probieren. Es gibt noch mehr Meeresfrüchte von der Malabar-Küste, etwa wunderbare Muscheln, aber auch ein vegetarisches südindisches Menü.

◆ Woodlands
G.H. Road. ●
Gutes, billiges vegetarisches Lokal für *Meals* im Stadtzentrum.

Thiruvananthapuram

Neben den Hotelrestaurants sind die traditionellen, sehr sauberen und billigen *Meals*-Lokale gegenüber dem Secretariat an der M. G. Road zu empfehlen.

◆ Arul Jyothi
M.G. Road, gegenüber dem Secretariat. ●
Sehr sauberes Lokals mit hervoragenden *Meals*. Einer der besten Orte für vegetarisches Essen. Auch gute Säfte.

◆ Arya Niwas
Aristo Road, nahe Bahnhof. ●
Unglaublich frische, aromatische, schön auf Bananenblättern angerichtete *thalis*. Mittags sehr voll. Auch das Udipi-Menü mit *dosas* und anderen Snacks begeistert.

◆ Casa Bianca
96 M.P. Appan Road, Vazhuthacaud. ●●
Dieses sehr nette, wenn auch für die Stadt ungewöhnliche Café/Restaurant wird von einer Schwedin geführt. Ausgezeichnetes indisches und italienisches Essen (hervorragende Pizza).

◆ Maveli Café (Indian Coffee House II)
Central Station Road, bei der Bushaltestelle. ●
Guter Kaffee und Snacks in einem von Laurie Baker gebauten spiralförmigem Bau. Eine weitere Filiale ist nahe Spencer Junction, M. G. Road.

Thrissur

Am Hauptplatz, The Round, bieten viele Buden *thalis* sowie *dosas*, *uttapams* und andere Snacks an. Nach Büroschluss öffnet ein *tattukada*-Lebensmittelmarkt am Round South, gegenüber dem Medical College Hospital.

◆ Hotel Anupam
The Round.
Ordentliches vegetarisches Essen unweit dem Nordtor des Tempels.

Varkala

Die meisten Restaurants an der Küste haben einen schönen Meerblick; das Essen, eine Mischung aus nordindischen Speisen, Nudeln und Fischküche, ist durchweg ordentlich.

◆ Shri Padman
Temple Junction. ●
In diesem einfachen Café gibt es bescheidene Touristenmahlzeiten und vegetarische Kerala-*Meals*. Die hintere Terrasse mit Blick auf den Tempelteich ist ein schöner Platz, um Menschen zu beobachten, v.a. früh am Morgen, wenn der halbe Ort hier einen Happen isst.

◆ Suprabhatam
Varkala Village, 4 km östlich des Strands. ●
Hierher kommen die Einheimischen, um sich an Kerala-*Meals* und *dosas* satt zu essen.

Rechts: Frühstück mit Eier-Curry und Bananen

Ferne Inseln

Die Inselgruppen der Lakkadiven im Arabischen Meer und der Andamanen und Nikobaren im Golf von Bengalen sind von Korallenriffen und Mangrovenwäldern gesäumte Paradiese, auf denen noch einige Stämme der Ureinwohner leben.

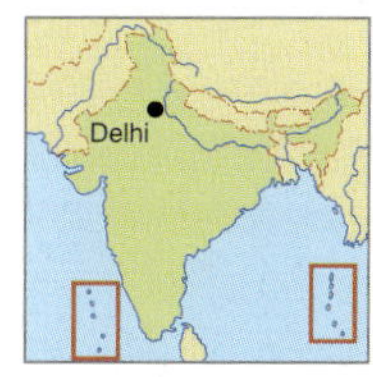

Die unzähligen Inseln, aus denen sich die Lakkadiven und Andamanen zusammensetzen, sind bezaubernd schön und liegen abseits der ausgetretenen Touristenrouten. Wenn man den perfekten weißen Strand sucht, das von Palmen gesäumte, türkisfrabene Wasser tropischer Strände, hier wird man fündig. Nur der Besuch der Nikobaren bleibt Reisenden verwehrt.

Lakshadweep

Die Lakkadiven bilden das indische Unionsterritorium Lakshadweep; die Inseln nördlich des 11. Breitengrades werden auch Amindiven genannt. Der Name leitet sich möglicherweise vom Hindi-Zahlwort *lakh* (100 000) ab, denn so hoch schätzten frühere Seefahrer die Zahl der Inseln und Atolle.

Tatsächlich gibt es – je nach Zählweise – 22 bzw. 27 Inseln mit etwa 60 600 Einwohnern. Elf Inseln sind unbewohnt. Der Archipel liegt 200 bis 400 km westlich der Küste vor Kerala und ist quasi eine nördliche Fortsetzung der Malediven: eine Symphonie türkisblauen Wassers, strahlend weißer Strände und grüner Kokospalmen.

Die Inseln standen seit dem 13. Jh. unter der Herrschaft der Könige von Kannur in Kerala. Ein Großteil der heutigen Einwohner stammt von den damaligen Siedlern aus Kerala ab. Von 1877 bis zur Unabhängigkeit Indiens herrschten auch hier die Briten. Das Klima ist ganzjährig tropisch mit Tagestemperaturen um 35 °C. Der Monsun beginnt hier im Mai und dauert bis Ende September.

Wegen ihrer Herkunft waren die Bewohner ursprünglich Hindus. Die meisten konvertierten allerdings schon früh zum sunnitischen Islam, der im 7. Jh. auf den Inseln Einzug gehalten hatte. Man spricht – wie in Kerala – das eng mit dem Tamil verwandte Malayalam. Auf der den Malediven nächstgelegenen Insel Minicoy allerdings ist die auf den Malediven gesprochene Sprache Mahl verbreitet. Minicoy war

NICHT VERPASSEN!

- Kavaratti
- Kalpeni
- Agatti
- Bangaram
- Kadmat
- Port Blair

Links: Elefantenkuh mit Kalb auf den Andamanen
Unten: Urlaubsanlage auf Agatti, Lakshadweep

Das klare tropische Meer um die Lakkadiven ist eines der besten Tauchreviere der Welt

früher auch Teil des maledivischen Königreichs, und seine Bewohner verbinden viele kulturelle Gemeinsamkeiten mit den Inseln im Süden. Fischfang und die Kultivierung von Kokospalmen sind die vorwiegenden Tätigkeiten der Insulaner, deren ursprüngliche Lebensweise wegen der Abgeschiedenheit der Inseln bis heute erhalten blieb.

Zum Schutz der sensiblen Korallenriffe ist der ausländische Tourismus auf die beiden Inseln Bangaram und Kadmat beschränkt. Hin und wieder kann man sich aber auch in der Urlaubsanlage beim Flughafen von Agatti einmieten. Es gibt auch eine Schiffsverbindung von Kochi, die Überfahrt dauert 14–20 Stunden.

Wegen der Zugangsbeschränkungen können ausländische Touristen eine Reise nach Lakshadweep generell nur über zwei Agenturen buchen: CGH Earth, Tel. (0091) 0484-301 1711, www.cghearth.com, organisiert die Ferienanlage auf Bangaram, für Kadmat ist Lacadives zuständig, Tel. (00 91) 022-666 27 381, www.lacadives.com. Beide bieten auch Tauchreisen für Anfänger und erfahrene Taucher an.

Die Verwaltung des Territoriums hat ihren Sitz auf der Insel **Kavaratti** ❶, auf der etwa 10 000 Menschen leben. Die dortige Ujra-Moschee besitzt eine ungewöhnliche, angeblich aus Treibholz geschnitzte Decke.

Kalpeni, 125 km südöstlich von Kavaratti, wurde für den nationalen Tourismus erschlossen. Die Insel hat die größte Lagune der Lakkadiven, zu der drei unbewohnte Inseln, Tilakam, Pitti und Cheriyam, gehören. Das Atoll hat eine faszinierende Rifflandschaft, obschon die Schäden eines starken Sturmes, der 1847 Teile der Insel zerstörte, noch immer erkennbar sind.

Minicoy ist die südlichste Insel von Lakshadweep, die Bevölkerung lebt hauptsächlich vom Thunfischfang. Es gibt einen 50 m hohen, von den Briten im 19. Jh. erbauten Leuchtturm.

Für ausländische Touristen sind vor allem die Inseln **Agatti** ❷ (hier liegt am Rande einer atemberaubend schönen Lagune der einzige Flugplatz der Inselkette), Bangaram und Kadmat von Interesse. Ab Kochi und Goa fliegt eine 20-sitzige Maschine von Indian Airlines nach Agatti.

Unten: Die große Mehrzahl der Inselbewohner sind Muslime

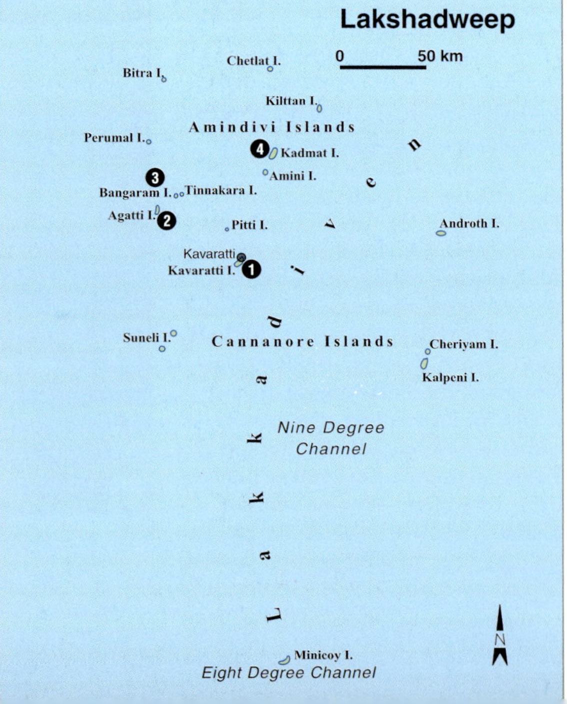

Bangaram ❸ erreicht man dann entweder mit dem Hubschrauber oder nach einer zweistündigen Bootsfahrt. Diese Insel ist – abgesehen von den Urlaubern – völlig unbewohnt und liegt hinter einer wunderschönen, klaren Lagune. Zur ebenfalls unbewohnten Insel **Kadmat** ❹ nimmt man am besten den Hubschrauber. Die Ferienanlage hier ist kleiner aber man findet sich an einem atemberaubenden Strand und in einem exzellenten Tauchrevier.

Außerhalb des Riffs werden die Boote oft von Delfinen und Fliegenden Fischen begleitet. Auch große Meeresschildkröten sieht man öfter. Die Unterwasserwelt an den Riffen und in den hinreißend schönen Lagunen Lagunen umfasst daneben eine Vielzahl von Korallen und mehr als 1000 Fischarten, darunter Clownfische, Napoleonfische, Papageienfische, Korallenfische, harmlose Haie und Mantarochen.

Glasbodenboote, Schnorchel- oder Tauchausrüstungen kann man ausleihen. Innerhalb der Riffe können Anfänger auch Schnorcheln und Tauchen lernen; für Letzteres sollten Sie ein Gesundheitszeugnis mitbringen.

Die Andamanen und Nikobaren

Die Inselgruppen der Andamanen und der benachbarten, für Touristen nicht zugänglichen Nikobaren liegen rund 1200 km südöstlich von Kolkata jenseits des Golfes von Bengalen, oder auch Kala Pani (Schwarzes Wasser), wie das Meer wegen der vielen Zyklone von den Einheimischen genannt wird. Im 9. Jh. wurden die Inselgruppen erstmals in Berichten arabischer Kaufleute erwähnt, die nach Sumatra segelten. Wegen der dichten Wälder, der Mangrovesümpfe und der von Haien nur so wimmelnden Gewässer dienten die 572 Inseln lange Zeit nur als Unterschlupf für malayische Piraten und als Straflager für politische Gefangene. Erst in den letzten 30 Jahren wurde der Archipel für den Tourismus entdeckt. Es ist ein Paradies für Taucher und Vogelkundler; viele Paare zieht es für die Flitterwochen hierher.

Die meisten Inseln sind aber Reservate für die Urbevölkerung, und nur eine begrenzte Anzahl kann von Touristen besucht werden. Die beste Reisezeit ist von Dezember bis April.

TIPP

Obwohl die Andamanen 1000 km östlich vom indischen Festland liegen, gehören sie zur selben Zeitzone. Deshalb geht hier die Sonne überraschend früh auf und ebenso zeitig wieder unter: Um 5.30 Uhr bzw. um 17.30 Uhr. Man muss also schon sehr zeitig aufstehen, um die Kühle des Morgens genießen zu können, erlebt dafür aber um so längere Abende.

Unten: Fischverkäufer in Port Blair

Es waren die Dänen, die als erste Europäer die Inseln betraten und auf den Nikobaren siedelten, sie aber 1768 wieder verließen. Die Briten annektierten beide Inselgruppen 1872 und richteten in Port Blair auf South Andaman eine Strafkolonie ein. Im Zweiten Weltkrieg wurden die Inseln Vorposten der japanischen Armee. Während dieser Zeit wurde hier erstmalig auch die indische Flagge gehisst.

Am 26. Dezember 2004 wurden die Inseln von der riesigen Tsunami-Welle erfasst, die große Teile Südostasiens heimsuchte. Der Schaden war unermesslich, besonders auf den Nikobaren und auf Little Andaman. Nach offiziellen Angaben starben mehr als 3000 Menschen, viele gelten noch als vermisst, Tausende wurden obdachlos. Sechs Inseln wurden völlig leergefegt und die Aufgabe, sie wieder zu besiedeln, scheint fast unlösbar. Ein Großteil der Infrastruktur ist auch heute noch nicht wieder hergestellt.

TIPP

Alle Touristen, die auf die Andamanen wollen, brauchen eine Reiseerlaubnis. Dieses *permit* wird bei der Ankunft erteilt und gilt für 30 Tage (verlängerbar auf 45 Tage). Das Permit berechtigt zur Anreise und zum Aufenthalt in genau festgeschriebenen Zielen auf dem Archipel. Pässe und Permit werden in allen Häfen der Inseln beim Von-Bord-Gehen geprüft. Die derzeit gültigen Beschränkungen findet man hier: www.tourism.andaman.nic.in/entry.htm.

Verkehrsverbindungen

Zur Hauptstadt Port Blair gibt es täglich direkte Flüge von Chennai und Kolkata. Möglicherweise wird auch eine Flugverbindung mit dem nur 90 Min. entfernten Bangkok in Thailand eröffnet.

Die von der Regierung betriebene Schiffsverbindung von Kolkata (alle zwei Wochen) oder Vishakapatnam (einmal monatlich) zu nehmen ist dagegen nicht wirklich eine Alternative: Die Reise dauert zwischen drei und fünf Tagen auf äußerst unkomfortablen Schiffen bei schlechter Verpflegung und unter bescheidenen sanitären Verhältnissen.

Port Blair und South Andaman

Port Blair ❶ auf South Andaman ist die Hauptstadt und einzige größere Stadt (100 000 Einw.) des Archipels. Sie wurde nach Lieutenant Archibald Blair benannt, der 1789 die Inseln erforschte. Das ehemalige Gefängnis **Cellular Jail,** in dem während des Unabhängigkeitskampfes bis zu 400 Freiheitskämpfer interniert waren, ist heute ein Museum (geöffnet 9–12, 14–17 Uhr, Fr. geschlossen; Eintritt). Sehenswert ist auch das **Anthropologische Museum** mit Mo-

DIE UREINWOHNER DER ANDAMANEN

Die vielen Stämme der Andamanen und Nikobaren haben ihre Identität bewahrt. Da ihre kleinen Boote nicht seetüchtig genug waren, blieben sie für sich. Einige Anthropologen glauben, dass die Ureinwohner Nachfahren von Einwanderern sein könnten, die von Afrika nach Südostasien kamen.

Der bedeutendste Stamm der Ureinwohner auf den Andamanen sind die **Onge,** die als Sammler, Jäger, Honigsucher und Fischer leben. Bei rituellen Anlässen bemalen sie ihre Körper mit Lehm. Die **Sentinelesen** vertrieben früher alle Eindringlinge mit vergifteten Pfeilen. Sie schmücken ihre Körper mit Farbe, Perlen und Knochen.

Der gerade noch 300 Individuen zählende Stamm der **Jawara** lebt in einem großen Schutzgebiet auf South Andaman. Eine illegal gebaute Straße durch ihr Land und Pläne der Regierung, sie zwangsweise umzusiedeln, brachte ihr Leben ernsthaft in Gefahr. Krankheiten breiteten sich durch den Kontakt mit Fremden aus, und der Wildbestand wurde dezimiert. Das Oberste Gericht in Kolkata kassierte jedoch dieses Vorhaben und untersagte jegliche Eingriffe in das Gebiet.

Von Fremden eingeschleppte Krankheiten rotteten den Stamm der **Andamesen** fast aus. Heute leben nur noch 30 Personen in einem streng geschützten Gebiet auf Strait Island.

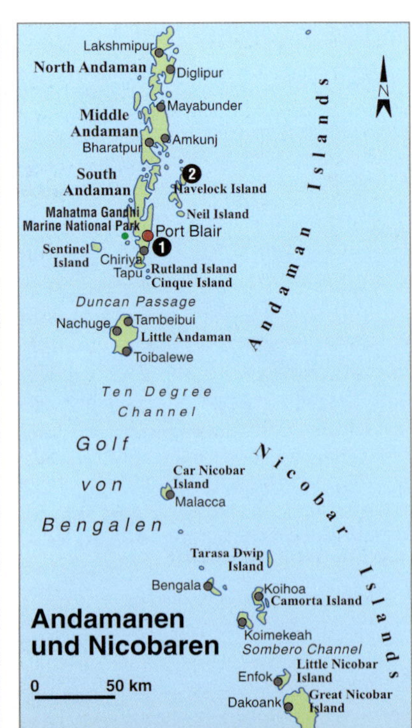

delldörfern der Ureinwohner (geöffnet Sa–Do 10–12.30, 14–16 Uhr; Eintritt) .

Vom Marine Jetty kann man mit einer Fähre nach **Aberdeen Market** auf die kleine Insel **Vyper Island** in der Navy Bay übersetzen, wo einst Hinrichtungen stattfanden; oder nach **Ross Island** mit den Überresten japanischer Bunker aus dem Zweiten Weltkrieg, zwischen denen heute friedlich Axishirsche grasen.

Von Port Blair fahren viermal täglich Busse in etwa einer Stunde nach **Chiriya Tapu,** wo ein schöner Strand auch zum Schnorcheln einlädt. Wirklich spektakuläre Unterwasserwelten findet man beim Dorf Wandoor, das den Zugang zum **Mahatma Gandhi Marine National Park** darstellt. Für eine Tour dorthin muss man sich meist in Port Blair anmelden. Um einen Eindruck vom unberührten Urwald der Insel zu bekommen, bietet sich eine Wanderung auf den herrlichen Pfaden des **Mount Harriet Nationalparks** an. Man nimmt die Fähre von Port Blair nach Hope Town auf der anderen Seite der tief eingeschnittenen Bucht, von wo der Ausgangspunkt nur noch eine kurze Busfahrt entfernt liegt. Man kann sich auch einen Motorroller mieten, sollte aber auf den teils schlechten Straßen sehr vorsichtig fahren.

Weitere Inseln der Andamanen

Havelock Island ❷ liegt etwa zweieinhalb Bootsstunden nordöstlich von Port Blair und ist das touristische Zentrum der Andamanen. Die Insel strotzt nur so von feinen Stränden, und es gibt sogar Unterkünfte für Individual-Reisende. Etwas weiter südlich liegt **Neill Island.** Hier geht es deutlich ruhiger zu, es gibt weniger touristische Einrichtungen, aber es ist bestimmt nicht weniger schön. Die großen Inseln **Middle Andaman** und **North Andaman,** die direkt hintereinander an South Andaman anschließen, liegen noch weiter abseits der ausgetretenen Routen und sind mit dichten Wäldern bewachsen. Zu einigen Stammesgebieten der Ureinwohner haben Fremde keinen Zutritt. Auf **Little Andaman** ist man dabei, die vom Tsunami 2004 zerstörten kleinen Ferienanlagen wieder aufzubauen. ■

Die Nicobar-Taube ist leicht an ihrem irisierend buntem Gefieder zu erkennen. Sie kommt in Teilen Indonesiens vor und – wie der Name schon verrät – auf den Nikobaren

RESTAURANTS

Durchschnittspreis für ein Menü mit bis zu drei Gängen ohne alkoholische Getränke:

● = bis 200 INR
●● = 200–500 INR
●●● = 500–1000 INR
●●●● = über 1000 INR

Auf den Inseln gibt es nur, was an Zutaten gerade verfügbar ist – meist Fisch und Meeresfrüchte, oft mit geraspelter Kokosnuss und Kokosmilch zubereitet.

Lakshadweep

Da man die Lakkadiven nur im Rahmen einer Pauschalreise besuchen darf, gibt es nur innerhalb der Ferienanlagen Restaurants.

Andamanen

Port Blair

Die Möglichkeiten, in Port Blair essen zu gehen, beschränken sich auf einige recht provisorisch wirkende Cafés im südindischen Stil entlang der Hauptstraße Aberdeen Bazaar und in ihren Nebenstraßen sowie auf drei oder vier seriösere Hotelrestaurants in den Außenbezirken. Erstere sind für ein günstiges Essen morgens oder mittags gut, Letztere eher, um abends in Ruhe auszugehen.

◆ Annapurna Café
Aberdeen Bazaar, nahe Postamt. ●
Das beste indische Essen der Stadt, einschließlich Udipi-Snacks, dazu einige leckere chinesische und nordindische Gerichte. Die ansässigen Tamilen frühstücken hier heißen *pongal*, ein Reisgericht mit Mungobohnen und Kokosnuss.

◆ Mandalay
Fortune Resort, Marine Hill. ●●
So gediegen kann Port Blair sein: luftiges Terrassenrestaurant mit Blick über die Bucht und günstigem Mittagsbüffet. Die Nico Bar nebenan schenkt Alkohol aus.

◆ New India
Unterhalb von Jaimathi Lodge, Moulana Azad Road. ●
Eine gemischte Klientel aus Einheimischen und Touristen lässt sich hier vegetarische und nichtvegetarische Gerichte schmecken.

◆ New Lighthouse
Marina Park, nahe Aberdeen Jetty. ●●
Meeresfrüchte frisch vom Fischerboot (auch bezahlbarer Hummer und Riesengarnelen), serviert auf einer Terrasse mit frischer Brise und Blick über den Hafen. Das Gebäude ist nicht neu, aber die Küche ist gut und es gibt kühles Bier.

RUKMANI

REISESERVICE

VERKEHRSMITTEL

Anreise und Reisen im Land

Anreise

Mit dem Flugzeug

Die meisten Indienbesucher kommen auf einem der großen Flughäfen von Delhi, Mumbai und Chennai (Madras) an, aber auch in Bangalore, Kolkata (Kalkutta), Kochi und Hyderabad. Weitere internationale Flughäfen sind Patna und Varanasi (täglich Flüge von und nach Kathmandu, Nepal), Thiruvananthapuram (hauptsächlich Flüge in die Golfstaaten) sowie Dabolim in Goa (Charterflüge von und nach Frankreich, Großbritannien und Deutschland).
Viele Langstreckenflüge erreichen Indien zwischen Mitternacht und 6 Uhr morgens.
Lassen Sie sich Ihr Flugticket immer als Festbuchung bestätigen. Flüge nach Indien und zurück sind fast immer ausgebucht, oft sogar überbucht.
Neben Lufthansa sind auch andere Fluglinien interessant, wie Emirates, Qatar, Gulf, Etihad, KLM, Austrian Airlines und Swiss.
Indien hat auch gute Verbindungen nach Sri Lanka, Nepal, Pakistan, Südostasien, Amerika und Australien.
Die Abwicklung der Zoll- und Einreiseformalitäten erfolgt zügig. Die Gepäckstücke werden beim Zoll geröntgt. Wer Sorge um seine Filme hat, sollte sie im Handgepäck mitnehmen.
An den meisten Flughäfen stehen Gepäckträger zur Verfügung. Ein Trinkgeld von zehn Rupien pro Gepäckstück wird erwartet.
Während des Fluges erhält man Einreisekarten mit einem Zollabschnitt (disembarkation card) zum Ausfüllen. Ein Teil ist bei der Passkontrolle abzugeben, der Zollabschnitt beim Verlassen der Flughafenhalle mit dem Gepäck zu zeigen.
Gepäckaufbewahrung ist überall möglich. Träger und Taxis stehen in genügender Anzahl bereit.
In den vier großen Flughäfen gibt es Dutyfree-Shops.
Für den Transfer verkehren spezielle Busse der Linie EATS, die an den größeren Hotels und bestimmten Knotenpunkten der Innenstädte halten. Einige Hotels transportieren ihre Gäste im eigenen Bus vom und zum Flughafen. Wer das Taxi bevorzugt, sollte nur die schwarzen Fahrzeuge mit dem gelben Dach benutzen. Mit der Schaffung eines Vorauszahlungssystems für Taxifahrten (»pre-paid-taxis«) hindert man skrupellose Fahrer, Touristen überhöhte Rechnungen zu präsentieren oder lange Umwege zu fahren.

Fluginformationen der Lufthansa

◆ **Call Center Deutschland:** Tel. 0180-583 84 26;
◆ **Bangalore:** 44/2, Dickenson Road, Tel. (080) 558 77 40,558 75 45;
◆ **Chennai:** 67 Anna Salai, Tel. (044) 28 54 35 00;
◆ **Mumbai:** Express Tower, Nariman Point, 1st Fl., Tel. (022) 56 30 19 47;
◆ **New Delhi:** 56, Janpath, Tel. (011) 23 72 42 00;
◆ **Hyderabad:** Green Lands Begumpet 1st. Floor, Brijthrang, Tel. (040) 23 48 10 00

Internationale Flughäfen in Indien

◆ **Indira Gandhi International Airport, Delhi**
www.newdelhiairport.in
Tel. (011) 25 66 10 80 (internationale Flüge), (011)25 66 10 00 (innerindische Flüge)
◆ **Chhatrapati Shivaji International Airport, Mumbai**
www.csia.in
Tel. (022) 26 81 30 00 (internationale Flüge), (022) 26 26 40 00 (innerindische Flüge)
◆ **Netaji Subhash (Dum Dum) International Airport, Kolkata**
Tel. (033) 22 32 05 01
◆ **International Airport, Chennai**
Tel. (044) 25 52 91 72
◆ **International Airport, Bangaluru**
www.bengaluruairport.com
Tel. (080) 66 78 22 51

Über Land

Sechs Länder grenzen an Indien, aber nur über drei kann man einreisen. Es gibt fünf Übergänge von Nepal, vier von Bangladesh, zwei von Pakistan und einen von Bhutan. Die Grenzen zu China und Burma sind geschlossen. Theoretisch kann man auch mit dem Zug nach Indien fahren. Übersicht bei: www.seat61.com/India-overland.htm.

Reisen im Land

Inlandsflüge

Die staatliche Linie Indian Airlines ist derzeit in einem Verschmelzungsprozess mit der internationalen Air India begriffen, was hin und wieder zu Verwirrungen führen kann. Darüber hinaus entstehen ständig neue private Fluggesellschaften, die aber auch schnell wieder verschwinden können. Fast jede größere Stadt ist per Flug erreichbar. In der Hauptreisezeit sollte man sich rechtzeitig um Flüge kümmern, viele Strecken sind stark frequentiert.

Wichtige Fluglinien im Inland

◆ **Air India**
www.airindia.com
Tel. 1800-22 77 22
(Mobil: 0124-287 77 77)
◆ **Indian Airlines**
www.indianairlines.nic.in
Tel. 1800-180 14 07
(oder die jeweilige Vorwahl plus 1407, in Delhi z.B. 011-1407)
◆ **Jet Airways**
www.jetairways.com
Tel. jeweilige Vowahl plus 39 89 33 33, in Delhi z.B. 011-39 89 33 33
Internationale Informationen:
1800-22 55 22

◆ **JetLite (vormals Air Sahara)**
Tel. jeweilige Vorwahl plus
30 30 20 20 oder 01800-22 30 20
◆ **Kingfisher Airlines**
www.flykingfisher.com
Tel. 1800-209 30 30 (oder die jeweilige Vorwahl plus 3900 88 88)
◆ **Spicejet**
www.spicejet. com
Tel. 1800-180 33 33
(Mobilbenutzer: 0987-180 33 33)
◆ **Go Air**
www.1800-22 21 11 oder
(09223) 22 21 11
◆ **IndiGo**
http://book.goindigo.com
Tel. 1800-180 38 38 oder
(099) 10 38 38 38

Indian Airlines bietet spezielle Netztickets, die außerhalb Indiens erworben werden müssen. Das Discover-India-Ticket etwa zum Preis von 400 US$ für 7 Tage, 630 US$ für 14 Tage und 900 US$ für 21 Tage ist sehr attraktiv. Es muss im Ausland gekauft oder im Land mit Devisen bezahlt werden.
Youth Fare India gewährt jungen Leuten und Studenten (bis zu 30 Jahren) ermäßigte Preise: 25% Rabatt auf den normalen US$-Tarif bei einer Gültigkeit von 120 Tagen.
Informationen erteilt das Indische Fremdenverkehrsamt unter:
◆ **www.transindiaholiday.com**
Informationen auch bei:
◆ **Indisches Fremdenverkehrsamt,** Baseler Straße 48, 60329 Frankfurt, Tel. (069) 24 29 490, Fax 24 29 4977, www.india-tourism.com

Überall verkehren Busse vom und zum Flughafen. Da die Abfertigung und die Sicherheitskontrollen zeitraubend sind, sollte man mindestens eine Stunde vor Abflugzeit am Flughafen sein. Auf innerindischen Flügen ist die Mitnahme von Batterien, Scheren, Nagelfeilen und jeder (!) Art von Messer im Handgepäck verboten. Der Bordservice ist gut. Englisch sprechende Stewardessen servieren Snacks und Getränke (Alkoholisches gibt es nur bei internationalen Flügen).
20 kg Gepäck sind ohne Aufpreis erlaubt, private Gesellschaften lassen allerdings manchmal nur 10–15 kg zu (andernfalls Zuzahlung). Stornogebühren für Tickets, die in Indien ausgestellt wurden, fallen extrem hoch aus.

Mit der Bahn

Die Bahn ist das sicherste und angenehmste Verkehrsmittel für längere Strecken, obwohl Busse manchmal schneller sind. Es ist allerdings nicht einfach, das Tarifsystem mit seiner verwirrenden Vielfalt von Angeboten zu durchschauen. Während die normalen Klassen und Züge sehr günstig sein können, muss man für ein Erste-Klasse-Ticket oft so viel bezahlen wie für einen Flug. Fahrpläne sind unter **www.indianrail.gov.in** zu finden oder auf den Bahnhöfen unter dem Namen **Trains at a Glance.**

Wagenklassen

◆ **1. Klasse, AC**: sehr bequem, mit abschließbaren Abteilen, 4 Betten (Bettzeug).
◆ **AC II tier**: 6 Betten (Bettzeug).
◆ **AC III tier**: 9 Betten (kein Bettzeug). Im Winter oft sehr kalt.
◆ **AC executive chair car**: Großraumwagen, nur reservierte Sitzplätze.
◆ **AC chair car**: Großraumwagen, nur reservierte Sitzplätze, etwas einfacher als die »executive class«.
◆ **Sleeper class**: die übliche Klasse auf Langstrecken. Offene Abteile, die jeweils 6 Liegen haben.
◆ **2. Klasse, ohne Reservierung**: offene Abteile, Holzbänke, oft überfüllt. Nur für kürzere Fahrten geeignet.

Die schnellsten Züge sind der **Shatabdi**- und der **Rajdhani-Express**, die Delhi mit vielen interessanten Städten verbinden. Schnell sind auch die **Express-/Mail-Intercity-Züge**. **Passenger-Züge** brauchen sehr lange, fahren allerdings auch an Orte, die sonst nicht bedient werden. Darüber hinaus gibt es extra **Touristenzüge**.

Reservierungen

Mit Ausnahme von Touristenzügen müssen alle Züge (möglichst frühzeitig!) reserviert werden. Buchung und Reservierung sind in der Regel zeit- und nervenaufreibend, was sich bei Buchung durch ein Reisebüro in Indien vermeiden lässt. Die hierfür fälligen Gebühren sind gut angelegtes Geld. Wer es dennoch selber versuchen will, kann in größeren Städten Extraschalter für Touristen in Anspruch nehmen. Dort muss eine »Reservation Requisition Form« ausgefüllt werden. Dafür muss man die Zugnummer und den Namen des Zuges kennen, sich über die Klasse, die man buchen will, im Klaren sein und seine Passnummer und seine »Concession Travel Authority Number« dabeihaben (Letztere nur, wenn man ein Ticket der Touristenquote buchen will). Einige Städte haben darüber hinaus hilfreiche Touristenbüros in den Bahnhöfen, z. B. in der New-Delhi-Station (Tel. 011-23 34 68 04), in den Stationen Mumbai Churchgate, Kolkata Fairlie Place und Chennai Central. Auf der **Indian-Railways-Website** (www.indianrail.gov.in) findet man zu Reservierungsfragen viele Informationen. Einige Tickets kann man auch unter **www.irctc.co.in** bis zu 60 Tage im Voraus buchen.
Der **Indrail Pass**, der in Devisen bezahlt werden muss, lohnt sich für Touristen, die das Land ausgiebig bereisen möchten. Die Kosten liegen – je nach Klasse und Reisedauer – zwischen 135 US$ und 1060 US$. Die Pässe sind erhältlich in den indischen Reisebüros und an den Buchungsschaltern der Bahn in Delhi, Mumbai, Kolkata, Chennai, Secunderabad und Hyderabad. Mit einem Indrail Pass bezahlt man weder Reservierungs- noch zusätzliche Gebühren für die Buchung von Liegen/Betten.

Am Ausgangsbahnhof sollten Sie eine Stunde vor Abfahrt sein, wenn die Reservierungslisten, auf denen Sie die Nummer Ihres Abteils finden, auf dem Bahnsteig ausgehängt werden. Das Bahnpersonal ist hilfsbereit; Träger, die die Koffer in das Abteil bringen, fordern oft überhöhte Preise, also vorher verhandeln.
Oftmals sehr gutes (indisches) Essen kann man sich beim Zugpersonal bestellen. Bei manchen Zügen ist die Verpflegung im Preis enthalten. Meist werden ein kleiner Imbiss und Tee, Kaffee, Cola etc. angeboten.

Bahnhöfe

An großen Bahnhöfen findet man Waschräume und Verkaufsstände. Auf mehr als 1100 Bahnhöfen werden Zimmer (Retiring Rooms) angeboten, in denen sich Reisende ausruhen können. Diese Zimmer sind sehr gefragt und meist voll belegt. Alle Wartesäle für die erste Klasse bieten Liegesitze, in denen man auch schlafen kann. Auf den Bahnhöfen in Delhi und Kolkata gibt es Hotels (Rail Yatri Niwas) für Bahnpassagiere. Zimmer können im Voraus gebucht werden.

Besondere Züge

◆ **Palace on Wheels**
(www.palaceonwheels.net oder http://indianrailways.gov.in/tourist/palace_on_wheels.htm)
Der wohl bekannteste Luxusreisezug Indiens, mit dem von September bis April jeden Mittwoch ab Delhi wöchentliche Rundreisen durch Rajasthan veranstaltet werden. Doppelkabine ca. US$ 500 pro Person/Nacht. Infos und Reservierungen unter www.asraorient.de (Asra Orient, Kaiserstr. 50, 60329 Frankfurt, Tel. 069-256 27 20) oder bei Rajasthan Tourist Office, Bikaner House, Pandara Road, New Delhi 110 011, Tel. (011) 23 38 38 37 (Infos: www.rajasthantourism.gov.in).

◆ **The Royal Orient**
(www.indianrail.gov.in/royal_orient.html)
Der luxuriöse Reisezug, mit ehemaligen Waggons des »Palace on Wheels« (s. S. 423), verlässt Delhi Cantonment jeden Mittwoch zwischen September und April zu einer siebentägigen Reise nach Gujarat und Rajasthan. Doppelkabine pro Person/Nacht US$ 150 bis 200. Zu buchen über Reisebüros; in Indien kontaktiert man das Central Reservation Office, 12/4 First Floor, East Patel Nagar, New Delhi 110 008.

◆ **The Fairy Queen**
(http://indianrailways.gov.in/tourist/fairy_queen.htm)
Auf dieser dreitägigen Reise wird man von der ältesten noch arbeitenden Dampflok der Welt gezogen. Sie beginnt in Delhi und besucht Alwar und Sariska. Reservierungen unter: The International Tourist Bureau, New Delhi Railway Station, New Delhi 110 011, Tel. (011) 23 40 51 56.

◆ **Mit dem Zug durch die Berge**
In Indien gibt es einige alte Schmalspurbahnen, die, aus der Kolonialzeit stammend, die Ebene mit den Höhenkurorten (Hill Stations) verbinden. Schön sind z. B. die Fahrten nach Udhagamandalam (Ooty) in den Nilgiri-Bergen, von New Jalpaiguri nach Darjeeling und von Neral nach Matheran bei Mumbai. Eine interessante Breitspurbahn (Himalayan Queen) fährt von Kalka nach Simla.

Mit dem Bus

Das ganze Land ist mit einem dichten Busnetz überzogen, das das Bahnnetz ergänzt. In manchen Regionen des Landes, z. B. im Himalaya, ist der Bus das einzige öffentliche Verkehrsmittel. Die Nahverkehrsbusse auf dem Land sind bisweilen vorsintflutliche Fahrzeuge, aber auf den wichtigen Strecken setzt man heute recht komfortable Modelle mit Klimaanlage ein. Viele der modernen Busse auf den Hauptstrecken sind sogenannte Video-Coaches. Auf vielen Routen, sogar im Nahverkehr, kann man Reservierungen vornehmen lassen. Bei Überlandstrecken ist Reservierung Pflicht. Die Busstationen sind z.T. recht unübersichtlich, zahlreiche Schalter verkaufen Fahrkarten für die verschiedenen Destinationen. Auch hier ist es oft bequemer, ein indisches Reisebüro gegen eine geringe Gebühr zu beauftragen. Das Gepäck wird meistens auf dem Dach transportiert; sorgen Sie dafür, dass Ihre Koffer gut verschlossen sind. Es ist empfehlenswert, auch bei Zwischenstopps ein Auge darauf zu haben.
Es gibt öffentliche und private Busunternehmen. Generell sind die privaten Busse etwas bequemer.
Die meisten Städte verfügen über ein Nahverkehrssystem, das mit Bussen betrieben wird. Das von Mumbai ist ganz vorzüglich, das von Delhi dagegen sehr schlecht und unbequem. Im Allgemeinen ist man in den Städten besser bedient, mit dem Taxi oder den dreirädrigen Auto-Rikschas (s. unten links) zu fahren. In Delhi gibt es mittlerweile eine schöne U-Bahn, die aber leider (noch) nicht alle wichtigen Strecken bedient.

AUTORIKSCHAS

Für Ortsunkundige kann es manchmal schwierig sein, einen fairen Preis für eine Fahrt mit der Autorikscha auszuhandeln. Die indische Regierung bietet deswegen einen sehr nützlichen Online-Dienst an, der hilft, den angemessenen Fahrpreis herauszufinden. Zu finden unter: http://delhigovt.nic.in/autofares/Transport.asp

Öffentliche Busunternehmen

Jeder Bundesstaat hat ein eigenes Busunternehmen. Einige davon sind mit Infos und Fahrplänen auch im Internet vertreten:

◆ **Andhra Pradesh**
www.apstrc.net
◆ **Assam**
www.assamtransport.com
◆ **Gujarat**
www.gujaratsrtc.com
◆ **Himachal Pradesh**
www.himachal.nic.in/hrtc
◆ **Karnataka**
www.ksrtc.org
◆ **Kerala**
www.keralartc.com
◆ **Rajasthan**
www.rsrtc.gov.in
◆ **Tamil Nadu**
www.tn.gov.in/transport/stu.htm
◆ **Uttar Pradesh**
www.upsrtc.com

Mit dem Auto

Mietwagen

In den letzten Jahren sind sehr viele Straßen neu und ausgebaut worden. Nebenstraßen sind jedoch oft noch in schlechtem Zustand, vor allem in und kurz nach der Monsunzeit.
Über Reisebüros und in vielen Hotels kann man einen Wagen mit Chauffeur buchen – was angesichts des chaotischen Verkehrs in den Großstädten und der Straßenverhältnisse sinnvoll ist. Außerdem herrscht in Indien Linksverkehr. Es gibt klimatisierte und nicht klimatisierte Mietwagen. Man zahlt ca. US$ 35 bis 50 pro Tag. Bei Überlandfahrten wird pro Übernachtung ein Zuschlag für den Fahrer erhoben. Reisebüros und Hotels bieten auch Pauschaltouren (Mietwagen, Führer, Unterkunft) an.
Autos für Selbstfahrer gibt es erst seit kurzer Zeit in den Großstädten zu mieten, das Fahren aber erfordert Erfahrung und größte Vorsicht! Touristen muss davon gänzlich abgeraten werden. Wer sich doch für das Selberfahren entscheidet, braucht einen internationalen Führerschein.

Automobilklubs

Bei Versicherungsproblemen kann man sich an folgende Automobilklubs wenden:

◆ **Automobile Association of Upper India,** C-8 Qutab Institutional Area, Behind Qutab Hotel, New Delhi 110 016, Tel. 011-26 96 53 97, www.aaui.org
◆ **Western India Automobile Association,** Lalji Narainji Memorial Building, 76 Veer Nariman Road, Mumbai 400 020, Tel. 022-22 04 10 85, www.wiaaindia.com
◆ **Eastern India Automobile Association,** 13 Promothesh Barua Sarani, Kolkata 700 019, Tel. 033-24 86 51 31, www.uraaei.org
◆ **Southern India Automobile Association,** 187 Anna Salai, Chennai 600 006, Tel. 044-28 52 11 62, www.aasindia.in.

Taxis

Die gelb-schwarzen Taxis haben zwar meist ein Taxameter, doch ist wegen der sprunghaft steigenden Benzinpreise mit einem höheren Fahrpreis als angezeigt zu rechnen. Der Fahrer muss ein amtliches Papier vorweisen können, in dem der höhere Tarif festgelegt ist. Verlangen Sie dieses Papier (»show me the list!«), wenn Sie den Verdacht haben, übervorteilt zu werden. Achten Sie darauf, dass der Taxameter zu Beginn der Fahrt zurückgestellt ist. Abends und nachts wird ein Zuschlag erhoben (»night charge«).
Die Preise für die dreirädrigen überdachten Motorroller sind etwa halb so hoch wie die für ein Taxi (s. links). Auch sie verfügen über ein Taxameter, das allerdings meistens nicht angestellt wird. Stattdessen vereinbart man (vor der Fahrt!) einen Pauschalpreis.
Für Kurzstrecken gibt es in etlichen Städten auch Fahrradrikschas, die manchmal wendiger, aber auch weit abenteuerlicher durch den Verkehr lavieren. Auch hier gilt: vor der Fahrt den Preis vereinbaren.

UNTERKUNFT

Hotels, Gästehäuser, Hütten und Lodges

Von Fünf- oder gar Sechssternehotels mit internationalem Standard und Ambiente über Maharaja-Paläste mit Flair bis zu einfachsten, im schlimmsten Fall schmutzigen Absteigen ist in Indien alles zu bekommen. Schöne Hotels sind generell genauso teuer wie in Europa, selbst wenn ihr Standard relativ einfach ist. Von den mittleren und billigeren Hotels kann man kein ansprechendes Ambiente erwarten, sie sind nicht auf internationales Publikum zugeschnitten. Für Inder bedeutet Komfort warmes Wasser, sauberes Bettzeug, Handtücher, u.U. eine Klimaanlage.
Wer vorhat, billig zu reisen, sollte Bettzeug und Handtücher selber mitbringen. Machen Sie sich auf harte Betten gefasst! Allerdings haben fast alle Zimmer eigene Duschen und WCs.
Hotels in Großstädten und Touristenzentren sind oft schnell ausgebucht; wenn Sie individuell anreisen, sollten Sie frühzeitig reservieren. Besonders in Delhi und Mumbai kommt es häufig zu Engpässen.
Große Hotelketten sind zentralen Buchungssystemen angeschlossen:

◆ **Oberoi Hotels**
www.oberoihotels.com

◆ **The Taj Group of Hotels**
www.tajhotels.com

◆ **ITC Welcomgroup**
www.itcwelcomgroup.in

◆ **Ashok Group Hotels**
www.theashokgroup.com

◆ **Heritage Hotels** (http://heritagehotels.com) sind v.a. Maharaja- oder andere noble Paläste in Städten oder auf dem Land, die in ein Hotel umgewandelt wurden. Dabei variiert der Standard nicht nur von Palast zu Palast, sondern teils von Zimmer zu Zimmer. Immer sind sie jedoch etwas ganz Besonderes. Die meisten findet man in Rajasthan, aber auch in den anderen Bundesstaaten gibt es einige, die Freunde verblichenen Charmes entzücken werden. Sie liegen meist abseits der großen Städte.
Mittelklassehotels sind in der Regel sehr einfach, aber sauber. Die staatlichen **Tourist Bungalows** gibt es an vielen Orten.
Die **günstigen Hotels** variieren stark hinsichtlich ihrer Qualität. Man sollte sich mehrere anschauen und dann auswählen.
Hotelintern gibt es unterschiedliche Kategorien. Zimmer mit Klimaanlage (A/C) sind generell teurer als Zimmer mit Ventilator. Vor dem Einchecken tut man gut daran, sich mehrere Zimmer anzuschauen und in Ruhe zu entscheiden. Ein Blick auf die Matratze kann auch nicht schaden. Sie sollte nicht zu viele Löcher aufweisen. Die Betten haben generell keine Federung, nur ein Brett, auf dem die Matratze aufliegt. Lärm ist kein Grund, mit einem Zimmer nicht zufrieden zu sein. Sie werden eher verständnislos angeschaut.
Häufig gibt es im Bad einen Eimer mit einem kleinen Topf. Das ist die indische Dusche. Man füllt den Eimer mit Wasser angenehmer Temperatur und gießt es sich dann mit dem kleinen Topf über den Kopf. Der zweite kleine Topf neben der Toilette sollte auf keinen Fall dafür benutzt werden. Er ist nur für einen einzigen Zweck gedacht.
In indischen Hotels kennt man auch den westlichen Begriff von Privatsphäre nicht. Wenn Sie nicht abschließen, kommen Leute herein, etwa der Rezeptionist, der ihnen etwas ausrichten soll. Indische Gäste, besonders Familien, lassen tagsüber die Zimmertüren meist offen stehen.
Glücklicherweise ist die Qualität des Essens nicht vom Zimmerpreis abhängig. Man kann auch in den einfachsten Hotels gut essen. Die einzige Schwachstelle ist das eher deprimierende Frühstück. Nur in den großen Häusern gibt es Frühstücksbuffets.

AUSGEWÄHLTE ADRESSEN

In Delhi und Mumbai sind die Hotels nach Preisklassen geordnet, ansonsten alphabetisch.
Durchschnittspreise für ein Doppelzimmer pro Nacht in der Hochsaison, einschließlich Steuern:

● = bis 800 INR
●● = 800–1700 INR
●●● = 1700–2700 INR
●●●● = 2700–3700 INR
●●●●● = über 3700 INR

Andamanen

Port Blair

◆ **Fortune Resort Bay Island**
Marine Hill
Tel. (03192) 234 101
www.fortuneparkhotels.com
Das Spitzenhotel von Port Blair liegt 1 km südlich der Stadt oberhalb von Corbyn's Cove mit schönem Blick über die Bucht. Das von dem goanischen Stararchitekt Charles Correa entworfene Haus aus einheimischem rotem Padouk-Hartholz hat eine sehr entspannte Atmosphäre. ●●●●●

◆ **Jagannath Guest House**
Moulana Azad Road, Phoenix Bay, Port Blair
Tel. (03192) 232 148
Saubere Zimmer in einem freundlichen Hotel; angenehm zentral gelegen. Zum Bootsanleger ist es nur ein kurzer Spaziergang. ●

◆ **Sun Sea Resort**
M.G. Road, Middle Point
Tel. (03192) 238 330
Das 2006 gebaute, modern eingerichtete und klimatisierte Haus ist bequemer als viele gehobenen Hotels, aber deutlich billiger. Die Lage an einer vielbefahrenen Straße ist ein Minuspunkt. ●●●●

Andhra Pradesh

Hyderabad-Secunderabad

◆ **Baseraa**
9/1–167/8 Sarojini Devi Road, Secunderabad
Tel. (040) 2770 3200
www.baseraa.com
Tadellose klimatisierte Zimmer und gute Restaurants; insgesamt gutes Preis-Leistungs-Verhältnis. ●●–●●●

◆ **Hotel Sai Prakash**
Station Road, Nampally, Hyderabad
Tel. (040) 2461 1726
Fax (040) 2461 3355
Ausgezeichnetes Haus nahe Hyderabad Station mit sauberen, gepflegten Zimmern um ein großes Atrium. Zwei gute Restaurants. ●●

Tirupati

◆ **Bhimas Deluxe**
34–38 G. Car Street
Tel. (0877) 222 5521
Fax (0877) 222 5471
Nettes, sehr gut geführtes Hotel ganz in der Nähe des Bahnhofs. Freundliches, hilfsbereites Team. Ausgezeichnetes vegetarisches Restaurant. ●●

◆ **Hotel Bliss**
Near Ramanuja Circle, Renigunta Road
Tel. (0877) 223 7770–6
Fax (0877) 223 7774
Modernes Hotel mit sauberen Zimmern und zwei Restaurants. ●●●

Assam

Guwahati

◆ **Ananda Lodge**
M. Nehru Road
Tel. (0361) 254 4832
Sehr billige, aber auch kleine Zimmer um einen hübschen Innenhof. Gutes vegetarisches Restaurant. ●

◆ **Hotel Brahmaputra Ashok**
M.G. Road
Tel. (0361) 260 2281-4
Fax (0361) 260 2289
Gutes, vom Staat betriebenes Hotel am Fluss. Große Zimmer (manche mit Blick auf den Fluss), gutes Restaurant. ●●●●

◆ **Nandan**
G.S. Road, Paltan Bazaar
Tel. (0361) 252 1476-8/ 254 0855
Fax (0361) 254 2634
Großes Hotel gegenüber dem Büro der Indian Airlines. Bequeme Zimmer, zwei Restaurants (sehr gut das Utsav) und eine Bar. ●●●

Kaziranga National Park

◆ **Wild Grass**
Kaziranga National Park, Golaghat, Assam
Tel. (03776) 266 2085
www.oldassam.com
Einfache, nette Hütten und komfortable Zelte in herrlicher Umgebung. Ausgezeichnetes Essen; Aktivitäten mit Musik und Tanz der Gegend als Schwerpunkt. ●●●

Bihar

Bodhgaya

◆ **Lotus Nikko Hotel**
Tel. (0631) 220 0700
www.lotusnikkohotels.com
Komfortables Hotel östlich des Archäologischen Museums. Angenehmes Ambiente, gutes Restaurant. ●●●●

◆ **Root Institute**
Nahe dem Thai-Tempel
www.rootinstitute.com
Das Root Institute ist eine Organisation, die ein buddhistisches Meditationshaus betreibt. Man kann aber auch einfach als Gast in den Hütten und Schlafsälen übernachten. Es gibt gutes vegetarisches Essen; die Hausregeln müssen stets eingehalten werden. ●●

Patna

◆ **Amar**
Fraser Road
Tel. (0612) 222 4157
Sehr einfache, aber nette Zimmer mit Bad. ●–●●

◆ **Hotel Republic**
Exhibition Road
Tel. (0612) 232 0021
www.biharonline.com/ hotelrepublic
Schöner Dachgarten und gutes vegetarisches Essen. ●●●

Chennai

◆ **Ambassador Pallava**
53 Monteith Road
Tel. (044) 2855 4476/ 2855 4068
www.ambassadorindia.com
Businesshotel mit Pool und ordentlichen Restaurants in guter Lage nahe Anna Salai und dem Museum. ●●●●●

◆ **Hotel Himalaya**
54 Triplicane High Road, Triplicane
Tel. (044) 2854 7522
Fax (044) 2853 1808
Gutes, zentral gelegenes Hotel. Sehr saubere Zimmer mit Bad; hilfsbereiter, freundlicher Service. ●●

◆ **Hotel New Woodlands**
72–5 Dr Radhakrishnan Road, Mylapore
Tel. (044) 2811 3111
www.newwoodlands.com
Großes Hotel mit ausgezeichnetem vegetarischem Restaurant. Große, saubere Zimmer, Reservierung empfohlen. ●●

◆ **Residency**
49 G.N. Chetty Road, T. Nagar
Tel. (044) 2825 3434
www.theresidency.com
Empfehlenswertes Hotel mit gutem Restaurant. Preisgünstig für das, was geboten wird. Reservieren. ●●●

◆ **YWCA International Guest House**
1086 E.V.R. Periyar High Road
Tel. (044) 2532 4234
ywcaigh@indiainfo.com
Zimmer mit Bad, teils auch mit Klimaanlage, sowie Campingmöglichkeit. Preis inkl. Frühstück; eine geringe Mitgliedsgebühr wird erhoben. Empfehlenswert. ●●

Delhi

Spitzenhotels

◆ **The Ambassador Hotel**
Subramaniam Bharti Marg
Tel. (011) 2463 2600
www.tajhotels.com
Altmodisches, von der Taj-Gruppe betriebenes Hotel nahe Khan Market. Bequem und nicht so einschüchternd wie das Taj Mahal oder Taj Palace. ●●●●●

◆ **The Claridges**
12 Aurangzeb Road, Neu-Delhi
Tel. (011) 2301 0211
www.claridges.com
Elegantes Hotel im Herzen von Neu-Delhi. Sehr komfortable Zimmer, exzellenter Service und einige gute Restaurants. Die Aura-Bar ist einer der besten Orte der Stadt, um einen Schluck zu trinken. ●●●●●

◆ **The Hans**
5 Barakhamba Road
Tel. (011) 2331 6868
www.hanshotels.com
Kühl-schickes Boutiquehotel mit mehr Charakter als viele andere Häuser der Umgebung. Für die Lage im Stadtzentrum sind die Zimmer nicht überteuert, und dass das Gebäude zu den höchsten gehört, bedeutet, dass es ruhig ist. Großartiger Blick vom Restaurant. ●●●●●

◆ **The Oberoi**
Dr Zakir Hussain Marg, Neu-Delhi
Tel. (011) 2436 3030
www.oberoihotels.com
Elegant, exklusiv und sehr teuer – eines der komfortabelsten Spitzenhotels in Delhi. Das Restaurant Threesixty gehört zu den In-Lokalen der Stadt. ●●●●●

◆ **The Park**
15 Sansad Marg
Tel. (011) 2374 3000
www.theparkhotels.com
Das Park in Delhi ist wohl eins der unkonventionellsten Fünfsternehotels der Stadt. Mit dem guten Restaurant, der Poolbar und der großartigen Lage hat es unzweifelhaft Pfiff. In der Tanzbar Agni ist immer was los. ●●●●●

◆ **Taj Mahal**
1 Mansingh Road, Neu-Delhi
Tel. (011) 2302 6162
www.tajhotels.com
Das Flaggschiff der Taj-Gruppe ist vor allem ein Businesshotel, und das merkt man Zimmern und Einrichtung an. Zwei ausgezeichnete Restaurants. ●●●●●

Oberklasse

◆ **Hotel Marina**
G-59 Connaught Circus, New Delhi
Tel. (011) 2332 4658
Fax (011) 2332 8609
Eingeführtes Hotel mit komfortablen Zimmern, nettem Café und kompetentem Service. ●●●●

Obere Mittelklasse

◆ **Bajaj Indian Home Stay**
8A/34 WEA, Karol Bagh
Tel. (011) 2573 6509
www.bajajindianhomestay.com
Sehr gemütliches Ambiente, in dem Gästewie ein Familienmitglieder behandelt werden. Mit nur 10 Zimmern nicht groß, hebt sich aber weit von der Masse ab. Makellos saubere Zimmer. ●●●

◆ **Hotel Broadway**
4/15a Asaf Ali Road, Delhi
Tel. (011) 2327 3821
www.oldworldhospitality.com
Bezauberndes, günstiges Hotel nahe den Sehenswürdigkeiten von Alt-Delhi. Renovierte Zimmer, guter Service und ausgezeichnetes Restaurant. ●●●

◆ **Jorbagh »27«**
27 Jorbagh
Tel. (011) 2469 8647
guesthouse27@hotmail.com
Das Hotel in einem Wohngebiet hat 18 Zimmer ohne besondere Atmosphäre, ist aber professionell geführt und sauber. Die Nähe zu den Lodi Gardens sind ein echer Pluspunkt. ●●●

◆ **Jukaso Inn Downtown**
L-1 Connaught Circus, Neu-Delhi
Tel. (011) 2341 5450
Fax (011) 2341 4448
Zentral gelegenes Hotel; die modernen, sauberen und klimatisierten Zimmer mit Bad sind angenehm und komfortabel. ●●●

◆ **LaSagrita**
14 Sunder Nagar
Tel. (011) 2435 9541
www.lasagrita.com
Gästehaus nahe dem Zoo in einer ruhigen Wohngegend; Zimmer mit bequemen Betten und heißem Wasser. Sehr nettes Team, gutes und nicht zu teures Essen. In der Nähe ist ein Einkaufsviertel mit einigen guten Antiquitätenläden und einem hervorragenden vegetarischen Restaurant. Sehr zu empfehlen. ●●●

◆ **Yatri House**
Ecke Panchkuian Marg/ Mandir Marg
Tel. (011) 2362 5563
www.yatrihouse.com
In einer schmalen Gasse abseits der lauten Hauptstraße gelegenes sauberes, gut geführtes Gästehaus in einem modernen Wohnhaus. Die direkte Umgebung ist zwar uninteressant, doch der Connaught Place ist nur 1 km entfernt. ●●●

Mittelklasse

◆ **Choudhary Guest House**
H-35/3 Connaught Circus, New Delhi
Tel. (011) 2332 2043
www.indiamart.com/hkchoudharyguesthouse
Kleines, sauberes und freundliches Hotel, zentral gelegen. Eine der besten preisgünstigen Unterkünfte in der Stadtmitte; sehr hilfsbereiter Manager. Es liegt recht versteckt und ist nicht leicht zu finden, aber die Suche lohnt sich. ●●

◆ **Master Paying Guest House**
R-500 New Rajendar Nagar
Tel. (011) 2874 1089
www.master-guesthouse.com
Klein und nett; nur vier Zimmer mit gemeinsamem Bad. Das Betreiberehepaar ist sehr hilfsbereit. Hübscher Gemeinschaftsraum mit einer von den Gästen eingerichteten Bibliothek. Empfehlenswert. ●●

◆ **Naari**
Tel. (011) 2613 8316
sangini97@hotmail.com
Ein Gästehaus nur für Frauen, in dem sie sich gut aufgehoben fühlen können. Bequeme Zimmer, schöner Garten, friedlicher Hund. Gegen Aufpreis auch Verpflegung möglich. Rufen Sie vorher an, um zu reservieren und zu erfahren, wie Sie hinkommen (man wird Sie am Flughafen abholen). ●●

◆ **YWCA International Guest House**
10 Sansad Marg, New Delhi
Tel. (011) 2336 1561
www.ywcaindia.org
Empfehlenswerte, gut geführte und sichere Übernachtungsmöglichkeit für beide Geschlechter, günstig in Neu-Delhi gelegen. Sehr saubere Zimmer mit Klimaanlage und Bad; Frühstück im sehr guten Restaurant inbegriffen. Selbstwähl-Telefonzelle und tüchtiges Reisebüro im Haus. ●●

Einfache Unterkünfte

◆ **Hotel New City Palace**
726 Jama Masjid, Old Delhi
Tel. (011) 2328 9923
Im selben Gebäude wie die Post, hinter der Moschee in Alt-Delhi. Einfache, aber saubere, vom Luftzug gekühlte Zimmer mit Bad. ●

◆ **Major's Den**
2314 Lakshmi Narain Street, Paharganj, New Delhi
Tel. (011) 2358 4163
Sicheres, gut geführtes Hotel mit sauberen, vom Luftzug gekühlten Zimmern mit Bad. Die beste der billigen Unterkünfte in Paharganj. ●

◆ **Rak International**
820 Main Bazaar, Chowk Baoli
Tel. (011) 2358 6508
Eins der besten Budget-Hotels der Gegend: sauber und relativ ruhig, nettes Restaurant auf dem Dach. ●

◆ **Star Palace**
4590 Dal Mandi, off Main Bazaar (in der Straße gegenüber von Khalsa Boots)
Tel. (011) 2356 2400
www.stargroupofhotels.com
Das relativ ruhige Hotel hat 31 saubere Zimmer. Zur selben Kette gehört auch das etwas billigere Star View in der Nähe. ●

◆ **Wongdhen House**
15A New Tibetan Colony, Manju-ka-Tilla
Tel. (011) 2381 6689
wongdhenhouse@hotmail.com
In dem vorwiegend von Tibetern bewohnten Viertel 2 km nördlich von Alt-Delhi gibt es eine Reihe von Unterkünften für Rucksacktouristen, in denen es ruhiger zugeht als in Paharganj. Das Wongdhen House mit seiner sanften Atmosphäre und den sauberen Zimmern ist davon mit Abstand die beliebteste. ●

Goa

Agonda

◆ **Palm Beach Lifestyle Resort**
Agonda Beach
Tel. (0832) 264 7783
www.palmbeachgoa.com
Chalets mit Holzfußboden auf einem Hügel über dem Strand. Gemütlich, perfekt sauber und gut geführt: die komfortabelste Unterkunft in diesem unverdorbenen Ort ganz im Süden Goas. ●●●

Anjuna

◆ **Anjuna Beach Resort**
De Mello Vaddo
Tel. (0832) 227 4499
fabjoe@sancharnet.in
Komfortable Zimmer mit Bad, einige auch mit Klimaanlage. Alle haben Balkone, die auf den schönen Garten gehen. Es gibt auch ein von Palmen umstandenes Restaurant im Freien. In der Nebensaison Discount-Preise. ●●–●●●

◆ **Grandpa's Inn**
Gaun Waddo, Anjuna
Tel. (0832) 227 3270
www.granpasinn.com
Die angenehmen Zimmer dieses Hotels gruppieren sich um einen Innenhof voller Bougainvilleen in einem alten portugiesischen Herrenhaus. Gutes Restaurant, Pool, sehr gutes Preis-Leistungs-Verhältnis. ●●●

◆ **Peaceland**
Soronto Waddo, Anjuna
Tel. (0832) 227 3700
Für Backpacker das günstigste Haus in Anjuna. Saubere, luftige Zimmer mit Moskitonetzen und Regalen für den Rucksack. Sehr gastfreundliches Betreiberehepaar. In einem ruhigen Viertel gelegen; zum Strand sind es 15 Min. zu Fuß. ●

◆ **Villa Anjuna**
In der Nähe von Anjuna Beach, Anjuna
Tel. (0832) 227 3443
www.anjunavilla.com
Moderne, gut geführte Hotels sind selten in Anjuna; dieses liegt näher am Strand als die anderen – aber auch ziemlich nah an den wummernden Lautsprechern des Club Paradiso (deswegen sind auch die meisten Gäste hier). Pool und Fitnessstudio gehören dazu. ●●●

◆ **White Negro Beach Resort**
Nahe St Antony Chapel, Anjuna
Tel. (0832) 227 3326
dsouzawhitenegro@rediffmail.com
Sehr sauber, sicher und gut geführt. Zimmer mit Blick in einen schönen Garten. Der Strand ist nicht weit, und ein gutes (Fisch-)Restaurant gehört auch dazu. ●●

Baga

◆ **Alida**
Saunta Vaddo, Baga Road
Tel. (0832) 227 6835
Fax (0832) 227 6285
Hübsche Zimmer mit Veranden in einem ruhigen, schön gelegenen Hotel. ●●

◆ **Villa Fatima**
Baga Road, Baga
Tel. (0832) 227 7418
www.villafatima.com
Beliebtes Hotel für Rucksacktouristen an der lebhaften Hauptstraße von Baga. Über die Dünen ist es nicht weit zum Meer. 50 saubere Zimmer mit Bad (Einzel-, Doppel- und Familienzimmer). Für die Gegend nicht teuer. ●

Benaulim

◆ **Palm Grove Cottages**
Tamdi Marti, Vas Vaddo
Tel. (0834) 272 2533
Saubere, angenehme Unterkunft, umgeben von einem schönen Garten. Das recht ordentliche Restaurant serviert goanische Küche und Fischgerichte. ●●

◆ **Simon Cottages**
Sernabatim Ambeaxir
Tel. (0834) 277 1839
Größer und viel preisgünstiger als die meisten anderen Häuser im Ort. Große Zimmer mit Bad (teilweise auch mit Küchenzeile für Selbstversorger), freundliche Besitzer. Wenn Sie gerade mit dem Flugzeug in Dabolim angekommen sind und etwas Billiges suchen, ist dies der ideale Platz, um erst einmal den Jetlag wegzuschlafen. ●

◆ **Taj Exotica**
Cal Waddo
Tel. (0834) 270 5666
www.tajhotels.com
Zusammen mit dem Park Hyatt ist dies das Spitzenhotel Goas: ein Palast, umgeben von 22 Hektar üppigen Gärten gleich am Strand. Die preisgekrönte Anlage hat auch einen Golfplatz, ein Ayurveda-Wellnesszentrum, vier Restaurants und einen Kinderclub. ●●●●●

Bicholim

◆ **Goofy's Countryside Hermitage**
Assonora, Bicholim
Tel. (0832) 238 9231
gats@goatelecom.com
Einfallsreich gestaltetes »Dschungel-Resort« mit komfortablen Baumhütten und Bungalows, tief im Hinterland Goas. Besitzer Godfrey Lawrence bietet auch Touren in die entlegeneren Ecken des Staates an. Transfer von der Küste möglich. ●●●

Candolim

◆ **Casa Seashell**
Fort Aguada Road
Tel. (0832) 247 9879
Hübsch gelegenes Hotel mit kleinem Pool. Die Zimmer sind groß und sauber, mit schönen Badezimmern, das Restaurant (Fischküche) sehr zu empfehlen. ●●

Cavelossim

◆ **Dona Sa Maria**
Tamborim Vaddo
Tel. (0834) 274 5290
www.donasamaria.com
Kleines, nettes Haus, preisgünstig. Hilfsbereiter Service, einfache, aber saubere Zimmer, Swimmingpool und ein recht gutes Restaurant. ●●●

Mandrem

◆ **Elsewhere/Otter Creek**
Mandrem, Pernem
Tel. (0832) 253 8451 oder (9820) 037 387
www.aseascape.com
Vielleicht der am schönsten gelegene und am elegantesten restaurierte historische Besitz (19. Jh.) in Goa: Von der Säulenveranda blickt man über die Dünen auf einen naturbelassenen Strand. Das Haus ist nur wochenweise zu mieten; drei Schlafzimmer bieten Platz für sechs Erwachsene oder eine Familie. Vor Blicken geschützt steht am Ufer eines Wasserlaufs eine Reihe fest installierter Zelte namens Otter Creek. Hier ist es ähnlich friedlich, abgelegen und komfortabel. Freundliche Mitarbeiter servieren Essen auf dem Gelände. ●●●●–●●●●●

◆ **River Cat Villa**
438/1 Junasavaddo
Tel. (0832) 224 7928
www.villarivercat.com
Die von einem einheimischen Künstler am Ufer eines ruhigen Flusses errichtete Villa bietet schöne, saubere Zimmer mit Bad und eine attraktive Veranda. ●●

Palolem

◆ **Bhakti Kutir**
Tel. (0834) 264 3472
www.bhaktikutir.com
Umweltfreundliches Feriendorf mit 20 Cottages aus einheimischen Materialien. Die nach außen offenen Badezimmer haben mit Muscheln schön dekorierte Steinfußböden. Im Restaurant gibt es leckeres westliches Essen. ●●–●●●

◆ **Cozy Nook**
Palolem Beach
Tel. (0834) 264 3550
Gut gelegene Unterkunft im Norden von Palolem Beach, nette Hütten mit Blick aufs Meer. Man bekommt auch gutes goanisches Essen. ●

Panaji/Panjim

◆ **Afonso**
St Sebastian Chapel Square, Fontainhas
Tel. (0832) 222 2359
Hübsch restauriertes Haus aus der Portugiesenzeit in Panjims malerischstem Viertel. Saubere Zimmer, luftige Dachterrasse. ●–●●

◆ **Panjim Inn/Panjim Pousada/Panjim Peoples**
E-212, 31 Janeiro Road, Fontainhas
Tel. (0832) 243 5628
www.panjiminn.com
Drei umgebaute alte Stadthäuser, von den gleichen Besitzen betrieben. Die Zimmer zum Innenhof der Pousada sind die schönsten. ●●–●●●

Siolim

◆ **Siolim House**
Gegenüber Wadi Chapel, Siolim, Bardez
Tel. (0832) 227 2138
www.siolimhouse.com
Mit traditionellen Mitteln (Fensterscheiben aus Perlmutt) renoviertes 300 Jahre alten Haus. Keine Klimaanlage. ●●●●–●●●●●

Sinquerim

◆ **Marbella Guest House**
Tel. (0832) 227 9551
www.marbellagoa.com
Stilvolles und romantisches kleines Hotel unter einem riesigen Mangobaum, in den Hügeln oberhalb Sinquerim Beach gelegen. Schöne mit traditionellen Stoffen und Reproduktionen von Antiquitäten gestaltete Innenräume; die meisten Zimmer haben eigene Veranden. ●●●●

Tiracol

◆ **Tiracol Fort Heritage**
Tel. (0832) 226 8258
www.nilayahermitage.com
Umgebaute Festung mit fantastischem Blick über die Küste. Die ruhigen, komfortablen Zimmer liegen um einen Innenhof herum, darüber sind die Suiten. Es gibt auch ein Terrassenrestaurant. ●●●●●

Vagator

◆ **Leoney Resort**
Ozram Beach Road
Tel. (0832) 227 3634
www.leoneyresort.com
Neueres Hotel mit Chalets (mit Doppelbetten) und größeren achteckigen Cottages, alle mit Klimaanlage. Ruhige Lage, 15 Min. zu Fuß zum Strand. ●●●●

◆ **Bethany Inn**
Tel. (0832) 227 3731
www.bethanyinn.com
Beste Option für Preisbewusste. Tadellose Zimmer mit Bad u. Kühlschrank. ●●

Gujarat

Ahmedabad

◆ **The House of Mangaldas Girdhardas**
Gegenüber der Sidi-Sayed-Moschee
Tel. (079) 2550 6946
www.houseofmg.com
Heritage-Boutiquehotel in einer Haveli aus dem 20. Jh. mit schön renovierten Zimmern und Suiten. Alles sehr elegant mit Himmelbetten und wehenden Moskitonetzen. Pool und Fitnessclub im Gebäude; man kann auch gut essen. ●●●●–●●●●●

◆ **Volga**
Lal Darwaza, nahe Relief Rd.
Tel. (079) 2550 9497
In der mittleren Preisklasse eines der flottesten Hotels der Stadt, mitten im Gewühl bei der Sidi-Sayed-Moschee. ●–●●

Bhavnagar

◆ **Nilambag Palace**
Tel. (0278) 242 4241
www.nilambagpalace.com
Bezauberndes Heritage Hotel im ehemaligen Königspalast. Große, klimatisierte Zimmer, schöner Garten und Außenpool im römischen Stil. ●●●–●●●●●

Daman

◆ **Hotel Gurukripa**
Seaface Road, Tel. (0260) 225 5046/225 0227
www.hotelgurukripa.com
Das beste Hotel der Stadt: schöne Zimmer, Dachgarten, Bar und ein gutes Restaurant mit Fisch-, Tandoori- und chinesischer Küche. ●●

Diu

◆ **Hotel Prince**
Rua do Bazar
Tel. (02875) 252 265
Sauber Zimmer mit Balkon; mäßiges Restaurant. ●

◆ **Hotel Samrat**
Collectorate Road
Tel. (02875) 252 354
Das beste Hotel in der Stadt selbst. Klimatisierte Zimmer mit Bad und Balkon, gutes Restaurant. ●–●●

◆ **Kohinoor**
Fofrara, Fudam
Tel. (02875) 252 209/ 253 575
Fax (02875) 252 613
Modernes, gut ausgestattetes Hotel mit Pool und Restaurant. Etwas außerhalb von Diu-Stadt. ●●●

◆ **Sao Tomé Retiro**
In der Nähe des Diu Museums, Firangi Wada
Tel. (02875) 253 137
Gemütliche Pension in einer ehemaligen Kirche (herrlicher Panoramablick vom Turm). Es gibt Hütten auf dem Dach und luftige Doppelzimmer zur Altstadt hinaus. Wirt George D'Souza grillt für seine Gäste regelmäßig Meeresfrüchte im portugiesischen Stil. ●

Sasan Gir

◆ **Gir Birding Lodge**
Bambhafod Naka, Sasan, Gujarat
Tel. (02877) 2630 2019
www.girnationalpark.com
Geradlinige, attraktive Unterkunft in einem Garten in der Nähe des Eingangs zum Heiligtum. Kompetentes Personal. ●●●●

Himachal Pradesh

Dalhousie

◆ **Alps Holiday Resort**
Khajjiar Road, Bakrota Hills
Tel. (01899) 240 775
Fax (01899) 242 840
Modernes Hotel mit Restaurant und ein paar Sportangeboten. Saubere, bequeme Zimmer, herrlicher Ausblick. ●●–●●●

◆ **Aroma-n-Claire**
Court Road
Tel. (01899) 242 199
Weitläufiges, altmodisches Hotel mit Charakter. Die Zimmer sind recht einfach, haben aber einen schönen Ausblick; dazu gibt es ein Restaurant und eine kleine Bibliothek. ●●–●●●

Dharamsala

◆ **Hotel Tibet**
Bhagsu Road, Mcleod Ganj
Tel. (01892) 221 587
Fax (01892) 221 425
Gutes, beliebtes Hotel mit ausgzezeichnetem Restaurant und herrlichem Blick über das Tal. Reservierung empfohlen. ●●

◆ **Norling Guest House**
Lower Dharamsala
www.tibet.org/norling
Ruhiges und komfortables Hotel, dekoriert mit tibetischen Wandgemälden. Dies ist die Nobelherberge der Stadt, in der viele Promis absteigen. Reservierung unerlässlich. Es gibt auch ein gutes tibetisches Restaurant. ●●●–●●●●

◆ **Om**
Nahe der Bushaltestelle, McLeod Ganj
Tel. (01892) 221 313
Wenige, aber sehr günstige Zimmer, sauber und mit Dusche ausgestattet, dazu ein kleines, gutes Restaurant und schönes Panorama. ●

◆ **Pema Thang Guesthouse**
Hotel Bhagsu Road
Tel. (01892) 221 871
www.pemathang.net
Freundlich und kompetent geführtes Hotel, viele der Zimmer haben eine kleine Küche. Großartiges Restaurant. Empfehlenswert. ●●

Kangra

◆ **The Judge's Court**
Pragpur
Tel. (01970) 245 035
www.judgescourt.com
Bezauberndes historisches Hotel mitten im restaurierten »Heritage Village«. Wunderbare Atmosphäre, ein einmaliges, sehr empfehlenswertes Erlebnis. ●●●●●

Kasauli

◆ **HPTDC Ros Common**
Lower Mall
Tel. (01793) 272 005
http://hptdc.nic.in
Das beste Hotel und Restaurant der Stadt, wunderschön gelegen. Alle Zimmer mit Bad und heißem Wasser. Reservierung empfohlen. ●●

Kullu

◆ **Shobla**
Dhalpur
Tel. (01902) 222 800
Geräumige Zimmer in einem netten Hotel mit Blick auf den Fluss. Es gibt auch ein gutes Restaurant. ●●

◆ **Span Resorts**
PO Katrain, National Highway
Tel. (01902) 240 138
Fax (01902) 240 140
http://spanresorts.com
Ruhig und abgeschieden gelegene Cottages mit komfortablen Zimmern, etwa 12 km von Kullu entfernt. Die Anlage bietet vielfältige Aktivitäten an, darunter auch Yoga. Gutes Essen im Restaurant. ●●●●–●●●●●

Manali

◆ **Ambassador Resort**
Sunny Side, Chadiyari
Tel. (01902) 252 235
www.ambassadorresorts.com
Angenehm gestaltetes und komfortables Hotel mit schönem Ausblick am Ostufer des Flusses Beas. Große Auswahl verschiedener Zimmer, alle auf hohem Niveau; man kann auch gut chinesisch oder indisch essen. ●●●●●

◆ **HPTDC Hotel Beas**
Am Flussufer in Richtung Vashisht
Tel. (01902) 252 832
http://hptdc.nic.in
Wunderbar gelegenes Hotel mit ausgezeichnetem Preis-Leistungs-Verhältnis. Ordentliche Zimmer; Essen auf Anfrage. ●–●●

◆ **HPTDC Hotel Kunzam**
Im Stadtzentrum
Tel. (01902) 253 197
http://hptdc.nic.in
Von der Regierung betriebenes Hotel im Zentrum von Manali. Moderne, komfortable Zimmer mit Bad und heißem Wasser. ●●

◆ **Johnson's Lodge**
Circuit House Road
Tel. (01902) 253 023
www.johnsonslodge.com
Gepflegte Selbstversorgerhütten in einem Obstgarten. Im angeschlossenen Johnson's Cafe bekommt man auch Essen. ●●–●●●

Shimla

◆ **Chapslee House**
Lakkar Bazaar
Tel. (0177) 280 2542
www.chapslee.com
Sehr elegantes Herrenhaus mit herrlichen Suiten und ausgezeichnetem Essen. Reservierung empfohlen. ●●●●●

◆ **Hotel Shingar**
The Mall
Tel. (0177) 225 2881
stylco@sancharnet.in
Günstig, saubere Zimmer, ordentliches Restaurant. ●●

◆ **Oberoi Cecil**
Chaura Maidan
Tel. (0177) 280 4848
www.oberoicecil.com
Ein Schmuckstück Shimlas: klasse Pool und Restaurant; schöne Zimmer mit herrlichem Blick. ●●●●●

◆ **Wildflower Hall**
Mashroba, Charabra
Tel. (0177) 264 8585
www.oberoiwildflowerhall.com
Lord Kitcheners ehemalige Residenz ist eins der besten Hotels in ganz Indien. Fantastischer Blick, nobles Ambiente, erstklassiges Spa. ●●●●●

Karnataka

Bandipur National Park

◆ **Bandipur Safari Lodge**
Melkamanahalli
Tel. (08229) 2559 7021
www.junglelodges.com
Einfache, aber gut geführte Unterkunft in modernen Hütten (keine Klimaanlage) nahe dem Eingang zum Park, die meisten mit Panoramablick. Tüchtiges Personal und gute Safaris mit Jeeps, um Tiere zu beobachten. Empfehlenswert. ●●●

Bengaluru (Bangalore)

◆ **Ajantha**
22A Mahatma Gandhi Road
Tel./Fax (080) 2558 4321
bagilthay@vsnl.com
Sehr günstige große Zimmer, einige klimatisiert, in guter Lage. Es gibt auch ein gutes vegetarisches Restaurant mit südindischer Küche. ●–●●

◆ **The Taj West End**
55 Race Course Road
Tel. (080) 5660 5660
www.tajhotels.com
Das schöne alte Haus mit Garten ist Bengalurus attraktivstes Fünfsternehotel. Besonders zu empfehlen sind die Zimmer zum Rasen hinaus und die Restaurants. Die Taj-Gruppe betreibt auch zwei moderne Businesshotels im Stadtzentrum, das Taj Residency an der M.G. Road, und das Gateway Hotel an der Residency Road (Details auf der Website). ●●●●●

◆ **Tourist**
Ananda Rao Circle
Race Course Road
Tel. (080) 2226 23821
Eine der wenigen billigen Unterkünfte in Bengaluru, die ansprechend sind – entsprechend beliebt ist sie. Die Zimmer sind nicht groß, aber luftig und gehen auf die lange Veranda hinaus. Keine Reservierung möglich; wer zuerst kommt, mahlt zuerst. ●

◆ **Villa Pottipati**
142 4th Main, 8th Cross, Malleswaram
Tel. (080) 2336 0777
www.neemranahotels.com/villapottipati
Himmlisches Heritage Hotel in den Außenbezirken, versteckt in einem duftenden Garten. Die stilvoll eingerichteten Zimmer atmen die Eleganz der Alten Welt. Eigene Veranden, direkter Zugang zum Swimmingpool draußen. ●●●●–●●●●●

Gokarna

◆ **CGH Earth Resort**
Om Beach
Für Reservierung:
Tel. (0484) 301 1711
www.cghearth.com
Noble Öko-Villen mit strohgedeckten Dächern und Klimaanlage inmitten grüner Gärten. Zur Anlage gehört auch ein erstklassiges Ayurveda-Heilbad und eine Yogahalle. ●●●●●

◆ **Nimmu's**
Hinter dem Strand
Tel. (08386) 656 730
Großes Gästehaus für den kleinen Geldbeutel; saubere Zimmer mit Bad. Nicht weit von den Tempeln und dem Stadtstrand, dennoch ruhig gelegen. ●

◆ **Seabird Resort**
1,5 km östlich der Stadt
Tel. (08386) 257 689
Recht preiswerte Anlage auf mittlerem Niveau, gegenüber dem Om Beach Resort. Einfache Zimmer mit Bad und Balkon. Schöne Aussicht; zum Meer ist es allerdings ein ganzes Stück. ●●●

Hassan

◆ **Hotel Suvarna Regency**
97 B.M. Road
Tel. (08172) 264 006
www.hotelsuvarnaregency.com
Sehr preisgünstiges modernes Hotel mit komfortablen klimatisierten Zimmern und Restaurant. ●●

Hampi Bazaar

◆ **Hotel Mayura**
Bhuvaneshwari
Kamalapur
Tel. (08394) 241 574
www.kstdc.nic.in
Günstige Zimmer mit und ohne Klimaanlage, in einiger Entfernung von den Ruinen. Im netten Gartenrestaurant gibt's auch Bier. ●–●●

◆ **Shanti Lodge**
Nahe Virupaksha-Tempel
Tel. (08394) 241 568
Tadellos saubere Zimmer mit Gemeinschaftsbad, die auf einen schattigen Innenhof gehen. ●

Hospet

◆ **Hotel Malligi**
6/143 Jambunath Road
Tel. (08394) 228 101
www.malligihotels.com
Das netteste Hotel in Hospet, nahe M.G. Road. 160 Zimmer verschiedener Preisklassen (von sehr einfach bis zu klimatisierten Suiten), Bar, Restaurant und Swimmingpool. ●–●●●●

Mysore

◆ **Green Hotel**
Chittaranjan Palace,
2270 Vinoba Road,
Jayalakshmipuram
Tel. (0821) 525 5000-2
www.greenhotelindia.com
Bezaubernder umgebauter Palast in einem Garten, etwas außerhalb der Stadt. Hier praktiziert man sanfter Tourismus mit Energiesparen und Chancengleichheit bei der Beschäftigung. Gewinne werden an örtliche Hilfsorganisationen und Umweltgruppen gespendet. Für das Gebotene sehr günstige, attraktive Zimmer, großartiges Essen. Sehr zu empfehlen. ●●●●–●●●●●

◆ **Parklane**
2720 Sri Harsha Road
Tel. (0821) 243 0400
www.parklanemysore.com
Eine der stilvollsten Adressen der Stadt – und dennoch wirklich günstig. Aus dem Atrium gelangt man in die sehr individuell geschnittenen Zimmer mit Balkon. Zwei exzellente Restaurants, abends klassische Musik live. ●●●–●●●●

◆ **The Viceroy**
Sri Harsha Road
Tel. (0821) 242 4001
Fax (0821) 243 3391
Sauberes, modernes Hotel, gut ausgestattete Zimmer. Im Restaurant gibt es gutes nordindisches Essen. ●●

Nagarhole

◆ **Kabini River Lodge**
Karapur, Nissana Beltur, Mysore District 571 114, Karnataka
Tel. (08228) 264 402
www.junglelodges.com

Eine der besten Naturpark-Lodges in Indien. Bequeme Unterbringung, gutes Essen und ausgezeichnete Beratung durch die ansässigen Naturforscher. Sehr gutes Preis-Leistungs-Verhältnis. ●●●●–●●●●●

Kerala

Alappuzha

◆ **Emerald Isle Heritage Villa**
Kanjooparambil–Manimalathara
Tel. (0477) 2703 899
Mobile: (94470) 77555
www.emeraldislekerala.com
Friedvoller Ort, 12 km von Alappuzha entfernt. Das traditionelle Haus in idyllischer tropischer Umgebung hat vier Gästezimmer mit schönen Freiluftbädern. Exzellente Kerala-Küche. Wenn Sie vorher anrufen, holt Sie ein Boot vom Anleger ab und bringt Sie auf die Insel. ●●●●

◆ **Palmy Lake Resort**
Thathampally, 2 km nördich des Bootsanlegers
Tel. (0477)-223 5938
www.palmyresort.com.
Geräumige Chalets mit Terracotta-Dächern, verstreut in einem grünen Garten. In Fußentfernung zum See, aber mit genügend Abstand zum lärmenden Stadtzentrum. Entspannung und Gastfreundschaft pur, und das zu einem unglaublich günstigen Preis. Wenn Sie vorher anrufen, holt man Sie ab. ●●

Bekal

◆ **Gitanjali Heritage**
Panayal
Tel. (0467) 223 4159
www.gitanjaliheritage.com
Der richtige Ort, um ganz auszuspannen. Mr. Jagannathan und seine Familie nehmen Sie in ihrem 70 Jahre alten, sehr gepflegten traditionellen *kodoth*-Haus freundlich auf und bekochen Sie vorzüglich. Mr. Jagannathan ist auch ein Quell des Wissens über den örtlichen *theyyam*-Tanz. Ein sehr empfehlenswerter Ort. ●●●●●

Kannur

◆ **Costa Malabari**
10 km südlich von Kannur
Tel. (04897) 237 1761
www.costamalabari.com
Fünf komfortable Zimmer in einem effizient geführten Gästehaus, das in einem Cashew-Hain unweit von einer Reihe einsamer Strände liegt. Man kann Ausflüge in die Backwaters machen, und der Hotelmanager ist ein Experte für den lokalen *theyyam*-Ritus. ●●

Kochi-Ernakulam

◆ **Biju's Tourist Home**
Ecke Canonshed Road/Market Road, Ernakulam
Tel. (0484) 238 1881
www.bijustouristhome.com
Hotel mit unschlagbarem Preis-Leistungs-Verhältnis in der Nähe des Haupt-Bootsanlegers in Ernakulam. Alle Zimmer sind tadellos, es gibt auch einen Wäschereidienst mit Lieferung am selben Tag. ●–●●

◆ **The Brunton Boatyard**
Calvetty Road, Fort Cochin
Tel. (0484) 221 5461
www.cghearth.com
Nobelhotel in einem wunderschönen Haus im frühen portugiesisch-holländischen Kolonialstil. Elegante, sehr schön ausgestattete Zimmer und Bäder. Das Restaurant serviert lokale Gerichte nach historischen Rezepten. ●●●●●

◆ **Delight Tourist Resort**
Parade Ground, Fort Kochi
Tel. (0484) 221 7658
www.delightfulhomestay.com
Ruhiges kleines Gästehaus mit sehr sauberen Zimmern im Zentrum von Fort Kochi. Bequeme Betten, schöner Garten und ein hilfreicher Infoschalter für Reisende. ●●–●●●

◆ **Woodlands**
M.G. Road, Ernakulam
Tel. (0484) 238 2051
woodland1@vsnl.com
Bequemes, sehr günstiges Hotel; saubere Zimmer mit und (billiger) ohne Klimaanlage. Gutes vegetarisches Restaurant. ●●

Kollam

◆ **Government Guest House**
Ashramom
Tel. (0474) 274 3620
Die frühere britische Residenz am Ashtamudi-See. Sehr stimmungsvoll, fünf große Zimmer; bei Vorbestellung auch Verpflegung. ●

Kottayam

◆ **Akkara**
Mariathuruthu, 5 km nordwestlich von Kottayam
Tel. (0481) 251 6951
www.akkara.in
Wunderschöne Gästezimmer in einem syrisch-christlichen Haus am Meenachil-Fluss. Die Lage in den Backwaters ist ebenso idyllisch wie das Gebäude, zu dem man per Kanu gelangt. ●●●

◆ **Coconut Lagoon**
Vembanad Lake
Tel. (0481) 252 4491
www.cghearth.com
Eine der schönsten Ferienanlagen Keralas, ca. 10 km von Kottayam und nur per Boot zu erreichen. Alles hier hat Spitzenklasse, von den geschmackvollen Zimmern bis zur Ayurveda-Behandlung. ●●●●●

◆ **Hotel Aida**
Aida Junction, M.C. Road
Tel. (0481) 256 8391
www.hotelaidakerala.com
Preisgünstige, komfortable Zimmer, alle mit Bad und heißem Wasser. Restaurant mit indischer Küche. ●●

Kovalam

◆ **Friday's Place**
Poovar Island, 25 km südlich von Kovalam
Tel. (0471) 213 3292
www.kukimedia.com/fridaysplace
Edle Mahagoni-Hütten tief in den Backwaters auf einer nur per Boot zu erreichenden Insel. Sehr gutes Essen, ein Teleskop und ein tsunamisicherer Turm sind weitere Attraktionen. ●●●●●

◆ **Surya**
Lighthouse Beach
Tel. (0471) 248 1012
kovsurya@yahoo.co.in
Eine der wirklich angenehmen Budget-Unterkünften in den engen sandigen Gassen, die vom Lighthouse Beach wegführen. Ruhig und gut geführt; und wenn es voll ist, gibt es in der Nähe einige gute Alternativen. ●–●●

◆ **Taj Green Cove Resort**
G.V. Raja Vattapara Road
Tel. (0471) 248 7733
www.tajhotels.com
Das kann die Taj-Gruppe am besten: gut geführter, unaufdringlicher Luxus. Sehr komfortable Zimmer und Cottages in schönem Ambiente; klasse Pool. ●●●●●

Kozhikode

◆ **Alakapuri Hotel**
Moulana Mohamed Ali Road
Tel. (0495) 272 3451
Fax (0495) 272 0219
Sehr günstiges Gästehaus im Kolonialstil; große Zimmer mit Bad und Charakter. Gutes Restaurant. ●

◆ **Beach Heritage**
Beach Road
Tel. (0495) 236 5363
www.beachheritage.com
Schon Somerset Maugham und Jawaharlal Nehru haben in the 1950ern in diesem ehemaligen britischen Club übernachtet, und seitdem hat sich wenig geändert: weiß gekalkte Wände, dunkle Möbel, weite Rasenflächen. Erstaunlich niedrige Preise ●●●

Munnar

◆ **The Olive Brook**
Im Tata Tea Estate, Pothamedu
Tel. (04865) 230 588
www.olivebrookmunnar.com
Zwei Bungalows hoch über der Stadt mit sehr freundlichem Personal; jeden Abend Kochvorführungen. Sehr zu empfehlen. ●●●●

◆ **Zina Cottage**
Kad, 3 km südlich von Munnar Bazaar
Tel. (04865) 230 349
Mit Abstand die angenehmste Bleibe in Munnar für

Leute mit wenig Geld. Die Zimmer im Bungalow aus der Kolonialzeit können mitten im Winter recht kalt sein, aber der Blick aus dem Blumengarten durch das Tal nach Anamudi und die Gastfreundlichkeit des Besitzers Joseph Iype gleichen das ohne Weiteres aus. Joseph weiß auch alles über die Gegend und berät Sie gern. ●

Periyar Wildlife Park

◆ **Chrissie's**
Bypass Road, Kumily
Tel. (04869) 224 155
http://chrissies.in
Neues, vierstöckiges Hotel in Kumily; aus den makellos sauberen und bequemen Zimmern hat man einen fantastischen Blick auf den Wald. Auf dem Dach gibt es auch einen sonnigen Platz, um Yoga zu praktizieren, sowie ein lebhaftes kleines Café-Restaurant im Erdgeschoss. ●●–●●●

◆ **Forest Department Jungle Inn**
3 km östlich von Kumily in Kokkara
Buchung über: Eco-Tourism Centre, Ambadi Junction
Tel. (04869) 224 571
www.periyartigerreserve.org
Eine seltene Gelegenheit, eine Nacht mitten im Wildpark zu verbringen, bietet die kleine, abgelegene Hütte, die sich für Ausflüge in den Wald perfekt eignet. ●●●

◆ **Periyar House**
Thekkady, Idukki
685 536, Kerala
Tel. (04869) 222 026
www.ktdc.com
Preisgünstige Unterkunft nahe am See. Saubere, komfortable Zimmer, freundliches Personal. ●●●

Thiruvananthapuram

◆ **Comfort Inn Grand**
M.G. Road, Thirvananathapuram
Tel. (0471) 247 1286
www.comfortinngrand.in
Frisch renoviertes Businesshotel gegenüber dem Secretariat mit zwei Kategorien von Zimmern. Moderner Komfort inkl. Internetzugang über Wi-Fi. Die nach hinten gelegenen Zimmer sind ruhiger und blicken ins Grüne. ●●●

◆ **Greenland Lodging**
Aristo Road
Tel. (0471) 232 8114
Sehr praktisch nahe Bahnhof und Busbahnhof gelegen. Ordentliche, preisgünstige Unterkunft mit sauberen Zimmern. ●–●●

◆ **Varikatt Heritage**
Poonen Road, nahe Cantonment Police Station, hinter dem Secretariat (achten Sie auf das braune Tor)
Tel. (0471) 233 6057
www.varikattheritage.com
Wundervolle alte Residenz aus britischer Zeit, betrieben von einem pensionierten Oberst. Die drei Suiten nach vorne heraus gehen auf eine breite Veranda, wo man vor leicht mottenzerfressenen Jagdtrophäen seinen Gin Slingschlürfen kann. ●●●●

Thrissur

◆ **Kadappuram Beach Resort**
Nattika Beach, 30 km südwestlich von Thrissur
Tel. (0487) 239 7588
www.kadappurambeach resorts.com.
Umweltfreundliche Anlage in der Nähe eines schönen Strands. Die Hütten aus Bambus und Teak stehen auf Stelzen neben einem Tidenkanal. Sehr gutes ayurvedisches Zentrum. ●●●●●

Varkala

◆ **Villa Jacaranda**
Temple Road West
Tel. (0470) 261 0296
www.villa-jacaranda.biz
Tadellose, nett gestaltete Zimmer in einem modernen Gästehaus. Schöner Garten; bei Sonnenuntergang atemberaubender Blick aufs Meer. ●●●●

Waynad

◆ **Edakkal Hermitage**
Nahe Edakkal Caves, Ambalavayal
Tel. (04936) 221 860
www.edakkal.com
Der weite Blick von diesem einzigartigen Kur- und Ferienort in den Bergen über die Ebenen von Kerala ist unvergleichlich. Die sechs edel ausgestatteten Cottages, die verstreut in einer schönen Gartenlichtung im Regenwald liegen, sind mit allen modernen Annehmlichkeiten ausgestattet, und das auch noch auf umweltfreundliche Weise. Es gibt auch ein Baumhaus auf einer Plattform hoch in einem großen Tamarindenbaum, das sich in der Brise wiegt, während Sie gemütlich im Bett liegen. ●●●●●

Kolkata

◆ **Fairlawn Hotel**
13a Sudder Street
Tel. (033) 2252 1510
www.fairlawnhotel.com
Legendäres Hotel, das das Ambiente der britischen Zeit erhalten will (z.B. mit einem vollen englischen Frühstück). Gut geführt, bequeme Zimmer, schöner Garten und ein gewisser exzentrischer Charme. ●●●

◆ **The Kenilworth**
1–2 Little Russell Street
Tel. (033) 2282 3939
www.kenilworthhotels.com
Elegante Zimmer in einem ruhigen Hotel; günstige Preise vor allem im neuen Flügel. Es gibt auch ein passables Restaurant, eine Bar und einen Garten. ●●●●●

◆ **Lytton Hotel**
14 & 14/1 Sudder Street
Tel: 033-2249 1875
www.lyttonhotelindia.com
Etabliertes, recht ordentliches Hotel mit bequemen und sauberen, vielleicht etwas altmodischen Zimmern. Freundliches und tüchtiges Personal; für die Lage ist der Preis ziemlich günstig. ●●●–●●●●

◆ **Middleton Inn**
10 Middleton Street
Tel. (033) 2216 0449
mchamber@vsnl.net
Saubere, angenehme Zimmer mit Klimaanlage und Bad mit heißem Wasser. Gute, zentrale Lage, dennoch ruhig. ●●●

◆ **The Park Hotel**
17 Park Street
Tel. (033) 2249 9000
www.theparkhotels.com
Fünf-Sterne-Hotel im Stadtzentrum mit allem Drum und Dran. Sehr schicke Zimmer und öffentliche Räume. Der letzte Schrei ist ein von Terence Conran gestaltetes Zen-Restaurant. ●●●●●

◆ **Hotel Shalimar**
3 S.N. Banerjee Road, next to the Regal Cinema
Tel. (033) 2228 5016
hotelshalimar@vsnl.com
Ordentliches, zentral gelegenes klimatisiertes Hotel mit Restaurant. ●●

◆ **Shilton Hotel**
5a Sudder Street
Tel. (033) 2252 1512
shiltoncal@hotmail.com
Eins der besten von den Budget-Hotels in der Sudder Street. ●

◆ **Tollygunge Club**
120 Deshapran Sasmal Road
Tel. (033) 2473 4539
www.thetollygungeclub.com
Der berühmteste Club Kolkatas liegt in einem wunderschönen Gelände im Süden Kolkatas nahe einer Metrostation. Reservierung erforderlich. ●●●●

◆ **WBTDC Udayachal Tourist Lodge**
D.G. Block, Salt Lake
Tel. (033) 2337 8246
www.wbtourism.com
Einfache, aber saubere Zimmer etwas außerhalb der Stadt. Man bekommt auch etwas zu essen. ●●

Ladakh

Alchi

Im Dorf Alchi selbst gibt es einige Übernachtungsmöglichkeiten. Dazu gehören das **Alchi Resort and Restaurant** mit 15 Doppelzimmern (alle ●) und das **Zimskhang Holiday Home** (8 einfache Zimmer, alle ●, und ein kleines Restaurant). Einen Versuch wert sind auch das **Choskar Guest House** und das **Monastery Guest House and Garden Restaurant**, wo man auch campen kann (beide ●). An der Straße nach Likir, jenseits des Indus, ist das schön gelegene **Norboo Guest House** (●).

Leh

◆ **Bijou**
Shagaran, in der Nähe der Public Library
Tel. (01982) 252 131
Große Zimmer mit Bad (morgens und abends heißes Wasser). Nettes Personal, hübscher Garten. Außerhalb der Saison billiger. ●●●

◆ **Hotel Shambhala**
Skara
Tel. (01982) 252 607
www.hotelshambhala.com
Ruhiges All-inclusive-Hotel außerhalb der Stadt, mit großen Zimmern, schönem Garten und gutem Restaurant. Transport ins Stadtzentrum wird gestellt. ●●●●

◆ **Oriental**
Changspa Lane
Tel. (01982) 253 153
Sehr empfehlenswertes Haus am Ende der Changspa Lane, gleich unterhalb des Shanti Stupa. Schöne Zimmer, sehr gutes lokales Essen. Auch im Winter geöffnet. ●●

◆ **Padma**
Fort Road
Tel. (01982) 252 630
Nettes Gästehaus mit tollem Ausblick und sauberen Zimmern. Empfehlenswert. ●●

Stok

Auf dem Weg nach Stok liegt das **Hotel Skittsal** (Tel. 01982-242 051, hotelskittsal@vsnl.net), keineswegs in schöner Umgebung, hat aber einen herrlichen Blick. Im Dorf liegen gleich unterhalb des Palasts das **Hotel Highland** (Tel. 01982-242 005; ●●●) und das traditionelle **Kalden Guest House** (●).

Lakshadweep

Bangaram

◆ **Bangaram Island Resort**
Buchung über: CGH Earth, Casino Building, Willingdon Island, Kochi 682 003
Tel. (0484) 301 1711
www.cghearth.com
Friedvolles Nobel-Resort. Man schläft in einfachen Hütten etwas hinter dem Strand. Ausrüstung zum Schnorcheln, Tauchen und Segeln vorhanden. ●●●●●

Kadmat

◆ **Kadmat Cottages**
Buchung über: Lacadives, L563-4 New Bel Road, Sanjaynagar, Bengaluru 560 094
Tel. (080) 4173 1896
www.lacadives.com
Bezaubernde, wenn auch einfache Anlage an einer wunderschönen Lagune. Man wird mit dem Boot von Agatti abgeholt. Unterbringung ist in kleinen Hütten mit Klimaanlage und Badezimmer. Im Preis ist auch das (südindische) Essen enthalten, anders als auf Bangaram ist Alkohol aber nicht erlaubt. ●●●●●●

Madhya Pradesh

Bandhavgarh National Park

◆ **Camp Mewar On Ketkiya**
Tala
Tel. (7627) 265 395
www.campmewar.com
Exklusives Camp aus traditionellen *aodhi*-Jagdhütten, strohgedeckten Hütten und üppig eingerichteten Safarizelten an der Grenze zum Tigerreservat. Safari-Stil mit allen Annehmlichkeiten. ●●●●●

◆ **Tiger Trails Resort**
Tala
Tel. (07655) 265 325
www.indianadventures.com
Einfache, aber wohnliche Hütten an einem kleinen See nahe am Park. Ruhig und gut geführt. ●●●●●

Bhopal

◆ **Noor-us-Sabah Palace**
V.I.P. Road, Kho-e-Fiza
Tel. (0755) 422 3333
www.noorussabahpalace.com
Edles Heritage Hotel in einem Palst aus den 1920er-Jahren. Wunderschön möblierte Zimmer, von denen einige zum See hinausgehen. Auf der Restaurantterrasse wird abends klassische indische Musik live gespielt. ●●●●●

◆ **Hotel Sonali**
Radha Talkies Road, nahe Hamidia Road
Tel. (0755) 274 0880
Freundliches Hotel mit sauberen Zimmern, von denen einige klimatisiert sind. Für Reisende mit schmalem Geldbeutel die günstigste Möglichkeit in der Stadt. ●●

Gwalior

◆ **Hotel Shelter**
Padav, gegenüber von Indian Airlines
Tel. (0751) 232 6209
Fax (0751) 232 6212
Modernes Hotel mit sauberen, klimatisierten Zimmern und gutem Restaurant. Preisgünstig und nahe am Bahnhof. ●●●

Indore

◆ **Hotel President**
163 R.N.T. Marg
Tel. (0731) 252 8866
Fax (0731) 251 2230
Nobles Mittelklassehotel mit gutem vegetarischem Restaurant. Die Zimmer mit Klimaanlage sind komfortabel, dazu gibt es einen Pool und Fitness-Räume. ●●●

◆ **Rashid Kothi**
22 Yeshwant Niwas Road
Tel. (0731) 254 5060
Angenehme Privatunterkunft in einem eleganten Vorstadthaus aus den 1940er-Jahren. Wunderschöner Garten mit Neem-Bäumen, Frangipani- und Jasmin-Sträuchern. 2 km nordöstlich der Stadtmitte. ●●●●

Kanha National Park

◆ **Kipling Camp**
Morcha Village, Kisli, Mandla 481 768
Tel. (07649) 277 218
www.kiplingcamp.com
Bezaubernde Unterkunft in kleinen Hütten. Kompetentes Team aus einheimischen Naturforschern, sehr gute Wildbeobachtung. ●●●●●

◆ **MPTDC Lodges**
Bhagira Log Huts, Mukki; Tourist Hostel, Kisli; Kanha Safari Lodge, Mukki
Tel. (07649) 277 227; Kanha Safari Lodge (07637) 226 029
www.mptourism.com
Eine Reihe einfacher, aber sauberer Unterkünfte, vom Schlafsaal bis zu Doppelzimmern. Alle Anlagen haben Restaurants und bieten außerordentlich viel fürs Geld, verglichen mit den Preisen sonst im Park. ●–●●

Khajuraho

◆ **Siddarth**
Gegenüber der westlichen Gruppe, Main Road
Tel. (07686) 274 627
Hier kann man die Tempel von den Balkonen aus sehen, und das Restaurant auf der Dachterrasse ist auch nicht schlecht. Die Räume sind für den Preis ordentlich groß und gut eingerichtet, mit Badewannen und 24 Stunden heißem Wasser. ●●

◆ **Surya**
Jain Temples Road
Tel. (07686) 27145
www.hotelsuryakhajuraho.com
Für Preisbewusste die beste Adresse in Khajuraho: frisch verputzte große, luftige Zimmer mit Balkonen. Jeden Morgen werden kostenlose Yogaübungen angeboten. Breitband-Internetzugang; Kreditkarten werden akzeptiert. ●

Mandu

◆ **Hotel Rupmati**
Near the SADA barrier
Tel. (07292) 263 270
Modernes Hotel mit einigen klimatisierten Zimmern und einem Restaurant, das auch Alkohol ausschenkt. Schöner Blick vom Balkon. ●●

◆ **MPTDC Tourist Cottages**
2 km südl. des Hauptplatzes
Tel. (07292) 263 235
www.mptourism.com
Geräumige Zimmer mit Bad und Blick auf den Sagar Talao Tank. Es gibt auch ein nettes Freiluft-Restaurant. Reservieren. ●●

Maheshwar

◆ **Ahilya Fort**
Maheshwar
Tel. (07283) 273 329
www.ahilyafort.com
Ein Juwel von einem Heritage Hotel in einem Pilgerort am Nordufer der Narmada. Den einstigen Palast aus honigfarbenem, reich verziertem Sandstein hat die Familie Holkar erlesen restauriert. Die mit Antiquitäten ausgestatteten Zimmer gehen auf den Fluss. Das Frühstück wird auf dem Festungswall serviert. ●●●●●

Sanchi

◆ **MPTDC Traveller's Lodge**
Bhopal Road
Tel. (07592) 262 723
www.mptourism.com
Sehr gute Wahl: Einfache, saubere Zimmer, ordentliches Restaurant, schöner Garten. Reservieren. ●

Maharashtra

Aurangabad

◆ **Panchavati**
Nahe Station Road West, Padampura
Tel. (0240) 232 8755
Gut geführtes Hotel im Westen des Zentrums, sauberer und einladender als andere Unterkünfte in dieser Gegend. ●●

◆ **Taj Residency**
Ajanta Road
Tel. (0240) 238 1106
www.tajhotels.com
Ein Luxushotel mit erstaunlich moderaten Preisen und großen Zimmern, 8 km außerhalb der Stadt. Hübscher Garten und Pool, exzellentes Restaurant. Empfehlenswert. ●●●●●

Pune

◆ **Happy Home**
294 Koregaon Park
Tel. (020) 2612 2933
happyhomehostel@yahoo.co.im
Das beste preiswerte Hotel in Pune. Alle Zimmer haben Bad und Balkon und sind sauber. Günstigere Konditiononen bei längerem Aufenthalt.●●

◆ **Surya Villa**
284/1 Koregaon Park
Tel. (020) 2612 4501
Hübsche Zimmer mit Bad in einer stillen Seitenstraße beim Osho-Ashram. ●●●

Lonavale

◆ **Chandralok**
Shivaji Road
Tel. (02114) 272 294
www.hotelchandralok.net
Ordentliches Mittelklassehotel unweit des Busbahnhofs. Vegetarisches Thali-Restaurant im Erdgeschoss. ●●

◆ **Ferreira Resort**
D. Shahani Road, Ward C, Nähe Fernsprechamt
Tel. (02114) 272 689
Das einzige empfehlenswerte Budget-Hotel der Stadt (5 Rikschaminuten vom Bahnhof in einer ruhigen Seitenstraße) bietet große, saubere Zimmer mit Bad und Balkon sowie Fahrten zu den Felsentempeln. ●

Mumbai

Spitzenhotels

◆ **Ascot**
38 Garden Road
Tel. (022) 6638 5566
www.ascothotel.com
Adrettes Drei-Sterne-Hotel mit schicker moderner Einrichtung und weiteren Annehmlichkeiten wie Internetanschluss und Safe im Zimmer, allerdings kein Pool. ●●●●●

◆ **Hotel Diplomat**
24–6 B.K. Boman Behram Marg, Apollo Bunder
Tel. (022) 2202 1661
www.hoteldiplomat-bombay.com
Nettes, gut geführtes Hotel unweit des Taj mit komfortablen klimatisierten Zimmern. Schöne Umgebung, guter Service. ●●●●●

◆ **Harbour View**
Kerawalla Chambers, 25 P.J. Ramchandani Marg
Tel. (022) 2284 1197
www.viewhotelsindia.com
Tolle Umgebung, riesige Zimmer, zum Teil mit fantastischer Aussicht. Im Dachrestaurant kann man sich herrlich entspannen. ●●●●●

◆ **Lotus Suites**
Andheri Kurla Road, International Airport Zone, Andheri East
Tel. (022) 2827 0707
www.lotussuites.com
Das Hotel preist sich selbst als »Fünf-Öko-Sterne zu Drei-Sterne-Preisen«. Angenehm undkomfortabel, in der Nähe des internationalen Flughafens. ●●●●●

◆ **Midland**
Jawaharlal Nehru Road, Santa Cruz East
Tel. (022) 2611 0413
www.hotelmidland.com
Eines der wenigen zuverlässigen Hotels in Flughafennähe. Transfer und Frühstück sind im Preis inbegriffen. ●●●●●

◆ **Oberoi Towers**
Nariman Point
Tel. (022) 2232 5757
www.oberoihotels.com
Vom imposanten Atrium bis zu den eleganten Restaurants und Zimmern ist dies ein berühmtes (und entsprechend teures) Hotel, jetzt im Besitz der Hilton-Gruppe. ●●●●●

◆ **Orchid**
70-C Nehru Road, Vile Parle East
Tel. (022) 2616 4040
www.orchidhotel.com
In dem Fünf-Sterne-Öko-Hotel ist alles – vom Swimmingpool bis zum Kleiderservice – auf Umweltfreundlichkeit angelegt. ●●●●●

◆ **The Taj Mahal Palace and Tower**
P.J. Ramchandani Marg
Tel. (022) 5665 3366
www.tajhotels.com
Indiens berühmtestes Hotel ist sehr nobel, sehr teuer und sehr schön. Exzellentes Restaurant mit Bar, fantastischer Pool im Freien. ●●●●●

Oberklasse

◆ **Grand**
17 Shri S.R. Marg, Ballard Estate
Tel. (022) 5658 0500
www.grandhotelbombay.com
Mit der kürzlich erfolgten Renovierung hat das Hotel im Kolonialstil zu alter Grandezza zurückgefunden und ist nun einer der wenigen Orte mit echter Raj-Ära-Atmosphäre. ●●●●–●●●●●

◆ **Regent**
8 Best Road
Tel. (022) 2287 1854
hotelregent@vsnl.com
Gut geführtes Hotel mit modernen, klimatisierten Zimmern (alle mit Bad) und Schallschutzfenstern. ●●●●

Obere Mittelklasse

◆ **Aircraft International**
179 Dayaldas Road
Tel. (022) 2612 1419
Anders als die meisten Unterkünfte in Flughafennähe bietet dieses Hotel mit relativ großen, sauberen Zimmern ein gutes Preis-Leistungs-Verhältnis. Zur U-Bahn sind es nur 5 Gehminuten, beide Flughäfen erreicht man rasch per Taxi. ●●●

◆ **City Palace**
121 City Terrasse, gegenüber dem CST-(VT-)Bahnhof
Tel. (022) 2261 5515
hotelcitypalace@vsnl.net
Die Zimmer (einige mit Klimaanlage) sind halbwegs sauber, die billigeren jedoch ohne Fenster. Praktisch, wenn man frühmorgens zum Zug muss. ●●●

◆ **Residency**
26 Rustom Sidhwa Marg, D.N. Road
Tel. (022) 2262 5525
www.residencyhotel.com
Bestes und beliebtestes Mittelklassehotel im Zentrum; alle Zimmer verfügen über Klimaanlage, Schallschutzfenster und Bad. Unbedingt sehr frühzeitig reservieren. ●●●–●●●●

◆ **Strand Hotel**
30 P.J. Ramchandani Marg, Colaba Sea Face
Tel. (022) 2288 2222
www.hotelstrand.com
Saubere, komfortable Zimmer in einem guten Hotel am Colaba-Strand. Die schönsten Zimmer haben hohe Decken, Art-déco-Möbel und Hafenblick. ●●●

Mittelklasse

◆ **Bentley's Hotel**
17 Oliver Road, Colaba
Tel. (022) 2284 1474
www.bentleyshotel.com
Exzellentes Preis-Leistungs-Verhältnis, große und sehr saubere Zimmer in hübscher Lage. Frühstück inklusive. ●●–●●●

◆ **New Bengal**
Dr D.N. Marg
Tel. (022) 2340 1951
www.Hotel newbengal.com
Das Zimmerangebot reicht von etwas stickigen Mehrbettzimmern bis zu geräumigeren klimatisierten Doppelzimmern. Sauber und sicher, für zwei, drei Nächte okay. Unweit von Crawford Market und Zentrum und nur eine kurze Taxifahrt von Colaba entfernt. ●●–●●●

◆ **Sea Shore**
1–49 Kamal Mansion, 4. Stock, Arthur Bunder Road
Tel. (022) 2287 4237
Das verlässlichste und sicherste Budget-Hotel in Colaba. Nur die Hälfte der Zimmer hat Fenster und keins ein eigenes Bad, aber alles ist sehr gepflegt und das Personal immer höflich. ●●

Einfache Unterkünfte

◆ **Lawrence**
33 Rope Walk Lane, 3. Stock, gegenüber der Jehangir Art Gallery
Tel. (022) 2284 3618
Kleines Hotel mit sauberen Zimmern. Enorm beliebt, daher unbedingt reservieren. ●

Orissa

Bhubaneshwar

◆ **Hotel Sishmo**
86a/1 Gautam Nagar
Tel. (0674) 243 3600
www.hotelsishmo.com
Sehr komfortables Hotel mit diversen Annehmlichkeiten, u.a. Pool und Restaurants. Tee auf dem Zimmer und Frühstück inklusive. ●●●●

◆ **The Royale Midtown**
52–3 Janpath
Tel. (0674) 253 6138
www.royalehotels.com
Eines der besseren Hotels in Bhubaneswar. Saubere, nette klimatisierte Zimmer mit Bad und heißem Wasser. ●●

Konarak

◆ **OTDC Panthanivas Konarak**
Beim Tempel
Tel. (06758) 236 831
www.panthanivas.com
Einfache, aber günstige Unterkunft mit Restaurant. Saubere Zimmer mit Klimaanlage und Bad. ●

Puri

◆ **Hans Coco Palms**
Swargdwar, Goubada Sahi
Tel. (06752) 230 951
hanscocopalms@hotmail.com
Hübsche Zimmer mit Balkon und Meerblick in einem kürzlich renovierten modernen Hotel. Nettes Restaurant und schöner Garten. ●●●●

◆ **Railway Hotel**
Tel. (06752) 222 063
www.indianrailways.gov.in
Das gut geführte Hotel in einem schönen alten Gebäude ist eine exzellente Wahl. Saubere Zimmer (einige klimatisiert) und gutes Restaurant. ●●–●●●

◆ **Z Hotel**
C.T. Road
Tel. (06752) 222 554
www.zhotelindia.com
Die Zimmer in in diesem historischen Gebäude sind einfach eingerichtet, aber groß, und einige haben Meerblick. Stimmungsvolles Ambiente, schöner Garten. ●

Punjab und Haryana

Amritsar

◆ **Hotel Ritz Plaza**
45 The Mall
Tel. (0183) 256 2836
www.ritzhotel.in
Ein elegantes Hotel in ruhiger, aber sehr angenehmer Umgebung, mit Rasenflächen und Pool. Saubere, funktionale Zimmer und ein Restaurant, sympathisches Management. ●●●●●

◆ **Mrs Bhandari's Guest House**
10 Cantonment
Tel./Fax (0183) 222 2390
http://bhandari_guesthouse.tripod.com
Sehr empfehlenswerte, ungewöhnliche Unterkunft mit Garten und Pool etwas außerhalb der Stadt. Die Gäste werden mit dreigängigen Menüs bewirtet. ●●–●●●

◆ **Sita Niwas**
Unweit des Goldenen Tempels, Tel. (0183) 254 3092
Gute, preisgünstige Unterkunft im Zentrum. ●–●●

Chandigarh

◆ **CITCO Hotel Parkview**
Sector 24
Tel. (0172) 270 0050
www.citcochandigarh.com
Günstige, saubere klimatisierte und nicht klimatisierte (●) Zimmer und ordentliches Restaurant. Frühstück inklusive. Reservieren. ●●–●●●

◆ **Himani's Residency**
Sector 35C
Tel. (0172) 266 1070
www.himanihotels.com
Sympathisches Hotel in guter Lage mit komfortablen Zimmern und Restaurant. ●●●

Rajasthan

Ajmer

◆ **Mansingh Palace**
Vaishali Nagar
Tel. (0145) 242 5702
www.mansinghhotels.com
Das Spitzenhotel der Stadt in einem beeindruckenden modernen Gebäude, das an eine Festung des 18. Jhs. erinnert, bietet große, komfortable Zimmer und ein anständiges, allerdings teures Restaurant. ●●●●●

Alwar

◆ **Hotel Alwar**
26 Manu Marg
Tel. (0144) 270 0012
ukrustagi@rediffmail.com
Geräumige Zimmer (mit und ohne Klimaanlage) plus Bad; Restaurant und hübscher Garten. ●●

Bharatpur

◆ **Falcon Guest House**
Saras
Tel. (05644) 223 815
Das ruhige, anheimelnde Gästehaus wird von der liebenswürdigen Mrs Rajni Singh geführt. Die Zimmer sind sauber, die größeren verfügen über Balkon und weichere Matratzen. Im Gartenrestaurant werden hausgemachte Mahlzeiten serviert. ●–●●

◆ **Jungle Lodge**
Gori Shankar
Tel. (05644) 225 622
www.junglelodge.dk
Saubere Zimmer, fließend warmes Wasser, schattige Veranden, ein schöner Garten und eine Bibliothek – was will man mehr? Der Service ist fantastisch, und es gibt ein nettes kleines Restaurant. Man kann Fahrräder, Ferngläser und zwei Motorräder mieten. ●

◆ **Laxmi Vilas Palace**
Kakaji ki Kothi
Tel. (05644) 231 199
www.laxmivilas.com
Der einstige Palast am Stadtrand wurde 1887 für den Bruder des Maharajas von Bharatpur erbaut. Er beherbergt 25 reizvolle Suiten und Zimmer, in denen sich Mogul-und Rajputen-Architektur mit Kolonialmöbeln, farbigen Wandgemälden und und geschnitzten Holzbetten vereinen. Am Buffet gibt es regionale Erzeugnisse. Whirlpool, Schwimmbecken und Krocketrasen. ●●●●●

Bikaner

◆ **Laxmi Niwas Palace**
Lalgarh Palace
Tel. (0151) 220 2777
www.laxminiwaspalace.com
Das freundlichere der beiden Heritage Hotels in Bikaners altem Königspalast prunkt mit sehr großen Zimmern, alle mit Originaleinrichtung ausgestattet. ●●●●●

◆ **Hotel Shri Ram**
A-228 Sadul Ganj
Tel. (0151) 252 2651
www.hotelshriram.com
Tadellose Budget-Unterkunft mit sehr sauberen Zimmern

(einige klimatisiert) und günstigeren Mehrbettzimmern. Man kann hier auch Frühstück, Mittag- und Abendessen einnehmen. ●–●●

Bundi

◆ **Bundi Haveli**
Tel. (0747) 244 6716
www.hotelbundihaveli.com
Modernes Boutique-Hotel in einer bezaubernd restaurierten Haveli. Nirgendwo in der Stadt speist man so schön wie im hoteleigenen Restaurant. ●●●–●●●●

◆ **Lake View**
Bohra Meghwahan,
Ji-ki-Haveli
Tel. (0747) 244 2342
Wahrlich kein Luxuspalast, aber eine echte (wenn auch kleine), 200 Jahre alte Haveli am See zum günstigen Preis. Vorsicht bei geöffnetem Fenster – die Affen sind ziemlich frech! ●●

Jaipur

◆ **Athiti Guest House**
1 Park House Scheme Road, gegenüber All India Radio
Tel. (0141) 237 8679
Das familiengeführte Gästehaus ist einer der saubersten, hellsten und einladensten Orte im ganzen Bundesstaat. Die Zimmer sind einfach, aber geräumig, und die Dachterrasse ist fantastisch. Restaurant im Erdgeschoss. ●●–●●●

◆ **Bissau Palace**
Chand Pol, in der Nähe des Saroj Cinema
Tel. (0141) 230 4397
www.bissaupalace.com
Der einstige Sommersitz der Thakur-Dynastie von Bissau aus dem 18. Jh. ist noch immer mit Originalmöbeln eingerichtet; besonders stimmungsvoll ist die holzgetäfelte Bibliothek. ●●●

◆ **Diggi Palace**
Diggi House, S.M.S. Hospital Road
Tel. (0141) 237 3091
www.hoteldiggipalace.com
Eine gute Wahl für Preisbewusste ist dieser schöne alte Palast in zentraler Lage beim Ajmeri Gate mit Rasenflächen und gutem Terrassenrestaurant. ●●–●●●

◆ **Pearl Palace**
Hathroi Fort
Tel. (0141) 237 3700
www.hotelpearlpalace.com
Das vielleicht beste Budget-Hotel in Rajasthan bietet tadellos saubere moderne Zimmer, perfekten Service und ein Dachrestaurant. ●

◆ **Samode Haveli**
Ganga Pol
Tel. (0141) 263 2370
www.samode.com
Herrlich romantische Haveli mit Unmassen von Zierspiegeln, bemalten Alkoven und Innenhöfen mit Bögen und Säulen sowie einem Pool mit eigener Bar. ●●●●●

◆ **Sunder Palace**
Hathroi Fort
Tel. (0141) 236 0178
www.sunderpalace.com
Ernst zu nehmender Konkurrent des nahe gelegenen Pearl Palace mit geräumigen, makellos sauberen modernen Zimmern, angenehmer Atmosphäre und tadellosem Service. ●

Jaisalmer

◆ **Jawahar Niwas Palace**
1 Bada Bagh Road
Tel. (02992) 252 208
Fax (02992) 252 288
Die geräumigen Zimmer des schönen Haveli-Hotels sind ruhig, und die Aussicht ist herrlich. Im Garten gibt es ein Restaurant. ●●●●●

◆ **Shahi Palace**
Tel. (02992) 255 920
www.shahipalacehotel.com
Hervorragend geführtes modernes Hotel, erbaut aus traditionellem Sandstein. Schön eingerichtete Zimmer mit toller Aussicht auf die Festung. ●●–●●●

◆ **Suraj**
Im Südwesten der Festungsanlage
Tel. (09414) 391 149
Die reich verzierte gelbe Sandstein-Haveli mit traditioneller Einrichtung zählt zu den faszinierendsten Budget-Hotels im Fort. Das ganz große Plus ist die Dachterrasse bei den Jain-Tempeln mit fantastischem Blick auf die Wüste. ●●–●●●

Jodhpur

◆ **Bal Samand Lake Palace**
Nähe Mandor Road,
8 km nördlich der Stadt
Tel. (0291) 257 2321
www.welcomheritagehotels.com
Die einstige königliche Sommerresidenz wurde in eines großartigsten Heritage Hotels des Bundesstaats umgewandelt. Zimmer gibt es in zwei Kategorien; wer sich's leisten kann, sollte eine Suite im Hauptgebäude beziehen. Großer Garten mit riesigem Pool. ●●●●●

◆ **Cosy Guest House**
Novechokiya Road,
Brahm Puri
Tel. (0291) 261 2066
www.cosyguesthouse.com
Das blaue Haus mitten im Gewühl der Altstadt, dessen unzählige Ebenen durch Außentreppen verbunden sind, bietet kleine, saubere, wohnliche Zimmer. Der Preis mag ein klein wenig überhöht sein, aber die Terrassen mit Aussicht und die herzliche Gastfreundschaft machen's wett. ●

◆ **Hotel Karni Bhawan**
Defence Lab. Road,
Ratanada
Tel. (0291) 251 2101
www.karnihotels.com
Ein charmanter Sandsteinbungalow aus den 1940er-Jahren, dessen Gästezimmer ansprechend und gemütlich mit hiesigen Stoffen eingerichtet sind. Im Garten gibt es einen hübschen Pool und *dhani*-Hütten, in denen man das hervorragende Essen genießt. ●●●–●●●●

◆ **Shahi**
Gandhi Street, gegenüber dem Nursingh-Tempel
Tel. (0291) 262 3802
Kleines, intimes Gästehaus in einer 350 Jahre alten Haveli mitten in der blauen Altstadt am Fuß der Meherangarh-Klippen. Die Zimmer sind einfach, aber die Terrasse ist großartig und die Gastfreundschaft herzlich. Rikscha-Wallahs bekommen keine Provision und werden Ihnen daher wilde Geschichten erzählen – glauben Sie ihnen kein Wort. ●●

Kota

◆ **Brijraj Bhawan**
Palace Hotel, Civil Lines
Tel. (0744) 245 0529
www.indianheritagehotels.com
Die frühere britische Residenz am Ufer des Chambal wird heute von der »königlichen Familie« (die das Obergeschoss bewohnt) als angenehm zwangloses Heritage Hotel geführt. Schöne große Zimmer mit original viktorianischen Möbeln, alten Drucken an der Wand und Blick auf den Garten, der bis zum Fluss reicht. Die Zutaten für die multinationalen Gerichte des Restaurants stammen zumeist aus der Region. Tolles Preis-Leistungs-Verhältnis. ●●●

◆ **Hotel Navrang**
Civil Lines, Nayapura
Tel. (0744) 232 3294
Fax (0744) 245 0044
Das komfortable, gut geführte Hotel mit einigen klimatisierten Zimmern ist die beste preiswerte Unterkunft in Bahnhofsnähe. Gutes vegetarisches Restaurant. ●●

Mount Abu

◆ **Connaught House**
Rajendra Marg
Tel. (02974) 238 560
www.welcomheritagehotels.com
Das Sommerhaus aus britischer Zeit gehörte einst dem Premierminister (Diwan) von Mewar (Jodhpur) und schlägt die Konkurrenz dank der anheimelnden Atmosphäre, der schönen Architektur und der stilsicheren Einrichtung, ganz zu schweigen von der großartigen Aussicht. ●●●●●

◆ **Jaipur House**
Tel. (02974) 235 176
www.royalfamilyjaipur.com
Das ehemalige Sommer- und Jagdschloss des Maharajas von Jaipur in fabelhafter Lage auf einem Berg mit Blick auf Stadt und See verströmt noch immer den Charme der Kolonialzeit. Die Zimmer und Salons sind mit vielen Antiquitäten elegant möbliert. Den überteuerten

modernen Teil etwas weiter unten an der Straße sollte man allerdings nach Möglichkeit meiden. ●●●●●

◆ **Shri Ganesh Hotel**
Nähe Sophia High School
Tel. (02974) 237 292
Sauberes, effizient und freundlich geführtes Gästehaus für Preisbewusste am Stadtrand. Zimmer mit Bad; Dachterrasse und gutes Essen (Rajasthan-Currys). Die Inhaber, Lalit und seine irische Gattin, bieten Kochkurse und geführte Wanderungen in die umliegenden Berge an. ●

Pushkar

◆ **Hotel Pushkar Palace**
Choti Basti, Pushkar Lake
Tel. (0145) 277 2001
www.pushkarpalace.com
Die Lage des einstigen Maharaja-Palasts ist großartig, allerdings blicken nur sehr wenige Zimmer auf den See, und die vielen hartnäckigen Souvenirverkäufer vor dem Hotel stören die Ruhe des Ortes erheblich. Dennoch charmanter als die meisten anderen Etablissements der Stadt. ●●●●●

◆ **New Park**
Panch Kund Road,
4 km nördlich der Stadt
Tel. (0145) 277 2464
www.newparkpushkar.com
Modernes Mittelklassehotel in ruhiger Lage mit eigenem Rosengarten. Die marmorgefliesten Zimmer sind makellos sauber und ordentlich. Es gibt einen kleinen Pool und einige mit prachtvollen hiesigen Stoffen dekorierte Restaurants. ●●–●●●

◆ **Seventh Heaven**
Nähe Mali-ki-Mandir
Chotti Basti
Tel. (0145) 510 5455
Wunderschön restaurierte 100 Jahre alte Haveli in einem versteckten Sträßchen nordöstlich des Sees – ein Juwel für Preisbewusste. Die mit originellen Patchworkdecken liebevoll eingerichteten Zimmer blicken auf einen Innenhof im Mogulstil mit Springbrunnen und Obstbäumen, und auf den Dachterrassen laden Schaukelstühle zum Faulenzen ein. Nettes Restaurant im zweiten Stock. Großartiges Preis-Leistungs-Verhältnis. ●–●●

Ranthambore National Park

◆ **Sher Bagh**
Park edge
Tel. (07462) 252 119
www.hotelsranthambhore.com
Das Öko-Camp besteht aus zwölf Luxuszelten mit Bad. Das Essen ist erstklassig, und auch die abendlichen Gesprächsrunden mit Naturschützern, die sich Ranthambore und seinen Tieren verschrieben haben, sind ein ganz besonderer Genuss. ●●●●●

◆ **Tiger Safari**
Ranthambore Road
Tel. (07462) 221 137
www.tigersafariresort.com
Die preiswerten Unterkünfte in Sawai Madhopur lassen allerhand zu wünschen übrig, weshalb man lieber ein bisschen mehr ausgeben sollte. Dieses sympathische, komfortable Hotel liegt 4 km vom Bahnhof in Richtung Park entfernt und lockt mit einem gepflegten Garten sowie einem Dachrestaurant mit Blick auf den Wald. ●●

◆ **Vanyavilas**
Ranthambore Road, 10 Minuten vom Bahnhof entfernt
Tel. (07462) 223 999
www.oberoivanyavilas.com
Das neueste, überaus luxuriöse Oberoi-Resort bietet extrem teure Zeltunterkünfte mit Bädern im Kolonialstil und geräumigen Privatgemächern in einem herrlich gestalteten Garten. ●●●●●

Samode

◆ **Samode Palace und Bagh**
Tel. (01423) 240 014/240 235
www.samode.com
Der Landsitz des Finanzministers von Jai Singh II. ist die Hauptsehenswürdigkeit des Städtchens. Er thront über einem Gewirr gewundener Gässchen und ist ein Rajputen-Palast wie aus dem Märchen, mit ineinander übergehenden Innenhöfen auf verschiedenen Ebenen. Die Zimmer sind luxuriös und sehr schön möbliert, zudem gibt es einen herrlichen Pool. 3 km vom Ort Samode entfernt liegt das günstigere Bagh (»Garten«), wo man in luxuriösen »Zelten« (mit Bad) in einem bezaubernden Garten residiert. Empfehlenswert. ●●●●●

Shekhavati

◆ **Narayan Niwas Castle**
Mahansar
Tel. (01595) 264 322
Eines der skurrileren, bodenständigeren Heritage Hotels von Rajasthan, in einem labyrinthartigen Gebäude, das noch immer von der »königlichen Familie« bewohnt wird. Es gibt ein Dutzend Zimmer unterschiedlicher Größe, von schlichten Zellen für Rucksacktouristen bis hin zu Arabian-Nights-Suiten mit alten geschnitzten Holztüren und -fenstern, aber alle zu erschwinglichen Preisen. Buchen Sie Zimmer Nr. 1, falls es frei ist. Sehr gute Küche. ●●

◆ **Roop Niwas Palace**
Nawalgarh
Tel. (01594) 222 008
www.roopniwaskothi.com
Ein Herrenhaus aus der Kolonialzeit mit herrlich altmodischen Zimmern, die mit authentischen Möbeln, alten Fotos und bedruckten Vorhängen eingerichtet sind. Hübscher Garten, Pool und gutes Restaurant. Zuvorkommender Service. ●●●–●●●●

◆ **Shekhawati Restaurant**
Nähe Roop Niwas Palace
Tel. (01594) 224 658
www.shekhawatirestaurant.com
Das entzückende kleine Hotel hat sich dem Umweltschutz verschrieben, und das Restaurant serviert exzellene vegetarische Gerichte aus der Region, vorwiegend mit selbst angebauten Biozutaten. Die Zimmer befinden sich im etwas düsteren Hauptgebäude oder in helleren Cottages im Garten. ●

Udaipur

◆ **Devi Garh**
Delvara, Nathdvara
Tel. (02953) 289 211
www.deviresorts.com
Die in kühlem, minimalistischem Stil eingerichteten Innenräume bilden einen reizvollen Kontrast zum prachtvollen Gemäuer der Festung aus dem 18. Jh. Die Aussicht auf die umliegende Landschaft ist traumhaft und das Angebot (u.a. Ayurveda-Spa, Gourmetrestaurant und geheizter Außenpool) erstklassig. Eines der absoluten Spitzenhotels Indiens mit entsprechenden Preisen. ●●●●●

◆ **Hotel Hilltop Palace**
5 Ambavgarh, Fatehsagar
Tel. (0294) 243 2245
hilltop@bppl.net.in
Modernes Hotel mit komfortablen Zimmern und nettem Personal. Tolle Aussicht und passables Essen im Dachrestaurant. ●●●–●●●●

◆ **Jaiwana Haveli**
14 Lal Ghat
Tel. (0294) 241 1103
www.jaiwanahaveli.com
Grandiose Unterkunft zum kleinen Preis in einem historischen Haveli-Hotel in fantastischer Lage am See. Die Zimmer sind blitzblank, und die Aussicht vom Dachrestaurant ist unbezahlbar. ●●–●●●

◆ **Lalghat Guest House**
33 Lalghat
Tel. (0294) 252 5301
Fax (0294) 241 8508
Unter preisbewussten Reisenden bekannte, ein wenig abgewohnte Unterkunft in romantischer Lage an den Ghats. Große Bandbreite an Zimmern (einige mit Bad) und Schlafsälen; auf der Terrasse knabbert man Snacks und genießt die Aussicht durch Bogenfenster aufs Wasser. ●

◆ **Shikarbadi Hotel**
Goverdhan Vilas
Tel. (0294) 258 3201
www.hrhindia.com
Das ansprechende Hotel, früher eine Jagdhütte der Maharajas, liegt 4 km vom Bahnhof entfernt. Die Zimmer sind klimatisiert, groß

und komfortabel. Es gibt ein Restaurant, einen Swimmingpool, einen Garten und einen Hirschpark. ●●●–●●●●

◆ **Taj Lake Palace Hotel**
Pichola Lake
Tel. (0294) 252 8800
www.tajhotels.com
Nur wenige Luxushotels der Welt sind auch nur annähernd so hinreißend gelegen: Das Taj auf einer Insel inmitten des Pichola-Sees ist ein Traum von weißen Mogulstil-Kuppeln und -Bögen, farbigem Glas, blinkenden Spiegeln und kostbaren Stoffen. Es gibt sogar einen Pool, dem ein stattlicher alter Mangobaum Schatten spendet. Bei Niedrigstand des Wassers tragen Kamele die Gäste über den schlammigen Grund zur Insel, üblicherweise wird man aber per Fähre zum Bootssteg gebracht. ●●●●●

Sikkim

Gangtok

◆ **Hotel Sonam Delek**
Tibet Road
Tel. (03592) 222 566
www.sikkiminfo.net/sonamdelek
Gute Lage, Zimmer mit exzellentem Preis-Leistungs-Verhältnis. Hübscher Garten und Restaurant mit guter regionaler Küche. ●●

◆ **Hotel Tashi Delek**
Mahatma Gandhi Marg
Tel. (03592) 222 991
www.hoteltashidelek.com
Zentral gelegene, berühmte Luxushotelanlage. Schöne Zimmer, sehr gutes Restaurant und Dachcafé mit toller Aussicht. ●●●●

◆ **Hotel Tibet**
Paljor Stadium Road
Tel. (03592) 222 523
www.sikkiminfo.net/hoteltibet
Komfortables Hotel mit annehmbaren Zimmern und nettem Personal. Restaurant mit exzellenter regionaler und tibetischer Küche. ●●●

◆ **Siniolchu Lodge**
Enchay, beim Enchay Gompa
Tel. (03592) 222 074
Eine sehr gute Wahl für alle, die nicht viel Geld ausgeben wollen. Die Lodge wird von der Regierung von Sikkim betrieben und liegt etwas außerhalb der Stadt in schöner Lage mit fantastischer Aussicht. Es gibt ein Restaurant, und an der Rezeption kann man Touren buchen. ●–●●●

Tamil Nadu

Coimbatore

◆ **Heritage Inn**
38 Sivasamy Road, Ramnagar
Tel. (0422) 233 1451
www.hotelheritageinn.com
Moderne, komfortable und gut in Schuss gehaltene Zimmer – ein sauberes Hotel mit guten Restaurants. ●●●

Kanniyakumari

◆ **TTDC Hotel Tamilnadu**
Beach Road
Tel. (04652) 246 257
www.tamilnadutourism.org
Breite Palette an Cottages, Zimmern und Schlafsälen, einige klimatisiert. Annehmbares Essen, gute Lage; der Service lässt in dem vom Bundesstaat betriebenen Hotel allerdings zu wünschen übrig. ●–●●

◆ **Vivekananda Kendra**
Vivekanandapuram, 2 km nördlich der Stadt
Tel. (04652) 247 177
Etwas außerhalb der Stadt, aber für Preisbewusste sicherlich die beste Wahl. Die geräumigeren, klimatisierten Dreibettzimmer sind empfehlenswerter als die funktionalen Schlafsäle. Stündlich Bustransfers in die Stadt. ●

Kodaikanal

◆ **Elephant Valley**
Ganesh Puram, Vilpatti, 20 km von Kodai entfernt
Tel. (04542) 230 399
www.elephantvalleyhotel.com
Öko-Lodge mit 40 ha großer Plantage inmitten unberührter Wälder auf 1300 m Höhe in den Nilgiris. Die Cottages mit unverputzten Backsteinwänden und Feuerplätzen im Garten sind schicke, zeitgemäße und komfortable Basislager für Ausflüge in die Wälder und Berge. Mit Solarenergie, Regenwassernutzung und Komposttoiletten ist alles auf Umweltfreundlichkeit angelegt. ●●●●●

Mudumalai National Park

Gehobene Lodges findet man an der Straße nach Masinagudi und weiter südlich der Stadt an Orten, die nur mit Geländewagen erreichbar sind. Günstigere »Forest Rest Houses« bietet das Forest Department.

◆ **Jungle Retreat**
Bokkapuram, Masinagudi 643 223
Tel. (0423) 252 6470
www.jungleretreat.com
Hervorragende Unterkunft für jeden Geldbeutel in Schlafsälen, Bambushütten oder luxuriösen Zimmern. Herrliche Aussicht auf die Anlage, zu der auch ein Pool gehört. Netter Service und exzellente Möglichkeiten zur Wildtierbeobachtung. ●–●●●●●

Puducherry

◆ **Anandha Inn**
154 S.V. Patel Road
Tel. (0413) 233 0711
www.anandhainn.com
Komfortables, modernes Hotel zum moderaten Preis mit zwei Restaurants mit indischer und westlicher Küche. Empfehlenswert. ●●●

◆ **Le Dupleix**
5 rue de la Caserne
Tel. (0413) 222 6999
Elegantes Heritage Hotel in einer französischen Villa aus dem 18. Jh. Das Interieur wurde sorgfältig restauriert, leider zeigt der Service Schwächen. ●●●●●

◆ **Seaside Guest House**
14 Goubert Salai
Tel. (0413) 233 6494
www.sriaurobindosociety.org.in
Das makellos saubere Ashram-Gästehaus bietet eine fantastische Aussicht und eine Cafeteria mit vegetarischer Küche. ●–●●

Udagamandalam (Ootacamund/Ooty))

◆ **Fernhills Palace**
High Level Road
Tel. (0423) 244 3097
www.welcomheritagehotels.com
Das luxuriöse Heritage Hotel wurde kürzlich aufwendig renoviert und ist nun das Aushängeschild der hiesigen Hotellerie. Den ehemaligen britischen Country Club umgeben 20 ha saftig grünem Rasen und Wälder, die Innenräume sind mit schimmerndem birmesischem Teakholz getäfelt. Man schläft in üppig möblierten Suiten. ●●●●●

◆ **Reflections**
North Lake Road
Tel. (0423) 244 3834
Das netteste Gästehaus der Stadt ist einfach, aber sauber, mit ungezwungener Atmosphäre, und liegt am Seeufer. Die Zimmer im Hauptgebäude verfügen über kleine Balkons mit Blick aufs Wasser. Nach Vereinbarung bekommt man hausgemachte Mahlzeiten. Gutes Preis-Leistungs-Verhältnis. ●

Uttarakhand

Almora

◆ **Hotel Himsagar**
The Mall
Tel. (05962) 230 711
Nettes Haus im Stadtkern mit Zimmern verschiedener Kategorien zu angemessenen Preisen. ●●

Corbett National Park

◆ **Corbett Aroma**
Dhikuli
Tel. (05947) 284 122
Corbett_aroma@yahoo.co.in
Das moderne Hotel in einem Neubau führt ein zuvorkommender Manager. Das Preis-Leistungs-Verhältnis fällt besser aus als in vielen der hiesigen Unterkünfte im Camp-Stil. ●●●

◆ **Infinity Resorts**
Dhikuli
Tel. (05947) 251 279
www.infinityresorts.com
Diese klassische Dschungel-Lodge hieß früher Tiger Tops Corbett. Die Unterkünfte sind komfortabel und besitzen gewissen Charme. Auf Anfrage werden ausgedehnte Safaris in das Naturschutzgebiet arrangiert. ●●●●●

◆ **Tiger Camp**
Reservierung über
Tiger Camp, B-9, Sector 27, Noida 201 301
Tel. (0120) 255 1963
www.tiger-camp.com
Attraktive Cottages im Stil der Region und Zimmer mit Bad. Das Restaurant ist ebenso empfehlenswert wie die organisierten Safaritouren mit Geländewagen. ●●●–●●●●

Dehra Dun

◆ **Hotel Great Value**
74c Rajpur Road
Tel. (0135) 274 4086
www.greatvaluehotel.com
Modernes, sauberes und komfortables Hotel mit gutem indischem Restaurant. Empfehlenswert. ●●●●

Haridwar

◆ **Ginger Hotel**
Dudhadhari Chowk
Tel. (01334) 263 333
www.gingerhotels.com
Die Ginger-Hotel-Kette orientiert sich an europäischen Motels ohne Schnickschnack und bietet supersaubere, zeitgemäße Zimmer und Annehmlichkeiten zum moderaten Preis. Für alle, die mal eine Pause von Indien brauchen. ●●●

◆ **Haveli Hari Ganga**
Pilibhit House, 21 Ramghat
Tel. (01334) 226 443
www.haveliharigaanga.com
Schön restaurierte Haveli mit wunderbarer Atmosphäre. Von den 20 stimmungsvollen Zimmern aus blickt man auf den Ganges. Zudem gibt es ein gutes vegetarisches Restaurant. Mit Abstand die beste Adresse der Stadt. ●●●●–●●●●●

Mussoorie

◆ **Carlton's Plaisance**
Nähe Charleville Road
Tel. (0135) 263 2800
Ruhiges, zwangloses, familiengeführtes Hotel mit Antikmöbeln. Hübscher Garten und gutes Restaurant. ●●●

◆ **The Claridges Nabha**
Air Field, Barlowganj Road
Tel. (0135) 263 1426
www.claridges-hotels.com
Die einstige Sommerresidenz der Maharajas ist heute ein komplett restauriertes und gut geführtes, äußerst elegantes Hotel, umgeben von einem hübschen Garten. Ein ruhiger, friedvoller Ort mit bezaubernder Aussicht. ●●●●●

◆ **Hotel Peak View**
Camel's Back Road
Tel. (0135) 263 2257
peakview@mailcity.com
Ein gutes Hotel für Preisbewusste mit einer großen Auswahl an Zimmern verschiedener Kategorien. ●–●●

Nanda Devi

◆ **Mount View Hotel**
Joshimath
Tel. (01389) 221 993
Sauberes, modernes, nettes Hotel mit Parkplatz und Restaurant. ●●

Nainital

◆ **Alka Hotel**
The Mall
Tel. (05942) 235 220
www.alkahotel.com
Gut geführtes Hotel im Barockstil mit angenehmen Zimmern und Seeblick. Gutes Restaurant. ●●●●–●●●●●

◆ **YHA**
Ardwell, Mallital
Tel. (05942) 235 194
www.yhaindia.org
Preiswerte (Mehrbett-)Zimmer, mit Verpflegung; ruhige Lage. Überaus beliebt; rechtzeitig reservieren. ●

Naukuchiyatal

◆ **Tourist Rest House**
Tel. (05942) 247 138
www.kmvn.org
Fantastische Lage am Wasser, ordentliche Zimmer – toll zum Entspannen. ●●

Ranikhet

◆ **Ranikhet Inn**
Gandhi Chowk
Beeindruckend sauberes, modernes und dennoch charaktervolles Hotel mit Restaurant; gutes Preis-Leistungs-Verhältnis. ●●

Rishikesh

◆ **Bhandari Swiss Cottage**
High Banks
Tel. (0135) 243 2939
www.bhandariswiss cottages.com
Gut geführters Hotel in ruhiger Lage über der Stadt; Café/Bäckerei im Freien mit toller Aussicht. Yoga- und Musikkurse. ●–●●

◆ **GMVN Rishilok**
Badrinath Road, Muni ki Reti
Tel. (0135) 243 0373
www.gmvnl.com
Preiswerte Cottages und Zimmer in hübschem Ambiente. Ruhig, etwas nüchtern; annehmbares Restaurant. ●–●●

Uttar Pradesh

Agra

◆ **Atithi**
Tourist Complex Area, Fatehabad Road
Tel. (0562) 233 0880
www.hotelatithiagra.com
Modernes Hotel mit 44 klimatisierten Zimmern, Pool und aufmerksamem Service; preiswert für Agra. ●●●

◆ **The Grand Imperial**
M.G. Road
Tel. (0562) 225 1190
www.hotelgrandimperial.com
Schön restauriertes denkmalgeschütztes Gebäude, nicht ganz so nobel wie das Taj Mahal, aber mit Charme und Raffinesse. Empfehlenswert. ●●●●●

◆ **Hotel Maya**
Purani Mandi Circle
Fatehabad Road
Tel. (0562) 233 2109
www.mayainmagic.com
Sehr gastfreundliches und gut geführtes Hotel in guter Lage. Tolles Essen; preiswert. Empfehlenswert. ●●

◆ **Hotel Surya**
S20/51 5a Nepali Kothi, Varuna Bridge, Cantonment
Tel. (0542) 250 8466
www.hotelsuryavns.com
Entspanntes, sauberes Hotel mit anständigen, sicheren Zimmern (einige mit Klimaanlage). Gutes Restaurant und hübscher Garten. Empfehlenswert. ●–●●

◆ **Tourist Rest House**
Kachahari Road, Baluganj
Tel. (0562) 246 3961
www.dontworrychicken curry.com
Die beste Niedrigpreis-Unterkunft in Agra. Saubere Zimmer mit Bad um einen Innenhof. Nette Inhaber und gutes vegetarisches Essen. Empfehlenswert. ●

◆ **UP Tourism Hotel Tajkhema**
Taj Ganj
Tel. (0562) 233 0140
www.up-tourism.com
Sichere, saubere Zimmer in einem bundesstaatlichen Hotel unweit des Taj. Schöne Aussicht und Zimmerauswahl, gutes Restaurant. ●●

◆ **UP Tourism Rahi Tourist Bungalow**
Delhi Gate, Nähe Bahnhof Raja ki Mandi
Tel. (0562) 285 0120
www.up-tourism.com
Sauberes, von der Regierung des Bundesstaats betriebenes Hotel. Etwas abgelegen, aber ruhig und preiswert. Empfehlenswert. ●●

Allahabad

◆ **Finaro**
8 Hastings Road, gegenüber dem Gerichtsgebäude
Tel. (0532) 262 2452
imtindia@sancharnet.in
Charmantes Gästehaus im Kolonialstil. Leckeres hausgemachtes Essen und sehr freundliche Betreiber. Empfehlenswert. ●●

◆ **Hotel Allahabad Regency**
16 Tashkent Marg, Civil Lines
Tel. (0532) 260 1519
Hotel_regency@rediffmail.com

Komfortables Hotel mit Restaurant und Pool. Elegante Einrichtung, gutes Preis-Leistungs-Verhältnis. ●●–●●●

Jhansi

◆ Hotel Sita
84 Shivpuri Road
Tel./Fax (05174) 244 4691
Eines der besten Hotels der Stadt, modern, mit schönen Zimmern (teilweise klimatisiert) und gutem Restaurant. Empfehlenswert. ●●–●●●

◆ Samrat
Chitra Chauraha
Tel. (05174) 244 4943
Nettes Hotel in Bahnhofsnähe mit einfachen Zimmern und Restaurant. ●

Kanpur

◆ Attic
15/198 V. Singh Road,
Civil Lines
Tel. (0512) 230 6691
Moderne klimatisierte Zimmer in einem bezaubernden Kolonialbau mit Garten. Ruhig und abgeschieden; empfehlenswert. ●●●

◆ Hotel Meera Inn
37/19 The Mall, gegenüber der Reserve Bank of India
Tel. (0512) 231 9972
Saubere, kühle Zimmer (einige klimatisiert ●●), einfaches Restaurant. ●–●●

Lucknow

◆ Carlton Hotel
Ranapratap Marg,
Hazratganj
Tel. (0522) 222 2413
Fax (0522) 223 1886
Altehrwürdiges, legendäres Hotel mit altmodischen Zimmern mit Bad (die Zimmer ohne Klimaanlage sind deutlich günstiger). Imposanter Kolonialbau mit hübschem Garten, Restaurant und Bar. ●●

◆ Mrs Sharma's Guest House
Mall Avenue,
Sudharshan Seth
Tel. (0522) 223 9314
Sehr empfehlenswertes kleines Gästehaus, sauber und gemütlich; gute hausgemachte Mahlzeiten auf Anfrage. ●

◆ Park Inn
6 Shahnajaf Road
Tel. (0522) 400 4040
www.parkinn.com
Attraktives Hotel einer indischen Hotelkette mit moderner Einrichtung; sehr freundliches Management und Personal. ●●●●●

◆ UP Tourism Hotel Gomti
6 Sapru Marg
Tel. (0522) 221 4708
www.up-tourism.com
Sehr gutes, sauberes Haus in der Hand des Fremdenverkehrsamts von Uttar Pradesh. Einige preiswerte klimatisierte Zimmer; Restaurant und Bar. ●●

Mathura

◆ Best Western Radha Ashok
Masani By-Pass Road,
Chatikara
Tel. (0565) 253 0395
www.mathura-vrindavan.com/radhashok
Gut geführtes, ansprechendes modernes Hotel mit Komfortzimmern, Pool im hübschen Garten und sehr gutem vegetarischem Restaurant. ●●●–●●●●

◆ Hotel Madhuvan
Krishna Nagar
Tel. (0565) 242 0064
bhtul@nde.vsnl.net.in
Das Hotel bietet saubere, klimatisierte Zimmer mit Bad, einen Pool und ein nettes Restaurant. ●●

Sarnath

◆ Jain Paying Guest House
Tel. (0542) 259 5621
www.visitsarnath.com
Kleines, sehr sympathisches Gästehaus; Doppelzimmer mit Dusche und WC, Einzelzimmer nur mit Dusche. Gutes hausgemachtes vegetarisches Essen. ●

Varanasi

◆ Diamond Hotel
Bhelpur
Tel. (0542) 227 6696
www.hotel-diamond.com
Preiswerte Zimmer (mit und ohne Klimaanlage) in einem komfortablen Hotel mit Restaurant und Garten. ●●

◆ Hotel Ganges View
Assi Ghat
Tel. (0542) 231 3128
www.hotelgangesview.com
Sehr empfehlenswertes, stimmungsvolles Hotel in einem alten Herrenhaus. Komfortable, sehr saubere klimatisierte Zimmer mit Bad. Terrasse mit toller Aussicht. Es gibt Drinks, Snacks und auf Vorbestellung vegetarische Mahlzeiten (ab 20 Uhr). ●●●

◆ Hotel India
59 Patel Nagar, Cantonment
Tel. (0542) 250 7593
www.hotelindiavns.com
Große, komfortable und sehr saubere klimatisierte Zimmer mit Bad. Netter Garten, gute Restaurants. ●●●

◆ Hotel Pradeep
C-27/153 Jagatganj
Tel. (0542) 220 4963
www.hotelpradeep.com
Nettes Hotel mit sauberen, klimatisierten Zimmern. Exzellentes Restaurant. Man bekommt was für sein Geld; empfehlenswert. ●●–●●●

◆ UP Tourism Rahi Tourist Bungalow
Parade Kothi, Cantonment
Tel. (0542) 234 3413
www.up-tourism.com
Ruhiges Hotel; preiswerte, saubere Zimmer (nicht klimatisiert ●). Hübscher Garten, passables Restaurant. Empfehlenswert. ●●

Westbengalen

Darjeeling

◆ Andy's Guest House
102 Dr Zakir Hussain Road
Tel. (0354) 253 125
Saubere Zimmer mit Warmwasser in einem kleinen, sympathischen Gästehaus. ●

◆ Bellevue Hotel
The Mall
Tel. (0354) 225 4075
www.darjeeling-bellevuehotel.com
Nettes, von Tibetern geführtes Hotel. Große Zimmer mit Bad und Warmwasser. ●●

◆ Dekeling Resort at Hawk's Nest
2 A.J.C. Bose Road
Tel. (0354) 225 3092
www.dekeling.com
Gebäude aus dem späten 19. Jh. in fabelhafter Lage. Hübsche holzgetäfelte Zimmer mit toller Aussicht. Nettes Personal, gutes Essen. Empfehlenswert. ●●●

◆ Main Old Bellevue Hotel
Chowrasta, The Mall,
1–5 Nehru Road, oberhalb des Bellevue
Tel. (0354) 54178/53977
www.darjeelinghotels.com
Altehrwürdiges Holzhaus aus der Kolonialzeit mit passablen, großen Zimmern. Freundliches Personal, hübscher Garten. Sehr gutes Preis-Leistungs-Verhältnis. Empfehlenswert. ●–●●

◆ Windamere Hotel
Observatory Hill
Tel. (0354) 225 4041
www.windamerehotel.com
Legendäres Hotel mit altmodischem Charme und voller Nostalgie, in dem schon viele Berühmtheiten abgestiegen sind. In puncto Komfort nicht auf dem neuesten Stand, aber nichtsdestotrotz ein Erlebnis. ●●●●●

Kalimpong

◆ Himalayan Hotel
Upper Cart Road
Tel. (03552) 255 248
www.himalayanhotel.biz
Bezaubernd umgestaltetes altes Haus mit einer Reihe von komfortablen Zimmern und Suiten. Auch ein gutes Restaurant und ein schöner Garten gehören dazu. ●●●

◆ WBTDC Hill Top Tourist Lodge
Tel. (03552) 255 654
www.westbengaltourism.com
Saubere, einfache Zimmer in einer gut geführten bundesstaatseigenen Lodge. Verpflegung auf Wunsch. ●–●●

Sunderbans National Park

◆ WBTDC Tourist Lodge
Sajnekhali, Gosaba, South 24 Parganas 743 331
Tel. (03219) 252 560
www.wbtourism.com
Einfache Zimmer und ein Schlafsaal in einem Nebengebäude. Auf Wunsch mit Verpflegung. ●

AKTIVITÄTEN

Kultur, Sport & Wellness, Wildparks, Shopping

Kultur

Musik und Tanz

Im ganzen Land finden regelmäßig über das Jahr verteilt Aufführungen klassischer Musik und klassischen Tanzes, häufig auch im Rahmen von Festen, statt.

Chennai

◆ **Kalakshetra Arts Village,** Dr. Muthulakshmi Road, Tiruvanmiyu, Tel. (044) 24 52 11 69. Veranstaltungsort mit langer Tradition, hervorragende Darbietungen.
◆ **The Music Academy,** TTK Road/ Radhakrishna Salai, Tel. (044) 28 11 22 31, www.musicacademymadras.in. Führender Veranstaltungsort für karnatische Musik und Bharata-Naryam-Tanz.

Delhi

◆ **India Habitat Centre,** Lodi Road (bei Safdar Jangs Grab), Tel. 011-24 68 20 01, www.indiahabitat.org. Hervorragendes Kulturzentrum, das oft klassischen und zeitgenössischen Tanz sowie Musik alten und neuen Stils aus ganz Indien zeigt.
◆ **Sangeet Natak Academi,** Rabindra Bhavan, 35 Firoz Shah Road, Tel. (011) 23 38 72 46, www.sangeetnatak.com. In Delhis Nationalakademie für Musik, Tanz und Theater treten die besten Künstler Indiens auf.

Mumbai

◆ **Bharatiya Vidya Bhavan,** K.M. Munshi Marg, Tel. (022) 23 63 02 24. Häufige Konzerte führender klassischer indischer Musiker.
◆ **National Centre for the Performing Arts,** Nariman Point, Tel. (022) 66 22 37 37, www.ncpamumbai.com. Einer der wichtigsten Veranstaltungsorte in Indien präsentiert neben indischer auch westliche Musik, darüber hinaus Tanz und Theaterstücke.

Theater und Kino

Indien besitzt eine reiche, immer noch lebendige Theatertradition. Meistens wird jedoch in der indischen Sprache der Region gespielt. In der Lokalpresse wird auf Aufführungen hingewiesen. Jeder größere Ort hat sein Kino, das Filme in Hindi bzw. in den Sprachen der Region zeigt. In den Großstädten gibt es auch ausländische Filme.

Delhi

◆ **Plaza**, Radial Road, Connaught Place, Tel. (011) 41 51 37 87. Elegantes Kino von 1937, vor Kurzem renoviert.

Jaipur

◆ **Raj Mandir**, Bhagwan Das Road. Eines der berühmtesten Kinos in Indien, nicht nur wegen seiner üppigen Art-déco-Dekoration.

Kolkata

◆ **Elite**, S.N. Banerjee Road, Tel. (033) 22 44 13 83. Das schönste von Kolkatas vielen Art-déco-Kinos aus der Kolonialzeit.

Nightlife

In den Großstädten entwickelt sich allmählich ein Nachtleben nach westlichem Vorbild, v. a. für die sehr gut verdienende obere Mittel- und Oberschicht. Oftmals sind die Clubs und Bars in den teuren Hotels, und die meisten nach wie vor Männerdomänen. Das Neueste findet man unter www.explocity.com. In Delhi, Mumbai und Bangalore gibt es *Time Out-Magazine* nach Londoner Vorbild (www.timeout.com).

Chennai

◆ **EC41,** direkt am Strand. Bis zum Morgengrauen geöffnet; mit Sprinklersystem zum Abkühlen der Gäste.
◆ **Hell Freezes Over,** Quality Inn Aruna, 144 Sterling Road. Einer der beliebtesten Clubs in Chennai.

Delhi

◆ **Agni,** The Park Hotel, 15 Parliament Street, Connaught Place, http://newdelhi.theparkhotels.com. Schicke Bar mit kleiner Tanzfläche, von Conran und Partner gestaltet, einer der angesagtesten Plätze in der Hauptstadt.
◆ **Q'Ba,** E Block 42-43, Inner Circle, Connaught Place, www.qba.co.in. Ansprechende Bar und Restaurant, mit einer q-förmigen Theke und schöner Terrasse.
◆ **Urban Pind,** N-4, N Block Market, Greater Kailash I, www.urbanpind.com. Angesagtes Restaurant mit Bar und Lounge; Tanzfläche auf dem Dach.

Kolkata

◆ **Tantra,** Park Hotel, 17 Park Street, http://calcutta.theparkhotels.com. Kolkatas größter Club. Im Hotel gibt es noch einige andere Anlaufstellen für Nachteulen, wie das Someplace Else und die coole Aqua-Bar.
◆ **Underground,** Hotel Hindustan International, 235/1 A.J.C. Bose Road. Club im Stil der Londoner U-Bahn, der Soundtrack ist Electric bis Hip-Hop.
◆ **Venom,** 8th floor, Fort Knox, 6 Camac Street. Größte Tanzfläche in der Stadt, mit einer Mischung von Rock, Hip-Hop und Bollywood.

Mumbai

◆ **Cafe Mondegar,** Metro House, Colaba Causeway. Beliebte Kneipe mit bunten Wandbildern und gemischtem Publikum. Musik meist westliche Rockklassiker.
◆ **Enigma,** J.W. Marriott Hotel, Juhu Tara Road. Ultrahipper Club, der von Bollywoodstars frequentiert wird.
◆ **Insomnia,** Taj Mahal Palace and Tower, Apollo Bunder, Colaba. Hier geben sich die Reichen, die Schönen und die Berühmten die Klinke in die Hand.
◆ **Polly Esther's,** Gordon House Hotel, Battery Street, Colaba. Extremer Club mit Retrodekor, einer beleuchteten Tanzfläche und Bedienung, die Afro-Perücken trägt.

Sport

Wandern und Klettern

Der Himalaya bietet zum Wandern und Klettern ungeahnte Möglichkeiten. Gut organisierte Kletter- und Trekking-Touren wenden sich an Anfänger genauso wie an erfahrene Kletterer. Die wichtigsten Startpunkte sind Leh, Darjeeling, Manali, Gangtok und Garhwal und um Kinnaur in Himachal Pradesh. Der sogenannte Sail-Trek führt am Ganges entlang und stellt eine aufregende Möglichkeit dar, auf den Spuren der antiken Kulturen Indiens zu wandeln. Auch in den Westghats und in Südindien gibt es viele Wandermöglichkeiten, besonders im Biosphärenreservat der Nilgiris. In den Aravalli-Bergen in Rajasthan kann man ebenfalls trekken.

◆ Ein Spezialveranstalter für Trekking-Touren (v. a. im Norden) ist **Hauser Exkursionen,** Marienstr. 17, 80331 München, Tel. (089) 235 00 60, www.hauserexkursionen.de.
◆ Ebenfalls auf Bergtouren spezialisiert ist **DAV Summit Club,** Am Perlacher Forst 186, 81545 München, Tel. (089) 64 24 02 01, www.dav-summit-club.de
◆ **Kerala & Rajputana Discovery,** Mr. Bernd Symons, Mittel Str. 7, 41564 Kaarst, Tel. (02131) 66 74 64, Kerala-Discovery@online.de

Weitere Sportarten

Reiten kann man in Rajasthan auf Kamelsafaris durch die Wüste Thar oder auf Pferdesafaris in unberührte Dörfer und in die Wüste oder Wüstensteppe. An einigen Orten, vor allem in Rajasthan, werden Touren mit den berühmten Marwari-Pferden angeboten. Auch die **Wildwasserkanuten** und **-rafter** kommen auf ihre Kosten. Die Flüsse des Himalaya können eine echte Herausforderung sein. Die wichtigsten Orte sind u. a. Kulu, Manali, Leh, Rishikesh und Gangtok. Die beste Zeit ist zwischen Juni und August.
Größere Hotels bieten ihren Gästen je nach Lage **Tennis, Squash** und **Golf** an. In den Ferienzentren am Meer kann man **segeln** oder auch **tauchen**.

Wellness und Ayurveda

Ayurveda war eine traditionelle Heilmethode ohne Glamour, bevor sich die Wellness-Welle seiner annahm. Nun kann man sich in modernen, zum Teil luxuriösen Spas mit Anwendungen aus aller Welt verwöhnen lassen.

Ausgewählte Resorts

Amarvilas Spa, Oberoi Amarvilas, Agra, Tel. (0562) 223 15 15, www.amarvilas.com. Luxuriöser Spa mit Blick auf den Taj Mahal.
◆ **Amatrra Spa,** Ashok Hotel, New Delhi, Tel. (0484) 266 68 11, www.amatrraspa.com. Einzigartige Anwendungen nach der Methode »Astroveda« – Ayurveda und Astrologie.
◆ **Ananda in the Himalayas,** Rishikesh, Tel. (01378) 22 75 00, www.anandaspa.com. Stiller Rückzugsort im Himalaya in einem Maharaja-Palast.
◆ **Jiva Spa,** Taj Malabar Hotel, Kochi, Tel. (0484) 266 68 11 www.tajhotels.com/JivaSpa. Ayurveda, Yoga, Meditation mit Blick auf die Arabische See.
◆ **Sereno Spa,** Park Hyatt Goa Resort and Spa, Candolim, Tel. (0832) 272 12 34, http://goa.park.hyatt.com. Beeindruckender Spa direkt am Strand. Ayurveda und Yoga.

Wildparks und Reservate

Es gibt ungefähr 70 Nationalparks und 330 Reservate in Indien, die Heimat Tausender von Säugetier-, Vogel- und Reptilienarten, die zum großen Teil vom Aussterben bedroht sind. Darüber hinaus bieten die Parks ein beeindruckendes Landschaftserlebnis.
Einen guten Überblick vermitteln:
◆ http://www.wildlifeinindia.com/wildlife-national-parks.html
◆ www.wildlywise.com
◆ www.indianwildlifeportal.com
◆ www.travel-himalayas.com

Ausgewählte Parks

◆ **Bandhavgarh (Madhya Pradesh)**
Hier leben u. a. Leoparden, Nilgai- und Chinkara-Antilopen, Sambar (Aristoteles-Hirsche), Faultiere, Wildschweine. Beste Zeit: November–Juni. Kontaktadresse: Director, Bandhavgarh National Park, P. O. Umaria, Dist. Shadol, Madhya Pradesh 484661.
◆ **Chilka (Orissa)**
Das Hinterland des Golf von Bengalen bietet die hervorragende Lebensgrundlage für ein reichhaltiges Vogelleben. Beste Zeit: Dezember–März. Kontaktadresse: DFO, Ghunar South, P.O. Khurda, Dist. Puri, Orissa.
◆ **Corbett (Uttaranchal)**
Eindrucksvoller Artenreichtum; Sportfischen im Ramganga-Fluss möglich. Beste Zeit: Februar–Mai. Kontaktadresse: Field Director, Project Tiger, Corbett National Park, P.O. Ramnagar, Dist. Nainital, Uttaranchal, Tel. (0 59 46) 85 31 89; http://www.corbettnationalpark.org/page_ctr_heritage.htm.
◆ **Dudhwa (Uttar Pradesh)**
Leoparden, Faultiere, Rhinozerosse, Hirsche sowie vielfältige Vogelarten. Beste Zeit: Dezember–Juni. Kontaktadresse: Director, Dudhwa National Park, Lakhimpur, Kheri, Uttar Pradesh, Tel. (0 58 71) 3 34 85.
◆ **Gir (Gujarat)**
Letzte Heimat des asiatischen Löwen und wilden Esels. Mehr als 40 Tier- und 450 Vogelarten leben hier. Beste Zeit: Dezember–April. Kontaktadresse: Conservator of Forests, Sadar Baug, Junagadh, Gujarat 362001; www.girnationalpark.com.
◆ **Jawahar National Park (Bandipur Tiger Reserve, Karnataka)**
Der Park weist ein hervorragend geplantes Straßensystem für die Beobachtung von Elefanten und Leoparden auf. Beste Zeit: März–Juli; September/Oktober. Kontaktadresse:
Field Director, Project Tiger, Bandipur Tiger Reserve, Mysore 570004.
◆ **Kanha (Madhya Pradesh)**
Indiens wohl größter Nationalpark, der eine besonders große Artenvielfalt beherbergt. Beste Zeit: Februar–Juni, geschlossen Juli–November. Kontaktadresse: Field Director, Project Tiger, P.O. Mandla, Madhya Pradesh.
◆ **Kaziranga (Assam)**
Berühmt für Rhinozerosse, wilde Büffel, verschiedene Affen. Beste Zeit: November–März. Kontaktadresse: Director, Kaziranga National Park, P.O. Bokakhat, Dist. Jorhat, Assam 785612.
◆ **Keoladeo Ghana (Rajasthan)**
Im seichten Frischwasser-Marschland leben viele Wasservögel, in den mit Laubwald bewachsenen Trockengebieten Raubvögel und zahlreiche Säugetierarten. Beste Zeit: ganzjährig geöffnet. Brutzeiten: August–Oktober. Zugvögel: Oktober–Ende Februar. Kontaktadresse: Chief Wildlife Warden, Keoladeo National Park, Bharatpur, Rajasthan.
◆ **Kumbhalgarh (Rajasthan)**
Dieses große Reservat in den zerklüfteten Aravalli-Hügeln ist wohl der einzige Ort, an dem sich der so bedrohte Wolf erfolgreich vermehrt. Weitere hier lebende Tiere: Leoparden, Faultiere, Chinkara-Antilopen, Honigdachse und Flatterhörnchen. Beste Zeit: September–November. Kontaktadresse: Wildlife Warden, Kumbhalgarh Sanctuary Dist., Udaipur, Rajasthan.
◆ **Namdapha (Arunachal Pradesh)**
Faszinierende Mischung aus indobirmanischer, indochinesischer und Himalaya-Tierwelt. Bekannt ist die Gegend auch wegen der zahlreichen Vogelarten. Beste Zeit: Oktober–März. Kontaktadresse: Field Director, Project Tiger, P.O. Miao, Dist. Tirap, Arunachal Pradesh.

◆ **Nanda Devi (Uttaranchal)**
Ein Nationalpark, an Indiens zweithöchstem Berg, dem Nanda Devi Peak (7816 m), gelegen, mit Bergziegen und Schneeleoparden. Beste Zeit: April bis Oktober. Kontaktadresse: DCF, Nanda Devi National Park, Joshimath, Dist. Chamoli, Uttaranchal.

◆ **Periyar (Kerala)**
Indiens südlichstes Tiger-Reservat. Exellente Möglichkeit zur Beobachtung von Elefanten, seltener von Affen und Tigern. Dazu kommen Vogelarten im Überfluss. Beste Zeit: September–Mai. Kontaktadresse: The Field Director, Project Tiger, Kanjikuzhi, Kottayam, Kerala.

◆ **Ranthambore (Rajasthan)**
Eines der kleinsten Reservate, aber mit eindrucksvollem Artenreichtum: Sambars, Nilgai- und Chinkara-Antilopen, Wildschweine, Tiger, Hyänen, Schakale und Leoparden. Vogelparadies. Bootsvermietung. Beste Zeit: Oktober–April. Kontaktadresse: The Field Director, Ranthambore National Park, Sawai Madhopur, Rajasthan.

◆ **Sunderbans (Westbengalen)**
Der größte Teil des Gebietes besteht aus Mangrovenwäldern. Man kann hier Krokodile und Tiger sehen. Beste Zeit: Dezember–Februar. Kontaktadresse: Field Director, Sunderbans Tiger Reserve, P.O. Canning Dist., 24 Parganas, Westbengalen.

◆ **Wild Ass Sanctuary (Gujarat)**
Diese Salzsteppe im Little Rann of Kachch ist der einzige Ort auf der Welt, an dem man den eleganten asiatischen Wildesel noch erleben kann. Ferner gibt es Wölfe, Chinkaras, Hirschziegenantilopen und Wüstenkatzen.

Shopping

Vielfältiges Angebot

Indien hat eine unglaublich große Bandbreite von **Kunsthandwerksprodukten** aller Art. Die Tradition dieses Schaffens in Indien ist ebenso reich wie alt. Die Palette des Angebots reicht von geschnitzten Figuren aus Sandelholz sowie anderen feinen Schnitzarbeiten, vor allem aus dem Süden des Landes, bis zu Metallarbeiten aus Messing, Kupfer und Bronze, eingelegt, emailliert oder in anderen Techniken gefertigt. Bezaubernd sind ferner Marmor-Einlegearbeiten, Pappmaschee-Objekte und Miniaturmalereien, von Hand bemalte Keramik und Flechtarbeiten, einfache Bambusmatten und kunstvolle Möbel traditionellen Stils. Manche Handwerker verstehen sich zudem hervorragend auf Kopien von Stücken aus herrschaftlichen Residenzen.

Teppiche aus Kaschmir oder Agra sind nach Art der Perserteppiche gefertigt und in verschiedenen Größen und Qualitätsstufen (ein Kriterium hierfür ist die Zahl der Knoten) erhältlich. Wer kein Teppichkenner ist, sollte in den staatlichen Warenhäusern (Government Emporium) kaufen.
An zweiter Stelle zu nennen ist die Riesenauswahl an **Edel- und Schmucksteinen**, außerdem **Gold- und Silberschmuck**.
Textilien, für die Indien mit Recht berühmt ist, sind in einer verwirrenden Vielfalt von Geweben, Mustern und Farben zu haben. Schals, Stolen und Tücher aus Seide, Pashminas, Kaschmirpullover, Baumwoll- und Seidenkleidung sind wunderschöne Erinnerungen und Mitbringsel. In manchen Hotels fertigen Schneider binnen weniger Tage ein neues Outfit nach Maß
Eine gute Auswahl an englischsprachigen **Büchern** findet man nur in den Buchhandlungen der großen Städte, oder in den Läden der großen Hotels. Ausländische **Zeitungen** gibt es kaum (s. S. 449). Für Neuigkeiten bleibt nur eins der zum Glück zahlreich vorhandenen Internetcafes.

Angesichts der Vielfalt des Warenangebots sollte man sich ausreichend Zeit für Vergleiche nehmen. Die staatlichen Warenhäuser – Government Emporien – und die vom Department of Tourism geprüften Läden sind empfehlenswert. Die Central Cottage Industries (Heimindustrie) haben in allen großen Städten Niederlassungen. Sie bieten einen guten Querschnitt durch das vielfältige Warenangebot. Vor einem Streifzug durch die Basare sollte man hier die Preise notieren.
Außer in den Government Emporien wird überall gehandelt. Eine feste Regel gibt es nicht. Generell sind Straßenhändler leichter herunterzuhandeln als wohlsituierte Geschäftsinhaber, im Prinzip sollten aber 25 % möglich sein. Anfangs erfragt man den Preis und überlegt sich dann, was man selber maximal bezahlen möchte. Dann nennt man einen Wert, der erheblich niedriger liegt, so dass man sich später in der Mitte treffen kann. Auf seinem ersten Preis zu beharren ist genauso wenig gutes Geschäftsgebaren wie handeln »aus Spaß« und dann nichts zu kaufen. Auch in den neuen Shopping Malls wird nicht gehandelt.

Zentren des Kunsthandwerks

Im Lauf der Jahrhunderte haben sich einige wichtige Zentren für unterschiedliche Kunsthandwerksformen herausgebildet.

◆ **Agra**
Agra ist die Stadt der Marmor-Einlegearbeiten, die aufwendig per Hand hergestellt werden. Die schönen Stücke sind nicht zu Spottpreisen zu bekommen! Vorsicht vor Imitaten: Kann man den Stein mit dem Daumennagel ritzen, ist es kein Marmor.

◆ **Jaipur**
Gold, Silber und Edelsteine werden hier im ganz großen Stil verarbeitet. In den großen renommierten Geschäften bekommt man keine Fälschungen.

◆ **Jaisalmer**
Eigentlich ist ganz Rajasthan ein einziger großer Textilbasar. Jaisalmer ist besonders für seine Patchwork- und bestickten Decken bekannt.

◆ **Ahmadabad**
Die Hauptstadt Gujarats ist auch für ihre Edelsteinverarbeitung und die atemberaubend schönen, in kräftigen Farben gehaltenen und mit Spiegel bestickten gujaratischen Textilien bekannt. In Patan wird die komplizierte Form der Doppelikat-Weberei (Patola) gepflegt. Die Weber lassen einen gerne zuschauen.

◆ **Maisuru**
In jeder Region gibt es eine ganz bestimmte Sorte Saris. Hier sind es die »Mysore-Silk«-Saris, aber man kann die schwere Wildseide auch vom Meter bekommen. Außerdem ist die Stadt das Zentrum der Sandelholzschnitzerei.

◆ **Chennai**
Chennai ist das Zentrum für die spezielle Madras-Seide. Der Besuch eines der großen Sari-Kaufhäuser ist ein besonderes Erlebnis.

VORSICHT BEIM EINKAUF

Bei von Taxifahrern und Führern empfohlenen Geschäften muss man damit rechnen, dass die Kommission dieser Leute auf den Preis aufgeschlagen wird, dass der Kunde also für die guten Tipps, die er bekommt, bezahlt. Die meisten Fahrer und Führer hängen mit ihrem Arbeitsplatz von solchen Geschäften ab und stehen unter Druck. So kann es manchmal schlechte Laune geben, wenn Sie ablehnen.
Die Ausfuhr von Elfenbein, Pfauenfedern, Häuten und Fellen ist nach dem Washingtoner Artenschutzgesetz streng verboten, ebenso deren Einfuhr in europäische Staaten. Bei Antiquitäten müssen Sie den legalen Erwerb nachweisen und unbedingt eine Exportgenehmigung einholen!

INFOS VON A–Z

Wichtiges in alphabetischer Reihenfolge

Ausreise

Nicht vergessen: Den Rückflug rechtzeitig bestätigen lassen! Planen Sie am Flughafen ein Checkin von 2 Std. Dauer ein, inkl. Sicherheitskontrolle und Durchleuchtung der aufzugebenden Gepäckstücke.
Bei internationalen Flügen der großen Gesellschaften ist die Ausreisegebühr in der Regel bereits im Ticketpreis enthalten. Bei Reisen nach Afghanistan, Bangladesh, Bhutan, Myanmar, auf die Malediven, nach Nepal, Pakistan und Sri Lanka wird eine Ausreisegebühr von 150 Rupien erhoben.
Wenn bei der Einreise Gegenstände angemeldet und registriert wurden, müssen Sie die Sachen bei der Ausreise dem Zoll (s. S. 451) vorweisen können. S. auch Geld & Zahlungsmittel.

Betteln

Überall in Indien gibt es Bettler, v.a. dort, wo sich viele Touristen aufhalten. Man muss klar unterscheiden zwischen professionellen Bettlern, die auf diesen Verdienst angewiesen sind, und Kindern, die betteln, weil sie Stifte, Bonbons oder Rupien haben wollen. Ersteren, insbesonderen älteren Menschen, Frauen und Behinderten kann man mit einer kleinen Spende helfen. In Großstädten findet man häufig auch ganze Familien, die betteln und dabei oftmals die Kinder vorgeschicken. Sie sind auf Bettelei angewiesen, denn vom Staat haben diese Familien nichts zu erwarten. Einige lukrative Plätze sind in der Hand von professionellen Bettlerbanden, die manchmal furchtbar entstellte Opfer dort postieren. Wer unsicher ist, kann sich am Verhalten der Einheimischen orientieren, denn auch sie geben Spenden bzw. Almosen. Kleine Diestleistungen sollte man entsprechend honorieren. Es ist also ratsam, einen kleinen Vorrat an Ein-Rupie-Münzen dabeizuhaben.

Diplomat. Vertretungen

In Indien

Deutschland

◆ **Botschaft,** New Delhi 21, 6 Shanti Path, Chanakyapuri, Tel. (011) 44 19 91 99, Fax 26 87 31 17, www.new-delhi.diplo.de, Notruf-Nr. New Delhi: Tel. 98 10 00 49 50

◆ **Konsulat, Chennai (Madras),** 49 Ethiraj Rd., Tel. (044) 24 30 16 00, Fax 24 34 92 93, www.chennai.diplo.de

◆ **Konsulat, Kolkata (Kalkutta),** 1 Hastings Park Rd., Alipore, Tel. (033) 24 79 11 41, 24 79 11 42, Fax 24 79 30 28, www.kalkutta.diplo.de

◆ **Konsulat, Mumbai (Bombay),** Hoechst House, 10th Floor, Nariman Point, Back Bay Reclamation, Tel. (022) 22 83 98 34, 22 83 98 35, Fax 22 84 21 84, www.mumbai.diplo.de

◆ **Konsulat, Panaji (Goa),** c/o Cosme Matias Menezes Ltd., Rua de Ourem, Tel. (0832) 223 55 26, 222 32 61, 222 32 63-64, Fax 0832-222 34 41, menezes@goa1.dot.net.in

Österreich

Botschaft, New Delhi 21, EP-13, Chandergupta Marg, Chanakya Puri, Tel. (011) 26 88 90 37, Fax 26 88 69 29, new-delhi-ob@bmaa.gv.at

Schweiz

Botschaft, New Delhi 21, Nyaya Marg, Chanakya Puri, Tel. (011) 26 87 83 72, Fax 26 87 30 93, www.eda.admin.ch/newdelhi

Vertretungen Indiens

In Deutschland

◆ **IBotschaft,** Tiergartenstr. 17, 10785 Berlin, Tel. 030/2 57 95-820, Fax 2 57 95-620, www.indianembassy.de

◆ **Für Baden-Württemberg und Bayern**
Indisches Honorargeneralkonsulat, Widenmayerstr. 15, 80538 München, Tel. 089/21 02 39 0-40 , Fax 21 02 39 80, www.cgimuenchen.de

◆ **Für Hessen, Rheinland-Pfalz, Saarland, Nordrhein-Westfalen**
Indisches Generalkonsulat, Friedrich-Ebert-Anlage 26, 60325 Frankfurt/M., Tel. 069-15 30 05-0, Fax 74 09 06 45, visa@cgifrankfurt.de. Visa-Anfragen an Tel. 069-74 08 76 46, www.igcsvisa.de.

◆ **Für Hamburg, Bremen, Schleswig-Holstein und Niedersachsen**
Indisches Generalkonsulat, Raboisen 6, 20095 Hamburg, Tel. 040/33 80 36, Fax 32 37 57. Visaausstellungen werden jetzt von den Indo-German Consultancy Services übernommen (www.igcsvisa.de). Das Konsulat übernimmt nur noch persönlich eingereichte Anträge.

◆ **Für Berlin, Brandenburg, Mecklenburg Vorpommern, Sachsen, Sachsen-Anhalt und Thüringen**
s. Indische Botschaft.

In Österreich

Indische Botschaft, Kärntner Ring 2, 1010 Wien, Tel. 01/505 86 66, Fax 505 92 19.

In der Schweiz

◆ **Indische Botschaft,** Kirchenfeldstr. 28, 3005 Bern, Tel. 0 31/351 11 10, Fax 351 15 57.

◆ **Indisches Generalkonsulat,** 9, rue du Vallais, 1202 Genf, Tel. 022/738 45 48, Fax 731 51 29.

Drogen

Die Behörden kennen kein Erbarmen mit Konsumenten und Dealern. Auch Cannabis-Besitz ist illegal und kann leicht zu sechs Monaten Haft führen.

Elektrizität

Indien hat ein 220-Volt/50-Hertz-Stromnetz. Die Spannung kann aber je nach Tageszeit stark schwanken. Die Steckdosenformen können variieren (häufig Dreipolstecker), sodass es ratsam ist, einen Universal-Adapter mitzunehmen.

Feiertage & Feste

Es gibt in Indien eine relativ große Zahl von Feiertagen und Festen, die teils im ganzen Land, teils nur in einzelnen Regionen begangen werden (s. S. 92). Da die meisten dieser Festtage religiösen Ursprungs sind, richten sich ihre Termine nach dem traditionellen Mondkalender und sind somit, bezogen auf unseren Kalender, bewegliche Feste. Was zur Zeit Ihres Aufent halts am Ort und in der Region gerade gefeiert wird, erfahren Sie am besten im staatlichen Fremdenverkehrsamt.
An folgenden festen Terminen sind Banken und Geschäfte landesweit geschlossen:

- **Tag der Republik**: 26.1.
- **Unabhängigkeitstag**: 15.8.
- **Mahatma Gandhis Geburtstag**: 2.10.
- **Weihnachten** 25.12.

Fotografieren

Gängige Akkus und Chips bekommt man fast überall. Außerdem kann man sich in allen Touristenzentren die Bilder auf CD brennen lassen. Kompliziertere Reparaturen an Kameras können zum Problem werden. Nur in Spezialgeschäften in den Metropolen ist so etwas möglich. Filme sind ebenfalls nur noch schwer zu bekommen, ihr Verfallsdatum ist meist abgelaufen.

Verbote

Fotografierverbot gilt nicht nur auf Bahnhöfen, sondern auch auf Flughäfen, in einigen Stammesgebieten sowie in Häfen, ebenso für Brücken und militärische Einrichtungen. Vor historischen Baudenkmälern und in Museen darf nur ein Stativ aufstellen, wer die Erlaubnis des Archeological Survey of India besitzt. In Museen ist Fotografieren mit Blitz vielfach verboten. An vielen Monumenten werden Foto- und Videogebühren erhoben, die oft über dem Eintrittspreis liegen.
In religiösen Stätten sollte man aus Respekt, wenn es nicht ohnehin verboten ist, allenfalls mit äußerster Zurückhaltung eine Kamera benutzen (nie mit Blitz). Das Allerheiligste darf nie fotografiert werden.
Immer häufiger lassen sich Inder in den Touristenzentren nur noch gegen Geld fotografieren. Grundsätzlich gebietet es die Höflichkeit, vorher um Erlaubnis zu fragen.

Geld & Zahlungsmittel

Die einfachste Methode, Geld zu tauschen, ist mit Hilfe der Kreditkarte auf der Bank oder an einem der mittlerweile zahlreichen Geldautomaten. Man sollte sich jedoch nie auf nur ein Zahlungsmittel verlassen und neben der Kreditkarte noch Bargeld oder Reiseschecks dabeihaben.
Bewahren Sie grundsätzlich alle Belege auf, mit deren Hilfe Sie über die Herkunft des Geldes, das Sie im Land ausgeben, Rechenschaft geben können: Wenn Sie Bargeld eingeführt und deklariert haben (ab 10 000 US$ erforderlich), wenn Sie Geld umtauschen oder Reiseschecks einlösen, lassen Sie sich Quittungen geben. Das ist nicht nur Vorschrift (wegen des Schwarzhandels mit Devisen), sondern auch in Ihrem eigenen Interesse: Wenn Sie vor der Ausreise übriges indisches Geld zurücktauschen wollen, müssen Sie beweisen können, dass Sie legal gewechselt haben.
Theoretisch können alle Institutionen, bei denen Sie Geld ausgeben (Hotels, Airlines etc.), diesen Nachweis verlangen. Sollten Sie sich länger als 180 Tage in Indien aufgehalten haben, so müssen Sie vor Abreise durch Umtausch- oder Scheckquittungen glaubhaft machen, dass Sie Ihren Lebensunterhalt aus eigenen Mitteln bestritten haben – andernfalls müssen Sie Einkommenssteuer zahlen.
Die indische Währung basiert auf dem Dezimalsystem (100 Paise sind eine Rupie). Es gibt Münzen zu 10, 25 und 50 Paise, sowie zu 1, 2 und 5 Rupien, Banknoten im Wert von 10, 20, 50, 100, 500 und 1000 Rupien. Indisches Geld darf weder ein- noch ausgeführt werden. Überprüft wird dies jedoch so gut wie gar nicht.
International bekannte Kreditkarten werden von den größeren Hotels, Restaurants und Geschäften meist als Zahlungsmittel akzeptiert. Erkundigen Sie sich im Voraus.
Zum Einlösen von Reiseschecks wird der Pass benötigt. Meist erhält man für Schecks einen besseren Wechselkurs als für Bargeld. Es gibt keine genaue Richtlinie, welche Bank welchen Scheck akzeptiert, am bekanntesten sind die Traveller Cheques von American Express, Visa und Thomas Cook.
Nützlich, sich einen Vorrat von Geldscheinen kleinerer Notierungen anzulegen, um Trinkgelder, Kofferträger etc. bequem bezahlen zu können.
Die Wechselkurse schwanken: 1 € = ca. 60 Rupien, 1 CHF = ca. 40 Rupien (Stand: Sept. 2009).

Gesundheit & Vorsorge

Impfungen und Medikamente

Für die Einreise sind keine Impfungen (s. S. 446) vorgeschrieben (Ausnahme: Gelbfieberimpfung, wenn Sie aus einem Infektionsgebiet kommen). Eine Malariaprophylaxe ist für manche Gebiete, darunter Goa, unbedingt empfehlenswert, ebenso ein Schutz vor Hepatitis, Tetanus, Typhus und Kinderlähmung. Das Dengue-Fieber ist auf dem Vormarsch. Informationen bieten die Tropeninstitute.
Aids verbreitet sich extrem rasch, entsprechende Vorsichtsmaßnahmen (Kondome) sind unbedingt zu treffen. lErkältungen (Klimaanlagen!) und Durchfälle treten häufig auf.
Nach einem Hundebiss sollten Sie unbeingt einen Arzt aufsuchen, Tollwut ist unter Straßenhunden verbreitet.
Fragen Sie Ihren Hausarzt bezüglich der Zusammenstellung der Reiseapotheke. Vorteilhaft erweisen sich Heilsalben nach Moskitostichen, Elektrolythe bei Durchfallerkrankungen, Lutschtabletten bei Halsschmerzen und Medikamente gegen Fieber. Das im Land übliche Anti-Moskitomittel ODOMOS ist fast überall erhältlich, wie viele andere Medikamente auch.
Eine Reisekrankenversicherung (s. S. 450) ist unbedingt erforderlich.

Essen und Trinken

Vorsicht bei Wasser – Leitungswasser ist grundsätzlich kein Trinkwasser; keimfrei wird dieses erst durch 20-minütiges Abkochen oder spezielle, in der Apotheke erhältliche Tabletten. Auch gefiltertes Wasser (häufig in Thermoskannen auf Hotelzimmern) ist für den Verzehr wie auch zum Zähneputzen ungeeignet. Bei Mineralwasser (ist in Indien immer still!) in Plastikflaschen müssen Sie stets auf den versiegelten Verschluss achten – in Billigläden besteht die Gefahr, dass die Flaschen mit normalem Leitungswasser nachgefüllt wurden!
Ungeschältes Obst und rohes Gemüse, eiskalte Getränke, Eiswürfel und auch Speiseeis sollten gemieden werden. Auch zu kurz gekochte Eier (z. B. Spiegeleier mit glasigem Eiklar) sind ein gesundheitliches Risiko.

Impfungen

Nur wer aus Afrika oder Lateinamerika nach Indien einreist, muss eine Gelbfieberimpfung nachweisen (die Impfung darf nicht älter als zehn Jahre und nicht jünger als zehn Tage sein). Obwohl ansonsten keine Impfpflicht besteht, sind jedem Indienbesucher dringend Impfungen gegen Polio, Typhus und Tetanus zu empfehlen. Bezüglich der Einnahme von Tabletten gegen Malaria und über Maßnahmen zur Hepatitisprophylaxe sowie bei längeren Aufenthalten gegen Meningitis, Tollwut und Japanische B Encephalitis sollten Sie unbedingt mit Ihrem Arzt. sprechen. Auch Dengue-Fieber greift immer stärker um sich.

Krankenhäuser

Krankenhäuser entsprechen meist nicht westlichem Standard, v.a. staatliche Hospitäler. Trotzdem sind sie bei leichteren Erkrankungen hilfreich. Die Ärzte sprechen Englisch und sind generell gut. Fragen Sie bei ernsthaften Erkrankungen bei Ihrer Botschaft (s. S. 444) nach deren Vertrauensarzt/Klinik oder konsultieren Sie den Hotelarzt.

◆ **Krankenhäuser in New Delhi**
All India Institute of Medical Scienes (AIIMS),
Ansari Nagar, Tel. (011) 26 86 48 51
Kripalani Hospital,
Panchkuin Road, Tel. (011) 23 36 37 88
Safdarjang General Hospital, Sri Aurobindo Marg,
Tel. (011) 26 16 50 60
◆ **Krankenhäuser in Hyderabad/ Secunderabad**
General Hospital,
Nampally, Tel. (040) 223 43 44
Newciti,
Secundarabad, Tel. (040) 27 80 59 61
◆ **Krankenhäuser in Kolkata**
Birla Heart Research Centre,
1-1, National Library Avenue,
Tel. (033) 23 79 29 80
Medical College Hospital,
88, College Street,
Tel. (033) 22 41 18 91
◆ **Krankenhaus in Mumbai**
Prince Ali Khan Hospital,
Nesbit Road, Tel. 022/23 75 43 43

Infos zur Reiseplanung

Allgemeine Auskünfte und Unterlagen für die Reisevorbereitung erhält man beim **Indischen Fremdenverkehrsamt**, Baseler Straße 48,
60329 Frankfurt, Tel. 069-24 29 490,
Fax 24 29 4977, info@india-tourism.com, www.india-tourism.com.

Adressen der lokalen Touristenbüros

◆ **Agra (Uttar Pradesh),**
191 The Mall, Agra-282 001,
Tel. (0562) 222 63 78
◆ **Aurangabad (Maharashtra),**
Krishna Villas, Station Road,
Aurangabad 431 005,
Tel. (02432) 233 12 17
◆ **Bengaluru (Karnataka),**
KFC Building, 48 Church St.,
Bengaluru 560 001,
Tel. (080) 25 58 54 17
◆ **Bhubaneswar (Orissa),**
B-21 B.J.B. Nagar,
Bhubaneswar 751 014,
Tel. (0674) 243 22 03
◆ **Chennai (Tamil Nadu),**
154, Anna Salai, Chennai 600 002,
Tel. (044) 28 46 14 59
Fax 28 46 01 93
◆ **Delhi, 88, Janpath,**
New Delhi 110 001,
Tel. (011) 23 32 00 08
Airport National:
Tel. (011) 25 67 52 96;
Airport International:
Tel. (011) 25 69 11 71.
◆ **Guwahati (Assam),**
G. L. Publication Complex,
G. S. Road, Ulu-bari, Guwahati
781 007, Tel. (0361) 254 74 07
◆ **Haridwar (Uttaranchal),**
Regional Tourist Office,
Tel. (0133) 42 73 70;
Tourist Bureau,
Laltarao Bridge, Hardwar,
Tel. (0133) 42 42 40;
Tourist Information Center,
Railway Station, Hardwar,
Tel. (0133) 42 78 17
◆ **Hyderabad (Andra Pradesh),**
3–60-140 (2nd Floor),
Netaji Bhavan, Liberty Road,
Himayat Nagar, Hyderabad 500 029,
Tel. (040) 232 61 36-0/-3
◆ **Imphal (Manipur),**
Old Lambulane, Jail Road,
Imphal 795 001,
Tel./Fax (03852) 22 11 31
◆ **Jaipur (Rajasthan),**
State Hotel, Khasa Kothi,
Jaipur-302001,
Tel. (0141) 237 22 00
◆ **Khajuraho (Madhya Pradesh),**
Bei der Western Group of
Temples, Khajuraho 471 606,
Tel. (07686) 24 23 47
◆ **Kochi (Kerala),**
Willingdon Island, Kochi 682 009,
Tel./Fax (0484) 266 83 52
◆ **Kolkata (Kalkutta; West-Bengalen), »Embassy«,**
4 Shakespeare Sarani,
Kolkata 700 071, Tel. (033)
22 82 14 02, Fax 22 82 35 21
Airport: Tel. (033) 25 11 82 99
◆ **Mumbai (Maharashtra),**
123-M Karve Road, gegenüber
Churchgate, Mumbai 400 020,
Tel. (022) 22 03 31 44
Airport National:
Tel. (022) 26 15 69 20;
Airport International:
Tel. (022) 26 15 69 20
◆ **Varanasi**
15 B The Mall, Cantt, V
aranasi 221 002,Tel. (0542) 250 17 84

Tourismus-Websites der Bundesstaaten

◆ **Andamanen und Nicobaren**
http://tourism.andaman.in
◆ **Andhra Pradesh**
www.aptourism.in
◆ **Arunachal Pradesh**
www.arunachaltourism.com
◆ **Assam**
www.assamtourism.org
◆ **Delhi**
delhitourism.nic.in
◆ **Goa**
www.goatourism.org
◆ **Gujarat**
www.gujarattourism.com
◆ **Haryana**
http://haryanatourism.gov.in
◆ **Himachal Pradesh**
www.hptdc.nic.in
◆ **Karanataka**
www.karnatakatourism.org
◆ **Kerala**
www.keralatourism.org
◆ **Lakshadweep**
www.lakshadweeptourism.com
◆ **Madhya Pradesh**
www.mptourism.com
◆ **Maharashtra**
www.maharashtratourism.gov.in
◆ **Orissa**
www.orissatourism.com
◆ **Rajasthan**
www.rajasthantourism.com
◆ **Sikkim**
sikkim.nic.in
◆ **Tamil Nadu**
www.tamilnadutourism.org
◆ **Uttaranchal**
www.gmvnl.com
◆ **Uttar Pradesh**
www.up-tourism.com
◆ **Westbengalen**
www.wbtourism.com

Kalender & Jahreszeiten

Es gibt in Indien mehrere Kalender. Das öffentliche Leben verläuft nach dem westlichen, Festlichkeiten, Geburtstage, Jahreszählungen oft nach den anderen, z. B. dem islamischen. Eine Jahreszählung beginnt im Herbst mit dem Fest Diwali, eine im Frühjahr.

Manchmal kann man hinter Jahreszahlen das Kürzel »V.S.« sehen, was für Vikram-Samvat steht, eine Jahreszählung, die 57 Jahre vor unserer beginnt. Viele, aber nicht alle religiösen Feste orientieren sich am Mondkalender, der die Mondmonate in zwei Abschnitte teilt: den hellen, »shukla paksha«, und den dunklen, »krishna paksha«.
Die sich überlappenden Sonnen- und Mondmonate tragen die gleichen Namen, stimmen aber zeitlich oft nicht überein. Festdaten werden deswegen von professionellen Astrologen bestimmt und in kleinen Büchern veröffentlicht. Fast alle Feste sind also bewegliche Feste, Auskunft darüber bekommt man vor der Reise beim Indischen Fremdenverkehrsamt (s. S. 446).
Das Jahr ist nach der Tradition in sechs Jahreszeiten mit jeweils zwei Monaten eingeteilt, die im Monat Chaitra (Mitte März) beginnen: Frühling, heiße Jahreszeit, Regenzeit, Herbst, Winter und frostige Jahreszeit.

Kleidung

Man sollte Kleidungsstücke mitnehmen, die den klimatischen Bedingungen der einzelnen Landesteile entsprechen. Überall, wo Klimaanlagen im Einsatz sind (Hotels, Restaurants, Shoppingcenter, Busse etc.), hilft ein Pulli oder Schal gegen eine Erkältung. Für Reisen in den Süden, in den Küstenbereich oder in den Norden benötigt man während der Sommermonate nur leichte Kleidung aus atmungsaktiven Materialien. Im Winter braucht man für den Norden, wo die Tagestemperaturen stark schwanken, einen wärmenden Pullover und einen Anorak, im Süden wird es nur sehr selten kühl. Gute und billige Baumwollsachen sind überall in Indien erhältlich; packen Sie also nur das Nötigste ein. Um so mehr Platz ist dann für Dinge, die Sie gerne kaufen und mit nach Hause nehmen möchten.
Denken Sie auch an Badesachen. Bequeme Schuhe – Sandalen im Sommer, feste Schuhe im Winter – gehören zur Grundausstattung. Besonders zu empfehlen sind luftige Trekking-Sandalen oder leichte Wanderschuhe. Frauen sollten auf knappe Blusen und T-Shirts, kurze Röcke und Shorts verzichten. Die typische indische Kleidung *salwar kamiz* oder *churidar kamiz* (lange Tunika über Hosen) ist überall erhältlich und schützt Sie vor neugierigen Blicken sowie vor der starken Sonne. Männer in Shorts und Achselhemden riskieren, nicht ernst genommen zu werden.

Klima & Reisezeit

Angesichts der Größe und topografischen Vielfalt des Subkontinents sind generelle Aussagen über das Klima schwer zu treffen. Im Himalaya liegt ewiger Schnee, an der Küste herrscht ein feuchtwarmes, im Inland ein kontinentales Klima. Dazu sind viele regionale Besonderheiten zu beachten.
Von Oktober bis März dauert die kühle Jahreszeit, es ist die günstigste Periode für eine Indienreise. Im Winter herrscht gleichmäßig schönes, in den meisten Landesteilen sonniges Wetter.
Manche Regionen im Süden und Osten bekommen kurzzeitig den Nordostmonsun zu spüren (Regen). Schnee und Eis machen in dieser Jahreszeit manche hoch gelegenen Gegenden im Norden nahezu unpassierbar.
Im Sommer (April bis Juni) ist es zumeist heiß und trocken, im Küstenbereich auch feuchtwarm. Um diese Zeit entfalten Kaschmir und die Erholungsgegenden in den Bergen von Himachal, Uttar Pradesh und Uttaranchal ihre besonderen Reize. Ende Mai setzt an der Westküste der Monsun ein, der sich im Lauf der folgenden Monate nach Nordosten bewegt. Er mildert die Gluthitze und lässt mit seinen Niederschlägen das Land aufblühen. Ende September ist diese Regenzeit überall im Land zu Ende.
Im Nordosten Indiens ist der Monsunregen besonders stark; das Gebiet ist eine der niederschlagsreichsten Zonen der Welt.

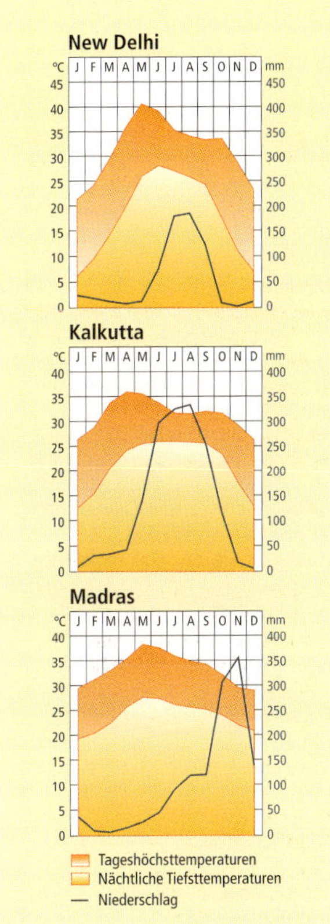

Landkarten

In Europa erhältlich sind die Karten aus dem Nelles-Verlag sowie des englischen Verlags Bartholomew zu verschiedenen Regionen Indiens.
Im Land selbst findet man fast überall detaillierte T. T. Straßenkarten. Weiter empfehlenswert sind Karten aus der »Discover India« Serie.

Literaturtipps

Belletristik

◆ **Altmann, Andreas: Notbremse nicht zu früh ziehen!** Mit dem Zug durch Indien. Der Autor und Reporter ist von Mumbai aus mit dem Zug losgefahren und traf auf seiner Reise die verschiedensten Menschen. Reinbeck: Rowohlt, 2003.
◆ **Butalia, Urvashi: Frauen in Indien: Erzählungen.** Die Sammlung von Geschichten von und über indische Frauen zeigt die sich verändernde Rolle der Frauen in der modernen Gesellschaft auf. München: Dtv, 2006.
◆ **Clément, Catherine: Eine Liebe in Indien.** Im Mittelpunkt der Handlung stehen Edwina Mountbatten, eine Dame aus der englischen Aristokratie, und Nehru, Indiens erster Premierminister. München: Heyne, 1999. (nur antiquarisch)
◆ **David-Néel, Alexandra: Mein Indien: Der legendäre Bericht über die erste große Reise der berühmten Asienforscherin.** Um die Wende von 19. zum 20. Jh. bricht die damals 23-Jährige nach Indien auf, um religiöse Traditionen zu studieren, und trifft dabei auch viele berühmte Persönlichkeiten. Frankfurt: Fischer, 2008.
◆ **Divakaruni, Chitra: Hüterin der Gewürze.** Die Inderin Tilo betreibt in Oakland einen Gewürzladen und besitzt die magische Gabe, geheimste Wünsche der Menschen zu erkennen. Aber nur, solange sie sich nicht verliebt. München: Diana, 2005.
◆ **Eliade, Mircea: Indisches Tagebuch: Reise durch einen mystischen Kontinent.** Zwischen 1928 und 1931

begegnete der rumänische Religionswissenschaftler auf seinen Indienreise verschiedenen Leuten und schildert seine Eindrücke. Freiburg: Herder, 1998. (Nur antiquarisch)

◆ **Forster, E.M.: Auf der Suche nach Indien.** Ein Klassiker der englischen Literatur zeigt das gespannte Verhältnis zwischen Indern und ihren britischen Kolonialherren. Frankfurt: Fischer, 2009.

◆ **Gandhi, Mahatma: Mein Leben.** In seiner Autobiografie erzählt Gandhi von seiner Kindheit, seiner Zeit als Anwalt in Südafrika und seinem Weg zu Satyagraha, der Lehre des gewaltfreien Widerstandes. Frankfurt: Suhrkamp, 2007.

◆ **Ghosh, Amitav: Schattenlinien.** Ein Junge zwischen den Kulturen auf der Suche nach seiner eigenen Identität. München: btb, 2003.

◆ **Ghosh, Amitav: Das mohnrote Meer.** Der neue Roman des indischen Autors erzählt von einer Frau, die nach dem Tod ihres Mannes mit einem Unberührbaren ins koloniale Kalkutta flieht. München: Belssing, 2008.

◆ **Hesse, Hermann: Siddharta: Eine indische Erzählung.** Die stark stilisierte Erzählung beschreibt einen jungen Mann, der nach Erkenntnis sucht. Frankfurt: Suhrkamp, 2008.

◆ **Irving, John: Zirkuskind.** Skurriler Krimi, der in Mumbai spielt. Zürich: Diogenes, 1997.

◆ **Kipling, Rudyard: Kim.** Der Waisenjunge Kim erlebt nicht nur die Slums von Lahore, sondern begleitet auch einen Lama auf seiner Pilgerreise und wird in das britische Spionagenetz gezogen. München: Dtv, 1999.

◆ **Klein, Stefan: Heilige Kühe und Computerchips: Indische Gegensätze.** Die Vielfalt Indiens wird hier an Einzelschicksalen dargestellt. Wien: Picus, 1999.

◆ **Mehta, Gita: Raj.** Historisch, politisch und kulturell wird Indien anhand der Geschichte einer Maharani unter britischer Kolonialherrschaft bis zur Unabhängigkeit beschrieben. Barcelona: Anagrama, 1995. (Nur antiquarisch)

◆ **Lapierre, Dominique: Stadt der Freude.** In den Slums von Kolkata werden zwei vollkommen verschiedene Lebensstränge verfolgt, die somit das Leben in seinen Unterschiedlichkeiten darstellen. München: Goldmann, 2002. (Nur antiquarisch)

◆ **Mistry, Rohinton: Das Gleichgewicht der Welt.** Ein Roman über die sich kreuzenden Lebenswege verschiedener Menschen in Mumbai. Frankfurt, Fischer, 2002.

◆ **Nagarkar, Kiran: Krishnas Schatten.** Maharaj-Kumar, Kronprinz des rajputisches Reiches zu Beginn des 16. Jh., muss nicht nur um seine politische Macht kämpfen, sondern auch gegen den Gott Krishna, der die gleiche Frau begehrt wie er. Berlin: List, 2004.

◆ **Nair, Anita: Das Salz der drei Meere.** Drei Frauen erzählen sich während einer Zugfahrt ihre gänzlich unterschiedlichen Lebenswege. München: Dtv, 2006.

◆ **Riemenscheider, Dieter: Shiva tanzt: Das Indien-Lesebuch.** Indischen Autoren führen in ihre Kultur, Geschichte und Philosophie ein. Zürich: Unionsverlag, 2002. (Nur antiquarisch)

◆ **Roy, Arundhati** (folgende Werke erscheinen bei btb, München):

Der Gott der kleinen Dinge. In ihrem Debütroman schildert die Autorin eine Familie, die 1969 an einer verbotenen Liebe zugrunde geht. 1999.

Die Politik der Macht. In diesem Werk spricht die Autorin über den nur teilweise erwünschten Narmada-Staudamm und die Atombombenversuche, die wieder zu einer Verschärfung der Beziehung mit Pakistan führten. 2002.

Wahrheit und Macht: Arundhati Roy im Gespräch mit David Barsamian. Persönliche Interviews, die der Journalist David Barsamian mit der Autorin führte, stellen ihre Einstellung zu Missständen und Einblicke in ihr Leben dar. 2004.

◆ **Rushdie, Salman: Mitternachtskinder.** Eine hervorragend erzählte Geschichte um Kinder, die in der Nacht der Unabhängigkeit geboren wurden und außergewöhnliche Fähigkeiten besitzen. Reinbeck: Rowohlt, 2005.

◆ **Ryman, Rebecca** (folgende Werke erscheinen bei Fischer, Frankfurt):

Wer Liebe verspricht. Die verbotene Liebe zwischen einer Amerikanerin und einem Inder im 19. Jh. 1992.

◆ **Shanghvi, Siddharth D.: Das Lied der Dämmerung.** In Indien am Ende der Kolonialzeit lebt ein Waisenkind mit einem Talent fürs Malen. Reinbeck: Rowohlt, 2005. (Nur antiquarisch)

◆ **Sundaresan, Indu: Pfauenprinzessin.** Nach einer wahren Begebenheit erzählt. Meherunissa gewinnt die Liebe des Kaisers von Indien und wird unter dem Namen Nur Jahan die mächtigste Frau des Weltreiches. Frankfurt: Fischer, 2006.

◆ **Swarup, Vikas: Rupien! Rupien!.** Der Roman beginnt in der indischen Fassung der »Wer wird Millionär?«-Show und erzählt vom verschlungenen Lebensweg und der Liebe eines jungen Mannes aus den Slums. Unter dem Titel Slumdog Millionär verfilmt und mit 8 Oscars ausgezeichnet. Köln: Kiepenheuer & Witsch, 2007.

◆ **Tagore, Rabindranath: Liebesgedichte.** 1973 wurde der Autor mit dem Literaturnobelpreis ausgezeichnet. Hier liegt eine Auswahl seiner Liebesgedichte und -lieder vor, die direkt aus dem Bengalischen übersetzt wurden. Frankfurt: Insel, 2006.

◆ **Tharoor, Shashi: Bollywood.** Die Erzählung von Aufstieg und Fall eines Filmhelden mit zweifelhafter Moral als Metapher für die moderne Gesellschaft. Frankfurt: Suhrkamp, 2007.

◆ **Trojanow, Ilija: Der Sadhu an der Teufelswand: Reportagen aus einem andere Indien.** Ein Portrait der Mannigfaltigkeit Indiens in Kultur, Politik und vielen anderen Aspekten. München: Sierra, 2008.

◆ **Viramma; Racine, Josiane und Jean-Luc: Eine Unberührbare erzählt.** Die sehr eloquente südindische Dame Viramma gehört der niedrigsten Kaste an und erzählt von ihrem aufregenden Leben. München: Frederking & Thaler, 2001. (Nur antiquarisch)

◆ **Vosseler, Nicole C.: Der Himmel über Darjeeling.** Mitte des 19. Jhs. spielt die dramatische Liebgeschichte eines englischen Ehepaars in einem von der Autorin gut recherchierten Indien. Köln: Bastei-Lübbe, 2008.

Bildbände

◆ **Chorier, Nicolas: Indien von oben.** Mit Flugdrachen und Kamera machte sich der Autor daran, bekannte Orte Indiens von oben aufzunehmen. München: Frederking&Thaler, 2007.

◆ **Dix, Thomas; Clermont, Lothar: Rajasthan.** 359 Bilder zeigen die Vielfalt Rajasthans und extra Themenblöcke beschreiben besondere Plätze in dieser Gegend. Würzburg: Stürtz, 2006.

◆ **Dwivedi, Sharada: Maharadschas und die indischen Fürstenstaaten.** Ein prachtvoller Bildband des königlichen Indiens. Köln: Komet, 2002. (Nur antiquarisch)

◆ **Herzau, Andreas: Calcutta-Bombay: Eight days by Taxi.** Im Frühjahr 2004 reiste der Fotograf mit dem Taxi die 2400 km lange Strecke zwischen Kolkata und Mumbai und gewann dabei einzigartige Eindrücke. Heidelberg: Edition Braus, 2005. (Nur antiquarisch)

◆ **Jackson, Jack u.a.: Die schönsten Trekkingtouren der Welt: 20 ausgewählte Routen.** Unter anderem wird die Wintertour am Zanskar River in Indiens Norden Ladakh beschrieben. München: Christian, 2003.

◆ **Penner, Claudia; Trox, Trudie; Dix, Thomas: Indien (Horizont).** Über 290 Abbildungen und einige Themenbeschreibungen bringen Indien in seiner kulturellen und landschaftlichen Vielfalt näher. Würzburg: Stürtz, 2005.

◆ **Potschka, Boris; Pannke, Peter: Indien – Fest der Farben.** Farben spielen eine wichtige Rolle in Indien. Dies wird im Kontext und mit mannigfaltigen Bildern erklärt und gezeigt. München: Frederking & Thaler, 2000.
◆ **Sanghvi, Vir; R. Mukherjee: Indien einst und jetzt.** Der zweigeteilte Bildband zeigt in historischem Schwarz-Weiß und aktuellen Farbbildern Indien im Laufe der Zeit. München: Frederking & Thaler, 2006. (Nur antiquarisch)

Landeskunde & Kochbücher

◆ **Dusy, Tanja; Schenkel, Roland: Indien: Küche und Kultur.** In vier Kapiteln werden die verschiedenen Regionalküchen erklärt, Rezepte laden zum Nachkochen ein.
München: Gräfe & Unzer, 2005.
◆ **Ihlau, Olaf: Weltmacht Indien: Die neue Herausforderung des Westens.** Der langjährige Indienkorrespondent erklärt, warum Indien wirtschaftspolitisch eines Tages global führend sein wird und welche Auswirkungen das auf Indiens Gesellschaft selbst und auf den Westen haben wird. München: Siedler, 2008.
◆ **Krack, Rainer: Kauderwelsch, Hindi Wort für Wort.** Mit diesem Sprachführer lässt sich leicht der Einstieg ins Hindi finden. Bielefeld: Reise Know-How, 2004.
◆ **Panjabi, Camellia: Indische Currys: Die 50 besten Originalrezepte aus allen Teilen des Landes.** Die Autorin stellt ihre 50 Lieblingsrezepte, gesammelt von Hausfrauen und Profiköchen aus ganz Indien, vor. München: Kaleidoskop, 2003.
◆ **Rothermund, Dietmar: Geschichte Indiens: Vom Mittelalter bis zur Gegenwart.** Die Geschichte des Landes, mit thematischem Schwerpunkt auf der Unabhängigkeitszeit. München: Beck, 2002.
◆ **Rothermund, Dietmar; Kulke, Hermann: Geschichte Indiens: Von der Induskultur bis heute.** Das Standardwerk zur Geschichte Indiens. München: Beck, 2006.

Religion

◆ **Abt, Otto (Hg.): Von Liebe und Macht: Das Mahabharata.** Das wichtigste Epos Indiens schult nicht nur das Moralverständnis, sondern erzählt ebenso spannende Geschichten. Unkel: Horlemann, 2001.
◆ **Diederichs, Ulf (Hg.): Indische Märchen und Götterlegenden.** Eine Auswahl an weisen, märchenhaften, exotischen und fantastischen Geschichten aus der mythologischen Welt Indiens. München: Dtv, 2006.
◆ **Gunturu, Vanamali: Hinduismus.** In dem Band werden die Fragen nach dem Hinduismus, seiner vielfältigen Götterwelt und einzelne Begriffen geklärt. München: Diederichs, 2002.
◆ **Krack, Rainer: Hinduismus erleben: Alltagsleben, Riten und Feste, Pilgerfahrten, Talismane, Hinduistische Küche.** Die wichtigsten religiösen Grundlagen und deren Einfluss auf das Leben in Indien tragen zum besseren Verständnis bei. Bielefeld: Reise Know-How, 2001.
◆ **Schmölders, Claudia (Hg.): Ramayana: Die Geschichte vom Prinzen Rama, der schönen Sita und dem Großen Affen Hanuman.** Das bedeutende Epos besticht durch seine Menschlichkeit, seine Poesie und die Einblicke in die Widersprüchlichkeit des Lebens. Große Literatur, 2000 Jahre alt. München: Diederichs, 2004.
◆ **Schumann, Hans W.: Die großen Götter Indiens: Grundzüge von Hinduismus und Buddhismus.** Gut zusammengefasst werden hier Gemeinsamkeiten und Unterschiede der beiden großen Religionen Indiens beschrieben. München: Diederichs, 2006.

Maße und Gewichte

Für Maßangaben gilt in ganz Indien einheitlich das metrische System. Edelmetalle, vor allem Gold, werden häufig nach der traditionellen *tola* (11,5 g) gewogen,
Edelsteine nach Karat (0,2 g).
Sehr große Zahlen werden ausgedrückt in *lakh* (= 100 000) und *crore* (= 100 lakh oder 10 Mio.).

Medien

Fernsehen & Rundfunk

Neben dem staatlichen Sender Doordarshan gibt es eine unübersehbare Zahl von Privatsendern in Indien, die ihre Sendezeit mit indischen Soaps und Filmmusik füllen. Ausländische Sender wie Sky, HSBO, MTV sind mittlerweile auch mit einem indischen Ableger vertreten. Die meisten sind in den Regionalsprachen. Einige zeigen auch die üblichen amerikanischen Filme und Serien. Nachrichten auf Englisch kann man im Doordarshan um 19.50 und 21.30 Uhr sehen.

Zeitungen & Zeitschriften

Eine große Bandbreite englischsprachiger und Hunderte von Zeitungen in einheimischen Sprachen gewährleisten in Indien eine ausführliche und kritische Berichterstattung über nationale und internationale Ereignisse, keine Selbstverständlichkeit in postkolonialen Staaten. Die interessantesten überregionalen Tageszeitungen sind:
◆ **Times of India** (www.timesofindia.indiatimes.com)
◆ **The Hindu** (www.hinduonline.com)
◆ **Indian Express** (www.indianepress.com)
◆ **The Hindustan Times** (www.hindustantimes.com).
Da sie nur wenig über außerindische Themen berichten, empfiehlt sich für tiefer gehende Analysen und Berichte die dem Spiegel ähnlichen Magazine:
◆ **India Today** (www.indiatoday.digitaltoday.com)
◆ **Outlook** (www.outlookindia.com)
◆ **Frontline** (www.frontlineonnet.com)
Man findet dort allerdings nur die Ansichten der globalisierten Oberschicht bzw. der Intellektuellen. Daneben erscheinen sehr gute Zeitschriften wie *Sanctuary* (Natur), *Travel Links* (Reise), *Delhi Diary* oder *Hello! Madras* (Stadtmagazine), *Society*, *Bombay*, *First City* (Gesellschaftsklatsch) und *Femina* (Frauenzeitschrift).
Viele internationale Lifestyle- bzw. Frauenzeitschiften wie *Cosmopolitan*, *Elle* und *Vogue* sind mit indischen Ausgaben ebenfalls vertreten.
Ausländische Zeitungen sind extrem teuer, aber in den Großstädten an einigen Kiosken ca. 24 Std. nach Erscheinen erhältlich, große Wochenmagazine eine Woche nach Veröffentlichung.

Notruf

In nächster Zukunft soll die Nummer 108 für alle drei Notdienste indienweit eingeführt werden. Die folgenden Nummern bleiben auch in Gebrauch.
Polizei 100
Feuerwehr 101
Krankenwagen 102

Öffnungszeiten

Banken & Behörden

Die Schalter der internationalen sowie der staatlichen indischen Banken sind Mo–Fr 10–14 sowie Sa 10–12 Uhr geöffnet. Manche Banken haben zusätzlich abends geöffnet, manche sogar sonntags, sind dann aber an einem Wochentag geschlossen.
Alle Banken sind an gesetzlichen Feiertagen (s. S. 445) sowie am 30. Juni und am 31. Dezember geschlossen.
Behörden arbeiten Mo–Fr 9.30–18, tatsächlich meistens von 10–17 Uhr.

Geschäfte & Lokale

Die Ladengeschäfte sind zwischen 10 und 19 Uhr offen. Manche machen Mittagspause. Sonntag ist offiziell Ruhetag, trotzdem sind manche Geschäfte geöffnet; sie schließen dann an einem anderen Tag der Woche. Kleine Geschäfte sind sieben Tage geöffnet. Restaurants haben meist bis 23 Uhr, Nachtclubs und Diskotheken sehr viel länger auf. In den Hotels gibt es oft Cafeterien mit 24-Stunden-Service.

Post & Telefon

Postämter

Die indische Post arbeitet im Allgemeinen zuverlässig; es ist jedoch besser, einen Brief eigenhändig zu frankieren und ihn am Schalter abzugeben, als ihn in einen Briefkasten zu werfen. In den meisten Städten gibt es ein zentrales Hauptpostamt; nur in Delhi kann es zu Verwechslungen kommen:
Das Hauptpostamt von New Delhi liegt nahe des Connaught Circus, das von Delhi zwischen Kashmir Gate und Rotem Fort.
Postämter sind Mo–Fr 10–16.30, Sa bis 12 Uhr geöffnet. Hauptpostämter in großen Städten arbeiten Mo–Fr bis 18.30, Sa bis 16.30 Uhr. Sonntags sind manche Postämter bis 12 Uhr geöffnet. Die großen Telegrafenämter sind rund um die Uhr geöffnet.

Postdienste

Ein Paket ins Ausland zu verschicken, ist wegen der komplizierten Post- und Zollvorschriften zeitraubend. Viele Geschäfte bieten den Versand von Waren an, was aber nicht immer zuverlässig klappt. Großen staatlichen Kaufhäusern kann man einen solchen Auftrag anvertrauen.
Waren können auch per Luftfracht oder durch einen der bekannten internationalen Kurierdienste verschickt werden, die, oft unter anderem Firmennamen, auch in Indien tätig sind. Dazu gehören die indischen Vertretungen von **DHL**, **Skypak** und **Federal Express** (in Indien mit blauem Pfeil).
Postlagernde Sendungen werden zuverlässig ausgehändigt. Den Familiennamen sollte man deutlich in Großbuchstaben schreiben.

Telefon, Fax & E-Mail

Die internationale Direktwahl ist fast überall in Indien möglich. Selbst in kleinen Orten findet man Läden mit großen gelben Schildern mit der Aufschrift STD/ISD/FAX. Dort kann man selbst wählen, ein elektronischer Gebührenanzeiger gibt die anfallenden Kosten an. Telefonate von Hotels aus sind zumeist wesentlich teurer.
Fast alle neuen indischen Teilnehmernummern beginnen mit einer 2. Wenn Sie vergeblich eine alte, kurze Nummer anrufen, stellen Sie die 2 davor – und es sollte funktionieren.

Mobiltelefone

In großen Flughäfen und Hotels kann man mittlerweile oft Mobiltelefone für die Dauer des Aufenthaltes ausleihen. Für das eigene Mobiltelefon besorgt man in Indien am besten eine Prepaid Card eines indischen Netzbetreibers (z. B. Airtel), mit der man auch nach Europa telefonieren kann. Das ist sehr viel preiswerter als mit der heimischen SIM-Karte, die aber inzwischen auch fast überall funktioniert.

Internationale Vorwahlnummern:

- **Indien:** 0091
- **Deutschland:** 0049
- **Schweiz:** 0041
- **Österreich:** 0043

Fax, E-Mail & Internet

Von fast allen zahlreich vorhandenen Internetcafes und Telefonläden kann man auch Faxe schicken. Achten Sie auf **Reliance Web World Internet Cafes.** Sie haben besonders guten Service und überraschend schnelle Server!

Rauchen

Seit Mai 2004 ist Rauchen an öffentlichen Plätzen wie Restaurants, Hotel-Lobbys, Bars, Spielplätzen, Zuschauerräumen (Kinos) und Parks verboten.

Reisedokumente

Für die Einreise nach Indien braucht man außer dem Reisepass ein **Touristen- bzw. Transitvisum.** Visa stellen die indischen Botschaften und Konsulate gegen eine Gebühr aus (s. S. 444), in der Regel innerhalb von einem bis drei Tagen bei persönlicher Abgabe des Passes und des Antragsformulars. Für einen Visum benötigt man einen mindestens noch sechs Monate gültigen Reisepass, zwei Passfotos, das ausgefüllte Antragsformular (auf der Website der Indischen Botschaft: www.indianembassy.de unter Konsulardienst) und, falls man ein Business-, Journalisten- oder sonsiges Visum beantragt, weitere Dokumente.
Wer vorhat, mehrmals aus- und einzureisen – z. B. wegen eines Abstechers nach Nepal oder Pakistan –, muss ein **Mehrfachvisum** beantragen.
Man muss sich das Visum entweder persönlich oder auf schriftlichem Wege vor der Abreise besorgen. Bei der Ankunft in Indien werden keine Einreisepapiere ausgestellt.
Das Touristenvisum gilt in der Regel sechs Monate (eine Verlängerung ist nicht möglich). Kann man sehr häufige Besuche in Indien nachweisen, ist es manchmal auch möglich, ein Fünfjahresvisum zu bekommen. Wer länger als sechs Monate bleibt, muss sich innerhalb von 14 Tagen bei der Ausländerbehörde registrieren lassen.
Eine **Sondererlaubnis** (Inner Line Permit oder Restricted Area Permit) benötigt man u.a. für Reisen nach Sikkim, Arunachal Pradesh, Nagalang, Manipur, Mizoram und die Andamanen. Die Nikobaren sind für Touristen nicht zugänglich. Wenn Sie eine Sondergenehmigung beantragen,dauert die Bearbeitung mindestens sechs Wochen.
Zur Sicherheitslage in bestimmten Landesteilen siehe rechts.

Reiseversicherung

Unbedingt sollte man vor Abreise eine Reisekrankenversicherung iabschließen, die auch einen »medizinisch notwendigen und ärztlich angeordneten« oder besser noch einen »medizinisch-sinnvollen und vertretbaren« Rücktransport abdeckt. Vergelichen Sie die Angebote der bekannten Versicherungsunternehmen, um eine optimale Absicherung – vor allem mit Flugrückholung – zu erhalten.

Sicherheit

Persönliche Sicherheit

Grundsätzlich gilt Indien als ein sicheres Reiseland. Trotzdem sind Touristen ein bevorzugtes Ziel von (Taschen-) Dieben. Deshalb empfiehlt es sich, alle Wertsachen im Hotelsafe einschließen zu lassen und besonders gut auf Handtaschen und Handgepäck zu achten. Die wichtigsten Daten seines Passes sollte man kopieren und die Nummern der Reiseschecks aufschreiben. Im Notfall bitten Sie jemanden, die Polizei zu rufen.
Autostopp gilt in Indien als sehr gefährlich und sollte nur in wirklichen Notfällen riskiert werden.
Alleinreisende Frauen sollten darauf achten, sich bedeckt und nicht provokant zu kleiden, ein langer, dünner Schal kann hilfreich sein, den Körper zu verhüllen. Sexuelle Übergriffe auf

Touristinnen sind selten; man hört davon in den Touristenzentren Goa und Varanasi. Auf der anderen Seite gibt es aber auch Warteräume und Zugabteile nur für Frauen.

Unsichere Regionen

Darüber hinaus sollte man einige Regionen des Landes besser gänzlich meiden. Das deutsche Auswärtige Amt rät gegenwärtig dringend von Reisen nach Jammu und Kaschmir ab und warnt vor einem erheblichen Sicherheitsrisiko in Assam, Manipur, Nagaland und in die Grenzgebiete von Ladakh. Auch einige Regionen im Nordosten sind sehr unsicher (Stand: Sept. 2009). Aktuelle Details unter www.auswaertiges-amt.de unter Länder, Reisen und Sicherheit, Indien und Landesspezifiche Sicherheitshinwiese.

Sitten & Gebräuche

Touristen können die meisten Tempel besichtigen; nicht selten ist es sogar erlaubt, bei rituellen Handlungen zuzusehen. An allen Kultstätten überall in Indien sollte man ordentlich gekleidet sein (keine Mini-Röcke oder knappen Oberteile!). Eine kleine Spende wird von den Besuchern erwartet. Vor dem Betreten von **Tempeln, Moscheen und Gurdwaras** (Sikh-Tempeln) sollten die Schuhe ausgezogen werden (für die Gläubigen ist es undenkbar, den Straßenschmutz in den Wohnbereich der Götter zu tragen). Manchmal werden gegen eine Gebühr Überschuhe gestellt. Wenn Sie die Strümpfe anbehalten wollen, hat man in den meisten Fällen nichts dagegen. Lederwaren aller Art sind in etlichen Kali-Tempeln und Jainheiligtümern verpönt. Das Fotografieren (s. S. 445), v.a. des Allerheiligsten, ist vielfach verboten; man sollte immer um Erlaubnis fragen.
Der **Namaste-Gruß,** bei dem die zusammengelegten Hände vor das Gesicht gehalten werden, ist sehr formell und drückt eine hierarchische Beziehung aus. Gleichgestellte, besonders Männer unter sich, begrüßen sich mit Handschlag. Eine Inderin gibt einem Mann (ohne Unterschied, ob Inder oder Ausländer) selten die Hand. Das bedeutet natürlich nicht, dass sie etwa weniger freundlich wäre.
Die lässigen, unkonventionellen **Umgangsformen,** wie sie im Westen zwischen den Geschlechtern üblich sind, irritieren viele Inder. So gelten Zärtlichkeiten in der Öffentlichkeit, Küsse, Arm in Arm gehen, selbst zwischen verheirateten Paaren als unerwünscht und anstößig. Touristinnen, die mit indischen Männern flirten, riskieren, dass dies als direkte Aufforderung verstanden wird. Der Kopf als Wohnsitz der Seele sollte nicht berührt werden; Kindern liebevoll über den Kopf zu streichen, steht ausschließlich Müttern und anderen sehr vertrauten Personen zu. Die Füße sind der niedrigste Körperteil. Man streckt sie weder mit noch ohne Schuhe einer Person entgegen, schon gar nicht heiligen Gegenständen oder Göttersymbolen.
Inder schätzen die **Gastfreundschaft** hoch ein und verzeihen einem Ausländer in ihrem Haus großzügig, wenn er die landesüblichen Umgangsformen nicht beherrscht. Sollten Sie versuchen, nach indischer Sitte mit den Fingern zu essen, so achten Sie darauf, ausschließ lich die rechte Hand zu benutzen!
Besteht bei **Toiletten** die Wahl zwischen »Western style« und »Indian style«, sollte man aus Hygienegründen »Indian style« vorziehen. Toilettenpapier findet man nur in den teuren Hotels und Restaurants. Die Toiletten sind auch nicht zur Entsorgung eines solchen eingerichtet.

Trinkgeld

Je nach Dienstleistung sind 10–20 Rupien üblich, in Restaurants 10–15 %. Große Hotels schlagen für den Service 10–15 % auf die Rechnung auf, und es steht den Gästen frei, ob sie zusätzlich ein Trinkgeld geben wollen.
Auch bei Taxifahrern ist üblich, etwa 10 % vom Fahrpreis aufzuschlagen. Gepäckträger an Bahnhöfen erwarten ca. 10 Rupien pro Gepäckstück.
Wenn Sie Gast einer indischen Familie waren, sollten Sie sich beim Gastgeber erkundigen, ob er gegen eine Zuwendung für die Bediensteten etwas einzuwenden hat.

Zeitzone

Trotz der Größe des Landes gilt in Indien eine einheitliche Zeit, die Indian Standard Time: Mitteleuropäische Zeit + 4,5 Std., während der europäischen Sommerzeit + 3,5 Std.

Zoll

Einreise nach Indien

Die Abfertigung der Touristen auf den internationalen Flughäfen verläuft im Allgemeinen problemlos. Ein Einfuhrverbot besteht für Drogen, Topfpflanzen, Gold und Silber in Barren sowie alte Münzen. Die Einfuhr von Schusswaffen ist genehmigungspflichtig. Das entsprechende Papier liegt bei den Auslandsvertretungen Indiens aus. Das gesamte Gepäck wird durchleuchtet (Röntgenstrahlung!) Wer Sorge um seine Filme hat, sollte sie ins Handgepäck legen.
Zollfrei einführen darf man 200 Zigaretten oder 50 Zigarren, 0,95 Liter Alkohol, eine Kamera und ein Videogerät plus Filme und Artikel des persönlichen Bedarfs. Hochwertige Güter, etwa technische Geräte, die zu beruflichen Zwecken mitgebracht werden, muss man auf dem sogenannten TBRE-Formular aufführen und erklären, dass es keine Handelswaren sind und dass man sie wieder ins Ausland mitnehmen wird. Bei der Abreise zeigt man dann die Liste mitsamt den registrierten Dingen dem Zoll vor. Die Prozedur kann eine gewisse Zeit in Anspruch nehmen; planen Sie also eine Verzögerung ein. Sollte Ihr Gepäck mit einem anderen Flugzeug als Sie ankommen, lassen Sie sich beim Zoll unbedingt ein »landing certificate« ausstellen.
Siehe auch Ausreise S. 444

Wiedereinreise nach Europa

Nicht exportiert werden dürfen Antiquitäten (alles, was älter als 100 Jahre ist), nach dem Washingtoner Artenschutzabkommen geschüzte Arten und Produkte daraus sowie Goldschmuck im Wert von über 2000 Rupien oder andere Artikel im Wert von mehr als 10 000 Rupien. In Zweifelsfällen entscheidet über das Alter von Antiquitäten das Archeological Survey of India, das Büros in Delhi, Mumbai, Kolkata, Chennai und Srinagar unterhält.
Wer mehr als 10 000 Euro Bargeld mit sich führt, muss dies bei der Einreise bzw. Ausreise deklarieren. Den Vordruck kann man von der Website der Europäischen Kommission (http://ec.europa.eu/taxation_customs/customs/customs_controls/cash_controls/index_de.htm) herunterladen.
Nach Deutschland, Österreich und in die Schweiz dürfen zollfrei eingeführt werden: 200 Zigaretten oder 250 g Tabak, 1 l hochprozentiger Alkohol oder 2 l Wein, 50 g Parfüm, 250 ml Eau de Toilette sowie Geschenke bis 430 Euro (unter 15-Jährige bis maximal 175 Euro) bzw. 300 CHF.
Das Washingtoner Artenschutzabkommen verbietet strikt die Einfuhr geschützter Tiere und Pflanzen und daraus hergestellter Produkte – derlei wird rigoros beschlagnahmt, zudem drohen hohe Geld- und sogar Gefängnisstrafen (Details für Indien beitet www.artenschutz-online.de).

SPRACHE UND GLOSSAR

Verstehen, was gesagt wird

Sprache

In Indien, wo 18 verschiedene Amtssprachen und mehrere hundert Dialekte gesprochen werden, erreicht man eine Verständigung am leichtesten mit einfachem Englisch. Verwendet man dazu entsprechende, gebräuchliche Gesten und passt den Akzent der Region an, wird man mit Sicherheit verstanden.
Darüber hinaus wird jeder Versuch, die offizielle Sprache Hindi, zu sprechen, insbesondere in Nordindien sehr begrüßt. Die Aussprache stützt sich auf die Schreibweise ähnlich wie im Spanischen, der Buchstabe »h« wird, außer am Anfang eines Wortes, immer verschluckt.
Es folgt ein einfacher Hindi-Grundwortschatz. Bedenken Sie, dass die Worte normalerweise in der Hindi-Schrift (Nagari) gebraucht werden. Bei der Übertragung in das lateinische Alphabet kann es auch zu einer abweichenden Schreibweise kommen. Ein kleiner Tamil-Sprachführer schließt sich an. In den Straßen von Chennai, wo die Elite ein sehr feines, koloniales Englisch spricht, ist Hindi kaum gebräuchlich. Aber auch eine geringe Kenntnis der Sprache kann Ihnen überall im Süden, wo Hindi großes Erstaunen auslösen wird, von Nutzen sein. Obwohl die Bewohner von Kolkata lieber Bengali sprechen, verstehen sie normalerweise Hindi, und ihr Englisch könnte besser sein als das Ihrige. Das gleiche gilt für Bombay.

Hindi

Guten Morgen Shubh prabhat
Gute Nacht Shubh ratri
Gut Acha
Sehr gut Bahut acha
Schlecht Bura
Ja Han
Nein Nahi
Vielleicht Shayad
Bitte Meherbani se
Danke Dhanyavad/Shukriya
Guten Tag/Auf Wiedersehen Namaste
Wie geht es Ihnen?
Aap kaise hai?
Wie heißen Sie?
Aap ka naam kya hai?
Ich heiße (…).
Meera naam (…) hai?
Wie spät ist es? Kya baja hai?
Wie komme ich zu (…)?
Kis taraf (…)?
Was ist das? Voh kya hai)
Wie viel (kostet…)?
Kitna (paise…)?
Das ist zu teuer. Jada hai
Geht es nicht etwas billiger?
Kum karo?
Ist es möglich? Kya yeh sambhav hai?
Verschwinde! (Gehen Sie bitte!)
Chale jao (etwas höflicher: chelo)
Beeilen Sie sich Jaldi kare
Links Bai
Rechts Dai

Bitte langsamer. Aaahista
Bitte anhalten. Thehariye
Wie weit ist es? Kitni dur hai
Hier Yaha

Dort Vaha
Jetzt Abhi
Der-, die-, dasselbe Saman, barabar
Heute Aaj
Gestern/morgen kal
Woche Saptah
Monat Mahina
Jahr Sal

Was ist? Kya hai
Wer ist? Kaun hai
Warum? Kyun
Wo ist? Kahan hai
Wann ist? Kab hai
Wie? Kaisa
Die meisten Aussagesätze können durch ein vorgestelltes »kya« und das Heben der Stimme am Ende des Satzes in eine Frage verwandelt werden,: z.B. »Dhobi hai« (Dort ist ein Wäscher) – »Kya dhobi hai? (Ist dort ein Wäscher?)

Restaurant Dhaba
Menü Minu
Zahlen, bitte Bill lao
Wasser Pani
Reis Chawal
Obst Phal
Gemüse Sabzi
Brot Chapati
Salz Namak

Ich Mei
Wir Hum
Sie Ve
Mann Aadmi
Frau Ourat
Kind Bacha
Mutter Mata
Vater Pita
Sohn Larka

Toilette Bakhana
Zug Gadi
Gebet Pratha, puja
Schlaf Sona

Zahlen Hindi

1	ek
2	do
3	tin
4	char
5	panch
6	chhe
7	saat
8	aarth
9	nau
10	das
20	bis
30	tish
40	chalish
50	pachash
60	sath
70	setur
80	aashi
90	nabbe
100	sau
1000	hazar
10 000	lakh
10 000 000	crore

Tamil

Hallo Vanakkam
Auf Wiedersehen Poyvituvarukiren (Antwort: Poyvituvarungal)
Ja Amam
Nein Illai
Vielleicht Oruvelai
Danke Nandri
Entschuldigen Sie Manniyungal
Wie geht es Ihnen? Celakkiyama?
Wie heißen Sie? Ungal peyar yenna?
Ich heiße (…) Yen peyar (…)
Wo ist (das Hotel)? (Hotel) yenge?
Was ist dies/jenes? Idu/Adu yenna?
Was kostet das? Yenna vilai?
Das ist sehr teuer Anda vilai mikavum adikum
Ich möchte (Kaffee) (Kapi) Vendum
Ich mag (dosa) (Dosai) Pudikkum
Ist es möglich? Mudiyuma?
Ich verstehe nicht Puriyadu
Kommen Sie! Vaa
Gehen Sie! Po
Anhalten! Niruthu

Essen Sappidu
Trinken Kudi
Schlaf Thoongu
Toilette Tailet
Bett Kattil
Zimmer Arai
Eisenbahn Rayil
Sari Pudavai
Dhoti Vesti
Handtuch Tundu
Sandalen Ceruppu
Geld Punam
Tempel Kovil

Genug Podum
Schnell Sikkirum
Langsam Meduvaka
Viel Mikavum
Wenig Koncam
Hier Inge
Dort Ange
Dies Idu
Jenes Adu
Jetzt Ippodu
Gleich Ade
Gut Nalla
Schlecht Ketta
Heiß Karam
Kalt Kulirana
Schmutzig Acattam
Sauber Cattam
Schön Azhakana
Groß Periya
Klein Cinna
Alt Pazhaiya
Neu Pudiya

Ich/mir Nan
Du Ningal
Er/sie/es Avan/Aval/Avar
Wir (mit dem Angesprochenen) Nam (ohne den Angesprochenen) Nangal
Sie (3. Pers. Plural) Avakal
Mann Manidan
Frau/Mädchen/Tochter Pen
Junge/Sohn Paiyan
Kinder Pillaikal
Mutter Amma
Vater Appa
Ehemann Kanavan
Ehefrau Manaivi

Wer? Yaar
Wann? Yeppothu
Warum? Yen
Was? Yenna
Wieviel? Yettanai/ Yevvalavu

Montag Tingal
Dienstag Cevvay
Mittwoch Putam
Donnerstag Viyazhan
Freitag Velli
Samstag Ceni
Sonntag Nayiri
Heute Inraikku
Woche Varam
Monat Matam
Jahr Varutam

Wasser Tunnir
Reis Sadum
Obst Puzham
Gemüse Kaykuri
Milch Pal
Buttermilch Mor
(Ohne) Chili Minakay (iilamal)
Kokosnuss Tengay
Mango Mampazham
Banane Valaippazham
Kaffee Kapi
Tee Ti

Zahlen Tamil

1	onru
2	irandu
3	munru
4	nanku
5	aindu
6	aru
7	yezhu
8	yettu
9	onpadu
10	pattu
11	patinonru
12	pannirandu
20	irupadu
30	muppadu
40	rarpadu
50	aimpadu
60	arupadu
70	alupadu
80	yenpadu
90	tonnuru
100	nuru
10 000	latcam
10 000 000	kodi

Glossar

A

Aarti religiöse Zeremonie der Hindus mit Öllampen
Acharya angesehener (religiöser) Lehrer, Titel
Adinath Erster der 24 Tirthankaras der Jainreligion
Adivasi Bezeichnung für einen Stammesangehörigen
Agni bedeutende vedische Gottheit (Feuer), Vermittler zwischen Göttern und Menschen
Agnikula »aus dem Feuer geborene« Rajputen
Ahimsa Prinzip der Unverletzlichkeit aller Lebewesen
Amrita Nektar, Getränk zur Erlangung der Unsterblichkeit
Ananda Glückseligkeit
Ananta Schlange, auf der Vishnu zwischen den Weltzeitaltern schläft
Annapurna Form von Durga, Göttin des Wohlstandes/der Ernahrung
Ardhanari Shiva in seiner halb männlichen und halb weiblichen Erscheinungsform
Arjuna Held aus dem Mahabharata-Epos, dem von Krishna der hinduistische Verhaltenskodex erklärt wird
Apsara himmlische Nymphe
Arrack alkoholisches Getränk aus Getreide oder Datteln
Atman menschliche Einzelseele; das Innerste des Wesens, subjektive Erscheinungsform des Brahman
Avatara Erscheinungsform einer Gottheit, normalerweise von Vishnu

B

Baba alter Mann, respektvoller Begriff für religiösen Lehrer
Babu Diener
Bagh Garten
Bajra Hirse
Bakschisch Trinkgeld
Balarama Bruder Krishnas
Baoli Stufen- oder Treppenbrunnen mit Galerien
Bhaat Barde
Bhagavad Gita Teil des Mahabharata-Epos, in dem Krishna in einer Predigt Arjuna die Hindu-Vorstellungen von Pflichten, Wissen und Hingabe erklärt.
Bhai Bruder
Bhakti Religionsbewegung, Gotteserfahrung durch liebende Hingabe
Bhands Kaste, meist Künstler und Akrobaten
Bhang getrocknete Blätter der indischen Hanfpflanze
Bhangi Kaste der Straßenreiniger
Bharat Halbbruder Ramas
Bhatti Rajputenclan der Monddynastie
Bhawan Haus

Bidi handgerollte kleine Zigarette
Bodhi-Baum (auch Bo-Baum, Pipal-Baum) Pappelfeige, lat. Ficus religiosa; Baum, unter dem Buddha seine Erleuchtung erlangte
Brahma Hindugottheit, Schöpfer der Welt
Brahmanismus frühere Form des Hinduismus, aus den Veden entwickelt
Brahmanen Angehörige der höchsten hinduistischen Kaste, Priesterkaste

C

Chai Tee
Cella im Tempel Nische für das Abbild einer Gottheit
Chaityagriha buddhistischer Tempel
Chakra Vishnus Diskus; Mittelpunkt geistiger Kraft im Körper
Chamunda Göttin der Zerstörung
Chandra Mond
Chapati indisches Fladenbrot aus Weizen
Charpoy mit Seilen bespanntes, einfaches Holzbett
Chauhan Rajputenclan der Monddynastie
Cheepah muslimische Religionsgemeinschaft (Stempeldruckarbeiter)
Chatri eigentlich: Ehrenschirm; Gedenkstätte am Verbrennungsplatz
Chilum Haschpfeife
Choli Mieder
Choutara Musikinstrument
Chowk Marktplatz
Churri (heiliger) Stab, Messer

D

Daff indisches Tamburin
Dargah Grabmal eines moslemischen Heiligen
Dera großes Familienhaus, kleine Festung
Deul Tempelform
Devi Göttin
Dharamshala Unterkunft für Pilger
Dharma moralischer und religiöser Verhaltenskodex
Dhoti zwischen den Beinen durchgezogenes Lendentuch
Digambaras jainistische Sekte der sog. »Luftbekleideten«
Diwan königlicher Ratgeber
Diwan-i-Am öffentliche Audienzhalle
Diwan-i-Khas private Audienzhalle
Dowry Mitgift
Draupadi gemeinsame Ehefrau der fünf Pandava-Brüder im Mahabharata-Epos
Drawiden Ureinwohner Südindiens
Durbar königlicher Hof, Regierung
Durga Erscheinungsform von Shivas Ehefrau Parvati, auf einem Löwen reitend

G

Gaddi Thron
Ganesh elefantenköpfiger Sohn Shivas und Parvatis, beliebtester aller hinduistischen Gottheiten; Gott des Anfangs
Ganga Fluss Ganges; auch Göttin, die den hl. Fluss Ganges verkörpert
Ghat Treppenanlage an einem Fluss oder See
Gita Govinda Erzählung über Krishnas früheres Leben als Kuhhirte
Gompa lamaistisches Kloster
Gopis mythische Hirtenmädchen, Krishnas Gespielinnen
Gopuram Torturm am Tempeleingang
Gorband verziertes Geschirr für Kamele
Goswami Priester
Govinda Kuhhirte, Name Krishnas
Guru Nanak Begründer des Sikh-Glaubens
Guru religiöser Lehrer oder Heiliger

H

Hanuman Affengott; bedeutende Figur des Ramayana-Epos; Anhänger Ramas
Harijan Gandhis Bezeichnung der Unberührbaren Indiens
Hat Markt
Hathi Elefant
Haveli großes Wohnhaus, Wohnblock mit Innenhof
Hookah Wasserpfeife

I

Id islamisches Fest
Imambara Haus des Iman
Indra vedischer Gott für Regen
Ishwara »Herr« oder »Gott«; Bezeichnung für Shiva

J

Jai Sieg
Jainismus Reformreligion, von Mahavira im 5. Jahrhundert v. Chr. gegründet, wichtigstes Prinzip: Selbstüberwindung, Askese.
Jagannath wörtlich »Herr der Welt«, Bruder des Balarama und der Subhadra
Jaggery harter, brauner Süßstoff aus Zuckerrohrsirup
Jali siebartige Steingitterarbeit
Jamuna Flussgöttin, auf einer Schildkröte reitend
Jati wörtlich: Geburt; hinduistische Bezeichnung für soziale Gruppen im indischen Alltagsleben mit eigenem Tätigkeitsbereich und Rang in der Gesellschaft; Kaste
-ji ehrenhafter Anhang an Namen
Jina Bezwinger
Jodhpuris Reithosen
Johar/Jauhar rituelle Massenselbstverbrennung der Frauen bei militärischer Niederlage der Rajputen

K

Kaba heilige Ratte
Kachchwaha Rajputenclan der Sonnendynastie/Jaipur
Kali schreckliche Erscheinungsform von Shivas Ehefrau Parvati, eine Halskette aus Schädeln tragend
Kameez langes Hemd
Karma das Tun, Verhalten
Kalbelia Schlangenbeschwörer
Kajamkhani islamische Religionsgemeinschaft
Krishna Erscheinungsform Vishnus, eine der beliebtesten Gottheiten
Kothi Herrenhaus, Residenz
Kshatriyas zweite hinduistische Kaste, Kriegerkaste
Kumbha Krug
Kund See, Wasserbecken
Kurta Hemd für Männer

L

Lakshmi Göttin des Wohlstandes
Lehenga-cholis weiter, knöchellanger Rock mit bauchfreier Bluse
Lingam Phallus als Fruchtbarkeitssymbol Shivas

M

Mahakala Inkarnation Shivas
Mahabharata neben dem Ramayana bedeutendstes hinduistisches Epos mit 100 000 Versen, schildert den Kampf zwischen Pandavas und Kauravas
Mahadeo »Großer Gott«, Name für Shiva
Mahal großes Haus oder Palast
Maharaja, -rana, -rao König (Titel)
Mahavira Begründer des Jainismus im 5. Jh. v. Chr., letzter der 24 Tirthankaras
Mandap Haupthalle im Tempel
Mandir Tempel
Mantra Meditations- und Gebetsformel
Marathen Volk in Maharashtra mit schlagkräftiger Armee, die den Moguln und später den Briten Widerstand leistete
Marg Hauptstraße
Marwari eigentlich: aus Marwar; heute Bezeichnung für Kaufleute
Mata Mutter
Matrika Muttergöttin
Mela religiöses Fest und/oder Volksfest
Meo hinduistische Religionsgemeinschaft
Moksha Erlösung von der Wiedergeburt

N

Naan Fladenbrot (mit Hefe)
Naga mythische Schlange
Nanda Kuhhirte, der Krishna aufzog
Nandi Stier, Reittier Shivas
Nataka Tanzdrama
Nataraj Shiva als kosmischer Tänzer
Neminath 22. der 24 Tirthankaras der Jainreligion
Nirvana höchstes Ziel buddhistischen Lebens; Loslösung aus dem Kreislauf der Wiedergeburten

O

Odhni Tuch, auch Schleier
Oswal jainistische Religionsgemeinschaft

P

Pan Betelnuss
Pabuji Volksgottheit
Palanquin Sänfte
Panchayat Dorfrat
Pandava Volk aus dem Mahabharata-Epos
Pandit Gelehrter, weiser Mann
Parsen Anhänger des zoroastrischen Glaubens
Parvati Göttin; Ehefrau Shivas
Pashupathinath Shiva-Inkarnation
Pietra-dura Einlegearbeiten
Patwa Kaufleute, die mit wertvollen Waren handeln
Pipal Feigenbaum (s. Bo-Baum)
Pol Tor
Puja Andacht, Gottesdienst
Puranas Sammlung von Sanskrit-Gedichten aus dem 5. Jh. n. Chr., heilige Schriften
Purdah Schleier; Abschluss der Frauen vom öffentlichen Leben

R

Radha Krishnas Geliebte
Raga Struktur von Melodie und Rhythmus für bestimmte Tages- oder Jahreszeiten
Raika Kameltreiber
Raj Herrschaft; Zeit der englischen Herrschaft in Indien
Rajputen Kriegerkaste
Ram-Lila Tanzvorstellung aus dem Ramayana-Epos
Rama 7. Inkarnation von Vishnu, Held des Ramayana-Epos
Ramayana bekanntestes Heldenepos; Geschichte von Rama und Sita, die vom Dämonenkönig Ravana geraubt wird
Ravan hata Saiteninstrument, Fidel
Ravana Dämonenkönig aus Lanka
Rishi weiser Mann, prophetischer Seher

S

Sadhu heiliger Mann, Asket
Samadhi Zustand der höchsten Entrückung
Sati freiwillige Witwenverbrennung
Sati Mata Frau, die sich freiwillig verbrannt hat; genießt Verehrung als Göttin
Sarasvati Ehefrau Brahmas, Göttin der Gelehrsamkeit
Sawai besonderer Titel der Maharajas von Jaipur
Scheduled castes offiziell als unterpriviligiert anerkannte Kasten
Scheduled tribes offiziell registrierte Stämme der Ureinwohner (Bhil, Bishnoi, Mina, Garasias, Gaduliya Lohar u.a.)
Shakti kosmische Lebenskraft im Hinduismus, bei weiblichen Gottheiten
Shikara schmales Boot, das auf den Seen in Kaschmir gepaddelt wird
Shikhara bienenstockförmiger oder konvexer nordindischer Tempelturm, Spitze eines Hindutempels
Sikhismus im 15. Jh. von Nanak gegründet; größtes Sikh-Heiligtum: Tempel von Amritsar; Heiliges Buch: Adi Granth
Singh Löwe, Bezeichnung für die Rajputen und die Sikhs
Shiva Gottheit der Schöpfung und Zerstörung zugleich
Shivalinga Phallussymbol Shivas
Sita vedische Gottheit, Ehefrau Ramas
Srinathji Erscheinungsform, Aspekt Krishnas
Stupa reliquienbergender Tumulus, der durch die sog. Rechtsumwandlung verehrt wird; sowohl buddhistisches Heiligtum
Sudra hinduistische Kaste
Surya Sonnengott
Swetambaras jainistische Sekte der sog. Weißgekleideten

T

Tabla Doppeltrommel
Tank künstlicher See, Wasserspeicher
Tapas Askese
Taziah islamsiche Grabmalmodelle aus Bambus oder Papier
Tejaji rajasthanische Volksgottheit
Thali traditionelles vegetarisches Essen/Tablett
Thangka religiöse buddhistische Malerei auf Stoff, Rollbild
Tirthankara 24 jainistische Wegbereiter zum Glauben, Lehrer
Toran Tor
Trimurti hinduistische Dreieinigkeit von Brahma, Shiva und Vishnu
Tripolia dreifacher Torbogen
Trisula Dreizack, Symbol Shivas
Tulsi heilige Pflanze

U

Upanishaden ein Teil der Veden
Urs muslimische Totengedenkfeier

V

Vaishyas indische Kaste
Varaha Vishnu-Inkarnation des Eber
Varna »Farbe«, soziale Unterteilung der Hindus in Kasten
Varuna Gott des Wassers und der Verträge
Veden die ältesten, in Sanskrit abgefaßten religiösen Schriften der Hindus, entstanden im 2. Jt. v. Chr.
Vihara buddhistisches oder jainistisches Kloster
Vimana gedrungener Turmaufsatz
Vina Laute
Vishnu Gott der Bewahrung
Vyala löwenartige Skulptur

Y

Yagna Initiationszeremonie mit Feuer
Yajna vedisches Opfer
Yaksha Baumgottheit
Yama hinduistischer Todesgott
Yamuna Flussgöttin
Yoni weibliches Fruchtbarkeitssymbol

Z

Zenana Harem

REGISTER

Orts- und Sachregister

A

B

C

D

E

F

G

H

I

M

N

O

P

Personenregister

BILDNACHWEIS

David Abrams/APA 6/7, 10 (unten), 26, 27, 38, 45 (rechts), 51, 56 (rechts), 72 (rechts), 89, 98, 110 (beide), 118/119, 121 (unten), 228, 236/237, 236 (oben u. unten), 280, 281, 282 (beide), 283 (beide), 284 (beide), 285 (beide), 286, 287 (beide), 289, 420
AKG 55
Alamy 28, 45 (links), 153, 154, 176, 185 (links), 188, 189, 190, 191, 225, 227, 231 (unten), 233 (unten), 248 (unten links), 249, 271, 315, 321, 322, 324 (unten links u. rechts), 335, 394, 396 (unten), 415, 416
Andanda-In-The-Himalayas 16
Jon Arnold 156, 183, 274
Art Archive 52
Axiom 185 (rechts), 192, 193, 328, 331, 333 (unten), 334, 337, 338, 339 (unten)
D R Bhaskar 29, 30 (links u. rechts), 31, 32, 33, 36, 50, 168 (oben), 191, 192, 193, 199 (alle), 204 (beide), 205 (beide), 206, 207, 208 (beide), 209 (beide), 210, 211, 212 (beide), 213, 214 (beide), 215 (beide), 216 (beide), 217, 218, 219, 220 (beide), 275 (oben)
Bridgeman 48, 54, 57, 59, 73 (Mitte u.unten), 107 (unten)
Corbis 62, 64, 65, 66, 68, 69, 70, 74 (unten links u. Mitte), 275, 340
Fotolibra 9 (oben), 10 (oben), 181, 232, 246, 270
Getty 74 (oben links), 163
The Grand Oberoi 12 (unten)
Robert Harding 198, 228 (unten), 229, 247, 264, 265 (beide), 417
Hemis 168 (unten), 172 (unten), 173 (unten), 196/197, 224, 230 (unten), 391,
iStockphoto 6 (Mitte rechts), 7 (oben rechts), 7 (Mitte links oben), 7 (Mitte rechts), 7 (unten rechts), 8 (unten), 11 (oben), 125 (Mitte), 170, 171 (oben), 173 (oben), 182 (oben), 184 (oben), 186 (oben), 187, 188 (oben), 190 (oben), 193 (oben), 194, 206 (oben), 233 (oben), 273, 323 (oben), 324 (oben), 330 (oben), 335 (oben), 339 (oben), 374, 395 (unten), 416 (oben), 419 (oben)
Britta Jaschinski/APA 6 (Mitte links), 23 (oben), 24, 25, 30 (unten), 41, 42, 43, 44, 47 (beide), 72 (Mitte u. unten), 76/77, 78, 79, 80, 81, 83, 84, 86, 87, 88, 90, 94, 95, 96, 97, 102, 103, 106, 107 (links u. rechts), 114/115, 120, 121 (oben), 151 (oben), 179 (oben), 263 (oben), 290/291, 292, 293 (alle), 294, 297, 298, 299 (beide), 300 (beide), 301, 302 (beide), 303 (beide), 304 (beide), 305 (links u. rechts), 306, 307 (beide), 308, 309, 310, 312 (oben), 314 (oben), 316 (beide), 317 (beide), 318 (beide), 319 (alle), 320 (alle), 327 (oben), 331 (oben), 336, 337 (oben), 339 (oben), 341 (oben), 342/343, 344, 345 (Mitte u. unten), 346, 347, 349 (beide), 350, 351, 352, 353 (beide), 354 (beide), 355 (beide), 356, 357, 358, 359 (alle), 360 (beide), 361, 362 (alle), 363 (beide), 364, 365 (beide), 367, 370, 371, 373 (beide), 374 (oben u. unten rechts), 375, 376 (beide), 377 (beide), 378, 379, 380, 381, 382, 383 (beide), 384 (alle), 385 (beide), 386 (beide), 387 (alle), 388, 389 (alle), 390 (beide), 391 (oben), 392 (beide), 393, 395 (oben), 396 (oben), 397, 398, 399, 400, 401, 402, 403 (beide), 404, 405, 406 (beide), 407 (beide), 408, 409 (beide), 410 (alle), 411 (beide), 413, 422, 425, 452
Kankarwa Haveli 13 (unten)
Bildagentur Huber/ Limmatdruck 14 (oben)
Kobal 99
Tom Le Bas 202, 219 (oben)
Julian Love/APA 3, 6 (unten), 7 (Mitte links unten), 9 (unten links), 18/19, 23 (Mitte u. unten), 35, 46, 53, 73 (oben), 82, 85, 108, 109, 111 (beide), 116/117, 121 (Mitte), 124, 125 (oben u. unten), 128, 129, 130, 131 (beide), 132 (beide), 133 (beide), 134 (beide), 135 (beide), 136 (beide), 137 (beide), 138 (beide), 139 (beide), 140 (beide), 141, 142 (unten), 143 (beide), 145, 146, 147, 148, 149, 151 (unten), 155 (oben), 157 (beide), 158 (alle), 159 (beide), 162 (beide), 164 (alle), 166 (alle), 167 (beide), 175, 333 (oben), 421, 441
Malabar House/ Tim Griffith 12 (oben)
Abe Nowitz/APA 7 (unten links), 20/21, 22, 34, 37, 40, 49, 91, 104, 105, 174, 234, 235, 238, 239 (Mitte), 240, 241, 243, 244, 245 (alle), 248 (oben u. unten rechts), 250 (beide), 251, 252 (alle), 253, 254, 255 (beide), 257, 260, 261, 263 (unten), 266, 267, 268, 269, 444
On Asia 177, 178 (beide), 179 (unten), 180, 186 (unten)
PA Photos 67, 75 (alle)
Photolibrary 414
Dirk Renckhoff 14 (unten)
Rex Features 74 (rechts), 101
Pankaj Shah 181 (oben)
Still Pictures 314 (unten), 323 (unten), 325, 326
Taj Hotels Resorts & Palaces 13 (oben)
Martin Thomas 15 (unten),
Tips 9 (unten rechts), 11 (Mitte u. unten)
Topfoto 56 (links), 63 (beide)
The Travancore Heritage 17 (unten)
Dagmar von Tschurtschenthaler 15 (oben)
via/Trudie Trox 17 (oben)

Im Bild

Seiten 92/93:
Alamy 92 (Mitte rechts), 93 (oben rechts), 93 (Mitte links); Axiom 93 (unten links); Fotolibra 92/93; Hemis 92 (unten links); Britta Jaschinski/ APA 93 (unten rechts)

Seiten 112/113:
Julian Love/APA 113 (unten links); Alamy 112/113; Britta Jaschinski/APA 113 (Mitte links); istockphoto 112 (unten links); Fotolibra 113 (oben rechts u. unten rechts)

Seiten 160/161:
Julian Love/APA 160 (Mitte rechts), 161/161, 161 (oben rechts); Bridgeman 160 (unten links); iStockphoto 161 (Mitte links, unten links u. unten rechts)

Seiten 258/259:
Abe Nowitz/APA (alle)

Seiten 278/279:
4Corners 279 (Mitte links u. unten links); Alamy 278/279, 278 (Mitte rechts); Fotolibra 279 (oben rechts); iStockphoto 278 (unten links), 279 (unten rechts)

Seiten 368/369:
David Abrams/APA alle außer Tom Le Bas 368 (unten links)

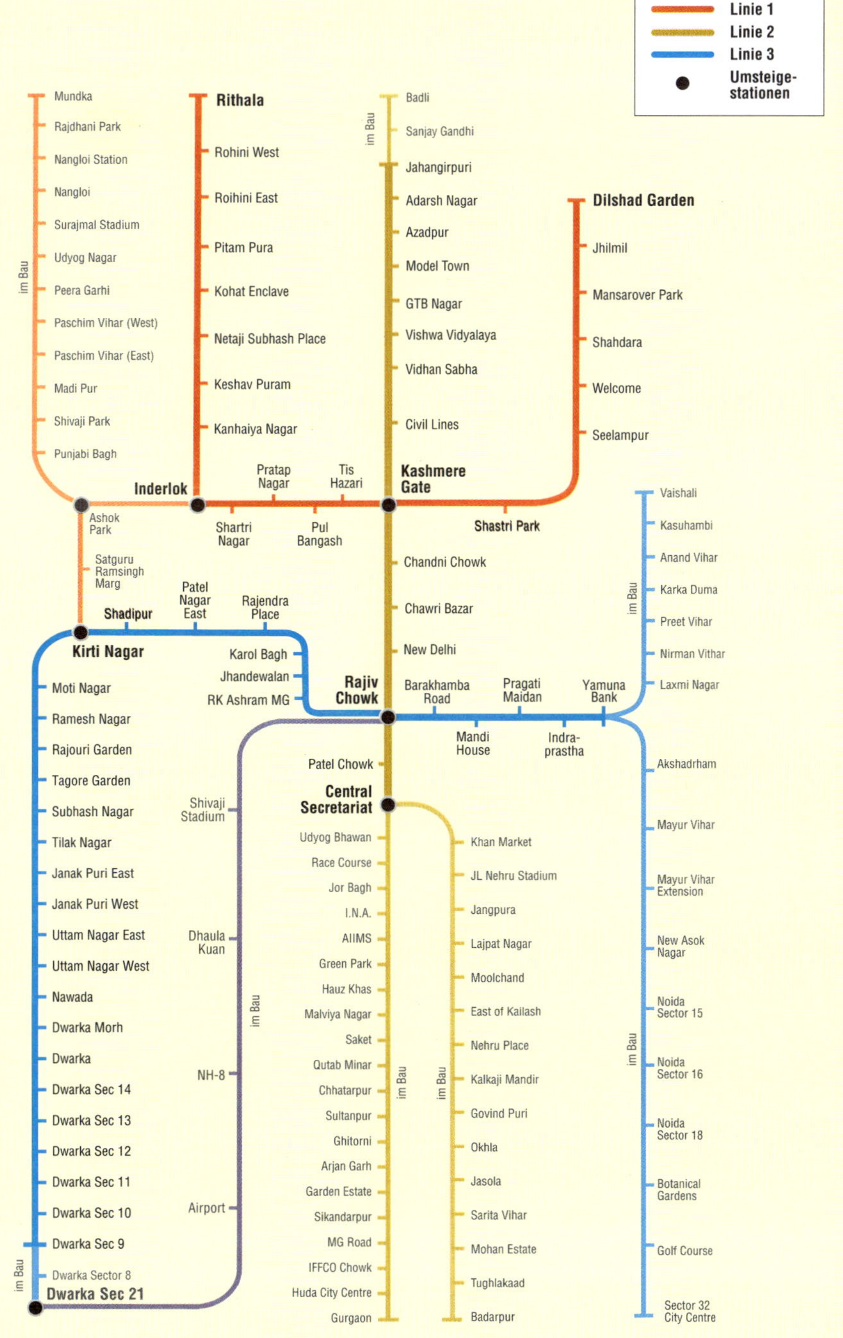
Delhi Metro System
Linie 1
Linie 2
Linie 3
Umsteige-stationen
Mundka
Rajdhani Park
Nangloi Station
Nangloi
Surajmal Stadium
Udyog Nagar
Peera Garhi
Paschim Vihar (West)
Paschim Vihar (East)
Madi Pur
Shivaji Park
Punjabi Bagh
im Bau
Rithala
Rohini West
Roihini East
Pitam Pura
Kohat Enclave
Netaji Subhash Place
Keshav Puram
Kanhaiya Nagar
Inderlok
Pratap Nagar
Tis Hazari
Shartri Nagar
Pul Bangash
Badli
Sanjay Gandhi
im Bau
Jahangirpuri
Adarsh Nagar
Azadpur
Model Town
GTB Nagar
Vishwa Vidyalaya
Vidhan Sabha
Civil Lines
Kashmere Gate
Dilshad Garden
Jhilmil
Mansarover Park
Shahdara
Welcome
Seelampur
Shastri Park
Ashok Park
Satguru Ramsingh Marg
Shadipur
Patel Nagar East
Rajendra Place
Kirti Nagar
Karol Bagh
Jhandewalan
RK Ashram MG
Rajiv Chowk
Chandni Chowk
Chawri Bazar
New Delhi
Barakhamba Road
Pragati Maidan
Yamuna Bank
Mandi House
Indra-prastha
Vaishali
Kasuhambi
Anand Vihar
Karka Duma
Preet Vihar
Nirman Vithar
Laxmi Nagar
im Bau
Akshadrham
Mayur Vihar
Mayur Vihar Extension
New Asok Nagar
Noida Sector 15
Noida Sector 16
Noida Sector 18
Botanical Gardens
Golf Course
Sector 32 City Centre
im Bau
Moti Nagar
Ramesh Nagar
Rajouri Garden
Tagore Garden
Subhash Nagar
Tilak Nagar
Janak Puri East
Janak Puri West
Uttam Nagar East
Uttam Nagar West
Nawada
Dwarka Morh
Dwarka
Dwarka Sec 14
Dwarka Sec 13
Dwarka Sec 12
Dwarka Sec 11
Dwarka Sec 10
Dwarka Sec 9
Dwarka Sector 8
im Bau
Dwarka Sec 21
Shivaji Stadium
Dhaula Kuan
NH-8
Airport
im Bau
Patel Chowk
Central Secretariat
Udyog Bhawan
Race Course
Jor Bagh
I.N.A.
AIIMS
Green Park
Hauz Khas
Malviya Nagar
Saket
Qutab Minar
Chhatarpur
Sultanpur
Ghitorni
Arjan Garh
Garden Estate
Sikandarpur
MG Road
IFFCO Chowk
Huda City Centre
Gurgaon
im Bau
im Bau
Khan Market
JL Nehru Stadium
Jangpura
Lajpat Nagar
Moolchand
East of Kailash
Nehru Place
Kalkaji Mandir
Govind Puri
Okhla
Jasola
Sarita Vihar
Mohan Estate
Tughlakaad
Badarpur

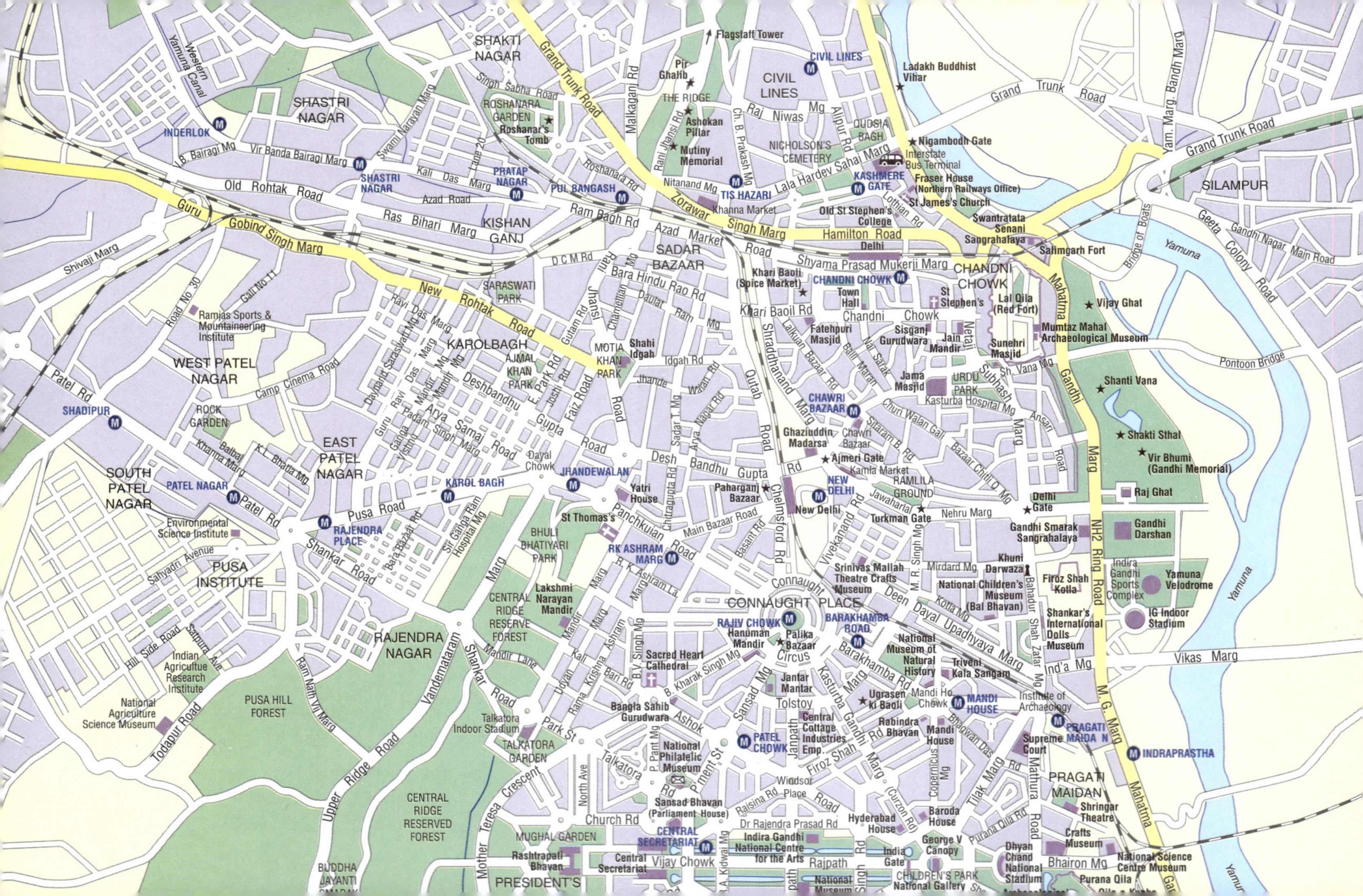

SHAKTI NAGAR
Grand Trunk Road
Flagstaff Tower
CIVIL LINES
CIVIL LINES
Ladakh Buddhist Vihar
Grand Trunk Road
Yam. Marg. Bandh Marg
Western Yamuna Canal
SHASTRI NAGAR
INDERLOK
Pir Ghaib
THE RIDGE
Ashokan Pillar
Mutiny Memorial
Raj Niwas Mg
Alipur Rd
QUDSIA BAGH
NICHOLSON'S CEMETERY
Nigambodh Gate
Interstate Bus Terminal
Fraser House (Northern Railways Office)
St James's Church
SILAMPUR
ROSHANARA GARDEN
Roshanar's Tomb
Singh Sabha Road
Malkaganj Rd
Rani Jhansi Rd
Ch. B. Prakash Mg
Lala Hardev Sahai Marg
KASHMERE GATE
Vir Banda Bairagi Marg
Swami Narayan Marg
SHASTRI NAGAR
PRATAP NAGAR
PUL BANGASH
TIS HAZARI
Nitanand Mg
Kali Das Marg
Azad Road
Old Rohtak Road
Ras Bihari Marg
KISHAN GANJ
Ram Bagh Rd
Zorawar Singh Marg
Khanna Market
Old St Stephen's College
Lothian Rd
Hamilton Road
Swantratata Senani Sangrahalaya
Salimgarh Fort
Bridge of Boats
Geeta Colony Road
Gandhi Nagar Main Road
Yamuna
Guru Gobind Singh Marg
Shivaji Marg
D C M Rd
Azad Market
SADAR BAZAAR
Delhi
Shyama Prasad Mukerji Marg
CHANDNI CHOWK
Khari Baoli (Spice Market)
CHANDNI CHOWK
Town Hall
St Stephen's
Lal Qila (Red Fort)
Vijay Ghat
Mumtaz Mahal Archaeological Museum
Road No 30
Gali No 11
Ramjas Sports & Mountaineering Institute
New Rohtak Road
SARASWATI PARK
Bara Hindu Rao Rd
Khari Baoli Rd
Chandni Chowk
Fatehpuri Masjid
Sisganj Gurudwara
Jain Mandir
Sunehri Masjid
Pontoon Bridge
WEST PATEL NAGAR
Camp Cinema Road
KAROLBAGH
AJMAL KHAN PARK
MOTIA KHAN PARK
Shahi Idgah
Idgah Rd
Shraddhanand Marg
Qutab Road
Jama Masjid
URDU PARK
Subhash Marg
Shanti Vana
Patel Rd
SHADIPUR
ROCK GARDEN
Deshbandhu Gupta Road
Faiz Road
Kasturba Hospital Mg
Chawri Bazaar
CHAWRI BAZAAR
Ghaziuddin Madarsa
Shakti Sthal
Vir Bhumi (Gandhi Memorial)
SOUTH PATEL NAGAR
PATEL NAGAR
K.L. Bhatia Mg
EAST PATEL NAGAR
Arya Samaj Road
Dayal Chowk
Desh Bandhu Gupta Rd
Ajmeri Gate
Kamla Market
RAMLILA GROUND
Raj Ghat
KAROL BAGH
JHANDEWALAN
Yatri House
Paharganj Bazaar
NEW DELHI
New Delhi
Chelmsford Rd
Turkman Gate
Nehru Marg
Delhi Gate
Environmental Science Institute
RAJENDRA PLACE
Pusa Road
Shankar Road
St Thomas's
Panchkuian Road
Main Bazaar Road
Vivekanand Rd
Gandhi Smarak Sangrahalaya
Gandhi Darshan
PUSA INSTITUTE
BHULI BHATIYARI PARK
RK ASHRAM MARG
Srinivas Mallah Theatre Crafts Museum
Mirdard Mg
Khuni Darwaza
Firoz Shah Kotla
Indira Gandhi Sports Complex
Yamuna Velodrome
NH2 Ring Road
CENTRAL RIDGE RESERVE FOREST
Lakshmi Narayan Mandir
CONNAUGHT PLACE
RAJIV CHOWK
BARAKHAMBA ROAD
National Children's Museum (Bal Bhavan)
Shankar's International Dolls Museum
IG Indoor Stadium
Hill Side Road
Indian Agricultue Research Institute
RAJENDRA NAGAR
Vandemataram
Sacred Heart Cathedral
Hanuman Mandir
Palika Bazaar
Circus
Deen Dayal Upadhyaya Marg
National Museum of Natural History
Triveni Kala Sangam
Vikas Marg
National Agriculture Science Museum
PUSA HILL FOREST
Ram Nath Vij Marg
Talkatora Indoor Stadium
TALKATORA GARDEN
Bangla Sahib Gurudwara
Jantar Mantar
Tolstoy
Ugrasen ki Baoli
Mandi Ho. Chowk
MANDI HOUSE
Institute of Archaeology
PRAGATI MAIDAN
Todapur Road
Upper Ridge Road
Park St
National Philatelic Museum
PATEL CHOWK
Central Cottage Industries Emp.
Rabindra Bhavan
Mandi House
Supreme Court
INDRAPRASTHA
M. G. Marg
CENTRAL RIDGE RESERVED FOREST
Mother Teresa Crescent
North Ave
Talkatora Rd
Sansad Bhavan (Parliament House)
Windsor Place
Kasturba Gandhi Marg
Firoz Shah Rd
Copernicus Mg
Tilak Marg
Mathura Road
PRAGATI MAIDAN
Shringar Theatre
Church Rd
MUGHAL GARDEN
CENTRAL SECRETARIAT
Dr Rajendra Prasad Rd
Indira Gandhi National Centre for the Arts
Hyderabad House
Baroda House
Purana Qila Rd
Crafts Museum
BUDDHA JAYANTI
Rashtrapati Bhavan
PRESIDENT'S
Central Secretariat
Vijay Chowk
Rajpath
India Gate
George V Canopy
CHILDREN'S PARK
National Gallery
Dhyan Chand National Stadium
Bhairon Mg
National Science Centre Museum
Purana Qila
Mahatma Gandhi Marg